동아시아의 전쟁과 평화

이 책은 동아시아재단의 재정 지원을 받아 발간되었습니다

한국평화학회 연구총서 2

동아시아의 전쟁과 평화

문정인 · 김명섭 외

연세대학교 출판부

머리말

이 책은 한국평화학회의 취지에 공감하는 여러 학자들의 문제의식과 연구역량이 모여 탄생되었다.

한국평화학회는 최상용 전임 회장의 주도로 창립된 이래, 프랑스의 평화철학자인 자닌 샹퇴르(Janine Chanteur), 스칸디나비아 평화학계의 올 웨버(Ole Waever) 등을 초청하여 평화를 연구하는 한국 학자들과의 학술세미나를 개최하는 등 평화학의 정립에 이바지하여 왔다. 하영선 회장시기에는 유네스코 한국위원회의 지원을 받아 여러 대학에서 평화학 교재로 쓰이고 있는 『21세기 평화학』을 출간하였다. 이러한 전임 회장시기의 문제의식과 연구역량을 계승하여 동아시아의 전쟁사와 전쟁론에 관한 단행본 사업을 한국평화학회의 후속사업으로 추진하게 되었다.

한 인간이 늘 삶과 죽음에 대해 고민하듯, 한 국가는 늘 전쟁과 평화에 대해 고민하지 않으면 안 된다. 한 인간이 죽음에 대해 고민할 때 비로소 삶의 소중함을 알 수 있듯이, 전쟁에 대해 고민하는 국가만이 평화의 소중함을 알 수 있다. 『21세기 평화학』 발간에도 주도적으로 참여한 바 있던 김영호, 전재성, 한용섭 등의 필진에 더하여 권선홍, 김재창, 김현철, 문홍호, 박영준, 봉영식, 석화정, 이상현, 홍규덕, 황병무 등 여러 분들께서 한국평화학회의 취지에 공감하여 옥고를 보내 주셨다. 아울러 이 책이 준비되는 과정에서 개최되었던 학술회의에 참석하셔서 여러 가지 빛나는 생각의 편린들을 기꺼이 보태주셨던 최상용(고려대), 하영선(서울대), 김석근(연세대), 김소중(배재대), 이혜정(중앙대), 김기정(연세대), 한석희(연세대), 양기호(성공회대), 이동윤(연세대), 조민(통일연구원) 등 여러 분의 존함을 감사의 뜻으로 새긴다.

누구보다 전쟁을 미워하고 평화를 사랑하는 마음으로 처음부터 끝까지 이 책의 작업을 도와준 남승현 장교와 박상훈 장교의 헌신적인 희생에 경의를 표한다.

아울러 2005년 봄 이 책의 씨앗이 처음 뿌려질 때부터 도움을 주었던 동아시아재단과 2006년 가을 이 책의 탄생을 가능하게 해준 도서출판 오름의 부성옥 사장과 최선숙 선생께 감사드린다.

문정인(한국평화학회 회장)

김명섭(한국평화학회 총무이사)

동아시아의 전쟁과 평화

(War and Peace in East Asia)

Contents

차례

제2장 **아편전쟁** | 권선홍

제3장 **청일전쟁** | 김현철

Contents
차례

第6장 한국의 6 · 25전쟁 | 김영호

第7장 베트남전쟁 | 홍규덕

Contents
차례

제2부 동아시아의 전쟁위협과 평화

제8장 중국의 전쟁관과 평화 | 황병무

제9장 중국-대만 간 전쟁위협과 평화 | 문흥호

제10장 일본의 전쟁관과 평화 | 박영준

제11장 남북한 간 전쟁위협과 평화 | 전재성

제12장 ASEAN 국가들 간 전쟁위협과 평화 | 봉영식

Contents
차례

서장 | 동아시아의 전쟁과 평화 서설

문정인

Ⅰ. 머리말

전쟁과 평화는 인류 역사의 가장 중심적인 담론 과제라 평가할 수 있다. 그러나 전쟁과 평화에 대한 연구는 동, 서양 사이에 커다란 격차가 있다. 투키디데스의 『펠로폰네소스 전쟁사』 이후 서구의 역사가와 국제정치학자들은 전쟁의 원인, 과정, 그리고 결과에 대한 부단한 연구를 전개해 왔다. 반면, 동양은 손자병법, 삼국지 등 탁월한 전쟁 관련 문헌들이 있었지만 이를 체계적으로 발전시키는 데 소홀히 했다. 그 결과, 전쟁 연구에 있어 비대칭성이 구조화되었다고 해도 무리는 아닐 것이다. 물론 전쟁은 보편적 현상이다. 따라서 동, 서양을 막론하고 전쟁의 원인, 과정, 결과에 대한 이론적, 또는 인식론적 차이가 있다고 보지는 않는다. 그러나 경험적 분석에 있어서 서양 사례의 압도성과 동양 사례의 미진성을 부인하기는 어려울 것이다.

사실 서양 못지않게 동양, 특히 동아시아도 높은 전쟁의 빈도를 보여 왔다. 1839년 아편전쟁 이후 동아시아는 지속적으로 전쟁에 시달려 왔다. 1894년의 청일전쟁, 1905년의 러일전쟁, 1941~45년의 아시아 태평양 전쟁, 1950~53 년의 한국전, 그리고 월남전 등 전쟁의 소용돌이 속에서 동아시아는 벗어나지 못했다. 다행히 월남전 이후 30여 년 동안 동아시아는 비교적 오랜 평온을 누리고 있다. 그러나 지금 우리가 누리는 평화의 저변에는 새로운 불안정의 조짐들이 자리잡고 있는 것이다. 중국의 부상과 세력 전이의 구조적 불안정, 일본의 보통국가화 움직임과 그에 따른 역내 군비 경쟁, 아직도 해결되지 않은 한반도의 분단과 갈등, 양안 문제를 둘러싼 정치, 군사적 긴장, 그리고 아세안 국가들 간의 전쟁 위협과 평화 등 동아시아의 미래 평화를 위협하는 요인들을 도처에서 발견할 수 있다.

본 장은 이러한 인식을 배경으로 전쟁론에 대한 개괄적 검토를 해 보고, 동아시아 전쟁의 과거와 현재를 포괄적으로 재조명해보는 동시에 동아시아 미래의 평화 구상을 모색해 보고자 하는 데 그 목적이 있다.

II. 전쟁론의 개괄적 이해

1. 전쟁의 개념과 유형

전쟁이란 무엇을 의미하는가? 전쟁 연구의 대가인 퀸시 라이트(Quincy Wright)는 전쟁을 "두 개 또는 그 이상의 적대적 집단들이 정규군을 동원하여 분쟁에 임할 수 있도록 동등하게 허용해 주는 법적 조건"이라고 정의 내리고 있다.[1] 한편 칼 클라우제비츠(Karl von Clausewitz)는 "전쟁은 우리의 적으로 하여금 우리의 의지를 하는 행위"로 정

---

1) Quincy Wright, *A Study of War*, Abridged edition (Chicago: University of Chicago Press, 1965), p. 7.

의 내리고 "전쟁은 하나의 단순한 정책행위가 아니라 정치적 도구로서 정치행위를 다른 방법으로 지속하는 것"이라고 강조하고 있다.[2] 결국 전쟁이란 다른 유형의 갈등이나 분쟁과 달리 "적대적 국가들의 정규군 간에 발생하는 대규모로 조직화된 폭력"으로 이해할 수 있다.[3] 그러나 현대전이 갖는 아이러니는 대규모 전쟁의 경우, 승자는 없고 패자만 있을 뿐이라는 점이다. 그래서 신 현실주의의 창시자라 할 수 있는 케네스 왈츠(Kenneth Waltz)는 전쟁의 결과에 대해 다음과 같은 냉소적 발언을 하고 있다: "하나의 전쟁에 누가 승리했느냐고 묻는 것은 샌프란시스코 지진의 승자가 누구냐고 묻는 것과 같다. 전쟁에서 승리는 있을 수 없고 오로지 각기 다른 정도의 패배가 있을 뿐이라는 것은 20세기 들어와 점차 보편적인 명제로 수용되고 있다."[4]

그러나 전쟁을 국가 간의 대규모 무력 충돌로 규정하는 데는 문제가 있다. 전쟁은 그 수준과 원인에 따라 다양한 형태로 나타날 수 있다. 사실 과거와 달리 최근 가장 가시화되고 있는 전쟁 유형은 종족 또는 공동체 분쟁(ethnic or communal conflict)이다. 이러한 전쟁은 통상 내전(civil war) 또는 분리주의 전쟁(war of secession)으로 나타난다. 레바논에서 보스니아, 스리랑카에서 카슈미르에 이르기까지 현재 전 세계적으로 확산되고 있는 분쟁들은 이 유형에 속한다고 하겠다. 그리고 2차 대전 이후 제3세계 중심으로 전개되었던 민족해방전쟁(예, 알제리아)과 중국의 혁명전쟁도 또 다른 유형의 전쟁으로 분류할 수 있다. 국가 간의 전쟁도 그 수준과 규모에 따라 패권전(hegemonic war), 전면전(general war), 그리고 제한전(limited war)으로 분류할 수 있다. 패권전은 1, 2차 세계대전과 같이 국제정치의 판도를 결정하는 강대국들 간의 대규모

2) Carl von Clausewitz, *On War*, ed. and trans. by Michael Howard and Peter Paret (Princeton: Princeton University Press, 1976), p. 75.

3) Greg Cashman, *What Causes War?* (New York: Lexington Books, 1993), p. 1.

4) Kenneth N. Waltz, *Man, The State, and War* (New York: Columbia University Press, 1959), p. 1.

전쟁인 반면에, 전면전은 대규모 무력 충돌이기는 하나 지역적으로는 특정 전역에 제한되어 있는 형태의 전쟁을 의미한다. 한국전쟁이 그 대표적 사례라 하겠다. 제한전은 베트남 전쟁에서 그 대표적 사례를 찾을 수 있는데 이 경우, 지역적, 기능적 범위가 제한되어 있는 전쟁을 의미한다.

이 외에도 전쟁은 그 강도에 따라 저강도 분쟁(low intensity conflict), 중강도 분쟁(mid-intensity conflict), 그리고 고강도 분쟁(high-intensity conflict)으로 나눌 수 있다. 미국의 전략 강령에 따르면 저강도 분쟁은 반군 소탕전(counter-insurgency), 반군 지원전(pro-insurgency), 평시 급변사태 작전(peacetime contingency operations), 그리고 무력시위(military show of force)로 분류되고 있다.[5] 반면에 중강도 분쟁은 위에서 지적한 제한전에 해당되는 것으로 1990년 걸프전과 2003년 미국의 이라크 침공이 여기에 해당된다 하겠다. 마지막으로 고강도 분쟁은 패권전 또는 전면전에 해당하는 것으로 대량살상무기까지 동원되는 가장 높은 수준의 전쟁이라 할 수 있다.[6] 9 · 11 사태가 보여 주듯이 냉전해체 이후 전쟁 양상은 저강도와 중강도 분쟁이 주종을 이루고 있다.

2. 전쟁의 원인

왜 전쟁은 발생하는가? 하나의 보편적 사회현상으로서의 분쟁 또는 전쟁의 원인에 대한 연구는 지금까지 괄목할 만한 진전을 보여 왔다.[7]

---

5) Michael T. Klare, "Low Intensity Conflict," *Christianity and Crisis* 48 (February 1, 1988), pp. 11-14.

6) Charles W. Kegley, Jr. and Eugne R. Wittkopf, *Word Politics: Trend and Transformation* (New York: St. Martin Press, 1995), pp. 452-5.

7) 보편적 사회현상으로서의 갈등에 관한 체계적 연구는 1950년대 중반을 기점으로 시작되었다고 할 수 있다. 이 분야의 고전적 문헌으로는 다음을 들 수 있다. L. A. Coser, *The Functions of Social Conflict* (Londen: Routledge and

사회학자, 비교정치학자, 심리학자 등은 대내적 갈등에 초점을 맞추면서 내생적 원인들의 규명에 노력을 경주해 왔고, 한편 국제정치학자들은 외생적 원인들에 역점을 두어 국가 간의 분쟁 또는 국가들의 대외행태를 분석해 왔다. 최근에는 이 같은 갈등원인에 대한 대내외적 구분을 인위적인 것이라 규정하고 대내외갈등의 복합적 원인에 대한 규명에도 역점을 두고 있다. 로즈노(Rosenau), 키신저(Kissinger), 럼멜(Rummel), 진스(Zinnes), 윌켄펠트(Wilkenfeld) 등은 어떻게 내생적 원인들이 대외행태나 분쟁에 영향을 미치는가를 이론적 또는 경험적으로 해명하려고 노력해 왔다.[8] 반면 스카치폴(Skocpol), 페이지(Paige), 아이젠스타트(Eisenstadt) 등의 사회학자들은 국제체제 등의 외생적 요인들이 어떻게 혁명이나 정치적 변혁과 같은 대내적 갈등에 영향을 미치는가를 집중적으로 연구해 왔다.[9]

물론 분쟁이나 전쟁의 원인이 내생이냐 외생이냐, 아니면 연계적(linkage)이냐 하는 것은 분쟁 당사자가 누구이며 분쟁의 기능적 · 생태적 성격이 어떠한가에 달려 있다. 이와 관련해서, 왈츠나 싱어(David Singer)가 제시한 바 있는 갈등원인 분석수준의 다기화는 갈등전반에 걸쳐 적용될 수 있을 것이다.[10] 특히 왈츠 식의 세 가지 분석수준은 분

Kegan Paul, 1956); K. E. Boulding, *The Image* (Ann Arbor, Univ. of Michigan Press, 1956); G. Simmel, *Conflict and the Web of Group Affiliation* (New York: Free Press, 1955); Greg Cashman, *What Causes War? op. cit.*

8) J. N. Rosenau, *Domestic Sources of Foreign Policy* (New York: Free Press, 1967); R. J. Rummel, *The Dimensions of Nations* (Beverly Hills: Sage, 1972); Henry Kissinger, "Domestic Structure and Foreign Policy," in James Rosenau (ed.), *International Politics and Foreign Policy* (New York: Free Press, 1969); Dina Zinnes and J. Wilkenfield, "In Analysis of Foreign Conflict Behavior of Nations," in W. F. Handrieder (ed.), *Comparative Foreign Policy* (New York: David McKay, 1971), pp. 193-208.

9) Theda Skocpol, *States and Social Revolutions* (Cambridge: Cambridge Univ. Press, 1981); Jeffrey Paige, *Agrarian Revolution* (Princeton: Princeton Univ. Press, 1978).

쟁의 행태가 대내적(intrastate)이든 국가 간(inter-state)이든 모두 적용될 수 있다.

왈츠는 국가 간의 전쟁발발을 인간성 등과 같은 심리적 요인, 이데올로기나 사회체제와 같은 국가구조적 요인, 그리고 세력균형과 같은 국제체제적 요인 등에 의한 것 등 세 가지 분석수준으로 나누고, 이들을 각각 제1이미지(first image), 제2이미지(second image), 제3이미지(third image) 분석이라 칭한다. 이 같은 세 가지 분석수준 중에서 왈츠는 국제체제의 역학관계를 국가 간 분쟁발발의 가장 중요한 요인으로 보고 제1이미지나 제2이미지 분석은 "환원주의의 우(The fallacy of reductionism)"를 범하는 것이라 간주한다.[11] 물론 왈츠 식의 분석이 절대적인 인식의 관점이라 볼 수는 없다. 그러나 분쟁의 원인연구에 시사하는 바는 매우 크다.

왈츠의 제1이미지 분석에 따르면 다음의 심리적 변수들을 전쟁의 주요 결정요인으로 파악할 수 있다. 제1이미지 분석은 성서적 해석과도 맥을 같이 한다. 즉, 인간이 사탄의 꼬임에 넘어간 이후 공격적 본능을 가지게 되었고 인간성 자체의 개조 없이 전쟁의 예방은 불가능하다는 것이다. 이러한 성악설적 입장이 아니라도 레이몽 아롱(Raymond Aron)은 생물체로서 인간은 파괴성과 공격성을 가지고 태어났기 때문에 사회적 갈등이나 국가 간의 전쟁을 피하기 어려울 수 있다고 간파하고 있다.[12]

이러한 당위론적 입장이 아니라도 전쟁의 발발은 정책 결정자의 인

---

10) D. Singer, *The Level of Analysis Problem in International Relations*; K. Waltz, *Man, the State and War*.

11) Waltz는 제1이미지에 대한 분석을 "심리주의의 우(The Fallacy of Psychologism)"이라 규정하고 제2이미지에 따른 분석을 "사회학 접근상의 우(The Fallacy of Sociologism)"이라 규정하고 있다.

12) Raymond Aron, *Peace and War: A Theory of International Relations* (Malabari, Fla.: Krieger, 1981), pp.340-44.

지 구조와 밀접히 연계되어 있다고 본다. 저비스(Robert Jervis)의 인식과 오인 (perception-misperception)의 악순환 주기, 또는 미첼(Chris Mitchell)이 지적하고 있는 배타적 선입견(exclusive stereotype), 양극화(polarization), 편협한 시각(tunnel vision), 분리감(separation) 등 부정적인 선별적 상호 인식현상 등이 전쟁을 야기할 수도 있는 것이다.[13]

이러한 부정적 인식구조는 상호 불신을 조장하고 궁극적으로는 갈등의 심도를 첨예화하여 적나라한 무력충돌 형태로 나타날 수 있는 것이다.

그러나 왈츠나 싱어 등 다수의 분쟁이론가들의 지적하고 있듯이 심리적 변수들만으로는 갈등첨예화 또는 무력분쟁의 필요 · 충분조건이 되지 못한다. 오히려 심리적 변수군에의 과잉의존은 환원주의의 우를 범하는 것으로 갈등연구의 적합한 분석수준이 될 수 없다는 주장이 지배적이다. 이 같은 입장은 통상 왈츠가 말하는 제2이미지 분석과 맥을 같이 하는 것이다. 제2이미지 분석은 국내구조에 일차적인 분석의 초점을 맞춘다. 국내구조는 비교적 광범위한 변수들을 포함하는 것으로 정치체제(regime), 이데올로기, 국가내적 속성(national attributes) 등이 여기에 속한다.[14] 그 이외에도 국내정치적 안정 · 불안정, 대내적 불평등구조, 국가통합의 정도 등이 대외행태에 미치는 영향 등도 분석의 대상이 된다.[15]

---

13) 선별적 상호인식에 대한 체계적 논의는 다음 문헌에서 찾아볼 수 있음. Mitchell, *The Structure of International Conflict* (New York: St. Martin, 1981), pp. 99-119.

14) 여기서 국가속성이라 함은 GNP, 공업화의 정도, 면적, 인구, 종교, 정치체제의 형태 등 한 국가가 보유하고 있는 정태적 성격변수들을 지칭한다.

15) 이 점에 관해서는 Zinnes and Wilkenfeld, "In Analysis of Foreign Conflict Behavior of Nations."; R. J. Rummel, "The Relationship between National Attributes and Foreign Conflict Behaviors," in J. D. Singh (ed.), *Quantitative International Politics: Insights and Evidence* (N. Y.: Free Press, 1968) 등을 참고 바람.

레인(Lein)이 주장했듯이 자본주의 국내구조와 그 패권국 간의 식민지 획득 경합은 대규모 전쟁을 야기한 바 있다. 최근 민주 평화론의 사례에서 볼 수 있듯이 국내정치 체제와 전쟁 행태는 상호 연관 관계를 가질 수 있다. 아르헨티나 군부의 포클랜드 침공이나 사담 후세인의 쿠웨이트 침공에서 볼 수 있듯이 국내 정치적 불안이 주변국에 대한 공격적 행동을 촉발시킬 수도 있다.

제1 · 2이미지 분석보다 훨씬 많이 통용되고 있는 것은 아마도 제3이미지 분석방법일 것이다. 이 접근방법은 국제정치의 기본단위는 국가이며 국가 간의 갈등과 분쟁은 심리적 변수나 국가 구조적 변수에 의한 것이 아니라 국제체제의 역동적 관계에 의해 발생한다는 현실주의 이론에 근거한다. 이와 관련, 두 가지 쟁점이 제시된 바 있다. 그 하나는 극(polarity) 논쟁이다. 즉, 일극체제와 다극체제 중 어떤 힘의 배열이 국제체제의 안정성을 고양하고 전쟁의 가능성을 최소화 하느냐 하는 논쟁이다.

왈츠는 강대국의 숫자가 작을수록 국제 체제의 안정성을 높여준다고 주장하는 반면, 카플란(Morton Kaplan)은 일극 또는 양극 보다는 다극체제가 체제 내의 견제와 균형을 가능케 하면서 안정성을 가져 올 수 있다는 것이다. 다른 하나는 최근 쟁점이 되고 있는 세력 균형(Balance of Power) 이론과 세력 전이(Power Transition) 이론 간의 논쟁이다. 세력균형이론은 주요 경합국 간의 세력이 균형을 이룰 때 국제 또는 지역 체계의 안전성이 고양된다고 주장한다. 그러나 세력전이 이론은 패권국의 국력 신장이 정체적인 반면, 도전국의 국력 증강이 급격히 이루어지면서 패권국의 국력에 접근과 동시, 자신의 국제적 지위에 불만을 가질 때 대규모 전쟁 가능성은 높아진다는 것이다. 즉, 역설적으로 세력 균형이 전쟁 발발 가능성을 높여 준다는 것이다.[16] 이와 별도로, 길핀(Robert Gilpin)은 국제체계의 구조와 국가 간 힘의 재분배가 일치하지

16) Cashman, *What Causes War?*, pp.230-259 참조요.

않을 때 전쟁, 특히 패권 전쟁의 발발 가능성이 높다는 가설을 제시한 바 있다.[17)]

이상에서 살펴본 바와 같이 전쟁의 원인은 다양한 각도에서 접근될 수 있다. 심리적 변수군에 초점을 맞출 수도 있고 국내구조변수들을 집중적으로 추적, 갈등의 원인구조를 파헤칠 수도 있다. 그리고 국제체제 역동성의 분석을 통한 전쟁원인의 설명 또한 가능하다.

3. 전쟁의 과정[18)]

전쟁의 과정은 두 가지 측면에서 분석해 볼 수 있다. 그 하나는 빈도, 강도, 그리고 기간 등으로 나타나는 행태적 속성(behavioral properties)이고, 다른 하나는 분쟁이나 갈등의 양태이다. 후자는 일반적으로 전쟁의 성격에 따라 결정된다.

여기서 분쟁에 있어서의 빈도(frequency)란 그 생성에서 종말에 이르는 기간 중 무력마찰과 같은 현시적 폭력(overt violence)의 발생빈도를 지칭한다. 한 예로 아랍-이스라엘 분쟁의 경우 거의 60여 년 계속되고 있는데 전쟁, 위기, 그리고 국경마찰 등 무력충돌의 빈도는 자그마치 20여 개 이상이 된다.[19)] 한편 강도(intensity)라 함은 하나의 갈등이나 분쟁이 표출하는 폭력의 정도를 나타낸다. 통상 갈등의 강도는 사상자의 숫자, 참여 인원 및 화력의 정도, 그리고 재산손실의 규모 등에 의

---

17) Robert Gilpin, *War and Change in World Politics* (Cambridge: Cambridge University Press, 1983), pp.197-8.

18) 전쟁의 과정과 관리 부분은 필자의 이전 연구에서 부분 원용했음을 밝히는 바이다. 문정인, "남북한 분쟁연구 총 점검 및 새 연구 방향 모색," 양성철 편, 『남북통일 이론의 새로운 전개』 (서울: 경남대 극동문제연구소, 1989), pp.245-250.

19) E. Azar and Steve Cohen "Peace as Crisis and War as Status Quo." *International Interactions*, Vol. 6, No. 2 (1980), p. 160.

해 측정이 된다. 앞서 지적했지만, 가령 2차 대전과 6·25전쟁 같은 사건들을 고강도분쟁이라 한다면 테러리즘에 의한 산발적 인명 및 재산의 손실을 입는 것을 저강도분쟁 또는 갈등이라 볼 수 있다. 마지막으로 갈등이나 분쟁의 기간(duration)이라는 것은 갈등의 시발에서 종말에 이르는 축적된 총 시간을 의미한다.

분쟁의 빈도, 강도, 그리고 기간은 하나의 복합체를 구성하며 그 성격을 결정짓는다. 지금까지 발생했거나 계속되고 있는 갈등이나 분쟁의 과정은 세 가지로 대별지어 관찰할 수 있다.

그 첫째는 "일회, 단속적 분쟁" 과정이다. 이 경우 하나의 분쟁이나 갈등의 발생, 성숙, 감소, 그리고 종식이라는 네 단계를 통해 분명히 표출된다. 이 같은 분쟁의 과정에서는 전면전과 같은 고강도 폭력이 비교적 단시간 내에 분출되었다 사그라지고 궁극적으로는 종식의 단계로 들어간다. 제1차 세계대전이나 제2차 세계대전이 그 대표적인 예라 할 수 있다.

둘째는 "연속적 확산주기 분쟁" 과정이다. 하나의 분쟁이나 갈등이 그 시발은 있으나 종말은 없고 분쟁의 전개과정에서 연속적으로 또 다른 분쟁으로 연계·확산되는 분쟁을 이 부류에 속한다고 하겠다. 이 같은 예는 현실적으로 찾아보기 힘들다. 아마도 레바논분쟁이 이 유형에 근접한다고 볼 수 있을 것이다.

마지막으로 "장기불규칙갈등" 과정이다. "장기 불규칙갈등" 과정은 아자르(Azar) 등에 의해 제시된 "고질화된 사회갈등(protracted social conflict)" 과 유사하다 하겠는데, 그 특징은 시발은 있으나 종말이 없고, 잠재적 갈등(convert conflict)과 현시적 폭력(overt violence) 사이를 수시로 순환하며 장기화경향을 띤다는 점이다.[20] 아랍·이스라엘 분쟁과 스

20) "고질화된 사회갈등(Protracted Socail Conflict)" 에 관해서는 Edward Azar, *Protracted Social Conflicts*; E. Azar, R. McLaurin, and P. Jureidini, "Protracted Conflict in the Middle East," *Journal of Palestine Studies* (Autumn, 1978), pp. 41-69; E. Azar, "Peace Amidst Development,"

리랑카의 「타밀-싱할레스」갈등 등이 이 부류에 속한다 하겠다.

이 같은 행태적 속성은 여러 가지 형태로 나타난다. 국가 간의 경우는 전쟁, 국경마찰, 첩보전, 심리전, 군비경쟁의 형태로 나타나며 국가 내의 갈등은 항의, 소요, 반란, 혁명, 내란 등으로 표출된다.

4. 전쟁의 관리

전쟁이나 분쟁의 관리는 한 사회나 국가가 당면하고 있는 갈등이나 분쟁을 다루는 다양한 기술 또는 방법들을 지칭한다.[21] 분쟁관리는 크게 소극적 관리와 적극적 관리로 구분 할 수 있다.

소극적 관리는 다음 세 가지로 구성되어 있다. 그 첫째는 분쟁회피(conflict avoidance)다. 분쟁회피란 갈등, 대립적 상황이 원천적으로 발생되지 않도록 하는 조치를 의미한다. 둘째는 분쟁예방(conflict prevention)이다. 분쟁예방은 서로 상치되는 목적추구에 의해 이미 생성된 잠재적 갈등(latent conflict)이 현시적 갈등(manifest conflict)으로 발전되는 것을 미연에 방지하는 것을 뜻한다. 세 번째, 분쟁관리의 테크닉으로는 분쟁 억제 (conflict suppression)를 들 수 있다. 이는 상당한 수준의 군사력 확보를 통해 전쟁의 발생을 억지하고 필요에 따라서는 일방의 승리와 타방의 패배로 이끄는 전술, 전략을 의미한다.

이와 대조적으로, 분쟁 상태를 평화 상태로 전환시키는 것을 적극적 관리라 할 수 있다. 적극적 관리 역시 세 가지 대안을 고려할 수 있다. 그 하나는 분쟁의 규제(conflict regulation)이다. 이는 긴장완화, 신뢰구축, 군비 통제 등을 통하여 분쟁을 관리해 나가는 것을 의미한다. 다른 하나는 규제가 잘 이루어졌을 때 분쟁의 규제는 분쟁의 타결 (settlement)로 이어질 수 있다. 타결은 제3자 개입이나 중재를 통해 휴전 협

International Interactions, Vol. 6, No. 2 (1979), pp. 123-43 참고할 것.

21) C. Mitchell, *The Structure of International Conflict*, p. 256.

정, 평화 체제 등을 체결하고 적대적 관계를 유보시키는 것을 의미한다. 마지막으로 분쟁의 모든 구조적 원인을 제거하고 갈등 이전의 평화 또는 협력 상태로 환원시키는 분쟁해소(conflict resolution) 방안이 있다.[22]

5. 종전과 새로운 질서의 탄생

앞서 지적했지만, 분쟁이나 전쟁은 다양한 형태를 보일 수 있다. 그러나 '일회, 단속적' 대규모 전쟁의 경우, 전쟁의 종료는 엄청난 국내, 국제 정치적 변화를 가져올 수 있다. 우선 국내 정치적으로는 구체제를 와해시키고 새로운 헌정 질서를 수반한다. 유럽의 경우, 대부분의 주요 전쟁은 헌정 질서의 변화, 즉 공국에서 왕국(30년 전쟁), 왕국에서 현대적 의미의 영토 국가(루이 14세의 전쟁들), 영토국가에서 국가-민족(state-nations, 프랑스 혁명관련 전쟁), 국가-민족에서 민족 국가(nation-states)에로의 전환(1. 2 차 대전)과 밀접한 관계를 가져 왔다.[23] 1776년 미국의 독립 전쟁은 미합중국이란 새로운 헌정 질서를 가져 왔다. 가령 제1차 세계대전의 종료는 오스만 제국의 멸망과 케말 파샤의 터키를 탄생시켰다. 제2차 대전 역시 독일, 일본, 이태리 등 패전국의 국내 정치적 지형에 혁명적 변화를 가져왔던 것이다.

그러나 대규모 전쟁은 국제 질서의 변화 또한 수반한다. 30년 전쟁은 베스트팔렌 체제(1648)를, 루이 14세 전쟁은 유트레흐트 체제(1713)를, 나폴레옹 전쟁은 비엔나 체제(1815)를, 그리고 1차 대전은 베르사유 체제(1919)를 배태시켰다. 그리고 2차 대전은 군사적으로는 샌프란시스코 체제, 경제적으로는 GATT와 브레튼우즈 체제를 수반했다.[24]

---

22) Ibid., pp. 253~279.

23) Phillip Bobbitt, *The Shield of Achilles: War, Peace, and the Course of History* (New York: Anchor Books, 2002), Part II, pp. 69-212 참조요.

24) Phillip Bobbitt, *The Shield of Achilles: War, Peace, and the Course of His-*

이와 같이, 전쟁의 종결은 다양한 형태의 강화조약으로 명문화되었고, 이는 또한 국제 관계의 새로운 규범, 원칙, 규칙, 그리고 절차를 구체화하는 것이었다. 바로 이러한 이유 때문에 패권전쟁과 같은 대규모 전쟁은 새로운 국제 질서와 새로운 세대를 여는 전쟁 (epochal war)으로 평가할 수 있는 것이다.

III. 동아시아의 전쟁: 역사적 조망

이상에서 전쟁에 대한 일반론을 전개했다. 그러면 동양에서의 전쟁은 어떤가? 우선 이 책자에서는 근대 이후의 주요 전쟁을 중점적으로 다루고 있다. 아편전쟁을 기점으로 청일전쟁, 러일전쟁, 태평양전쟁, 한국의 6 · 25전쟁, 그리고 베트남 전쟁을 중점적으로 다루고 있다. 이러한 사례 선정은 사료의 충분성이라는 방법론적 이점도 크게 작용했지만 이들 전쟁이 지역 질서와 국내 정치에 미치는 중차대한 영향 때문이기도 하다. 따라서 이와 같은 근대 이후의 주요 동아시아 전쟁에 대한 체계적 연구는 동양과 서양의 문명사적 충돌이라는 거시적 함의의 규명은 물론이고 이들 전쟁이 어떻게 지역 질서와 국내정치 구조의 생성과 소멸에 간여해 왔는가를 통시적이고도 비교론적으로 조명해 줄 것으로 믿는다.

1. 동양(東洋)에서의 전쟁(戰爭)

전쟁을 이해하는 데 동양과 서양의 차이가 있는가? 김재창 박사는 제1장, “동양에서의 전쟁” 에서 동서양 간에 분명한 차이가 있다고 주장한다. 김 박사는 손자와 그 이외의 중국의 주요 사상가들을 원용하

---

tory, Book II, Part II, pp. 481-666 참조요.

면서 동양의 전쟁관을 설득력 있게 개진하고 있다. 무엇보다 서양의 전쟁은 도구적 성격이 강하다는 것이다. 여러 민족이 넓은 지역에 흩어져서 공존을 모색하면서 살아왔던 서양에서의 전쟁은 국가 목표를 달성하기 위해 사용되는 하나의 수단일 뿐이다. 그러나 동양에서의 전쟁이란 손자병법에도 "兵者, 國之大事也. 死生之地, 存亡之道"라고 했듯이, 개인의 입장에서는 삶과 죽음이 판가름 나는 마당이요, 국가 차원에서는 생존과 패망이 결정되는 길이라고 정립하고 있다. 이러한 전쟁 개념을 가진 동양에서의 전략문화는 유가와 도가(道家)의 사상적 논리의 영향을 받고 있다. 유가(儒家)의 인본주의(人本主義)를 바탕으로 한 손자의 "도(道)"의 개념, 순자(荀子)의 인의지병(仁義之兵)과 일치하는 손자의 "부전이 굴인지병(不戰而 屈人之兵)"의 개념, 노자가 전쟁이란 기책(奇策)에 불과하다고 주장한 것과 연관되는 손자의 "병자(兵者)는 궤도(詭道)"의 개념은 이를 잘 설명해 주고 있다.

또한 동양의 전쟁론이 갖는 또 하나의 특징은 동원된 전투능력과 잠재력에 더하여 국민의 의지를 중요한 요소로 평가하고 있다는 점이다. 이것은 전략적 차원이든 전술적 차원이든 간에 공히 정적인 능력을 동적인 것으로 전환하는 것이 중요하다는 것을 의미한다. 손자는 이것을 세(勢)의 개념으로 설명하고 있는데, 세란 저수지에 가두어 두었던 물이 수문을 열 때에 쏟아지는 현상과 같은 것이다. 즉, 어느 편이 국가의 정적인 잠재력으로부터 동적인 국력으로서의 세(勢)를 만들어내는 전략을 갖고 있느냐에 따라 전쟁의 승패가 결정 될 수 있다는 것이다.

김재창 박사는 동·서양의 차이를 전략술에서 찾고 있다. 전장에서 승리하기 위해서는 나의 전투력은 보존하면서 적의 전투력을 무력화 시켜야 한다. 적의 전투력을 무력화 시키는 방법은 크게 두 가지가 있다. 그 하나는 물리적으로 적의 전투력을 파괴하는 것이고, 다른 하나는 적의 지휘관이나 병사들이 전투를 포기하게 만드는 것이다. 전자의 방법인 전투력중심 전략술은 주로 서양에서 사용되어 왔고, 후자의 방법인 의도중심 전략술은 동양에서 사용되어 왔다고 주장한다. 그러나 현재 동서양을 막론하고 야전교범에서 다루고 있는 개념 중에 기만, 기습, 정보전, 심리전 등은 주로 의도중심 전략에 바탕을 둔 것이고, 집중과 분산, 전략폭격, 사격과 기동 등은 전투력중심 전략에 바탕을 둔 것이다. 따라서 김 박사는 20세기 이후에 동양권에 속한 나라들은 전통적인 의도중심 전략에 서구의 전투력중심 전략을 가미한 것으로 일종의 수렴현상을 보이고 있는 것으로 풀이하고 있다.

2. 아편전쟁

아편전쟁의 문명사적 의의는 이 전쟁이 동아시아문명과 서구문명 간의 첫 무력충돌이자 동아시아 근대사의 기점이라는 데 있다. 제2장에서 권선홍 박사는 아편전쟁을 다원적 국가관과 국가주권원칙을 근간으로 자국의 이익을 추구하고 열국의 쟁탈을 당연시한 서구문명과 단원적 천하관과 화이사상을 근간으로 하여 상하차등적이고 위계적인 주종관계를 당연시한 동아시아, 즉 중국 문명 간의 충돌로 파악하고 있다.

권 박사는 아편전쟁의 원인을 일차적으로 경제적 이유에서 찾고 있다. 청대의 중국은 명대의 해금정책을 이어받아 폐쇄적이고 통제적인 대외정책을 통하여 자신들의 통치기반을 굳건히 유지하려했다. 무역의 개방을 광주항구 한 곳으로 제한하고 외국상인들은 관허(官許) 상인조합인 '공행(公行)' 을 통해서만 무역을 할 수 있는 광동무역제도를 시행하였는 바, 이는 아시아의 무역에 대한 주도권을 행사하려는 영국에게 큰 장애물로 작용했다. 영국은 외교적 노력을 통하여 광동무역제도를 타파하고 광주 이외의 항구에 대한 개항 요구, 그리고 서구식 대외관계수립을 요구하는 등, 무역확대를 꾀했으나 중국의 거부로 실패하게 되면서 중국에 대한 강경책을 고려하게 되었다는 것이다. 여기서 아편 문제는 하나의 도화선을 제공했던 것이다. 청조에 의한 아편수입의 금지와 영국 상인이 보유하고 있던 아편의 압수, 소각은 무역확대를 위하여 전쟁도 불사하겠다는 영국에게 아주 좋은 구실을 제공하게 되었다.

청조는 이 전쟁에서 패배하고 1842년 8월에 남경조약을 체결하게 되고, 그 다음 해에는 영국에 대해 영사재판권을 인정하는 동시에 동년 10월에는 최혜국대우 조항이 포함된 호문조약을 체결하기에 이르렀다. 권 박사는 당시 중국이 영국의 치밀한 계획하에 발발한 아편전쟁에 대하여 그리 심각하게 받아들이지 않고 일종의 소요사태로 받아들였기 때문에 여전히 전통적인 사고방식을 포기하지 않았으며 체결한 불평등 조약에 대해서도 단순히 영국인들을 달래주는 유인책으로 생각했다고 진단하고 있다.

반면에 영국인들은 아편전쟁 이후 중국 측의 조약 이행태도와 대중국 무역에 대하여 불만족스럽게 생각하고 중국 시장의 완전개방과 자국공사의 북경상주 등 더 많은 권익을 추구하기 위하여 조약을 개정하고자 하였다. 그러나 두 차례의 조약개정 요구가 모두 받아들여지지 않자 서구 열강들은 전쟁을 일으킬 구실을 찾다가 마침내 1856년 애로우(Arrow)호 사건을 계기로 영불 연합군은 1856년 12월에 제2차 아편전쟁을 일으키게 되고 급기야는 불평등 조약의 전형으로 간주되고 있는 텐진조약이 1858년 6월에 체결되었다. 천진조약의 이행을 둘러 싼 마찰은 결국 영·불 연합군의 북경 점령으로 이어졌으며 북경조약의 체결을 통해 타결 될 수 있었던 것이다.

권 박사는 중국이 20년이란 기간 동안 두 차례 전쟁에서의 패배와 수도의 함락으로 엄청난 충격을 받고서야 비로소 서구문명기준을 수용하기 시작했다고 분석하고 있다. 또한 아편전쟁은 중국과 서구관계에서의 주도권을 근본적으로 바꿔놓은 대사건으로 동아시아의 전통적 국제질서가 붕괴되는 시발점이었으며, 동시에 단일한 지구국제사회가 형성되어가는 가시적 징표로 작용했다고 평가하고 있다.

3. 청일전쟁

아편전쟁이 동양과 서양의 문명사적 질서를 재편하는 것이었다면, 청일전쟁은 동아시아 질서의 혁명적 변화를 가져온 역사적 사건으로 평가할 수 있을 것이다. 제3장에서 김현철 박사는 청일전쟁의 원인과 결과를 국내 및 지역 변수들의 복합적 연계에 초점을 맞추어 설득력 있게 분석하고 있다.

일반적으로 청일전쟁의 원인은 두 가지 시각에서 조명되어 왔다. 그 하나는 조선 문제를 둘러싼 일 · 청 양국 간의 갈등 및 대결이고 다른 하나는 메이지유신 시기 일본의 대외팽창정책이다. 즉 서구와의 조약개정을 둘러싸고 의회와의 대립 및 탄핵안 발의 등으로 정권붕괴의 위기에 처한 이토 히로부미 내각에게 동학농민 봉기는 해외파병을 통해 국내의 불만세력을 잠재울 수 있는 절호의 기회였다는 것이다. 그러나 김 박사는 청일전쟁 역시 그 근본 배경과 원인에는 경제적 변수가 크게 작용했다고 분석하고 있다. 바꾸어 말하면 청일전쟁은 메이지 천황국가의 대외 침략적 성격에서 유래되며, 이는 일본이 원료공급지인 조선에서 우월한 지위를 확보하려는 정책의 결과였다는 것이다. 1894년 4월 하순 동학농민군의 봉기와 조선 정부의 청국에 대한 파병 요청, 일본의 파병, 그리고 국제적 중재의 실패로 촉발된 청일전쟁은 일본의 승전과 1985년 시모노세키 강화조약으로 마감되었다.

김 박사는 청일전쟁은 서구의 기준으로 볼 때 아시아의 다른 국가보다 문명화된 일본이 아시아에 대해 유럽과 함께 문명의 이름하에 지배하는 것을 정당화하는 계기가 되었다고 평가하고 있다. 그리고 청일전쟁은 조선의 독립과 동양평화를 명분으로 내세웠으나, 종전이후 한반도를 둘러싸고 청 · 일을 대신하여 러 · 일이 갈등 및 대립하는 양상을 띠었으며, 삼국간섭에 분개한 일본의 군비확장을 촉진하는 계기로 작용했다는 것이다. 이와 더불어, 김 박사는 한반도내 국내정세의 변동이 주변 국가들의 대한반도 진출 및 전쟁의 명분으로 확대되는 과정을 상기시키면서 당시 청일전쟁에 이르는 과정과 전후처리 과정을 역내 국가 간 전쟁방지와 평화구축 가능성 측면에서 재조명할 필요가 있다고 역설하고 있다.

4. 러일전쟁

청일전쟁 못지않게 동아시아 지역질서의 재편성에 심오한 영향을 미친 사건은 러일전쟁이라 할 수 있다. 특히 한반도의 운명과 관련하여 러일전쟁은 결정적 사건이라 해도 과언이 아닐 것이다. 제4장에서 석화정 박사는 러일전쟁이 '조국방위전쟁'이라는 일본과 러시아 학자들의 주장을 비판하면서, 이 전쟁이야말로 한국과 만주 지배를 둘러싼 제국주의의 패권 다툼이자, 러시아의 남하정책과 일본의 대륙정책이 충돌한 결과라고 주장하고 있다. 제국주의 야욕과 세력균형의 실패가 러일전쟁을 야기했다는 것이다.

석 박사에 따르면 러시아는 1898년 만주를 세력권화했고, 1900년 이후 동청철로를 보호한다는 구실로 정규군을 파병했으며, 만주를 실질적으로 점령했다. 1901년의 람스도르프-양유협정으로 마침내 러시아는 만주전역에 군대를 주둔시킬 수 있게 되었다. 반면, 러시아의 만주점령에 대한 대응으로 일본에서는 영일동맹과 러일협상론이 동시에 대두되었으나, 러시아와 일본은 일본의 한만교환론과 러시아의 조선영토에 대한 전략적 사용 불가입장 사이에 합의점을 찾지 못하고 결렬되고 말았다. 이에 일본은 일영동맹을 체결하고 1904년 2월 8일 러시아 함대에 포격을 가함으로써 선전포고 없는 기습공격으로 러일전쟁이 시작되고 말았던 것이다. 러시아와의 교섭을 진행하는 동시에 철저히 전쟁준비를 해온 일본은 러시아를 압도적으로 제압하고 말았다. 그러나 전쟁의 피해는 쌍방 모두에게 지대했다. 일본은 108만 명의 병력이 동원되었고, 이중 10여만 명이 전사했으며, 러시아는 동원된 120여만 명 중 69만여 명의 사상자를 기록했다.

한편 러일전쟁에 대한 영미의 기본 입장은 러시아와 일본의 상호견제를 통한 세력균형의 유지에 있었으며, 제2차 영일동맹과 가쓰라·태프트 밀약을 바탕으로 자신들의 이익을 확보해두고자 하였다. 러시아와 동맹관계였던 프랑스는 영국과의 충돌을 피하기 위해 중립을 선언했음에도 불구하고, 동맹관계의 유지를 위해 러시아에게 편의를 제공하였으며, 독일은 중립을 표방했을 뿐 아니라 러일 모두에게 차관을 제공하였다. 석 박사는 러일전쟁이 조선과 남만주에 대한 일본의 지배권 확립을 확립해 주었을 뿐만 아니라, 동아시아 정세의 변화와 사국협상체제의 대독 포위망을 구축시킴으로써 제1차 세계대전으로 가는 세력구도의 형성을 촉진시켰다고 지적하고 있다. 또한 석 박사는 러일전쟁을 군사적이고 유럽 중심적 해석에서 벗어나 피해국의 입장에서 이해되고 평가되어야 한다고 주장하고 있다.

5. 아시아-태평양전쟁

제5장에서 김명섭 박사는 현대 동아시아 지역질서의 생성에 커다란 획을 그은 아시아-태평양 전쟁의 기원, 전개과정, 그리고 그 결과를 상세하게 규명하고 있다. 무엇보다 김 박사는 제2차 세계대전과 더불어 아시아, 태평양에서 벌어졌던 전쟁을 태평양전쟁, 대동아전쟁, 미일전쟁 등으로 불려왔으나 이들 각각은 이 지역 전쟁의 일면적인 성격만을 부각시킨 것이라 비판하며 '아시아-태평양전쟁'으로 기술하는 것이 보다 바람직하다고 주장하고 있다. 왜냐하면 이 명칭이야말로 일본의 패전, 미국의 승리, 중국의 기여, 한반도문제, 전쟁의 기원과 책임, 전후처리문제 등 전쟁의 성격을 보다 포괄적으로 다룰 수 있기 때문이라는 것이다.

김 박사는 '아시아-태평양' 전쟁을 네 단계로 나누어 설명하고 있다. 그 첫 단계는 일본 공세기로서 동남아에서 영국과 미국, 네덜란드

군대들을 연이어 물리치면서 일본 스스로를 동남아를 서양지배로부터 해방시킨 아시아의 해방군이라 자처하던 시기라 할 수 있다. 두 번째 단계는 일본과 연합군의 접전기로서, 서태평양에서 버마에 이르는 광범위한 점령지에 대해 도조 총리가 일본을 중핵으로 하는 공존공영의 대동아 공영권을 표방했던 시기이다. 그러나 이러한 이념적 기제 이면에는 자원획득과 군대의 자활을 우선으로 하는 식민지수탈이 존재하고 있었다. 세 번째 단계는 일본의 저항과 종전모색기라 힐 수 있다. 이 단계에서는 사이판이 함락되었고 연합군의 일본본토에 대한 폭격기의 출항과 회항이 가능해져 전세의 반전이 뚜렷이 나타난 시기라 할 수 있다. 마지막으로 일본의 항복 모색기를 들 수 있다. 1945년 5월 8일 독도항복으로 추축국 진영이 붕괴된 후 일본은 항복을 모색하기 시작했다.

김명섭 박사는 아시아 · 태평양전쟁을 복합적 시각에서 조망하고 있다. 즉, 자본주의 제국들 간의 식민지 쟁탈전쟁, 피압박민족의 반제-민족해방전쟁, 자본주의대 공산주의 간의 전쟁, 파시즘 대 범민주세력(자유민주주의+인민민주주의) 간의 전쟁, 그리고 문명 간의 전쟁이라는 복합적 성격을 지닌 것이 아시아 · 태평양 전쟁의 본질이라는 것이다. 일본이 1942년부터 '대동아전쟁' 이라는 명칭을 공식화했던 것은 문명 간의 전쟁이라는 의미를 부각시킴으로써 피압박민족의 반제-민족해방전쟁, 자본주의 대 공산주의 간의 전쟁의 의미를 토로했던 것이라고 해석하고 있다. 또한 미국에게 있어서 아시아 · 태평양전쟁은 이 방면으로 미국적 표준을 확대시킨 결정적 계기가 되었다고 할 수 있다. 아시아-태평양전쟁이 공식적으로 마감된 것은 1951년 샌프란시스코 평화조약이나 이 조약 체결 이후에도 아시아 · 태평양전쟁의 유산은 한반도 휴전 문제, 일본의 전쟁책임문제 그리고 북핵문제와 북일 미수교 등에까지 이어지고 있다고 진단한다.

6. 한국의 6 · 25전쟁

한국의 6 · 25전쟁은 냉전 체제하에서 발발한 최초의 대규모 전쟁으로 한반도, 동북아, 그리고 세계 질서에 주는 함의가 크다고 하겠다. 제6장에서 김영호 박사는 이 전쟁의 원인과 과정, 그리고 결과에 대한 심층적 분석을 하고 있다. 김 박사에 따르면 기존의 연구는 전쟁의 원인을 설명하는 데 주로 초점이 맞추어졌다고 한다. 그러나 최근 소련 문서의 공개와 더불어 전쟁 발발과 관련된 의문점이 해소되면서 전쟁 과정에 대한 연구의 중요성이 높아지고 있다는 것이다. 김 박사는 국경분쟁의 연장선상에서 전쟁 발발의 직접적인 원인을 설명하려는 커밍스의 내전론은 그 설득력을 잃어가고 있다고 주장하면서, 스탈린의 세계 전략적 목적과 이를 달성하기 위한 남침 승인과 지원 결정의 배후를 밝히는 데 더 많은 노력을 기울여야 할 것이라고 밝히고 있다.

한편 "국제적 내전" 개념은 이 전쟁이 내전으로 시작되었지만 미국과 중국의 개입으로 국제전화되었다고 보는 시각으로 내전론보다는 당시의 현실을 포착하는 데 많은 도움을 주는 것이 사실이다. 그럼에도 불구하고 "국제적 내전" 개념은 미소 냉전대결이라는 구체적인 국제정치현실의 체험을 제대로 반영하지 못할 뿐만 아니라, 외인과 내인 중 어느 것이 전쟁 발발에 결정적인 영향력을 끼쳤는지는 분명하게 설명해주지 못하고 있다는 것이다.

김 박사는 스탈린이 전쟁을 결정하게된 구체적 배경을 알려주는 자료는 거의 없다고 본다. 그러나 중국공산혁명의 성공은 아시아 지역의 세력균형에 일대 변화를 예고해주는 것이었고 스탈린이 공산중국이라는 신생 공산국가의 티토이즘을 경계하려는 의도 역시 매우 강했을 것으로 추정하고 있다. 그리고 전쟁의 전개과정에서 가장 중요한 연구과제의 하나는 중국의 개입에 관련된 문제들로서 중국과 소련의 사료를 검토함으로써 명백하게 밝혀내어야 한다고 강조하고 있다. 김 박사는 전쟁 종전과 관련하여 두 가지 추가 연구 과제를 제시하고 있다. 그 하나는 스탈린이 전쟁의 종전을 유럽에서의 공산세력 팽창과 어떻게 전략적으로 연결짓고 있었느냐 하는 것이고 다른 하나는 국군 포로의 문제이다.

김 박사는 한반도 상에서 또 다른 전쟁의 발발은 6 · 25전쟁보다는 그 강도가 훨씬 더 격렬할 것이고, 그 전쟁의 결과 우리 민족은 그 생존 자체를 위협받게 될 것으로 진단하고 있다. 나아가 제2의 6 · 25전쟁은 아시아 지역 전체에도 부정적인 영향을 미칠 것으로 예측하고 있다. 한반도에서 전쟁 재발을 막아야 하는 일차적 책임은 우리 민족에게 있으며, 한국의 6 · 25전쟁은 주변 국가들에게도 한반도의 평화와 안정이 동북아 지역전체의 평화와 번영에 직결된다는 역사적 교훈을 던져주고 있다.

7. 베트남 전쟁의 의미와 현대적 교훈

한국의 6 · 25전쟁 냉전체제를 공고히 하는 계기가 되었던 반면, 냉전 구도의 명분에서 시작된 베트남 전쟁은 오히려 데탕트라는 냉전체제의 이완 현상을 가져왔다. 제7장 "베트남 전쟁의 의미와 현대적 교훈"에서 홍규덕 박사는 베트남전의 국제정치학적 의미를 심층적으로 규명하고 있다.

홍 박사는 베트남전의 성격을 3단계로 나누어 설명하고 있다. 그 첫째는 프랑스와 하노이 정부 간의 탈식민지 독립 전쟁의 성격으로 출발한 1945년 2차 대전 종전 직후부터 1954년까지의 1차 인도차이나 전쟁이며, 둘째는 1973년 3월까지 프랑스를 대신해 베트남에 상륙한 미국과 전개된 제2차 인도차이나 전쟁이다. 그리고 마지막으로 1974년 이후 외국군이 사라진 상태에서 남북 간의 통일을 위해 치른 제3차 인도차이나 전쟁이다.

홍 박사는 베트남 전쟁의 원인을 미국의 잘못된 개입에서 찾고 있다. 미국은 프랑스 및 현지 대사의 적극적인 반대에도 불구하고 디엠

정부에 대한 전폭적 지지를 통해 베트남 정부의 안정화를 도모한다. 그러나 1961년 취임한 케네디의 소극적 자세 등은 베트남의 정치적 상황을 더욱 악화시켜 결국 쿠데타에 의한 디엠 정부의 실각을 초래한다. 이에 존슨 대통령은 베트남 내 반공정부 구축 노력을 강화시켜 나갔다. 그 과정에서 미국은 미궁 속으로 빠져든다. 그리고 1965년 개입 초기의 낙관적 견해는 불과 2년 만에 바뀌기 시작했고 1968년 1월 베트콩의 구정 공세로 상황은 더욱 악화되어갔다. 미국 내 반전 무드는 최고조에 달했다. 1969년 당선된 닉슨 대통령은 미국이 패배했다는 인상을 주지 않으면서, 동시에 월남의 독립성 유지나 생존 가능한 구도를 만들어주는 명예로운 방법을 모색하기 시작했다. 그러나 데탕트를 이용한 소련과의 비밀 외교, 북베트남 측과의 평화 협상 등은 기대효과를 보지 못했고, 1975년 4월 21일 사이공 함락과 더불어 30년 전쟁은 월맹의 승리로 끝나고 말았다.

홍 박사는 베트남 전쟁으로부터 여러 가지 전략적 교훈을 도출해 내고 있다. 무엇보다 트루만 이후 닉슨까지의 사례를 보아, 정통성을 결여한 인위적 정권교체는 결코 대안이 될 수 없다는 것이다. 평화가 힘에 의한 국제질서를 대체할 수 있다는 생각을 가지지 못한 역대 미국 대통령의 인식 또한 문제시된다는 것이다. 특히 미국과 북베트남이 남베트남을 배제한 가운데 베트남의 운명을 좌우할 수 있는 비밀 평화 협정의 체결은 오늘날 우리에게 주는 시사점이 크다는 것이다. 아무리 미국과 같은 강대국이라 할지라도 무장게릴라들과의 전투에서 승리를 담보하기 어렵다는 사실 역시 심오한 역사적 교훈을 주고 있다.

Ⅳ. 동아시아의 전쟁: 위협과 평화

이상의 논의를 기초로 할 때, 동아시아는 평화보다는 전쟁에 더 익

숙한 지역이라 할 수 있다. 다행히도 월남전 이후 지난 30년 동안 비교적 오랜 평화를 유지하고 있는 것은 주지의 사실이다. 그러나 아직도 평화를 낙관하기에는 이르다. 우리가 이 지역에서 누리고 있는 평화는 안정된 평화(stable peace)가 아니라 언제라도 군사적 갈등으로 폭발할 수 있는 불안정한 평화(unstable peace)라 하겠다. 중국의 부상과 일본의 보통국가론을 중심으로 한 구조적 불안정, 양안과 한반도의 위기관리 문제, ASEAN 국가들 간의 긴장과 대립 등은 동아시아 미래의 평화 전망을 어둡게 해주고 있는 것이다. 이제 동아시아에 있어서 평화에 대한 위협은 어떤 형태로 나타나고 있으며, 이러한 위협을 어떻게 관리해 나갈 것인가를 살펴보기로 하자.

1. 중국의 전쟁관과 평화

최근 동아시아 최대의 담론은 중국의 부상과 그에 따른 중국 위협론이다. 제8장에서 황병무 박사는 중국의 전쟁관에 대한 탁월한 분석을 통해 중국 위협론에 대한 우리의 이해를 도모해 주는 동시에 동아시아의 평화에 대한 함의를 도출해 내고 있다. 황 박사는 중국의 전쟁관은 시대적 상황과 지도부의 교체에 따라 변화되어 왔다고 주장한다. 특히 사회주의 국가인 중국은 전통적으로 마르크스주의와 레닌주의, 그리고 마오쩌둥의 영향을 받아 전쟁관이 형성되었는데, 이들을 바탕으로 중국은 항일전쟁과 국공내전을 거치면서 주요 전쟁교리가 된 인민전쟁이라는 중국식 전쟁교리를 정립하였다는 것이다. 인민전쟁교리는 시대 상황에 맞추어 변화되고 있음에도 불구하고 중국 지도부에 의해 아직까지 강조되고 있다. 그 이유는 인민의 지지 없는 전쟁은 승리를 담보할 수 없기 때문이다.

황 박사에 따르면 마오쩌둥은 냉전시기의 전쟁을 사회주의 진영 대 자본주의 진영으로 규정(양대진영론)했으나 사회주의 진영 간의 연합이 실패하면서 이를 수정하여 중간지대론을 펼쳐 사회주의 진영의 단결의 한계를 극복하고자 했다는 것이다. 하지만 1970년대 덩샤오핑은 계급적 전쟁관에 집착하지 않고 서구적 세력균형 전쟁관에 접근하여 세계삼분론을 주장하였다. 이에 따라 중국은 소련을 제1의 위협으로 인식하고 이를 배제하고자 미국을 비롯한 자본주의 국가들과의 전략적 제휴를 모색하게 된다. 그리고 핵무기의 등장으로 인해 소규모의 재래식 국지전쟁에 대비할 것을 강조한다. 이와 같은 중국 지도부의 전쟁관 변화에 따라 중국식 전쟁 교리인 인민전쟁교리도 변화했다는 것이다. 역사적으로 중국은 상대방이 안보위협 의도나 시도를 보일 때 그러한 위협이 커지기 전에, 구두 · 외교 각서에 의한 경고나 군대 이동이나 제한된 군사력 사용 등을 통해 조기 억제를 시도해 왔다.

또한 전쟁 종결 시 중국은 점령한 영토를 상대방과의 협상에 이용하지 않고, 장기적 점령을 시도하거나 중국에의 강압적 편입을 시도하지 않았다. 그러나 덩샤오핑의 집권 후 중국은 개혁, 개방을 시작하면서 급격한 교리의 혁신이 이루어졌다. 새로운 전쟁 교리는 전 국토의 전면전 보다는 발생 가능한 국지 전쟁과 군사충돌에 대비할 수 있는 전략과 능력을 요구하고 있다. 특히 최근의 국방백서는 정보화 시대의 국지전쟁에 대비하여 '첨단기술 국지전쟁' 작전방식에 관심을 기울이고 있다.

황 박사는 중국이 미국 주도의 패권체제의 지속성을 현실로 인정함과 동시에 수용 · 편승하고 있다고 평가하고 있다. 그리고 중국의 급격한 부상을 다른 나라들이 위협으로 느끼는 대신 이해하고 지지하게 만든다는 전략을 쓰고 있다. 즉 중국은 평화적 발전전략(和平發展)을 기회가 될 때마다 공표하면서 주변국들에게 중국의 부상이 위협이 아니라 상호 협력과 발전의 기회가 될 것임을 강조하고 있다. 그러나 중국의 평화적 발전전략에는 국내외적으로 불확실한 요인들이 있다. 경제성장에 자만한 결과 중국의 민족주의가 부상할 경우, 경제 불황이나 경기침체의 상황에서 국내 정치적 문제를 중국이 외부로 표출할 가능성, 중국 정치체제의 모순으로 인한 취약성 등 국내적 요인이 있다.

그리고 국외적 요인으로는 미국을 비롯한 강대국들의 견제, 에너지 자원의 확보 어려움, 대만 · 일본 · 북한 문제의 처리 등이 있다는 것이다. 따라서 황 박사는 탈냉전 이후 중국의 개혁 · 개방 정책으로 인한 급격한 부상과 불확실한 요인 그리고 전쟁관의 변화에 대한 연구가 동북아시아의 안정과 평화에 주는 의미가 크다고 보고 있다. 왜냐하면 중국은 아직도 정치적으로 공산주의 체제를 유지하고 있으며 변화된 전쟁관 역시 마르크스-레닌주의에서 발전된 인민전쟁 교리를 바탕으로 하고 있기 때문이다. 중국은 국력의 패권적 사용을 부인하고 있지만 중국 지도부가 국내외적 한계를 극복하고 중국에게 유리한 국제 규범을 만들려는 시도가 전혀 없을 것이라고 장담할 수 없기 때문에 중국의 부상이 동북아시아의 안정과 평화에 미치는 전략적 의미를 지속적으로 평가해야 한다고 결론 내리고 있다.

2. 양안관계와 대만문제의 군사안보적 요인

한반도 문제 이상으로 첨예한 동북아 안보 현안은 양안관계라 할 수 있다. 제9장에서 문홍호 박사는 양안관계와 대만문제의 군사안보적 요인을 차분하게 분석하고 있다.

문 박사에 따르면 양안관계에 있어 중요한 문제는 중국과 대만의 군사적 대치이며 이러한 군사 · 안보적 문제의 핵심은 대만 내의 독립 분위기와 이를 억제하기 위해 비평화적 방법도 사용할 수 있다고 공언한 중국의 태도에 있다는 것이다. 양안관계라는 개념 속에는 중국공산당과 중국국민당의 장기간 대립 · 갈등의 역사, 대만해협을 사이에 둔 지리 · 공간적 환경, 국제사회의 보편적인 인식 및 공인된 원칙과 실제 간의 괴리 현상 등이 모두 내재되어 있다고 할 수 있다. 중국은 대만과의 통일문제 등 양안의 주요 정치적 현안을 '대만문제'로 인식하며, 따라서 중국의 입장에서 대만과의 통일은 곧 대만문제의 해결을 의미한다. 반면 대만 국민당정부는 중국이 통일문제를 포함한 양안의 정치적 문제를 대만문제라고 지칭하는 것에 대해 심한 거부감을 갖고 있었으며, 중국문제만이 존재할 뿐 대만문제는 근본적으로 존재하지 않는다는 입장을 보이고 있다. 이러한 대립이 해소되지 않는 한 언제든지 긴장국면이 재현될 수 있다는 것이다.

중국의 입장에서 대만문제는 반드시 해결해야 할 국가 · 민족차원의 과제로서 적어도 상징적으로라도 대만문제를 최우선적으로 정책과제로 설정하고 있다. 따라서 중국은 대만문제에 있어서 회유와 압박을 병행하고 있는데 반국가분열법과 국공회담이 그 대표적 사례이다. 반국가분열법은 대만문제가 중국의 내전으로 인해 야기된 내정문제라는 전제하에 대만의 독립 추진 세력에 의한 분열행위가 있을 경우 비평화적 방식과 필요한 조치를 취할 수 있다고 명시하고 있다.

반면 반국가분열법 제정으로 긴장국면이 고조되던 양안관계는 롄짠 국민당 주석의 중국방문과 후진타오 주석과의 '국공회담'이 전격적으로 이루어지면서 반전 국면으로 접어들었다. 즉 국민당의 롄짠은 국공회담을 통해 자신들이 양안의 통일을 주장하지는 않지만 적어도 독립을 배제하면서 하나의 중국 원칙 내에서 공존하고 실질적인 정치실체로 인정받음으로써 국민당을 평화, 안정, 번영의 주체로 자리매김하고자 했다. 후진타오에게 있어서도 대만의 독립을 운운하지 않고 여전히 중국, 중국인의 정체성을 고수하는 국민당 최고 실력자와의 베이징회담을 통해 통일 염원을 합창하는 것은 매력적인 카드였다.

한편 양안관계의 측면에서 볼 때 대만요인으로 국제사회에서 독립적인 지위를 확보하기 위한 대만의 대 중국 외교공세를 들 수 있는데, 그것의 문제점은 대만의 외교적 성과와 양안관계의 평화 · 안정적 유지가 현 단계에서는 양립하기 어렵다는 것이다. 미국과 일본을 중심으로 한 대외적 요인도 양안관계의 군사 · 안보적 요인에 커다란 비중을 차지하고 있다. 문 박사에 따르면 미국은 형식적인 측면에서는 중국의 입장을, 실질적인 측면에서는 대만의 입장을 고려함으로써 중국, 미국, 대만의 삼각관계를 자국의 관점에서 균형적으로 유지하고자 한다는 것이다. 또한 일본과의 관계에 있어서 중국은 자신들의 군사적 역량의 한계, 일본과의 경제협력 확대, 주변 국제정세 안정 등의 필요성을 고려하여 일본과의 갈등을 최소화하는 노력을 전개할 것이라는 것이다.

그러나 일본이 미국과의 직간접적 연대하에 대만문제에 개입하고자 할 경우, 중국은 초강경 대응조치를 취할 것으로 내다보고 있다. 결론적으로 양안의 통일과 독립문제에 대한 중국과 대만의 획기적인 합의가 없는 한, 그리고 미국, 일본 등 주변 국가들이 양안관계와 대만문제를 동아시아의 진정한 평화와 공동 번영의 모색이라는 차원에서 접근하지 않는 한 대만해협의 군사·안보적 긴장은 해소되기 어렵다고 전망하고 있다.

3. 일본의 전쟁관과 평화

중국 위협론 못지않게 동아시아의 미래에 위협 요인으로 대두되고 있는 것이 일본 보통 국가론과 군국주의에로의 회귀 논쟁이다. 박영준 박사는 제10장에서 20세기 전반 군국주의화된 일본의 호전적 이미지가 오늘날 재현될 가능성에 대해 다각도의 접근을 통해 분석하고 있다. 우선 박 박사는 국제사회에서 전쟁이 발발하게 되는 이유를 4가지 원인, 즉 국제체제적 변수, 대립적 체제 국가 간 군비경쟁, 해당국가의 공격적 군사교리, 그리고 마지막으로 인간 내면의 공격적 충동과 어리석음으로 보고 있다. 그리고 이러한 4가지 전쟁 발발 원인에 근거하여 근대 일본의 전쟁 원인을 분석하고 있다.

첫째, 국제체제의 대립적 구도에서 청일, 러일, 중일, 태평양전쟁을 일본이 기존 국제질서의 현상유지 세력에 대해 도전적 자세를 취하면서 대립적 국제구도가 조성된 것이 전쟁 발발의 구조적 요인이라고 파악하고 있다. 둘째, 일본의 공격적 군사독트린이 전쟁의 발발 원인이라 파악하고 있다. 일본은 20세기 전반기 내내 육해군의 공세적인 전략개념을 포기하지 않았으며, 일본의 공세적 군사 독트린은 근대 일본에 의한 연속적 전쟁 도발을 가능케 하였다고 보고 있다. 셋째, 군사력 증강과 적대국가에 대한 군비경쟁을 또 다른 원인으로 보고 있다. 20세기 전반 일본의 경우, 육군은 러시아를, 해군은 미국을 가상적국으로 설정, 가상적국의 군사력에 대적 가능한 수준의 전력 획득을 추구하였다는 점을 들고 있다. 넷째, 정치 및 군사지도자의 호전성을 그 원인으로 보고 있는데, 국가 정책 결정이 아무리 국가이익, 국제체제 등에 의해 좌우된다 하더라도 결국 최종결정은 최고수준의 정책결정자에 의해 이루어진다는 점에서 일본 최고 정책 결정자의 호전성에 의해서 전쟁이 발발하였다고 분석하고 있다.

박 박사는 위의 네 가지 변수에 기초하여 현대 일본의 미래 군사행태를 조망해 보고 있다. 첫째, 미-일 동맹이 보다 강화되고 작전 면에서 더 구체적이며 치밀화되었으나 그 역할 면에서 보았을 때 일본은 미국에게 기지제공, 군수 및 정보의 조달과 수집 등의 역할에 중점을 두고 있는 것으로 보아 일본의 미국과의 동맹체제는 자국의 국익 추구를 위해 강화된 것이지 군국주의로의 회귀 정책으로 보기는 힘들다.

둘째, 전후 일본은 평화헌법 제정을 통해 정규군을 보유하지 않을 뿐 아니라, 전쟁 포기를 선언한 데 더해 전수방위를 기본 전략 방침으로 일관되게 표명해 왔기 때문에 공격적 군사행동은 어렵다는 것이다.

셋째, 전후 일본은 방어적 군사력 확보라는 '기반적 방어력' 개념 하에 핵 3원칙, 공격용 무기 보유 금지의 원칙을 고수해 왔기 때문에, 이 원칙의 명시적 파기 없이는 일본의 군국주의화를 예단하기는 어렵다는 것이다.

넷째, 전후 일본의 정치구조는 평화헌법을 통해 천황과 군부가 정치에 직접 개입하는 길을 막고 대외정책 수단으로서 전쟁 및 무력행사를 헌법적으로 금지시키고 있기 때문에 군국주의의 부활은 어려울 수밖에 없다는 것이다. 그러나 미-일 동맹의 강화나 방어적 군사력의 증강은 주변국의 군비경쟁을 유발할 가능성이 있기 때문에 한국으로서는 일본 방위구조의 변화가 평화주의의 원칙에 입각해서 진전되도록 요구해야 한다고 주문하고 있다.

4. 남북한 간 전쟁 위협과 평화

한반도에서 전쟁 재발은 가능한 것인가? 전쟁을 예방하고 평화를 구축하기 위해서는 어떤 조치를 취해야 하는가? 전재성 박사는 제11장에서 현실주의 시각에 기초하여 예리한 진단과 신중한 처방을 제시하고 있다. 전 박사에 따르면 한반도 전쟁 재발 가능성에 대한 진단은 두 개의 집단으로 확연히 구분되어 있다는 것이다. 그 하나는 탈냉전기에 접어들어 북한의 변화된 국가전략과 남북관계의 진전속도로 볼 때, 전쟁 가능성이 거의 사라졌다는 견해이고, 다른 하나는 북한의 국가전략, 안보전략, 대남전략의 본질은 냉전기 북한과 사실상 변화가 없으므로, 여전히 전쟁가능성이 상존하고 있다는 견해이다.

이와 같은 상반된 견해를 문제의 시발로 삼아 전 박사는 가장 비관적인 고전적 현실주의 예측에서, 이에 비해 상대적으로 낙관적인 공격적 · 방어적 현실주의, 더 나아가 통합의 가능성까지 논의하는 기능주의와 자유주의, 그리고 정체성의 공유 가능성까지 분석하는 구성주의 등을 스펙트럼 삼아 한반도의 전쟁과 평화, 그리고 남북관계의 현재와 미래와 관련하여 다음의 다섯 가지 결론을 도출해 내고 있다.

첫째, 북한이 전쟁을 일으킬 가능성을 논의할 때 남과 북의 관계는 전통적인 민족적 정체성과, 근대적인 의미에서 국민형성의 실패라는 이중성으로 말미암아 전형적인 근대 국민국가 간 관계를 보이고 있지 않다는 것이다. 그러나 대내외적 주권의 측면에서 두 개의 독립된 정치집단으로 엄연히 존재하는 남과 북의 관계를 국제정치학이론에 적용할 때 상당한 시사점을 제공해 준다.

둘째, 전쟁의 가능성을 논의할 때 행위자의 의도에 초점을 맞추는 논의는 한계가 있다. 의도는 파악불가능성과 가변성을 함께 가지고 있기 때문이다.

셋째, 행위자의 의도의 변화를 결정하는 가장 큰 요인이 행위자 간, 혹은 국가 간 세력균형의 변화라는 사실이다. 구조적 현실주의자들이 강조하고 있듯이 의도는 권력에 따라 변화하는 것이므로, 변화하는 세력균형의 양태를 관찰하면 전쟁의 발발 가능성을 발견할 수 있다는 것이다.

넷째, 신현실주의가 상정하듯이 국가 외교 정책의 목적이 방어적이라고 상정할 근거가 남북관계에서는 결여되어 있다는 것이다. 근대국가는 국가의 대외적 주권에 기초하고 있으나, 남북관계는 상대방에 대한 병합이 국가 기본 목표이기 때문이다.

다섯째, 1990년대 중반부터 본격화되기 시작한 남북한 간 교류, 협력의 증가가 평화의 가능성을 높일 수 있다는 자유주의와 기능주의의 주장에 대해서 신중한 태도가 요구된다는 것이다. 협력의 증가를 통해 한국은 북한의 체제변화에 대해 낙관적 전망을 가지고 있으나, 북한은 협력이 변화로 확산되는 것을 정치적으로 통제하는 것을 목적으로 삼고 있기 때문이다.

전재성 박사는 남북 간 평화는 여전히 현실주의적 신중성을 기초로 하여 평가될 수밖에 없다고 결론 내리고 있다. 그러나 이론적 결론이 신중성을 요구하고 있다 하더라도 실천에 있어서는 현실에서의 모든 가능성을 추구해 나가면서 구조적 한계를 타파하려는 노력이 중요하다고 제언하고 있다.

5. ASEAN 국가들의 전쟁 위협과 평화

이제까지 주로 동북아의 안보 현안을 다루어 왔다. 그러면 동남아의 평화와 안보 현실은 어떠한가? 제12장에서 봉영식 박사는 동남아, 특히 ASEAN 국가들의 전쟁 위협과 평화를 중점적으로 다루고 있다. 봉 박사는 아세안 국가들이 역사적으로 베스트팔렌 체제적 주권개념에 집착해 왔으며, 이러한 강한 주권의식이 국가 간 긴장고조와 분쟁의 원인으로 작용하고 지역통합을 저해해 왔다는 기존의 주장을 비판하면서 ASEAN 국가들이 상호보완적인 관점에서 능동적으로 해석·조율해 왔으며, 이러한 관점에서 볼 때 아세안 지역안보는 희망적이라고 전망하고 있다.

그 이유로 네 가지 근거를 제시하고 있다. 첫째, AFTA와 ARF의 활성화 등 아세안의 지속적인 지역적·기능적 팽창을 그 긍정적 증거로 제시하고 있다. 따라서 아세안 무용론보다는 유용론에 더 초점이 맞추어져야 한다는 것이다. 또한 아세안의 근본성격이 최소한의 안보환경 조성의 매개체로서 집단적 행동원칙 확인과 상호협의를 목적으로 만들어진 느슨한 협력체로 출발하였다는 점도 고려돼야 한다는 것이다.

둘째, 경험적 측면에서 아세안 지역의 국제관계를 분쟁과 긴장의 역사로 파악하는 입장은 그 설득력이 약하다 하겠다. 아세안 설립 이후 동남아에서 일어난 전쟁은 모두 외세의 개입에 의한 것이었고, 1967년 이후 아세안 회원국 간의 무력충돌은 한 차례도 일어난 적이 없다는 점을 들고 있다.

셋째, 아세안 지역안보 비관론은 정태적 시각에서 동남아시아 국가의 안보 행위를 분석하는 경향을 보인다. 즉, 아세안의 정체성과 지역안보에 대한 회원국들의 사고방식은 지속적인 변화와 재정립의 과정 속에서 결정되고, 따라서 아세안이 공동의 기본 가치로 삼는 '내정 불간섭', '외세배제', '무력사용불가' 등은 변화하는 국제환경에 따라 다른 의미를 가질 수도 있다는 것이다.

넷째, 아세안 국가들이 주권제일주의에의 집착한 나머지 호전적, 팽창적 외교·군사행동으로 이어질 것이라는 주장은 그 현실적 근거가 약하다. 아세안 국가들은 국가안보와 국가주권을 조화하는 데 있어서 역사적으로 높은 수준의 전략적 유연성과 현실주의적 탄력성을 보여 왔다. 이처럼 아세안 지역은 반외세, 영토수호의 웨스트팔리안 주권의 행사로부터 실질적인 주권행사로 주권우선 원칙의 내용과 안보 논리를 변화시켜 왔고, 아세안 국가들의 국가주권과 안보이익의 조화노력이 지역안보질서 · 아세안 지역협력을 저해할 가능성은 적다고 본다.

한편, 봉 박사는 아세안 국제관계의 미래를 결정하는 주요 변수로 중국과 일본의 대 아세안 경쟁외교와 국경을 초월한 안보위협의 등장, 그리고 미국 주도의 대테러 전쟁 등을 들고 있다. 과거 중국과 일본의 동남아시아 진출이 아세아 국가들의 주권과 국가안보에 대한 위협이었다면, 아세안을 포용하고자 하는 최근의 중국과 일본 간의 각축전은 동남아 국가들의 협상력과 영향력을 제고하면서 지역이익의 확대와 긴장완화에 좋은 기회를 제공하는 방향으로 전개되고 있다는 것이다. 또한 아세안 재정위기(AFC, Asian Financial Crisis), 사스사태, 조류독감, 쓰나미 사태 등은 아세안 국가로 하여금 국가생존과 안보의 위협이 더 이상 국가차원의 문제가 아닌 지역적, 세계적 대책을 요구하는 사안이라는 인식의 전환을 촉발시켰다. 끝으로 봉 박사는 아세안 내부와 외부의 국제관계의 최근 변화추세를 고려해 볼 때 아세안 국가들의 전쟁의 위협과 평화의 문제는 과거에 비해 보다 긍정적인 방향으로 전개되고 있는 것으로 평가하고 있다.

6. 동아시아의 미래전

만일 동아시아에서 대규모 전쟁이 발발한다면 어떤 형태를 보일 것인가? 13장에서 이상현 박사는 동아시아 미래전의 양상에 대한 심도 있는 논의를 전개하고 있다. 이 박사는 냉전종식 이후에도 국가 간의 전쟁은 여전히 발생하고 있으며, 21세기 군사안보 질서는 정보화 · 세계화의 추세로, 과거와는 다른 양상으로 전개될 것으로 예측하고 있다. 특히 과학기술이 발달하면서 전쟁의 수단은 갈수록 첨단화 · 경량화 · 기동화 · 네트워크화의 특성을 보이고 있다는 것이다.

과거 산업사회에서는 인구규모, 영토, 병참 등이 전쟁양상을 결정하는 중요한 요소였다면, 현대는 과학기술이 가장 중요한 변수로 작용하고 있다는 것이다. 현대전은 '새로운 양상'의 전쟁이며, 이는 기술환경의 변화가 군사분야에 응용되기 시작한 결과로서, 기술발전이 단순한 군사력 증진을 넘어서 군사분야 전반에 걸친 총체적인 변화를 가져오고 있다는 것이다. 미래전은 정보전, 비대칭전, 병행전, 우주전, 정밀타격전, 로봇전 등으로 특징지어질 수 있는 바, 현재 미국이 미래전의 선두주자이며, 이에 따라 군사혁신과 군 변환연구, 네트워크 중심 전쟁, 미군의 신속결전작전 등에 대한 연구가 진행되고 있는 실정이다.

그러면 동아시아에 주는 함의는 무엇인가? 근대 서구 국제관계는 세력균형, 평등한 주권국가들 사이의 평등한 국제관계를 전제로 하지만, 동양은 유교적 원리가 통용되며 상하차등적 위계질서를 그 특징으로 하고 있다. 역사적으로 동아시아는 중국과 일본이 세력을 다투는 형국으로 발전되어 왔고 냉전 이후에도 미 · 일 · 러 · 중의 세력 각축이 점차 가시화되고 있으며, 영토, 자원, 환경, 역사문제, 군비지출 증대 등 다양한 분쟁요인을 내포하고 있다. 이 박사는 미 · 중 · 일 삼국관계가 당분간 동북아 질서를 주도하는 가장 중요한 변수될 것으로 전망하고 있다. 동아시아 대부분의 국가들은 첨단 지휘통제체제와 정밀타격력, 정보전 분야에 집중 투자하고 있으며, 미래전이 발생할 경우 그 양상은 첨단정보 네트워크를 바탕으로 한 정밀 타격중심의 전쟁이 될 가능성이 클 것으로 내다보고 있다.

이 박사는 이러한 상황 하에서 한국형 군사혁신이 필요하다고 역설하고 있다. 국방부는 21세기 정보화된 선진형 신국방체제 구축의 필요성을 느끼고 개혁추진위원회, 군사혁신기획단 창설 등 다방면으로 노력중이나 한국이 처한 전략 환경에 대한 분석을 바탕으로 미래전을 위해 투자해야 할 우선순위에 대한 검토가 필요하다고 역설하고 있다. 국방예산의 적절한 증가, 군 편제개편 등 미래전에서 한국 독자적 전쟁보다 미국과의 연계 속 전쟁 가능성이 높으며, 이에 따라 과거의 상호방위조약에 근거한 고정된 지역적 동맹이 아닌, 임무에 따른 유연한 연합과 연합국을 엮는 다차원 네트워크 개념이 적용된 새로운 한・미동맹 개념 정립이 필요하다는 것이다. 또한 다자안보체제를 통한 동아시아의 지속적 평화체제 달성에 노력해야 할 것이라는 점을 강조하고 있다.

7. 동아시아 평화체제의 모색

이상의 논의를 기초로 할 때, 탈냉전, 세계화의 새로운 분위기에도 불구하고 동아시아의 안보 지형은 다분히 불안 요인들을 내포하고 있다고 볼 수 있다. 그러면 어떻게 이 불안요인들을 효과적으로 관리하여 동아시아에서도 유럽과 같은 효과적인 평화체제를 만들어낼 수 있을까? 한용섭 박사는 14장에서 이 문제와 관련, 분석적・체계적 현실 진단을 바탕으로 동아시아에서의 평화체제 구축 가능성에 대한 설득력 있는 대안을 제시하고 있다. 탈냉전 이후, 동아시아에서는 아세안 지역포럼(ARF), 동북아시아협력대화 등과 같은 다자간 안보질서 형성 시도가 있었다. 그러나 경제 분야와 비교 할 때, 안보 면에서의 지역 내 다자 협력은 다분히 지지부진했다는 것이 한 박사의 지적이다. 여기서 한 박사는 이 지역의 번영과 평화를 담보하기위해서는 평화공동체의 구축이 꼭 필요하다는 점을 역설하고 있다.

이와 관련, 한 박사는 동아시아의 지역적 범위를 정교히 하고 있다. 그는 동아시아 평화체제를 구축하기 위해서는, 동북아・동남아 국가는 물론, 미국・호주・뉴질랜드・인도・파키스탄을 포함하는 23개국을 그 참여대상으로 설정해야 한다고 주장하고 있다. 한 박사는 유교적 평화관과 불교적 평화관으로 대변되는 기존의 동아시아 평화관을 비판적으로 검토한 후, 적극적 평화구축을 지향하는 평화체제를 개념화시키고 있다. 또한 유럽의 헬싱키 프로세스, 이스라엘과 이집트・요르단・시리아와의 평화협정, 베트남-미국 평화협정 사례의 비교론적 분석을 통해 평화공동체 구축에는 화해협력조치, 군사적 신뢰구축, 군비제한, 군축이 필수적이라는 점을 지적하고 있다.

한 박사에 따르면, 평화체제와 가장 가까운 개념인 안보공동체가 최대조건에 도달하기까지 3가지 단계를 거쳐야 한다는 것이다. 다자간 안보 대화가 시작되는 1단계, 대화가 정례화 · 상설화되는 2단계, 안보대화가 상설적 안보협력회의체로 발전하며 조약에 의해 신뢰구축과 군축을 행하는 3단계가 그것이다. 그는 최종단계로 집단방위기구를 상정하고 있다. 그러나 이는 지역 내 배타적인 군사관계가 존재하는 동아시아에서는 거의 불가능하며, 현재 2단계 초두에 해당하는 협의기구를 제도화한 안보협의기구화(3단계)를 최대 목표로 설정하고 있다.

한 박사는 동아시아 평화체제의 형성에 필요한 네 가지 조건을 제시하고 있다. 먼저 동아시아 안보협력회의의 제도화가 필요하다는 것이다. 이는 전혀 새로운 동아시아안보협력회의(CSCEA)의 창설이 아니라 아세안지역포럼의 확대 · 심화를 통해 이루어지는 것이어야 하며, 각 회원국의 이해상충을 해결하면서 지역 내 안보대화를 확대시켜야 한다는 것이다. 다음으로, 동아시아 전문가 협의회와 초국가적 시민단체연대의 구축을 들고 있다. 유럽 안보협력체 성공의 기저에는 관련 전문가 공동체의 활발한 활동이 있었기 때문이다. 특히 한 박사는 매년 2회 정도의 동북아 안보 · 평화 · 군축 협의회 개최를 제안하고 있다. 이에 더 나아가 동아시아 군사협력기구의 조직이 필요한데, 유럽의 나토처럼 상설 군사협력기구를 마련하여 각 회원국의 군사대표가 개별 국가가 해결하기 어려운 안보문제에 대응하도록 해야 한다. 마지막으로 동아시아 안보에 있어 미국이 핵심적 역할을 하는 것을 인정함과, 미국과 중국의 상충이익 양보를 통한 대승적인 안보협력이 필요하다는 것이다.

그동안 동아시아의 평화체제 구축에 관하여 비관적인 시각이 팽배하였던 것이 사실이다. 그러나 한 박사는 튼튼한 경제적 유대를 바탕으로 안보문제의 공동해결을 위한 노력이 지속된다면 동아시아에서 평화체제의 창설이 비관적이지만은 않다고 보고 있다. 이러한 노력의 성공을 위해, 최근 진전을 보이고 있는 아세안(ARF) 등을 바탕으로 회원국 간 안보이해의 충돌을 막고 북핵을 해결하도록 단계적으로 접근할 것을 제안하고 있다.

V. 맺음말

지금까지 동아시아 전쟁과 평화의 과거, 현재, 미래를 포괄적으로 다루어 보았다. 그러면 우리에게 주는 이론적, 경험적, 정책적 함의는 무엇인가?

첫째, 동아시아의 주요전쟁은 패권전쟁과 고강도 분쟁의 성격을 강하게 표출하고 있다. 아편전쟁은 다분히 식민, 침탈전쟁의 성격이 강하지만 청일 · 러일전쟁은 한반도를 둘러싼 패권전쟁이었고 아시아-태평양 전쟁은 세계를 대상으로 한 미 · 일 간의 패권전쟁이었다. 그리고 한국전과 월남전 역시 냉전구도에서 발생한 패권전의 한 유형으로 이해할 수 있을 것이다. 또한 19세기 후반 이후의 동아시아 역내 전쟁은 많은 인명과 재산의 손실을 수반하는 고강도 전쟁이었다는 점에 주목할 필요가 있다.

둘째, 동아시아 전쟁의 주요원인은 식민지 침탈과 자원과 시장 확보라는 정치, 경제적 국익확대에 있었지만 세력균형의 파괴 또는 급격한 세력전이 현상의 발생 역시 패권전쟁 발발의 핵심적 변수로 작용했다. 중국과 러시아라는 지역 패권세력에 대한 일본의 도전이 청일, 러일전쟁으로 이어졌고 미국이라는 새로운 패권국에 대한 도전이 아시아-태평양 전쟁으로 귀결되었던 것이다. 한국전 역시 브루스 커밍스의 내전론보다는 냉전이라는 국제변수와 분단과 대립이라는 국내변수가 연동되면서 발생된 것으로 이해할 수 있다. 이렇게 볼 때, 왈츠가 지적했던 제3의 이미지, 즉 국제체제 수준에서의 전쟁원인 분석이 더 설득력이 있다 하겠다. 그러나 국내구조, 이데올로기, 정치체제라는 제2이미지 변수들도 무시할 수는 없다. 왜냐하면 전쟁으로 이르는 모든 결정이 국내정치의 역동적 과정을 통해 여과되기 때문이다. 그러나 심리적 요소를 강조하는 제1이미지 변수는 영향력이 적은 것으로 나타나고 있다.[25)]

셋째, 동아시아 전쟁의 과정은 일반적으로 일회, 단속적 분쟁 양상을 보이고 있다. 한국전은 남북한 간에 고질적 사회갈등으로 전환된 느낌을 주고 있으나 여타 전쟁은 그 시발에서 전쟁의 정점에 이르렀다가 궁극적으로는 전쟁의 종료로 귀결되고 말았다. 대부분의 전쟁은 비교적 단기간(3년에서 5년 이내)에 끝났고 승자와 패자가 명확히 구분되는 전쟁들이었다고 할 수 있다.

네 번째, 유럽의 사례처럼 동아시아의 전쟁들도 조약이라는 절차를 통해 그 종료를 보았다는 사실에 주목할 필요가 있다. 아편전쟁은 북경(北京)조약(1895), 청일전쟁은 시모노세키조약(1895), 러일전쟁은 포츠머스 평화조약(1904), 아시아-태평양 전쟁은 샌프란시스코 평화조약(1951), 한국의 6·25전쟁은 휴전협정(1953), 월남전은 파리평화조약(1973)으로 종결을 보게 되었다. 아마 샌 프란시스코 강화조약을 제외하고는 대부분의 이러한 조약들이 새로운 역내 지역질서를 가져온 것은 아니다. 이점은 유럽과 크게 대조된다고 하겠다. 반면에 국내정치적 영향은 매우 컸다고 할 수 있다. 청일전쟁은 궁극적으로 신해혁명을 통한 청조의 붕괴에 결정적 역할을 하게 되고 러일전쟁에서의 패배는 볼셰비크 혁명을 가능케 했다고 평가할 수 있다. 아시아-태평양 전쟁은 일본 천황 지배체제의 와해를 가져왔고 월남전에서 월맹의 승리는 통일된 베트남을 가져왔다. 아마 한국의 6·25전쟁만이 국내의 급격한 정치변화를 가져오지 않은 유일한 전쟁이라

---

25) 이 같은 현상은 주요 정책결정자의 인지구조와 정책결정 양상에 대한 일차 연구의 미진성과 연관될 수도 있다.

할 수 있을 것이다.

마지막으로 동아시아의 현재와 미래가 불안한 조짐을 보이고 있는 것은 주지의 사실이다. 중국의 부상과 미 · 일의 견제, 일본의 보통국가화와 한 · 중의 견제, 북한 핵무장과 역내 군비경쟁의 강화, 양안위기의 재현 가능성과 그에 따른 역내 안보불안, 그리고 배타적 민족주의의 국내정치적 오용과 남용을 통한 동북아 국가 간의 관계 악화 등은 역내 안보에 대한 불안감을 고조시키고 있다. 그러나 그렇다고 해서 동아시아가 "강대국 정치의 비극"에 휘말리거나,[26] "유럽의 과거가 아시아의 미래가 될 것"[27]으로 보이지는 않는다. 역내국가들 간의 경제적 상호의존, 촘촘한 인적 연계망, 그리고 시민사회연대의 확산은 현실주의의 망령에서 벗어난 자유주의 전이가 이 지역에서 가능케 해 줄 것으로 보인다. 이와 더불어, 배타적 동맹논리에서 벗어나 다자안보협력체제를 구축하고 집단 안전보장체제라는 안보공동체의 기반을 구축할 때만이 이 지역에서 영구평화와 공동번영을 모색할 수 있다는 점에 유념해야 할 것이다.

---

26) John Mearsheimer, *The Tragedy of Great Power Politics* (New York: W. W. Norton, 2001).

27) Aaron L. Friedberg, "Ripe for Rivalry: Prospects for Peace in a Multipolar Asia," *International Security* 18:3(Winter 1993/4) p. 7.

제1부
동아시아 전쟁사

제1장

동양의 전쟁

김재창

Ⅰ. 머리말

나라마다 독특한 전략 문화(戰略文化)가 있다. 일반적으로 전략(戰略)이란 국가목표를 달성하기 위해서 주어진 자산을 효과적으로 할당하는 과학 또는 기술이라고 정의한다. 따라서 국가는 국가 목표를 달성하기 위하여 주어진 자산, 즉 정치, 경제, 심리적 자산과 군사력을 효과적으로 할당하여 실패의 가능성을 줄이고 성공할 가능성을 높이기 위해 전략을 구상하게 된다.

전략문화는 주로 지정학(地政學)적 요소의 영향을 받지만, 내부적 여건과 외부적 요인이 상호작용을 통해서 얻어지는 것이며, 성공가능성이 높다고 판단되는 전략을 반복해서 사용해온 오랜 역사적 경험을 통해서 형성되는 것이다. 동양권의 전략문화는 유교사상과 동아시아의 지정학적 특징의 영향을 받으면서 발전하였으며, 그 전략문화가 서양의 전략문화와 구별되는 동양적 전략문화의 특징으로 남아 있다고 볼 수 있다.

20세기를 전후하여 동아시아 지역의 나라들은 적어도 8번의 큰 전쟁을 겪게 된다.[1] 이 중에서 1945년 이전까지 일어난 전쟁은 모두 일본이 시작한 전쟁이지만, 1945년 이후의 전쟁은 대부분 중국이 개입했던 전쟁이었다.

그런데, 일본이 수행한 전쟁은 주로 적 군사력의 중심(重心)을 물리적으로 파괴하여 적의 의지를 굴복시키려는 전략을 선택한 것이었다. 일본의 잠재적 전쟁수행능력은 통상 상대적으로 열세하였지만, 강한 정신력을 바탕으로 적의 중심을 향해 능력을 집중하여 기습적인 공격을 감행하였던 것이 특징이었다.

중국이 수행했던 전쟁은 전형적인 기습에 기반을 둔 것이었다. 군사적으로는 예상하지 못한 곳에서 갑자기 나타나고 어떤 때는 인해전술이라고 표현할 만큼 대규모로 병력을 투입하여 정면으로 공격하다가, 갑자기 사라져 버린다. 특히, 주변국에 대하여 군사력을 사용한 경우에는 적을 제압한 후 일방적으로 휴전을 선포하고 철수해 버리기도 한다. 중인전쟁(1962년), 중월전쟁(1979년)이 전형적인 예이다.

일본의 전쟁이 클라우제비츠(Clausewitz)가 주장한 파괴의 원칙(Destruction Principle)에 동양적 정신력을 가미한 것이었다면, 중국의 전쟁은 손자의 벌모(伐謀) 전략에 현대적인 파괴력을 추가한 것이라고 볼 수 있다. 그러나 양자 공히 전통적인 동양의 전략문화에 기초를 두고 있다는 점에서 서양의 전쟁과 대조를 이루고 있다.

---

1) 1894-1895간의 청일전쟁; 1904-1905간의 노일전쟁; 1941-1945간의 태평양전쟁; 1946-1949간의 중국내전; 1950-1953간의 6 · 25전쟁; 1962년 중인전쟁; 1965-1975간의 베트남전쟁; 1979년 중월전쟁 등을 들 수 있다.

II. 서양의 전쟁과 동양의 전쟁

여러 민족이 넓은 지역에 흩어져서 공존을 모색하면서 살아왔던 서구사회에서의 전쟁은 국가 목표를 달성하기 위해 사용하는 하나의 수단으로 받아들여졌다. 클라우제비츠가 전쟁이란 무력을 사용하여 적이 나의 의지를 수행하도록 강요하는 것이라고 정의한 것은[2] 전쟁의 결과가 반드시 존망(存亡)을 결정하는 최후의 길이라는 개념과는 구분된다. 그것은 국가 간에 발생하게 되는 분쟁을 해결하기 위한 하나의 방법으로 무력을 사용하는 것이라는 인식이 더 짙게 반영되어 있다. 그러나 고대 동양사회에서의 전쟁은 서구인들이 인식했던 전쟁보다도 훨씬 더 극단적인 현상으로 받아들여졌다. 손자는 그의 병서의 서두에 "병자는 국지대사라(兵者, 國之大事也)"라고 표현하였다. 그 "중대사(重大事)"의 정도가 "사생지지요 존망지도(死生之地, 存亡之道)" 라고 설명한 것은, 개인의 입장에서는 삶과 죽음이 판가름나는 마당이요, 국가 차원에서는 생존과 패망이 결정되는 길이라는 뜻이다.[3]

따라서 전쟁이란 정치 지도자가 정상적으로 선택할 수 있는 방법 중의 하나라는 개념보다는, 지극히 예외적인 현상이라는 개념이 더 강조되어 있다. 무경칠서에 나오는 태공(B.C. 1212년경 출생)이 주나라 문왕에게 전략을 설명하면서 "옛날 성군들은 병기를 흉기라 하고, 전쟁을 위험스러운 일이라 해서, 부득이한 경우에만 이를 사용하였다"[4]는 점을 강조한 대목은 이와 같은 전쟁에 대한 인식이 중국사회에 이미 깊은 뿌리를 내리고 있었다는 점을 말해 준다.

---

2) Carl Von Clausewitz, *On War*, ed. & tr., by Michael Howard and Peter Paret(Princeton: Princeton University Press, 1984), p. 75.

3) 손자는 전쟁이란 국가의 大事인 바 死生之地요 存亡之道라고 설명한다. 『도해손자병법』, 노병천 역편(서울: 가나출판사, 1996), p. 26.

4) 『국무경칠서』, 국방부 전사편찬위원회 역(서울: 국방부 전사편찬연구회, 1987), p. 127.

오래전부터 서구인들은 개인적으로 무기를 소지하고 다녔다. 그리고 그 전통이 지금도 남아 있다. 평소에 개인이 무기를 소지하고 다니는 것은 필요시 무기를 사용한다는 것을 전제로 한 것이다. 동양에서는 그렇지 않았다. 개인이 무기를 소지하는 것은 지극히 예외적인 일이었다.[5] 서구 사회에는 결투(決鬪)라는 문화가 있었다. 개인과 개인 사이에 일어나는 분쟁을 해결하는 최후의 수단이다. 결투를 신청하고 결투를 받아들이고, 그리고 결투를 시행하여 그 결과를 수용하는 것은 서구 사람들의 오래된 관행이요 이들의 문화라고 볼 수 있다.

클라우제비츠는 전쟁을 규모가 큰 결투라고 설명하고 있다.[6] 전쟁이란, 마치 여러 쌍의 결투가 한꺼번에 집합적으로 이루어지는 것과 같다고 설명한다. 서구 사회에서 전쟁이란 국가 간에 일어나는 분쟁을 해결하는 하나의 수단으로 받아들여졌다. 물론 그것은 다른 모든 방법이 실패했을 경우에 사용하는 수단이라는 단서가 붙지만, 개인 간의 관계에서 결투가 받아들여지는 것처럼, 국가 간의 관계에는 전쟁이 하나의 수단으로 받아들여졌다. 따라서 서구 사회에서 전쟁이란 반드시 한쪽이 망해서 없어지는 과정이기보다는 무력대결을 통해서 대부분 어느 한쪽이 다른 한쪽의 의지에 굴복하게 되는 것으로 결론지어 진다. 클라우제비츠의 전쟁에 대한 정의는 이런 서구 사회의 문화를 잘 반영한 것이라고 볼 수 있다.[7]

고대 중국 사회에는 결투와 비슷한 문화는 찾아볼 수 없다. 일본에 무사도가 있지만 그것은 무사가 지킬 행동규범을 말하는 것이지 개인과 개인 간에 일어난 분쟁을 칼싸움으로 판가름하는 것은 아니다. 동

---

5) 일본의 사무라이들이 칼을 차고 다녔지만 그것은 어떤 특수 계층의 문화였지 보통 사람이 그런 극단적인 수단을 지니고 다닌 것은 아니었다.

6) "War is nothing but a duel on a larger scale," See Carl Von Clausewitz's *On War*, p. 75.

7) 전쟁이란 우리의 의지를 구현하기 위해 적을 강요하는 폭력행동이다. 『전쟁론』, 유재승 역(서울: 책세상, 2003), p. 33.

양사회에서, 특히 중국에서, 전쟁이란 국가 간에 정상적으로 존재하는 관계의 하나로 받아들여지는 것이 아니었다. 비록, 전쟁의 존재를 부정하는 것은 아니라 할지라도 적어도 지극히 예외적인 것이었다.

클라우제비츠의 관점에서는 전쟁에서 승자는 패자에게 자기의 의지를 강요하고, 패자는 그것을 받아들인다. 그것이 전쟁의 결과이다. 그러나 손자의 전쟁은 차원이 다르다. 서구의 전쟁처럼 상대방으로 하여금 나의 의지를 받아들이도록 강요하는 정도로 끝나는 것이 아니다. 일단 전쟁을 했다 하면, 그 전쟁은 일반적으로 생사와 존망을 가름하는 것이 되었기 때문이다. 이러한 전략문화는 고대 중국적 전략 환경의 특징을 잘 반영한 것이라고 설명할 수 있다.

III. 유교문화의 영향을 받은 전략문화

전쟁에 대한 유학자(儒學者)들의 견해는 근본적으로 부정적이었다. 이웃나라와의 분쟁을 해결하기 위해 물리적으로 폭력을 사용한다는 것이 도리에 어긋난다는 주장이다. 공자는 "먼데 사람이 복종하지 않으면(안으로) 문덕(文德)을 닦아서 그들을 오게 하고, 이미 오게 했으면 편안하게 해주어야 한다"고[8] 역설하였다.

맹자는 인간의 본성이 착하다는 성선설을 기반으로, '인의(仁義)'를 핵심으로 하는 왕도(王道)정치를 행할 것을 역설하였으며, 반면에 힘에 의한 정치 곧 패도(霸道)정치는 극력 배척하였다.[9]

그러나 이들이 모든 전쟁에 대해 반대한 것은 아니다. 우선 공자는 예치(禮治)를 주장하였던 만큼, 군주를 시해하는 등 대역부도한 행위에

---

8) 『논어』 김석환 역주(서울: 학양사, 2005), p. 464; 권선홍 저, 『유교문명권의 전쟁』, p. 24.

9) 『맹자』, 범선규 역(서울: 혜원출판사, 1997), p. 117; 『公孫丑 상편』 3장. 맹자

대해서는 군대를 동원할 것을 주장하였다. 예컨대 제(齊)나라 대부가 그 군주를 시해하자, 공자는 목욕재계한 후에 노나라 군주를 찾아가 "(제나라 대부) 진항(陳恒)이 그 군주를 시해하였으니 토벌"할 것을 주청하였다.[10)]

맹자(孟子)는 그 전쟁이 백성을 위한 전쟁인지 여부를 물었다. 제나라 선왕(宣王)이 연(燕)나라를 공격하여 차지하는 문제에 대해 묻자, 맹자는 주나라 무왕과 문왕을 예로 들면서 "만일 점령하여 연나라 백성들이 기뻐하거든 점령하고 그렇지 않거든 그만 두라"고 대답하였다.[11)] 천시나 지리보다 인화(人和)가 더 중요하다 는 그의 견해를 반영한 대답이었다.[12)]

유가(儒家)의 전쟁관은 결국 모든 전쟁을 부정한 것은 아니었지만, 굳이 전쟁이라는 수단을 사용하지 않더라도 덕치(德治)나 인치(仁治)를 통해 분쟁을 극복할 수 있다는 주장이었다. 무력에 의존해야 할 극단의 상황이 닥친다면 전쟁을 할 수밖에 없겠지만, 그러나 그것은 반드시 정의(正義)를 위한 것이어야 하고, 특별히 정의의 전쟁이 되어야 한다는 것을 강조하고 있다.

노자(老子)는 도(道)를 주장하였다. "도로써 군주를 보좌하는 사람은 병(兵: 무력)을 앞세우지 않는다. 무력은 그 대가를 치르게 된다"고[13)] 주장했고, "비록 갑옷이나 무기가 있어도 그것을 사용할 필요가 없게 하라"고[14)] 충고하였다. 엄격한 의미에서 노자도 무력의 무용론을 주장한

는 "힘으로 인(仁)을 가장하는 것인 패도(覇道)이니, 패를 칭하려면 반드시 큰 나라를 지니고 있어야 한다. 덕으로 인을 행하는 것은 왕도(왕도)이니, 왕도를 펴는 데는 큰 나라여야 할 것은 없다" 고 패도와 왕도를 구분하였다.

10) 『논어』 헌문편 22장, pp, 405-407.

11) 『맹자』 양혜왕 하편 10장, pp. 79-80.

12) 『맹자』 공손추 하편 1장, 위의책, p. 136.

13) 『노자』, 우현민 역주(서울: 박영사, 1996) 제30장, p. 173.

14) 『노자』 제80장, 위의책, p. 324.

것은 아니었다. 다만 도가 우선 되어야 한다는 것을 강조했을 뿐이다. 전국시대에 들어서면서, 중국대륙은 치열한 패권경쟁의 무대가 된다. 주(周)나라 초기에 중국 땅에는 1,000여 개의 작은 제후국들이 있었다. 주나라 왕조의 통제력이 약화되기 시작했을 때에, 이들 제후국들은 자신의 안전을 스스로 지키지 않으면 안 되는 환경에 처하게 된다. 결국 이 많은 제후국들이 춘추시대(B.C. 770-404) 말이 되면 40여 개의 나라로 줄어들고, 이들 중에서 5~7개의 나라가 경쟁하면서 패권을 다투게 된다.[15]

중국인들의 경쟁은 끈질기기로 유명하다. 전국시대로 알려진 180여 년 동안 이들은 넓은 중국대륙에서 무한경쟁을 계속하다가, B.C. 221년, 진(秦)나라가 모든 세력을 제압하고 중국 땅 전체를 통제하는 유일한 세력이 된 것이다. 중국인들은 그것을 가르쳐 천하(天下)통일을 이룩하였다고 표현한다. 하늘 아래의 모든 것을 장악했다는 뜻이다.

중국의 긴 역사는 어떤 패권세력에 의해 통일되었다가 통제력이 약화되면 분열하고, 분열된 세력들이 서로 경쟁하다가 강대한 세력이 등장하면 다시 통일되는 과정을 반복해 온 것이 그 특징이다. 따라서 오래된 중국의 유교적 전통에도 불구하고, 전쟁은 회피할 수 없는 현실적 문제로 등장한다. 법가(法家), 병가(兵家)의 논리가 대표적인 전쟁 긍정론이라고 볼 수 있다.

그러나 병가의 논리가 유가(儒家)나 도가(道家)의 논리와 동떨어진 것이 아니라 오히려 이들의 예치(禮治) 나 인치(仁治)의 논리를 긍정적으로 수용하였고 특히 도가의 논리를 전략에 적용하고 있다는 것이 특징이다. 첫째, 중국의 전략이론은 힘의 근원이 백성으로부터 나온다

15) 춘추시대의 五覇: 齊의 桓公, 宋의 襄公, 晋의 文公, 秦의 穆公, 楚의 莊王; 戰國時代의 七雄: 燕(연), 田齊(전제), 趙(조), 魏(위), 韓(한), 楚(초), 秦(진) 등이다.

는 유가의 인본주의(人本主義)적 논리를 바탕으로 하고 있다. 맹자는 "인정(仁政)을 행하는 자에게는 모두 그 덕(德)에 순종하여 대적(對敵)하는 자가 없다(仁者無敵)"고[16] 역설하였다. 왜냐하면 "도(道)를 얻은(仁政을 행하는) 자는 도와주는 사람이 많고 도를 잃은 자는 도와주는 사람이 적다. 도와주는 사람이 적은 것이 극에 이르면 친척도 배반하게 되고 도와주는 사람이 많은 것이 극에 이르면 천하가 순종하는 것"이기 때문이라 하였다.[17] 그는 또 비록 작은 나라라 하더라도 군주가 백성들에게 어진 정치를 베풀어, 형벌을 적게 쓰고 세금을 줄여 백성들이 농사를 잘 짓게 하고 도덕교화를 잘 한다면, 백성들은 몽둥이를 가지고 서라도 진(秦)나라나 초(楚)나라같은 강대국 군사들을 무찌를 수 있다고 하였다.[18]

손자(孫子)나 오자(吳子) 그리고 손빈(孫臏)의 병법(兵法)은 이와 같은 유가(儒家)와 도가(道家)의 논리를 그대로 수용하고 있다. 손자 5계로 알려진 도(道), 천(天), 지(地), 장(將), 법(法)은 한나라의 전쟁 잠재력을 평가하는 기준을 제시한 것이다. 손자는 도(道)를 군주와 백성이 같은 마음을 갖는 상태라고 정의한다.[19] 그것은 높은 수준의 도(道)를 유지하고 있는 나라는 강하고 도(道)가 무너진 나라는 약하다는 논리를 적용한 것이라고 볼 수 있다.

전국시대 사상가 순경(荀卿: B.C. 313?-283) 은 "용병술의 요체는 장병

16) 『맹자』 양혜왕 상편 5장. 또한 같은 책 盡心 하편 3장에서도 "어진 사람은 천하에 대적할 사람이 없다"고 하였고, 바로 다음 장인 4장에서도 "國君이 仁을 좋아하면 천하에 대적할 사람이 없는 것"이라고 하였다. 『맹자』, pp. 30-31.

17) 『맹자』 공손추 하편 1장, 위의책, p. 135.

18) 『맹자』 양혜왕 상편 5장, 위의책, pp. 29-30.

19) "道者, 令民與上同意也" 노병천, 『도해손자병법』, p. 28; 손자의 5계와 순자(荀子)의 논리는 유사하다. 순자는 국가나 군대의 강약을 결정하는 요인들을 열거하면서, 임금이 현자면 다스려지고…예를 천하게 여기면 그 나라는 어지러워지니, …다스려지면 강하고 어지러워지면 약하다. 『荀子』, 최대림 역(서울: 홍신문화사, 2003), 議兵 편, p. 200.

들의 마음을 얻는 데 달려 있다"고 설명하고 있다.[20] 맹자(맹자: ?-B.C. 289)가 "천시불여지리요, 지리불여인화니라(天時不如地利 地利不如人和)"라고 설명한 것도 같은 맥락이다.[21] 아무리 성벽이 높고 무기는 예리하고, 군량이 충분하더라도, 결국 싸우는 것은 병사들이기 때문에, 전쟁의 승패를 결정짓는 것은 병사들의 의지에 달려 있다는 생각이다.

손자가 "상하동욕자승(上下同欲者勝)"이라고 설명한 것은[22] 유가나 도가에서 말하는 도(道)라는 개념이 전략가의 입장에서는 전쟁잠재력과 같다고 평가되었고, 곧 그것이 국력이라는 개념으로 수용되었다고 볼 수 있다.

전략가들은 유가의 논리를 더 확대하여 전쟁에서 이기려면 적극적으로 국가의 도(道)를 확립해야 한다고 주장한다. 따라서 자기나라의 도(道)를 높게 확립하면서 상대방의 도(道)가 무너지게 만들어 상대방의 국론이 분열되도록 여건을 조성하는 것이 중요한 전략의 하나로 발전하게 된다.

둘째, 손자의 "부전이 굴인지병(不戰而屈人之兵)" 은 순자(荀子)의 "인의지병(仁義之兵)"과 정확하게 일치한다. 순자는 그것을 왕도(王道)라는 개념으로 설명한다. "인(仁)이 천하에 두루 미치고 의(義)가 천하에 두루 미치며, 위엄이 천하에 두루 미치면,… 싸우지 않고도 이기고 공격하지 않고도 얻으며, 군사를 쓰는 수고로움이 없이도 천하가 믿고 복종하니, 이것이 왕도를 아는 것이다" 라고 설명한다.[23]

손자가 "백전백승이 비선지선자(百戰百勝 非善之善者)"이고 "부전이굴인지병이 선지선자(不戰而屈人之兵 善之善者也)"라고[24] 주장한 것도 같은

20) 『역대병요 I』, 국방부 전사편찬위원회 편(서울: 국방부 전사편찬위원회, 1991), p. 173.

21) 『맹자』, pp. 135-136.

22) 『도해손자병법』, p. 90.

23) 『순자』 王制편, 위의책, p. 107.

24) 『도해손자병법』, p. 81.

논리이다. 어차피 전쟁이란 쌍방이 공히 파괴를 수반하게 된다. 따라서 승자나 패자가 동시에 피해를 감수해야 한다. 결국, 전쟁의 당사자들은 승패에 관계없이 공히 피해자가 되고, 제3국이 반사적 이익을 가져가는 결과가 된다. 또한 승자가 패자의 기업을 합병한다 하더라도 다 부서진 기업을 얻는 것은 오히려 짐만 될 뿐이다. 그것은 순자가 왕도(王道)를 강조하면서, 패도(霸道)를 선택하는 것은 부득이한 경우에 국한해야 한다고 주장한 것과 같은 내용이다.

셋째, 손자가 "병자(兵者)는 궤도(詭道)"라고 한 것과 노자가 전쟁이란 기책(奇策)에 불과하다고 주장한 것은 서로 연관성을 지니고 있다. 도가(道家)의 주장은 나라를 정도(正道)로 다스리면 굳이 무력을 사용할 필요가 없어진다는 것이다. 부득이한 경우 무력을 사용하게 되지만 그것은 기책(奇策)에 불과하다는 것이다. 손자는 군사전략이 근본적으로 기책(奇策)의 영역이라는 것을 겸허하게 받아들인다. 그는 병법이 본질적으로 속임수라고 주장한다.[25] 일반적으로 자기나라의 백성은 도(道)의 차원에서 상하동욕을 추구하는 정도(正道)의 대상이 되고, 전쟁 상황에서 적(敵)은 기만의 목표가 되고 기책(奇策)의 대상이 된다.

손자는 이와 같은 국가 차원의 정도와 기책의 관계를 전략원리에 적용하고 있다. 전략적 차원에서도, 정력(正力)과 기계(奇計)를 적절하게 조합하여 운용하는 것이 용병의 핵심이라는 것이다. 표면상으로 대치하고 있는 힘은 정력(正力)이지만 결정적으로 승패를 가름하는 것은 기책에서 얻어진다고 본것이다.[26] 특히 손자는 이 두 가지 수단, 즉 정력과 기책을 어떻게 조합하느냐에 따라 군세(軍勢)가 결정되고, 전쟁의 승패는 군세에 따라 결정된다고 설명하고 있다.

25) 병자궤도야(兵者詭道也)라 함은 병법의 근본이 적장을 속이는 술책임을 강조한것이다. 위의 책, p. 36.

26) 이정합, 이기승(以正合, 以奇勝)이 기책의 중요성을 강조한 부분이다. 위의 책, P. 124; 『조조병법』, 유동환 지음(서울: 바다출판사, 2001), p. 67.

일반적으로 고대의 전략가들은 대부분 학자들이었고 동시에 그들은 전쟁을 지도한 장군들이었다. 따라서 동양적 전략문화의 뿌리에 유교사상의 특징이 깊이 자리잡고 있는 것은 자연스러운 현상이라고 볼 수 있다.

Ⅳ. 지정학적인 영향을 받은 전략문화

광대한 중국대륙이 중국인들의 경쟁 무대였고 이 대륙을 중심으로 동양의 전략문화가 형성되었다고 볼 수 있다. 동서로 약 5,000Km, 남북으로 약 4,000Km의 광대한 대지를 동서로 가로질러 황하와 양자강이 흐른다. 지리적으로 이 광대한 땅이 하나의 무대라고 인식되는 것은 해발 4,500m의 청해성(青海省) 고원지대와 티벳고원지대에서 발원한 이 두 개의 큰 물줄기, 황하와 양자강이 온 대륙을 적시면서 황해로 흘러가는 하나의 지리적 시스템을 형성하고 있기 때문이다.[27] 중국인들에게 이 땅은 하늘 아래에 존재하는 땅 중에서 쓸 만한 땅의 전부로 받아들여지기에 충분한 여건을 갖추고 있었다. 북쪽으로는 몽골 사막이 펼쳐져 있다. 서쪽 고원지대는 네 계절 모두 강한 바람이 불고 추워서 사람이 살기 어려운 땅이다. 그리고 남쪽은 너무 더워서 살고 싶지 않은 곳이다. 동쪽은 바다로 막혀 있다. 따라서 중국인들에게 이 대륙은 하늘 아래 존재하는 땅의 중심이었으며, 그 땅이 곧 천하(天下)의 전부였다.

이 광대한 대륙을 하나의 패권세력이 통제한다는 것은 기술적으로도 매우 어려운 문제였다. 그럼에도 불구하고, 중국의 역사는 분열된 상태보다는 통일된 상태가 더 많았다는 것은 주목할 만하다. 사실, 수많은 종족들이 중국대륙에 흩어져 살고 있었다. 외형도 다르고 언어

27) 황하의 길이: 5,465Km; 양자강의 길이: 6,380Km.

도 다르고 문화도 달랐다. 그러나 그들이 이 거대한 대륙을 하나의 생활무대로 생각해 온 것은 중국대륙이 지닌 지리적 구조가 하나의 세계(天下)로 인식되었기 때문이라고 생각한다.

중국인들에게 천하통일은 어려운 목표였다. 그러나 그것은 자연의 순리로 받아들여졌고, 분열하여 대립하는 것은 잠정적인 상태요 목표에 이르는 하나의 과정으로 인식되어졌다. 따라서 중국대륙에 전쟁이 발발하면, 결국 최후의 패권자가 등장할 때까지 계속하는 것이 특징이고 중국의 전략문화는 그 특징을 잘 반영하고 있다고 볼 수 있다.

중국대륙에는 역사적으로 여러 나라들이 나뉘어 경쟁하였지만, 대륙에 살고 있는 사람이 굳이 어느 나라의 국민(國民)이라는 개념이 뚜렷하지 않았다. 따라서 유능한 인제들이 이 나라에서 저 나라로 옮겨 다닌 예는 중국역사 속에서 흔히 볼 수 있는 일이다. 백성들도 마찬가지였다. 선정을 베푸는 지도자를 따라 다니거나, 폭군을 피하여 이주하는 것은 자연스러운 현상이었다.

이러한 문화는 전략개념에도 잘 반영되어 있다. 상대하여 싸우는 정부는 적(敵)으로 대하게 되지만 그 나라의 백성들은 굳이 적대시하지 않는다. 사마법(司馬法)에는 군대를 동원하는 데 고려할 사항이 나온다. 적을 공격함에 있어서 지켜야 할 도리가 있으니, 농번기에는 군을 동원하지 말고, 전염병이 나돌 때에는 군을 징발하지 말아야 한다. 이는 백성을 아끼기 위해서이다. 적국(敵國)의 왕실에 초상이 난 틈을 타서 공격하지 말고, 천재지변이나 흉년이 든 것을 기화로 삼아 공격하지 말아야 한다. 이는 적측의 백성을 아끼기 위해서이다. 또한 혹서기나 혹한기에 군을 동원하지 말아야 한다. 이는 피아의 백성을 함께 아끼기 위해서이다.[28)]

이러한 전략문화는 포로를 취급하는 방법에서 잘 나타난다. 서구사회에서는 전장에서 포획한 포로는 원래 소속되었던 나라로 돌려 보

---

28) 무경칠서, 『사마법』 仁本, pp. 243-244; 권선홍, 『유교문화권의 전쟁관』, p. 20.

내주는 것이 일반적인 상식이다. 그러나 손자는 포로를 우대하여 가능하면 우리 편으로 만들어 같이 싸우라고 가르치고 있다.[29] 그것은 비록 적군에 속한 병사라 할지라도 일단 마음을 바꾸면 아군이 될 수 있다는 것이다. 그러므로 때로는 전투를 계속할수록 병사의 숫자가 늘어날 수도 있고, 전투력은 싸울수록 더 강해질 수도 있다는 것이다.[30]

이러한 개념이 확대되면 "이소제대(以小制大)" 가 가능하다는 결론에 이른다. "이소제대(以小制大)"란 작은 전투력으로 큰 것을 제압한다는 뜻이다. "작은 것이 큰 것을 이긴다"는 개념은 합리적으로 받아들일 수 없는 논리이다. 그러나 그것은 전장에서의 승패가 상비군의 수적 우열만으로 판가름나는 것은 아니라는 중국인들의 전통적인 전략문화를 잘 나타낸 표현이라고 볼 수 있다.

상비군에 대한 개념도 동서양이 매우 다르다. 서구 사회에서 보통 사람이 무기를 휴대하고 다니는 문화가 있는 것처럼 고대 서구의 나라들은 작으나 크나 간에 자기 분수에 맞는 상비군을 보유하고 있었다. 그것은 나라와 나라 간에 발생하는 분쟁을 해결하기 위해서 상비군의 존재는 필수적인 것이었다고 설명할 수 있다. 그러나 동양권에서는 일반적으로 평시에 상비군을 보유하고 있는 것을 탐탁하게 생각하지 않았다. 다만 국가 비상시에 군대를 동원할 수 있는 체제를 갖추어 두는 정도였다.

따라서 국가 간에 분쟁이 발생하여 전쟁을 하게 되는 경우, 서구 사회에서는 상비군의 전력이 승패를 좌우하게 되지만, 동양권에서, 특히 중국대륙의 경우에는, 상비군은 국가 전력 중에서 지극히 적은 일부에 불과했다. 따라서 얼마나 많이 그리고 얼마나 효과적으로 군사력을 동원할 수 있느냐의 문제가 더 중요한 요소로 평가되었다. 결과적으로 어느 지도자가 백성의 마음을 얻느냐 하는 것이 전쟁에서 승

29) 『도해손자병법』, p. 69.
30) 『조조병법』, p. 93.

패를 결정짓는 가장 중요한 요소가 되었다.

V. 세(勢)와 리(利)

한나라의 국력을 평가할 때에 국토의 크기, 인구, 자원, 기술, 상비군의 수와 경제능력 등의 요소를 종합적으로 평가하는 것이 합리적이다. 전쟁이 단기적일 때에는 이미 동원된 상비군이 결정적인 요소가 되지만, 장기전이 될 경우 잠재력을 평가해 보아야 한다. 그러나 동양권의 고대 전략가들은 동원된 전투능력과 잠재력에 더하여 국민의 의지, 즉 전술한 바와 같이 도(道)를 더 중요한 요소로 평가하였다.[31)]

실제로 전쟁이 일어났을 경우 국가의 잠재력이 모두 전투력으로 전환되는 것은 아니다. 그것은 그 당시 전쟁에 임하는 국민의 참여의지(參與意志)에 따라 크게 달라지기 때문이다. 동원된 군(軍)의 경우도 같은 논리가 적용된다. 전장에서 나타나는 실질적인 전투력은 전투원의 참여의지에 따라 큰 폭으로 변할 수 있기 때문이다. 그것은 국가차원이든 작전차원이든 간에 공히 정적인(靜的: Static State) 능력을 동적인(動的: Dynamic State)것으로 전환하는 것이 중요하다는 것을 의미한다. 동양의 전략가들은 특히 이 과정을 매우 중요하게 다루고 있다.

손자는 이와 같이 정적(靜的)인 능력이 동적(動的)인 실력으로 전환되는 과정을 세(勢)의 개념을 도입하여 설명하고 있다. 손자에 의하면, 세(勢)란 저수지에 가두어 두었던 물이 수문을 열 때에 쏟아지는 현상과 같은 것이다. 모든 물이 다 같이 수문을 뛰쳐나와 쏟아질 때에 일어나는 소리와 동적인 힘을 세(勢)로 표현한 것이다.[32)]

---

31) 손자의 5계가 중국 전략가들의 전쟁 잠재력에 대한 평가기준을 잘 설명해 주고 있다.

32) 『도해손자병법』, p. 128, p. 134.

그럼으로 세(勢)란 잠제적인 능력과 실용적(實用的)인 힘을 구분한 개념이다. 그것은 물질적 요소와 인간적 요소가 합쳐진 것이요, 그것이 작전환경이 제공하는 요소와 상호작용을 통하여 상승작용을 일으키면서 발생하는 종합적인 힘이라고 설명할 수 있다.

합리주의의 영향을 받은 서구의 전략가들의 관점에서도 국가의 잠재력이 모두다 실용적인 전투력으로 작용하게 된다고 보지는 않는다. 국민의 사기(Morale)와 정부의 지도력(Leadership)에 따라 차이가 나기 때문이다. 다만, 이 문제를 동양의 전략가들만큼 심각하게 다루지 않았을 뿐이다. 그런데 손자는 아예 세(勢)를 기준으로 전쟁을 해야 한다고 강조하고 있다.[33]

그의 견해로는 국가의 잠재력 자체만으로는 가능성을 판단해 볼 수는 있지만, 그것으로 승패를 논하는 것은 의미가 없다고 본 것이다. 어느 편이 국가의 정적(靜的)인 잠재력으로부터 동적(動的)인 국력, 즉 세(勢)를 만들어내는 전략을 갖고 있으며 그 전략을 얼마나 효과적으로 시행하느냐 하는 것이 핵심적 과제라고 생각했기 때문이다.

세(勢)의 개념에 기초를 두고, 더 강한 세(勢)를 만들어 내는 데에 초점을 둔 국가전략을 본고는 세전략(勢戰略)이라 표현한다. 잠재력이 대등한 두 나라가 대결할 경우 세전략의 우열에 따라 어느 편이 더 큰 세(勢)를 동원하게 되느냐 하는 문제가 결정되고, 누가 더 큰 세(勢)를 만들어 내느냐에 따라 전쟁에서 승패가 결정된다고 보는 것이다. 따라서 자신의 잠재력을 최대한 세(勢)로 만들어내는 것과 적으로 하여금 그의 잠재력을 전장에 동원하지 못하게 하는 것은 모두 세(勢)전략의 일부가 된다.

1975년 미국은 베트남에서 철수하게 된다. 미국은 월맹의 잠재력과 비교할 수도 없을 만큼 거대한 전쟁 잠재력을 지니고 있었다. 그러나 베트남전에 동원한 미국의 국력, 즉 미국의 세(勢)는 월맹을 굴복시킬

---

33) 『도해손자병법』, p. 132, p. 134.

만한 수준이 되지 못했다. 엄청난 잠재력을 보유하고도 베트남전을 위해 미국이 세(勢)를 만들어 낼 수 없었던 것은 미국의 세(勢)전략이 부족했던 측면도 있지만, 다른 한편으로는 북베트남(월맹)의 세(勢)전략이 그만큼 성공적이었다고 평가할 수 있다.

도(道)와 세(勢)는 밀접한 관계가 있다. 도(道)가 지도자에 대한 백성의 지지도(支持程度)를 반영하는 것이라면, 세(勢)는 지도자가 설정한 목표를 달성하기 위해 백성(構成員)들이 행동으로 참여하는 동적인 개념이다. 도(道)가 장기적이고, 근본적이며, 정적인 개념이라면, 세(勢)는 단기적이지만 행동으로 참여하는 동적인 개념이다.

일반적으로 높은 수준의 도(道)를 유지해 온 지도자가 유사시 강한 세(勢)를 만들어 낼 수 있다. 도(道)를 배경으로 만들어 내는 세(勢)는 강하다. 왜냐하면 구성원의 의지가 실린 힘이기 때문이다. 2차대전 때에 히틀러는 전방에 투입한 병사들에게 엄한 처벌을 부과하여 강한 전투력을 발휘하게 하였다. 즉 강제적인 방법으로 세(勢)를 만들어 내려 하였다. 그러나 그런 독전의 형태로 만들어 낸 세(勢)는 오래 지속되지 않는다. 그것은 도(道)를 배경으로 만들어 낸 세(勢)가 아니기 때문이다.

세(勢) 전략가의 관점에서(道)와 세(勢)는 전략구상의 기준이 된다. 영토를 부분적으로 상실하는 것이나, 전투력의 손실을 입는 것은 다음 기회에 회복할 수 있다. 그러나 도(道)와 세(勢)를 잃어버리면 회복하기 어렵기 때문이다. 따라서 세 전략가의 입장에서는 자기나라의 도(道)와 세(勢)를 강화하고 적의(道)와 세(勢)를 약화시키는 것 그 자체가 전략 목표가 된다. 이때에 영토의 부분적 상실이나 전투원의 손실은 단순한 국가 이익의 문제이지 인적요소를 동반한 도(道) 나 세(勢)의 문제로 평가되는 것은 아니다. 어떤 경우에는 단기적인 국가 이익을 쫓다가 도(道)나 세(勢)를 상실하는 경우가 있다. 이런 전략을 세(勢)전략과 구분하여 리(利)전략이라 정의한다.

세 전략과 리(利)전략은 거시적인 관점에서 보면 공히 국가 이익을 추구하는 방법이다. 다만 리(利)전략은 도(道)의 요소가 고려되지 않은 물리적 이익을 추구한 전략이라는 점에서 세(勢)전략과 구분된다. 일반적으로 리(利)전략이 때로는 국가 목표를 달성하는 단기적 직접접근(直接接近) 방법이 될 수 있는 데 반해, 세(勢)전략은 국가 목표를 향한 우회적인 간접접근(間接接近)이 되기 쉽다. 그러나 손자는 리(利)적 요소를 경계하라고 가르치고 있다. 세(勢) 전략가의 관점에서 리(利)라는 요소는 도(道)를 고려하지 않은 단기적인 것에 불과하기 때문에 설사 부분적인 이익을 얻을 수는 있을지라도, 오히려 국가차원의 세(勢)를 상실할 위험이 있다는 것이다. 손자는 적을 유인할 때에 리(利)를 보여주고 적이 그것을 좇아가게 하여 적의 약점을 만들어 내고 그 약점을 이용하여 적을 격파하라고 가르치고 있다. 따라서 도(道)와 관계없는 리(利)를 좇는 것은 대단히 위험하다는 이유가 여기에 있다. 적의 유인술에 말려들 가능성이 있기 때문이다.

일반적으로 동양의 전략가들이 전통적으로 발전시켜온 전략은 리(利)전략을 경계하면서, 도(道)의 기초 위에 세(勢)를 만들어 국가 목표를 달성하는 세(勢)전략이였다고 볼 수 있다. 국가차원에서 리(利)전략보다 세(勢)전략을 추구했던 전략가들의 철학적 배경은 인본주의였다고 볼 수 있다. 이러한 사상은 작전 차원에도 적용되었다. 이러한 인본주의적(人本主義的) 용병술(用兵術)의 특징은 물리적 전투력 자체에 초점을 맞추는 대신 그 전투력을 지휘하는 지휘관(指揮官)의 의도(意圖)에 초점을 둔다는 것이 특징이다.

Ⅵ. 의도중심 전략술과 전투력중심 전략술

군사력이란 결국 사람과 무기로 이루어지는 하나의 체계(Man-Machine System)이다. 따라서 한 나라의 군사력은 병력과 장비 그리고 지휘관으로 형성되는 하나의 체계(System)가 만들어 내는 물리적인 힘으로 평가된다. 실제로 인간적 요소가 우수하다 하더라도 물질적 요소가 열악하면 강한 전투력을 발휘할 수 없다. 그 반대의 경우도 마찬가지이다. 그러나 동양의 전략문화는 인간적 요소의 중요성을 절대적인 것으로 다루어 왔다는 것이 특징이다. 결국 사람이 무기를 다루는 주체이지 무기가 사람을 움직일 수는 없다고 믿었기 때문이다.

전장에서 승리하려면 나의 전투력은 보존하면서 적의 전투력을 무력화해야 한다. 적의 전투력을 무력화하는 방법은 크게 두 가지가 있다. 하나는 물리적으로 적의 전투력을 파괴하는 것이고 다른 하나는 적의 지휘관이나 병사들이 전투를 포기하게 만드는 것이다. 전자는 물리적 전투력을 대상으로 전략을 구상하는 것으로, 본고는 "전투력중심 전략술(戰鬪力中心 戰略術: Strategic Art based on Forces)"이라고 표현하고, 후자는 적의 지휘관이나 병사의 의지에 초점을 맞추고 전략을 구상하는 것으로, 본고는 "의도중심 전략술(意圖中心 戰略術: Strategic Art based on Intent)"이라고 표현한다. 이 두 개념은 상호 배타적인 것은 아니지만, 전투력중심 전략술이 주로 적의 전투력을 물리적으로 파괴하는 방법을 발전시켜왔다면, 의도중심 전략술은 주로 적의 의지를 아군의 계획에 따라 유도하고 조종하고 통제함으로써 적을 무력화하는 방법을 발전시켜왔다고 볼 수 있다.

전통적으로 서구의 전략가들이 전투력중심 전략가인 데 비해 동양의 전략가들은 의도중심 전략가라는 특징을 지니고 있다. 손자는 네 가지 전략을 우선순위(優先順位)에 따라 구분하여 제시하고 있다. 첫째는 적의 계략을 분쇄하는 것이고(伐謀), 둘째는, 적의 동맹을 파괴하는 것이고(伐交), 셋째는, 적의 전투력을 격멸하는 것이고(伐兵), 그리고 이런 모든 것이 다 실패할 경우 마지막 수단으로 적의 성(城)을 공격한다는 것(攻城) 이다.[34] 그의 전략의 핵심은 적의 계략을 알아내어 그 계략 자체를 공격하라는 것이다. 예를 들면 적이 어떤 목표를 정하여 공격하려 하거든 일차원적으로 그 목표를 방어하면서 전투력을 상실하지

34) 『도해손자병법』, p. 82.

말고, 오히려 그 진지를 비워주고 대신 함정을 만들어 적이 스스로 궁지에 빠지게 하라는 것이다. 벌모(伐謀)의 극치는 적이 물리적으로 싸워보지도 못하고 결국 항복하게 되는 상황을 말한다. 손자는 그것을 "부전이 굴인지병(不戰而屈人之兵)" 이라고 설명한다.[35] 수없이 많은 전투를 치르고 나서 이기는 것은 피차에 큰 피해를 입게 된다. 따라서 싸우지 않고 이긴다면, 그보다 더 유리한 것이 없다. 그러나 손자가 싸우지 않고 적을 굴복시키는 것을 최선의 전략으로 묘사한 것은 그보다 훨씬 더 깊은 뜻이 담겨 있다. 물리적인 전투력이 아무리 강하다 하더라도 그것은 지휘관의 의지에 따라 작동하는 도구에 불과하다는 것이다. 따라서 전략의 초점은 결국 상대방의 지휘관이 그의 의도를 바꾸어 굴복하도록 만드는 방법을 찾아내는 것이 최선의 전략이라는 뜻이다.

이 점에 대해서 손자와 클라우제비츠의 생각은 매우 대조적이다. 적의 계략을 먼저 알아내어 그 계략을 공격하려면 우선 적의 계략을 알아내어야 한다. 그러나 현실적으로 적의 계략을 알아내는 것이 쉽지 않다. 전선으로부터 보고 되는 자료는 흔히 부정확하거나 많은 경우 사실과 다를 수 있기 때문이다. 따라서 클라우제비츠의 견해로는 장수가 전쟁터에서 적과 싸우지 않고 이길 수 있다는 생각을 한다면, 그 자체가 잘못되었다고 본 것이다.[36] 적 장수의 의도나 그의 계략(計略)을 알아내는 것보다 적 부대의 위치(位置)를 파악하는 것이 훨씬 현실적이다. 그의 전략적 사고의 초점은 어떻게 하면 물리적으로 적의 전투력을 파괴하느냐 하는 문제를 다루는 것이라고 생각하였다. 그는 전형적인 전투력중심 전략가였다.

의도중심 전략가들이 적 장수의 의도를 파악하고 적을 유인 조종 통제하는 방법을 통해서 적으로 하여금 불리한 상황에서 싸우게 하고

---

35) 『도해손자병법』, p. 81.

36) According to Clausewitz, "We are not interested in generals who win victories without bloodshed." See Carl Von Clausewitz' s *On War*, p. 260.

아군은 유리한 입장에서 대응하게 했던 데 비해, 전투력중심 전략가들은 주로 적의 전투력의 중심(重心)을 찾아서 아군의 파괴력을 집중하여 효과적으로 적의 전투력을 파괴함으로써 적의 전투체제를 와해시키는 전략과 전술을 발전시켜 왔다는 것이 특징이다.

1950년 10월, 한반도에 대규모의 중공군이 개입하여 UN군과 대결하게 되었다. 중공군의 지휘관은 펑더화이(彭德懷), 전형적인 의도중심 전략가였고, UN군의 지휘관은 맥아더, 전투력중심의 전략가였다.[37)]

따라서 그때부터 전개되는 한국전의 후반부는 이 두 가지 전략사상이 대조를 이루는 가운데 전진 후퇴를 반복하는 전략사상(戰略思想)의 대결로 점철된다.

전투력 중심의 전략을 구사했던 UN군은 중공군 전투력의 중심(重心)을 찾아서 포탄을 집중하여 파괴하려 했다. 그러나 UN군의 정찰기가 야간에 목표를 투시할 수 있는 능력이 부족했기 때문에 적의 중심(重心)을 찾아내기가 어려웠다. 이런 한계를 잘 알고 있었던 펑더화이는 낮에는 숨어 있고 밤에는 산길을 따라 UN군의 진지에 접근하여 공격하였다. 피실이격허(避實而擊虛)하는 것이었다. 마오쩌둥(毛澤東)과 펑더화이는 모두 전형적인 의도중심 전략가였다. 마오쩌둥은 미국 국민들이 반전운동을 하도록 여건을 조성하는 데에 전략목표를 두고 전쟁을 지도하였고, 펑더화이는 UN군이 중공군과의 전투를 무서워하도록 만드는 데에 초점을 맞추어 전략을 구상하였다. 일반적으로 맥아더는 정찰기가 찍어오는 사진에 나타난 중공군 부대의 배치와 규모에 기초를 두고 전략을 구상했고, 마오쩌둥과 펑더화이는 맥아더 장군이 어떤 의도를 갖고 있는가에 초점을 두고 용병을 했다고 볼 수 있다.

1952년 말 전선은 현 휴전선을 따라 교착상태가 되었고 UN군의 공

37) 맥아더장군은 미국 장군 중에서는 비교적 동양적 특징을 잘 이해하고 있었던 전략가였다. 그러나 그의 예하 군대는 전형적인 전투력중심 전략가들로 구성되어 있었다.

습은 비교적 소강상태를 유지하고 있었다. 휴전회담을 계속하기 위해서 대규모 전투를 자제하고 있었기 때문이다. 때마침 아이젠하워가 대통령에 당선되었다. 그는 선거운동 기간 동안 공산주의의 팽창에 대해 적극적인 대응책을 강구할 것이며, 한국전을 명예롭게 종결하겠다는 공약을 제시하였다. 마오쩌둥은 아이젠하워의 의도를 곰곰이 분석하였다. 그리고 그가 백악관에 들어가면 평양-진남포일대에 마치 노르망디 상륙작전과 같은 대규모 상륙작전을 감행하여 한국전을 종결하려 할 것이라는 결론에 도달한다. 그것은 저우언라이(周恩來)나 전선 사령관인 펑더화이의 견해와도 일치하는 것이었다.

마오쩌둥은 역대책(逆對策)을 강구한다. UN군이 대규모로 진남포 일대에 상륙하면 미리 대 상륙전 진지를 준비해 두었다가 한꺼번에 포위하여 UN군부대를 섬멸할 수 있다는 발상이다. 그렇게 하면 중공군이 오히려 결정적인 승리를 얻어낼 수 있다는 것이었다.[38] 마오쩌둥은 내심 기회가 오고 있다고 믿었다. 1950년 8월, 맥아더의 인천 상륙작전은, 그때까지 승승장구하면서 부산 교두보까지 진격했던 북한의 군대를 한꺼번에 괴멸시켜버린 극적인 작전이었다. 그러나 이번에는 진남포를 향해 대규모 상륙군을 몰고 나타날 아이젠하워에게 전략적인 매복을 감행하여 거꾸로 미국의 전의(戰意)를 일격에 꺾어놓겠다는 것이 마오쩌둥의 전략이었다.

1953년 초부터, 대규모 중공군이 진남포 일대에 2중 3중으로 진지를 파고 숨어서 UN군이 상륙해 오기를 기다리고 있었다. 그런데 53년 2월이 다 지나도록 UN군은 오지 않았다. 3월이 지나도 오지 않았다. 실제로 UN군은 그런 계획을 갖고 있지 않았다. 마오쩌둥이 전략판단상 중대한 착오를 일으킨 것이었다.

전투력중심의 전략을 구사했던 UN군은 중공군들이 해안 방어에 많

---

38) Shu Guang Zhang, *Mao's Military Romanticism: China and the Korean War, 1950-1953*(Kansas: University Press of Kansas, 1995), pp. 232-238.

은 부대를 할당하고 있다는 수준으로 상황을 파악하고 있었다. 그러나 의도중심의 전략을 구사했던 마오쩌둥은, 중공군이 UN군 사령부의 의도를 미리 간파하고 시의적절하게 대 상륙 대책을 강구하였기 때문에, UN군이 상륙을 포기했다고 설명하면서 대규모 대 상륙작전을 합리화했지만, 사실은 적의 의도를 잘못 읽었다는 실수를 인정하지 않을 수 없는 용병이었다. 의도중심 전략가와 전투력중심 전략가의 대결과정에 나타났던 전쟁사의 한 부분이다.

기만(欺瞞), 기습(奇襲), 기정(奇正)의 배합, 인간정보(人間情報)의 발전, 심리전(心理戰) 등은 주로 의도중심 전략분야에서 발전하였고, 집중과 분산, 파괴수단과 파괴방법의 발전, 전략폭격, 사격과 기동의 연계 등은 주로 전투력중심 전략분야에서 발전하였다고 볼 수 있다.

손자는 그의 병법에서 "전쟁술이란 근본적으로 적을 속이는 것"[39] 이라고 설명하고 있다. 그것은 물리적으로 적의 전투력을 파괴하는 방법을 설명하려는 것과 뚜렷이 구분된다. 물리적 전투력이란 지휘관이 갖고 있는 전쟁 수단일 뿐, 그 자체로 의미가 있는 것이 아니라는 생각이다. 따라서 전투 수단의 강약이나 다소의 문제가 전장의 승패를 결정짓는 핵심적인 요소라고 생각하지 않았다.[40] 이들에게는 적 지휘관의 의도와 계략을 공략하는 것이 훨씬 더 중요한 과제였기 때문이다.

첫째, 적장이 오판(誤判)하도록 하라는 것이다. 아군이 강한 부분은 약한 것처럼 보이게 한다. 아군이 가까이 접근하고 있으면 아직 먼 곳에 있는 것처럼 하고, 실제로 먼 곳에 있으면 마치 가까이 접근한 것처럼 느끼게 한다는 것이다.[41] 중국사회에 오래 전해 내려온 삼십육계(三十六計)의 제육계(第六計)는 그보다 적극적으로 적의 관심을 실제와는 반대 방향으로 유인하는 방법을 제시하고 있다. 서쪽으로 공격할 때

39) 『도해손자병법』 p. 36.
40) 위의 책, p. 152, 223.
41) 위의 책, pp. 38.

에는 동쪽에서 요란한 소요사태를 일으키라는 것이다.[42] 적장이 오판하여 그의 주력을 인솔하여 동쪽으로 달려가는 동안 아군은 방비가 허술한 서쪽을 공략한다는 것이다.

둘째, 적의 계략을 공격하라는 것이다. 적이 공격을 하려고 한 곳에 집중하여 강한 전투력을 만들거든 피해 버리라는 것이다. 적이 편안하게 쉬려고 하거든, 방해를 해서 피로하게 하라는 것이다. 그러다가 적이 만약 방비를 소홀히하거든 빨리 가서 공격하라는 것이다. 그것은 오늘날 전장에서 주도권을 장악하라는 개념과 일맥상통하는 개념이다.

적의 대 부대가 움직이는 것은 어떤 전략적 판단에 따라서 정해진 목표를 달성하기 위해 작전을 수행하는 것이다. 적의 입장에서 아군이 한 지점을 강하게 방어하리라고 판단하고 많은 전투력을 집중하여 공격을 시작하였을 때에 목표지역에 있어야 할 아군이 사라지고 없다면 적은 전투력을 낭비한 결과가 된다. 동시에 한 곳에 집중하려면 다른 곳에서 전투력을 절약해야 하기 때문에 절약한 지점이 일시적으로 취약하게 되는 모험을 감수해야 한다. 만약 이때에 아군이 적의 취약한 지점을 공격한다면 적은 가장 불리한 여건에서 싸워야 한다. 이것이 적의 계략을 공략하는 전형적인 사례이다.

적의 계략을 공략하는 개념은 근세에까지 전해 내려온 전략 개념이다. 특히 마오쩌둥이 국공내전에 적용했던 16자 전법은 전형적으로 적의 계략을 공격하는 방법으로, 적의 의도에 기초를 둔 전략 전술이었다.[43] 적이 진격하려 하거든 후퇴해 버리라는 것이다. 적의 준비된 공격의 표적이 되지 말고 적이 빈 공간에 포탄을 퍼붓게 하라는 개념

42) Stefan H. Verstappen tr., *The Thirty-Six Strategies of Ancient China*(Sanfrancisco: China Books & Periodicals Inc, 1999), p. 27.

43) "적진아퇴, 적주아요, 적피아타, 적퇴아추(敵進我退, 敵駐我擾, 敵疲我打, 敵退我追)," 중공군의 『전략전술 변천사』, 국방군사연구소(서울: 국방군사연구소, 1996), p. 100.

이다. 적이 한 곳에 주둔하여 정비를 하거나 다음 작전을 위해 준비하려 하거든 습격해서 쉬지 못하게 하라는 것이다. 그러다가 적이 피로하여 싸울 생각조차 없는 상태가 되거든 그때에는 공격하라는 것이다. 이런 상태에서는 적이 많은 장비를 보유하고 있더라도 효과적으로 사용할 수 없고 병사들의 수가 아무리 많아도 통합된 전투력을 발휘할 수 없는 상태가 된다는 것이다. 그리고 적이 만약 후퇴하기 시작하거든 맹렬하게 추격하라는 것이다. 그것은 적의 부대가 이미 와해하기 시작했다는 증거이기 때문에 회복할 기회를 주지 말아야 한다는 뜻이다.

셋째, 내가 원하는 시간과 장소로 적을 유인하라는 것이다. 적을 유인하려면, 적이 원하는 바를 파악하여야 한다. 일반적으로 손자는 적에게 이익이 되는 것을 보여 주면 따라오게 된다고 설명하고 있다.[44] 적 지휘관이 이익이라고 생각하는 것이 무엇인지는 매번 다시 파악해야 할 대상이다. 명예일 수도 있고, 제물일 수도 있고, 영토가 될 수도 있다. 중요한 것은 적이 이익이라고 생각하는 것을 제시하여 움직이게 하는 것이다. 만약 적이 이익을 향해 돌진한다면 그 과정에 많은 취약점이 노출될 것이고, 그것은 아군에게는 유리한 기회를 제공하게 되기 때문이다. 손자는 적에게 작은 미끼를 던지며 꾀어내면 적은 반드시 걸려든다고 했다.[45] 미끼를 주어 적을 꾀어내어 적진에서 멀리 떼어내면 고립무원의 상태가 된다는 뜻이다.

사마법에는 적을 포위하더라도 한 쪽 문을 열어두어야 한다고 했고,[46] 조조는 사냥꾼들이 짐승을 몰 때에 세 방향에서 포위하고 한 방향만은 열어 두어 짐승이 무방비상태로 도망하도록 유도하면 사냥감을 쉽게 잡는다고 했다.[47] 포위된 적 병사들에게 최고의 이익은 포위

44) 『도해손자병법』, p. 39.
45) "이이 유지(利而誘之)" 위의 책, p. 39; 이리동(以利動), 위의 책, p. 131 173
46) 『무경칠서』, p. 267; 『도해손자병법』, p. 191.

망을 뚫고 도망하는 것이다. 이런 미끼를 던져주면 적병들은 움직일 수밖에 없게 된다. 만약 모든 문 하나를 닫아두고 공격하면, 적병들은 최후까지 사력을 다해 싸우게 되지만, 문을 열어주어 일단 도망하기 시작하면 조직적인 전투는 이미 불가능하게 되기 때문이다.

넷째, 기습하고 기만하라는 것이다. 기습은 현대전에도 적용되는 유용한 개념이다.[48] 그것은 적이 예상하지 못한 시간, 장소, 방법으로 적을 공격하는 것을 말한다. 현대전에서, 적이 전혀 예상하지 못한 방법으로 공격한다는 것은 사실상 불가능하다. 그러나 적이 알아차리더라도, 대비할 시간적 여유가 없다면 기습효과는 달성하게 된다. 손자는 심리적 기습을 강조했다. 그의 병서에는 "처음에는 마치 처녀처럼 얌전하게 기다리다가 적이 방심하고 관문을 열면 마치 토끼처럼 재빨리 뛰어 들어가 적을 공략하라"고 가르치고 있다.[49] 적으로 하여금 교만하게 하거나 또는 방심하게 하고 기회가 왔을 때에 신속히 공격하여 적이 대비하지 못하게 하는 전법은 모두 의도중심 전략술에 속한 것이다.

전투력중심 전략을 발전시켜온 사회는 자연적으로 강력한 파괴력을 개발하게 된다. 지상군의 대포와 해군 함포의 구경이 점점 커지고, 폭탄의 크기가 커지며, 동시에 대량의 포탄을 하나의 목표에 쏟아 부을 수 있는 기술이 발달하게 된다. 직사화기, 곡사화기, 장거리 유도탄, 다탄두 로켓 등 다양한 운반수단이 개발되었다. 그러나 파괴력의 경쟁에는 한계가 있다. 원폭이 전장에 등장하면서 파괴력의 수준은 극한에 이르게 된다. 구소련이 개발한 60MT급 수소폭탄은 실제로 생산되지는 않았지만 인류가 개발한 파괴무기 중에서 가장 강력한 것이었다. 히로시마에 투하했던 핵무기가 5KT 수준이었다는 것을 감안한

47) 『조조병법』, p. 198.
48) FM 3-10, Operations(HQ, Dept. of the US Army, June 2001), pp. 4-14.
49) 『도해손자병법』, p. 284.

다면, 60MT급 무기의 파괴력은 상상을 초월하는 거대한 파괴력이다. 그것은 적의 전투력이나 도시를 파괴하는 수준을 넘어 문명사회 전체를 파괴할 수 있는 한계에 이른다. 이제 더 이상 더 큰 파괴력을 가진 무기를 생산하지는 않을 것이다.

파괴력이 증가할수록 방호수단도 발달하게 된다. 장갑의 두께가 커지고 특수 장갑이 등장하고, 스텔스(Stealth) 기술이 실용화된다. 공격해오는 유도탄을 요격할 수 있는 대 미사일 무기들이 개발된다. 물리적 전투력에 초점을 둔 전략은 결국, 파괴력과 파괴력의 경쟁, 파괴력과 방호수단의 경쟁, 그리고 운반수단의 정밀도에 대한 경쟁으로 이어지게 된다.

원래 화약은 오래 전에 중국에서 유래하였다. 따라서 화약을 제일 먼저 전장에 사용한 나라는 중국이라고 볼 수 있다. 그러나 중국인들이 화약을 사용한 것은 전장에서 큰 소리를 내고 갑자기 연기를 뿜어내어 적을 놀라게 하고 아군에게 사기를 돋우어주는 수단이었지 적을 물리적으로 파괴하는 무기는 아니었다. 이 화약이 서양에 전파된 후 전장에 나타날 때에는 화포의 형태로 등장한다. 동서양이 같은 화약을 사용하였지만, 의도중심의 전략과 전투력중심의 전략적 사고의 차이로 인해, 한쪽은 심리적 위협에 필요한 무기를 생산하는 기술이 되었고, 다른 한 쪽에서는 적을 파괴하는 무기를 생산해 내었다는 상징적인 설명이 된다.

Ⅶ. 맺음말: 전투력중심 전략사상과 의도중심 전략사상의 연계

이 두 가지 전략사상은 시간이 흐름에 따라 상호보완적으로 발전하게 되었다. 특히 나폴레옹 이후 최근 이라크 전에 이르기까지의 군사전략은 동서양의 고대 전략 사상의 장점들을 서로 연계하여 발전시킨 것이 특징이다. 리델하트(Liddell Hart)는 서구의 전략가였지만 동양의 전략사상을 적극적으로 받아들여서 한차원 높은 전략을 발전시킨 대표적 전략가이다. 그의 전쟁술의 첫 페이지는 손자병법의 핵심을 요약하여 제시한 것이다. 손자가 발전시킨 기습, 기만, 기정(奇正)의 배합술에 집중과 절약, 그리고 기동의 원리를 가미한 것이 특징이다. 최근의 이라크 전에서 미군이 적용한 충격과 공포(Shock and Awe)전략은 엄청난 파괴력을 사용하지만 적을 물리적으로 파괴하는 것을 목표로 한 것이라기보다는 오히려 심리적 충격을 가함으로써 적의 저항의지를 말살하려했던 전략이었다. 전투력 중심전략술에 의도중심전략기법을 배합한 것이라고 설명할 수 있다.

다른 한편으로, 동양권에 속한 나라들이 20세기 이후에 적용했던 전략은 전통적인 의도중심 전략술에 전투력중심 전략술을 가미한 것이었다고 볼 수 있다. 일본은 일찍이 서구의 전략술을 도입하여 전투력중심 전략을 발전시켜왔다. 그러나 중일전쟁, 노일전쟁과 태평양전쟁에서 일본이 적용했던 전략들은 기습, 기만, 심리전, 기정(奇正)의 배합 등 전통적인 의도중심 전략술의 요소가 짙게 포함되어 있다.

중국의 경우는 의도중심 전략술이 아직도 주류를 이루고 있다고 볼 수 있다. 특히 마오쩌둥 이후 중국군이 개입했던 전쟁에서 중국군이 적용했던 전략술은 대부분 전통적인 의도중심 전략술의 핵심요소들로 구성되어 있다는 것이 특징이다.

참고자료

『강대국 군사전략론』. 권선홍 외. 부산: 부산외국어대학교 출판부, 2004.
『노자』. 우현민 역주. 서울: 박영사, 1996.
『논어』. 김석환 역주. 서울: 학양사, 2005.
『맹자』. 범선균 역. 서울: 혜원출판사, 1997.
『荀子』. 최대림 역. 서울: 홍신문화사, 2003.
『중공군의 전략전술 변천사』. 국방군사연구소. 서울: 국방군사연구소, 1996.
『무경칠서』. 국방부 전사편찬위원회 역. 서울: 국방군사연구소, 1987.
『역대병요 I』. 국방부 전사편찬위원회 편. 서울: 국방부 전사편찬위원회, 1991.
권선홍. 『유교문화권의 전쟁관』.
『도해손자병법』. 노병천 역편. 서울: 가나출판사, 1996.
『무경칠서』. 국방부전사편찬위원회. 서울: 국방부전사편찬위원회, 1987.
『전쟁론』. 유재승 역. 서울: 책세상, 2003.
『조조병법』. 유동환 지음. 서울: 바다출판사, 2001.

Carl Von Clausewitz. *On War*. Michael Howard and Peter Paret, ed. & tr.Princeton: Princeton University Press, 1984.
FM 3-10, Operations(HQ, Dept. of the US Army, June 2001.
Shu Guang Zhang. *Mao's Military Romanticism: China and the Korean War, 1950-1953*. Kansas: University Press of Kansas, 1995.
Stefan H. Verstappen tr. *The Thirty-Six Strategies of Ancient China*. Sanfrancisco: China Books & Periodicals Inc, 1999.

제2장 | 아편전쟁

권선홍

Ⅰ. 머리말

아편전쟁은 중국 나아가 동아시아 근대사의 기점으로 평가되고 있다.[1] 그러나 명칭에서는 '아편전쟁' 또는 '중(청) · 영전쟁' 등으로 논란이 있으며,[2] 성격에서도 대체로 서양학자들은 '무역전쟁' 으로 간주하는데 반하여 중국학자들은 '침략전쟁' 으로 규정하고 있다.[3] 뿐

---

1) 예컨대 陳紹樑, "아편전쟁과 반제국주의운동," 건국대 『대학원 논문집』, 13(1981), pp. 333-351; 이은자, "아편전쟁과 중국의 "문호개방"에 대한 역사교육과 역사인식," 『중국근현대사연구』 19(2003), pp. 43-67 등 참조. 한편 중국 근대의 기점을 명말(16세기 후반) 또는 명청 교체기(17세기)로까지 거슬러 올라가 잡아야 한다는 주장도 있다. 표교열, "제1 · 2차 중영전쟁," 서울대 동양사학연구실 편, 『강좌 중국사(Ⅴ)』(서울: 지식산업사, 1989), p. 7.

2) 표교열(1989), p. 7 주1; 徐修宜, "對鴉片戰爭稱謂的新探討," 『學術月刊』, 1994년 제10기; 蔣國宏, "〈對鴉片戰爭稱謂的新探討〉的再檢討," 兪明 편, 『南京條約與香港百年』(북경: 중국사회과학출판사, 1998), pp. 293-301.

만 아니라 원인이나 책임귀속 문제 등에서도 적지 않은 논쟁이 이어지고 있는 상황이다.

대체로 아편전쟁을 침략전쟁으로 보고 영국 측이 전쟁책임을 져야 한다는 주장에 대하여, 이를 부인하면서 오히려 중국 측에 전쟁책임이 있다는 주장도 있다. 예컨대 당시 영국 외무장관 파머스톤(Lord Palmerston)은 임칙서(林則徐)가 아편을 몰수 · 소각한 이후에야 영국 정부는 대중국 전쟁준비를 하였다면서, 1840년 4월 의회에서는 임칙서가 외국아편을 훼멸한 것은 순전히 중국 본토의 아편 재배상들의 이익을 보호하기 위한 행위였으며, 더욱이 임칙서는 이들 중국 상인들로부터 뇌물을 받고 행동하였다고 하였다.[4] 미국 대통령을 지낸 아담스(Adams) 역시 "전쟁은 왜 일어났는가? 고두(叩頭) 때문에, 오만방자한 중국이 세계 각 국가에게 먼저 고두를 행하여야만 무역을 허락한다고 강요하였기 때문"이라고 하였다.[5] 이들의 주장은 중국 측이 전

---

3) 무역전쟁으로 보는 최근의 예로서 Bruce A. Elleman, *Modern Chinese Warfare, 1795-1989* (London: Routledge, 2001), pp. 13-14를 들 수 있다. 또한 譚中, "西方學者對鴉片戰爭性質的爭論," 복건성역사학회 福州分會 편, 『外國學者論鴉片戰爭與林則徐(下)』(복주: 복건인민출판사, 1991), pp. 242-256; 龔書鐸 · 謝維 · 孫燕京, "建國三十五年來鴉片戰爭史研究綜述," 『近代史研究』, 1984년 제3기, 寧靖 편, 『鴉片戰爭史論文專集續編』(북경: 인민출판사, 1984), pp. 458-476 재수록; 孫燕京, "近五年鴉片戰爭史研究述評," 『近代史研究』, 1991년 1기; 蕭致治 편, 『鴉片戰爭與林則徐研究備覽』(무한: 호북인민출판사, 1995); 黃宇和, 『兩次鴉片戰爭與香港的割讓』 (대북: 國史館, 1998), 제2장 등 참조. 한편 영국이 전쟁을 일으킨 이유가 무역문제보다는 국가명예에 대한 손상 때문이었다는 주장으로 Glenn Melancon, *Britain's China Policy and the Opium Crisis: Balancing Drugs, Violence and National Honour, 1833-1840* (Aldershot, Hampshire: Ashgate, 2003)이 있다.

4) 黃宇和(1998), p. 26.

5) John Quincy Adams, "Lecture on the War with China," *Chinese Repository*, Vol. 11, No. 6(1842), p. 288; 黃宇和(1998), p. 27에서 재인용. 또한 Tyler Dennett, *Americans in Eastern Asia* (New York: Barns & Noble, 1963[1922]), p. 107 참조.

쟁책임을 져야 한다는 것이었다.

그러나 넓게 본다면 아편전쟁의 근본적 원인은 동아시아 · 서유럽문명 간의 충돌에서 찾을 수 있으며, 더 본질적인 원인은 무엇보다 영국(서유럽열강)의 상업자본주의적 팽창정책에서 찾아야 할 것이다.[6]

이 글에서는 아편전쟁에 관하여 동 · 서문명권 간의 충돌이란 시각에서 국제관계 측면을 중심으로 살펴보고자 한다. 제2차 아편전쟁(애로우전쟁, 영불연합군전쟁)은 아편전쟁의 연장으로 볼 수 있기에, 여기서는 같이 다루고자 한다.

중국과 서유럽관계는 대체로 아편전쟁 이전까지는 중국의 주도 시기, 양차 아편전쟁기간(1840~1860)은 과도기, 그 이후는 서유럽의 주도 시기라 할 수 있다.[7] 따라서 과도기의 중국과 서유럽 간의 국제관계를 살펴보려 한다.

---

6) Hsin-pao Chang, *Commissioner Lin and the Opium War* (Cambridge, Mass.: Harvard Univ. Press, 1964), p. 15; 표교열(1989), p. 27. 또한 P. C. Kuo, *A Critical Study of the First Anglo-Chinese War, with Documents* (Shanghai: Commercial Press, 1935), Chap. 1; W. C. Costin, *Great Britain and China, 1833-1860* (Oxford: Clarendon, 1968[1937]), introduction; John K. Fairbank, *Trade and Diplomacy on the China Coast* (Stanford: Stanford Univ. Press, 1969[1953]), p. 74 등 참조.

7) H. B. Morse, *The International Relations of the Chinese Empire*, Vol. I (Shanghai: 1910; Taipei : Ch' eng Wen Publishing Co., 1978), p. 299. 또한 蔣廷黻, "中國與近代世界的大變局," 『中國近代現代史論集』, 제1편 『鴉片戰爭與英法聯軍』(대북: 대만 상무인서관, 1986), p. 26; 피에르 르누벵, 『동아시아 외교사』, 박대원 역(서울: 서문당, 1988), p. 32; John S. Gregory, *The West and China since 1500* (Houndmills, Basingstoke: Palgrave, 2003), Chaps. 1-3 참조.

II. 아편전쟁 이전의 중국 · 서구 관계

1. 동아시아문명권(국제사회)과 서구문명권(국제사회)

농경문화와 혈연관계를 바탕으로 한 동아시아(유교)문명권은 근대 서구문명권과는 여러 면에서 특히 국제관계 차원에서 뚜렷한 차이점이 존재하였다. 첫째, 후자의 기본전제가 다원적 국가관인데 반하여, 동아시아의 경우 명분상 천하는 하나로서 두 개 이상일 수 없다는 단원적 천하관이었다. 둘째, 근대 서구에서는 국가주권원칙에 따라 적어도 국제법상으로는 주권국가는 평등하며 상호 독립적인 존재로 간주되었다. 반면에 동아시아에서는 나라 사이 즉 중국과 여타 국가 간의 관계가 상하차등적이며 위계적인 주종관계를 당연한 것으로 여겼다. 셋째, 근대 서구에서는 평등한 강대국들 간의 경쟁적 공존을 중심으로 그 사이에 소국들을 점철하는 식의 국제정치를 정상적인 것으로 보았다. 그에 반하여 동아시아에서는 단일 상국의 천하, 다시 말해 중국을 중핵으로 하여 여타 국가들이 그 주위에 포진하고 있는 상태를 정상으로 보고, 상위세력의 분열이나 열국의 쟁탈을 비정상으로 보았다. 끝으로 더 중요한 차이로서, 근대 서구는 세속화의 과정을 거치면서 기독교적 세계관 · 윤리관과 유리되면서 무력에 의한 상호견제 즉 세력균형을 중요시하였으며, 이는 바로 근대국가의 군사지상주의에 기반한 것이었다. 동아시아에서는 근대 서구와는 달리, 개인 · 가정 · 사회 · 국가뿐만 아니라 국제관계에까지 유교원리가 두루 통용되었다.

한마디로 동아시아문명권은 중국을 중심으로 피라미드형의 상하 내포적인 동심원적 구조 속에서, 유교 명분과 황제(천자)의 권위를 중심으로 상하차등적이기는 하나 자급자족적이며 국제협조주의 내지 세계평화주의 성향이 강하였다고 여겨진다.[8)]

양자 간에는 이와 같은 기본전제뿐 아니라 대외관계의 관념이나 규범, 제도에서도 많은 차이점이 있었다. 무엇보다 외교 관념과 제도의 차이를 들 수 있다. 근대 서구국가들은 국가이익을 증진시키고 타국과의 관계를 처리하는 외교활동을 지극히 필요하고 정상적인 국가 기능의 하나로 여겼다. 더욱이 국가 간의 상호관계가 점차 빈번해지고 복잡하게 됨에 따라, 정보수집과 함께 대외업무를 효율적으로 처리해야 할 필요성이 더욱 절실하게 되었다. 그리하여 상주외교사절 제도나 대외업무를 전담하는 외무부서를 설치하기에 이르렀다. 또한 중세시대와는 달리 국가만이 외교사절을 파견하고 접수할 수 있는 이른바 사절권(right of legation)을 갖는다는 근대적 이론이 대두하였으며, 17세기 말에 이르면 유럽외교는 이론과 실제에서 근대적인 형태로 완전 변모하였던 것이다.[9)]

그러나 유교문명권에서는 외교라는 용어 자체가 매우 부정적인 의미를 내포하였으며, "인신은 사사로이 외교를 하지 못한다[人臣無外交]"라는 말에서 보듯이 비밀리에 다른 제후를 섬기는 행위를 뜻하였다. 외교제도에서도 중앙정부 차원의 전문적인 외무부서가 존재하지 않은 채, 예악과 교화를 관장하는 예부(禮部)에서 담당하였다. 또한 서구와는 달리 임시외교사절만이 존재하였을 뿐이며, 따라서 사절권과 같은 이론도 발달하기 어려웠다고 하겠다.[10)]

---

8) 이용희, 『한국민족주의』(서울: 서문당, 1977), pp. 167-169; 권선홍, 『전통시대동아시아 국제관계』(부산: 부산외대 출판부, 2004), 제1장 제1절.

9) 김홍철, 『외교제도사』(서울: 민음사, 1985), 제3장; 권선홍(2004), pp. 14-15. 사절권에 대해서는 L. Oppenheim, *International Law*, Vol. I , 8th ed. (London: Longman, 1955), pp. 773-775; Sir Ernest Satow, *A Guide to Diplomatic Practice*, 4th ed. (New York: David Mckay, 1957), pp. 116-117; G. E. do Nascimento e Silva, *Diplomacy in International Law* (Leiden: A.W. Sithoff, 1972), Chap. 5 참조.

10) 권선홍(2004), pp. 15-16. 당시 중국 수도는 京師라 부르기도 하였으며, 황제가 거주하는 根本重地 · 各省拱極之區로서 원칙적으로 조공사절의 왕래만이 허용되었을 뿐 오랑캐(이적)들이 들어와 사는 것은 불가한 곳으로 여겼다.

다음으로 경제 내지 무역문제에서도 큰 차이가 있었다. 근대 서구 국가들은 대내 · 외정책에서 명시적이고 의식적으로 경제적 부의 추구를 적극 도모하였으며, 이른바 부국강병정책은 이들 국가의 본질적 성격에서 연유하는 역사적 요청이기도 하였다.[11] 나아가 근대 서구에서는 국가 간의 자유로운 무역이나 접촉은 무엇으로도 방해될 수 없는 인간의 기본 권리로 규정하기도 하였다.[12]

반면에 유교문명권에서는 무엇보다 개개인의 내면적 수양을 중시하였으며, 따라서 물질적 욕망을 적극 추구하기보다는 소극적인 절제 내지는 배제가 강조되었다. 도덕과 경제의 우선 순위에서도 도덕이 1차적이고 경제는 부차적인 것으로 간주되었다(예컨대 重義輕利, 德本財末). 이러한 관념은 농경위주의 생활양식과 짝을 이루면서 중농억상정책으로 나아갔던 것이다. 더욱이 중국은 지대물박(地大物博)의 자급자족 경제와 천하공주(天下共主)로서의 황제의 권위를 기반으로, 외국과의 무역은 이른바 '은혜를 베푸는 일(施惠)'이라 여겼던 것이다.[13]

한마디로 근대 서구에서는 사절권과 무역권이 하나의 권리로서 추구되어졌다면, 유교문명권에서는 그러한 권리관념은 매우 생소한 것이었다고 하겠다.

---

11) 근대 서구국가의 기본성격을 군사국가, 경제국가, 그리고 식민지국가로 규정하면서 상세히 분석한 연구로 이용희, 『일반국제정치학(상)』(서울: 박영사, 1962), 제4장이 있다. 또한 박상섭, 『근대국가와 전쟁』(서울: 나남, 1996); 마이클 하워드, 『평화의 발명』, 안두환 옮김(서울: 전통과 현대, 2002); Bruce D. Porter, *War and the Rise of the State* (New York: Free Press, 1994) 등 참조.

12) 예컨대 1832년 중국 연안 등을 탐사한 Lord Amherst호에 통역사, 의사, 선교사로서 함께 항해하였던 Gutzlaff의 여행기 참조. 정성일, "아편전쟁 전 淸英관계," 경북대 대학원 박사학위 논문(1994), p. 212.

13) 권선홍(2004), pp. 17-19.

2. 중국의 광동무역제도(Canton System)

청대의 중국은 명대의 해금(海禁)정책을 이어받아 폐쇄적이고 통제적인 대외정책을 시행하였는데, 이는 무엇보다 자신들의 통치기반을 굳건히 하고 유지시켜 나가려는 정치적인 의도에서였다. 그러나 정성공(鄭成功)을 중심으로 한 반청세력의 본거지인 대만을 평정한 이듬해, 즉 1684년(강희 23)에 이르러 해금정책을 해제하였다.[14] 그 후 1757년(건륭 22)에는 개방한 항구 중에서 광주 1곳만 남겨두고 모두 폐쇄하였다. 이때로부터 아편전쟁 때까지 이른바 광동무역제도(廣東貿易制度)가 시행되었던 것이다. 그 구체적 내용으로 무역이 광주(廣州) 1곳으로만 제한되었다는 것 이외에도, 관허(官許) 상인조합인 '공행(公行)' 을 설립하여 외국상인들은 이를 통해서만 무역을 할 수 있을 뿐, 중국시장에 직접 접촉할 수 없었다. 또한 외국인들에 대한 각종 규제법령을 두었으니, 예컨대 무역 철에만 광주에 올 수 있고, 광주에 오면 이관(夷館, 商館, factory)에서만 체류하게 하고 교자(轎子)를 탈 수도 없게 하였다. 무엇보다도 서양인들은 중국 지방관원과의 직접 대면이 불가능하였음은 물론, 자신들의 의사표시도 (하급관리가 고위관리에게 올리는 문서인) 稟이라는 형식의 문서를 통하여 그것도 공행(公行)을 거쳐 간접적으로나마 할 수 있게 하였던 것이다.[15]

---

14) 이전에 실시하였던 각종 제한규정을 취소하고 중국 상인들도 해외로 나가 무역할 수 있게 허락하였다. 또한 동남해안 4곳에 해관을 설치하여 외국 상인들이 와서 무역을 하도록 허가하였다. 신승하, 『근대중국: 개혁과 혁명(상)』(서울: 대명출판사, 2004), pp. 54-55.

15) 광동무역제도와 관련하여 梁嘉彬, 『廣東十三行考』(1937; 광주: 광동인민출판사, 1999); 張曉寧, 『天子南庫: 清前期廣州制度下的中西貿易』(남창: 강서고교출판사, 1999); 黃國盛, 『鴉片戰爭前的東南四省海關』(복주: 복건인민출판사, 2000); 정성일(1994), 제3장; 신승하(2004), pp. 57-63; Morse(1910), Chap. 4; Weng Eang Cheong, *The Hong Merchants of Canton* (Quadrant, Richmond: Curzon, 1997) 참조.

이와 같은 광동무역제도는 서양 상인들이 상업적 이윤을 어느 정도 확보하는 한, 별다른 문제는 없었다. 그러나 시간이 흐르면서 자유무역론이 주창되고 비서구에 대한 부정적 인식이 어우러지면서, 서구에서는 광동무역제도에 도전하고 개선하려는 움직임이 일어났다.[16)]

3. 영국의 외교적 개선 시도

본래 영국은 아시아지역에 포르투갈이나 네덜란드 등보다 늦게 진출하였으나, 점차 이들 나라를 제치고 아시아 무역을 주도하게 되었다. 영국은 광동무역제도의 각종 제한이나, 특히 부가세(수수료)의 자의적 부과 등을 자국의 무역신장에 큰 장애로 여겼다. 따라서 18세기 말부터 수차례 중국에 외교사절을 파견한 목적 중의 하나가 바로 광동무역제도의 타파였음은 당연한 일이었다.[17)]

당시 인도와 중국 무역에 대해 동인도회사가 독점권을 갖고 있었으나, 중국의 각종 무역제한을 개선하는 데에는 역부족이었다. 그리하여 동인도회사는 영국정부에 중국과의 무역조건 시정을 위한 교섭을 요청하기에 이르렀다. 이러한 과정을 거쳐 1787년 영국왕 조지(George) 3세는 캐쓰카트(Cathcart) 대령을 전권사신으로 임명하여 중국에 파견하였다. 그는 중국무역을 개선하고 여러 제한을 해소할 것, 상품보관을 위한 작은 토지나 섬을 할양받을 것, 외교사절을 교환할 수 있도록 할 것 등의 훈령을 받고[18)] 출발하였으나, 도중에 병으로 사

---

16) 일반적으로 광주무역제도가 불합리한 것이라고 주장하나, 당시 서양 상인들은 중국과의 무역이 그다지 불합리하다고 여기지 않았다는 평가도 있다. 신승하(2004), p. 62; Michael Greenberg, *British Trade and the Opening of China 1800-42* (Cambridge: Cambridge Univ. Press, 1954), pp. 60-61.

17) 표교열(1989), p. 25.

18) 신승하(2004), p. 88; Earl H. Pritchard, *The Crucial Years of Early Anglo-Chinese Relations, 1750-1800* (Washington: Pullman, 1936), Chap. 6.

망하여 실패하고 말았다. 영국은 다시 사신을 파견하고자 하여, 탁월한 외교관이자 정치가인 매카트니(Earl George Macartney)를 단장으로 임명하였다. 그는 1792년 9월 90여명의 사절단을 이끌고 영국을 출발하여, 다음해 7월 하순 대고(大沽)에 도착하고 8월에는 북경에 도착하였다. 그에게 주어진 훈령 역시 앞의 캐드카트에게 부여하였던 것과 같은 내용이었다.[19] 또한 그가 중국 측에 전달한 국서에서도 영파(寧波)·주산(舟山)·천진(天津) 등의 개항, 영국 관리의 북경상주, 주산 혹은 광동 부근의 섬을 영국인이 거류할 수 있게 해달라는 등의 내용이 들어 있었다.[20] 이와 같이 무역확대를 중심으로 한 영국 측의 요구에 대하여 청 조정은 일일이 거론하며 '천조체제(天朝体制)와 부합되지 않는다' 고 모두 거절하였다. 청 건륭제가 영국왕에게 보냈던 답서에는 당시 중국인의 관념이 잘 나타나 있다.

> 너(영국) 국왕에게 이르노니, 바다 멀리 떨어져 있으면서도 황제의 덕을 기려 특별히 사신을 보내 表文을 바치고 바다를 건너와 짐의 만수를 축원하고 토산물을 진상하니 대단한 정성이로다. 짐이 표문의 내용을 살펴보니 너 국왕의 공순함이 간절하여 깊이 가상할 일이로다. …… 천자는 천하를 열심히 다스리는 것이 소임이므로 진귀한 보물들도 별로 귀중하게 여기지 않으나, 이번 너 국왕이 보낸 토산물만은 멀리서 보내온 성의를 생각하여 특별히 받아두도록 담당 관아에

19) 신승하(2004), p. 89; Pritchard(1936), pp. 307-311. 매카트니 사절에 관한 최근의 연구로 Robert A. Bickers (ed.), *Ritual & Diplomacy: The Macartney Mission to China 1792-1794* (London: The British Association for Chinese Studies, 1993; J. L. Hevia, *Cherishing Men from Afar: Qing Guest Ritual and the Macartney Embassy of 1793* (Durham: Duke Univ. Press, 1995); 張芝聯 편, 『中英通使二百周年學術討論會論文集』(북경: 중국사회과학출판사, 1996); 秦國經·高換婷, 『乾隆皇帝與馬戛爾尼』(북경: 자금성출판사, 1998) 등이 있다.

20) 신승하(2004), p. 91.

> 일러두었노라. 천조(天朝)의 덕과 위세는 멀리 퍼져 모든 나라들이 내왕하여 각종 귀중한 물품들이 모여들어 없는 것이 없으니, 이는 너의 나라 사신이 친히 본 사실이로다. 그래서 기교한 것을 귀중히 여기지 않는 것이며, 너희 나라가 만든 물건도 (너희는 우리에게 팔려고 하나 우리에게는) 아무런 필요가 없느니라.[21)]

이와 같이 당시의 중국은 자신들의 세계관을 고수하면서, 무역의 필요성도 전혀 느끼지 못하였던 것이다.

매카트니 사절이 실패로 끝나자, 영국은 재차 사절을 보내 중국과의 무역조건을 개선하고자 하였다. 나폴레옹 전쟁이 마무리되자, 1816년 암허스트(Lord Amherst) 일행을 중국에 보냈으나, 이번에는 황제를 만나지도 못한 채 그대로 귀국을 강요당하고 말았다.[22)] 영국으로서는 두 차례의 사절 파견이 실패로 돌아가자, 더 이상 외교적인 방법으로는 문제해결이 어렵다고 판단하게 되었다.

---

21) 민두기, "중국적 천하질서와 한국," 『한국인』, 1984년 6월호, pp. 64-65. 당시 건륭제가 영국 측에 보낸 3통의 칙유는 김준엽, 『중국최근세사』, 재판(서울: 일조각, 1971), pp. 61-74에 원문과 번역문이 실려 있다. 또한 정성일(1994), pp. 134-138 참조.

22) 암허스트 일행이 황제 알현도 못한 것은 바로 禮儀문제 때문이었다. 본래 유교문명권에서 중국의 군왕은 천하에서 유일한 통치자이자 문명세계의 최정상에 위치한 존재 즉 황제이면서, 동시에 천명을 받들어 온 천하를 다스리는 존재 곧 천자였다. 이처럼 황제의 권위는 결코 영토상의 제한을 받지 않으며, 지상에서 최고권능의 소유자로서 그 지위는 지고무상이며 그 권한은 초월 불능한 天下共主라고 존숭되었던 것이다. 따라서 황제에게는 누구든지 최상의 경례[三跪九叩禮]를 하는 것은 지극히 당연한 일이었으며, 이는 이민족이나 서양인 역시 그 예외가 아니었던 것이다. 그런데 암허스트는 이를 거부하였던 것이다.

Ⅲ. 제1차 아편전쟁

1. 전쟁 배경: 영국의 대중국 강경정책 전환

영국은 외교적인 방법으로 별다른 성과를 거두지 못하자 점차 중국에 대한 정책을 강경한 방향으로 나갔다.

우선 1832년 린지(Hugh Hamilton Lindsay, 胡夏米) 일행에 의한 로드 암허스트(Lord Amherst)號의 활동을 들 수 있다. 무엇보다 광주(廣州) 이북의 항구에서 교역을 하고자 기도하였으며, 나아가 중국 동남연안을 정찰하기 위한 목적에서였다. 즉 하문(厦門)·복주(福州)·상해(上海) 등을 기항하면서 통상을 요구하는 공문을 보냈는데, 이는 광주무역제도에 대한 공개적인 도전이라고 하겠다.[23] 실제 동인도회사의 광주위원회가 린지에게 내린 훈령에 "이 제국(중국)의 북쪽 항구가 어느 정도까지 영국과의 무역을 위해 개방될 수 있을지, 지방주민과 지방관들은 그에 대해 어떤 반응을 보일지 확인하라"고 하여, 광주무역제도의 극복과 중국의 개방을 목표로 한 준비탐사가 그 주 임무였음을 알 수 있다.[24]

암허스트호가 중국 연안을 임의로 출입하며 활동하는 동안 중국 지방당국으로부터 아무런 제지도 없었다는 사실은 청조의 통치체제 와해가 어느 정도였는지를 말해준다고 하겠다. 즉 영국은 중국 측의 연안방비가 유명무실하다는 사실을 알게 되었으며, 무력을 동원할 경우 문제해결의 성공가능성이 매우 높다는 사실도 확인하게 되었다.[25]

---

23) 이들은 중국 측이 상해에서는 오랑캐와 무역한 例가 없으므로 공문을 받아 전달할 수 없다고 답하자, 영국을 오랑캐라고 불렀다 하여 모욕했다는 등 시비를 걸려는 공문을 재차 보내기로 하였다. 신승하(2004), pp. 94-95.

24) 정성일(1994), p. 216.

25) 린지 일행 또는 암허스트호 활동에 대해서는 張德昌, "胡夏米貨船來華經過及其影響," 『중국근대현대사논집』, 제 1편, pp. 93-111; 南木, "鴉片戰爭以前

다음으로 1834년의 내피어(Lord Napier)사건을 들 수 있는데, 1833년 8월 영국 의회에서 동인도회사의 대중국 무역독점권 폐지를 결정하였던 것이 그 배경이라 하겠다. 즉 동인도회사의 무역독점권 폐지가 다음해 봄부터 발효됨으로써 이제는 영국인은 누구나 자유롭게 광주에 와서 무역을 할 수 있게 되었고, 이에 따라 영국은 동인도회사의 대표가 아닌 정부대표를 파견하여 자국민을 보호하지 않을 수 없게 되었다. 다시 말해 중국과 영국관계는 기존의 동인도회사를 매개로 한 관계로부터 이제는 영국정부와의 직접적인 관계로 전환되었던 것이다.

영국정부는 내피어를 무역감독관(Superintendent of Trade)으로 임명하여 중국으로 파견하였는데, 당시 외무장관 파머스톤이 그에게 준 훈령내용은 광주에 도착하면 (公行을 통하지 않고) 양광(兩廣)총독에게 직접 서면 통고하고 면담할 것, 광주 이외의 지방에 또 다른 항구를 확보할 것, 북경정부와 직접 왕래할 방법을 모색할 것 등이었다.[26] 1834년 7월 광주에 도착한 내피어는 자신은 상인이 아니라 영국정부의 공식사절이므로, 자신의 도착사실을 공행을 거치지 않고 직접, 또한 '품'이 아닌 '函'(letter)의 형식으로 양광총독 관아에 전달하려 하였다.

그러나 중국 당국은 기존의 절차와 관행을 어겼다며 접수를 거부하였다. 이후 양광총독은 내피어에게 마카오로 퇴거할 것을 명령하였으나 이를 거부하자, 영국에 대해 무역정지[封艙]조치를 취하였다. 이에 내피어가 무력시위를 하여 양측 간에 전운이 감돌게 되었는데,

---

英船阿美士德號在中國沿海的偵査活動," 列島 편, 『鴉片戰爭史論文專集』(북경: 인민출판사, 1990[1958]), pp. 105-112; 蕭致治 편, 『鴉片戰爭史(上)』(복주: 복건인민출판사, 1996), pp. 242-251; 정성일(1994), pp. 210-230 참조. 린지의 장문의 보고서는 이후 영국의 대중국 팽창정책에 영향을 준 중요한 문서였다. Fairbank(1969), p. 66.

26) 『英國檔案有關鴉片戰爭資料選譯(上)』(북경: 중화서국, 1993), pp. 1-4; 김준엽(1971), p. 77; 신승하(2004), p. 106.

공행과 영국 상인들이 무마시키려 하고 영국 측의 군사력도 한계가 있었기 때문에 내피어는 9월 하순 마카오로 퇴거하였다. 양광총독도 영국에 대한 무역정지를 해제하였는데, 10월 초 내피어가 마카오에서 병사하였기 때문에 분규는 잠시 일단락되었다.[27] 한마디로 내피어 사건은 서구식 대외관계 수립을 요구하는 영국과 전통적 기존관계를 고수하려는 중국 간의 충돌, 또는 광동무역제도에 대한 영국의 적극적 도전이었다고 할 수 있다.

나아가 영국인 특히 중국무역과 관련 있는 사람들 사이에는 외교적 방법에 의한 광동무역제도의 변화가 사실상 불가능하다는 인식이 유포되어 있었고, 무력에 의한 제도 변화를 모색해야 한다고 믿고 있었다.[28] 예컨대 1830년 12월 중국에 있던 영국 사상(私商) 47명이 서명하여 본국 의회에 청원서를 보냈는데, 비외교적 수단을 사용하여 목적을 달성하려는 의도가 표출되어 있었다.[29] 영국 내에서도 1829년부터 맨체스터 상공인들의 주도하에 동인도회사의 차(茶)무역 독점폐지와 중국과의 완전한 자유무역을 결의하고, 이의 달성을 위한 구체적인 행동에 나서기도 하였다.[30]

---

27) 김준엽(1971), pp. 76-82; 성황용, 『근대동양외교사』 (서울: 명지사, 1992), pp. 27-28; 정성일 (1994), pp. 231-261; 梁嘉彬, "律勞卑事件新硏究," 『중국근대현대사논집』, 제1편, pp. 113-185; 衛藤瀋吉, "砲艦政策の形成: 一八三四年淸國に對する," 『近代中國政治史硏究』(동경: 동경대학출판회, 1968), pp. 167-213; Peter Ward Fay, *The Opium War, 1840-1842* (New York: W. W. Norton, 1976[1975]), Chap. 6; Jack Beeching, *The Chinese Opium Wars* (New York: Harcourt Brace Jovanovich, 1975), Chap. 2.

28) 정성일(1994), pp. 212, 233. 당시 영국인들의 공세적인 대외팽창 성향에 대해서는 Fairbank(1969), pp. 72-73; David Gillard, *The Struggle for Asia, 1828-1914* (London: Methuen, 1977), pp. 62-63 등 참조.

29) Greenberg(1951), p. 178; Frederic Wakeman, Jr., "The Canton Trade and the Opium War," in Denis Twitchett & John K. Fairbank (eds.), *The Cambridge History of China*, Vol. 10, Part I (Cambridge: Cambridge Univ. Press, 1978), pp. 173-174.

또한 내피어의 실패는 즉각적으로 영국 상공업계의 강한 반발을 야기시켰다. 즉 1834년 광주 상관(商館)의 전 책임자였던 사람은 주산(舟山)의 탈취를 주장하였고, 수차례 중국 연해를 항해하며 탐사작업에 관여하였던 귀즐라프도 1836년 주산군도의 점령을 영국 외교부에 건의하기도 하였다.[31] 이미 지적한 대로 당시 서양인들은 국가 간의 자유로운 무역과 접촉이 어느 누구로부터도 방해받을 수 없는 인간의 기본 권리로 규정하였고, 자유무역주의는 시대적 풍조를 이루고 있었다. 따라서 이들은 광동무역제도의 비도덕성을 부각시키고 중국 법규의 위반을 오히려 정당화시키기까지 하였다. 실제로 영국인들은 "이 제국(중국)의 현재 상황과 태도는 부자연스럽고 시대정신에도 완전히 반하는 것"이라 하여, 청 조정의 통제정책을 비정상적인 것으로 평하였다.[32]

밀무역도 그 자체 자유무역이라는 주장을 한 자유무역론자 웨이크필드조차 "영국의 위력을 나타내고 필요하다면 무력을 사용하여 중국 관리가 놀랄 정도로 명령하자. 이것이 중국정치의 정치적 공포를 진정시키는 방법이다. 그리고 마찬가지로 그것을 타파하기 위해서"라고 말하였다.[33] 이와 같이 영국 내에 전쟁을 통한 무역확대와 영토점령의 분위기가 고조되어가고 있었으며, 적당한 계기가 주어지면 전쟁으로 치달을 가능성은 항상 존재하였던 것이다.

---

30) 정성일(1994), pp. 233-234.

31) 차경애, "아편전쟁시기 영국의 할양목표지의 변경,"『명청사연구』, 제8집(1998), p. 95.

32) 정성일(1994), p. 212.

33) E. G. Wakefield, *England and America*, Vol. Ⅰ(London: 1833), pp. 292-293, 田中正俊,『중국근대경제사연구서설』, 배손근 옮김(서울: 인간사, 1983), pp. 148-149에서 재인용.

2. 전쟁의 촉매요인: 아편문제

무역확대를 위해서는 전쟁도 불사하려는 영국에게 마침내 그 구실을 제공한 것이 아편을 둘러싼 분쟁이었다. 즉 아편문제는 전쟁의 직접적 원인으로 보이지만, 실은 전쟁의 촉매 내지 도화선이었다고 하겠다.[34)]

본래 아편은 당나라 때 아랍상인을 통해 중국에 들어왔다고 알려져 있으며, 서양 상인으로는 1550년대 포르투갈인이 인도에서 가져오기 시작하였다. 약재로 사용되던 아편은 청나라 초기(17세기 중엽) 네덜란드 상인들이 담배에 섞어서 흡식하는 방법을 전해옴에 따라 대량으로 피우게 되었다. 그러나 아편문제의 본격적인 등장은 영국과 떼어놓을 수 없다. 즉 1757년 인도 벵골지역을 점거한 영국은 이 지역에 아편을 재배하고 중국에 판매하였던 것이다.[35)] 무엇보다 중국과의 무역적자 해소를 위한 방편으로 아편 밀수출을 시작하였다는 사실은 서구상공업자들의 도덕성문제를 말해주는 것이라 하겠다.

중국의 수차례에 걸친 아편 금지령에도[36)] 불구하고 아편밀수는 급증하였다.[37)] 아편흡연자의 급속한 증가는 중국 측에 많은 악영향을 가져다주었다. 무엇보다 국민건강을 저해함으로써 생산력을 저하시

---

34) 王雙懷 "中國近代的鴉片問題," 林啓彦 · 朱益宜 편, 『鴉片戰爭的再認識』(홍콩: 중문대학 출판사, 2003), p. 225; Fairbank(1969), p. 74. 아편의 역사에 대해서는 Martin Booth, *Opium: A History* (New York: St. Martin's Griffin, 1996); 오희섭 옮김, 『아편: 그 황홀한 죽음의 기록』(서울: 수막새, 2004) 참조.

35) 영국정부는 1773년 동인도회사에 아편 전매권을 부여하고, 1797년에는 아편 제조권까지 부여하였다. 신승하(2004), p. 114.

36) 임계순, 『清史』(서울: 신서원, 2000), p. 351; 蕭致治 편(1996), 제4장 제1절.

37) 예컨대 1821-1828년 7년간 연평균 9,708箱, 1828-1835년 7년간 연평균 18,712상, 1835-1839년 4년간 연평균 35,445상이었다. Morse(1910), p. 210. 또한 蕭致治 편(1996), 제4장 제2절 참조. 한편 아편은 1830년대 영국의 대중국 수출상품 총량의 2/3에 달하였다. 임계순(2000), p. 352.

키고, 관리나 군인까지도 흡연함으로써 기강해이와 군사력 저하를 초래하였다. 뿐만 아니라 경제상으론 은이 대량 해외유출되고 무역수지가 적자로 전환되면서 경제적 손실을 입게 되었다. 이에 청 조정에서도 논란 끝에 아편근절론[嚴禁論]을 받아들여, 대표적 근절론자의 하나인 임칙서(林則徐)를 흠차대신에 임명하여 아편문제를 전담처리하게 하였다.

1839년 3월 광주(廣州)에 도착한 임칙서는 외국상인이 소유한 아편을 모두 제출하고, 앞으로 아편을 가지고 오는 경우 모두 몰수하고 법에 따라 처벌받는다는 서약서를 제출하라는 명령서를 외국상인에게 전달하게 하였다. 영국 상인들이 제대로 따르지 않았으나, 임칙서의 강경한 조치로 결국 자신들이 가지고 있던 2만여 상자의 아편을 제출하였다. 임칙서는 이를 소각하여 버렸다. 아편몰수에는 성공하였으나, 서약서 문제를 둘러싸고 영국 무역감독관 엘리오트(Charles Elliot)가 자국 상인들에게 제출 거부를 지시하며 임칙서에 저항하여 양국 간 긴장관계가 조성되었다. 아편문제를 둘러싸고 중국과 영국관계가 악화되어가는 중, 1839년 7월 영국 수병들이 중국인(林維喜)을 타살한 사건이 발생하였다. 이 사건은 재판관할권에 대한 분쟁으로 이어져 양국관계를 일층 악화시켰다. 임칙서는 아편밀수 단속을 더욱 강행하는 한편, 마카오를 포위하고 영국인들을 마카오에서 퇴거하게 하였다. 결국 9월 식량운반 중이던 영국선박과 중국 순찰선 사이에 처음으로 포화가 교환되었고,[38] 11월에는 천비도(川鼻島) 부근에서 영국군함이 중국 병선을 격침하는 사건이 발생하였다.[39]

한편 중국의 아편몰수를 전후하여 광주에 있던 영국 상인들은 대표단을 조직하고 공동으로 경비를 갹출하여 본국의 의회와 여론에

---

38) 이를 아편전쟁의 개시로 보는 주장도 있다. 예컨대 牟安世, 『鴉片戰爭』(상해: 상해인민출판사, 1982), pp. 155-160 참조.

39) 이로부터 아편전쟁이 개시되었다는 주장도 있다. 김경창, 『동양외교사』(서울: 집문당, 1982), p. 20.

그 부당성을 호소하고 정부에 대책을 요구하였다.[40] 또한 엘리오트는 본국 외무장관에게 군사행동계획 건의서를 제출하여, 즉시 무력으로 마카오와 주산도(舟山島)를 점령하고 주강(珠江)과 영파(寧波) 그리고 항주(杭州)로 가는 항구를 봉쇄하고 양자강을 끼고 진강(鎭江)을 거쳐 남경(南京)까지 육박해가자고 건의하였다. 뿐만 아니라 중국 측의 강력한 아편몰수 소식이 영국에 전해지자 런던, 맨체스터 등지의 상공업자들은 파머스톤 외무장관에게 대중국 강경정책을 요구하고 자국 상인보호를 촉구하였다.[41] 결국 영국의 대중국 전쟁은 불가피한 상황으로 전개되어갔던 것이다.

3. 전쟁의 경과와 종결

1839년 9월 하순 엘리오트로부터 보고를 접한 파머스톤 외무장관은 10월 초 내각회의를 소집하여 중국과의 전쟁문제를 논의, 무력사용을 결정하였다. 같은 달 중순 파머스톤은 엘리오트에게 중국에의 파병을 알리는 다음과 같은 서신을 보냈다.

> 정부의 목전계획은 즉시 광주와 백하(白河) 혹은 북경으로 통하는 운하 및 편리하다고 생각되는 기타 중간지역을 봉쇄하는 것이다. 또한 주산군도의 1개 섬 혹은 하문성(厦門城) 혹은 기타 어떤 1개 섬을 탈취 · 점령하여 원정대의 집결 장소 및 군사행동의 근거지로 삼고자 하며, 이후 영국 무역기구의 든든한 기지로 삼고자 한다. 우리들은 그 곳을 영구히 점령하고자 한다.[42]

---

40) 신승하(2004), p. 130.

41) 『英國檔案有關鴉片戰爭資料選譯(下)』, pp. 626-627; 차경애(1998), p. 95; 임계순(2000), p. 358.

42) 『英國檔案有關鴉片戰爭資料選譯(下)』, p. 522.

즉 중국의 전략적 지역을 봉쇄하고 나아가 특정 지역을 자국의 무역기지로 영구 점령하겠다는 것이었다.

1840년 1월 중순 빅토리아(Victoria)여왕은 의회에서 '중국에서의 영국 이익과 국가의 존엄을 예의 주시하겠다' 고 연설하여 전쟁으로라도 중국문제를 해결하려는 의지를 표명하였다. 다음 달 영국정부는 원정군의 정 · 부대표를 임명하고 구체적인 작전지시까지 내렸다. 즉 인도총독과 케이프타운 함대사령관을 역임한 조지 엘리오트(George Elliot)를 총사령관이자 전권대표로, 무역감독관인 찰스 엘리오트(Charles Elliot)를 전권부대표로 각각 임명하였다. 이들은 상관(商館) 포위에 대한 배상, 아편 손실 보상, 행상(行商)의 채무 변제, 공행(公行) 해산, 모든 전쟁비용의 배상, 자국 상인의 안전보호 등을 받아내라는 훈령을 받았고, 중국을 압박하기 위해서는 주요 항구를 봉쇄하고 주산군도를 점거하라는 지시를 받았다.[43] 같은 해 4월에 의회에서 중국문제가 정식 논의되었는데, 전쟁경비는 의회 동의가 필요하기 때문이었다. 야당의 글랫스톤(Gladstone)은 "원인으로 보아 이보다 더 의롭지 못하고 이 나라(영국)를 이보다 더 영원히 치욕스럽게 만드는 전쟁을 나는 알지도 못하고 들어보지도 못하였다" 면서[44] 반대하였으나, 결국 야당의 전쟁 반대안이 근소한 차이로 패하고 말았다.

1840년 6월에 영국원정군이 광동에 도착함으로써 전쟁이 본격화되었다.[45] 영국군은 주강(珠江)하구를 봉쇄하고 다음 달 정해(定海)를 함락한 후, 8월 천진 부근 대고에 도착하였다. 직예(直隸)총독 기선(琦善)을 만나 "해군제독이 중국황제에게 보내는 조회", "파머스톤 외무장관이 중국 흠명대신(재상)에게 보내는 조회"를 전하게 하였다. 이

---

43) Edgar Holt, *The Opium Wars in China* (London: Putnam, 1964), p. 106; Wakeman(1978), p. 194; 신승하(2004), pp. 131-132.

44) Wakeman(1978), p. 195; 신승하(2004), p. 132.

45) 군함 16척, 포 540문, 수송선 27척, 육해군 약 4,000명이었다. 김용구, 『세계외교사』, 전정판(서울: 서울대 출판부, 1997), p. 208; 신승하(2004), p. 133.

문서에서 영국은 출병목적으로 '광동에 있는 영국 상인의 억울함을 해결하고자' (앞 문서), '중국 관리가 재중국 영국인에게 해를 끼치고 영국의 국위를 해쳤기 때문에 중국 황제에게 그 억울함을 풀어달라기 위한 것' (뒷 문서)이라 하였다. 동시에 뒷 문서에서는 몰수한 상품(아편)대금 배상, 양국관리의 평등 대우 · 왕래, 영국인 거주 · 무역을 위한 1개 또는 수개의 도서 할양, 파산한 행상(行商)의 부채 변제, 군비 배상 등 5개 항목을 요구하였다.[46]

기선은 무엇보다 영국군을 철수시킴으로써 북경에 대한 위협을 제거하는 것이 급선무라고 여겨, 좋은 말로 구슬리고 모든 문제를 광주에서 처리하자고 하였다. 이에 영국군은 9월 중순 남쪽으로 철수하였다.

황제는 기선의 능력을 높이 사 9월에 그를 흠차대신으로 임명하여 광주에 파견, 영국과의 담판을 계속하도록 지시하였다. 11월 말 광주에 도착한 기선은 다음 달부터 담판을 시작하였으나, 영국 측의 과다한 요구로 회담이 결렬되고 전투가 재개되었다. 결국 기선은 영국 측 요구를 받아들여 1841년 1월 천비가조약(川鼻假條約)을 체결하였는데 홍콩의 할양, 600만 위안(元)의 배상금 지불, 광동무역의 재개 등이 주요 내용이었다.[47] 그러나 황제는 천조의 땅을 외국에 할양하였다는 소식을 듣고 기선을 파직하고, 황족인 奕山에게 영국군을 섬멸하라고 지시하였다.

영국정부도 4월에 천비가조약에 관한 보고를 받고, 중국으로부터 얻은 권익이 너무 적은 것에 불만스러워 하였다. 그리하여 엘리오트을 소환하고 그 후임에 포틴저(Henry Pottinger)를 임명하였다. 파머스톤 외무장관이 포틴저에게 준 훈령에는 몰수된 아편대금의 충분한 배상, 영국 신민(臣民)의 안전, 중국과의 무역관계 확대 등이 포함되어

46) 신승하(2004), p. 135; Morse(1910), Appendix A, pp. 621-626.
47) 김용구(1997), pp.208-209; 王紹坊, 『중국외교사, 1840-1911』, 한인희 옮김 (서울: 지영사, 1996), pp. 51-54.

있었다.[48] 1841년 8월 중국에 도착한 포틴저는 즉시 군대를 이끌고 북상하여 대규모 군사행동을 개시하였다. 하문(厦門)·영파(寧波)·상해를 함락시키고, 1842년 7월에 양자강 운하의 양대 수로 중의 하나인 진강(鎭江)을 점령하여 대운하를 봉쇄하였다. 영국군은 남경 공격을 준비하고 최후통첩을 보냈다. 이에 중국 측은 남경 성벽에 백기를 게양하였다.[49]

양측 사이의 화의는 1842년 8월 12일부터 시작되어 같은 달 29일 남경(南京)조약의 체결로써 전쟁이 종결되었다. 중국 측은 신속한 화의만 구하고자 하였을 뿐, 영국 측이 제시한 조약초안의 문구에 대해서는 상세한 검토조차 하지 않았다.[50]

남경조약의 주요 내용은 홍콩의 할양(제3조), 5개 항구의 개방과 영사 주재(제2조), 공행(公行)의 무역독점관행 폐지(제5조), 양국관리의 대등한 문서교환(제11조), 배상금 총 2,100만 달러(洋銀) 지불(제4, 5, 7조) 등이었다. 남경조약은 매카트니 사절 이래 영국이 요구해왔던 사항들을 종합한 것이었다.[51]

중국은 영국과 1843년 7월에 오항통상장정(五港通商章程)을 체결하여 영사재판권을 인정하였고, 10월에는 최혜국대우 조항이 포함된 호문(虎門)조약을 체결하였다. 또한 1844년에는 미국과 망하(望厦)조

48) Morse(1910), Appendix K, pp. 655-659.

49) 아편전쟁의 군사적 측면에 대해서는 Gerald S. Graham, *The China Station: War and Diplomacy, 1830-1860* (Oxford: Clarendon, 1978), Chaps. 5-7; Elleman(2001), Chap. 2 참조.

50) 利洛, "締約日記," 중국사학회 편, 중국근대사자료총간 『鴉片戰爭』, (五) (상해: 상해인민출판사, 2000), p. 514; 王紹坊(번역본 1996), p. 59; 蕭致治 편, 『鴉片戰爭史(下)』 (복주: 복건인민출판사, 1996), pp. 554-559.

51) Fairbank(1969), p. 59 참조. 남경조약에 대해서는 喬還田·晋平, 『國門破毁之始: 南京條約』(북경: 중국인민대학출판사, 1992); 陳志奇, 『中國近代外交史(上册)』(대북: 南天書局, 1993), 제5장 제4절; Morse(1910), Chap. 11 등의 연구가 있다.

약을, 프랑스와는 황포(黃埔)조약을 각각 체결함으로써, 중국은 적어도 형식상으로는 서구국제사회에 가입하게 되었다.

Ⅳ. 제2차 아편전쟁

1. 전쟁 배경

아편전쟁은 전통적 중화질서의 근간이었던 조공제도가 점차 서구적 조약체제로 전환하는 역사적인 사건이었다. 그런데 영국정부는 치밀한 사전 계획하에 아편전쟁을 일으켰으나, 청의 황제나 신하들은 전쟁을 매우 의외의 일로 받아들였다. 즉 단순한 소요 정도로 생각하였을 뿐, 적극적인 대처를 하지 않았던 것이다.[52]

무엇보다 당시 중국인들은 전쟁에서 패배하였으면서도, 그 패배를 인정하려 하지 않았다.[53] 다시 말하여 아편전쟁의 패배가 중국인들의 의식구조를 근본적으로 변화시키지는 못하였던 것이다. 아편전쟁 후에도 청 조정은 여전히 전통적인 사고방식을 포기하지 않았다.[54] 예컨대 남경조약 등 일련의 조약체제는 서구 열강의 강요에 의해 성립된 불평등조약체제였으나, 당시 중국 측에서는 이와 의견이 달랐으며 그렇게만 생각하지는 않았다.[55] 즉 청 당국자들은 영국이 영토가

---

52) 신승하(2004), p. 134.

53) 임계순(2000), p. 365; T. F. Tsiang, "China and European Expansion," in Immanuel C. Y. Hsu (ed.), *Readings in Modern Chinese History* (Oxford: Oxford Univ. Press, 1971), p. 136; James M. Polachek, *The Inner Opium War* (Cambridge: The Council on East Asian Studies/ Harvard University, 1992), Chap. 4; Elleman(2001), pp. 18ff.; 楊公素, 『晚清外交史』(북경: 북경대학출판사, 1991), p. 67.

54) 王紹坊, 『중국외교사, 1840-1911』(鄭州: 河南인민출판사, 1988), pp. 57-58, 71, 번역본, pp. 80, 96.

아니라 무역만을 추구한다는 주장을 점차 믿었으며, 따라서 무역상의 이권을 허용해 줌으로써 영국인들을 달래주고 동시에 그들의 행동에 조약에 기반한 명확한 한계를 설정해주고 물질적 유인을 통하여 그들을 통제하려고 했던 것이 주목적이었다. 이는 전통적인 羈縻정책의 적용이라 하겠다.[56]

불평등조약의 내용 중 영국인의 범죄는 그 재판권이 영국 영사에게 있다는 이른바 영사재판권 문제에 대해서, 청 조정은 언어와 습관이 다른 외국인들 간의 범죄는 그들 스스로 다스려야 한다는 전통적 정책의 연장으로 받아들였다. 또한 제3국에 새로운 특권을 부여할 경우 그 혜택을 똑같이 향유한다는 최혜국조항에 대해서도, 천자는 모든 외국인에게 똑같이 은혜를 베푼다[一視同仁]는 관념에서 인정하였다.[57] 이와 같이 청조정은 아편전쟁에서의 패배에도 불구하고 별다른 변화 없이 전통을 고수하려 하였던 것이다.[58]

그러나 영국을 비롯한 서구열강은 아편전쟁의 결과에 대해 점차 불만족스럽게 생각하였다. 중국 측의 조약 이행 태도에 대해서도 그러했거니와, 대중국무역도 기대 이하였기 때문이었다. 즉 중국에 대한 수출이 1846년 이후부터 별로 늘어나지 않자 영국 의회는 중국무역조사특별위원회(The Select Committee on Commercial Relations with China)를 구성하고 무역부진의 원인을 조사하기 시작하였다. 조사 결과 양자강 이남의 5개 항구로는 부족하다고 여겨, 더 많은 항구의 개방이

55) 방용필, "아편전쟁 이후의 청영관계(1842-51)," 한양대 『인문논총』, 16(1988), p. 192.

56) John K. Fairbank, "The Creation of the Treaty System," in Twitchett & Fairbank (eds.)(1978), p. 218.

57) 표교열(1989), p. 45. 또한 楊公素(1991), p. 47; 劉培華, 『近代中外關係史(上冊)』(북경: 북경대학출판사, 1986), pp. 89-91 참조.

58) 청 조정은 남경조약의 체결로 모든 것이 해결되었다면서 이를 '萬年和約'이라 부르기도 하였다.

있어야 더 넓은 중국시장을 확보할 수 있다고 보았다. 또한 북경에 상주공사(常駐公使)를 설치할 필요성을 인식하게 되었다. 한마디로 서구열강은 중국 시장의 완전개방과 자국공사의 북경상주 등 더 많은 권익을 추구하게 되었고,[59] 따라서 중국과의 또 한 차례 충돌이 불가피하였던 것이다. 다시 말해 제2차 아편전쟁은 제1차 아편전쟁의 연속선상에서 이루어진 전쟁이라 하겠다.[60]

2. 조약 개정[修約]문제와 천진조약

영국은 청 조정의 무역활동 제한과 5개 무역항으로 시장이 제한되었다는 사실을 무엇보다 불만스럽게 여기고, 이를 시정하기 위해 조약을 개정하고자 하였다.

첫 번째로 1854년 4월 영국, 프랑스, 미국 공사는 함께 광주로 가서 양광총독 섭명침(葉名琛)에게 모든 내지(內地)와 연해도시의 개방, 상선과 군함의 양자강 자유왕래, 아편무역의 합법화, 내지(內地) 통관세의 폐지, 외국사절의 북경상주 등을 내용으로 하는 조약개정을 요구하였다.[61] 두 번째 개정교섭은 (망하조약, 황포조약 체결 후 12년째가 되는) 1856년 5월 미국 공사가 광주에서 공사의 북경상주, 중국전역의 개방, 선교의 자유 등을 요구하였다.[62]

그러나 두 차례의 조약개정 요구가 모두 실패로 돌아가자 무력을 통해서 중국을 굴복시키는 수밖에 없다는 확신을 갖게 되었다. 그리하여 크리미아전쟁(1853-56)이 끝난 후 곧바로 중국문제를 해결하고자 하였다.[63]

---

59) 신승하(2004), pp. 168-171.
60) Tsiang(1971), p. 136; 임계순(2000), p. 391.
61) 표교열(1989), pp. 53-54.
62) 표교열(1989), p. 54.
63) 신승하(2004), p. 174; 임계순(2000), p. 393.

이처럼 조약개정을 둘러싸고 중국과 서구 간에 긴장이 고조되어 갔으며, 서구열강은 전쟁을 일으킬 구실을 찾기 시작하였다. 마침내 1856년 10월 애로우(Arrow)호 사건이 발생하였다.[64] 당시 대중국 강경론자로서 수상이 된 파머스톤은 사건 보고를 듣고 충분한 구실이 된다고 여기고, 1857년 2월 의회에 군비와 원정군 증강을 위한 경비를 제출하였다. 당시 의회에서는 이처럼 사소한 사건으로 전쟁까지 한다는 것은 실로 부끄러운 일이라며 반대하는 의견도 많았다. 결국 상원에서는 통과되었으나, 하원에서는 부결되고 말았다. 이에 파머스톤 수상은 하원을 해산시키고 총선거에 의한 신임을 묻게 되었다. 결국 새로 구성된 하원에서는 대중국 전쟁문제를 동의하였다.[65]

한편 영국은 프랑스에게 공동출병을 제의하였는데, 프랑스는 1856년 2월 광서성 서림(西林)에서 발생한 샤드렌느(A. Chapdelaine) 선교사 피살사건을 출병의 핑계로 삼았다.[66] 1857년 4월 영불연합군이 공동출병하였으나. 그해 12월에야 주력부대가 중국 광동에 도착하였다. 양광총독 섭명침에게 최후통첩을 보냈으나 거부되자, 광주를 공격, 점령하였다. 다시 연합군은 북상하여, 이듬해 2월 영 · 불 · 미 · 러 4국 공사는 주상해 영사를 통해 조회문을 청 조정에 전달할 것을 요구

---

64) 김용구(1997), pp. 215-216; 신승하(2004), pp. 174-176; Morse(1910), Chap. 16; Holt(1964), Chap. 15.

65) 김용구(1997), p. 216; 신승하(2004), p. 177. 제2차 아편전쟁에 대해서는 Douglas Hurd, *The Arrow War* (New York: Macmillan, 1967); John Selby, *The Paper Dragon* (New York: Frederick A. Praeger, 1968), Chaps. 2-3; J. Y. Wong, *Deadly Dreams: Opium, Imperialism, and the Arrow War(1856-1860) in China* (Cambridge: Cambridge Univ. Press, 1998) 등 참조.

66) 당시 프랑스는 크리미아 전쟁이래 영국과의 우호관계를 계속 유지하기 위하여 영국의 제안에 동의하였으나, 실상은 이 기회에 인도차이나를 침략하려는 적의가 있었다. 영국과 프랑스는 미국 · 러시아에 대해서도 공동출병하자고 제의하였으나, 출병에는 동의하지 않고 다만 조약개정 교섭에는 참여하기로 결정하였다. 김용구(1997), p. 217.

하였다. 조회문의 내용은 외국공사의 북경상주, 개항장의 증가, 관세율의 수정, 내지(內地) 자유여행의 허가, 선교의 허가와 기독교 교도의 보호 등이었다.[67] 또한 3월 말 이전에 흠차대신을 상해로 보내 조약개정 교섭을 하자고 요구하면서, 그렇지 않으면 북상하여 전쟁을 확대하겠다고 위협하였다.

그러나 청조정은 '이무(夷務)는 양광총독의 소관사항'이니 받아들일 수 없다고 거부하며, 영 · 불 · 미 3국 대표는 광주로 돌아가 양광총독과 교섭하고 러시아 대표는 흑룡강장군과 협의하라고 미루었다.[68] 이에 연합군은 다시 북상하여 대고에 이르러 교섭을 시도하였으나 결렬되자 대고포대를 점령하고, 천진으로 진격하여 그곳에서 다시 교섭이 재개되었다. 결국 영 · 불의 위협하에 1858년 6월 천진(天津)조약이 체결되었다. 천진조약에는 지금까지의 요구 사항들이 모두 포괄되었는데, 주요 내용은 외국공사의 북경상주 또는 수시왕래, 10개 항구의 추가 개방, 양자강에서의 무역, 내지 여행, 세율의 조정, 선교 자유, 배상금 지불 등이었다.[69]

천진조약은 불평등조약의 결정판이라고 할 수 있으며, 이로써 중국은 반식민지 상태로 전락하게 되었다.

3. 비준서 교환[換約]문제와 북경조약

청 조정은 천진조약을 체결하기는 하였으나, 그 내용에 크게 불만족스러워하였다. 그 중에서도 외국공사의 북경상주, 양자강 개방, 내

67) 신승하(2004). p. 181.
68) 김용구(1997), p. 217; 신승하(2004), p. 181; 王紹坊(번역본 1996), p. 104.
69) 영국 대표 엘진(J. B. Elgin)은 천진조약이 체결된 후 "이 조약에서 얻게 된 가장 중요한 것은 북경에 사절을 주둔시킨 것이었다. 만약 이 조항이 없었다면 이 조약은 아무런 가치도 없다"고 고백하였다. 王紹坊(번역본 1996), p. 108; 표교열(1989), p. 57.

지 여행, 배상 완료시까지 광주 보장점령 등 4개항에 대해서였다.[70] 따라서 천진조약을 체결하고서도 이들 4개 항의 무효화를 시도하였으며, 심지어 조약폐기까지 희망하였다.

이러한 중국 측의 태도는 1858년 10월에서 다음 달까지 열린 상해(上海) 세율(稅率)회의에서 잘 드러난다. 즉 황제는 이 기회를 '이무(夷務)의 일대 전환기' 로 판단하고 자국 대표들에게 비밀 명령을 내렸는데, 이는 '관세의 완전 면제' 와 '아편 금지령 해제' 를 대가로 천진조약을 취소하거나 불가능하다면 외국공사의 북경상주 등 4개 항을 무효화시키라는 것이었다. 청 대표들 역시 아편무역을 공인하더라도 외국사절의 북경상주를 막으려 하였다. 결국 아편무역은 공인되고, 영국 측은 중국이 천진조약을 충실히 이행한다는 조건으로 북경에 상주공관을 설치하지 않도록 하겠다는 약속을 하였다.[71]

외국 사절의 주경(駐京)문제는 바로 동 · 서양 외교 관념, 제도의 충돌이라 하겠으며, 상해 세율회의 때의 황제 명령은 당시 중국이 국가이익의 내용 중 경제적 측면보다는 명분적 측면을 더욱 중요시하였음을 알 수 있다고 하겠다.

다른 한편 청 조정은 외국공사들이 북경에 오는 것을 적극 저지할

---

70) 중국 역시 외국공사의 북경상주 조항을 가장 꺼렸다. 왜냐하면 황제나 관료들이 경멸하던 '서양 오랑캐' 들과의 잦은 왕래는 자신들의 권위에 심각한 상처를 입힐 뿐만 아니라, 백성들과 외국인 사이의 접촉과 왕래를 금지한 것에도 더욱 불리한 영향을 미칠 것으로 보았기 때문이다. 王紹坊(번역본 1996), p. 107. 즉 洋夷들이 삼궤구고의 예도 행하지 않고 대등한 지위로 북경에 들어온다는 것은 천조체제에 어긋나는 일로 간주하였다. 따라서 서양인이 외교사절의 북경상주를 요구한데 대하여 '千古에 일찍이 없었던 奇聞' 이라는 반응을 보이기도 하였다. 표교열(1989), p. 58; 『籌辦夷務始末(咸豐朝)』권26(북경: 중화서국, 1979), p. 954; 중국사학회 편, 중국근대사자료총간『第二次鴉片戰爭』,(一)(상해: 상해인민출판사, 1978), p. 456.

71) 성황용(1992), p. 51; 王紹坊(번역본 1996), pp. 113-115; 王曾才, 『中國外交史要義』(대북: 五南, 2003[1993]), pp. 98-100.

방법을 강구하였다. 무엇보다 천진조약 비준서 교환을 상해(上海)에서 행하고자, 대외교섭을 책임지고 있는 흠차대신을 광주에서 상해로 옮겨 '북경에 들어오거나 천진으로 북상하는 것을 저지' 하게 하였다. 1859년 1월 상해의 양강(兩江)총독으로 하여금 그동안 양광(兩廣)총독이 담당하여 오던 흠차대신을 맡겨 대외업무를 관장하게 하였다.[72] 이처럼 황제는 상해에서 비준서를 교환하도록 강력히 희망하였다.

그러나 영·불 정부는 1859년 초 주중국 공사를 각각 임명하고, 영국은 자국공사에게 '북경으로 가려는 것을 저지하려는 일체의 시도를 배제하라' 고 훈령하였다.[73] 즉 영·불 양국은 '서명한 날로부터 1년 이내에 북경에서' 비준서를 교환하기로 한 천진조약의 규정대로 북경에서의 비준서 교환을 강행하기로 결정하였다. 1859년 6월 양국 공사는 소수의 군대를 이끌고 대고(大沽)에 도착하였다. 이에 청 조정은 대고로부터 북경으로 들어오지 말고, 대고 북쪽에 위치한 북당(北塘)을 거쳐 북경으로 들어오도록 제의하였다. 입경 노선을 지정하는 이유는 무엇보다 그 노선이 바로 조공선이 입경하던 공도(貢道)였기에, 저들의 위세를 떨어드리고 천조의 존엄을 유지하려는 때문이었다.[74]

그러나 양국은 대고 노선을 고집하며 중국 측 요구를 거절하였다. 결국 양측의 충돌이 일어났는데, 영·불 양국의 군대 수가 적어 패배로 끝났다. 이 소식을 들은 청 조정은 '20년 이래 없었던 통쾌한 일' 이라며 기뻐하였다. 반면 이를 전해들은 영·불 양국은 대규모 보복

---

72) 『籌辦夷務始末(咸豊朝)』권33, p. 1245. 또한 신승하(2004), p. 185; 王紹坊(1988), p. 88; 梁伯華, 『近代中國外交的巨變』(홍콩: 상무인서관, 1990), p. 46; Immanuel C. Y. Hsu, *China's Entrance into the Family of Nations* (Cambridge: Harvard Univ. Press, 1960), pp. 79-82 참조. 상해로 옮기기까지 중국의 외무장관직은 광주흠차대신이 수행하였다고 하겠다.

73) 王紹坊(1988), pp. 88-89.

74) 신승하(2004), p. 186; 王紹坊(1988), p. 89, 번역본, p. 118.

을 결의하고, 재차 연합원정군 2만의 병력으로 재침략할 것을 결정하였다. 양국 연합군은 1860년 8월 북당을 점령하고, 천진도 점령하였다. 양측 간에 담판이 이루어졌으나, 영·불 양국이 북경에 들어가 황제를 알현하고 국서를 증정하겠다고 고집하여 결렬되고 말았다. 당시 황제는 "이는 국가의 체통이 걸려있어 윤허하기가 대단히 어렵다. …… 만일 직접 국서를 올리려고 한다면 반드시 중국 예절에 따라 무릎을 꿇고 머리를 조아리는 의식을 행하여야만 비로소 허락할 수 있다"고 하였다.[75)]

결국 연합군은 북경으로 진격하고, 함풍제(咸豊帝)는 열하(熱河)로 피하였다. 10월에 연합군이 북경까지 점령하게 되자, 결국 중국이 굴복하여 같은 달 하순 북경(北京)조약을 체결하게 되었다. 북경조약의 내용은 천진조약을 재확인하는 이외에 천진의 개항, 중국 노동자의 출국 인정, 구룡(九龍)반도의 영국에 할양, 배상금 증액, 포교권 인정 등이었다.

북경조약의 체결은 청국의 쇄국정책이 철저하게 파괴되었음을 의미하며,[76)] 중국의 개국이 완료되었음을 뜻하는 것이었다.[77)]

남경조약과 북경조약의 의미를 비교한다면 전자는 주로 통상문제를 중심으로 한 일부 지역적인 개항이었으나, 북경조약으로 중국은 외교차원까지, 나아가 중국 전역이 개방되기에 이르렀다.

20년이란 시간이 소요되고 수도인 북경이 함락되는 엄청난 충격을 거치면서 중국인들의 관념도 바뀌기 시작하였다. 즉 이제는 서구의 장점을 배우자는 양무(洋務)운동까지 일어났으며, 서구의 외교제도와 국제법을 수용하기에 이르렀다.[78)] 1861년 1월에는 중국 최초의 근대

---

75) 『籌辦夷務始末(咸豊朝)』권62, p.2316; 王紹坊(번역본 1996), p. 122; 신승하(2004), pp. 188-189.

76) 王紹坊(번역본 1996), p. 124.

77) 김용구(1997), p. 223.

78) 이에 대해서는 Hsu(1960); 梁伯華(1990) 참조.

적 외무부서라고 평가되는 총리아문(總理衙門)이 설치되었고,[79] 같은 해와 이듬해에 걸쳐 영국 · 프랑스 · 러시아 및 미국공사가 북경에 부임하여 오랫동안 끌어왔던 북경 상주문제가 해결을 보게 되었다.

이와 같이 북경조약 이후는 서구 주도 시기라 하겠다. 그러면서도 중국은 서구와의 관계에서는 서구적 기준을 따르면서, 동아시아 여러 나라에 대해서는 여전히 전통적 기준을 고수하여 나갔다. 즉 1860년대 이후 중국의 대외관계는 이중적 구조하에 있었는데, 1880년대에 이르러서야 서구적인 것으로 일원화되었고 이는 곧 동아시아국제사회의 붕괴를 뜻한다고 하겠다.[80]

끝으로, 중국이 패전한 원인은 무엇보다 군대의 수적인 우세와 상황적 유리함에도 불구하고 구식 무기의 낙후성, 병력과 지휘계통의 문제, 전략전술의 부재, 지도층의 무지와 무능 · 부패, 나아가 남방해안보다는 북방대륙을 중시하고 외침방어보다는 내란방지에 비중을 더 두는 전통적 방어관념과 체제, 소수 이민족 통치로 인한 한 · 만족(漢 · 滿族) 갈등 등을 들 수 있다.[81] 한마디로 서구는 근대이후 수세기

---

79) 총리아문에 대해서는 吳福環, 『淸季總理衙門硏究』(대북: 文津출판사, 1995); Meng Ssu-ming, *The Tsungli Yamen* (Cambridge: Harvard Univ. Press, 1962); Masataka Banno, *China and the West, 1858-1861* (Cambridge: Harvard Univ. Press, 1964) 참조.

80) 이에 대해서는 Key-hiuk Kim, *The Last Phase of the East Asian World Order* (Berkeley: University of California Press, 1980) 참조.

81) 신승하(2004), pp. 144-146; 胡繩, 『從鴉片戰爭到五四運動(上冊)』(북경: 인민출판사, 1981), pp. 45-52; 曾祥鐸, "論中英鴉片戰爭," 『중국근대현대사논집』, 제1편(1986), pp. 252-260; 張一文, "試論淸軍在鴉片戰爭中失敗的基本原因," 寧靖 편(1984), pp. 206-221; 楊公素(1991), pp. 40-43; 蕭致治 편(1996), 제10장; Elleman(2001), Chaps. 2-3. 당시 청은 약 80만 명의 상비군을 보유하였다고 하는데, 청의 군사역량과 그 문제점에 대해서는 矛海建, 『天朝的崩潰: 鴉片戰爭再硏究』(북경: 三聯서점, 1995), 제1장 및 『近代的尺度: 兩次鴉片戰爭, 軍事與外交』(상해: 상해삼련서점, 1998), pp. 3-96 등 참조. 한편 서양에 대한 무지와 무관심도 패전의 한 요인으로 볼 수 있는데, 당시 청

동안 전쟁의 일상화 속에서 엄청난 발전을 하였고 대중국 전쟁 역시 계획적인 준비와 근대적 전략 · 전술하에 수행해 나갔으나, 중국은 상대적인 평화와 오랜 전통 속에 안주하면서 전쟁을 매우 의외의 일로 받아들이며 제대로 대처하지 못하고 또한 하지 않았던 것이다.

V. 맺음말

아편전쟁은 동아시아 · 서구문명권(국제사회) 간의 첫 무력충돌이자 동아시아 근대사의 기점이었다. 우선, 양대 문명권은 국제관계의 기본적인 전제에서도 차이가 있었으며, 외교와 무역 관념이나 제도 역시 뚜렷한 대조를 보여 주었다. 예컨대 무역을 하나의 기본적 권리라고 주장하는 서구와, 이를 시혜(施惠)차원에서 인식하는 중국과는 쉽게 봉합되기 어려운 상황이었다. 더욱이 중국과 영국은 양대 문명권의 최정상에 있던 나라로서, 각기 자국 문명에 대한 자부심 역시 매우 컸기에 외교적 타협은 거의 불가능하였다고 하겠다.

둘째, 아편전쟁 이전은 중국 주도시기이며, 이를 상징적으로 말해주는 것이 광동무역제도였다. 그러나 시일이 흐르면서 서구는 이에 도전하기 시작하였고, 외교적 방법으로 성과를 거두지 못하자 점차 무력사용이라는 강경한 정책을 사용하였던 것이다.

셋째, 중국은 아편전쟁에서 패배하였음에도 이를 쉽게 수용하지 못하고, 전통적 관념과 제도를 고수하려 하였다. 결국 중국의 태도를 불만스럽게 생각하고 더 많은 권익을 얻어내려는 서구와 또 한 차례의 전쟁이 불가피한 상황이었다. 당시 외국공사의 북경상주 문제를 둘러싼 양측 간의 대립은 외교 관념과 제도 나아가 문명기준 간의 충

의 서양인식에 대해서는 신승하, 『근대 중국의 서양인식』(서울: 고려원, 1985), 제2-3장 참조.

돌이란 성격을 갖는다고 하겠다.

넷째, 중국은 20년이란 시일이 소요되고 두 차례 전쟁에서의 패배 특히 수도가 함락되는 엄청난 충격을 받고서야 비로소 서구문명기준을 수용하기 시작하였다. 즉 1860년 이후 중국은 서구국제사회에 가입하게 되었고, 서구 주도 시기로 넘어가게 되었던 것이다.

한마디로 양차 아편전쟁은 중국(동아시아)과 서구관계에서의 주도권을 근본적으로 바꿔놓은 대사건으로, 동아시아의 전통적 국제질서가 붕괴되는 시발점이기도 하였으며 동시에 단일한 지구국제사회가 형성되어가는 최종단계이기도 하였다. 즉 아편전쟁 이후 동아시아지역에 서구적 국제관계의 제반 관념과 규범 · 제도 등이 기존의 것들을 대체하여감으로써 점차 오늘날과 같은 국제사회가 등장하게 된 것이다. 이와 같이 아편전쟁은 동아시아는 물론 전세계 국제관계사에서도 매우 중대한 의미를 지닌 사건이라 하겠다.

참고자료

『籌辦夷務始末(道光朝)』.

『籌辦夷務始末(咸豊朝)』.

許地山 편. 『鴉片戰爭前中英交涉史料 達衷集』. 香港: 용문서점, 1969[1928].

중국사학회 편. 중국근대사자료총간 『鴉片戰爭』. 전6책. 상해: 상해인민출판사, 2000[1954].

중국사학회 편. 중국근대사자료총간 『第二次鴉片戰爭』. 전6책. 상해: 상해인민출판사, 1978-79.

『英國檔案有關鴉片戰爭資料選譯(上 · 下)』. 북경: 중화서국, 1993.

『鴉片戰爭史料選譯』. 광동성 文史硏究館 역. 북경: 중화서국, 1983.

『鴉片戰爭與林則徐史料選譯』. 광동성 문사연구관 역. 광주: 광동인민출판사, 1986.

『林則徐集 奏稿』. 전3책. 북경: 중화서국, 1985.

권선홍. 『전통시대 동아시아 국제관계』. 부산: 부산외대 출판부, 2004.

김경창. 『동양외교사』. 서울: 집문당, 1982.

김용구. 『세계외교사』. 전정판. 서울: 서울대 출판부, 1997.

김준엽. 『중국최근세사』. 재판. 서울: 일조각, 1971.

김홍철. 『외교제도사』. 서울: 민음사, 1985.

민두기. "중국적 천하질서와 한국." 『한국인』 1984년 6월호, 1984.

방용필. "아편전쟁 이후의 청영관계(1842-51)." 한양대 『인문논총』 16, 1988.

성황용. 『근대동양외교사』. 서울: 명지사, 1992.

신승하. 『근대 중국의 서양인식』. 서울: 고려원, 1985.

신승하. 『근대중국: 개혁과 혁명(상)』. 서울: 대명출판사, 2004.

이용희. 『일반국제정치학(상)』. 서울: 박영사, 1962.

이용희. 『한국민족주의』. 서울: 서문당, 1977.

이은자. "아편전쟁과 중국의 "문호개방"에 대한 역사교육과 역사인식." 『중국근현대사연구』 19, 2003.

임계순. 『淸史』. 서울: 신서원, 2000.

정성일. "아편전쟁 전 淸英관계." 경북대 대학원 박사학위 논문, 1994.

陳紹樑. "아편전쟁과 반제국주의운동." 건국대『대학원 논문집』13, 1981.
차경애. "아편전쟁시기 영국의 할양목표지의 변경."『명청사연구』제8집, 1998.
표교열. "제1 · 2차 중영전쟁." 서울대 동양사학연구실 편.『강좌 중국사(V)』. 서울: 지식산업사, 1989.
피에르 르누벵. 1988.『동아시아 외교사』. 박대원 역. 서울: 서문당, 1988.
龔書鐸 · 謝維 · 孫燕京. "建國三十五年來鴉片戰爭史研究綜述."『近代史研究』, 1984년 제3기, 1984.
龔纓晏.『鴉片的傳播與對華鴉片貿易』. 북경: 동방출판사, 1999.
喬還田 · 晋平.『國門破毁之始: 南京條約』. 북경: 중국인민대학출판사, 1992.
牟安世.『鴉片戰爭』. 상해: 상해인민출판사, 1982.
牟安世. "鴉片戰爭研究四十年."『歷史教學』. 1991년 제4기, 1991.
矛海建.『天朝的崩潰: 鴉片戰爭再研究』. 북경: 三聯서점, 1995.
矛海建.『近代的尺度: 兩次鴉片戰爭, 軍事與外交』. 상해: 상해삼련서점, 1998.
무한대학 역사계 아편전쟁연구조 편.『外國學者論鴉片戰爭與林則徐(上)』.복주: 복건인민출판사, 1989.
복건성 역사학회 福州分會 편.『外國學者論鴉片戰爭與林則徐(下)』. 복주: 복건인민출판사, 1991.
徐修宜. "對鴉片戰爭稱謂的新探討."『學術月刊』. 1994년 제10기, 1994.
蕭致治 편.『鴉片戰爭與林則徐研究備覽』. 무한: 호북인민출판사, 1995.
蕭致治 편.『鴉片戰爭史(上下)』. 복주: 복건인민출판사, 1996.
孫燕京. "近五年鴉片戰爭史研究述評."『近代史研究』. 1991년 1기, 1991.
梁嘉彬.『廣東十三行考』. 1937; 광주: 광동인민출판사, 1999.
楊公素.『晚淸外交史』. 북경: 북경대학출판사, 1991.
梁伯華.『近代中國外交的巨變』. 홍콩: 상무인서관, 1990.
列島 편.『鴉片戰爭史論文專集』. 북경: 인민출판사, 1990[1958].
寧靖 편.『鴉片戰爭史論文專集續編』. 북경: 인민출판사, 1984.
吳福環.『淸季總理衙門研究』. 대북: 文津출판사, 1995.
王紹坊.『中國外交史, 1840-1911』. 鄭州: 河南인민출판사; 한인희 옮김.『중국외교사, 1840-1911』. 서울: 지영사, 1988.
王曾才.『中國外交史要義』. 대북: 五南, 2003[1993].
兪明 편.『南京條約與香港百年』. 북경: 중국사회과학출판사, 1998.
劉培華.『近代中外關係史(上册)』. 북경: 북경대학출판사, 1986.
衛藤瀋吉. "砲艦政策の形成: 一八三四年淸國に對する."『近代中國政治史研究』.

동경: 동경대학출판회, 1968.
林啓彦 · 朱益宜 편. 『鴉片戰爭的再認識』. 홍콩: 중문대학 출판사, 2003.
張芝聯 편. 『中英通使二百周年學術討論會論文集』. 북경: 중국사회과학출판사, 1996.
張曉寧. 『天子南庫: 淸前期廣州制度下的中西貿易』. 남창: 강서고교출판사, 1999.
田中正俊. 『중국근대경제사연구서설』. 배손근 옮김. 서울: 인간사, 1983.
中華文化復興運動推行委員會 편. 『中國近代現代史論集』 제1편:『鴉片戰爭與英法聯軍』. 대북: 대만 상무인서관, 1986.
秦國經 · 高換婷. 『乾隆皇帝與馬戛爾尼』. 북경: 자금성출판사, 1998.
陳志奇. 『中國近代外交史(上册)』. 대북: 南天書局, 1993.
胡繩. 『從鴉片戰爭到五四運動(上册)』. 북경: 인민출판사, 1981.
黃國盛. 『鴉片戰爭前的東南四省海關』. 복주: 복건인민출판사, 2000.
黃宇和. 『兩次鴉片戰爭與香港的割讓』. 대북: 國史館, 1998.

Masataka Banno. *China and the West, 1858-1861*. Cambridge: Harvard Univ. Press, 1964.
Jack Beeching. *The Chinese Opium Wars*. New York: Harcourt Brace Jovanovich, 1975.
Robert A. Bickers, ed. *Ritual & Diplomacy: The Macartney Mission to China 1792-1794*. London: The British Association for Chinese Studies, 1993.
Martin Booth. *Opium: A History*. New York: St. Martin's Griffin, 1996; 오희섭 옮김. 『아편: 그 황홀한 죽음의 기록』. 서울: 수막새, 2004.
Hsin-pao Chang. *Commissioner Lin and the Opium War*. Cambridge, Mass.: Harvard Univ. Press, 1964.
Weng Eang Cheong. *The Hong Merchants of Canton*. Quadrant, Richmond: Curzon, 1997.
W. C. Costin. *Great Britain and China, 1833-1860*. Oxford: Clarendon, 1968[1937].
Tyler Dennett. *Americans in Eastern Asia*. New York: Barns & Noble, 1963[1922].
Bruce A. Elleman. *Modern Chinese Warfare, 1795-1989*. London: Routledge, 2001.

John K. Fairbank. *Trade and Diplomacy on the China Coast.* Stanford: Stanford Univ. Press, 1969[1953].

John K. Fairbank. "The Creation of the Treaty System." In Twitchett & Fairbank, eds. 1978.

Peter Ward Fay. *The Opium War, 1840-1842.* New York: W. W. Norton, 1976[1975].

David Gillard. *The Struggle for Asia, 1828-1914.* London: Methuen, 1977.

Gerald S. Graham. *The China Station: War and Diplomacy, 1830-1860.* Oxford: Clarendon, 1978.

Michael Greenberg. *British Trade and the Opening of China 1800-42.* Cambridge: Cambridge Univ. Press, 1954.

John S. Gregory. *The West and China since 1500.* Houndmills, Basingstoke: Palgrave, 2003.

J. L. Hevia. *Cherishing Men from Afar: Qing Guest Ritual and the Macartney Embassy of 1793.* Durham: Duke Univ. Press, 1995.

Edgar Holt. *The Opium Wars in China.* London: Putnam, 1964.

Immanuel C. Y. Hsu. *China's Entrance into the Family of Nations.* Cambridge: Harvard Univ. Press, 1960.

Douglas Hurd. *The Arrow War.* New York: Macmillan, 1967.

Key-hiuk Kim. *The Last Phase of the East Asian World Order.* Berkeley: University of California Press, 1980.

P. C. Kuo. *A Critical Study of the First Anglo-Chinese War, with Documents.* Shanghai: Commercial Press, 1935.

Glenn Melancon. *Britain's China Policy and the Opium Crisis: Balancing Drugs, Violence and National Honour, 1833-1840.* Aldershot, Hampshire: Ashgate, 2003.

Meng Ssu-ming. *The Tsungli Yamen.* Cambridge: Harvard Univ. Press, 1962.

H. B. Morse. *The International Relations of the Chinese Empire*, Vol. I. Shanghai: 1910; Taipei : Ch'eng Wen Publishing Co., 1978.

James M. Polachek. *The Inner Opium War.* Cambridge: The Council on East Asian Studies/ Harvard University, 1992.

Earl H. Pritchard. *The Crucial Years of Early Anglo-Chinese Relations, 1750-1800.* Washington: Pullman, 1936.

John Selby. *The Paper Dragon*. New York: Frederick A. Praeger, 1968.

T. F. Tsiang. "China and European Expansion." In Immanuel C. Y. Hsu, ed. *Readings in Modern Chinese History*. Oxford: Oxford Univ. Press, 1971.

Frederic Wakeman, Jr. "The Canton Trade and the Opium War." In Denis Twitchett & John K. Fairbank, eds. *The Cambridge History of China*, Vol. 10, Part I . Cambridge: Cambridge Univ. Press, 1978.

J. Y. Wong. *Deadly Dreams: Opium, Imperialism, and the Arrow War(1856-1860) in China*. Cambridge: Cambridge Univ. Press, 1998.

제3장

청일전쟁

김현철

Ⅰ. 머리말

19세기 후반 이후 동북아 국제질서의 변천과정을 돌이켜 보면, 중국 중심의 전통적 동아시아 국제질서가 붕괴되고 서구 중심의 새로운 근대국제질서에 편입되는 과정에서, 기존의 중국(청)의 영향력이 약화되는 반면, 점차 일본이 지역내 강대국으로 부상함으로써, 지역국가 간 힘의 균형이 새롭게 변모되어가는 모습을 보여주었다. 동북아의 지정학적 위치상 기존의 동북아 중심국가의 쇠락과 새로운 패권국가의 부상과정에서 한반도는 불가피하게 양 세력 간 충돌 내지 완충지대로 작용해 왔다. 그리고 한반도를 둘러싼 지역국가 간 경쟁과 협력의 과정은 한반도의 운명뿐만 아니라 동북아 국제관계를 변화시키는 커다란 요소로 작용하였다.

더욱이 19세기 후반 미국, 영국, 러시아 등 서구 열강의 진출이전까지 몇천 년 동안 중국이라는 거대한 대륙세력이 한반도를 비롯한 동아시아 국제질서의 운영에 결정적 영향력을 행사해 왔다. 이 점에 비추어 볼 때, 거대한 중국이 새로 부국강병을 추구하는 일본에게 청일전쟁 당시 근대전의 양상을 띠는 일련의 전투에서 패배했으며, 이로 인해 지역내 영향력과 발언권이 크게 약화되었다는 점은 매우 흥미롭고 주목할 만하다.

이와 관련, 당시 한국(조선)은 중립을 선언하는 등 교전당사국은 아님에도 불구하고 전쟁터가 되었으며 전쟁의 피해자였다는 측면에서 볼 때, 과연 당시 청일 간 대립이 전쟁으로 확대되지 않았을 가능성은 있었는가? 청일 양국간 일련의 전투에서 승패의 역전가능성은 있었는가? 그리고 당시 조선이 일본의 내정간섭을 받지 않았을 가능성이 있었는가? 라는 질문을 제기해 볼 수 있다.

청일전쟁으로 표출된 동북아 국가 간 갈등과 대립의 측면에 대해서는 그동안 한, 중, 일 3국의 역사학계를 중심으로 주로 전쟁의 원인과 발발과정을 중심으로 많은 연구가 진행되었다.[1] 이러한 연구들의 이면에는 누가 전쟁을 일으켰으며, 이러한 전쟁발발과 당시 국제관계의 파탄에 대한 책임은 누가 또는 어느 국가가 져야 하는가의 측면을 고려하고 있다.

더구나 한반도내 국내정세의 변동, 예를 들면 동학농민봉기와 이로 인한 구원병 요청이 주변국가들의 대한반도 침탈 및 전쟁의 명분으로 확대되는 과정을 돌이켜 볼 때, 당시 청일전쟁에 이르는 과정과 전후

1) 청일전쟁에 관련된 주요 1차 사료 및 기존 연구현황에 대해서는 김용구 · 하영선 공편(1996), 『한국외교사연구—기본사료 · 문헌해제』(서울: 나남출판, 1996), pp.339-416을 참조하기 바람. 본 논문에서 미처 다루지 못한 청일전쟁의 전개과정과 관련국가들의 대조선 정책에 대한 개괄적 설명은 문희수(1995; 2001); 한국사연구회 편(1985); 한국정치외교사학회 편(1995), 신복룡(1996); 유영익 외 공저 · 한림대학교 아시아문화연구소 편(1996); 강성학 편저(2006);陳偉芳 저 · 權赫秀 역 (1996); 후지무라 미치오 저 · 허남린 역(1997); 東アジア近代史學會編(1997); Paine(2003)를 참조하기 바람. 그 외 국내외의 청일전쟁 관련 연구 성과는 참고문헌을 참조하기 바람.

처리 과정을 이 지역국가 간 전쟁방지와 평화구축 가능성 측면에서 재조명할 필요가 있다.

II. 청일전쟁의 배경과 원인: 한반도를 둘러싼 청일 간 대결과 전쟁수행 구상

1894년 7월 4일 경기 서해안 풍도(豊島) 앞바다에서 청일 양국 함대가 충돌한 이후부터 1895년 5월 8일 양국간 시모노세키 강화조약이 비준되기까지의 청일전쟁(또는 甲午中日戰爭)의 전개과정에서 양국은 전쟁에 임하는 태도에서 커다란 차이를 보여주었다. 즉 일본은 총력전의 양상으로서 대응한 반면, 중국은 서구 열강의 중재에 주로 의존하는 양상을 띠었다.

1. 청일전쟁의 원인과 성격

청일전쟁의 원인 및 성격을 정치적 측면에서 접근하는 경우, 일반적으로 조선문제를 둘러싸고 일·청 양국간의 갈등 및 대결이 격화되어간 과정, 그리고 메이지유신시기 일본의 대외팽창정책의 결과로서 바라볼 수 있다.[2)]

근대 일본의 해외진출 과정을 보면, 대내적 국민통합을 위한 주요 대상으로 조선이 활용되어 왔다. 그 예로서 정한론의 경우, 판적봉환

---

2) 청일전쟁의 배경을 경제적 측면에서 접근하는 경우, 당시 일본이 조선에서 쌀, 콩 및 금을 수입하는 비중이 매우 컸으며, 일본내 경제공황의 해결을 위해 원료공급지 및 해외시장으로서 조선에서 우월한 지위를 확보하려는 정책이 시도된 것으로 설명되고 있다. 한편, 청일전쟁에 대한 한·중·일·러 역사학계의 인식과 역사교과서상 서술에 대한 개괄적 설명은 강만길 외, 『근대 동아시아 역사인식 비교』(서울: 선인, 2004), pp.211-345를 참조하기 바람.

(版籍奉還)과 폐번치현(廢藩置縣)의 과정에서 대두된 불평무사의 관심을 해외로 돌림으로써 일본의 국내통합을 기하고 중앙정부의 권력확립 시도에 활용되었다. 이와 같이 국내통합의 위기를 극복하는 과정에서 지배계급의 대외적 팽창정책을 통한 내셔널리즘이 고양되었으며, 이러한 분위기는 정한론, 대만출병, 청일전쟁 및 러일전쟁 등 일련의 전쟁들과 표리관계를 이루었다.

일본은 1876년 체결된 조일수호조규(朝日修好條規)의 제1조에서 조선을 '자주국가(自主之邦)'로 규정함으로써, 기존의 청한종속관계(清韓宗屬關係)를 부정하고 조선을 명목상 독립국으로 위상지었다. 이후 일본의 대조선정책의 기본 방향은 양국간 통상을 점진적으로 확대하면서, 조선을 청국의 영향권에서 이탈시키는 것을 추구하였다. 1882년 임오군란 이후 청의 조선에 대한 간섭이 강화되자, 당시 이노우에 가오루(井上馨) 외무대신은 김옥균과 박영효 등 개화파를 지원하면서, 이들에게 청국으로부터의 독립과 조선의 내정개혁이 필요함을 고취시켰다.[3)]

이미 1880년대 들어서 일본내 지식인과 정치인들이 일본내 정치불안과 국내 불평세력들의 해소를 위해 조선 정부를 응징하고 중국과 전쟁을 치를 것을 주장해 왔다. 특히 개화파를 지원한 후쿠자와 유키치(福澤諭吉)의 경우, 1882년 임오군란 직후 일본 정부가 도덕이나 대의명분에 구애되지 말고 조선 정부에 강경한 조치를 취할 것을 요구하였으며, 당시 청국과 전쟁을 치를 것을 주장하였다. 그후 후쿠자와 유키치는 갑신정변의 실패를 계기로 1885년 3월 16일자 『시사신보(時事新報)』에 실린 "탈아론(脫亞論)"에서 일본이 아시아의 이웃나라(조선과 중국 지칭)와 결별하고 서구 열강과 동일한 보조를 취할 시기가 왔다고 주장하였다. 당시 갑신정변의 실패와 청의 개입이라는 상황을 고려해 볼 때, 후쿠자와는 청국과의 전쟁에서의 승리를 염두에 두면서, 일본내 불평불만세력의 해소를 위해 조선 출병을 주장하였다.

---

3) 森山茂德,『近代日韓關係史硏究』(東京: 東京大學出版會, 1987), pp.10-12.

또한 갑신정변의 전후처리과정에서 1885년 4월 18자로 체결된 텐진(天津)조약에서, "3개월이내 조선에서 청일 양국군을 철수하며, 장차 조선에 일국 또는 양국 출병시 상호 통보한다"는 조항을 명기함으로써 한반도의 유사시 청일 양국 군대의 파병이 예상되었다.

조선에 대한 진출 방법과 시기를 놓고 메이지 정부 내에서 여러 의견이 대두되었지만, 한반도가 일본 본토에 대해 지니는 군사상의 가치에 대해서는 대체적으로 다음과 같이 인식되었다. 1890년 12월 6일 의회개원 당시 내각총리대신 야마가타 아리토모(山縣有朋)는 일본의 외교 및 군사문제에 관한 의견을 밝히는 '시정방침연설' 에서, '일본의 독립자위의 길' 은 '주권선(主權線)' 과 '이익선(利益線)' 을 정해 방어하는 데 있다는 견해를 표명하였다.[4]

당시 메이지 일본 정부에게 있어 '주권선' 은 일본 영토를 구분짓는 국경선을 지칭하며, 이를 위해서는 '이익선' , 즉 근린(近隣) 지역에서 본토의 안위와 서로 밀접하게 관계되는 지역도 방어하지 않으면 안 된다고 여겨졌다. 이때 이익선이 조선을 지칭하는 것임을 보여주는 것으로서, 야마가타 아리토모가 1890년 3월에 집필한 『외교정략론(外交政略論)』에서 "우리나라(일본 지칭) 이익선의 초점은 조선에 있다"라고 지적하였다. 즉 당시 야마가타 아리토모(山縣有朋) 등 군부 지도자들은 '주권선' 과 '이익선' 을 언급하면서, 동해, 쓰시마해협(對馬海峽), 황해를 포함하여 한반도와 그 주변지역이 러시아, 청국 등 제3국의 지배하에 놓이는 상황은 일본의 안보를 위해 반드시 피해야만 하며, 청에 대한 무력행사를 통해서라도 조선에 진출해야 된다는 구상을 밝혔다.[5]

---

4) 田中彰, 『小國主義-日本の近代を讀みはなす』(東京: 岩派書店, 1999); 강진아 역, 『소일본주의―일본의 근대를 다시 읽는다』(서울: 도서출판 소화, 2002) p.102. 위 시정방침연설의 주요 내용이 담긴 「山縣有朋意見書」는 日本國際政治學會 編, 『日本外交史研究: 明治時代』(東京: 有斐閣, 1959), pp.183-195에 실림.

이로 미루어볼 때, 1894년 이전 일본의 정부 및 민간차원에서 조선에 진출하기 위해서는 필요하다면 무력을 사용해서라도 청국의 간섭을 배제할 필요성에 대체적으로 공감한 것으로 보인다.

이런 상황하에서 서구와의 조약개정을 둘러싸고 의회와의 대립으로 탄핵안이 발의되는 등 정권붕괴의 위기에 처한 이토 히로부미(伊藤博文) 내각에게 동학농민봉기는 해외파병을 통해 국내의 불평불만세력을 잠재울 수 있는 절호의 기회였다. 청일전쟁의 근본 배경과 원인은 이와 같은 메이지 천황국가의 대외침략적 성격에서 유래되며, 또한 일본이 원료공급지인 조선에서 우월한 지위를 확보하려는 정책의 결과였다.

2. 청일의 개전준비와 전쟁수행 구상

19세기 후반 조선을 둘러싼 일본과 청국 간의 대립하에서 일본은 1882년 임오군란, 1884년 갑신정변을 계기로 조선에 대해 영향력 강화를 시도하였으나, 청국의 개입으로 실패하였다. 당시 일본 정부의 지도자들은 이같은 실패의 원인이 군사력의 부족에 있다고 인식하였으며, 이후 군비강화를 적극 추진하였다. 그리하여 일본 군부에게 1882년 임오군란의 발발은 가상 적으로 러시아 외에 청(淸)을 상징하여 '외정(外征)' 을 고려한 군비확산을 추진케 하는 커다란 계기가 되었다.[6)]

일본 정치, 군사지도자들은 조선을 둘러싸고 청과의 전쟁이 불가피

5) 田中彰 저 · 강진아 역(2002), p.102; 이리에 아키라(入江昭) 저, 이성환 역, 『일본의 외교』(서울: 푸른산, 2002), pp.37-45; 김용구, 『전정판 세계외교사』(서울, 서울대출판부, 1997), pp.370-371.

6) 이리에 아키라 저 · 이성환 역(2002), p.320; 森山茂德, "淸日戰爭중 일본 군부의 對韓政略," 김기덕 외 5인 공저, 『淸日戰爭의 再照明』(춘천: 한림대출판부, 1996), pp.172-173.

하다고 보면서, 대청 전쟁의 개시 시점과 군비확충의 진전양상에 관심을 보였다. 이에 따라 일본의 군사전략의 방향도 한반도에서 유사시 청국을 능가하는 군대를 파병하여 군사적 우위를 확보하는 데 중점을 두었다.

청일전쟁직전까지 일본 군부의 본격적인 대청(對淸) 작전은 다음과 같은 과정을 거치면서 구체화되었다. 일본 육군은 공세적인 작전을 구상하여, 청이 군비를 충실하기 이전에 개전해야 한다는 '선수필승론(先手必勝論)' 을 주장하였다. 이미 1874년 대만출병시 야마가타 아리토모(山縣有朋)는 '외정삼책(外征三策)' 을 통해 수만 명의 병사로써 강소(江蘇)를 유린하고 기회를 엿보아 즈리(直隷)로 진격할 것을 주장하였다. 그후 1880년 류쿠(琉球) 분도(分島) 교섭시, 가쓰라 다로(桂太郎)의 '대청작전책' 에 의하면, 대청 개전후 일거에 근거를 공격하여 항복을 받아내는 것을 목적으로 하여, 3개 사단이 즈리평야에 상륙하여 베이징을 노릴 것을 구상하였다. 그리고 1887년 오가와(小川又次) 참모본부 2국장의 '청국정토정책' 에서는 향후 5년간 준비기간을 거쳐 8개 사단을 준비할 것을 구상하였다. 그중 6개 사단을 산하이관(山海關)과 灤河口 사이에 상륙시켜 베이징을 공격하며, 나머지 2개 사단을 양쯔강 방면에 파견하여 강남(江南)에 있는 청군의 북상을 저지할 것을 제시하였다.

반면, 일본 해군은 방어적 작전계획을 구상하여, 1884년 해군성 아카마쓰(赤松則良) 주선국장(主船局長)의 '조감계획(造鑑計劃)' 에서는 아시아의 제해권 확보를 위한 함대건설이 필요하다고 보지 않았다. 1893년경에 이르러 일 육군은 대청 개전에 대비한 군비확장 계획을 어느 정도 구체화한 반면, 해군은 전쟁준비가 부족한 상태에서, 영 · 청 함대의 연합가능성에 대해 우려를 표명하였다.[7]

한편, 당시 청국의 전력은 1890년대 이후 해군에 대해 거의 예산을 집행하지 않았다. 북양함대(北洋艦隊)가 창설되었으나, 그나마 여객운

7) 森山茂德(1996), pp.177-179.

송업무를 담당하기 위해 1894년 개전당시 일본 해군과의 대결을 피하였다. 청 해군의 경우 남·북양, 광동 및 복건 함대가 활동하였으나, 주로 근거지수역에서의 방어에 치중하였다.

청국 육군의 경우, 서로 다른 군대조직이 혼재되어 있어 근대적인 전쟁을 수행하기에는 크게 역부족이었다. 전통적인 군대로서 만주팔기군(滿洲八旗軍)과 지방중심적인 경찰군으로서 녹영(綠營)이 조직되었으나, 대부분이 칼과 활 등 전통적 무기로 무장되었다. 그리고 지방군의 경우 태평천국의 난 이후 각 지방별로 모집 및 구성된 방군(防軍)이 조직되어 일부 근대적 소총 및 대포 등의 장비를 갖추고 있었다. 그러나 이들 부대 역시 근대적으로 훈련된 장교와 통신 및 군수 장비 등을 갖추지 못한 채, 독자적인 재정하에 운영되었다.

그리고 청 군부는 처음에는 해군을 웨이하이웨이(威海衛) 요새에 본거지를 두고 활동 무대를 발해만으로 한정하여 육군의 운송을 호위하며, 한반도에 주둔중인 청군과 호응하여 육군을 평양에 집중시켜 일본군을 한반도의 동남부 방향으로 압박하여 몰아낼 것을 구상하였다. 그러나 개전 초기 해전에서 패한 후, 청군의 작전계획은 수세적으로 바뀌었다. 이에 따라 해군은 발해만을 끼고, 육군은 동성군과 허난(河南), 산시(山西)의 일부 군대로 한중 국경에 집결하여 국경수비군을 증가시키면서 펑텐(奉天)을 방어하며, 뤼순(旅順)과 다롄만(大連灣) 지역을 방어하는 한편, 각 성주둔 병력은 베이징을 방어하는 방향으로 바뀌었다.[8)]

---

8) 육군사관학교 전사학과, 『개정판 세계전쟁사』(서울: 도서출판 황금알, 2004), pp.154-155.

Ⅲ. 청일전쟁의 경과: 청일 양국군의 조선 파병, 개전 및 전투

1. 청일 양국군의 조선 파병과 대치

1894년 2월 15일 전라도 고부(古阜)군수 조병갑의 학정에 반발하여 민란이 발발하였으며, 지방관의 사후처리 잘못으로 전봉준의 주도하에 1894년 4월 하순 동학농민군이 봉기하였다. 이후 동학농민군이 1894년 5월 31일 진주성을 점령하기에 이르자, 다급해진 조선 정부는 1894년 6월 4일 청국에 구원병 파견을 요청하였다. 이에 청국은 1894년 6월 6일 일본에 군대파견을 통지하였다.[9)]

한편, 1894년 6월 1일 일본 중의원이 내각의 행동을 비난하는 상주안을 의결함으로써 의회가 해산될 위기에 처하게 되었다. 이에 대처하기 위해 그 다음날 6월 2일 열린 내각회의에서 무츠 무네미츠(陸奧宗光) 외무대신은 조선정부가 청에 원병을 요청하였다는 스기무라 후카시(杉村濬) 임시대리공사의 전보를 내보이면서 파병을 다음과 같이 주장하였다. 즉 그는 청국이 조선에 출병시 일본은 청국 군대에 상응하는 군대를 파견하여 예측할 수 없는 변란에 대비해야 하며, 일본과 청국 양국이 조선에서 힘의 균형을 유지해야 한다고 주장하였다. 무츠

---

9) 당시 조선 정부는 홍계훈(洪啓薰)을 양호초토사로 임명하여 장위영 병력 약 8백 명과 야포 2문 등을 이끌고 현지로 출동케 하였다. 그러나 사기가 저하된 관군 중 도망자가 속출함에 따라, 홍계훈은 숫자상 많은 동학농민군을 진압할 자신이 없어 증원군의 파견을 요청하였으며, 청에 원병을 청하도록 상주하였다. 당시 조선 정부의 실권자 민영준(閔永駿) 병조판서는 5월 16일 고종에게 건의하여 구원병 파견요청을 위한 시원임대신 회의가 열리게 되었다. 그러나 대부분의 대신들이 청병 출동시 조선이 외국 군대의 지배하에 들어갈 것을 우려하여 원병요청에 반대하였다. 그후 6월 1일 민영준 병조판서는 밀사를 위안스카이(袁世凱) 주조선 청 總理交涉通商事宜에게 보내어 교섭케 하였다. 문희수, "조선의 위기(1894-1895)," 한국정치외교사학회 편, 『한국 근대정치사의 쟁점: 청일전쟁 · 갑오개혁 · 김옥균 암살』 (서울: 집문당, 1995), pp.13-14.

의 이러한 출병제안에 이토 총리 등 내각회의 참석자들이 찬성함으로써, 조선 파병이 결정되었다. 그후 이토 총리는 이러한 결정을 수행하기 위해 일본 참모본부에 협조를 구하는 한편, 의회에 참석하여 재가를 구함으로써, 일본 정부차원에서의 파병이 기정사실화되었다. 이날 내각회의 개최 당시 무쓰는 동학농민봉기가 조선 정부를 전복시킬 만큼의 위협적 세력으로 인식하지 않았다. 그럼에도 그는 개전을 염두에 두면서, 그 책임을 청에 전가할 것과 이에 대한 국제적 지지를 확보할 것을 제시하였다. 참석한 각료들 모두 이에 동의함으로써, 사실상 일본정부의 파병 결정 당시부터 청국과의 전쟁을 염두에 두었다.[10)]

그리하여 일본은 조선 출병 결정 이후 불과 며칠 사이에 동원령을 내렸으며, 보름도 채 되지 않아 7~8천 명의 일본군 혼성여단이 6월 16일 인천에 도착하였다. 일본군은 주한 일본공사관, 거류민 보호 및 군용전신선 경비를 명목으로 서울, 부산, 원산, 인천 및 임진강 유역 등 주요 지역에 2개 대대규모의 후비대(後備隊)를 배치함으로써 조선의 주요 지역에 주둔하게 되었다.[11)]

한편, 그동안 조선의 내정과 외교에 간섭해왔던 청국의 위안스카이(袁世凱)는 동학농민봉기로 위기에 처한 조선 정부의 구원병 요청을 계기로 중국이 조선을 보호할 의무가 있음을 내세워 본국의 리훙장(李鴻

---

10) 무츠 무네미츠(陸奧宗光) 저 · 김승일 역, 『건건록(蹇蹇錄)』(서울: 범우사, 1993) (이하 『蹇蹇錄』으로 약칭함), pp.33-36. 한편, 일본내 연구에서는 청일전쟁 시기 일본 외교를 총괄적으로 이끌어간 무츠 무네미츠 외무대신의 역할에 대한 기존의 과대평가를 지적하면서, 일본국내정치상 일단 출병한 군대를 쉽게 철병하기 어려운 사정 등으로 인해 청일양국간 전면 전쟁으로 확대되었다고 설명하고 있다. 檜山幸夫, "日清戰爭 外交政策." 東アジア近代史學會 編, 『日清戰爭と東アジア世界の變容』下卷 (東京: ゆまに書房, 1997), pp.37-66, 80-81. 당시 무츠 무네미츠의 역할에 주목하거나 청일전쟁 개전당시 일본의 외교에 대한 분석을 시도한 기존 연구로서 유영익(1992); 박영재(1996); 大澤博明(1997)를 들 수 있음.

11) 국방부 전사편찬위원회, 『의병항쟁사』(국방부 전사편찬위원회, 1984), pp.36-37.

章)에게 파병을 요청하였다. 그리하여 리훙장은 딩루창(丁汝昌)제독으로 하여금 인천을 향해 2척의 군함을 이끌고 거류민 보호 및 육군 수송선 호위를 담당케 하였다. 그리고 6월 8일 써쓰청(聶士成) 휘하의 청군 900명이, 그리고 6월 12일 즈리제독(直隸提督) 예즈차오(葉志超) 휘하의 1,500명이 아산만에 상륙하였다.

일본이 막대한 규모로 군비증강에 투자한 것과 대조적으로, 청국은 해군력 증강을 위한 예산을 전용하여 서태후(西太后) 개인의 회갑을 축하하기 위해 이허위안(頤和園)수리에 사용하였다. 중국 제일의 북양(北洋) 육해군을 거느린 리훙장은 일본과의 전쟁에 승산이 없다고 판단하였다. 그리하여 리훙장은 일본과의 전쟁을 피하기 위해 한성(서울)과 베이징에서 일본, 러시아, 영국 등 각국 외교관들에게 화해를 주선해 줄 것을 요청하였다. 이러한 리훙장의 소극적 태도와 달리 청 광수제(光緖帝) 등 일부 주전파들이 청국 군대의 증파를 주장하는 등 청국 정부는 크게 주전파와 주화파로 양분되었다.

그리고 위안스카이(袁世凱)는 동학농민봉기가 크게 확대될 것으로 예상하지 않았다. 그는 설사 일본 정부가 갑신정변의 사후처리를 위해 1885년 체결된 텐진(天津)조약에서 조선에 출병시 상호 통지하기로 한 조항을 내세워 파병하더라도 공사관 호위를 위한 소규모 병력에 불과할 것으로 낙관하였다.[12)]

그리고 위안스카이와 리훙장은 일본정부의 파병 동향을 예의주시하면서도, 일본이 단지 자국 공사관 보호를 위해 파병할 것이라는 파악함으로써 일본정부의 조선 침략의도를 제대로 간파하지 못하였다.

1894년 6월 11일 전주화약이 성립되고 관군에 의해 전주성이 탈환

---

12) 1894년 청군의 파병과정, 리훙장 및 위안스카이의 대응에 대한 자세한 설명은 구선희(1997); 이태진(2000); 권혁수(2000); 陳偉芳 著 · 權赫秀 譯(1999)을 참조하기 바람. 특히 1894년 청국에 출병 요청 과정에서 조선정부의 외세 의존성을 지적하는 견해(구선희 1997)와, 당시 고종이 자발적으로 이를 요청하지 않았고 청국이 강요했다고 보는 견해가 있다(이태진 2000).

된 이후에서야 조선 정부는 청일 양국에 철병을 요구하였다.[13] 그러나 청군의 몇 배 규모로 파견된 일본군이 서울과 인천 지역을 장악하는 등 청일 양국간 군사적 대치상황이 전개되었다.

이후 일본 정부는 파병된 병력의 조선 주둔 구실을 마련하기 위해 조선의 내정 개혁을 강요하고, 청의 거절시 일본 단독으로 추진하며 청과의 협상이 끝날때까지는 철군하지 않겠다는 입장으로 나아갔다. 그리하여 6월 16일 일본은 이러한 결정을 청에 전달하였으나, 청에 의해 거절당하였다. 출병이후 주변 열강의 간섭을 우려해온 무쓰 외무대신은 청국의 요청으로 주선에 나선 카시니(A.P. Kassini) 주청 러시아 공사에게 일본군의 조선 파병이 조선의 독립과 평화를 확립하기 위한 것이며, 일본군이 먼저 공격적인 전쟁을 도발하지 않을 것이라고 안심시키는 등 외교적 노력을 기울였다.

2. 청일전쟁의 개전과 전황

파병 이후 총력전을 통해 개전의 구실을 마련해 보려는 일본의 적극적 공세에 대해, 청국은 일본과 직접 부딪치기보다는 러시아 등 서구 열강의 개입과 조정을 통해 타협을 모색하는 소극적 태도를 보여 주었다.

1894년 7월 12일 영국과의 불평등 조약 개정에 합의함으로써, 영국 정부의 묵시적 지지를 확보한 일본 정부는 바로 그 다음날 청국과의 전쟁방침을 최종 결정하였다. 이 시점에 이르러서도 청국 정부는 서구 열강의 간섭과 일본과의 협상을 기대하였으나, 결국 열강의 개입

---

13) 홍계훈 초토사가 이끄는 관군과 이원회(李元會) 兩湖巡邊使 지휘하의 경군 3隊 등 약 천여 명의 병력이 추가로 도착하여 전주성 남쪽에서 동학농민군과 대치하게 되었다. 당시 농번기이어서 농민층의 사정을 고려해야 했던 전봉준은 폐정개혁안을 제시하고 이를 정부가 받아들인다면 해산할 의사가 있음을 밝혔다. 이러한 요구를 홍계훈이 받아들임에 따라, 전주화약이 성립되고 동학농민군은 해산하여 귀향하였다.

희망이 무산되고 7월 12일 일본이 두번째 절교문서를 보낸 이후에서야 주전론을 결정하게 되었다.

한편, 리훙장은 7월 16일 북양 육군의 평양 집결을 주로 내용으로 하는 작전 계획을 제출하였다. 그러나, 이날 청의 군기처와 총리아문 합동회의에서 대다수는 피전론으로 기울어져, 조선에 속방체제를 유지할 수 있다면 다소 양보를 하는 방향으로 결정되었다. 당시 북양아문은 직예 육군 7영 약 2,300명을 증원군으로 아산에 파견하였으며, 이후 약 5천 명 규모로 증가된 청군이 평양에서 경군 6천 명과 조응하게 되면 당시 경인지역에 주둔중인 일본군 약 8천 명을 제압할 수 있을 것으로 낙관하였다.[14)]

이와 같이 청국군이 평양을 거점으로 재결집하고 청국 내에서 추가 파병이 논의되자, 일본은 속전속결로 승부를 결판짓기로 하였다.[15)] 그리하여 일본군은 청국군을 기습하여, 7월 25일 충청도 풍도(豊島) 앞바다에서 북양해군 제원(濟遠), 광을(廣乙)호등에 포격을 가하였으며, 청군을 수송중인 영국 상선 가오성(高陞)호를 격침시켰다. 그 결과 이날 풍도해전에서 약 천여 명의 청병이 익사하였다. 이후 7월 29일 오시마 요시마사(大島義昌) 제5사단 혼성여단장 휘하의 일본군이 남하하여 성환(成歡)에서 청군을 격퇴하였으며, 7월 30일 아산(牙山)전에서 승리하였다. 이러한 초기 전투의 승전을 배경으로, 일본은 청의 조선 내정 간섭에 반발하여 조선의 내정 개혁을 도모하며, 조선의 치안과 독립을 유지하기 위해 전쟁한다는 명분을 내세워 1894년 8월 1일 청국에 선

---

14) 문희수(1995), pp.26-28. 한편, 조선에 남아 정세를 파악하라는 리훙장의 명령에도 불구하고 위안스카이는 자신의 식구들을 피신시키고 신병을 이유로 황급히 조선에서 도망쳐나갔다.

15) 성환전투와 평양전투의 구체적 전황에 대한 개괄적 설명은 육군사관학교 전사학과(2004), pp.158-162를 참조하기 바람. 그리고 청일전쟁 개전 당시 청일 양국군의 군사력 현황과 파병과정 및 개전초기 한반도 내에서의 전투상황에 대한 자세한 설명은 參謀本部 編, 『明治二十七八年 日淸戰史』(東京: 東京印刷株式會社, 1904), 제1-2권을 참조하기 바람.

전포고하였다.

청국도 1894년 8월 1일자로 청 광수제(光緒帝)가 대일 전쟁을 공식 선언하면서, 전쟁의 목적이 일본의 조선침략을 물리치고 조선과의 조공 관계를 지키는 데 있다고 밝혔다. 이후 청국 정부의 전쟁목표는 일본군에 점령당한 한성(서울)을 수복하고 조선에 대한 종주국의 보호정책을 수행하는 데 중점을 두었다.

1894년 8월의 선전포고 이후 청국과의 본격적인 확전에 대비하기 위해 9월 중순 일본군 지휘부인 대본영은 히로시마로 이전하였으며, 직접 메이지(明治)천황이 전쟁을 독려하면서 총력전 체제로 돌입하였다. 그러나 일본 해군이 청국의 북양함대의 활동무대인 황해의 제해권을 장악하지 못한 상황에서, 육군 강경파는 직접 텐진(天津) 등 중국 본토에 대한 공격을 감행할 것을 주장하였다. 이에 대해, 일본군 참모본부는 한반도내에서 일단 청군을 몰아내는 방향으로 전쟁계획을 변경하였다. 그 대신 야마가타 아리토모(山縣有朋) 제1군 사령관과 연합함대에 한반도 내에서 청군을 격퇴하라는 명령이 하달되었다.

1894년 8월 17일 열린 각료회의에서 일본은 조선에 대해 다음과 같은 진출 방안들을 검토하였다. 즉 첫째, 조선의 자주독립을 실질적으로 인정하는 방안, 둘째, 조선을 명목상 하나의 독립국으로 유지시키면서 일본이 관여하는 방안, 셋째, 조선 영토를 일본과 청국이 분할 점령하는 방안, 그리고 넷째, 조선을 벨기에, 스위스와 같은 중립국으로 만드는 방안 등이 구체적으로 검토되었다. 그 결과 무츠 무네미츠(陸奧宗光)의 주장대로, 대조선 정책의 기본 방향은 두 번째 방안, 즉 조선을 명의만 독립국으로 하고 일본이 개혁을 지원한다는 명분을 내세워 내정에 관여하기로 결정되었다.

파병이후 일본 군부내에서는 전쟁의 구체적 수행방향에 대해 육군과 해군 간 이견이 노정되었다. 이미 1890년 이후 참모본부와 해군 참모부 등 군령기관이 분리됨에 따라, 육해군의 전시작전이 통일되기 어려웠다. 당시 야마모토 곤베에(山本權兵衛) 등 해군지휘부는 황해의 제해권을 장악하지 않는 한, 육군의 상륙 작전에 협력할 수 없다는 태도를 취하였다. 반면 가와카미 소로쿠(川上操六) 등 육군 지휘부는 베이징으로 진격하기 위해 상륙작전인 '즈리작전(直隸作戰)'을 주장하였다. 즉 당시 육군은 조선에 파견된 일본군이 한성(서울)에 입성하면 청국군이 일본군을 공격할 것이 예상되며, 청국이 군대를 증파하는 때에 평양(平壤)근처에서 청군을 요격하면 승리할 수 있다고 주장하였다. 이러한 육군과 해견의 전략·전술상의 차이에 대해 원로인 야마가타 아리토모(山縣有朋)가 육해군 간 조정을 시도하였다. 그 결과 해군의 전략이 바뀌어 제해권 확보를 위한 함대 결전보다는 해군 임무를 부산에 병력 수송용에 한정시키는 방향으로 변경되었다.

일본군의 전쟁수행계획이 1894년 8월 5일에 결정된 '작전 대방침'에서 다음과 같이 좀 더 구체적으로 결정되었다. 먼저 제1기에서는 일본군 제5사단을 파견하여 조선에서 청군을 견제하며, 해군함대를 파견하여 황해 및 발해에서의 제해권 획득을 시도하는 것이었다. 그후 제2기에서는 해전의 결과에 따라, 해군이 발해만 제해권을 장악할 경우에 즈리(直隸)평야에서 결전을 시도하거나(甲안), 제해권의 장악시도가 실패할 경우에는 일본 육군을 조선에 파견하여 청군을 격퇴하며(乙안), 그리고 제해권을 완전히 빼앗긴 경우에는 내지에서 방어에 치중한다(丙안)는 계획이었다. 결국 개전이후 청일 양국 함대가 대치되고 장기전의 양상을 보이자, 일본군은 위 작전방침 '乙안'에 따라 청군을 격퇴하기 위해 평양으로 진격해갔다.[16]

조선에 파병된 일본 육군는 최신식 무라다 소총과 서구식 근대적 지휘체계로 무장되었지만, 운송장비와 식량이 부족하여 조선 민중으로부터 강제로 우마차와 식량을 징발하였다. 그리고 추가파견 병력은

16) 森山茂德(1996), pp.193-195. 당시 일본군은 8월 14일 제1기 작전을 실행하기 위해 이미 조선에 파견된 제3사단에 이어 제5사단을 증가하여 제1군을 편성하였으며, 야마가타 아리토모 추밀원 의장을 제1군 사령관에 임명하였다.

멀리 원산으로 우회하여 평양으로 진격해 나갔다. 평양을 방어하는 청국군 약 12,000명에 비해 겨우 약 1.4배 규모인 약 17,000명의 일본군은 평양에 대한 포위공격을 감행하였다. 청일 양국군 간 약 3만 명의 병력이 대치한 평양성 전투는 국내외의 예상을 깨고 3일 만에 일본군이 승리함으로써, 전쟁당사국뿐만 아니라 조선 정부와 주변 열강들을 놀라게 하였다.

청군의 경우, 소총, 칼 및 창으로 무장되었으며, 지휘체계가 일사분란하게 통일되지 못하였으며, 장군들은 적극적인 전투의지가 부족하였다. 그 결과 평양의 방어진지들은 서구의 근대군대를 적극 받아들였던 일본군 장군들의 지휘하에 사기높은 일본 병사들의 돌격에 밀려 무너졌다. 개전초기부터 부전퇴거론을 주장한 예즈차오(葉志超) 등 청국군 지휘부는 이후 휴전을 제의하고 야반도주하였으나, 매복한 일본군에 의해 무차별 피격당하였다.

일본 해군은 평양 점령 다음날인 9월 17일 평양전투를 지원하기 위해 북상하던 중, 한반도로 증원부대를 호송중인 청국 함대를 발견하고 격퇴함으로써 제해권을 획득하게 되었다. 이후 일본군은 뤼순(旅順) 공격 등 중국대륙진출을 위한 '甲안' 작전으로 전환하였다. 반면, 평양전투의 패배 이후 청군이 한반도에서 후퇴하였으며, 이후 청군의 전쟁목표는 자국의 영토안전을 확보하는 것으로 축소되었다.

그후 일본은 1894년 9월 21일 중국 대륙 침공을 결정한 이후, 제2군이 편성되어 상륙작전을 감행하여 랴오둥(遼東)반도에 상륙하였다. 제2군은 1894년 10월 24일 성경성(盛京省) 화원구(花園口)에 상륙을 개시하였으며, 11월 1개 사단병력으로 진저우(金州)와 다롄(大連)방면으로 진격하였다. 11월 21일 1개 사단과 1개 혼성여단 병력 등 1만 5천여 명의 일본군은 약 1만 3천 명의 청 수비병이 주둔한 뤼순(旅順)에 대한 포위공격을 강행하였다. 철옹의 요새로 알려진 뤼순(旅順)요새는 전투개시 하루 만에 함락되었다. 이날 전투에서 일본군은 180여 명이, 반면 청국군은 5천여 명의 사상자가 발생하였다.[17)]

이에 호응하여 일본군 제1군은 압록강을 도하하여 구련성(九連城) 및 평황성(鳳凰城)을 점령하였다. 1894년 11년 압록강 부근 전투에서의 승리이후, 야마가타 아리토모(山縣有朋) 등 육군지휘부는 제1군이 펑텐(奉天) 공략후 즉각 베이징(北京)을 공격하는 것을 골자로 하는 '즈리작전(直隷作戰)'과 완전 승리를 주장하였다.[18] 이에 대해 이토 히로부미는 베이징 공략으로 강화협상 상대를 잃을 위험을 우려하여, 천황의 칙지 형식으로 현지 야전 총사령관인 야마가타 아리토모를 소환함으로써 전쟁의 확산을 제한코자 하였다.

그 대신 이토 히로부미는 1894년 12월 "웨이하이웨이(威海衛)를 공격하여 타이완(臺灣)을 공략할 방략"을 제시하는 등 '제한전쟁론'을 주장하였다. 그리하여 대본영은 '즈리작전'을 보류하고 웨이하이웨이(威海衛)를 공격하여 북양함대를 항복시키며, 강화회의시 타이완 할양을 주장하며 펑후(澎湖)열도를 점령하는 방향으로 전쟁의 방향을 조정하였다.

이에 따라 1895년 1월 20일 일본 해군육전대가 산동반도 동북선단에 위치한 영성만(榮城灣)에 상륙하여 교두보를 확보하였다. 당시 청해군이 다롄(大連)을 출발한 일본군 운송선단의 항해를 묵과하자 제2차 상륙부대가 호위함없이 웨이하이웨이 부근지역에 상륙하였다. 이후 오야마 이와오(大山巖) 휘하의 일본군은 웨이하이웨이 주변 포대와

---

17) 1894년 11월 뤼순(旅順)을 점령한 후 일본군은 비전투원, 부녀자 및 유아 등 뤼순거주 청국인 약 6만 명을 살해한 것으로 알려졌다. 만주지역에서의 전투와 일본군의 작전계획에 대한 개괄적 설명은 육군사관학교 전사학과(2004), pp.162-167을 참조하기 바람.

18) 현지에서 冬營하라는 대본영의 명령에도 불구하고 12월 13일 가쓰라 다로(桂太郎) 휘하의 제3사단이 해성(海城)을 점령하게 되자, 일본군은 청군의 포위 압박 및 반격에 직면하게 되었다. 일본군은 만주 현지에서 청군의 패퇴양상에 고무되어 미처 준비가 되지 않은 상태에서 동계작전을 감행하여 많은 사상자가 발생하였으며, 당시 일본군 사망자의 약 90%가 동상 등 질병에 기인하였다.

시가지를 점령하였다. 그리고 일본 함대는 2월 4~5일간 수뢰함대의 야간기습에 힘입어 유공도(劉公島)에서 북양함대를 격퇴시켰으며, 청의 기함 정원(定遠)호가 항해불가능한 상태가 되었다. 이후 계속된 일연합함대의 포격으로 청 함대는 2월 12일 딩위창(丁汝昌)제독이 항복 및 자살함으로써 전멸하였으며, 일본군은 황해와 발해의 제해권을 장악하게 되었다.

1895년 3월 초부터 대본영은 대륙진출론을 주장하여, 산하이관(山海關) 남쪽으로 상륙하여 텐진(天津)에서 베이징(北京)으로 공격하여 청군의 항복을 받아낼 것을 주장하였다. 그리고 일본 육군은 조선과의 관계상 랴오둥반도(遼東半島)의 할양을 주장한 반면, 해군은 남진정책 수행의 필요성에서 타이완(臺灣) 할양을 주장하였다. 당시 이토 히로부미(伊藤博文)총리는 조선내 일본 권익확보 측면에서 개전 목적을 충분히 달성하였다고 판단하였으며, 대본영을 대륙으로 옮겨 확전할 경우 서구 열강의 간섭이 우려된다고 주장함으로써, 천황의 대륙 친정에 반대하였다.[19]

3. 일본의 내정간섭과 동학농민군과의 전투

파병이후 일본 외무성은 당시 오토리 게이스케(大鳥圭介) 주한 일본공사에게 일본군의 조선 주둔과 개전을 위한 명분을 얻어내도록 지시하였다. 이에 오토리 게이스케 공사는 1894년 7월 3일 조선정부에 내정개혁안을 전달하면서 조선의 정치, 경제, 사법, 교육 및 군사 분야의 제도개편을 강요하였다.

그러나 조선이 일본측의 요구를 수락하지 않자, 오토리 공사는 1894년 7월 20일 조선 정부에 청국과의 관계 단절을 요구하는 공식문

19) 미요시 도오루 저 · 이혁재 역,『史傳 이토 히로부미』(서울: 다락원, 2002), pp.404-423.

서를 보내면서, 7월 22일까지 회답하라는 최후통첩을 보냈다. 이에 조선 정부가 반발하자, 주한일본공사관의 모토노 이치로(本野一朗) 참사관이 7월 20일 오시마 요시마사(大島義昌) 제5사단 혼성여단장을 찾아가 조선 정부를 위협하기 위해 왕궁을 포위하여 조선 국왕을 사실상 포로로 할 것을 제안하였다.

그리하여 일본군 제5사단 혼성여단 휘하의 보병 21연대(연대장 다케다〈武田〉 중좌) 제2대대(대대장 야마구치)와 공병 1개 소대가 동원되어 1894년 7월 23일 오후 4시 20분부터 영추문을 부수고 경복궁에 진입하였다. 이날 일본군은 사전에 서울 · 의주 간, 서울 · 인천 간 전신선을 절단하였으며, 경복궁 주위의 조선측 군사시설을 점령하고 무기를 압수함으로써 사실상 조선군의 무장 해제를 강행하였다. 이러한 일본군의 불법 행동은 개전 명분을 확보하고, 조선의 국왕 고종을 사실상 포로로 삼으며, 서울에 있는 조선 군대를 무장해제시키기 위해 계획된 것이었다.[20]

이후 일본은 조선 정부에 친일적 성향의 인물을 등용시키는 한편, 군수품의 수송과 징발을 제공받기 위해 조선 정부에 전쟁수행을 지원하는 일련의 협정을 강요하였다. 그 결과, 조 · 일 간 1894년 8월 20일 잠정합동조관(暫定合同條款)이 체결되어 일본은 경부선과 경인선의 철도부설권을 보유하게 되었다. 그리고 8월 26일 '조일동맹조약(朝日同盟條約)' 이 체결됨으로써 이후 조선정부는 일본군의 이동과 식량 준비 등 모든 편의를 제공하도록 강요당하였다.[21] 또한 일본군이 7월 25일부터 출병을 시작하면서, 주한일본공사관은 일본군을 동원하여 서울 근교의 주요 도로에서 통행하는 모든 소와 말을 강제 징발하도록 지시하여 군용으로 충당하였다.[22]

---

20) 나카츠카 아키라 저, 박맹수 역, 『1894년, 경복궁을 점령하라』(서울: 푸른 역사, 2002), pp.64-70.

21) 『高宗實錄』, 고종 31년 7월 20일과 22일조.

그러나 전쟁명분으로 조선의 내정개혁을 내세운 오토리 주한일본 공사의 활동은 일본을 자신의 정권장악에 활용하려는 대원군의 의도, 청군이 빠져나간 빈 공간을 활용하여 독자적 개혁을 추진하려는 조선 정부 대신들의 반발, 그리고 일본군에 협조하라는 정부의 명령에 따르기를 거부하는 민중들의 반일 감정과 저항이라는 커다란 벽에 부딪치게 되었다. 이에 일본 정부는 대원군과 민비(명성황후)를 상대할 수 있는 거물급 정치가로서 과거 10여 년 전 갑신정변당시 외무대신을 역임한 이노우에 가오루(井上 馨)의 정치적 수완에 기대를 걸었다. 1894년 10월 하순 조선에 부임한 이노우에 가오루 공사는 이제 일본군의 후방기지가 된 한반도에서 군수물자의 보급을 원할히 하며, 조선 정부와 일반민중의 저항을 무력화시키고, 일본의 통제에 쉽게 따를 새로운 정권 수립을 목표로 삼았다.

먼저 이노우에 공사는 대원군의 퇴위를 유도하기 위해 평양전투에서 전리품으로 압수된, 청국에 구원병을 요청한 대원군의 편지(1894.7.28자)를 빌미로 내세워 적과의 내통혐의에 몰린 대원군이 스스로 물러나게 유도하였다. 그리고 이노우에 공사는 민비(명성황후)의 정치관여를 차단하기 위해 자신의 허락없이 조선 대신들을 교체한 것에 불만을 표시하면서 일본군 철수를 암시함으로써, 사실상 고종과 민비(명성황후)의 승락을 받아냈다. 이노우에 공사는 이후 새로 박영효 등 갑신정변 개화파를 등용함으로써, 조선의 정치세력간 균형을 통해 정부를 장악하고자 시도하였다.

이어서 이노우에 공사는 11월 하순 고종에게 20여 개의 내정개혁안을 강요하였다. 그 내용은 경부 · 경인 · 경의철도 부설권, 전신선 관리, 해군항의 조차 및 대동항의 개항 등으로서 지난 1894년 7월 오토리 공사가 제안한 내용의 연장선상에서 조선에 대해 본격적인 보호국화를 추진하는 것이었다.[23] 그리고 이노우에 공사는 당시 조선 정부가

---

22) 임종국, 『일본군의 조선침략사 I』(서울: 일월서각, 1988), pp.77.

정부 관리들의 월급조차 제대로 지불하지 못하는 상황을 해결한다는 명분하에 수백만 엔의 차관을 제공하며, 그 담보물로서 조선의 해관세 등 국가수입을 장악하려고 구상하였다.[24)]

한편, 1894년 9월 평양전투 승리 이후 일본군은 후방에서의 안전을 도모하기 위해 동학농민군 진압에 본격적으로 군대를 동원하였다. 전주화약을 맺고 자진 해산했던 전라도와 충청도의 동학농민군이 10월 초 재봉기하였다. 동학농민군의 재봉기가 전국으로 확산되면서, 서울(한성)일대와 함경도 및 평안도를 제외한 전국 각지에서 농민군과 토벌군간의 전투가 전개되었다. 이에 이노우에 가오루 공사는 대본영에 동학농민군을 소탕하기 위해 1개 대대병력의 추가 파견을 요청하였다. 그리하여 일본 군함 2척을 포함하여 후비보병부대인 독립 제19대대가 10월 9일 인천에 도착하였다.[25)]

일본군에 의해 사실상 군대가 해산당하여 동학농민군을 진압할 능력조차 없었던 조선 정부는 이노우에 공사에게 구원병을 요청함으로써, 일본군의 추가 파병 구실을 제공하였다. 이를 구실로 이노우에 공사는 10월 9일 조선정부에 농민군 진압을 위해 조선군과 각 지방관이 일본군 장교의 지휘를 따를 것을 강요하였다. 그 결과 당시 관군들이 일본군의 지휘에 따라 농민군과의 전투에 가담함으로써 농민군의 인명피해가 더욱 커졌다.

---

23) 『일본외교문서』 제27권 제2책, 문서번호 485, 11월 24일자, pp.108-115; 『고종실록』, 고종 31년 10월 23일조.

24) 1894년 12월 이노우에 공사가 차관제공을 제의한 이후, 일본으로부터 차관 20만 원이 1895년 1월 탁지부에 교부되었으며, 1895년 3월 30일 300만 원의 차관계약이 성립되었다. 그 결과 조선정부는 1897~1899년에 275만 원과 그 이자를 상환함에 따라 극심한 재정 곤란에 처하게 되었다.

25) 당시 일본 대본영으로부터 후비보병부대 제19대대(대대장 南小四朗 소좌)에 전라도와 경상도 농민군을 살육하라는 훈령이 내려졌다. 서영희, "1894년 농민전쟁의 2차 봉기," 한국역사연구회, 『1894년 농민전쟁연구 4-농민전쟁의 전개과정』(역사비평사, 1995), pp.156-157.

일본군과 정부토벌군 2천 명은 1894년 9~10월 충남 천안군 세성산 전투에서 농민군 370여 명을 사살하였으며, 이어서 9월 말에는 하동, 진천 지방의 농민군을 가혹하게 진압하였다. 그후 일본군은 10월 10일 평산, 안산지방에서, 그리고 10월 18일 안성, 평택, 아산등지에서 농민군을 진압하였다. 10월 하순 전봉준 지휘하의 수만 명의 남북접 연합군이 공주성 진입을 시도할 때, 일본군 2천 명이 동원되어 조선 관군과 더불어 전투에 참가하였다. 그 결과 농민군은 대규모 인명피해를 입고 퇴각하게 되었다. 이어 일본군은 10월 25일 진주에서, 11~12월에는 전북 태인, 장성, 금주를 비롯 전라도 광주 및 강진, 충청도, 경상도, 강원도 등 전국 각지에서 동학농민군을 무자비하게 진압하였다.[26)]

Ⅳ. 청일전쟁의 종전과 동북아 국제질서의 변천: 시모노세키 강화회담과 삼국간섭

1. 서구 열강의 중립과 외교적 중재 시도

서구 열강들은 전쟁기간 중 조선과 청으로부터 평화적 해결과 휴전 협상을 위한 중재 내지 주선에 나서줄 것을 요청받았다. 특히 미국, 러시아 및 영국 정부는 조선 정부로부터 청 · 일 양국 군대의 철병과 전쟁 방지를 위한 중재활동을 요청받았다. 그러나 서구 열강들은 중국과 일본 등 동아시아내 정치적, 경제적 이해관계가 손상될 것을 우려하여 청일전쟁시기 대외적으로는 전시중립과 불개입을 표방하였다.

서구 열강들은 청 · 일 교전당사국과의 이해관계 또는 전략적 가치

26) 『주한일본공사관기록』 1, p.150. 배항섭, "동학농민전쟁 당시 일본군의 개입과 그 영향," 국방부 군사편찬연구소, 『군사』 제53호(2004.12), pp.244-245.

등을 고려하면서 중재에 나서거나 어느 한쪽을 비공식적으로 지지하였다. 이들 열강은 조선의 독립 보장에 동의하면서도, 이를 위한 구체적 지원에는 별다른 관심을 보이지 않았다. 전쟁이 한반도에서 중국대륙으로 확전되고 나서야, 서구 열강은 전쟁종결과 강화협상을 위해 중재에 나섰으며, 일본이 얻게 될 중국내 특권과 조차지에 큰 관심을 보였다. 당시 서구 열강들의 이해관계와 입장 등을 주요 국가별로 개괄하면 다음과 같다.

먼저 러시아의 경우, 청 · 일 양국군의 조선 파병에 가장 민감한 반응을 보이면서, 일본군의 조선 파병이 궁극적으로 만주 진출로 이어질 것으로 예상하였다. 러시아의 기에르스 외상은 1894년 6월 28일 청일 양국군의 철수를 위해 설득해 달라는 조선 정부의 요청을 수락할 것을 상주하였다. 그러나 전쟁에 직접 개입할 수 없었던 러시아정부는 1894년 7월 리훙장이 타협책으로 제시한, 청 · 일 양국군의 공동철수를 제의하였으나, 7월 2일 일본 정부에 의해 거절당하였다.

전세계적으로 러시아의 남하를 저지시키기 위해 애써온 영국은 전쟁기간중 중립을 표방하면서도 누가 더 러시아를 견제할 능력을 가진 파트너가 될 수 있는가를 고려하지 않을 수 없었다. 영국은 무능한 중국보다 신흥 군사강국 일본에 보다 많은 기대를 걸었다. 그리하여 영국은 1894년 일본의 오랜 숙원인 불평등조약 개정에 합의한 이후 중국과 일본 간의 중재 역할에 적극 나섰다. 1894년 7월 1일 일본 주재 대리공사 페젯(R. Paget)이 중재 의향을 표명하였다. 1894년 7월 영국은 조선에서 청 · 일 양국의 동등한 정치, 무역상의 특권 향유 등 권리를 주장하는 무츠 무네미츠(陸奥宗光) 외무대신의 제안을 청에 전달하였으나, 리훙장에 의해 거절당하였다. 이후 영국은 일본측에 경도되었으며, 대청선전포고 이전에 청군을 수송중인 자국 선적의 상선 가오성호가 일본 군함에 의해 격침되었음에도 이를 크게 문제삼지 않았다.

일본군이 랴오둥(遼東)반도에 상륙하자, 영국은 미국 · 독일 · 러시아 · 프랑스에 전쟁의 확산 방지 및 강화협상을 위한 공동 개입을 제의하였다. 그러나 이러한 서구 열강의 강화협상 제의는 승승장구하는 일본에 의해 거절당했다. 이에 러시아의 기에르스 외상은 중재 대가로 청·일 양국으로부터 전투가 자국의 국경지역으로 확대되지 않으며, 국경지역의 조선 항구를 청·일 양국이 점령하지 않겠다는 약속을 받아내는 것에 중점을 두었다.

중국의 현상유지를 희망해 온 독일과 프랑스는 개전에 즈음하여 중립을 표방하여 중재활동에 적극 나서지 않았으나, 일본측과 우호적 관계를 유지하고자 했다. 특히 프랑스는 동양평화를 위해 장차 일본과의 동맹 체결 의사를 시사하였다. 그러나 일본군이 아무런 협의없이 제물포의 외국인조계지에 주둔하자, 주한 프랑스 및 독일 공사는 러·미·영 공사와 공동으로 일본군에 항의하였다.

미국은 일본과의 협력관계 및 대중국 진출을 고려하여 처음부터 전시 중립과 불개입을 표방하였으나 내심 일본을 지지하였다. 조선 정부의 청·일 양국군 철병 요청이 거절당하자, 조선 정부는 제3국인 미국 등 서구 국가들이 적극 개입하기를 희망하였다. 이에 워싱턴 주재 조선공사 이승수(李承壽)는 1894년 6월 22일 그레샴(Walter Q. Gresham) 국무장관에게 조미수호조약의 '주선' 조항에 따라 미국의 공정한 권고와 우호적 개입을 요청하였다. 조선측의 요청을 받은 그레샴 국무장관은 1894년 6월 22일자로 씰(John M. B. Sill) 주한 미국공사에게 조선에서 평화적 상태의 유지를 위해 가능한 노력을 기울이라고 지시하는 선에 머물렀다. 이후 씰 주한 미국공사는 본국으로부터 불개입 훈령을 받기 이전까지는 청·일 양국의 출병이 조선에 미칠 영향을 고려하여 나름대로 활동하면서, 조선 정부가 미국에 중재를 요청하는 데 관여하였다.[27]

그러나 1894년 6월 26일 씰 주한 미국 공사는 청의 위안스카이(袁世

27) No. 15. John M. B. Sill to Secretary of State, June 25. 1894. *Korean-American Relations*, Volume II, pp.333-334; 이보형, "청일개전 직전의 미국의 거중조정과

凱)측으로부터 일본이 철병을 거부하는 한 청군도 조선에 주둔해야 한다는 입장을 통고받는 등, 청일에 대한 서구 4개국의 동시철병 권고는 별다른 성과를 거두지 못하였다.[28] 이에 조선 정부는 다시 1894년 7월 5일 이승수(李承壽) 주미공사를 통해 미국 정부에 조선내 청일의 대립을 조정하기 위한 미국의 협력을 요청하였다. 또한 1894년 7월 7일 청국 정부도 미국에게 열강이 공동으로 일본에 철병을 요청하는 데 주도적 역할을 담당해줄 것을 부탁하였다.[29]

여러 차례에 걸친 조선측의 요청에도 불구하고, 그레샴 국무장관은 청 · 일 양국에 대한 중립을 내세워 더 이상 조선 문제에 관여하려고 하지 않았다. 실제로 미국 정부는 영 · 불 · 러 · 독 등 서구 열강의 공동 중개 권유에 대하여 1894년 10월 12일 어떠한 공동 개입도 거절한다는 입장을 표명하였다.[30] 그러나 점차 일본의 승리가 확정적이 되자 1894년 11월 미국의 클리브랜드(Grover Cleveland) 대통령은 청 · 일 양국의 중재의사를 표명하였다. 미국은 이후 5개월간 걸친 청 · 일 간 교섭창구의 경유지 역할을 담당하였다.

한국," 국제역사학회의 한국위원회,『한미수교 100년사』(서울: 국제역사학회 한국위원회, 1982), pp.94-95.

28) No. 16. John M. B. Sill to Secretary of State, June 29. 1894. *Korean-American Relations*, Volume II, p.335.

29) Department of State U. S. A., *A Historical Summary of United States-Korean Relations 1884-1962* (Washington: Historical Office Bureau of Public Affairs, 1962), pp.11-12; 최문형,『한국을 둘러싼 제국주의 열강의 각축』(서울: 지식산업사, 2001), pp.114-117.

30) *Korean-American Relations*, Volume II, p.337, Telegram, Gresham to Sill, July 9, 1894; *F.R.U.S.* 1894, p.76, No. 66, Gresham to Dun, 1894.11.6; No. 67. Gresham to Denby, 1894.11.6; 이보형(1982), p.99.

2. 시모노세키 강화회담과 삼국간섭

청일 양국간 전투개시 이후 연전연패하는 청군을 지켜보면서, 리훙장(李鴻章)과 청국 정부는 실패감과 무력감에 빠졌으며, 조선에 대한 종주권 포기를 휴전협상의 조건으로 제시하면서 열강의 중재를 적극 요청하였다. 반면, 강화회담 이전부터 일본내 여론과 군부 모두 강경론을 취하였다. 당시 일본내 자유당 등 모든 정당들도 청국과의 강화조건으로 타이완 할양, 막대한 배상금 및 서구와의 대등한 치외법권 등을 요구하였다. 러시아가 일본의 대륙내 영토획득을 견제하려는 태도를 취하면서, 이토 히로부미가 전권대표로 임명되었다.

한편, 일본군의 청국내 진격이 본격화되자, 청국은 강화를 서둘러서 일본군이 산하이관(山海關)을 돌파하기 이전에 강화협상체결을 시도하였다. 그리하여 1895년 2월 1~2일간 청 · 일 양국간 강화협상이 시도되었으나, 일본측이 중국 대표의 전권위임장을 문제삼아 결렬시켰다. 그러는 사이 1895년 3월 일본군은 제1군과 2군의 합동작전하에 랴오둥(遼東)결전을 통해 랴오둥반도의 뉴좡(牛莊)과 잉커우(營口)를 함락시켰다.

청일 양국간 강화조약 협상을 위해 1895년 3월 20일 시모노세키(下關)의 춘범루(春帆樓)에서 첫 번째 회담이 개시되어서, 강화조건으로 다구(太沽), 텐진(天津) 및 산하이관 점령 등이 제시되었다. 그러나 이토가 협상조건을 양보하지 않아 3월 24일 제3차 회담이 결렬되었으며, 리훙장이 귀국하는 길에 피습당하였다. 이에 일본은 타이완과 평후열도의 전투를 제외한 전 지역에서의 휴전협상에 동의하였다.

1895년 4월 1일 이토와 무쓰는 다음과 같은 강화조건을 청국에 정식 요구하였다. 즉 첫째, 조선의 독립, 둘째, 펑텐(奉天)성 남부를 포함한 랴오둥반도와, 펑후(膨湖) 열도를 포함한 타이완의 할양, 셋째, 은(銀) 3억 냥의 배상금 지불, 넷째, 유럽열강과 같은 수준의 최혜국 대우와 베이징 등 7개 지구 개방으로 중국내 통상 특권의 획득, 그리고 다섯째, 이들 조건의 이행에 대한 담보로 펑텐과 웨이하이웨이의 계속 점령을 요구하였다. 그러나 회의 도중 리훙장은 위 넷째 사항, 즉 새로운 통상조약의 체결을 제외하고 나머지 강화조건을 열강에 알려 서구 열강의 간섭을 초래하려고 시도하였다. 이에 무츠 무네미츠(陸奥宗光) 외무대신은 위 넷째 조항을 열강에 통보함으로써, 청측의 의도를 저지시켰다.

그리하여 1895년 4월 17일 양국간 강화조약, 즉 시모노세키강화조약이 체결되었으며 그 중 주요 내용은 다음과 같다. 즉 첫째, 청국은 조선의 독립을 확인하고 조공전례를 폐지하며, 둘째, 랴오둥반도, 타이완 및 펑후열도를 일본에 할양하며, 셋째, 군비배상 2억 냥을 7년간에 걸쳐 지불하며, 그리고 넷째, 웨이하이웨이의 보장 점령 등이었다.[31)]

강화협상이 진행되는 과정에서 서구 열강은 한반도를 중국으로부터 독립시키는 대신 일본이 영향력을 행사하는 것에는 별다른 이견을 제시하지 않았다. 그러나 일본이 얻게될 중국내 특권과 조차지역이 자국의 이해관계가 걸린 지역과 충돌되는지의 여부에 커다란 관심을 표명하였다. 일본은 강화협상과정에서 강화조건을 처음에는 비밀에 부쳤으나, 1895년 4월 1일 하야시 다다스(林董) 외무차관이 히트로브(M. A. Khitrovo) 주일 러시아공사에게 랴오둥반도 할양을 포함한 강화조건을 통보하였다.

청일전쟁을 마무리짓는 강화조약 체결로 청으로부터 천문학적인 배상금과 함께 랴오둥반도와 타이완 등의 영토까지 할양받은 일본 전국은 온통 승전의 분위기에 휩싸였다. 그러나 불과 엿새 뒤인 4월 23

31) 그후 시모노세키강화조약안은 일본에서 4월 20일, 청국에서 5월 21일에 비준되었으며, 5월 8일 지푸(芝罘)에서 비준서가 교환되어 강화조약의 효력이 발생함으로써 청일전쟁은 종료되었다. 김용구(1997), pp.385-387; 미요시 도오루 저 · 이혁재 역(2002), pp.404-405, 426-428.

일 러시아와 독일과 프랑스 3국이 이에 반대하여 삼국간섭에 나섰다. 특히 만주지역의 진출을 시도해온 러시아는 일본의 랴오둥반도 획득에 반대하여 독일, 프랑스 등과 함께 이를 저지시키기 위한 외교적 압력을 행사하기에 이르렀다. 그리하여 1895월 4월 8일 러시아 로바노프(A. B. Lobanov) 외상은 랴오둥반도의 할양이 청일 간의 우호관계를 저해하고 동양평화를 위태롭게 한 점을 명분으로 내세워 열강이 일본에 의견을 제시할 것을 권고하였다.[32)]

그리하여 4월 18일 러 · 독 · 불 3국은 영국의 불참하에 일본에게 랴오둥반도 철수를 권고하기로 합의하였다. 러시아의 삼국간섭 제의에 대해, 당시 러시아와 동맹관계에 있는 프랑스는 처음부터 러시아와 행동을 같이하기로 하였다. 그리고 독일은 일본측의 강화조건이 자국의 중국 진출에 방해가 되며, 러시아와의 협력관계가 유럽에서도 유지될 필요성을 느껴서 러시아의 대일 견제에 동의하였다.

러 · 독 · 불 3국 공사는 4월 23일 하야시 외무차관을 방문하여 개별적으로 다음과 같은 권고안을 전달하였다. 즉 히트로브 러시아공사는 랴오둥반도의 점령이 중국에 위협이 되므로, 랴오둥 반도 할양을 철회할 것을 권고하였다. 굿슈미트(F. von Gutschmid) 독일 공사는 일본이 3국의 권고를 받아들이지 않을 경우 무력으로 간섭할 것임을 시사하였다.

이러한 3국 간섭에 대해 이토 히로부미, 마쓰가타 마사요시 및 무츠 무네미츠 간 회의에서는 3국 권고에 따르지만 청국에 한치의 양보도 하지 않는다고 결정하였다. 그리하여 일본은 러 · 독 · 불 3국에게 시모노세키 조약안에 대한 수정의견을 4월 30일 제출하였으나, 3국이 거부하였다. 이에 일본은 어쩔 수 없이 굴복하여 랴오둥 반도의 점령을 영구 포기한다는 전문을 5월 5일 발송하였다. 그대신 일본은 청국

---

32) 일본의 강화조건에 대한 대처방안을 논의하기 위해 4월 11일 소집된 러시아 대신회의에서는 다음 결론을 짜르에게 건의하기로 하였다. 첫째, 청 제국 북쪽지방에서 戰前 현상유지의 회복을 위해 노력하며, 둘째, 일본이 남만주에서 철수해야 한다는 내용이었다.

과 1895년 11월 8일 "랴오둥반도 환부조약(遼東半島還附條約)"을 체결하여 3천만 냥의 은을 보상금으로 받는 것에 만족해야 했다.[33)]

V. 맺음말

이상 본문에서 살펴본 바와 같이, 청일전쟁 당시 한반도는 조선 정부와 한국인들의 의지와는 상관없이 청일 양국간 전쟁터로 변하였으며, 일본에 의해 조선의 자주독립이 침해당하는 위기에 처하게 되었다. 1894년 동학농민봉기를 명분으로 청군이 파병하자, 일본은 자국민의 보호와 청한종속관계의 단절을 명분으로 군대를 파병 및 주둔시키면서 조선에 대한 내정간섭을 적극 시도하였다. 주한 일본공사는 고종과 조선 정부에 압박을 가하면서 조선의 여러 정치세력 간 분열과 갈등을 조장하였다. 그리고 청일전쟁시기 조·일 간 일종의 동맹조약이 체결되는 등 외형상으로는 일본이 조선의 독립을 지원하는 양상을 띠었다. 그렇지만 조선의 군주인 고종의 신변은 청·일 양국군의 전투 상황에 따라, 더구나 일본군의 경복궁 점령이후 크게 위협받게 되었다.

이토 히로부미는 1894년 10월 임시의회에서 청일전쟁이 조선의 독립과 '동양평화'를 위한 정의로운 전쟁이었다고 주장하였다. 그러나 실제 전투과정에서 청일 양측군 간 수많은 사상자가 발생하였을 뿐만 아니라, 대륙으로 진출하는 일본군은 뤼순 점령후 학살을 자행하였으며, 후방의 안전을 위해 한반도에서는 동학농민군에 대한 대대적 진압작전을 전개하였다. 특히 반외세 항일을 기치로 내세운 농학농민군 등 조선측의 저항이 일본군과 이의 지휘를 받는 관군에 의해 진압되는 과정에서 조선 군대에 대한 일본군의 지휘통제가 강화되고, 사실

33) 김용구(1997), pp.387-393.

상 한반도 각지역이 일본군의 점령하에 놓이게 되었다.

1895년 4월 17일 체결된 시모노세키 강화조약에서 청국은 조선의 독립을 확인하고 기존의 조공전례를 폐지한다는 내용이 명기됨으로써 전쟁의 결과, 청으로부터 조선이 독립되었다. 그러나 이것은 하나의 명분에 불과하고, 실제로 일본이 중국을 신경쓰지 않고 조선의 내정과 외교에 간섭할 수 있다는 점이 국제적으로 인정되었다.

이후 삼국간섭 등을 거치면서, 조선을 둘러싼 러일간의 각축이 한반도의 운명과 동북아 국제질서에 커다란 영향을 끼치게 되었으며, 조선의 입장에서는 이들 열강으로부터 독립을 보전하는 것이 시급한 과제로 대두되었다.

청일전쟁에서 승리한 일본군의 대부격인 야마가타 아리토모는 시모노세키강화조약이 조인되기 2일 전에 1895년 4월 15일 다음과 같은 내용의 '군비확충의견서'를 천황에게 올렸다. 즉 그는 청일전쟁 승리의 효과를 헛되게 하지 않고, 동양의 맹주가 되기 위해서는, 주권선의 유지뿐만 아니라 이익선의 확대를 도모하지 않으면 안된다라는 구상을 밝혔다. 야마카타 아리토모는 청일전쟁 당시 일본의 군비로서는 향후 주권선의 유지 및 이익선의 확대도 불가능하여 동양의 패자가 되는 것은 사실상 불가능하다고 보면서, 종전후 군비강화의 필요성을 주장하였다.[34)]

이와 같이 일본 군부내 군비확장의 요청에 따라, 일본 정부는 청일전쟁으로 얻은 배상금과 랴오둥반도 반환의 대가로 받은 보상금의 대부분을 해군 등 군비확장에 사용하였으며, 기타 타이완 경영비, 교육기금, 운수통신부비, 제철소 건설비 등 강병을 위한 비용에 투입하였다. 청일전쟁 이후 민간차원에서도 일본의 해외팽창을 주장하는 분위기하에서 일본 정부 역시 대중국 진출 구상을 적극적으로 개진하였다. 그 예로서 일본 정부가 염두에 두고 있는 이익선은 조선에서 점차

---

34) 田中彰 저 · 강진아 역(2002), pp.103-104에서 재인용함.

만주로 확대되었다. 야마가타 아리토모는 1901년 4월 이토 히로부미 총리에게 보낸 의견서에서, 러시아가 강함에 의지하여 일본의 이익선을 침범한다면 일본도 이에 맞설 각오를 하지 않으면 안된다고 강조함으로써 이후 대러시아 개전을 염두에 두었다.[35]

또한 청일전쟁 당시 일본의 지식인과 정치가들 사이에 '동양 평화'와 '문명' 또는 '진보'를 위해 치르는 전쟁이라는 정당화의 논리가 확산되어졌다. 이토 히로부미 총리대신은 1894년 10월 20일 임시의회(衆議院)에서 청일전쟁은 '동양의 평화'를 유지할 목적으로 치려지는 것임을 언급하였다. 당시 이토 히로부미가 내세운 '동양 평화'는 앞서 언급한 '주권선-이익선'의 논리와 마찬가지로 일본의 이익을 추구하며, '동양의 맹주'가 되기 위한 전쟁으로서 청일전쟁을 정당화하는 측면을 띠었다.[36] 그리고 청일전쟁 당시 외무대신이었던 무츠 무네미츠(陸奧宗光)도 청일전쟁을 '서구적 신문명과 동아적 구문명간의 충돌'로 성격 규정하였다.[37]

심지어 그동안 야당이었던 자유당(自由黨)의 경우에도 '군국(軍國)의 대사(大事)'에 봉사할 것을 선언하였다. 이와 같이 당시 일본 내에서 동양평화를 위한 전쟁이라는 명분하에 '국론일치(國論一致)'가 강요되어졌다. 후쿠자와 유키치 등 일본 지식인들은 청일전쟁을 문명과 야만 간 전쟁으로 규정하였다. 청일전쟁의 승리는 아시아의 다른 국가보다 서구화가 앞선 일본이 아시아에 대해 유럽국가와 함께 문명의 이름 하에 지배하는 것을 정당화하는 논의가 본격적으로 대두되는 계기를 제공하였다.[38] 우치무라(內村鑑三)의 경우 청일전쟁을 '평화와 진

---

35) 田中彰 저 · 강진아 역(2002), pp.104-106.

36) 石田 雄, 『日本の政治と言葉 下: 「平和」と「國家」』(東京: 東京大學出版會, 1989), pp. 4-7, 22-23.

37) 『蹇蹇錄』, pp.65-67.

38) 石田 雄(1989), pp.25-27; 이성환, "근대 일본의 전쟁과 아시아 인식," 계명대학교 국제학연구소, 『국제학논총』 6집 (2001.2), pp.213-214.

보' 를 위한다는 적극적 목적을 위해 치루어진다고 주장하였으며, "신문명을 대표하는 소국(일본)과 구문명을 대표하는 대국(청국) 간의 의로운 전쟁(義戰)"으로 성격을 규정하면서 일본의 대청 개전을 정당화하였다.[39]

이와같이 청일전쟁 종전후 군사적 승리에 도취한 일본 내에서 조선과 중국에 대한 우월의식 및 유색인종의 대표라는 의식이 좀더 확산되었다.[40] 또한 청일전쟁은 당시 일본 지식인들의 사상사적 흐름에도 커다란 영향을 주어서, 이후 일본이 중국과 만주 지역으로의 해외팽창을 추진해나가는 것을 직간접적으로 정당화하는 논의들이 대두되었다.[41]

이처럼 청일전쟁은 전쟁의 명분으로 조선의 독립과 동양 평화를 내세웠으나, 실제로는 이와 같이 한반도를 둘러싸고 청 · 일 간의 이해관계가 갈등 및 대립하는 양상을 띠었으며, 종전후에는 삼국간섭에 분개한 일본의 군비확장을 촉진하는 계기로 작용하였다.

---

39) Uchimura Kanzo, "Justification of the Corean War," 『國民之友』(1894.8). 武市英雄, "언론인 內村鑑三의 對韓觀 — 日淸, 日露 兩戰爭을 중심으로," 김정기 편저, 『명치일본언론의 대한관』(서울: 탐구당, 1987), pp.32-36에서 재인용. 그러나 우치무라는 1894년 10월 『國民之友』에 실린 "日淸戰爭の目的如何"에서, 종전의 태도를 바꾸어 일본 정부와 국민들의 호전적 성격을 비판하였다. 武市英雄(1987), pp.36-37에서 재인용함.

40) 이성환(2001), pp.216-217.

41) 그 예로서 메이지시기 『국민지우(國民之友)』, 『국민신문(國民新聞)』을 창간하여 진보적 평민주의를 주장하였던 도쿠도미 소호(德富蘇峰)는 1895년 9월 23일자 『국민지우(國民之友)』 제263호에 실린 "日本國民の活題目"을 통해 '일본 국민의 급무' 는 '국민적 팽창' 에 있다고 주장하였다. 田中彰 저 · 강진아 역 (2002), pp.104-105에서 인용함.

참고자료

『高宗實錄』.

日本 外務省 編, 『日本外交文書 (明治年間)』, 東京: 日本國際連合協會, 1963.

國史編纂委員會 編譯, 『駐韓日本公使館記錄』, 서울: 시사문화사, 1988.

參謀本部 編, 『明治二十七八年 日淸戰史』. 東京: 東京印刷株式會社, 1904.

Palmer, Spencer J. ed., *Korean-American Relations: Documents Pertaining to the Far Eastern Diplomacy of the United States*, Volume II, *The Period of Growing Influence 1887-1895*, Los Angeles: Univ. of California Press, 1963.

무츠 무네미츠(陸奧宗光) 저 · 김승일 역. 『蹇蹇錄』. 서울: 범우사, 1993.

강성학 편저. 『용과 사무라이의 결투-중(청)일전쟁의 국제정치와 군사전략』. 서울: 리북, 2006.

구선희. "淸日戰爭 直前 朝鮮 '屬邦' 問題와 朝 · 淸關係." 『史學硏究』 54호 (한국사학회, 1997.12).

권혁수. 『19世紀末 韓中關係史硏究: 李鴻章의 朝鮮認識과 政策을 中心으로』, 서울: 백산자료원, 2000.

김용구. 『전정판 세계외교사』. 서울, 서울대출판부. 1997.

김현철. "청일전쟁시 미국의 대한반도 전략분석-공사관 활동을 중심으로." 국방부 군사편찬연구소. 『군사』, 제47호, 2002.12.

______. "청일전쟁시기 미국의 대조선정책의 이상과 현실." 국제관계연구회 편. 『근대 국제질서와 한반도』. 서울: 을유문화사, 2003.

______. "근대 일본의 아시아관과 청일전쟁." 한일군사문화학회. 『한일군사문화연구』 2집 (2004. 4).

______. "청일전쟁 개전시기 일본의 대조선정책의 명분과 실제." 현대일본학회, 『일본연구논총』, 19호(2004.6).

______. "청일전쟁과 1890년대 조선의 자주독립외교의 전개와 제약." 하영선 · 김영호 · 김명섭 공편. 『한국외교사와 국제정치학』. 서울: 성신여대출판부, 2005.

문희수. "조선의 위기(1894-1895)." 한국정치외교사학회 편. 『한국 근대정치사의

쟁점: 청일전쟁 · 갑오개혁 · 김옥균 암살』. 서울: 집문당, 1995.

_____. "國際關係에 있어서 淸日戰爭(1894-1895)에 關한 硏究." 西原大『社會科學硏究』 14(2001.2).

미요시 도오루 저 · 이혁재 역. 『史傳 이토 히로부미』. 서울: 다락원, 2002.

박영재. "무츠 무네미츠(陸奧宗光)와 청일전쟁." 유영익 외 공저 · 한림대학교 아시아문화연구소 편. 『청일전쟁의 재조명』. 춘천: 한림대학교 출판부, 996.

신복룡. "갑오농민혁명과 청일전쟁." 한국정치외교사학회 편. 『한국 외교사 I』. 서울: 집문당, 1996.

森山茂德. "淸日戰爭중 일본 군부의 對韓政略." 김기덕 외 5인 공저. 『淸日戰爭의 再照明』. 춘천: 한림대출판부, 1996.

유영익 외 공저. 한림대 아시아문화연구소 편. 『청일전쟁의 재조명』. 춘천: 한림대 출판부, 1996.

유영익. "淸日戰爭 및 三國干涉期 井上 馨 公使의 對韓政略 - 閔妃弑害事件 背景論." 최문형 외. 『명성황후 시해사건』. 서울: 민음사, 1992.

육군사관학교 전사학과. 『개정판 세계전쟁사』. 서울: 도서출판 황금알, 2004.

이리에 아키라(入江昭) 저. 이성환 역. 『일본의 외교』. 서울: 푸른산, 2002.

이성환. "근대 일본의 전쟁과 아시아 인식." 계명대학교 국제학연구소. 『국제학논총』 제6집 (2001.12).

이태진. "1894년 6월 청군 출병(淸軍出兵) 과정의 진상-자진 請兵說 비판." 『고종시대의 재조명』. 서울: 태학사, 2000.

田中彰. 『小國主義-日本の近代を讀みはなす』. 東京: 岩派書店, 1999); 강진아 역, 『소일본주의- 일본의 근대를 다시 읽는다』. 서울: 도서출판 소화, 2002.

陳偉芳 著 · 權赫秀 譯. 『淸 · 日 甲午戰爭과 朝鮮』. 서울: 백산자료원, 1999.

한국사연구회 편. 『淸日戰爭과 韓日關係-일본의 대한정책형성에 관한 연구』. 서울: 일조각, 1985.

한국정치외교사학회 편. 『한국 근대정치사의 쟁점: 청일전쟁 · 갑오개혁 · 김옥균 암살』. 서울: 집문당, 1995.

후지무라 미치오 저 · 허남린 역. 『청일전쟁』. 서울: 도서출판 소화, 1997.

大江志乃夫. 『東アジア史としての日淸戰爭』. 立風書房, 1998.

大澤博明. "日淸開戰論." 東アジア近代史學會 編. 『日淸戰爭と東アジア世界の變容』下卷. 東京: ゆまに書房, 1997.

東アジア近代史學會 編. 『日淸戰爭と東アジア世界の變容』上 · 下卷. 東京: ゆま

に書房, 1997.
石田 雄.『日本の政治と言葉 下:「平和」と「國家」』. 東京: 東京大學出版會, 1989.
檜山幸夫 編.『近代日本の形成と日清戰爭: 戰爭の社會史』. 雄山閣出版, 2001.
Paine, S. C. M. *The Sino-Japanese War of 1894-1895: Perceptions, Power, and-Primacy*. Cambridge: Cambridge University Press, 2003.

제4장

러일전쟁

석화정

Ⅰ. 머리말

러일전쟁은 한국과 만주 지배를 둘러싼 군사적 제국주의의 패권 다툼이자, 러시아의 남하정책과 일본의 대륙정책이 충돌한 결과였다. 러시아는 만주를 점령한 채 한반도 북부까지 중립화하려 시도했고, 일본은 이를 묵과하지 않았다. '러시아가 한국문제에서 손을 떼도록 하는 것은 일본에게는 사활이 걸린 중대한 문제였다.'[1] 그리고 전쟁에서 일본을 지원한 영국과 미국도 이 사실을 잘 알고 있었다.

러일전쟁은 한·만 문제로 야기되었으나, 전단(戰端)을 열게 된 직접적인 원인은 한국문제에 있었다. 일본에게 만주 이권은 한국문제에 비하면 부차적인 문제였다.[2]

---

1) *B(ritish) D(ocuments on the Origins of the War, 1898-1914)*, Vol.II, No.105, pp.96-98.

러일전쟁은 인천 앞바다 팔미도 근방에서 시작하여 울릉도와 독도 근해에서 종결되었다. 한국은 러일전쟁 개전(開戰)과 동시에 그 전쟁터가 되었고, 종전(終戰)과 동시에 일본의 지배하에 들어가게 되었다. 러일전쟁은 청일전쟁을 통해 식민지화의 위기에 몰린 한국을, 결국 일본의 지배하에 들어가도록 만든 전쟁이었다.[3] 분명 전장(戰場)이 러시아의 '조국' 땅도, 일본의 '조국' 땅도 아니었음에도 불구하고,[4] 전쟁 100년이 지난 오늘날에도 '조국방위전쟁' 이었다고 강변하는 애국주의, 네오 슬라비즘이 두 나라의 일각에서 되풀이되고 있다.[5]

사실상 러일전쟁이 조국방위전쟁이었다는 러 · 일 학계의 논란 그 자체에는 제국주의시대의 침탈의 논리와 본질이 그대로 반영되어 있는 것이다. 러 · 일 교섭의 결렬, 개전과정, 한반도 주변 해역에서의 제해권 확보 경쟁, 강화 교섭 과정, 전쟁의 결과 등 전쟁의 전 과정에서 두 나라의 동아시아에서의 야욕이 적나라하게 드러났기 때문이다. 러일전쟁은 오늘날에도 되씹어보아야 할 과제와 많은 시사점을 우리에게 던져 주고 있다.

II. 한 · 만에 대한 러 · 일의 야욕

러일전쟁은, 대일(對日) 삼국간섭(1895.4.23)의 치욕을 잊지 않고 있던

---

2) *BD*, No.105, p.97.

3) 최문형, 『국제관계로 본 러일전쟁과 일본의 한국 병합』(지식산업사, 2005), p.3.

4) 최문형, "러일전쟁과 일본의 독도 점취," 『역사학보』(2005.12); 崔文衡 "日露戰争と日本の獨島占取" 『環』(藤原書店, 2005.7).

5) Pavlov Dmitriiev, 「ロシアにおける日露戰爭の硏究の動向」日露戰爭硏究會 『日露戰爭の硏究の新視點』(2005),pp.429-49; 中西寬, 奈良岡聰智,「日本における日露戰爭の硏究の動向」,위의 책, pp.408-28; 〈現代に生きる日露戰爭〉「讀賣新聞」(2004.5.28), 12面.

일본에게는 와신상담(臥薪嘗膽)의 기회였다. 보다 근본적으로는, 일본은 러시아의 시베리아철도(모스크바-블라디보스토크) 부설을 자국의 대륙 진출에 결정적 장애라고 간주해 왔다. 러시아는 청일전쟁의 결과로 얻은 일본의 요동반도 영유를 좌절시켰고, 청과의 대일(對日) 방어동맹을 비밀리에 체결했을 뿐만 아니라, 동청철도(시베리아철도 만주 관통구간) 부설권을 획득했다. 더욱이 1898년에 러시아는, 일본이 삼국 간섭으로 청국에 반환한 여순·대련을 25년 동안 조차(租借)하여 만주를 세력권화했다.

일본 정부가 민왕후를 시해(을미사변, 1895.10.8)한[6] 이후 한국에서도 친러정권이 수립되어, 러시아는 만주에 이어 한국까지도 자국의 세력권하에 두려 했다. 그러나 그들은 적어도 시베리아철도가 완성될 때까지는 일본과 타협하지 않을 수 없었다. 그 결과가 1895~98년의 한국 문제에 관한 세 차례의 협상, 즉 웨베르-고무라 각서(Waeber-小村), 로바노프-야마가타 협정(Lobanov-山縣), 그리고 로젠-니시협정(Rosen-西)이다. 특히 한국에서의 일본의 상공업상의 우위를 인정한 로젠-니시 협정은 여순·대련을 조차한 러시아가 일본을 무마하려던 데서 비롯되었다. 그러자 이 정황을 틈타서 일본은 1898년에 이르러 한국에서의 독점적 지위를 굳혀 나갔다.

그러나 '부청멸양(扶淸滅洋)'의 기치를 내건 의화단 사건이 1900년에 만주로 파급되면서, 한국과 요동반도에 국한되어 있던 러·일 간의 대립은 만주 전체로까지 확대되었다. 러시아는 동청철도를 보호한다는 구실로 정규군을 파병한 뒤, 곧바로 만주를 실질적으로 점령했다. 만주 동삼성(東三省) 가운데 흑룡강성(흑룡강협정, 8.30), 길림성(길림협정, 9.21)은 점령과 동시에 곧바로 러시아 군의 수중에 장악되었다. 이어 열강의 이해가 첨예하게 대립되는 남만주 봉천성에서는 러시아의

6) 최문형, 『명성황후 시해의 진실을 밝힌다』(지식산업사, 2001); 崔文衡, 『閔妃は誰に殺されたか』(彩流社, 2004).

관동주 총독인 알렉쎄프(E.I.Alexeev)가 봉천 총독 증기(增棋)에게 이른바 알렉쎄프-증기협정을 강요했다. 이로써 남만주 철도지역에서 러시아는 군대 유지권, 의화단 사건으로 중단되었던 민간 행정의 복구, 경무장 경찰대 유지권 및 청국 행정을 감독할 러시아 총독이 봉천에 주재하게 되었다.

1901년 1월 3일자 런던 타임즈에 이 협정의 내용이 폭로되어 열강의 반발을 사는 가운데서도, 2월 10일에는 만주 전역을 대상으로 한 일반협정이 주러 청국공사 양유(楊儒)와 람스도르프(V.N.Lamsdorf) 외상 사이에 다시 체결되었다(람스도르프-양유협정). 이로써 러시아는 만주 전역에서 〈질서가 회복될 때까지〉 군대를 주둔시킬 수 있게 되었다. 일본 언론이 의심한 바와 같이, 이 협정은 사실상 만주의 범위를 벗어나, 몽고와 신강성에까지 러시아에게 철도와 광산개발권을 유보해준 것이었다.[7] 조약 비준을 위해 러시아는 다시 100만 루블의 뇌물로 이홍장을 회유했다. 영국에 의해 고무된 그는 이를 거부했고, 러청협상은 사실상 중단되었다.

Ⅲ. 영일동맹(英日同盟)과 러시아의 한 · 만 동시침투

러시아의 만주 점령 사태에 대한 대응방안으로 일본에서는 영일동맹론과 러일협상론이 동시에 대두되었다. 이노우에 가오루(井上馨)와 이또 히로부미(伊藤博文)를 비롯한 겐로(元老)의 러일협상론은 영국과의 동맹 가능성을 배제하지 않는 가운데 러시아와의 제휴 가능성도 모색하는 이중적인 것이었다. 러 · 일 제휴를 위해 쌍뜨 페떼르부르그에 간 이또는 한국에서의 일본의 자유행동권(free hand)을 요구하며, 반대

7) 석화정, 「위떼의 대(對)만주정책」, 『서양사론』 제55호 (한국서양사학회, 1997).

급부로 만주에서의 러시아의 이익을 인정할 용의가 있음을 제시했다(1901.12.3).[8] 그러나 람스도르프 외상과 위떼(S.Yu. Witte) 재무상은 만주에서의 러시아의 자유행동의 대가로 한국에서의 일본의 권리를 인정할 수 없다는 단호한 태도였다.[9] 영일동맹 체결이 임박해진 일본정부가 이또에게 급히 훈령을 내림으로써 러·일 협상은 결렬되었다. 그러나 한국문제에 관해 '도저히 타협할 수 없는' 양국의 입장은 이미 드러난 셈이다.

영일동맹(1902.1.30)은 외무성 소장파들의 주도하에 이루어졌다. 일본은 러시아를 고립시킬 목적으로 〈영광스러운 고립〉을 고수해온 영국과 〈항구적인 협정〉 체결 의사를 표명했다(1901.4.17).[10] 주영 일본공사 하야시(林董)는 러일 간 전쟁이 일어날 경우 영국의 군사적 지원약속을 우선적으로 획득하고자 했다. 그러나 당시 남아프리카 보어전쟁을 수행 중이던 영국은 동아시아에서의 전쟁에 연루되기를 원치 않았다. 이에 하야시는 '두 당사국 가운데 어느 한 나라가 2개국과 교전할 때만 유효한 방어동맹'으로 후퇴했다.[11] 따라서 일본이 러시아와 전쟁할 때는 영국이 중립을 지키게 되지만, 만약 러시아가 프랑스의 지원을 받으면 영국은 군사적으로 개입하게 되어 있었다.

일본이 영일동맹을 통해 가질 수 있는 최대의 이점이 바로 이것이었다. 즉 제3국이 참전하면 영국이 일본에 가세하게 되므로, 삼국간섭의 경우처럼, 프랑스와 독일이 러시아에 가담할 가능성이 없어진 것

---

8) *K(rasnyi) A(rkhiv)*, T.63, pp.47-8; 『日(本)外(交文書)』35, no.26, pp.109-13.

9) *KA*, T.63, pp.44-46, 48; *Die G(ross) P(olitik der Europäischen Kabinette, 1871-1914*, vol.xvll.5042, pp.144-45; 석화정, "러시아의 한반도 중립화정책:위떼의 대만주정책과 관련하여," 『中蘇硏究』 제23권 3호 (한양대 아태지역연구센터, 1999),pp.176-77; 石和靜, 「ロシアの韓國中立化政策」, 『スラヴ硏究』46(1999).

10) *BD*, vol.II, F.O.538(No.44) confidential, p.89.

11) *BD*, vol.II, No.105, pp.97-8.

이다. 일본외상은 영국공사에게 '한국문제라면 일본이 혼자서라도 전쟁을 하지 않을 수 없지만, 만주에 관해서는 적어도 1국의 외부 원조가 없이는 전쟁을 할 의사가 없다' 고 설명했다.[12] 영일동맹이 사실상 만주문제와 관련이 없다고 보는 시각은 바로 여기에서 연유한다. 반면 영국은 일본을 통해 러시아의 중국 진출을 막고, 러시아를 고립시키고자 했다.[13] 영국으로서는 러·일 두 나라가 한·만을 상호 교환한다면 러시아의 중국 진출을 저지할 수 없기 때문이었다.

한편, 러시아는 영일동맹의 효과를 무력화시킬 수 있는 방안으로 다시 프랑스와 독일의 지지를 얻어 〈제2의 삼국간섭〉을 모색하고자 했다. 그러나 1901년 3~4월의 일본과의 '전쟁 위기' 에서 보인 러시아의 저자세로도 알 수 있듯이, 러·불·독 관계는 이미 1895년 삼국간섭 때와는 같을 수가 없었다. 러시아정부는 우선 프랑스에게 영일동맹의 효과를 무력하게 할 유사한 조치로서 영국과 일본의 〈연합군사행동〉의 경우에 대응하자고 요구했다(2.23).[14] 그러나 프랑스의 델까쎄(T. Delcassé) 외상은 람스도르프가 제의한 문안을 수정, 완화했다.[15] 결국 러불선언(1902.3.19)은 〈청국과 한국의 독립 유지가 계속되어야〉 하며, 〈제3국의 공격적 행동〉이 그들의 적절한 이익을 위협할 경우에만 〈두 정부는 그 이익을 지킬 수단을 보유한다〉고 하며, 더 나아가지는 않았다.[16] 요컨대 양국 정부는 어떤 명확한 약속이나, 경우에 따라 취해야 할 조치를 강구한다는 약속을 하지 않았다.

러시아는 프랑스에게 했던 것과 마찬가지로 이틀 뒤에 독일에게도 공동성명 채택을 제의했다(2.25). 그러나 뷜로우(B. von Bülow) 외상은 동아시아문제에서의 러·독·불의 협조는 결과적으로 미국을 〈영·

---

12) 피에르 르누벵, 박대원 역, 『동아시아외교사』(서문당, 1988), p.202.

13) *BD*, vol.II, No.102, pp.90-1.

14) *D(ocuments) D(iplomatique) F(rançais 1871-1914)*, série II, T.2, no.103.

15) *DDF*, série II, T.2, no.129, p.156.

16) *DDF*, série II, T.2, no.145, pp.177-78; *BD*, II, Enclosure in No.145, p.135.

일블록〉에 가담시킬 것이며, 청국에서 독일의 상업적 이익이 타격을 받을 것이라는 이유로 러시아의 제의를 거부했다. 비스마르크 이래 독일은 러불동맹의 기능을 마비시키고, 아시아에서의 영 · 러 대립을 조장하기 위해 러시아를 '아시아라는 수렁에 발을 묶어 두려고만 했다.'

결국 러시아가 러 · 청 만주철병협정(4.8)에 서명, 러시아 군대가 6개월 단위로 3단계에 걸쳐 만주에서 철수키로 한 것은 영일동맹이 초래한 즉각적인 결과였다. 이에 러시아군은 제1차 철병(10.8)은 예정대로 이행했다. 그러나 2차 철병을 앞둔 1903년 4월, 만주 중부 지역의 철수를 앞두고 러시아군은 도리어 봉천성 남부와 길림성 전역을 점령했다. 만주와 한국에 대한 근본적인 정책 전환을 주장하던 베조브라조프(A.M.Bezobrazov)파가 개입한 결과였다. '만주에서 빈손으로는 철수할 수 없었던'[17] 당시 러시아로서는, '철수하기 전에 청으로부터 더 많은 것을 얻어내기 위해'[18] 만주를 재점령하는 방법을 선택한 것이다.

궁정 경비대 장교 출신인 베조브라조프는 1901년 한 · 만 국경 지역의 개척을 위한 〈압록강 회사〉를 설립, 만주와 한국에서 광산과 삼림 개발을 맡아 왔다. 〈압록강회사〉는 코작들을 벌채꾼으로 고용했고, 비적들을 소탕한다는 구실 하에 군대 파견을 요청했다.[19] 결국 베조브라조프파의 개입은 압록강 유역으로 군대를 이동시키고 삼림채벌권을 명목으로 용암포를 불법 점령(1903.4.21)하는, 사실상의 한 · 만 동시 진출로 나타났던 것이다.

만주를 재점령한 채 한국에까지 촉수를 뻗는 러시아 동아시아정책

---

17) *Istoriiya Rossii 20-i vek* (Moskba, AST, 1999), p.20; Igorii Saveliev,「ロシアから見た日露戰爭」,『ユーラシア研究』(東洋書店, 2005.11), pp.14-18.

18) Igor V.Lukoianov, "The Bezobrazovitsy," John W.Steinberg, Bruce W. Menning, etc. Edited, *The Russo-Japanese War in Global Perspective-World War Zero*(Brill, 2005).

19) A.말로제모프, 석화정 역, 『러시아의 동아시아정책』(지식산업사, 2001), 제9장 참조.

의 이러한 변화는 베조브라조프를 비롯한 강경파가 니꼴라이 2세의 신임을 얻고 실권을 장악한 결과이다. 1903년 8월에는 〈러시아 동아시아 팽창의 총수격〉이라 할 위떼가 해임되고, 알렉쎄프를 총독으로 하는 극동총독부가 여순에 신설되는 등 이른바 황제의 신노선(new course)에 의한 대일(對日) 적극정책이 전개되었다. '만주에서 철병하되, 타 열강에게 만주의 문호는 폐쇄하고, 군비증강을 통해 러시아의 강한 모습을 과시함으로써 일본과의 전쟁을 피하고자 했던'[20] 신노선은 결국 전쟁을 막지는 못했다.

베조브라조프 일파의 이 같은 모험주의적 노선이 전쟁을 촉발시켰다는 견해는, 일본의 북진정책, 러시아의 남하정책과 함께, 러일전쟁의 원인에 대한 전통적 해석 가운데 하나이다. 사실상 베조브라조프파의 정책이 근본적으로 위떼의 이른바 '만주로의 평화적인 경제 침투'와 크게 다르지 않았다는 점은 로마노프나 말로제모프 등에 의해 강조되어 온 바 있다.[21]

그러나 러일전쟁 100년이 지난 오늘의 시점에서 베조브라조프파의 정책에 대한 새로운 평가와 함께 그의 전쟁 책임은 더욱더 가벼워지고 있는 추세이다. 러시아 자료에 따르면, 개전이 임박해지자 베조브라조프파는 〈러일동맹론〉을 내놓았고, 쿠로파트킨은 여순·대련을 포기하자는 주장을 내놓았다.[22] 베조브라조프파를 비롯한 러시아 정치가들은 분명 일본과의 전쟁을 원치 않았다. 일본에 양보해서 전쟁

---

20) 1903년 5월 20일의 러시아 특별각료회의에서 베조브라조프가 낭독한 보가크(K.I.Vogak)의 각서, *R(ossiya) G(osudarstvennui) I(storicheskii) A(rkhiv)*, f.560, op.28, d.213, ll.135-141.

21) B.A. Romanov, *Rossiya v Manczhurii 1892-1906* (Leningrad, 1928), Russia in Manchuria(Ann Arbor, 1952); 말로제모프, 위의 책, 제9장.

22) Wada Haruki, 'Study your Enemy: Russian Military and Naval Attaches in Japan' (Keio University Symposium of the Russo-Japanese War(2005.5), pre-publication version of the Conference paper.

을 피하느냐, 아니면 러시아의 강인함을 보여 일본과의 전쟁을 회피할 것이냐 하는 노선의 차이가 있었을 뿐이었다.[23)]

그럼에도 불구하고, 한국문제에 대한 베조브라조프파의 강경한 태도는 분명히 러·일 교섭 실패에 중대한 원인을 제공했다.[24)] 더욱이, 영일동맹 성립 이후 러시아의 심각한 고립감과 그에 따른 만주 재점령, 시베리아철도 완공을 눈앞에 둔 러시아의 한·만 동시 야욕 표출이 일본을 더욱 자극했던 사실 등은 러시아측의 면책사유가 될 수 없는 것이다. 나아가 일본의 군사력을 과소평가한 군부의 주전론자들, 러시아의 국내 혁명과 노동자들의 소요를 이른바 〈소규모의 전쟁〉을 통해 만회하고자 했던 정치가들, 한국문제에 대한 강경한 태도를 고수하며 러시아의 군사적 증강을 꾀하면서도 일본과의 전쟁을 피하려 했던 베조브라조프파의 판단 착오, 그리고 우유부단하며 확고한 방향을 제시할 능력이 없었던 짜르 등 모두가 사실상 국가를 〈전쟁으로 미끌어 지도록〉 방치한 것이다.

Ⅳ. 러·일교섭의 결렬과 개전

러시아의 만주 재점령과 용암포 점령으로 러·일 개전은 이미 초읽기에 들어갔다. 1903년 8월부터 개전에 이르는 약 6개월 동안 고무라(小村壽太郎) 외상과 주일 러시아공사 로젠(R.R.Rosen)은 수차례에 걸쳐 한·만 문제에 관한 공식교섭을 가졌다. 일본은 군부와 국내 여론의 주전론을 등에 업고 러시아정부와 외교 교섭에 들어갔으며, 이른바 '한·만교환적' 입장을 고수했다. 러시아의 만주 철병, 일본의 한국 독점, 기회균등에 입각한 만주 중립화가 일본의 주장이라면, 러시아

23) 같은 논문.
24) Lukoianov, 위의 논문, p.83.

는 자국의 만주 독점권과 대동강에서 원산만 이북에 이르는 중립지대 설정 및 한국 영토의 전략적 사용 불가 입장을 고수했다.[25] 러시아는 교섭하는 동안 내내, 만주문제에 대한 언급이 없이, 일본이 '절대 양보할 수 없는' 한국문제만을 교섭하려 하였다.

사실상 러시아와 교섭에 임하기 전부터 일본의 입장은 이미 확고했다. 일본은 러시아가 만주에서 2차 철병을 이행하지 않은 데 대한 1903년 4월 21일의 긴급대책회의(무린암 회의)에서 '어떠한 경우에도 한국을 절대로 양보할 수 없다'는 전제 위에 '개전도 불사하고' 러시아와 담판을 개시한다고 합의하였다. 이어 육군 참모부가 대러시아 개전방침을 확정하고(6.17), 어전회의가 궁극적으로 한국에 대한 일본의 완전 장악을 관철하고 러시아의 만주 장악을 저지한다는 고무라 외상의 강력한 대러시아 교섭 원칙을 승인하였다(6.23).[26]

일본이 러시아측에게 제시한 1차 협상안(8.12)은 청·한 양국의 독립 보전과 상업상의 기회균등, 한국과 만주에서의 러·일의 상호 이익 보장 등을 골자로 하였다. 이에 대해 러시아는 일본의 세력 범위에서 만주 제외, 한국에서의 일본의 군사 활동 제한, 39도 이북의 중립지대 설정을 주장했다(10.3).[27]

고무라 외상의 1차수정안(10.14)은 한·만교환론을 더욱 분명히 했다. 일본의 대한(對韓) 파병권, 한·만 국경에 중립지대 설치 등이 그것이다. 그러나 12월 중순에야 제시된 러시아의 반대 제안은 만주에 관해서는 아무런 언급이 없고, 한국 북부의 중립지대 설정 및 한국 영토의 군략적(軍略的) 사용 불가 등, 한국문제에만 국한되어 있었다.[28]

---

25) 석화정, 위의 두 논문.

26) 日本陸軍省編 『明治軍事史』下(原書房, 1966), p.1264; 『公爵桂太郎傳』坤券(原書房, 1967), pp.117-22; 석화정, 위의 두 논문.

27) 『日外』36-1, no.25, pp.22-23; *B(ritish) P(arliamentary) P(apers), Correspondence* (Regarding the Negotiations between Japan and Russia(1903-4), no.17, 1903.10.5.

일본의 마지막 2차 수정안(12.21)에 대한 러시아의 회답(1904.1.6)도 한국에 관한 원안을 바꿀 의사가 없다고 함으로써 양자 사이의 타협 여지는 거의 없었다. 1월 12일 어전회의에서 러시아와의 국교단절 방침을 결정한 일본은 다음 날 러시아에게 최종안을 송부했다. 한국의 중립지대 조항을 전면 삭제하고, 한국이 러시아의 권익 밖임을 승인하는 것을 골자로 한 초강경한 것이었다.

한편 러시아는 2월 3일 여순과, 4일에 로젠 공사를 통해 두 가지 루트로 최종안을 일본에 송부했다.[29] 그러나 일본 어전회의는 2월 4일 오후에 개전을 결정했고, 개전 결정과 동시에 제1군에 대한 동원명령과, 임시파견대 편성 및 한국에의 파견 명령이 내려졌다. 결국 러시아 자료에 따르면, 일본은 러시아의 회답을 기다리지 않고 개전을 결정했던 것이 아니라, 〈일본의 조건에 전면 양보한다〉는 러시아의 최종안을 묵살하고 전쟁을 도발한 것이다.[30]

2월 5일에 일본은 주 러시아공사관에 국교 단절을 통고한 뒤, 그 날 오후 5시에 도고(東鄕平八郞)사령관 휘하의 연합함대에 러시아 극동함대의 격멸과 육군의 임시파견대의 호송을 명령했다. 그리하여 전시 편성(1903.12.28)으로 제1, 제2, 제3 함대로 구성된 도고 연합함대가 2월 8일 저녁에 인천항과 여순항으로 각각 잠입, 러시아 함대에 포격을 가함으로써 러일전쟁은 시작되었다. 결국 도고 연합함대는 개전 결정 48시간 이내에 2월 6일 사세보 항에서 출격한 것이다. 선전포고를 기다리지 않고 국교단절과 동시에 출격하는 것은 도고에게는 예정된 수순이었다.[31] 이것이 '일본식 개전 방법' 이었다.

---

28) 석화정, 위의 두 논문; *BPP, Correspondence*, no.34, 1903.12.12.

29) B.D.Pak, *Rossya i Koreya*(Institut Vostokovedeniya, 2004), pp.358-59.

30) B.D.Pak,위의 책, pp.358-59; 加納格, 〈ロシアから見た日露戰爭〉「東京新聞」2006年2月8日字 9面, P.N.Simanskii, Sobytiia na Dal' nem Vostoke, predshestvovavshie Russko-Iaponskoi voine(1891-1903gg) (SPb,1910).

31) 太平洋戰爭 硏究會, 『圖解 日露戰爭』(Gakken, 2004), p.18.

1. 전쟁 준비 상황

일본은 시베리아철도의 바이칼 호 우회 부분이 아직 완공되지 못한 상황을 감안할 때 전장에서의 예상 가용병력면에서 1904년이 가장 유리할 것이라고 판단했다. 그들이 한편으로 러시아와의 교섭을 진행시키면서도 개전을 서둘렀던 것은 바로 이 때문이었다.

러일전쟁에서의 일본군의 제1목표는 한반도를 둘러싼 제해권 확보였다. 일본육군은 주 작전지를 만주에 두고, 우수리지구에 있는 러시아 야전군을 격파하는 데 주력한다고 결정했다(1903.12). 반면 해군은 여순과 블라디보스토크의 러시아 태평양함대를 괴멸시켜 황해와 동해에서의 제해권 확립에 목표를 두었다. 결국 육해군 작전을 총괄하는 대본영(大本營)은 개전이 임박한 시점에서 제해권 확보를 제1목표로 내걸음으로써 러일전쟁에서 해군이 기본적인 역할을 담당하게 되었다. 러시아 태평양 함대를 격멸하여 해상을 제압하지 못하면 부대 수송도, 군수품 수송도, 제해권 확보도 이룰 수 없었다. 대본영이 해전으로 전단(戰端)을 열려고 결심한 것도 이 때문이다.

양측의 전력은 다음과 같다. 개전시 일본의 육군 병력은 약 24만 명이었고, 총 약 108만 명의 병력이 동원되었으며 이 중 10여만 명의 전사자를 냈다. 러시아는 러일전쟁 전 기간에 걸쳐 약 120만 명의 병력이 동원되어, 689,000명의 사상자(전사자 135,000명 포함)를 냈다. 러시아 극동군의 전력은 처음에 철도수비대를 포함한 정규군 98,000명과 총 148자루, 기관총 8대였다. 그나마 요동반도에 20개 대대, 그리고 만주의 주요 지점에 16개 대대가 분산 배치되고, 나머지가 연해주에 분산 배치되어 있었다. 시베리아철도는 단선이었고, 바이칼호수 구간에서는 배로 운반되는 상황에서 초기 시베리아철도의 군 수송률은 하루 6량에 그쳤다. 만주로 이동한 약 120만 군대는 대부분 1905년에 이동한 것이다. 일본군이 한국 남부에서 2,000km, 만주 남부로부터 적어도 1,000km 지점에 위치하여 평화시에도 15만 동원이 가능했던 것과는 대조적으로, 러시아는 7,000km나 떨어진 곳에서 작전해야만 했다.

강력한 대포를 탑재한, 방어력이 높은 전함 수는 당시 해군력의 척도였다. 톤수로 볼 때 일본 해군은 26만 톤, 러시아해군은 80만 톤으로,개전 이전 러시아의 해군 병력은 일본 해군의 3배였다. 일본 해군은 총 101척의 함정(전함 6척, 순양함 22척, 구축함 19척, 수뢰정 24척, 기타 30척)을 보유했다.

러시아는 태평양 함대 전력만 총 70척이었다(전함 7척, 순양함 11척, 구축함 24척, 수뢰정 17척, 기타 11척). 이 중 건조한 지 5년 이내의 신예 전함들은 대부분 여순에 배치되고, 제물포의 정박지에 두 척, 그리고 나머지는 블라디보스토크에 분산 배치되어 있었다. 전쟁 발발시 블라디보스토크 함대는 결빙으로 기동불능 상태였으므로, 38척의 구축함과 순양함으로 구성된 발트함대의 동아시아 투입이 불가피했다. 발트함대는 로제스트벤스키(Z.P.Rozhestvensky) 제독이 승선한 최신예 전함4척을 제외하고 나머지는 사실상 공격력이나 속력에서 크게 뒤지는 노후한 함선들로 구성되어 있었다.

일본은 청일전쟁 배상금으로 육군을 증강하고 영국에 신예 전함을 발주했다. 일본의 청일전쟁 전비가 약 2억 3,260만 엔이었는데, 청국으로부터 받은 배상금이 2억 냥, 즉 약 4,500만 엔이었다. 배상금은 당시 일본 국민 총소득의 7할에 해당했고, 청국 세입 총액의 2.5년분에 해당하는 거액이었다.[32] 러일전쟁 이전 일본의 연 예산 규모는 2억 6~9천만 엔이었고,[33] 연간 전비를 4억 5천만 엔 정도 예상했으나 실제로는 2년간 19억 엔 이상을 지출했다.[34] 이는 1903년도 일본 국가예산

32) 같은 책, p.14.

33) 岩城成幸, 「もうひとつの〈日露戰爭〉－外債發行をめぐる日露の國際金融戰爭」(2004.10.5) 日本國士館大學 〈日露戰爭 100周年〉 국제심포지엄 발표논문.

34) 神山恒雄, 『明治經濟政策史の硏究』(塙書房,1995), p.242; 桑田悅編, 『近代日本戰爭史:第1編:日淸・日露戰爭』(東京堂出版, 1996), pp.578-79;林健久 「日露戰爭と外債」『唯物史觀』vol.16(河出書房), pp.37-47; Toshio Suzuki,

의 8배에 이르며, 청일전쟁 전비의 거의 10배에 해당하는 금액이다.[35)]

러시아는 육군상 쿠로파트킨의 예상에 의거하여 개전시 전비가 한 달에 5~6천만 루블, 1년 반 동안 약 7~8억 루블에 달할 것으로 예상했다.[36)] 1904년 2월에 재무상에 취임한 코코프초프(V.N.Kokovchov)는 이를 과다한 예산이라고 비난했으나, 실제로 1905년 2월 시점에서 전비는 7억 루블에 달했다.[37)] 1904년 러시아의 국가 예산이 약 22억 루블에 달했던 점을 감안하면, 그 중 1/3에 해당하는 금액이었다. 1904년 당초 예산에 군사비가 계상되지 않았던 점으로 보아, 러시아는 당시 전쟁 준비체제를 갖추지 못한 채, 전쟁에 돌입했던 것으로 보인다.[38)]

2. 전쟁의 경과(1904.2.8~1905.5.28)

일본이 도발한 다른 모든 전쟁의 경우와 마찬가지로, 러일전쟁 역시 선전포고 없는 기습공격으로 시작되었다. 러일전쟁은 1904년 2월 8일 오후 일본군이 인천과 여순 항으로 잠입을 시도하고, 인천 앞바다 팔미도 근방에서 정박 중이던 러시아 함대를 포격하면서 시작되었다.[39)] 러시아는 9일에 선전포고하였고, 일본은 2월 10일에 러시아에 선전포고했다.

Japan' s military and financing loan issue during the Russo-Japanese War(1904-5), ASSEM 연구원주최, 러일전쟁 국제심포지엄(2005.11.17-18) 발표논문.

35) 岩城成幸, 발표논문.

36) B.A. Romanov, *Ocherki diplomaticheskoi istorii russko-iaponskoi voiny 1895-1907* (Moskva, 1955), p.285; 岩城成幸, 발표 논문.

37) Romanov, 위의 책, p.470; 中山弘正, pp.203-4.

38) 岩城成幸,발표논문

39) *A(rhiv) V(neshnei) P(olitiki) R(ossiskoi I(mperii)*, Iaponskii stol. f.150, op.493, d.217, ll.1-151, 박종효, 『러시아 국립문서보관소 소장 한국 관련 문서 요약집』(한국국제교류재단, 2002), p.301.

도고연합함대가 2월 6일 아침 사세보를 출항, 여순 항구로 향하는 도중에 우리유우 소도키치(瓜生外吉) 소장 휘하의 제4연대는 러시아 함대에 포격을 가하며 8일 저녁에 인천에 입항했다. 제4연대는 러시아 전함에 〈9일 정오까지 인천항에서 퇴각하라〉는 통고서(2.8)[40]를 보낸 뒤, 철야 상륙을 감행했다. 러시아 전함이 9일 정오가 되기 30분 전에 인천항을 벗어나 양군의 거리가 7,000m 정도로 가까워졌을 때, 일본은 러시아 순양함 바랴그 호와 포함 카레이츠 호를 팔미도 근방에서 격침시켰다. 이것이 〈인천해전〉또는 〈제물포해전〉이라 불리는 전투이다.

한편 2월 8일 밤 여순 항 외박지 진입에 성공한 연합함대 주력은 9일 오전 0시 28분, 정박하고 있던 러시아 태평양 함대 주력에 어뢰 공격을 개시했다.[41] 어뢰를 사용하여 야간 습격을 하는 것은 태평양전쟁 때까지 연합함대가 사용하던 〈특유의 전법〉이었다. 일본군의 공격을 받은 여순의 알렉쎄프 제독은 유럽에서 증원 함대가 올 때까지 여순 함대를 가능하면 온존시키려는 소극적인 대응으로 일관했다. 2월 24일부터 일본은 화물선 등으로 항구 입구를 봉쇄하여 러시아 함선이 항구 밖으로 나가지 못하도록 〈여순구 폐쇄작전〉을 개시했다.

한국 전선도 상황이 크게 변했다. 한국은 1월 23일에 이미 국외중립(局外中立)을 선포했지만, 일본군을 저지할 만한 군사력을 갖추지 못했다. 중립을 승인한 각국(청, 영, 불, 독, 이, 덴마크)도 일본군의 한국 상륙을 묵인했다. 일본은 한국에 한일의정서(2.23)를 강요하여, 한반도에서의 주류권(駐留權), 군수품 및 노동력 징발권 등을 획득했다. 인천에 상륙한 제1군 제12사단이 3월 중순 평양까지 진군했고, 히로시마에 대기하고 있던 제2사단은 진남포 상륙을 완료했다(3.29). 압록강 대안(對岸)

---

40) V.K. Shachillo and L. Shachillo, *Russko-Yaponskaya Voina, 1904-05* (Moskva, 2004), p.273.

41) *AVPRI*, f.150, op.493, d.217, ll.1-151, 박종효, 위의 책, p.301.

에 포진하고 있는 러시아군을 배후에서 견제, 협공하기 위해서였다.

의주 일대에 모두 집결한 제1군은 공병부대가 압록강에 가설한 230m 가교를 건너, 날이 밝기 전에 〈압록강 도하작전〉을 완료했다(4.30). 이후 일본군 15만 병력이 압록강을 건너 만주로 진입했다. 이어 구련성(九連城)을 공략한 일본군은 봉황성(鳳凰城)에서 저항하는 러시아군을 공격했다. 2월 21일에 만주군 총사령관에 취임한 쿠로파트킨(A.N.Kuropatkin) 대장으로부터 〈결전을 피하라〉는 명령을 받은 러시아군은 봉황성을 버리고 퇴각했다(5.6).

한편 여순의 러시아 태평양 함대도 마카로프(S.O.Makarov) 중장이 승선한 전함〈페테로파블로프스크〉호가 일본이 깔아놓은 기뢰에 부딪쳐 침몰됨으로써(4.13), 삽시간에 러시아 제일의 전략가이자 명장까지 상실하는, 결정적인 타격을 입었다. 4만 명에 달하는 일본 제2군이 러시아의 반격도 받지 않은 채 요동반도 상륙에 성공(5.13)할 수 있었던 것은 러시아가 이 같은 일본의 대담한 공격을 예측하지 못했던 데 원인이 있었다.

그러나 제3군의 여순 공략에는 5개월이나 소요되었다. 필승을 확신한 일본군의 예상과는 달리, 여순 요새는 견고했고 러시아는 필사적으로 사수하는 전술을 택했다. 3회에 걸친 여순 총공격 후에 제3군은 203고지 공략으로 목표를 변경했다. 표고 203M의 고지가 여순 공방의 격전지가 되었던 이유는, 고지 정상이 여순 항에 직접 포격을 가할 수 있는 절호의 위치였기 때문이다. 제3군은 고지 점령(12.5)후 정상에서 러시아 여순 함대에 대한 포격을 개시했다. 1905년 1월 1일 오전 11시가 조금 넘어 스테쎌(A.M.Stessel) 장군의 러시아 군 사령부에 백기가 게양되었다. 여순이 함락된 것이다. 이로써 일본은 삼국간섭을 당한 10년 전의 치욕을 되갚았던 것이다.

러시아도 준비부족에 따른 개전 초의 불리한 전세를 극복하고 25만 명의 대병력을 요양(遼陽) 근처에 집결시켜 대공세를 준비했다. 요양은 오늘날 요녕성 수도인 심양(구 봉천) 남쪽 60킬로미터 지점으로, 동청철도 연변에 위치해 있었다. 시베리아철도로 속속 증원부대가 도착하는 요양에서 러시아군은 곧바로 일본에 공세를 취할 수 있었다. 이 같은 쿠로파트킨의 전략 때문에 일본군은 후퇴하는 러시아군을 한국과 요동반도 양면에서 추격하여, 러시아군 주력이 집결해 있는 요양에서 결전을 도모하고자 했다.

따라서 요양회전(8.20-28)은 러·일 양군이 벌인 최초의 대규모 총력전이었다. 일본의 제1,2,4군은 세 방면으로 러시아군을 공략했다. 6월 만주군 총사령부를 설치하여 총 병력이 15개 사단에 이른 오오야마(大山嚴)만주군 총사령관 휘하의 일본군은 호우가 그친 20일부터 전투에 들어가 요양을 점령했다(9.3). 승리한 일본군은 계속 북상, 9월 17일부터 11월 중순까지 사하(沙河)에서 다시 러시아군과 충돌했으나 결말이 나지 않은 채, 양군은 대치상태로 영하 30도의 겨울을 보냈다. 쿠로파트킨은 10월에 만주의 러시아군이 증원군을 받아 숫자상으로 우세하게 되자, 여순을 되찾기 위해 공격을 개시했다(사하전투, 10.9-10). 러시아는 초기에는 승리했지만, 봉천(펑톈)으로 다시 후퇴했고, 흑구태(黑溝台) 부근에서 공방전을 재개했다(1905.1.25).

한편 노기(乃木希典)대장 지휘하의 제3군이 난공불락의 여순을 함락시킨 뒤에 북상, 20km거리의 사하 남부로 합류했다(1905.2.19). 이때 만주의 일본 군 병력은 총 25만, 러시아군은 시베리아철도를 통해 약 31만 명으로 충원되었다. 쿠로파트킨 장군에 맞서 노기 군대는 10일간의 대회전 끝에 마침내 봉천전투에서도 승리했다(3.10). 일본군의 목표는 봉천 점령이 아니라 러시아군 전멸이었다.

봉천회전 승리 이후 오오야마 만주군 총사령관은 대본영에 강화 의견서를 제출했다. 일본은 재정 고갈로 말미암아 이미 새로 전투를 벌일 여력이 없었다. 특히 전선의 북상으로 병참선이 확대되어 병력과 물자 보급이 어려워져 있었던 것이다. 봉천전투 후 일본은 블라디보스토크나 하얼빈에 대한 공격이 러시아에게 결정적 타격을 줄 수 없다는 사실도 알게 되었다. 더욱이 러시아에서는 한때 주전론이 우세해져 쿠로파트킨의 후임으로 총사령관이 된 리네비치(N.P.Linevich) 장군이 최초로 정예 군단을 하얼빈에 집결시켜 반격 준비를 갖추게 되자, 일본은 더더욱 서둘러 종전의 기회를 포착하고자 했다. 따라서 봉천회전 이후 일본은 거듭 강화 의향을 미국에 전달하면서 결정적 승기를 잡아 정식 중재를 의뢰하기로 계획했다. 일본은 처음부터 전쟁을 끝낼 적당한 시기를 보아가며 러시아와의 전쟁을 단행한 것이다.

한편 러시아사령부도 일본이 결정적인 돌파구를 채 마련하지 못한 봉천회전 중에 이미 후퇴하기로 결정했다(1905.3.7). 피의 일요일 이후 러시아의 최정예 부대는 만주의 전장이 아니라 국내의 혁명 진압에 투입되고 있는 처지였다. 그러나 러시아는 전함 톤 수로는 일본의 전체 전함과 거의 동등한 발트함대를 동아시아에 파견하기로 이미 결정한 상태였다(1904.8). 발트함대와의 일전은 러일전쟁의 승패를 가르는 마지막 전투인 셈이었다.

1904년 10월 15일 리바우(현 라트비아공화국 리에빠야)를 출항한 발트함대는 출발부터 장애를 겪었다. 북해에서 조업 중이던 영국의 트롤 어선 1척을 일본의 수뢰정으로 오인 발사하여 격침시킨 이른바 도거 뱅크 사건(10.21~22)을 일으킨 것이다. 더욱이 일본 육군의 여순 점령으로, 발트함대의 목적지는 블라디보스토크로 고정되었다. 발트함대 대원정에는 약 34,100킬로의 주항에 최단 5개월이 소요될 것으로 예상했지만 사실은 전혀 달랐다. 아프리카 희망봉과 인도양을 돌아 근 8개월에 달하는 장기간의 항해로 수병들의 피로와 불만은 극에 달했던 것이다.

일본은 함대가 기항하는 나라와 식민지의 본국정부에 중립국이 교전국에 편의를 제공하는 것이 국제법 위반임을 들어 압력을 행사했고, 결국 이 같은 외교공작은 일정 효과를 거두었다. 예를 들어 발트함대가 마다가스카르 섬에서 후속 부대를 기다리는 3개월여 동안 프랑스 정부는 발트함대를 노시베(Nosi-Be, 1904.12.29~1905.3.16)항으로 몰아냈다. 프랑스령 인도차이나반도에서도 프랑스정부는 네보카토프

(N.I.Nebogatov)소장 지휘하의 제3태평양 함대(1905.2.13 리바우 출항)를 기다리는 1개월간 프랑스령 인도차이나의 캄란 만에 들여보내지 않고, 그 외항인 반퐁(Van Fong)만에 머무르게 했다(4.14~5.14).[42] 델까쎄 외상은, '발트함대가 신선한 보급품을 배에 실을 수 있도록 충분한 시간을 준 뒤에' 벽지로 몰아내는 제스처를 취했던 것이다.[43] 발트함대의 동향은 각국의 주재무관, 유럽 각국의 신문을 통해 낱낱이 알려졌고, 일본은 영국으로부터 정보를 제공받거나 정보수집에 협력했다.

발트함대는 보급을 받기 위해서라도 블라디보스토크로 가야 했는데 그 방법은 세 가지 루트가 예상되었다.[44] 여기서 로제스트벤스키는 처음부터 블라디보스토크로의 최단거리인 대한해협을 돌파하기로 결정했다. 태평양을 북상하여 사할린의 라 페루즈(宗谷, 소야) 해협을 거쳐 가는 최장 코스는 연료 부족으로 곤란하며, 더구나 안개가 많이 끼는 곳이었다. 좁은 쓰가루 해협을 통과하는 또 다른 루트에는 일본이 기뢰를 부설할 가능성이 있었다.

똑같은 이유로 연합함대의 도고 제독도 발트함대가 대한해협을 통과할 가능성이 클 것으로 판단했다. 그동안 도고는 진해만, 대마도, 나가사키, 사세보에 흩어져 있던 함선들을 대한해협에 집결시키고(1.21) 연일 포격 명중도를 높이는 맹훈련에 돌입했다. 이 과정에서 일본은 거문도에 등대와 포대를 설치했고(1905.1), 징발한 민간수송선과 구식 군함을 동원해 일본 근해의 소계(消戒)활동을 담당토록 했다.

이 과정에서 우편수송선 시나노마루(信濃丸)호가 발트함대를 발견했다는 전보가 5월 27일 오전 5시 5분에 진해만의 연합함대 사령부에 도착했다. 그리하여 오후 2시 50분부터 대한해협에서 포격을 개시한 연합함대의 정확한 포격은 발트함대의 전열을 여지없이 흩뜨려놓았다.

---

42) 콘스탄틴 플레샤코프, 표완수, 황의방 옮김,『짜르의 마지막 함대』(중심, 2003), p.312.

43) 같은 책, pp.307-08.

44) 같은 책, pp.333-37.

로제스트벤스키 제독은 전투가 시작되자마자 포탄 파편에 부상을 입어 의식불명 상태가 되고 말았다. 제2함대 사령관인 펠케르삼(D.G.Felkersam) 소장은 이미 병사한 상태였고(5.23), 전후 사정을 모르고 있던 제3태평양함대 네보카토프 소장은 자신의 노후 전함 〈니콜라이 1세〉를 지휘하는 데 여념이 없었다. 오후 3시경 지휘관 부재의 발트함대의 주력들이 하나하나씩 침몰했다. 세계 해전사상 유례가 없는 완벽한 패전이었다(대마도해전).[45]

로제스트벤스키는 지휘권을 네보카토프에게 넘긴 뒤, 구축함으로 옮겨 타고 블라디보스토크로의 탈출을 시도했다. 대마도 해전을 끝낸 도고 제독은 소형 어뢰정만을 현장에 남겨 놓고 28일 새벽 5시까지 전 함선을 울릉도에 집결하도록 명령했다. 블라디보스토크를 향해 패주하던 러시아 함대가 독도 동남방 30km 지점에 있음을 발견한 도고는 곧바로 이를 포위하고 포격을 가했다. 결국 네보카토프 소장은 러시아의 잔여 함선과 더불어 항복했다(동해해전). 이는 러일해전의 종결이자 전쟁의 종결이었다. 이 무렵 일본 연합함대 구축함은 울릉도 남서로 북상하던 러시아 구축함을 3시간가량 추격전을 벌인 끝에 오후 4시45분에 로제스트벤스키 제독을 생포했다.

결국 블라디보스토크에 도착한 발트함대는 순양함 1척, 구축함 2척뿐이었다. 수송선 1척은 러시아 본국에 인도되었으나 나머지는 격침되거나, 필리핀, 상해 등지로 도주했다. 일본 해군은 38척의 러시아함대 중 19척을 침몰시키고 7척을 나포했다.[46] 반면 연합함대의 손실은 수뢰정 3척에 불과했다. 발트함대의 압승이 예상되는 가운데서도 일본 연합함대가 일방적인 승리를 거두게 된 원인은 낡은 전함과 새 함선이 뒤섞인 발트함대의 결점, 지휘관의 판단 착오에 있었다고 할 수 있다. 그렇지만 그보다는 오랜 항해로 말미암은 수병들의 피로와 염

---

45) 같은 책, p.410.
46) V.K. Shachillo & L. Shachillo, 위의 책, p.357.

전(厭戰) 분위기에 더 큰 원인이 있었다. 반면, 일본 연합함대는 치밀한 대전 준비를 갖추었을 뿐만 아니라, 함포의 성능면에서도 러시아를 훨씬 능가했다.

한반도 해역에서 시작된 러일전쟁은 한반도 해역에서 사실상 종결되었다. 이 과정에서 주목되는 점은 일본이 발트함대의 동항(東航) 속도에 맞추어 러일해전에 대비하기 위해 독도를 점취했다는 사실이다.[47] 일본은 우선 울릉도에 망루를 설치한(1904.9) 뒤에, 독도에 망루 설치를 위한 조사(9.24)를 시키며, 동시에 나까이(中井養三郞)라는 한 어부로 하여금 '독도편입원'(9.29)을 일본 정부(내무,외무,농상무대신)에 제출케 했다.[48] 일본의 독도 점취는 해군 전력의 1/3을 여순작전에서 상실한 뒤에, 자국 전력의 보강 차원에서 울릉도 사용권 탈취공작과 더불어 감행한 조치였던 것이다. 독도의 일본 영토 편입을 각의에서 결정한(1905.1) 일본 내각은 도고가 2월 21일 임전태세완비를 선언한 다음 날, '시마네(島根)현 고시(告示)'(2.22)를 통해 독도를 자국 영토로 '편입' 시켰다.[49] 발트함대의 동항과 임전에 맞추어 한 어부의 '영토편입원'을 구실로 한국 영토를 탈취한 명백한 제국주의적 침략 행위였다.

V. 러일전쟁과 열강의 이해(利害)타산

러일전쟁에 대한 영·미의 기본 입장은 시종 동아시아에서의 러·일의 상호견제를 통한 세력 균형 유지에 있었다. 전쟁이 종결될 기미를 보이자 영·미는 전쟁이 끝나기 전에 자신들의 이익부터 확보해 두려 하였다. 포츠머스 평화조약이 성립되기 전에 이루어진 태프트-

---

47) 최문형, 위의 논문, p.251.

48) 같은 논문, p.255.

49) 같은 논문, p.263.

가쓰라 밀약(Taft-桂, 7.29)과 제2차 영일동맹(8.12)이 바로 그것이다.

영국은 전쟁 기간 내내 동맹국으로서의 역할을 충실히 이행했다. 러·일 교섭시에 영국은 제3국이 관여하지 말 것을 일본으로부터 요청받고, 프랑스의 델까세 외상과 러시아 람스도르프 외상의 개입 요청을 모두 거절한 바 있다. 영국은 엄정중립을 선언했으나, 제3국의 러시아에 대한 석탄 공급 및 원조 제공을 저지하는 등 일본을 지원했다. 전쟁이 종결되면서, 영국은 러시아가 팽창방향을 돌려 인도의 안전을 위협하는 행동을 중앙아시아에서 개시하지 않을까 우려했다. 이를 위해 체결한 제2차 영일동맹을 통해 일본은 한국에서 〈감독권과 보호권〉을 보장받았고, 영국은 〈인도를 지키기 위한 필요한 조치〉를 취할 권리를 획득했다.

러시아와의 대결에서 영국과 미국은 일본을 노골적으로 지원했다. 이 점에서 구 소련학자들은 일본이 영·미의 대리전을 수행했다고 주장했다. 1904년 4월과 1905년 5월 사이에 영·미가 4차례에 걸쳐 일본에게 제공한 7억여 엔은 전비의 약 40%에 해당했다.[50] 정부의 밀명을 받은 다카하시(高橋是清) 일본은행 부총재는, 뉴욕과 런던에서 유대계 금융인 쉬프(J. Schiff)[51]를 통해 외채의 형태로 전비를 조달했다. 한편 미국도 전쟁이 발발한 후 엄정중립(absolute neutrality)을 선언했지만,[52] 실제로는 영일동맹의 배후에서 오히려 더 굳건하게 반(反)러시아 진영에 섰다. 일본은 개전과 동시에 무엇보다도 미국의 친일 여론을

---

50) 日本大藏省, 『大藏省史』第1巻(1998), p.381; 日本銀行100年歷史 編纂委員會, 『日本銀行百年史』第2巻(1986), p.169.

51) 쉬프는 월가를 대표하는 투자은행가일 뿐 아니라, 유럽의 대 금융가 로스차일드(Rothschilds) 가문과 긴밀한 관계를 가진 인물로서 미국의 루즈벨트 대통령에게도 직언을 하는 거물급 인사였다(田畑則中 『日露戰争に投資した男』(新潮新書, 2005), p.10.

52) *N(ational) A(rchives)*, Roll 109, no.252, Hay to Allen, Feb.23, 1904/ no. 253, Hay to Allen, Mar 2, 1904.

유도해내기 위해 노력했다. 이또의 강권에 따라, 개전한 지 20일 정도 지났을 무렵 가네꼬 겐타로(金子堅太郎)가 미국 특사로 파견되었다. 가네코와 같은 하버드대학 동창생인 루즈벨트(T.Roosevelt) 대통령이 일본에 대해 호의적 입장을 취하도록 설득하고, 시기를 보아서 강화 중개를 의뢰하기 위해서였다. 루즈벨트는 '러시아와의 싸움에서 일본이 이겨야 하며……일본을 위해 움직이겠다고 약속' 했다.[53]

러시아와 동맹관계였던 프랑스는 러일전쟁에 따른 영국과의 충돌을 피하고자 했다. 프랑스는 중립을 선언하고, 영불협약(1904.4.8)을 체결했다. 그러나 프랑스는 동맹 유지를 위해 대러 차관을 계속 제공하지 않으면 안 되었고,[54] 발트함대에 대한 석탄 공급과 정박지 등 동맹국인 러시아에게 편의를 제공하지 않을 수 없었다.[55]

이에 비해 독일은 '극동에서 공격받을 경우 독일의 지원을 기대해도 좋다' 는 뜻을 1903년 7월 이래 여러 차례에 걸쳐 러시아에게 암시하였다. 그러면서도 독일은 다른 한편으로 일본에게 전쟁에 개입하지 않을 것임을 통보했고(1904.1), 전쟁이 발발하자 중립을 표방했다. 뿐만 아니라 독일은 러 · 일 양측 모두에게 차관도 제공했다.[56] 독일의 이러한 이중적인 태도가 사실상 러일전쟁을 부추긴 것이 아닌가 하는 문제는 아직까지도 논란의 대상이 되고 있다. 발트함대에 대한 연료 보급 문제, 도거 뱅크 사건의 영 · 러 충돌 위기시에 보인 독일의 노골적인 대러 지지 등은 열강의 불신을 가중시켰다.

---

53) 石塚正英 編, 『日露戰爭日米外交秘錄』, 太平洋戰爭研究會, 위의 책, p.84.

54) 篠永宣孝, 「日露戰爭とフランスの對ロシア借款」, 軍事史學會編, 『日露戰爭-國際的文脈』(錦正社, 2004), pp.238-39.

55) 플레샤코프, 위의 책, pp.307-08, 312.

56) 篠永宣孝, 위의 논문 ; 井上光貞 外, 『日本歷史大系4:近代』, p.1145; 中山弘正, 『帝政ロシアと外國資本』(岩波書店, 1988), pp.210-11.

Ⅵ. 포츠머스 강화

전쟁을 지속하는 데 재정적 어려움이 많았던 일본은 결정적인 승기를 잡은 후에 미국에게 중재를 부탁했다. 일본은 대마도에서의 승리를 계기로 유리한 평화조약을 기대했다. 이에 반해 당시 러시아 육군은 크게 손상되지 않았고 보급도 비교적 원활한 체제를 유지하고 있었다. 포츠머스 강화회의에서 러시아측 대표 위떼가 자국의 패전을 조금도 인정하지 않은[57] 것도 이 때문이다. 러시아는 모든 병력을 만주 전선에 수송할 시간이 없었을 뿐이며, 만주의 주요 요새는 거의 공략당하지 않은 상태였다. 러시아는 '피의 일요일'(1905.1.22) 등 혁명으로 말미암은 내부적인 불안이 오히려 더 심각한 처지였다. 주불 러시아 대사 넬리도프(A.I.Nelidov)가 외무성에 올린 보고(6.1)를 통해서도 알 수 있듯이, '영·미 양국은 일본이 태평양의 강자가 되는 것을 저지하기 위해 러·일 강화조약에서 러시아의 최소한도의 자존심만은 보장해줄 것'으로 예상되었다.[58]

러·일 강화회의의 진행방법을 둘러싸고는 네 가지 방안이 대두되었다. 열강이 참여하는 국제회의, 러·일 양국의 직접 교섭, 영·불 양국의 조정, 그리고 미국에 의한 조정이 그것이다.[59] 이 가운데 국제회의를 통한 열강의 개입 방식과 교전 당사국 간의 직접 교섭은 러·일 두 나라가 다같이 원치 않았다.[60] 영국은 일본의 여론을 고려하여 중개를 꺼렸고, 프랑스 델까쎄 외상과 주불 일본대사 모토노(本野一郎)와의 강화 논의는 짜르가 반대했다.[61] 그러므로 강화 중개는 자연히 미

57) *AVPRI*, f.150, op.493, d.623, ll.1-139, 박종효, 위의 책, p.320.

58) *AVPRI*, f.150, op.493, d.6-19, ll.1-37, 박종효, 위의 책, p.313.

59) Tyler Denett, *Roosevelt and the Russo-Japanese War* (Gloucester, Mass, 1959), p.170.

60) 같은 책.

61) *AVPRI*, f.150, op.493, d.622, ll.1-140, 박종효, 위의 책, p.315.

국의 루즈벨트가 주도하게 되었다. 이미 루즈벨트는 개전 4개월 만인 1904년 6월 6일에 가네코와 주미 일본공사 다카히라(高平小五郎) 공사에게 강화 중재의사를 표명한 사실이 있다.[62] 이때 루즈벨트는 열강에 의한 국제회의 방식을 제의했으나,[63] 대일 삼국간섭의 좋지 못한 경험을 가지고 있는 일본측은 이에 반대했다.

루즈벨트가 러 · 일 강화를 조기에 실현시키려 한 데에는 여러 가지 가능성을 염두에 두었기 때문이다. 만일 자신이 전쟁을 중지시키게 되면 곧 있을 대통령 재선에서 유리할 것이 확실했다(1905.3.4 재선). 여순 함락이 확실해지자 주러 대사직을 친러파인 맥코믹에서, 자신의 친구이자 주영대사였던 메이어(G.L.Meyer)로 교체 · 임명(1904.12.26)한 것도 루즈벨트의 심중을 대변해 준다. 물론 루즈벨트에게는 강화를 중개하지 않고 러 · 일 양국이 기진맥진할 때까지 싸우도록 내버려 둘 가능성도 있었다.

그런 그가 강화를 적극 중개하기로 결심한 데는 무엇보다도 일본의 예상 밖의 일방적인 승리에 대한 경계심 때문이었다.[64]

루즈벨트는 1904년 10월 사하 회전에서 일본이 승리한 뒤부터 일본의 지나치게 커진 발언권이 미국의 중국 진출에 장애가 될 것을 깊이 우려했다. 따라서 그는 일본의 승리가 확실시될 때마다 강화 주선의 뚜렷한 행보를 드러냈다.

그 첫 행보로써, 루즈벨트는 일본군이 여순 공격을 개시하기 직전에 우선 독일에게, 일본의 한국 지배를 용인할 의사와, 만주의 중립을 지지해 줄 것을 의뢰했다. 이어 그는 영국에게는 일본의 한국에서의 종주권 행사와 여순의 일본 귀속을 용인할 것을 의뢰하기도 했다.

두 번째로, 루즈벨트는 일본이 여순을 함락(1905.1.1)시키자 프랑스

62) 『日外』38-V, p.710.

63) 『日外』38-V, p.711.

64) 최문형, 『국제관계로 본 러일전쟁과 일본의 한국 병합』, p.191.

로 하여금 러시아에게 강화를 권고토록 요청했다. 그러나 발트함대를 이미 출항시킨 러시아로서는 미국의 제안을 끝까지 거부했다.

세 번째로, 루즈벨트는 봉천을 점령(3.10)한 일본이 미국에게 전쟁 종결 의사를 전달하자, 프랑스정부로 하여금 다시 한번 러시아에게 강화를 권고케 했다(3.15). 러시아는 재차 이를 거부했다. 그러자 카씨니(A.P.Cassini) 주미 러시아대사에게 전쟁을 오래 끌면 끌수록 일본의 강화조건이 더 가혹해질 것이라고 환기시켰다.[65] 3월 18일에도 그는 독일 황제에게 러시아에 강화 권고를 희망한다는 의사를 전달했으나, 러시아는 이 역시 거부했다. 같은 날, 미국은 다시 카씨니 대사에게도 조기 강화의 필요성을 환기시켰다.[66]

루즈벨트의 마지막 시도는 일본의 대마도해전 승리 이후에 이루어졌다. 일본군 수뇌부는 동해해전에서 승리(5.28)한 뒤에 미국에게 러·일 강화 주선을 의뢰했고(5.31), 고무라 외상은 루즈벨트에게 정식으로 강화 중개를 부탁했다(6.1). 이에 미국은 카씨니 대사에게 강화를 정식 권고했으나(6.2), 러시아는 다시 완강하게 거부했다.[67]

6월 3일에는 주미 독일대사가, 미국대통령의 강화주선을 전면 지지한다는 카이저의 의사를 전달했고, 독일황제 역시 러시아황제에게 미국대통령에 강화를 의뢰할 것을 권고했다. 이어 6월 5일에는 주러 미국대사가 러시아황제에게 강화를 제의했다. 결국 6월 7일에야 러시아와 일본이 모두 강화를 승낙하는 의사를 밝혔던 것이다.

한편, 루즈벨트는 양국이 강화를 승인한 6월 7일 곧바로 가네코를 불러 점심을 함께 하면서 〈일본이 사할린을 점령하면 어떨까〉라고 말을 꺼냈다. 가네코는 이를 일본정부에 급히 전했고, 강화를 유리하게

---

65) *Letters of T(heodore) R(oosevelt)* IV, pp.1134, 1136, 寺本康俊, 『日露戰爭以後の日本外交』(信山社, 1999), p.47.

66) *Letters of TR,* IV, p.1155, 寺本康俊, 같은 책.

67) 『日外』38-V, p.233.

하기 위해 사할린공략작전이 결정되었다(6.17). 이에 만주군총참모장 고다마(兒玉源太郞) 대장의 의견에 따라 신설된 제13부대(사령부 센다이)가 출동, 사할린 남부의 중요 거점인 콜사코프를 점령한(7.9)뒤, 사할린 전토를 어려움 없이 제압했다(7.24). 사할린의 러시아군은 보병 1개 대대 800명, 민병 2천 명, 포병 최대 2개 중대로 1만을 넘는 일본의 1개 사단과는 당초 비교도 되지 않았다. 따라서 양국군 사이에는 전투라고 할 만한 충돌도 거의 없었다. 사할린의 러시아군이 항복한 것은 7월 31일이었다.

강화회담은 고무라와 다카히라가 일본측 전권대표로, 위떼와 로젠(강화회담 직전에 주미 대사가 된)을 러시아 측 전권대표로 하여, 미국의 뉴햄프셔주 포츠머스에서 약 4주간(8.9-9.5)에 걸쳐 열렸다. 8월 9일의 예비회의에 이어, 10일의 본 회의에서는 일본 측이 제시한 12개조 강화안을 토대로, 먼저 한국과 만주문제가 제기되었다. 일본이 절대로 양보할 수 없는 조건은 한국 지배, 여순 대련의 양도, 장춘-여순 간의 동청철도 양도, 러시아군의 만주 전면 철수 등이었다. 이는 바로 일본이 러일전쟁을 도발한 목표이기도 했다.

러 · 일 양측은 한국에서의 일본의 우월한(paramount) 이익 보유, 요동반도 조차권, 장춘-여순 간의 동청철도 및 그 지선 양도 문제 등에는 쉽게 합의하였다. 그러나 사할린문제, 전비 배상문제, 중립국에 억류된 러시아군함의 인도문제, 극동해군의 제한문제 등은 끝까지 난항을 거듭했다. 여기서 일본은 50도 이북의 북부사할린을 러시아에 돌려주는 대가로 12억 엔을 요구하는 새로운 제안을 내놓았다(8.12).[68]

그러나 회의가 결렬될 위기에 놓이자 일본은 이 제안을 철회하고 사할린 남부만을 요구했다. 일본으로서는 전쟁을 지속할 국력이 없었기 때문에 무리한 요구를 고집할 수가 없었던 것이다. 이 단계에서 위떼는 강화조약 체결이 불가능할 것으로 보고, 전쟁을 계속하기 위해

68) *AVPRI*, f.150, op.493 d.625 ll.1-207, 박종효, 위의 책, p.323.

해외차관 도입이 불가피하게 될 것임을 본국에 타전했다(8.14).[69] 짜르도 일본이 사할린 문제에 대한 대가 지불 요구를 철회하지 않는 한 회담을 중지하라고 훈령했다(8.22).[70] 이에 루즈벨트는 가네코에게 배상금 요구를 포기하라고 권고하고(8.22), 니꼴라이 2세를 설득함으로써 짜르로부터 〈사할린 남부까지 차지할 생각은 없다〉는 대답을 이끌어 냈다(8.24).[71]

이 소식은 주러 영국대사-영국 외무성-주일 영국대사-일본 외무성을 통해 고무라 전권대표에게 타전되었다. 독일(8.25)과 프랑스(8.29)도 각각 루즈벨트의 강화안 수락을 짜르에게 권고하며 미국에 동조했다. 결국 일본은 배상금 요구를 포기하고(8.28), 러시아는 남사할린을 일본에게 양도하는 조건으로 최종 교섭이 타결되었다(8.29).

9월 5일에 조인된 포츠머스 평화조약은 다음과 같다. (1)한국에서의 일본의 군사, 경제적 우월권 승인, 한국에 대한 일본의 〈지도, 보호, 감리〉 조치의 인정, (2)요동반도를 제외한 만주로부터의 러·일 양군 철수, (3)청국 정부의 동의를 얻어 요동반도 조차권 및 장춘과 여순 사이의 250km에 달하는 동청철도 남만지선의 일본 정부로의 양도, (4)북위 50도 이남의 사할린 섬과 그 부속도서의 일본에의 할양, (5)동해, 오호츠크해, 베링해의 러시아령 연안 어업권의 일본국민에의 허여 등이다.

이로써 러시아는 만주 남부에서 소유하고 있던 권리를 일본에 양보하고 한국에서의 모든 영향력을 완전히 포기했다. 그러나 러시아는 사할린의 완전 포기, 러시아 극동 해군의 제한, 전쟁 배상금 등은 최종적으로 수락하지 않았다. 러시아가 패배한 것이 아니라는 것이 그 이유였다.[72] 〈점령지를 할양받는 것〉이 당연시되던 시대에, 일본은 사할

69) *AVPRI*, f.150, op.493 d.625 ll.1-207, 같은 책, p.322.
70) *AVPRI*, f.150, op.493 d.625 ll.1-207, 같은 책, p.323.
71) *AVPRI*, f.150, op.493 d.625 ll.1-207, 같은 책, p.323 ;*Letters of TR*, IV, pp.5-6, 寺本康俊, 위의 책, p.60.

린 문제의 해결을 숙원했으나 이루지 못했다. 일본은 재정적 어려움 때문에 전쟁 배상금 문제에 집착했지만, 짜르의 단호한 태도로 말미암아 결국 '단 1루블'의 배상금도 받지 못했다. 따라서 전승에 들떠 있던 일본 정부와 여론은 러·일 강화를 굴욕적으로 받아들였다.[73] 반면 러시아는 전쟁에 패했음에도 불구하고, 〈그리 불리하지 않은〉[74] 강화조약을 체결했다는 평가가 오늘날까지도 이어지고 있다.

Ⅶ. 전쟁의 결과와 전후(戰後)의 국제관계

전쟁의 직접적인 결과는 한국과 남만주에서 일본의 지배권이 확립된 점이다. 일본은 한국에 대한 〈보호와 감독〉문제에 관해 태프트-가쓰라 협정 이후 포츠머스 조약에 이르는 불과 39일 만에 영·미·러를 위시한 열강의 동의를 받아냈다. 일본이 한국에게 보호조약(1905.11.17)을 강압한 것은 이 같은 열강의 승인을 모두 거치고 나서의 일이었다.

그러므로 '헤그 밀사' 파견은 '보호' 조약의 부당성을 국제 여론에 호소하려는 한국의 이해와, 1905년 10월 이래 한국에서의 일본의 '보

72) 러시아가 패배했다고 보지 않는 시각은 당시 짜르와 위떼뿐만 아니라, 오늘날의 러시아학자들 사이에서도 되풀이되고 있다(B B.Glushkov, 「V ryssco-yaponskoi voine pobeditelei ne byilo!」, Igorii Saveliev, 위의 논문, p17.

73) 寺本康俊, 위의 책, p.62.

74) Charles Louis Seeger ed., and tr., *The Memoirs of Alexander Iswolsky* (London, 1920), p.129; E.A.Adamov, ed., *Sbornik dogovorov Rossii s drugimi gosudarstvami, 1856-1917*(Moscow:Gospolitizdat, 1952), pp.337-44;A.v.Ignat' ev, The foreign policy of russia in the ar East at the turn of the nineteenth and twentieth centuries, Hugh Ragsdale, *Imperial Russian Foreign Policy*(Woodrow Wilson Center Press and Cambridge University Press,1993), p.262.

호권' 을 제한하려는 러시아의 이해가 맞아 떨어진 결과였다.[75] 그러나 한국 사절들은 헤그 평화회의(1907.6.15~10.18)의 회의장 입장마저 거절당했다. 그 이유는 바로 그 무렵에 러일협약(7.30)이 무르익고 있어 러시아의 정책이 돌변해 버렸기 때문이었다.[76] '헤그 밀사' 사건을 구실로 일본에서는 본격적으로 한국 병합론이 대두되었다. 정미 7조약(7.24)을 강압하여 한국의 내정권까지 장악한 일본은 사실상의 한국 병합을 위한 막판 수순에 들어갔던 것이다.

한국에 보호조약을 강요한 이후 일본은 러시아로부터 얻지 못한 만주 이권을 청에게서 보상받으려고 하였다. 고무라-우찌다(內田康哉)와, 경친왕, 원세개 사이에 체결된 〈만주에 관한 청 · 일조약〉(1905.12.22)이 그것이다. 일본은 요동 조차지와 남만주 〈철도지역〉에서 러 · 청협정으로 러시아가 소유하고 있던 권리를 계승받았지만, 전쟁 중 중립을 지키던 청국의 동의가 필요했다. 이로써 일본은 전쟁중 군사목적으로 건설한 안동(한국 국경)과 봉천 간의 철도를 상업용으로 유지하고 운영할 권리와, 압록강 우안의 삼림 개발을 위한 회사 설립권 등 2개의 추가 권리까지 새로 획득했다.[77]

만주에 관한 한, 일본에 대한 영 · 미의 태도는 한국에 대한 경우와는 전혀 달랐다. 전쟁 중 양국이 일본을 지원한 것은 어디까지나 만주의 문호개방과 러 · 일의 세력 균형 유지에 그 목적이 있었기 때문이다. 그러나 이제 거꾸로 영 · 미는 러시아 대신 일본이 전승을 통해 만주를 독점하는 것을 용납할 수 없었으므로, 일본과의 대립이 불가피해졌다. 일본이 자국처럼 만주에 이해를 가지고 있는 러시아와의 협

75) 석화정, 「한국 보호를 둘러싼 러일의 갈등」, 정성화 외, 『러일전쟁과 동북아의 변화』(선인, 2004), pp.69-88; 石和靜, 「韓國 '保護' 問題をめぐる日露對立」, 『ユーラシア研究』(東洋書店, 2005.11).pp.5-13.

76) 같은 논문.

77) 이노우에 유우이치, 석화정, 박양신 역, 『동아시아철도국제관계사』(지식산업사, 2005), pp.169-170.

약을 맺어 미국에 대항하기 위한 공동전선을 결성한 것도 이 때문이었다.[78)]

일본의 승리는 미국과의 관계에서도 전환점이 되었다. 미국이 일본을 태평양뿐만 아니라 동아시아에서도 경쟁상대로 보기 시작하였기 때문이다. 일본 여론은 포츠머스 강화시 배상금문제가 실패로 돌아간 책임을 루즈벨트에게 돌려 미국에 큰 불만을 품게 되었다. 이 같은 그들의 대미 감정은 캘리포니아의 일본 학동 차별문제로 말미암아 더욱 증폭되었다. 미 · 일이 충돌위기로까지 접어들자, 영국은 불안하지 않을 수 없었다. 만일 미 · 일 두 나라가 전쟁할 경우, 영국은 제2차 영일동맹에 의거, 일본에 군사적 지원을 하도록 되어 있었기 때문이다. 따라서 일본 때문에 미국과 전쟁을 벌일 수 없었던 영국의 처지는 난감해질 수밖에 없는 형편이었다. 영일동맹의 약화가 불가피해진 까닭이 여기에 있었다.

프랑스의 정책 또한 러 · 일의 화해를 강력히 희망하는 것이었다. 러시아가 대일 반격을 시도한다면 또다시 그들의 관심이 유럽으로부터 멀어지게 됨으로써 러불동맹을 약화시킬 것이기 때문이었다. 뿐만 아니라, 일본의 승리는 장기적으로는 인도차이나 식민지에 가해 올 압박을 무시할 수 없었다. 프랑스 정부는 일본이 전쟁 수행 기간에 런던과 뉴욕에서 빌린 고율의 단기 차관을 변제하고자 파리의 금융시장에 접근했을 때, 정치적 협상 약속을 먼저 요구했다. 결국 프랑스에서 3억 프랑의 일본 차관 기채를 허가하는 불 · 일 금융협약(1907.3)에 이어, 불 · 일 정치협약(1907.6.10)이 체결되었다. 이 불 · 일 협약으로 프랑스는, 남만주와 몽고 일부 및 복건성 등 대륙에서도 일본의 세력범위를 인정하였고, 반면 일본은 인도차이나를 위협하지 않을 것을 약

78) 석화정, 「러일협약과 일본의 한국 병합」, 『역사학보』 184집 (2004.12); 石和靜, 「國際關係から見た日露協約と日本の韓國併合」, 『ロシア史研究』 72號 (2003.5).

속하고, 아울러 1897~8년 남중국 3성에서 프랑스가 획득한 〈특수지위〉를 인정했다.

그리고 불일협약은 곧 러일협약(1907.7.30)을 유발시켰다. 러시아와의 화해는 프랑스가 1906년 말 이래 대일 차관 제공의 조건으로 내건 전제였다. 러일협약의 중요성은 무엇보다도 한국과 만주에서의 일본의 특수 이익과, 북만주, 외몽고에서의 러시아의 특수 이익을 상호 인정한 비밀부속서에 있다. 뿐만 아니라 러일협약의 비밀 교섭 과정에서 러시아는 번번이 '몽고에서의 러시아의 권리를 보장하는 대가로' 일본의 한국 병합을 묵인해 주었다. 일본의 한국 병합 직전에 체결된 제2차 러일협약(1910.7.4)은 그 대표적인 예이다.[79] 러일전쟁 이후 러일협약은 실로 아시아에서의 두 나라의 팽창을 상호 묵인·방조해 주는 지렛대 역할을 했다.

그리고 이 같은 아시아에서의 새로운 국제질서의 형성과 대립관계는 공교롭게도 유럽에서의 독일의 고립과도 그 시기를 같이하고 있었다. 패전으로 동아시아로의 팽창이 저지된 러시아는 중앙아시아와 발칸지역으로 방향을 전환하기 위해 영국과의 타협이 필요했다. 영러협상(1907.8.30)의 성립은 패전한 러시아를 고립에서 해방시켜 주었으며, 러불동맹, 영불협상과 함께 삼국협상체제를 완성시켰다. 결국 러일전쟁은 삼국협상체제에 불일, 러일협약으로 일본까지 가세한 사국협상체제[80]의 대독 포위망을 구축시켰던 것이다. 포츠머스 강화를 이룬 이튿날부터 1895년의 치욕을 반복하지 않기 위해, 영국과의 동맹을 최대한 활용하면서 미국, 러시아, 프랑스를 움직인 일본 외교의 성과라고도 할 수 있다. 러시아는 러일협약을 체결하여 '발칸에서의 오스트리아와의 대립 국면을 모면하려' 했지만,[81] 삼국동맹체제와 삼국협상

---

79) 같은 논문.

80) John A.White, *Transition to Global Rivalry-Alliance diplomacy and the Quadruple Entente, 1895-1907*(Cambridge University Press, 1995).

체제의 갈등과 반목은 더욱 심화되고 있었다. 실로 러일전쟁은 동아시아 정세를 크게 바꾸어 놓았을 뿐만 아니라, 제1차 세계대전으로 가는 세력구도의 형성을 촉진시켰던 것이다.

Ⅷ. 맺음말: 러일전쟁과 20세기 역사

러일전쟁은 전쟁 발발 100년을 경과하면서 20세기 역사에 커다란 영향을 미친 전쟁으로 새롭게 조명되기 시작했다. 제국주의적 침략전쟁이었던 러일전쟁의 본질과는 별개로, 일본의 승리는 서구 제국주의 지배하에 신음하고 있던 여러 아시아의 국가들에게는 희망과 복음이었다. 뿐만 아니라, 러시아제국의 압제에 시달리던 유럽의 국가들에게도 러시아의 패배는 독립과 개혁의 절호의 기회가 되었다. 1906~7년 영국령 인도에서의 국민운동, 1908년 프랑스령 인도차이나에서의 위기, 청제국의 동요와 혁명운동, 폴란드, 핀란드, 헝가리 입헌주의 운동에 끼친 광범한 영향 등이 그것이다.[82] 러일전쟁이 낳은 이 같은 '의외의' 파장에 대한 전 세계의 시각은 이 점에서 전쟁의 피해 당사국인 한국과 중국에서 바라보는 시각과 전적으로 같을 수 없음도 현실이 되었다.

러일전쟁의 군사사적 해석은 여전히 러일전쟁 연구의 많은 부분을 차지하고 있다. 러일전쟁은 여러 가지 점에서 20세기 최초의 근대전쟁이었다. 이전의 전투가 대체로 몇 시간 혹은 하루 이틀에 그친 단기전이라면, 러일전쟁의 전투는 보통 수일에서 수십 일에 걸친 장기전

---

81) 석화정, 위의 두 논문.

82) 이스라엘 예루살렘, 하이파 대학 공동 주최, 〈러일전쟁과 그 여파〉 국제심포지엄 (2004.2.8-15); 日露戰爭硏究會 주최, 〈러일전쟁과 20세기〉 일본 미야자키에서의 국제심포지엄(2005.5.17-19); ASSEM 주최,〈러일전쟁과 포츠머스 평화〉 서울 국제심포지엄(2005.11.17-18).

이었다. 또 러일전쟁 이전에는 개전 이전의 잠재적인 총 전력으로 우열을 평가했으나, 러일전쟁을 계기로 전력(병기, 무기)의 계속적인 생산력으로 그 우열을 평가하게 되었다. 해전에 있어서도 철강제 대형함선의 포격전이 두드러졌고, 육전에서는 강력한 화력을 가진 속사야전포, 기관총, 박격포, 수류탄 등 병기의 전쟁이었다.

러일전쟁을 계기로 일본은 해전사에서 일방적 승리를 거둔 일류 해군국으로 인정받게 되었다. 전함 중심의 편제, 적 함대를 마중나가 격퇴시키는 작전 등은 이후 전쟁의 전례가 되었다. 심지어 미국과 일본의 일부 군사사학자들은 러일전쟁을 1차대전의 서전(緖戰)으로서 '제0차대전'이라고도 부른다.[83] 실제 그 근거는 매우 빈약한 이 신조어와 이를 입증하려 한 시도는 러일전쟁을 단지 군사사적인, 유럽 중심주의적으로만 해석했다는 비판을 면치 못하고 있다.

러일전쟁 100년을 조명하는 가운데 두드러진 또 하나의 경향은 러일전쟁이 미친 영향과 그 여파를 국제관계 속에서 구명하자는 시도이다. 우리나라를 비롯한 이스라엘, 일본, 영국, 미국, 러시아, 대만 등에서 지난 2년간 십여 차례 개최된 대부분의 러일전쟁 100년 국제 심포지엄의 목표가 '한국과 중국에 미친 영향을 중심으로 한 국제관계 속에서' 러일전쟁을 바라보자는 취지였다. 아직 국제회의의 연구성과가 결과물로 채 나오지 않은 상태이긴 하지만, 러일전쟁의 원인과 개전과정, 그리고 전쟁의 결과 등 전쟁의 본질과 관련한 국제관계사적 연구는 여전히 미진하다는 것이 지난 2년 동안 심포지엄에 참석한 필자를 비롯한 일부 학자들의 잠정 결론이다.[84] 러일전쟁의 국제관계사적 접근의 근본 방향을 제시한 것으로 평가받고 있는 최문형 교수의 『국제관계로 본 러일전쟁과 일본의 한국 병합』의 일본어판[85] 출간을 계기

---

83) John W.Steinberg, Bruce W. Menning,etc. edited, 위의 책.
84) 加納格, 〈ロシアから見た日露戰爭〉, 「東京新聞」, 2006年2月8日字 9面.
85) 崔文衡『日露戰爭の世界史』(藤原書店, 2005).

로 이 문제는 일본 내에서도 큰 반향을 불러일으키며 지속적으로 제기되고 있다.

러일전쟁은 제국주의 시대 유럽의 국제관계와 동아시아의 근대 국제 질서 속에서, 그리고 관련 피해국의 입장에서 이해되고 평가되어야 한다. 러일전쟁은 본질적으로 봉건적, 군사적 제국주의 국가들 간의 전형적인 제국주의 전쟁이었다. 그 직접적인 피해 대상은 약소국 한국과, 주요 전장과 전후(戰後) 침탈의 주요 대상이 되었던 만주였다. 이는 러일전쟁의 본질이 무엇보다도 제국주의 피해 당사국과 관련시켜 천착해야 할 과제임을 말해 준다. 이것이야말로 러일전쟁이 21세기 우리에게 남긴 역사적 교훈이자, 역사적 과제일 것이다.

참고자료

Arhiv Vneshnei Politiki Rossiskoi Imperii, Iaponskii stol. f.150.
British Documents on the Origins of the War, 1898-1914, Vol.II.
British Parliamentary Papers, Correspondence (Regarding the Negotiations between Japan and Russia(1903-4).
Die Gross Politik der Europäischen Kabinette, 1871-1914, Vol.XVII.
Documents Diplomatique Français 1871-1914, série II, T.2.
Krasnyi Arkhiv, T.63.
Letters of Theodore Roosevelt, IV.
National Archives, Roll. 109.
Rossiya Gosudarstvennui Istoricheskii Arkhiv, f.560.
日本外交文書 35, 36-1, 38-V.

加納格. 〈ロシアから見た日露戰爭〉. 「東京新聞」2006年2月8日字 9面 『公爵桂太郎傳』坤券. 原書房, 1967.
軍事史學會編. 『日露戰爭-國際的文脈』I,II. 錦正社, 2004/2005.
르누벵 P. 박대원 역. 『동아시아외교사』. 서문당, 1988.
말로제모프 A. 석화정 역. 『러시아의 동아시아정책』. 지식산업사, 2001.
박종효. 『러시아 국립문서보관소 소장 한국관련 문서요약집』. 한국국제교류재단, 2002.
寺本康俊. 『日露戰爭以後の日本外交』. 信山社, 1999.
桑田悅編. 『近代日本戰爭史:第1編:日淸・日露戰爭』. 東京堂出版, 1996.
석화정. 「위떼의 대(對)만주정책」『서양사론』 제55호(한국서양사학회, 1997)
________. 「러시아의 한반도 중립화정책:위떼의 대만주정책과 관련하여」. 『中蘇研究』제23권 3호. 한양대 아태지역연구센터, 1999.
________. 「ロシアの韓國中立化政策」. 『スラヴ研究』46. 1999.
________. 「한국 보호를 둘러싼 러일의 갈등」. 정성화 외. 『러일전쟁과 동북아의 변화』. 선인, 2004.
________. 「韓國 '保護' 問題をめぐる日露對立」. 『ユーラシア研究』. 東洋書店,

2005.11.

________.「러일협약과 일본의 한국 병합」.『역사학보』184집 (2004.12).

________.「國際關係から見た日露協約と日本の韓國併合」.『ロシア史研究』72號 (2003.5).

石塚正英 編.『日露戰爭日米外交秘錄』.

神山恒雄.『明治經濟政策史の硏究』. 고(土高)書房,1995.

岩城成幸.「もうひとつの〈日露戰爭〉—外債發行をめぐる日露の國際金融戰爭」. 日本國士館大學.〈日露戰爭 100周年〉 국제심포지엄 발표논문.

이노우에 유우이치. 석화정 · 박양신 역.『동아시아철도국제관계사』. 지식산업사, 2005.

林健久.「日露戰爭と外債」.『唯物史觀』vol.16. 河出書房.

日露戰爭硏究會.『日露戰爭の硏究の新視點』. 2005.

日本大藏省.『大藏省史』第1卷. 1998.

日本陸軍省編.『明治軍事史』下. 原書房, 1966.

日本銀行100年歷史編纂委員會.『日本銀行百年史』第2卷. 1986.

田畑則中.『日露戰爭に投資した男』. 新潮新書, 2005.

井上光貞 外.『日本歷史大系4:近代』.

정성화 외.『러일전쟁과 동북아의 변화』. 선인, 2004.

篠永宣孝.「日露戰爭とフランスの對ロシア借款」. 軍事史學會編.『日露戰爭-國際的文脈』. 錦正社, 2004.

中山弘正.『帝政ロシアと外國資本』. 岩波書店, 1988.

中西 寬, 奈良岡聰智.「日本における日露戰爭の硏究の動向」. 日露戰爭硏究會.『日露戰爭の硏究の新視點』. 2005.

太平洋戰爭硏究會.『圖解 日露戰爭』. Gakken, 2004.

플레샤코프 콘스탄틴. 표완수 · 황의방 옮김.『짜르의 마지막 함대』. 중심, 2003.

최문형.『국제관계로 본 러일전쟁과 일본의 한국 병합』. 지식산업사, 2005.

________.「러일전쟁과 일본의 독도 점취」『역사학보』(2005.12)

________.「日露戰爭と日本の獨島占取」.『環』. 藤原書店, 2005.7.

________.『명성황후 시해의 진실을 밝힌다』. 지식산업사, 2001.

________.『閔妃は誰に殺されたか』. 彩流社, 2004.

________.『日露戰爭の世界史』. 藤原書店, 2005.

Adamov, E.A., ed. *Sbornik dogovorov Rossii s drugimi gosudarstvami,*

1856-1917. Moscow:Gospolitizdat, 1952.

Dennett, Tyler. *Roosevelt and the Russo-Japanese War*. Gloucester, Mass, 1959.

Dmitriiev, Pavlov. 「ロシアにおける日露戰爭の研究の動向」. 日露戰爭研究會. 『日露戰爭の硏究の新視點』. 2005.

Ignat'ev, A.V. The foreign policy of Russia in the Far East at the turn of the nineteenth and twentieth centuries, Hugh Ragsdale. *Imperial Russian Foreign Policy*. Woodrow Wilson Center Press and Cambridge University Press,1993. Istoriiya, Rossii 20-i vek. Moskba, AST, 1999.

Lukoianov, Igor V. "The Bezobrazovitsy." John W.Steinberg, Bruce W. Menning, etc., ed. *The Russo-Japanese War in Global Perspective—World War Zero*. Brill, 2005.

Pak, B.D. *Rossya i Koreya*. Institut Vostokovedeniya, 2004.

Ragsdale, Hugh. *Imperial Russian Foreign Policy*. Woodrow Wilson center Press and Cambridge University Press, 1993.

Romanov, B.A. Rossiya v Manczhurii 1892-1906. Leningrad, 1928, Russia in Manchuria. Ann Arbor, 1952.

________. *Ocherki diplomaticheskoi istorii russko-iaponskoi voiny 1895-1907*. Moskva, 1955.

Shachillo, V.K.& L. Shachillo. *Russko-Yaponskaya Voina, 1904-05*. Moskva, 2004.

Saveliev, Igorii. 「ロシアから見た日露戰爭」. 『ユーラシア硏究』. 東洋書店, 2005. 11.

Seeger, Charles Louis ed., and tr, *The Memoirs of Alexander Iswolsky*. London, 1920.

Simanskii, P.N. *Sobytiia na Dal'nem Vostoke, predshestvovavshie Russko-Iaponskoi voine(1891-1903gg)*. SPb,1910.

Steinberg John W., Menning Bruce W., etc., ed. *The Russo-Japanese War in Global Perspective—World War Zero*. Brill, 2005.

Toshio, Suzuki. Japan's military and financing loan issue during the Russo-Japanese War(1904-5), ASSEM 연구원주최, 러일전쟁 국제심포지엄발표논문

Wada, Haruki. "Study your Enemy:Russian Military and Naval Attaches in Japan" (Keio University Symposium of the Russo-Japanese

War(2005.5), pre-publication version of the Conference paper.
White, John A, *Transition to Global Rivalry-Alliance diplomacy and the Quadruple Entente,1895-1907*. Cambridge University Press, 1995.
ASSEM 주최. 〈러일전쟁과 포츠머스 평화〉. 서울 국제심포지엄(2005.11.17-18).
예루살렘대학 · 하이파대학 공동주최. 〈러일전쟁과 그 여파〉. 국제심포지엄(2004.2.8-15).
日本國士館大學 주최. 〈日露戰爭 100周年〉. 국제심포지엄(2004.10.5).
日露戰爭硏究會 주최. 〈러일전쟁과 20세기〉. 국제심포지엄(2005.5.17-19).
Keio University Symposium of the Russo-Japanese War(2005.5.19-21).

제5장

아시아·태평양전쟁

김명섭

Ⅰ. 머리말

제2차 세계대전에 대한 유럽에서의 사전적 정의는 "1939년 9월 1일부터 1945년 9월 2일까지 독일, 이탈리아, 일본 등의 추축국(Axis)들과 프랑스, 영국, 소련, 미국, 중국 등의 연합국들이 벌인 전쟁"이다.[1)]

---

1) *Petit Robert 2* (Paris: Le Robert, 1989), p. 780. 이러한 정의는 다분히 유럽중심적이다. 이는 테일러의 저작을 비롯하여 2차 세계대전에 관한 많은 저작들이 유럽중심적으로 기술되어온 연구사를 반영하고 있다. A. J. P. Taylor, *The Origins of the Second World War*, 유영수 옮김, 『제2차 세계대전의 기원』(서울: 지식의 풍경, 2003); A. J. P. Taylor, *The Origins of the Second World War: An Illustrated History*(New York: G. P. Putnam' s Sons, 1975). 통사류도 예외는 아니다. Bernard Law Montgomery, *A History of Warfare*, 승영조 옮김, 『전쟁의 역사』(서울: 책세상, 2004). 사전류도 다루고 있는 항목들에 있어서 철저히 유럽중심적이다. John Keegan, *The Oxford Companion to World War II*(Oxford: Oxford University Press, 2005). 간혹 유럽전장으

이에 비해 제2차 세계대전과 중첩되어 아시아-태평양에서 벌어졌던 전쟁은 흔히 중일전쟁, 미일전쟁, 대동아전쟁, 태평양전쟁, 십오년전쟁(十五年戰爭), 아시아 · 태평양전쟁 등으로 명명되어왔다.[2] 각각의 명칭은 전쟁의 성격에 관한 상이한 인식을 담고 있다. 전쟁을 어떻게 명명하느냐 하는 문제는 전쟁의 기원과 책임, 그리고 전후처리 등과 관련된다. 따라서 전쟁의 명명(naming of war)은 명명의 전쟁(war of naming)으로 이어진다.

1941년 12월 8일(하와이시각으로 12월 7일) 일본 해군 연합함대의 진주만 폭격 이후 영국이 일본에 대해 선전포고를 했고, 이어서 미국이 선전포고를 했다. 이후 미국은 제2차 세계대전을 태평양전장(the Pacific Theater)과 유럽전장(the European Theater)으로 구분하면서, the Pacific War라는 용어를 사용했다. 승전 이후 미국이 일본을 점령한 상황에서 이 용어는 太平洋戰爭으로 번역되어 오늘날까지 널리 사용되어 왔다. 그러나 '태평양전쟁' 이라는 명칭은 이 기간 중 아시아대륙에서 전개되고 있던 전쟁의 다른 일면을 간과하게 만든다.

이에 비해 '대동아전쟁(大東亞戰爭)' 이라는 명칭은 일찍이 동아(東亞)라는 개념을 발전시켰던 일본의 명명이었다. 일본을 중심으로 동아를 넘어서 대동아로 나아가는 동심원적 확장이 아시아-태평양에서 벌어졌던 제2차 세계대전을 바라보는 일본의 시각이었다. 이 군국주의적 명칭은 종전 이후 기피되었고, 태평양전쟁이라는 명칭이 대신했다. 일본이 사용했던 '대동아전쟁' 이라는 용어를 폐기하는 것 자체가 전

로 한정된 것임을 밝히고 있는 저작이 있을 뿐이다. Don Congdon, *Combat WWII: European Theater of Operations*(New York: Arbor House, 1983).

2) 필자는 이미 아시아-태평양전쟁이라는 명칭을 사용한 바 있다. 김명섭, "아시아-태평양전쟁과 한국의 주권회복," 『정신문화연구』, 제28권 제4호(2005년 겨울호), pp. 5-8. 다음의 책에서도 아시아 · 태평양전쟁이라는 용어를 사용하고 있음을 볼 수 있다. 絞頁結頁厚(고케츠 아츠시), 박인식 · 박현주 역, 『침략전쟁』(서울: 범우, 2006).

후처리의 일환으로 간주된 측면이 있었다. 이에나가 사부로(家永三郎)가 언급하고 있는 바와 같이 그것은 전쟁 중의 공식조어로서 '전적으로 받아들여질 수 없는' 용어였다.[3)]

그러나 '대동아전쟁' 이라는 용어의 폐기는 중요한 손실을 가져오기도 했는데, 그것은 바로 전쟁을 추동했던 중요한 이데올로기적 자원이 범아시아주의였다는 사실이 가려졌다는 점이다. 이것은 또한 서양문명 대 동양문명의 전쟁이라는 일본의 전쟁논리가 은폐되는 결과를 낳았다. 이러한 점을 고려해 본다면 따옴표를 사용해서라도 '대동아전쟁' 이라는 용어를 사용할 것인가 하는 문제가 제기된다.[4)] 일본군 '종군위안부(從軍慰安婦)' 문제의 역사적 의미를 드러내되, 위안부라는 표현에는 동의하지 않는다는 의미로써 작은 따옴표를 사용한 고유명사로서 일본군 '위안부' 라는 용어가 채택되고 있는 것과 같은 맥락이다.[5)] 아시아 · 태평양전쟁이라는 용어는 '대동아전쟁' 이라는 용어를 답습하지 않으면서 '대동아전쟁' 이라 불렸던 전쟁의 함의를 보다 잘 표현해낼 수 있을 것이다.

한편 '미 · 일전쟁' 이라는 용어를 사용하자는 주장도 있다.[6)] 그러나

---

3) Saburo Ienaga, *The Pacific War, 1931-1945*(New York: Pantheon Books, 1978), p. 13.

4) 대동아전쟁이라는 명칭을 그대로 사용하고 있는 경우도 적지 않다. 『大東亞戰爭秘史』 전 10 권(서울: 한국출판사, 1982); 中川八洋. 『大東亞戰爭と開戰責任』(弓立社, 2000); 杉田莘三, 『大東亞戰爭秘錄』(大東塾出版部, 2001).

5) 2005년 시점에서 한국의 여성가족부는 영어로는 Japanese military sexual slavery, 한국어로는 "일본군 '위안부'"라는 용어를 사용하고 있다. 여성가족부 일본군 '위안부' 사이버 역사관. http://www.hermuseum.go.kr/index.jsp. 한국어로 굳이 "일본군 '위안부'"라는 용어를 사용하기로 한 것은 그것이 일본군의 공식용어로서 그 역사적 함의를 단어의 의미와 결부시켜 반어적으로 되짚어보자는 이유라고 한다.

6) 미 · 일전쟁' 이라는 명명에 관해서는 Akira Iriye, "Japan Against the ABCD powers, "Akira Iriye and Warren Cohen ed., *American, Chinese, and Japanese Perspectives on Wartime Asia, 1931~1949* (Wilmington,

이러한 용어는 '태평양전쟁' 이라는 용어보다도 더 아시아대륙 방면의 전쟁을 도외시하는 결과를 초래할 수 있다. 중일전쟁, 동남아에서 벌어졌던 영국, 네덜란드, 그리고 프랑스와의 전쟁, 일본의 인도침공전쟁, 그리고 전쟁말미의 소련참전 등까지를 염두에 둔다면 미·일전쟁이라는 용어는 부적절하다. 이러한 용어는 미국과 일본을 제외한 다른 전쟁 당사국들을 전쟁사에서 배제시킬 우려가 있다. 이러한 용어의 만연은 자칫 '미일전쟁' 이라고 명명된 전쟁의 사후처리문제가 미일컨소시엄(American-Japanese Consortium)을 통해 이미 완성되었다고 보거나 앞으로도 그럴 것이라고 보는 역사관으로 이어질 수 있다.

필자는 이 글에서 아시아·태평양전쟁이라는 명칭을 사용하고자 한다. 아시아·태평양전쟁을 어떻게 기억할 것인가 하는 문제는 '기억의 전쟁' 을 낳고 있기도 하다.[7] 아시아·태평양전쟁에 있어서 일본의 패전은 미국의 승리인가? 물론 그렇다. 아시아·태평양전쟁에 있어서 일본의 패전은 중국의 승리인가? 역시 그렇다. 그러면 미국과 중국 중 어느 쪽이 일본의 패전에 더 기여했을까? 태평양전쟁만을 놓고 본다면 미국의 기여가 압도적이었다. 그러나 태평양전쟁이 아니라 아시아·태평양전쟁을 놓고 본다면 중국의 기여 또한 무시할 수 없다. 같은 유럽에서의 2차 세계대전에 대한 승전기여도를 둘러싼 소련과 미국의 평가가 상이했던 정도는 아니라 할지라도 아시아·태평양전쟁 승전기여도에 대한 역사해석의 문제는 보다 많은 연구를 필요로 한다. 1950년 6월 25일 한반도에서 발생한 채 아직 휴전상태로 남아있는 전쟁상황 역시 아시아·태평양전쟁과 밀접하게 맞닿아 있다.

Delaware: SR Books, 1990), p. 224.

7) 2005년 인천의 맥아더동상을 둘러싼 갈등 역시 그 일환이다. 이계황 외, 『기억의 전쟁: 현대 일본의 역사인식과 한일관계』(서울: 이화여자대학교출판부, 2003).

II. 아시아전쟁에서 아시아 · 태평양전쟁으로

1941년 12월 일본의 진주만폭격(Pearl Harbor Raid)과 영국의 선전포고, 그리고 이어진 미국의 선전포고[8]로 일본이 이미 벌이고 있던 아시아 방면의 전쟁은 태평양 방면의 전쟁으로 확대되었다. 그리고 유럽-아프리카전장과 태평양방면의 전장이라는 두 개의 거대전장(戰場)으로 구성된 세계전쟁이 되었다.[9] 두 전장은 독일 및 이탈리아와의 전쟁과 일본과의 전쟁으로 구분되었지만, 동시에 긴밀히 연결되어 있었다. 1937년 7월 7일 루거우차오(蘆溝橋, Marco Polo Bridge)에서 발생한 일본군 분견대와 중국군 사이의 무력충돌이 계기가 되어 폭발한 중일전쟁을 일본인들은 '지나사변(支那事變)' 이라고 명명했다.

1937년 중일 전쟁에 앞서 일본과 독일은 1936년 11월 25일 베를린에서 반(反) 코민테른협정을 체결하였다. 소련과 일본 간에는 긴장이 고조되었고, 이것은 영국과 미국이 선호하는 구도였다. 향후 일본의 주된 타격방향은 소련이 될 것인가? 이 협정은 1937년 11월 6일 로마에서 이탈리아가 추가된 3국간 협정으로 발전하게 된다. 대신 소련은 1937년 8월 21일 중국의 장제스 국민정부와 불가침조약을 체결하였다. 동 조약은 29일에 발효되었다.[10]

---

8) 워싱턴주재 일본무관은 영국이 미국보다 먼저 선전포고를 했다는 점에 주목했다. "Diary of Admiral Kichisaburo Nomura, June-December 1941," Donald M. Goldstein, and Katherine V. Dillon, *The Pacific War Papers: Japanese Documents of World WarII* (Washington, D. C.: Potomac Books, 2004).p. 213.

9) René Girault, Robert Frank, and Jacques Thobie, *La loi des géants 1941-1964*(Paris: Masson, 1993), p. 58.

10) 필자의 논문 "아시아 · 태평양전쟁과 한국의 주권회복," 『정신문화연구』 제28권 제4호(2005년 겨울호), p. 11에서 이 불가침조약이 체결된 연도를 1938년으로 기술한 것은 다음 문헌에 따른 것이었다. 김용구, 『세계외교사』(서울대학교 출판부, 2005), 768쪽. 다음과 같은 자료에 근거하여 1937년으로 수

1937년 11월 일본은 대본영(大本營, the Imperial Headquarters)을 설립하여 전쟁의 수뇌로 삼았다. 1938년 1월 코노에 수상은 대 중국성명을 발표한데 이어 같은 해 11월 동아신질서(東亞新秩序; the New East Asia Order) 성명을 발표했다.[11] 그리고 1938년 4월 국가총동원법(國家總動員法; National mobilization Law)을 실시했다. 1938년 9월 29일 독일, 영국, 프랑스, 이탈리아 간에 맺어진 뮌헨협정(Munich agreement)을 통해 체코슬로바키아 영토의 일부인 주데텐(Sudeten) 지역이 독일에 할양된 것은 일본의 중국전략에 영향을 미쳤다.

1938년 11월 3일 일본 외무성은 다시 성명을 통해 일본은 동아시아의 항구적인 안정을 보장할 신질서, 즉 정치, 경제, 문화, 그리고 다른 분야에서 일본, 만주국, 중국 간의 상호 원조와 협조의 삼각관계를 토대로 하는 신질서의 수립에 착수했다고 선언했다. 일본 정부는 1922년 2월 6일 중국의 영토보전과 독립을 보장했던 9개국 조약을 더 이상 준수할 뜻이 없음을 분명히 했다. 일본은 과거의 개념이나 원리를 수정하지 않고 그대로 현재와 미래의 상황에 적응시키려는 시도는 잘못된 것이라고 주장했다.

일본은 중국이 구미에 의존하여 일본을 배제하는 것을 비난하며 아시아주의에 기초한 '동아신질서'를 주장했다. 일본의 동아신질서 선언에 대해 미국 국무부는 1938년 12월 31일 미국의 전통적인 문호개방정책을 새로운 상황에 적응시킬 용의가 있음을 밝혔다. 그러나 미국은 신질서와 관련하여 그 주권하에 있지 않은 지역에서 신질서(new order)라는 용어와 조건을 규정하는 어떠한 국가의 권리도 허용할 수 없다는 것을 분명히 했다.[12]

동아신질서론을 표방함과 더불어 일본은 군사적 측면에서 1938년

정한다. 全國歷史教育研究協議會 編, 『日本史用語集』. (山川出版社, 2004), p. 250.

11) 全國歷史教育研究協議會 編, 『日本史用語集』. (山川出版社, 2004), p. 251.

12) http://www.mtholyoke.edu/acad/intrel/WorldWar2/japan.htm.

가을까지 파죽지세로 중국을 밀어붙였지만 전세는 장기화될 추세를 보이고 있었다. 이 시기 일본군 점령지역에서 중국공산군을 중심으로 한 해방지역이 확대되고, 국민정부군에 의한 반격도 이루어졌다. 중일전쟁의 장기화는 일본을 국제적으로 더욱 고립시켰다. 당시 일본은 석유, 고철, 면화 등 중요한 군수물자의 반 이상을 미국으로부터의 수입에 의존하고 있었다.

1939년으로 접어들면서 유럽정세의 긴박성 때문에 영국이 중국문제에 영향력을 발휘하기 어렵게 되자, 대신 미국이 중국문제에 깊숙이 개입하게 되었다. 처칠은 일본의 진주만공습이 있기 직전까지도 루즈벨트에게 중국문제에 관심을 가져줄 것을 요청하는 전문을 보냈다.[13] 1939년 7월 미국은 미일통상조약의 파기를 통보하고 언제든지 일본에 대한 군수물자의 공급을 정지할 수 있는 체제를 갖추었다. 이리하여 한편에서는 중일전쟁의 장기화와 다른 한편으로는 영미와의 대립 격화라는 두 가지 측면에서 일본의 전쟁노선은 위기에 직면하게 되었다.

1939년 노몬한(Nomonhan; 러시아명 칼킨골, Khalkhin-Gol)전쟁은 동아시아전쟁사에 있어서 중요한 역사적 의미를 지니고 있음에도 불구하고 잊혀져 왔다. 노몬한(칼킨골)전쟁은 곧 이어진 독일과 폴란드 간의 전쟁으로 인해 잊혀진 전쟁이었다. 노몬한전쟁은 1939년(昭和14년) 5월부터 정전협정이 체결된 9월 15일까지 만주국 서북지역 외몽고의 국경지대에서 코마츠바라 미치타로(小松原 道太郎) 소장이 이끌던 일본군 제23보병사단이 쥬코프(Georgy K. Zhukov)가 이끄는 소련군과 격돌하여 연 인원 8만 명이 참가하는 대전투를 벌이다가 철수한 사건을 의미한

13) Tel. from Winston Churchill to FDR, 26 Nov 1941. 이 전문은 일본과의 화평조건(modus vivendi)에 관한 루즈벨트의 1941년 11월 24일자 전문에 대한 답변이었다. Iriye, Akira, *Pearl Harbor and the Coming of the Pacific War: A Brief History with Documents and Essays* (Boston/New York: Bedford/St. Martin' s, 1999), pp. 70-72.

다.[14] 노몬한전쟁에서의 참패를 계기로 일본은 극동소련군의 전력이 예상보다 막강하다는 점을 확인하게 되었다.

노몬한전쟁이 한창이던 1939년 8월 23일 모스크바에서 독일 외상 리벤트로프(Joachim von Ribbentrop)와 소련 외상 몰로토프, 그리고 스탈린 등이 참석한 가운데 전격적으로 체결된 독소불가침조약(Treaty of Nonaggression between Germany and the USSR)은 일본의 전략적 선택을 더욱 어렵게 만들었다. 독일과의 반소연대를 통한 소련협공의 가능성이 사라지게 만든 독소불가침조약과 더불어 노몬한전쟁에서의 패배 이후 일본은 북진노선 대신 남진노선을 선택하였다.[15] 1941년 4월 13일 일소중립조약이 체결된 이후까지도 일본은 소련에 대한 진공가능성을 배제하지 않았지만, 일본의 국가전략은 점차 방공(防共)북진노선이 아니라 반서구남진노선으로 기울게 된다.

1939년 9월 1일 독일의 폴란드 침공으로 유럽은 2차 세계대전에 휩싸이게 되었고, 아베 노부유키(阿部信行) 내각은 즉각 유럽에 대한 불개

14) 쥬코프는 2차 대전의 영웅으로 부상하여 그의 전 생애를 통해 네 번씩이나 소련영웅의 칭호를 받았다. 쥬코프 이외에 네 번에 걸쳐 소련영웅 칭호를 받은 사람은 소련 서기장 브레즈네프가 유일하다. 당시 기동성 있는 기갑전차를 활용한 쥬코프의 전술은 한 달 후 폴란드를 전격 침공하는 나치독일의 기계화사단의 전술구사보다 시기적으로 앞선 것이었다. 노몬한사변에 관해서는 다음의 책을 참고하였다. Alvin D. Coox, *Nomonhan: Japan against Russia, 1939* (Stanford: Stanford University Press, 1985).

15) B. Ponomaryov, A. Gromyko, and V. Khvostov, eds., *History of Soviet Foreign Policy, 1917-1945* (Moscow: Progress Publishers, 1969), p. 415; 松村秀逸,『三宅坂 : 軍閥は如何にして生まれたか』(東京: 東光書房, 1952), p. 173. Alvin D. Coox, Nomonhan, p. 1078에서 재인용. 1948년 도쿄 극동국제군사재판에서는 노몬한사변이 지니는 의미와 관련하여 "북쪽으로의 기회의 문이 닫히자, 남쪽으로의 문이 열리기 시작했다(as the door of opportunity closed in the North, the Southern gates began to open)"라고 기록했다. International Military Tribunal for the Far East (IMTFE). *Transcript of Proceedings, 1946-1948* (mimeographed). Alvin D. Coox, *Nomonhan*, p. 1078에서 재인용.

입과 중국사태 해결을 촉구하는 선언을 채택했다. 그리고 곧 3국의 반코민테른 협정을 군사 동맹으로 전환시키기 위한 협상들을 중지했다. 아베 내각은 소비물자의 부족과 원료의 불충분한 공급으로 인한 위기를 극복하지 못한 채 와해되었고, 요나이 미츠마사(米內光政) 장군이 37대 총리대신 직을 물려받았다(1940.1.16~1940.7.22).

일본과 나치 독일의 관계는 점차 강화되었고, 독일을 방문하여 나치 독일과의 연대입장을 분명히 한 왕징웨이(汪精衛; 汪兆銘)는 1940년(昭和 15년)장제스가 난징에서 철수한 이후 난징국민정부를 수립하여 본격적인 방공(防共)친일노선을 걷기 시작했다.[16] 1940년 5월 서유럽에서 독일이 거둔 승전소식은 이러한 방공 연대의 분위기를 고조시켰다. 이후 일본의 정책은 유럽의 전황에 편승하는 양상을 보였다. 1940년 6월 14일 독일군에 의해 파리가 함락된 직후, 프랑스의 패탱원수는 프랑스식민제국의 보전을 목적으로 6월 17일 독일에 항복하고 독일과 협력하기 시작했다. 일본은 독일과의 우호관계에 기초하여 프랑스 비시정부 지배하의 인도차이나에 기지와 비행장을 확보했다. 시암(타이)은 이 기회를 이용하여 20세기 초 프랑스에게 양도한 영토를 되찾기 위한 실지회복노력에 나섰다. 프랑스는 프랑스령 아프리카인 병사들을 사이공에 상륙시켰고, 20세기 초 프랑스와 함께 시암의 영토를 양도받았던 영국도 개입을 원했다. 일본은 영국의 개입을 우려하여, 1941년 5월 시암-프랑스평화조약의 산파역을 맡았다. 시암은 만주국을 승인했고, 일본과의 공수동맹을 체결했다.[17] 일본의 군부와 팽창주

---

16) 배경한, "중일전쟁 시기 중국에서의 동아연맹운동과 왕정위정권," 『중국근현대사연구』 21권(2004), pp. 95-121; 문명기, "중일전쟁 초기(1937~39) 왕정위파의 화평운동과 화평이론," 『동양사학연구』, 71권(2000), pp. 117-155. 왕징웨이가 일본의 화평공작에 경도되었던 데 반해 중국의 팔로군은 1940년 8월부터 12월까지 백단대전을 감행하여 중국인민에 대한 정치적 영향력을 높이고자 하였다. 윤휘탁, 『중일전쟁과 중국혁명』(서울: 일조각, 2003), pp. 74-76.

의자들 사이에서는 북수남진(北守南進)이라는 전략적인 구호가 점차 만연하고 있었다.

1940년 7월 22일 제2차 코노에 내각의 출범과 더불어 대본영정부연락회의는 '세계정세에 따른 시국처리요강'을 결정했다. 이 '시국처리요강'은 '세계정세의 변국(變局)에 대처하여 내외의 정세를 개선하고 조속히 중일전쟁의 해결을 촉진함과 아울러 호기를 포착하여 남방에 대한 문제를 해결한다'는 방침을 천명했다. 프랑스령 인도차이나의 군사기지화, 네덜란드령 인도네시아의 주요자원 확보가 국가전략으로 채택된 것이다. 1940년 7월 26일에 승인된 이 정책안은 '동아신질서'에서 진일보한 '대동아신질서'(大東亞新秩序)에 관한 구상을 담고 있었다.[18)]

1940년 9월 코노에 내각은 대동아신질서 구상을 대동아공영권(大東亞共榮圈) 구상으로 발전시켰다. 이것은 일본·만주·중국을 주축으로 하여 위임통치령하에 있는 독일의 제도, 프랑스령 인도차이나와 태평양제도, 태국, 영국령 말레이시아, 영국령 보르네오, 네덜란드령 동인도제도 등을 포함하는 웅대한 영토 범위의 획정이었다. 대동아공영권론이 일본의 새로운 국가전략으로 채택된 것이다.[19)] 대동아공영권은 일본을 중심으로 세 개의 동심원적 지역권을 상정했는데, 첫 번째는 내역(內域) 혹은 내권(內圈)이라고 분류되는 지역권으로서 일본과 조선(內鮮一體), 만주를 비롯하여 연해주, 그리고 양쯔강 이남의 우한과 상

---

17) 野澤豊 외, 박영민 옮김, 『아시아민족운동사』(서울: 백산서당, 1988), pp. 221-222.

18) Toru Yano, *The Greater East Asia Co-prosperity Sphere, setting the stage for the cold war in Southeast Asia* (Kyoto: Center for Southeast Asian Studies, Kyoto University, 1975), pp. 10-11; Spinks, Charles Nelson, "The Man Behind in Japan," *Asia & Americas* 43 (April 1943), pp. 218-221.

19) Henry P. Frei, *Japan's Southward Advance and Australia* (Carlton, Victoria: Melbourne University Press, 1991), pp. 178, 187-188.

하이 등을 포괄하는 지역이었다. 두 번째는 소동아(小東亞)라고 분류되는 지역권으로서 중국과 시베리아, 인도네시아, 인도차이나 등을 포괄하는 지역권이다. 세 번째가 대동아(大東亞)로서 이것은 오스트레일리아와 인도, 그리고 태평양열도를 포괄하는 지역권이다. 일본은 소동아건설을 위해 적어도 20년이 걸릴 것이라고 내다보았고, 이어서 영국과 그 동맹국들 간의 분쟁을 거쳐야만 "대동아"를 건설할 수 있으리라고 전망했다.[20)]

특히, 도조 히데키(東條英機)의 심복이자 대동아공영권구상에 있어서 핵심적 역할을 담당했던 미노루 이무라(居村 稔)에게 제출된 보고서에서는 오스트레일리아를 영국중심의 위성국가에서 이탈시켜 일본중심의 지역질서에 편입시키기 위해서 대동아공영권론의 선전과 아울러 아시아대륙과 오스트레일리아 간의 경제적 협력을 증진시키는 것이 중요하다는 점이 지적되기도 하였다.[21)] 일본은 이 지역들에서 석유, 고무, 그리고 원광 등을 확보함으로써 자족적이고 일본 독점적인 경제공동체를 실현하고자 했다.

1940년 9월 27일 독일, 이탈리아, 일본 등 3국 간의 추축동맹(Axis Alliance)이 구축되었다. 3국 동맹은 독일과 이탈리아의 유럽에서의 지도권과 일본의 아시아에서의 지도권을 상호 승인한다는, 세계 재분할 협정이었다. 그리고 당시의 유럽전쟁과 중일전쟁에 참가하고 있지 않은 제3국(특히, 미국)이 동맹국들 중 어느 한 나라를 공격했을 경우의 상호 원조를 약속하고 있다. 3국동맹조약의 성립은 아시아전장과 유럽-아프리카전장을 연결시키는 단초가 되었다.[22)]

3국동맹의 발표에 대해 미국의 헐(Cordell Hull) 국무장관은 이미 존재

---

20) Frei, *Japan's Southward Advance and Australai*, p. 208.

21) Frei, *Japan's Southward Advance and Australia*, p. 208.

22) 3국 동맹조약의 영문 번역본을 참조. U. S. Department of State, *Peace and War: United States Foreign Policy, 1931~1941* (Washington, D. C.: U. S. Government Printing Office, 1943[1983]).

하고 있던 관계의 표현에 불과하다는 입장을 표명하였다.[23] 그러나 1940년 10월 8일 주미대사 호리누치 겐쓰케(堀納健介)의 방문을 받은 헐 국무장관은 일본정부에 강력한 항의의 뜻을 전달하였다.[24] 미국은 진주만에 해군 작전 기지를 건설하였고, 루즈벨트는 당시 기동 연습을 위해 하와이에 정박 중이던 미국 태평양 함대에 추후 통지가 있을 때까지 그 곳에 머물 것을 명령했다. 일본이 유럽에서 일어나고 있는 사태를 이용함으로써 동남아시아에서의 질서를 와해시킬지도 모를 경우에 대비하기 위한 해군력의 과시였다.

1941년(昭和 16년) 4월 제2차 코노에 내각의 외상 마쓰오까 요스께(松岡洋右)는 일소중립조약을 체결했다.[25] 일본의 의도는 최종적인 적을 소련으로 보면서도 전쟁에 필요한 남방자원의 확보를 위해 일시적으로 북방의 안전을 도모하는 것이었다. 아울러 미국에 대한 협상의 지렛대로 소련과의 관계를 활용하고자 했다. 소련은 중국에 대한 일본의 세력팽창을 이용해서 제정러시아시절부터 중국과 빚어왔던 국경분쟁을 유리하게 풀어내고자 했고, 일본이 소련과 마찰을 빚기보다는 동남아시아지역으로 팽창해주기를 희망했다.

그러나 일본과 소련 간의 조약체결은 영국과 미국의 의혹을 초래했다. 일본이 전통적인 적국으로 간주하고 있었던 소련과 중립조약을 체결한다는 것은 대신 영국과 미국이 차지하고 있던 동남아 방면으로 일본이 팽창할 가능성을 의미했다. 영국과 미국의 입장에서 볼 때, 공산주의에 대한 방역대(cordon sanitaire)로서 일본이 지니는 전략적 가치는 결정적으로 감소되었다. 1941년 4월 22일 마쓰오까 외상은 6주간의 유럽여행을 마치고 도쿄로 귀환했다. 일본은 미국과의 교섭을 개시했지만, 유럽의 전황에 의해 크게 영향을 받고 있었기 때문에 교섭

23) U. S. Department of State, ibid., pp. 571-572.

24) U. S. Department of State, ibid., pp. 576-579.

25) 일소중립조약의 영어원문은 다음을 참조. http://www.yale.edu/lawweb/avalon/wwii/s1.htm.

은 순조로울 수 없었다. 3국동맹에 대한 집착, 일소중립조약 체결 등은 모두 대미교섭에 있어서 일본의 협상력을 약화시켰다.

그러나 일본의 방공북진노선이 완전히 폐기된 것은 아니었다. 1941년 6월 22일 독일의 소련에 대한 개전은 소련을 향한 독일과의 협공가능성을 열어놓았다. 1941년 7월 2일 천황이 임석한 대본영정부연락회의에서 '정세의 추이에 따른 제국국책(帝國國策)요강'이 결정되었다. 이것은 한편으로 영국과 미국에 대한 전쟁을 준비하면서 남방진출 태세를 강화하고 다른 한편으로 독소전의 전세가 독일에 유리하게 진전되었을 경우에 소련을 공격하기 위한 준비를 강화한다는 것이었다. 일본을 의식하고 있던 소련은 유럽 전선에서의 고전에도 불구하고 아시아 방면의 소련군을 충분히 이동시킬 수 없었다.

1941년 7월 23일 일본은 비시정부와의 협력이라는 미명하에 프랑스령 인도차이나의 남부로 진주하여 그곳에 군사기지를 건설했다. 이 결정은 서방국가들로부터 큰 반발을 불러일으켰고, 미국과의 개전으로 이어지는 도화선이 되었다. 미국무장관 대행 웰스(Sumner Welles)는 일본의 행동에 대해 "우리의 국가안보에 대한 핵심적 문제(the vital problem of our national security)"라는 성명을 발표하였다.[26] 이전까지 중국에 대한 일본의 위협에도 불구하고 소련에 대한 방파제로서 일본이 가지는 전략적 가치가 높이 평가되었다면, 이제 일본은 북쪽의 소련보다 남쪽 동남아의 영국령 식민지들과 미국의 식민지(필리핀)를 위협하는 국가로 부상했다.

7월 24일 백악관을 방문한 일본대사에게 루즈벨트(Franklin Roosevelt)는 석유를 얻기 위한 일본의 남진이 네덜란드, 그리고 영국과의 전쟁을 초래할 수 있다는 점을 경고하고, 이러한 우려 때문에 지난 2년 이

26) "Acting Secretary of State Sumner Welles' statement on Japanese-French Collaboration in Indochina," 24 July 1941, *Department of State Bulletin*, 26 July 1941. http://www.ibiblio.org/pha/policy/1941/410724a.html

상 대일 원유수출을 허용해 왔음을 상기시켰다.[27] 7월 25일 루즈벨트는 미국 내 일본자산과 중국자산에 대한 동결조치를 발표하였다.[28] 7월 29일 일본은 프랑스 비시정부와 인도차이나의 군사적 방위협력을 위한 협정을 체결하였다.[29]

1941년 8월 14일 루즈벨트와 처칠은 전격적으로 대서양에서의 해상회담을 통한 합의문을 발표했다. 대서양헌장(The Atlantic Charter)이라고 불린 이 합의문은 민족자결, 영토보전, 경제적 국제주의, 사회보장, 군비축소, 국제협조 등에 관한 8개조를 포함하고 있었다.[30] 1927년에 작성된 영국해군의 전쟁플랜은 당시까지 영국이 미국과의 전쟁가능성을 완전히 배제하지 않고 있었음을 보여준다. 그러나 대서양헌장은 미국에 대한 영국의 태도가 완전히 불식되었음을 의미하는 것이었다. 영국의 입장에서 볼 때, 미국과 대서양에서 무력으로 경쟁한다는 것은 더 이상 가능하지 않았다.[31]

히틀러가 영국의 식민제국을 보전해주는 댓가로 유럽에서 독일의 패권을 인정해줄 것을 요구했다면, 미국은 영국이 식민제국을 포기하는 대가로 영국과의 동맹을 받아들였다고 볼 수 있을 것이다. 대서양헌장은 미국의 1차대전 참전 이후 유럽의 이익을 위해 미국이 이용당했다는 비판 속에 윌슨이 처해졌던 운명을 되풀이하지 않을 수 있는 안전장치였다. 윌슨정부의 해군차관으로 일했던 루즈벨트는 이 점을

---

27) "Memorandum by the Acting Secretary of State(Welles) on a Meeting Between President Roosevelt and the Japanese Ambassador on the Japanese Occupation of Indochina," 24 July 1941 in U. S. Department of State, *Peace and War*, pp. 699-702.

28) *New York Times*, 26 July 1941.

29) http://www.ibiblio.org/pha/policy/1941/410729a.html.

30) Brinkley, Douglas and David R. Facey-Crowther, *The Atlantic Charter* (Macmillan: London, 1994).

31) 1927년 영국해군의 프로그램에 관해서는 Ovendale, Ritchie, *Anglo-American Relations in the Twentieth Century*(London: MacMillan Press, 1998), p. 24.

잘 인식하고 있었다.

일본의 입장에서 볼 때, 대서양헌장은 일본의 아시아-태평양구상에 대한 위협이었다. 코노에 내각은 한편으로 미국과 영국에 대한 전쟁준비를 추진하면서, 다른 한편으로 미국과의 교섭을 기대하는 모순된 태도를 보였다. 1941년 9월 6일의 어전회의에서는 '제국국책 수행요령' 이 결정되었다. 이 결정에 따라 일미교섭과 미국에 대한 전쟁준비가 병행되었다. 10월 하순까지 영국과 미국에 대한 전쟁준비를 완료하기로 하여, 영국과 미국에 대한 개전은 기정사실화되고 있었다. 1941년 10월 코노에 총리가 사임하였다. 사임 당시 코노에는 일미교섭타결의 중요 조건인 중국 본토에서의 철병에 반대하는 도조 히데키(東條英機) 육상(陸相)과 대립하고 있었다.

코노에의 사임으로 주전파인 도조가 내각을 조직했다. 천황은 도조에게 '제국국책 수행요령' 의 재검토를 명했다. 도조 내각은 11월 5일의 어전회의에서 최종적인 일미교섭안을 결정했으나, 이는 미국이 주장하는 국무장관 각서와는 전혀 다른 것으로, 일미관계는 결정적인 파국을 맞았다. 12월 1일의 어전회의에서 일본은 최종적으로 미국, 영국, 네덜란드에 대한 전쟁을 결의하였다.

1941년 12월 8일(하와이시각으로 12월 7일) 일본의 육해군은 진주만공격(眞珠湾攻擊; Pearl Harbor Attack)과 영국 점령하에 있던 말레이반도에 대한 공격을 감행했다.[32] 이 소식이 중국에 전해지자 국민정부의 관료들은 마치 대승리를 거둔 것처럼 돌아다니며 기쁨을 나누었다.[33]

이로써 중국과 미국은 확실한 동맹국이 되었고, 중일전쟁은 태평양방면과 동남아시아 방면으로 확대되었다. 진주만폭격 이후 일본은 태평양방면의 해전에서 승리를 도모하는 데 골몰했지만 동시에 아시아

---

32) U. S. Department of State, *Peace and War*, pp. 118-149.

33) Han Suyin, 長尾喜又(역), 『無島 の 夏』(春秋社, 1972), p. 230; 臼井勝美, 앞의 책, p. 483에서 재인용.

방면에서는 치열한 중일전쟁을 계속했고, 버마전선을 넘어 인도로의 진격을 모색했다. 이러한 측면들을 포괄하고 있던 아시아 · 태평양전쟁은 다음과 같은 네 개의 시기로 나누어 볼 수 있을 것이다.[34)]

III. 제1기: 일본공세기

- 1941년 12월 8일 진주만폭격과 말레이반도 침공으로부터 1942년 6월 4~7일 미드웨이 해전(Battle of Midway)까지

유럽에서 전격적으로 동진하던 독일군이 모스크바에서 쥬코프에게 불의의 역공을 당하던 무렵(12월 6일), 일본 해군은 진주만폭격으로 항공모함을 제외한 미국 태평양함대의 주력을 궤멸시켰다. 독일이 소련과의 전쟁계획에 골몰하여 이라크의 라시드 알리정권(Rashid Ali al-Kaylani, 3차례 수상 재임기간, 1933년 3월 ~ 1933년 10월, 1940년 3월~1941년 1월, 1941년 4월~1941년 5월)이나 팔레스타인의 아민알-후사이니(Aminal-Husayni, 1895~1974)의 반영민족운동을 적극적으로 지원하지 않은 것은 아프리카전선에서의 패배를 자초했다. 그러나 그것은 영국 이상으로 아랍민족들의 독립과 주권을 보장해줄 수 없었던 독일파시즘의 한계이기도 했다.

영국의 입장에서 볼 때, 이라크는 전쟁에 필요한 에너지의 공급원이었을 뿐만 아니라 아프리카전선과 아시아전선을 잇는 가교였다. 영국은 바스라상륙작전으로 대표되는 군사개입을 통해 친독성향의 라시드 알리정권을 붕괴시켰다. 그러나 영국은 홍콩이 1941년 12월 25

34) 흔히 전쟁의 시기를 세 시기로 구분하기도 하나 필자는 네 개의 시기로 구분하였다. 대표적인 3분론으로는 다음을 참고. David Williams, *Defending Japan's Pacific War: The Kyoto School Philosophers and post-White power*(London and New York: RoutledgeCurzon, 2004), pp. 22-23.

일 일본군에 의해 함락되는 것을 막지는 못했다. 야마시타 토모유키(山下奉文, 1885-1946)가 이끄는 일본군은 시암(Siam, 1949년 5월 11일까지 타이의 공식명칭)의 일본군기지들에서 출발하여 영국령 말레이(British Malay)반도를 휩쓸면서, 야마시타에게 '말레이의 호랑이'라는 별명을 선사했다. 일본군은 계속해서 1942년 1월 2일 말레이시아, 1월 8일 보르네오를 함락했고, 필리핀의 마닐라에 이어 2월 15일 싱가포르에서 영국군 사상 최대의 항복을 받아냈다. 이어서 3월에는 자바 섬을 비롯하여 주변의 섬들을 공략, 오랜 네덜란드의 식민지를 차지했다. 그리고 1942년 3월 일본군은 전년 12월 방콕에서 결성된 아웅산의 버마독립의용군과 함께 영국령 버마의 수도 랑군을 접수했다.[35]

동남아에서 영국과 미국, 그리고 네덜란드군대들을 물리치면서 일본은 동남아를 서양의 지배로부터 해방시킨 아시아의 해방군이라고 자칭했다. 이 밖에도 일본은 개전과 동시에 괌 섬에서 비스마르크 제도의 라바울 등 남서태평양까지 점령지를 넓혔다. 일본은 중국의 동북 및 화북지역에서 1942년 12월까지 치안강화운동을 통한 총력전 체제를 구축하였다. 중국대륙에서 일본군은 잔혹한 삼광작전(三光作戰: 殺光 · 燒光 · 搶光)을 구사했다. 그 결과 동북지역의 항일무장투쟁은 사실상 소멸되었고, 화북지역의 팔로군도 고사의 위기를 맞이했다.[36]

개전 후에도 일본군은 육군주력 부대를 중국대륙에 두고 있었음에도, 일본군의 작전 전개는 매우 빨랐다. 1942년 5월까지 일본군이 점령한 권역은 거의 동서 5,000킬로미터, 남북 6,000킬로미터에 이르는 광대한 권역에 이르렀다. 일본이 초기의 주도권을 장악할 수 있었던 이유는 첫째, 미국과 영국 등이 히틀러의 독일 타도를 제1의 목표로 하는 유럽우선전략을 취하고 있었기 때문이었다. 미국은 중국이 일본

35) 野澤豊 외, 박영민 옮김, 앞의 책, p. 222; Jean-Pierre Rioux, *Une Histoire du Monde contemporaine*(Paris: Larousse, 2005), p. 205.
36) 윤휘탁, 앞의 책, p. 86, 131, pp. 302-313.

에 대해 사용했던 전략과 마찬가지로 공간을 주고 시간을 버는 전략을 구사했다. 둘째, 일본군은 기습공격으로 주요병력을 격파하여, 제공 및 제해권을 장악함으로써 이후의 작전을 용이하게 전개할 수 있었다.

제1단계 전략에서 성공을 거둔 일본은 제2단계 전략수립에 들어갔다. 그러나 제2단계 전략수립을 놓고 일본의 육군과 해군 사이의 갈등은 노골화되었다. 해군의 전략은 연합함대로 미드웨이에서부터 하와이를 공략하고, 미국의 주력함대를 꾀어내 함대결전을 일으킨 후 유리한 조건에서 강화조약을 체결하는 전략이었다. 해군이 미국에 대한 선공 후 강화전략을 주장했다면, 육군은 여전히 아시아대륙 방면에서의 전쟁을 중시했다. 따라서 보다 많은 선박과 병력을 필요로 하는 오스트레일리아 점령계획에는 강경히 반대하고, 동남아 점령지의 자원을 전력화(戰力化)하여 장기 지구전 태세를 확립해야 한다는 전략관을 가지고 있었다. 육군과 해군의 갈등은 훗날 미드웨이해전의 패전에서 패한 해군이 한 달이 지나고 나서야 당시 총리 겸 육상이었던 도조에게 패전사실을 보고한 사실에서 극명하게 드러난다.[37)]

이후의 작전양상은 육군과 해군의 의견이 절충된 형태로 진행되었음을 보여준다. 오스트레일리아 상륙작전은 육군의 주장대로 폐기되었다. 그러나 뉴 기니아(New Guinea)의 포트 모레즈비(Port Moresby) 공략작전과 피지, 사모아 제도 및 뉴 칼레도니아 작전이 계획되었다. 그리고 해군의 전략대로 미드웨이해전이 추진되었다. 태평양전선의 이러한 확대는 처칠이 루스벨트에게 제안한 "적으로 하여금 깊이 들어오게 하여, 전력을 소모시키는" 작전에 일본 스스로가 빠져 들어갔음을 의미하는 것이었다. 일본군의 제2단계 전략은 모두 실패했다. 더욱이 1942년 6월, 일본 해군이 총력을 기울여 행한 미드웨이해전에서 일본

37) Saburo Ienaga, *The Pacific War, 1931-1945*(New York: Pantheon Books, 1978), p. 39.

은 주력 항공모함 4척과 다수의 항공기를 잃었다. 1942년 7월 10일 독일외무장관 리벤트로프(Joachim von Ribbentrop)는 일본이 소련을 공격해 줄 것을 요청했지만, 일본은 아직 시기가 성숙하지 않았다는 이유로 독일의 요청에 응하지 않았다.[38)]

Ⅳ. 제2기: 추축국과 연합국의 접전기

- 1942년 6월 미드웨이 해전에서부터 1943년 2월 일본군의 과달카날(Guadalcanal)섬 철수 및 독일군의 스탈린그라드 항복(2월 2일) 등으로 전세를 만회한 연합국 정상들이 1943년 11월 22~27일 카이로 회담(루즈벨트, 처칠, 장제스), 11월 28일~12월 1일 테헤란 회담(루즈벨트, 처칠, 스탈린)을 통해 전쟁의 방향과 목표를 확정한 시기

이 시기 일본은 태평양방면에서 미국의 반격에 저항하는 한편, 아시아방면에서 '대동아'의 건설을 통해 이 전쟁을 아시아 대 서양의 전쟁으로 끌고가고자 하였다.

미드웨이 해전에서 일본의 예봉을 꺾은 미군은 본격적인 반격 태세를 갖추었다. 초기 작전의 승리에 현혹되어 있던 일본은, 미국의 본격적인 반격시기를 1943년 이후로 판단하고 있었다. 그러나 미군은 1942년 8월 신속하게 남태평양 솔로몬 제도의 과달카날 섬에 대한 공격을 개시했다. 이후 1943년 2월까지 6개월간 미국군과 일본군의 사투가 계속되었다. 제공권을 빼앗긴 일본군은, 군대의 증원, 물자 보급의 곤란이 극에 달하여, 3만 명의 병력이 아사 직전의 상태로 내몰렸다. 일본군은 결국 약 2만 명의 전사자를 뒤로 한 채 과달카날 섬에서

---

38) Tsuyoshi Hasegawa, *Racing the Enemy: Stalin, Truman, and the Surrender of Japan*(Cambridge, MA: The Belknap Press of Harvard University Press, 2005), p. 19.

철수하였다. 1943년 과달카날 섬 철수 이후 일본의 야마모토 이소로쿠(山本五十六) 제독은 솔로몬제도 방문계획을 세웠다. 그러나 야마모토 제독의 방문경로에 관한 암호를 해독한 미군은 1943년 4월 18일 매복작전을 통해 야마모토 제독을 암살하는 데 성공했다. 야마모토의 사망으로 일본군의 사기는 더욱 약화되었다. 그러나 통신기술의 한계, 그리고 전시통제로 인해 태평양방면에서 고전하고 있던 일본군의 소식이 아시아대륙의 일본군에게 바로 전해지지는 못했다.

아시아방면에서 일본은 중국을 제압하기 위해 노력하는 한편, 인도공략을 위해 골몰했다. 인도공략에 성공하게 되면 인도의 반영민족해방세력이 일본에 협력할 것이라는 기대가 있었다. 1942년 3월 일본군은 인도의 안다만열도(Andaman Islands)에 상륙하여 벵갈만을 제압했다. 인도방위에 조급해진 영국은 민족주의자와의 화해를 통해 위기를 극복하고자 했다. 특히, 모하메드 알리 진나(Mohammad Ali Jinnah, 1876-1948)가 이끄는 모슬렘연맹이 분리권을 보장받는 대신 영국 측에게 적극적으로 협력할 것을 약속했다.[39] 이것은 약 50만 명의 인명살상, 그리고 550만 명의 무슬림과 3백만 명의 힌두교도 및 시크교도들의 인구이동을 초래한 역사의 분수령이었다. 일본은 내부적으로 대영민족투쟁을 부추겼고, 이러한 상황에서 간디는 영국에 대한 대중적 불복종운동을 제창했다. 1942년 8월 의회파는 '인도를 떠나라' 는 결의문을 채택하여, 영국이 인도지배를 즉각적으로 중지할 것을 선언했다. 그러나 점차 '반파시즘 통일전선론' 이 대두되면서 영국에 대한 민족투쟁의 열기 대신 영국의 대일전쟁에 협력해야 한다는 목소리가 커져갔다.

1942년 11월 4일 이집트 북부 알 알라마인(Al Alamayn)에서는 럼멜원수가 이끌던 독일군과 이탈리아군이 몽고메리의 군대에 제압당했고, 11월 8일 영국군과 미군은 북아프리카상륙을 위한 '횃불' (Torch)작전

39) 野澤豊 외, 박영민 옮김, 앞의 책, p. 226.

을 개시했다. 처칠이 묘사한 대로 '운명의 경첩'(the Hinge of Fate)이 벌어지고 있었다.[40] 1943년 2월 2일 유럽전선에서는 스탈린그라드에서 파울루스(Friedrich Paulus, 1890~1957)원수를 포함한 22명의 장성과 독일군이 소련군에게 항복함으로써 추축국 측은 전 세계적으로 전쟁의 주도권을 상실했다.

이 시기 서태평양에서 버마에 이르는 광대한 점령지에 관하여, 도조 총리는 일본을 중핵으로 하는 '도의에 바탕을 둔 공존공영의 질서 확립' 즉 '대동아공영권(大東亜共榮圈)'을 표방했다. 이것은 일본의 전쟁승리를 위해 아시아인들을 동원하기 위한 이념적 기제였다. 필리핀 주둔 일본군 총사령관은 점령 직후 행한 연설에서 필리핀인들을 다음과 같이 선무했다.

"보편적 형제애와 아시아인을 위한 아시아적 구조를 지닌 대동아공영권이 곧 건설될 것이다. 권역 내 지리적 인접성을 지닌 민족들 간의 복지와 행복을 위한 안정적 구조를 만들 것이다. 나는 동아시아민족들 간의 보다 긴밀한 협력과 일본의 정신적 후원을 통해 재건되는 동아시아는 상호복지와 번영을 가져올 뿐만 아니라, 인류의 영원한 평화를 확립시킬 것이라고 확신하는 바이다."[41]

그러나 실제 일본의 점령정책은, 자원의 획득과 군대의 자활을 첫째로 하고 현지 민중의 독립운동을 억압하는 데 중점을 둔 것이었다. 1943년 5월에 결정한 전시점령정책에서는, 버마와 필리핀은 독립시키지만, 그 밖의 지역은 일본의 영토로 하고 중요자원의 공급지로 개발하기로 했다. '대동아공영권'의 실태는, 일본을 중심으로 하는 식

---

40) "Before Alamein we never had a victory. After Alamein we never had a defeat," Winston S. Churchill, *The Second World War4: The Hinge of Fate*(Boston: Houghton Mifflin Company, 1950), p. 603.

41) The Commander-in-Chief, Japanese Expeditionary Forces to the Philippines, *Address to the Filipino People*, 31 July 1942, C399.224, Library of Congress, Washington, D. C.

민체제였다. 이러한 일본의 점령정책에 대하여 각지의 민중이 저항운동을 일으켰다. 인도차이나의 베트민이나 필리핀의 반일인민군(Hukbong Bayan Laban Sa Hapon)과 같은 민족해방운동조직이 발전했다. 중국의 점령지에서는 팔로군(八路軍)이나 신사군(新四軍)이 광대한 해방구(解放區)를 건설하며 항전했다.

1943년 7월 연합군이 시칠리아에 상륙하자, 무솔리니 정권은 붕괴되었고, 피에트로 바도글리오 정권은 속권을 선언하는 한편 항복협상을 벌였다. 미국의 군수생산은 경이적인 속도로 상승하여, 미국과 일본의 군사력 차이는 크게 벌어졌다. 1943년 9월 이탈리아는 항복했고 일본은 방위 구역을 축소하여 이른바 '절대국방권'을 설정했다. 1943년 11월 5일과 6일간에 걸쳐 일본은 도쿄회의를 개최하여 대서양헌장에 맞서는 태평양헌장을 발표했다.[42] 도조 히데키(東條英機)가 주최한 도쿄회의에 참석하여 태평양헌장에 서명했던 인사들은 난징정부수반 왕징웨이(汪精衛), 만주국 총리 장징후이(張景惠), 필리핀 대통령 라우렐(José Paciano Laurel), 버마수상 바모(Ba Maw), 시암(타이) 대표 완 웨이타야콘(Wan Waithayakon) 등이었다. 버마수상 바모는 아웅산의 친영자치노선과는 달리 반영투쟁노선을 견지하기 위해서는 일본과 협력하는 것이 불가피하다고 보았다.[43] 시암은 20세기 초 영국과 프랑스의 식민주의자들에게 양도한 땅을 되찾고자 했다.

1943년 8월 1일 버마에서는 바모가 이끄는 독립국이 일본 및 추축국들의 승인을 받았다. 일본의 군사훈련을 받고 일본군과 함께 랑군

---

42) "Proceedings of the Assembly of the Greater East Asiatic Nations Held on November 5 and 6, 1943 at the Diet Building, Tokyo," *Contemporary Japan: A Review of East Asiatic Affairs 12*(November 1943), pp. 1385-1386; Japonicus, "The Pacific Charter," *Contemporary Japan: A Review of East Asiatic Affairs 13*(March 1944), pp. 1-15.

43) [U] Ba Maw, *Breakthrough in Burma: Memoirs of a Revolution, 1939-1946*(New Haven and London: Yale University Press, 1968), pp. 336-347.

을 함락했던 아웅산은 국방장관이 되었고, 버마공산당의 지도자 탕툰은 농업장관이 되었다. 1943년 11월 도쿄를 방문한 바모는 다음과 같이 범아시아주의에 동조했다: "내가 방문한 곳은 일본이 아니라, 아시아인들에 의해 재발견되고 있는 아시아이다."[44] 바모는 당시 태평양헌장을 체결하기에 앞서 행해진 개막연설을 통해, "오늘 동아시아의 수도에서 동아시아의 단결체가 탄생했다"고 선포했다.[45] 대서양헌장에 맞서 태평양헌장이 제시했던 5대원칙은 첫째, 지역 내 국가들의 협력, 둘째, 개별국가들의 주권과 독립의 인정, 셋째, 개별국가들의 전통과 문화에 대한 존중, 넷째, 경제적 협력, 다섯째, 국제문화교류와 인종적 차별의 철폐 등이었다. 태평양헌장은 일본인들과 일부 동아시아인들 사이에서 "동양적 르네상스시대의 개막"을 알리는 것이라고 칭송되었다.

인도네시아에서 일본은 토속어의 교육과 보급을 장려하고 네덜란드어를 퇴치함으로써 일본이 아시아의 문화를 수호하기 위해 노력하고 있다고 선전하였다. 일본은 네덜란드에 저항하는 민족주의조직 푸

---

44) Gladys Zehnpfennig, The General Carlos P. Romulo: Defender of Freedom(Minneapolis: T. S. Denison & Company, Inc., 1965), p. 98; Ba Maw, [U], Breakthrough in Burma: Memoirs of a Revolution, 1939-1946(New Haven and London: Yale University Press, 1968), p. 337; F. C. Jones, Japan' s New Order in East Asia(London: Oxford University Press, 1954); Willard H. Elsbree, Japan' s Role in Southeast Asian Nationalist Movements(Cambridge: Harvard University Press, 1953); M. A. Aziz, Japan' s Colonialism and Indonesia(The Hague: Martinus Nijhoff, 1955).

45) "Address of His Excellency General Hideki Tojo, Representative of Japan(November 5, 1943)," Ministry of Greater East-Asiatic Affairs, Addresses before the Assembly of Greater East-Asiatic Nations(Tokyo, November 1943), pp. 1-12. "Address of His Excellency Dr. Ba Maw, Representative of Burma(November 5, 1943)," Ibid., pp. 34-46.; Hachiro Arita, "New Order and East Asia Assembly," *Contemporary Japan: A Review of East Asiatic Affairs 12*(December 1943), pp. 1545-1546.

테라(Putera)를 적극 지원했다. 전쟁말기에 이 조직은 12만 명의 군대로 발전했다. 1933년 자바에서 민족운동을 일으켰다가 프로레스 섬에 망명 중이던 수카르노(Ahmed Sukarno)는 1942년 일본군의 진공 이후 이 조직을 자신의 정치적 기반으로 삼았다.[46] 일본은 프랑스 비시정부와 1940년 8월에 체결한 협약에 따라 1945년 3월 9일까지 프랑스령 인도차이나를 존중했다.[47] 그러나 "질서와 평화의 유지"라는 명목으로 인도차이나에 군대를 파견할 때는 영국군 포로들을 대동함으로써 서양문명에 대한 동양문명의 우월성을 선전했다.[48] 인도네시아에서 생포된 네덜란드인들, 홍콩과 말레이시아, 그리고 버마 등지에서 생포된 영국인들, 그리고 필리핀에서 생포된 미국인들은 일본인들에 대한 백인의 열등성을 보여주기 위한 선전도구로 활용되었다.

이 당시 일본의 '대동아'와 대립적으로 발전한 지리적 개념은 '동

---

46) 웨인 C. 맥윌리엄스, 해리 피오트로브스키, 이재석 · 이명철 역,『현대국제정치사』(서울: 집문당, 1995), p. 147; John Springhall, *Decolonization since 1945: The Collapse of European Overseas Empires*(New York: Palgrave, 2001), pp. 27-28.

47) 프랑스령 인도차이나를 둘러싼 일본 내부의 정책갈등에 관해서는 Minami Yoshizawa, "The Nishihara Mission in Hanoi, July 1940," Takashi Shiraishi and Motoo Furuta ed., *Indochina in the 1940s and 1950s*(Ithaca: Cornell University Press, 1992), pp. 9-54와 Masaya Shiraishi and Motoo Furuta, "Two Features of Japan' s Indochina Policy during the Pacific War," Shiraishi and Furuta ed., *Indochina in the 1940s and 1950s*, pp. 55-85. 참고.

48) Chronique d' une guerre oubliée: La guerre d' Indochine, 1945-1954. 1er coffret: Saigon, perle de l' Empire(Cassettes Radio France); 로물로의 제안에 관해서는 Romulo Gladys Zehnpfennig, The General Carlos P. Romulo: Defender of Freedom(Minneapolis: T. S. Denison & Company, Inc., 1965), p. 98, 100. 또한 Robert S. Ward, Asia for the Asiatics?: The Techniques of Japanese Occupation(Chicago: University of Chicago Press, 1945), p. 205. F. C. Jones, Japan' s New Order in East Asia: Its Rise and Fall, 1937-45, Issued under the aupices of the Royal Institute of Internationla Affairs(London: Oxford University Press, 1954), p. 498.

남아시아' 였다. 1943년 영미 간의 퀘벡회담에서 창설된 마운트바튼(Louis Mountbatten) 제독의 동남아시아사령부(South-East Asia Command: SEAC)는 미국, 영국, 네덜란드, 오스트레일리아(ABDA; America, British, Dutch, Australian) 사령부를 대체했다.[49] 그러나 동남아시아사령부가 포괄하고 있던 지역에는 필리핀제도와 말레이제도가 포함되지 않았으며, 대신 크리스마스 섬(오스트레일리아), 스리랑카(1944~45년간 지휘사령부가 위치), 안다만제도, 라카디브제도, 니코바르제도(인도), 몰디브제도(1965년 완전독립)는 포함되었다. 오늘날의 동남아시아 개념에 비해 훨씬 서유럽 쪽으로 치우쳐진 개념이었다. 한편, 프랑스령 인도차이나는 장제스(蔣介石)가 지휘하는 중국사령부로 배속되었으며, 시암(Siam)의 소속은 애매모호한 채로 남겨졌다. 그것은 어느 쪽이 먼저 이 지역에서 작전을 전개하게 될 것인지에 달려 있었다.[50]

장제스, 처칠, 루즈벨트 등은 1943년 11월 22-26일 카이로에서 일본이 무조건 항복할 때까지 전쟁을 지속할 것임을 공동으로 천명했다. 이로써 일본에게 있어서 영미와의 휴전을 통해 중국과의 전쟁에 집중할 수 있는 선택의 여지는 없어지게 되었다. 이 시기 일본은 대동아라는 이념을 동원하여 아시아인들을 일본의 전쟁에 동원하고자 했다. 그러나 '절대국방권' 은 이미 무너지고 있었다.

---

49) ABDA사령부의 창설과정에 관해서는 Peter Lowe, *Great Britain and the Origins of the Pacific War: A Study of British Policy in East Asia 1937-1941*(Oxford: Clarendon Press, 1977), p. 278.

50) 1975년 이후 포르투갈령 티모르 섬이 인도네시아에 합병될 무렵 미국의 학자들은 "동남아시아"를 10개의 정치단위—버마, 타이(시암), 라오스, 캄보디아, 베트남, 말레이시아, 싱가폴, 인도네시아, 필리핀, 독립을 앞두고 있는 브루나이—로 구성된 것으로 간주했다. 도널드 K. 에머슨, "'동남아시아' : 이름의 유래와 역사," 김경일 편저,『지역연구의 역사와 이론』(서울: 문화과학사, 1998), pp. 101-109.

V. 제3기: 일본의 수세적 종전모색기

- 1943년 11월 카이로, 테헤란 회담 이후 1945년 5월 8일 독일이 항복할 때까지의 시기

1943년 11월 만주, 타이완, 펑후(澎湖) 등을 중국에 반환하기로 약속한 카이로 회담 이후 중국에 대한 미군의 지원은 대폭 증강되었다. 같은 달 장시성(江西省) 쑤이츄안(遂川)으로부터 날아온 B-25 등 15대로 이루어진 비행대의 첫 공습이 일본이 점령하고 있던 타이완의 신주(新竹)에 가해졌다.[51] 1944년 1월에는 마셜 제도가 함락되었고, 6월 마리아나 제도가 공격을 받기 시작하여, 7월 사이판 섬의 7만여 일본 육해군이 괴멸되었다. 이미 유럽전선에서는 1944년 6월 연합군이 노르망디 상륙작전에 성공하여 파죽지세로 진격하고 있던 상황에서 사이판의 함락이 주는 의미는 컸다. 사이판의 함락은 무엇보다 일본본토에 대한 폭격기의 출항과 회항을 가능하게 해주었던 것이다.

뿐만 아니라 1944년 8월부터 중국전선의 제공권을 미공군이 완전히 장악했고, 쓰촨성(四川成) 셩두(成都)의 비행기지에서 출격한 B-29편대가 황해를 지나 기타큐슈(北九州)에 폭격을 가했다.[52] 1894년 청일전쟁, 1904년 러일전쟁, 제1차 세계대전, 만주사변, 중일전쟁 등을 겪어오는 동안 일본인들에게 있어서 전쟁은 단지 외국출정으로 받아들여졌다. 그러나 미군의 무차별폭격으로 일본인들은 전쟁의 참혹성을 비로소 현장에서 목도하기 시작했다. 일본 본토가 전장이 됨에 따라 혐전의식이 퍼져나갔다.

중부태평양지구에서 니미츠(Chester Nimitz) 제독이 사이판을 함락시킨 이후, 남서태평양에서는 1944년 10월 맥아더(Douglas MacArthur) 장

---

51) 佐白有一, 野村浩一 외, 오상훈 역,『中國現代史』(서울: 한길사, 1980), p. 450.

52) Ibid., p. 450.

군이 이끄는 미군이 필리핀의 레이트(Leyte) 섬에 상륙하였다. 이로써 미국 측 선무공작의 슬로건으로 사용되었던 '나는 돌아올 것이다'(I shall return)라는 맥아더의 필리핀 철수시의 공언은 실현되었다.[53] 1945년 1월 미군은 다시 루손 섬에 상륙했고, 30만의 일본군은 많은 아사자를 내고 정글 속으로 흩어졌다. 1945년 2월 4일부터 11일까지 얄타에서 회동한 루즈벨트, 처칠, 그리고 스탈린은 일본을 포함한 추축국들에 대한 전후처리방침에 합의했다. 태평양방면에서 압도적으로 유리해진 전세에도 불구하고, 아시아방면 일본군의 전력을 우려했던 루즈벨트는 소련의 참전을 강력히 요청했다. 스탈린은 얄타에서 독일항복이후 2~3개월 이내에 일본에 대한 전쟁을 선포할 것을 약속했다. 외몽골(몽골인민공화국)의 보전, 1904년 러일전쟁의 결과 훼손된 러시아 권리의 회복(사할린남부 및 인접도서의 반환, 대련의 국제도시화와 소련의 우선적 이익 보장, 여순해군기지 조차, 만주에 대한 중국의 주권을 인정하는 대신 소련의 우선적 이익을 보장하는 것을 전제로 한 동청, 남만철도의 중소공동운영), 쿠릴열도를 소련의 영토로 할 것 등이 합의되었다. 소련은 영토와 관련해서 많은 것을 얻었고, 대신 미국은 협정문을 세계기구(World Organization)에 관한 합의로 시작함으로써 소련을 유엔의 일원으로 끌어들이는 데 성공하였다.[54]

일본은 가능한 유리한 방어선을 모색하면서 전쟁을 지속했으나 이오지마 전투(45년 2월 19일), 오키나와 전투(45년 4월 1일~6월 22일) 등에서 잇달아 패퇴하였다.[55] 미군의 이오지마 획득은 도쿄의 중앙정부가 직

---

53) William M. Leary, ed., *We Shall Return: MacArthur's Commanders and the Defeat of Japan*(Lexington, Ky.: The University Press of Kentucky, 1988).

54) 얄타협정의 원문은 다음을 참조. http://www.yale.edu/lawweb/avalon/wwii/yalta.htm

55) 다른 한편으로 이 시기 일본의 저항은 미국 내부에서 일본본토에 대한 상륙작전이 가져올 피해에 대한 두려움과 더불어 그 대안으로서의 원폭투하로 가는 길을 닦았다. John Ray Skates, *The Invasion of Japan: Alternative to the Bomb*(Columbia: University of South Carolina Press, 1994).

접 관할하던 영토였다는 점에서 그 상징성이 컸을 뿐만 아니라 사이판에서 출격하는 B-29를 호위하는 전투기의 회항반경 안에 있었기 때문에 보다 원활한 도쿄폭격을 가능하게 해주었다. 1944년 3월 7일 일본 15군은 버마(미얀마)에서 오늘날의 파키스탄에 해당하는 인도북부로 치고 들어가는 임팔(Imphal)전쟁을 감행했다.

15군 총사령관 무타구치 유키야(牟田口 廉也, 1888-1966)는 노구교사건에 간여했던 인물로서, 스스로 "노구교에서 총을 쏘았던 사람으로서 그것을 끝내야 할 사람"이라고 말하곤 했다. 보급선을 감안하지 않은 그의 무리한 작전에 맞서 사토 유키노리(佐藤幸德) 31사단장은 무단철수를 단행했다. 결국 이 작전에는 연 인원 8만 명이 투입되었으나, 7월 18일까지 3만 명 전사, 2만 명 병사(病死)라는 참혹한 결과를 초래했고, 중국방면 연합군은 쿤밍(昆明)방면에서 버마북부전선으로 남진하기 시작했다. 1944년 7월 일본 육군붕괴의 서막이었다.[56]

그러나 1944년 중국에서 최후의 대작전을 전개한 일본군은 8월 선양(沈陽)을 점령했고, 11월에는 구이린(桂林)과 리우죠우(柳州)를 수중에 넣었다. 루즈벨트는 이미 중국전선의 동향에 관심을 가지고 부통령 윌리스(Henry Wallace)를 파견했고, 이미 7월에 팔로군을 포함한 중국군과 미군 연합군의 지휘권을 스틸웰에게 넘길 것을 제안한 바 있었다. 그러나 스틸웰은 팔로군에 대한 미군무기의 공여에 반대하던 장제스와 잦은 의견충돌을 빚다가 10월 본국으로 송환된 바 있었다.[57]

이 시기까지 만주지역은 여전히 일본육군의 확고한 지배하에 있었다. 1944년경 만주국 리허셩(熱河省) 총 인구 4백만 명 중 105만 명은 일본이 고안해낸 집단부락에 속해 있었다. 1945년경 관동군은 70만여

---

56) Saburo Ienaga, *The Pacific War, 1931-1945*(New York: Pantheon Books, 1978), pp. 146-147; http://www.bbc.co.uk/dna/ww2/A1122256; http://en.wikipedia.org/wiki/Burma_Campaign

57) 佐白有一, 野村浩一 외,『中國現代史』, p. 451.

명에 달했고, 만주국군도 15만 명에 달했다. 그러나 1945년경 국민당군과 별도로 중국 팔로군의 정규군만도 103만 명으로 증가했고, 화북의 민병 수 역시 약 161만 명에 달했다.[58] 1944년 7월에서 10월 사이 월리스(Henry Wallace)와 서비스(John Service)가 이끄는 미국의 군사시찰단(Military Observers Mission; DIXIE)은 엔안(延安)으로부터 77통에 달하는 전보를 가우스(Clarence Gauss)대사, 헐리(Patrick Hurley)대사, 그리고 스틸웰(Stilwell) 장군에게 발송하였다. 이 전문들은 "북부중국의 거의 전부 그리고 중부중국의 일부(most of North and part of Central China)"가 공산당의 수중에 들어가 있으며, 사기는 "매우 높고(very high)" 어떠한 "패배주의(defeatism)"나 "전쟁피로(war-weariness)"도 없이 "강력하고 성공적(strong and successful)"이기 때문에 "쉽게 사그라들지 않을 것(it will not easily be killed)"이라는 내용을 담고 있었다.[59]

절망적인 전세는 기시 노부스케(岸信介) 등 중신(重臣)들에 의한 도조 정권 비판을 촉진시켰다. 중신 집단은 도조 총리에게서 천황을 떼어놓기 위한 궁정공작과 더불어 사이판 함락의 책임을 물어 도조의 분신과도 같았던 시마다 시게타로(嶋田 繁太郞) 해군대신을 사임시키는데 성공했다. 이어서 1944년 7월 제40대 도조 내각은 총사퇴하였다. 이것은 휴전모색의 시작이었다. 도조를 대신하여 제41대 총리대신직에 오른 고이소 구니아키(小磯國昭)는 1942년 5월 이후 조선총독으로서 한반도에서 대동아체제 구축에 앞장섰던 인물이었다.[60] 고이소 내각

58) 윤휘탁, 앞의 책, pp. 132-133, 302-303.

59) http://history.acusd.edu/gen/ww2Timeline/Pacific06b.html

60) 고이소 구니아키(小磯國昭, 1880.4.1~1950.11.3)는 우쓰노미야(宇都宮) 출생으로 1900년 육군사관학교를 졸업한 뒤 러일전쟁에 종군했다. 1932년 육군차관을 거쳐 육군대장, 조선군사령관, 조선총독 등을 지냈다. 고이소는 전쟁 후에 국제전범재판에 회부되어 A급 전범자로 종신형을 선고받고 복역 중 사망했다. 고이소는 조선총독으로 재임하는 동안 조선청년특별연성령(朝鮮青年特別鍊成令)을 공포, 17~21세의 청년에게 군사훈련을 시켰으며, 1943년 8월에는 징병제, 1943년 11월에는 학도병지원제를 실시했다. 그리고 1944년 8

은 정부의 발언권 강화를 노리고 총리대신이 대본영 정부연락회의에 참석할 수 있는 권한을 요구했지만, 육군은 이를 거부했다. 그 대신 총리대신, 외무대신, 육군대신, 해군대신, 참모총장, 군령부총장 등 6명을 핵심으로 하는 최고전쟁지도회의가 출범하였다. 해군대신 겸 부총리는 1940년에 이미 총리직을 역임(1940년 1월 16일~1940년 7월 22일)한 바 있는 요나이 미츠마사(米內光政)였다. 요나이 해군대신은 다카기 소기치(高木捴吉) 제독으로 하여금 은밀히 종전방안을 연구하도록 하였다. 여러 통로를 통해 정보를 수집한 다카기는 종전을 위해서는 천황이 군과 정부에 명령을 하달하는 것이 유일하다는 결론을 내렸다.[61]

1945년 2월 1일 일본의 최고전쟁지도회의는 "프랑스령의 모든 기능을 제국의 요청에 전면적이고 충실하게 협력"시킬 것을 결정했다. 이 결정에 따라 일본군은 45년 3월 9일 일본에 협력하던 베트남의 프랑스군으로부터 통치권을 빼앗았다. 3월 10일 일본은 바오다이(Bao Dai, 1913~1997) 왕에게 '독립'을 통고했고, 바오다이는 11일 1885년에 체결된 프랑스와의 보호조약을 파기하고 '대동아공영권'의 일원으로 협력한다는 취지의 성명을 발표했다.[62]

1945년 4월 1일 18만 3천 명의 미군이 오키나와(沖繩) 상륙작전을 벌였다. 3개월 가까이 계속된 오키나와 전투에서 많은 원주민들이 전투에 말려들어, 주민 50만 명 가운데 20만 명 정도가 죽었다. 미군도 1만 2,520명이 죽고, 3만 7천 명이 부상을 입었다. 일본의 오키나와항전은 미군의 대일전략에 깊은 영향을 미쳤다. 오키나와의 함락이 예상되던 1945년 4월 고이소 구니아키 내각을 대신하여 이후 8월 17일까지 일

월에는 학도동원본부 규정을 공포하고, 국민학교 4학년 이상에서 대학생까지 동원체제를 확립했다.

61) Tsuyoshi Hasegawa, *Racing the Enemy: Stalin, Truman, and the Surrender of Japan*(Cambridge, MA: The Belknap Press of Harvard University Press, 2005), p. 28.

62) 野澤豊 외, 박영민 옮김, 앞의 책, pp. 245-246.

본을 이끌게 될 제42대 스즈키 간따로오(鈴木貫太郎) 내각이 들어섰다. 스즈키의 총리직 취임 직후 미국에서는 루즈벨트의 사망에 따라 트루만이 대통령직을 승계하였다.

일본의 패전은 확실했다. 동남아시아방면으로부터의 원유 및 원료공급은 미국의 잠수함과 미국이 살포한 폭뢰로 인해 더 이상 일본본토로 들어갈 수 없었다. 정유공장에는 원유가 없었고, 알미늄공장에는 보크싸이트가 고갈되었다.[63] 오키나와 패전에 즈음하여 수립된 스즈키(鈴木) 내각은, 본토결전을 표방하는 한편 군부의 반대를 피해 강화를 통한 국면전환을 도모했다. 줄곧 계속되는 패전으로 군부의 정치적 발언권은 약화되었고, 대신 중신(重臣)과 천황 측근집단이 정치적 주도권을 장악해나가고 있었다.

일본은 스위스를 비롯해 각국에 파견될 외교관들을 총동원하여 유리한 조건의 항복을 모색했다. 1941년 4월 13일 5년 간의 일소중립조약을 체결한 바 있는 소련을 통한 종전(終戰)외교가 대표적이었다. 종전외교의 중심에는 한국계로 주독일대사를 역임한 바 있던 외무대신 도고 시게노리(東鄕茂德, 1882~1950; 외무대신재임기간 41년 10월~42년 9월, 45년 4월~45년 8월), 1937년 외무대신을 역임하고 1942년 이후 주 소련대사직을 수행하고 있던 사토 나오다케(佐藤 尙武, 1882~1971), 도고에 의해 특사로 파견된 전 32대 총리 히로타 코키(廣田弘毅, 후일 외교관으로서는 유일하게 도쿄전범재판을 통해 처형됨), 그리고 역시 천황의 특사로 파견된 전 34, 38, 39대 총리대신 코노에 왕자 등이 있었다.[64] 이들의 공작은

---

63) Saburo Ienaga, *The Pacific War, 1931-1945*(New York: Pantheon Books, 1978), p. 150.

64) Shigenori, Togo, *The Cause of Japan* (New York: Simon and Schuster, 1956), p. 287; Sigal, Leon V., *Fighting to a Finish-The Politics of War Termination in the United States and Japan, 1945* (Ithaca: Cornell University Press, 1988), pp. 26-86; Tsuyoshi Hasegawa, *Racing the Enemy: Stalin, Truman, and the Surrender of Japan*(Cambridge, MA: The Belknap Press

1940년 9월 이후 '마술'(Magic)이라는 작전명에 따라 미군정보기관이 진행하고 있던 감청 및 암호해독에 의해 모두 감지되고 있었다.[65]

코노에는 1944년 7월 18일 중신회의, 1945년 2월 14일 천황에게 보내는 서한에서 국체보전을 목표로 한 조기종전을 주장했다. 코노에는 패전보다 혁명을 두려워했다. 코노에는 군대 내의 공산주의적 요소가 일본을 전쟁으로 끌어 들였다고 보았다.[66] 코노에는 일본군 내에 침투한 공산주의 세포조직이 소련과의 전쟁보다는 서방과의 전쟁으로 이끌었다는 생각을 가지고 있었다고 보여진다.

같은 맥락에서 일본지배층은 종전 이후에까지 억압적 지배체제를 될 수 있는 한 유지, 강화하려고 했다. 1차 대전 종결과정에서 독일에서 발생했던 사태가 일본에서 발생하지 말라는 보장은 없었다. 세 번씩이나 장관을 역임했던 중신이자 1940년부터 천황의 옥새관(Lord Privy Seal)이었던 키도 코이치(木戶幸一, 1889-1977) 후작 역시 코노에와 의견을 같이했다. 그는 우치무라 간조(內村鑑三)의 영향을 받았던 남바라 시게루(南原繁) 교수 등 6인의 도쿄대학 교수를 초빙하여 종전에 관한 자문을 받았다.[67]

---

of Harvard University Press, 2005), pp. 51-56, 91-102, 120-126.

65) 미국 국가안보처(National Security Agency)는 1990년대 초 1942년부터 1945년 8월까지 이 작전에 수집된 자료들을 공개했다. William Burr, ed., *The Atomic Bomb and the End of World War II: A Collection of Primary Sources*. National Security Archive Electronic Briefing Book No. 162. 202/994-7000(August 5, 2005). http://www.gwu.edu/~nsarchiv

66) Saburo, *The Pacific War*, p. 230.

67) Hasegawa, *Racing the Enemy*, pp. 99-102.

Ⅵ. 제4기: 독일 항복에서 일본 항복까지

- 1945년 5월 8일 독일항복으로 이미 1943년 9월 항복한 이탈리아에 이어 추축국 진영이 붕괴된 후 1945년 9월 2일 도쿄만에 정박한 미주리호 함상에서 일본이 항복문서에 서명하기까지의 시기

이 시기는 일본의 패전이 기정사실화된 가운데, 미국의 무조건항복 요구에 맞서 일본이 최대한 유리한 조건으로 항복하고자 최후의 노력을 기울였던 시기이다. 일본의 항복외교에 쐐기를 박았던 것은 히로시마 원폭투하(1945.8.6)와 소련의 대일선전포고(1945.8.8), 그리고 나가사키 원폭투하(1945.8.9)였다.[68] 1945년 7월 말에서 8월 초까지 베를린 근처 포츠담에 모인 스탈린, 트루만, 처칠(회의 도중 애틀리로 대체)은 다시 한번 일본에게 무조건 항복을 권고했다. 일본은 이에 대한 거부(reject)의사를 표명함으로써 원폭을 자초하는 결과를 초래했다. 결국 미국대통령 트루만의 명령에 따라 인류 최초의 원자폭탄이 1945년 8월 6일 오전 8시 15분 히로시마(廣島)에 투하되었다. 그리고 8월 9일 오전 11시 2분 두 번째 원자폭탄이 나가사키(長崎)에 떨어졌다. 만주지역에서는 관동군을 겨냥한 소련의 참전이 이루어지자 만주국이 붕괴되고 푸이(溥儀) 황제가 실각하였다. 원폭과 소련의 참전으로 일본 지배층 내부에서는 비로소 포츠담 선언 수락에 대한 합의가 도출될 수 있었다.

8월 9일의 최고전쟁지도회의에서는 '국체(國體, *kokutai*) 보장' 곧 천황제의 유지를 유일한 조건으로 항복하자는 주장이 제기되었다. 이에 대하여 육해군의 대표는, 천황제 이외에 자주적인 무장해제, 보장점령(保障占領)은 행하지 않을 것, 전범재판은 일본 자신이 행할 것 등의

---

68) 소련의 참전과정에 관해서는 U. S. Department of Defense, "The Entry of the Soviet Union into the War Against Japan: Military Plans, 1941-1945" (Washington, D. C.: U. S. Department of Defense, 1955).

4개 조건을 주장하면서 외무대신의 의견과 대립했다. 외무대신의 의견은 중신들의 지지를 받았는데, 이것은 천황제에서 군부를 제거하여 패전 이후 천황제를 입헌군주제로서 재생시키는 구상이었다. 반면에 군부는 군사기구를 천황제의 중추로서 최대한 온존시키려고 했다. 양자의 의견이 대립한 채로, 같은 날의 어전회의에 넘겨졌다. 이 대립은 결국 천황제 존속을 내세운 외무대신의 안을 지지한다는 '성단'(聖斷)에 의해 해결되고, 포츠담 선언에 대한 수락이 결정되었다. 양자는 항복조건에서 대립했지만, 궁핍과 억압 속에서 강한 불만을 품고 있는 국민의 내란을 막아야 한다는 인식만큼은 공유했다.

1945년 8월 15일 일본천황은 이른바 '옥음방송'을 통해 전쟁행위를 중지하고 연합국이 발표한 (포츠담)공동선언을 수락한다는 의사를 발표했다. 이 연설은 다분히 일본 내부의 속전(續戰)론자들을 겨냥한 것이었다. 일본이 민족적/문명적 표준으로 앞세웠던 '천황'의 공개방송이 지닌 파급력은 컸다. 그러나 1945년 9월 2일 도쿄만에 정박한 미주리 함상에서 장군 등을 포함한 일본대표단이 항복문서에 서명하기까지 점령지역에서 일본군의 지배는 계속되고 있었다.

알페로비츠(Gar Alperowitz)는 원폭투하결정의 배경에는 소련을 견제하고자 하는 미국의 의도가 짙게 깔려 있었음을 미국측 사료의 발굴을 통해 밝혀냈다.[69] 당시 미국은 소련의 극동참전을 종용하고 있었고, 이에 따라 소련군은 대일참전에 박차를 가하고 있던 상황이었다. 알페로비츠는 미국정책결정자들이 주고 받은 문건들을 통해, 동아시아지역에서 소련의 팽창을 억제하고, 동유럽지역에서 소련을 보다 잘 다루기 위한 힘의 시위로서 원폭투하를 결정했다고 주장했다. 알페로비츠의 주장을 논외로 하더라도 나가사키에 떨어진 두 번째 원폭은 첫 번째 원폭투하 이후 소련이 참전한 상황에서 일본의 반응을 기다

---

69) Gar Alperovitz, *The Decision to Use the Atomic Bomb and the Architecture of an American Myth*(New York: Alfred A. Knopf, 1995).

려보지도 않은 채 수행되었다는 점에서 더 큰 비판의 여지를 남겨놓았다.

아시아 · 태평양전쟁을 종결시킨 히로시마와 나가사키에 대한 원폭투하가 있은 지 며칠 후, 미국대통령 트루만은 자신의 결정을 다음과 같은 감정적 언사로 합리화했다: "만일 당신이 짐승(beast)과 볼 일이 있다면, 짐승처럼 다루어야 할 것이다."[70] 이러한 언급은 원폭투하결정에 인종적 편견이 깔려 있었던 것은 아닌가 하는 의문을 제기하게 만든다. 무조건항복(Unconditional Surrender)을 추구해 왔던 미국전쟁사의 전통에 비추어 이미 만들어진 신무기를 사용하지 않고 항복협상을 통해 전쟁이 끝나기를 기대하기는 어려웠다.

미국이 항복협상을 통해 전쟁을 끝내고자 했다면 일본은 한반도를 포함하여 최소한 1차 세계대전 직후 베르사유체제를 통해 영유권을 인정받았던 지역의 상당 부분을 계속 보유하는 조건을 제시했을 가능성이 높다. 만일 미국이 이러한 조건을 받아들이는 대신 원폭을 사용하지 않고 전쟁을 끝냈다면 그것은 정당한 것이었을까? 아울러 일본이 원폭과 생물무기를 준비하고 있던 상황에서 미국의 원폭투하는 선제공격적 의미로 정당화된다는 해석도 가능할 것이다.

Ⅶ. 맺음말

아시아 · 태평양전쟁은 (1)자본주의 제국들 간의 식민지 쟁탈전쟁, (2)피압박민족의 반제민족해방전쟁, (3)자본주의 대 공산주의 간의 전

70) 원문은 다음과 같다. "when you have to deal with a beast you have to treat him as a beast." Letter by Truman, 11 Aug 45. Barton J. Bernstein, "The Atomic Bomb and American Foreign Policy: The Route to Hiroshima," in *The Atomic Bomb: The Critical Issues*, ed. Barton J. Bernstein(Boston: Little, Brown, 1976), p. 113에서 재인용.

쟁, (4)파시즘 대 범민주세력(자유민주주의+인민민주주의) 간의 전쟁, 그리고 (5)서로 다른 문명권들 간의 전쟁이라는 복합적 성격을 지닌 것이었다. 일본이 1942년 1월부터 '대동아전쟁'이라고 하는 명칭을 공식화했던 것은 (5)의 의미를 부각시킴으로써 (2)와 (4)의 의미를 희석시키고자 하는 의도를 내포하고 있었다. 특히, 동남아지역에서 일본인들은 이러한 논리를 동원하여 제국주의체제에 맞서 분출하는 탈식민적 저항의 흐름을 서양제국과의 전쟁에 동원했다.[71]

아시아 · 태평양전쟁은 제2차 세계대전의 일부였다. 추축국들 중 독일과 이탈리아는 유럽-아프리카전장의 주역이었던 반면 아시아 · 태평양 전장에는 거의 등장하지 않았다. 추축국들 중에서는 일본만이 아시아-태평양전장의 주역이었다. 이에 비해 미국, 영국, 프랑스, 네덜란드 등의 연합국들은 유럽 · 아프리카전장과 더불어 아시아 · 태평양 전장의 주역들이었다. 이러한 차이는 미국이 대서양 방면은 물론 태평양 방면에 국경을 가지고 있었던 국가라는 점과 더불어 연합국들이 가지고 있던 아시아 · 태평양지역의 식민지들로 인한 것이었다.

미국에게 있어서 아시아 · 태평양전쟁은 이 방면으로 미국적 표준을 확대시킨 결정적 계기였다. 동유럽지역에서 소련은 자국민의 엄청난 희생을 강요했던 만큼의 영향권을 기대했다. 스탈린은 "한 영토를 점령하는 자는 또한 자기 자신의 사회제도를 그곳에다 강요"[72]하기 마련이라고 보았다. 반면에 아시아 · 태평양 방면에서 미국은 전쟁으로

---

71) 김명섭, "동아시아 냉전질서의 탄생," 백영서 외, 『동아시아의 지역질서: 제국을 넘어 공동체로』(창비, 2005b), p. 279. 베트남인들을 대상으로 사용되었던 선전적 수사학 중의 하나는 이런 것이었다. "금과 은 중에서 무엇이 더 귀중한가?(...) 이 세계도 백인종과 황인종으로 구성된다. 백이 더 강해 보이지만, 둘을 합치면 무엇이 남는가? 황색은 백색보다 강하다." 당시를 경험했던 한 베트남인은 이러한 선전문구로부터 깊은 인상을 받았다고 증언하고 있다. *Chronique d' une guerre oubliée: La guerre d' Indochine, 1945~1954*. Cassettes Radio France. 1er coffret: Saïgon, perle de l' Empire.

72) 밀로반 질라스,『스탈린과의 대화』(서울: 여명문화사, 1962), p. 100.

치룬 희생에 대한 보상을 당연시하였다.

1차 세계대전 직후 이미 미국은 자신의 표준을 유럽의 국제관계에 적용할 수 있는 기회를 가진 바 있었다. 하지만 1차 대전 이후 미국민들은 유럽문제에 개입하기 보다는 대서양과 태평양에 의해 보호되는 '대륙적 섬' 에 갇힌 행복을 추구하고자 했었다. 2차 대전을 통해 미국은 자국적 표준의 세계화가 얼마나 중요한 지를 확고하게 재인식하게 되었다. 루즈벨트의 뒤를 이은 트루만 대통령은 '미국적 삶의 방식(American way of life)' 을 보존하기 위해서는 그와 같은 삶의 방식을 전 세계적으로 확대시킬 필요가 있다고 보았다. 미국적 삶의 방식의 확대를 뒷받침해 주었던 것은 전 세계 총생산량의 약 50%를 담당했던 미국의 경제력이었다.

아시아 · 태평양전쟁에 참전했던 일본의 정규군은 2백만 명 정도였다. 이들 중 상당수가 중국전선에 묶여 있음으로 해서 일본은 인도침공전쟁과 태평양방면의 전쟁에서 차질을 빚었다. 한편, 만주국과 왕징웨이의 난징정부를 중심으로 일본군을 위해 부역했던 '위군'(僞軍)은 약 2백 10만 명이었다. 부역군의 수가 침략군의 수보다 많은 것이 특이해 보이지만, 사실은 대영제국의 팽창과정에서 이미 잉글랜드가 널리 사용했던 방식이었다.

소련은 1억 9,400만 명의 인구 중 연 인원 3천만 명이 참전했지만, 대부분 유럽전선에서였다. 영국은 590만명이 참전하여 30만 명 이상이 죽었는데 식민지보위를 위해 소련보다는 훨씬 일찍부터 아시아-태평양전선에 참전했다. 영국은 진주만폭격 이후 미국보다 먼저 대일선전포고를 하였을 뿐만 아니라 이미 오래 전부터 중국방면과 동남아방면에서 일본과 대립했다.

미국의 태평양방면 26개 사단들 중 6개 육군사단과 4개 해군사단만이 규칙적으로 전투에 참가했다. 이에 비해 유럽전선에서는 독일 및 독일위성국의 3백개 사단이 소련의 3백개 사단에 합류한 영미의 70개 사단과 맞붙었다. 비록 일본이 아시아 · 태평양전쟁으로 인해 140만명의 사망자를 기록했지만 이것은 유럽전선에서와 같이 전투의 규모가 컸기 때문이라기보다는 일본의 무모한 작전과 미군폭격의 결과였다. 일본해군의 경우 40만 명이 목숨을 잃었던 데 비해 미해군의 사망자는 3만 6,900명이었다.[73)]

중국방면에서는 국민혁명군과 공산군이 일본에 맞섰다. 이들의 항전으로 약 105만 명의 일본군이 태평양방면에 투입되지 못하고 아시아전선에 묶였다. 중국측에서는 약 130만 명의 군인이 사망했고, 약 9백만 명의 민간인이 목숨을 잃었다.[74)] 1차 세계대전 직후 파리강화회의에서 일본이 5대 전승국들 중 하나로 부상했다면, 중국은 아시아 · 태평양전쟁을 통해 2차대전의 5대 전승국들 중 하나가 되었다. 중국대륙에서의 국공(國共)내전은 공산당의 승리로 종결되어 1949년 10월 중화인민공화국이 수립되었다.

동남아시아에서는 일본의 패퇴와 더불어 프랑스령 인도차이나의 베트남공화국, 네덜란드령 인도차이나의 인도네시아공화국이 선포되었지만, 식민주의를 포기하지 않은 프랑스와 네덜란드는 신생국들을 무력으로 진압하려 했다. 1945년 3월 일본군에 의해 쫓겨났던 일부 비시정부의 프랑스장교들은 게릴라전을 벌이기도 했고, 일본항복 직후 중국 쿤밍에 있던 레지스탕스 지도자 장 쌩뜨니(Jean Sainteny, 1907~1978)는 하노이로 들어가려 했지만 미군 웨드마이어(Albert Wedemeyer) 장군의 비행금지로 뜻을 이루지 못했다. 웨드마이어는 1944년 11월 3일자 루즈벨트의 지시에 따라 프랑스식민주의자들에 대한 미군의 지원을 삼가하고 있었다.[75)]

일본의 패전 이후 유럽의 식민제국들은 전전상황(戰前狀況, *status quo*

---

73) David Horner, *The Second World War: The Pacific*(Wellingborough: Osprey, 2002), p. 87.

74) 각종 자료를 활용한 Joseph V. O' Brien 교수의 집계.

75) 野澤豊 외, 박영민 옮김, 앞의 책, pp. 246-247.

ante bellum)원칙을 내세워 식민질서를 회복하고자 하는 집착을 버리지 않았다. 영국은 일부 지역에서 점유지 고수의 원칙(*Uti possidetis*)에 경도되었다.[76] 그러나 동남아시아뿐만 아니라 인도와 중동아시아, 그리고 아프리카에 이르는 전 지역에서 민족해방운동의 열기는 이미 고조되어 있었고, 새로운 독립국들의 출현이 이어졌다. 패전국 일본, 이탈리아는 물론, 전승국 영국, 프랑스 등도 결국 식민지들을 상실하게 되었다. 영국은 1956년 런던협상에서 1957년 8월 31일을 기해 말레이시아의 메르데카(독립)를 인정할 것을 약속했다. 그리고 1984년 홍콩을 1997년에 반환하겠다는 약속에 서명했다. 네덜란드 역시 식민제국에 대한 꿈을 버리지 않고 저항했지만 1949년 5월 7일 럼-반 로이엔 협정(the Rum-Van Roijen agreement)을 통해 수카르노의 인도네시아를 인정할 수밖에 없었다.[77] 프랑스는 1954년 디엔 비엔 푸에서의 참패를 겪으면서 인도차이나에서 철수하였다. 포르투갈은 1975년 동티모르의 독립을 인정했지만, 동티모르전쟁의 씨앗을 남겨 놓았다. 1987년에 가서야 포르투갈은 마카오를 1999년에 반환하겠다는 협정에 조인했다.[78]

2차 세계대전으로서의 아시아 · 태평양전쟁이 공식적으로 마감된 것은 1951년 9월 8일에 체결되어, 1952년 4월 28일에 발효된 샌프란시스코평화조약에 의해서였다.[79] 이에 비해 유럽방면에서는 평화조약

---

76) 국제적으로 점유지 고수의 원칙이 관철된 경우는 1871년 프러시아가 프랑스와의 전쟁을 통해 전취한 알자스-로렌지역의 점유를 영속화한 경우, 1964년 아프리카단결기구(OAU; Organization of African Unity)의 국경문제처리 등이 대표적이다.

77) 탈식민화 대신 재식민화를 도모했던 네덜란드인들의 집착에 관해서는 Springhall, John, *Decolonization since 1945: The Collapse of European Overseas Empires*(New York: Palgrave, 2001), pp. 36-38.

78) 전후 식민질서 복원여부를 둘러싼 미국과 유럽의 갈등에 관한 보다 상세한 논의는 김명섭, 앞의 논문(2005b), pp. 279-283.

79) 미국 등 연합국 49개국과 일본국 간에 전쟁상태를 종결시키기 위한 평화조약이 미국 샌프란시스코 전쟁기념 오페라 하우스에서 체결되던 날, 수석 전권

이 체결되지 못했다. 대부분의 연합국들과 일본은 1951년 샌프란시스코평화조약을 통해 전쟁을 끝냈다고 믿었다. 그러나 극심한 냉전상태, 특히 한반도에서의 열전상황 속에서 체결된 샌프란시스코평화조약에 대해서는 오늘날까지도 많은 문제들이 제기되고 있다.

1차 대전 이후 일본이 5대 전승국의 일원으로 패전국들에게 강요했던 평화조약문들의 가혹성에 비추어 보면, 아시아-태평양에서 2차 대전을 마감한 샌프란시스코평화조약이 얼마나 일본에게 우호적으로 체결된 조약인가를 알 수 있다.[80] "일본은 전쟁기간 동안 자신이 입힌 손해와 고통에 대해 연합국들에 배상금을 지급해야 한다는 점이 인정된다. 그럼에도 불구하고 현재로서는 일본의 자원이 충분하지 않다는 점도 인정된다" 는 14조의 문구는 오늘날까지 전쟁배상의 문제를 남겨놓고 있다. 아울러 "장래에 일본이 어떤 나라와도 더 나은 협상을 한다면, 조약의 조인국들은 유사한 보상을 위한 새로운 청구권을 제기할 권한을 갖게 될 것이다(26조)"라는 문구 역시 일본이 이후 버마, 네덜란드, 스위스를 포함한 다른 나라들과 별도로 더 나은 협상을 했다는 점을 감안할 때 논란의 여지를 남겨놓고 있다.

장제스가 이끌던 중화민국(타이완)과 체결한 평화조약의 현재적 의미를 어떻게 해석할 것인가 하는 문제도 여전히 남아 있다. 1972년 일중 상해공동성명은 중국이 전격적으로 배상금을 포기하는 대신 타이완문제에 관한 중국의 입장을 관철시키고자 한 것이었다.

한편 전승국으로 인정받지 못했지만 1965년 한일협정을 통해 청구권을 행사한 한국 내에서는 아직까지도 이에 관한 문제제기들이 계속되고 있다. 그러나 한국과 일본 간의 관계는 아무런 조치도 취해지

이었던 요시다 시게루 일본총리는 장소를 옮겨 미국 대표와 단독으로 미일안보조약을 체결하였다.

80) 일본의 전쟁책임에 관해서는 다음의 책을 참조. 이에나가 사부로, 현명철 역, 『전쟁책임』(서울: 논형, 2005).

지 않고 있는 북한과 일본 사이의 관계에 비하면 그나마 아시아 · 태평양전쟁의 유산이 정리된 편에 속한다. 아시아 · 태평양전쟁의 그림자는 아직까지도 북핵문제와 북일미수교상황, 영토문제, 전후보상문제, 그리고 전쟁의 기억문제 등을 둘러싼 동아시아 국제관계 위에 짙게 드리워져 있다.

참고자료

김명섭. “아시아 · 태평양전쟁과 한국의 주권회복.” 『정신문화연구』 제28권 제4호(2005 겨울호), pp. 5-36.

______. “동아시아 냉전질서의 탄생.” 백영서 외. 『동아시아의 지역질서: 제국을 넘어 공동체로』. 서울: 창비, 2005.

김용구. 『세계외교사』. 서울: 서울대학교 출판부, 2005.

김희곤. 『대한민국임시정부 연구』. 서울: 지식산업사, 2004.

문명기. “중일전쟁 초기(1937~39) 왕정위파의 화평운동과 화평이론.” 『동양사학연구』 71권. 2000.

배경한. “중일전쟁 시기 중국에서의 동아연맹운동과 왕정위정권.” 『중국근현대사연구』 21권. 2004.

윤휘탁. 『중일전쟁과 중국혁명』. 서울: 일조각, 2003.

이계황 외. 『기억의 전쟁』. 서울: 이화여자대학교출판부, 2003.

이에나가 사부로. 현명철 역. 『전쟁책임』. 서울: 논형, 2005.

이태진 외. 『한국병합의 불법성 연구』. 서울: 서울대학교 출판부, 2003.

Montgomery, Bernard Law. 승영조 옮김. 『전쟁의 역사』. 서울: 책세상, 2004.

Taylor, A. J. P. , 유영수 옮김. 『제2차 세계대전의 기원』. 서울: 지식의 풍경, 2003.

臼井勝美, 송한용역. 『중일외교사연구』. 서울: 선인, 2004.

絞頁結頁厚(고케츠 아츠시). 박인식 · 박현주 역. 『침략전쟁』. 서울: 범우, 2006.

佐白有一, 野村浩一 외. 오상훈 역. 『中國現代史』. 서울: 한길사, 1980.

野澤豊 외. 박영민 옮김. 『아시아민족운동사』. 서울: 백산서당, 1988.

Brinkley, Douglas, and David R. Facey-Crowther, *The Atlantic Charter*. Macmil lan: London, 1994.

Brook, Timothy. *Documents on the Rape of Nanking*. Ann Arbor: University of Michigan Press, 1999.

Burr, William, ed. *The Atomic Bomb and the End of World War II: A Collection of Primary Sources*. National Security Archive Electronic Briefing Book No. 162. 202/994-7000(August 5, 2005).

Chang, Iris. *The Rape of Nanking*. New York: Penguin Books, 1998.

Churchill, Winston S. *The Second World War1~6: The Gathering Storm*. Boston: Houghton Mifflin Company, 1950.

Congdon, Don. *Combat WWII: European Theater of Operations*. New York: Arbor House, 1983.

Coox, Alvin D. *Nomonhan: Japan against Russia, 1939*. Stanford: Stanford University Press, 1985.

Frei, Henry P. *Japan' s Southward Advance and Australia*. Carlton, Victoria: Melbourne University Press, 1991.

Goldstein, Donald M. and Katherine V. Dillon. *The Pacific War Papers: Japanese Documents of World WarII*. Washington, D. C.: Potomac Books, 2004.

Goodrich, Leland M. *Korea: A Study of U.S. Policy in the United Nations*. New York: Council on Foreign Relations, 1956.

Hasegawa, Tsuyoshi. *Racing the Enemy: Stalin, Truman, and the Surrender of Japan*. Cambridge, MA: The Belknap Press of Harvard University Press, 2005.

Horner, David. *The Second World War: The Pacific*. Wellingborough: Osprey, 2002.

Ienaga, Saburo. *The Pacific War, 1931-1945*. New York: Pantheon Books, 1978.

Iriye, Akira. "Japan Against the ABCD powers." Akira Iriye and Warren Cohen, ed. *American, Chinese, and Japanese Perspectives on Wartime Asia, 1931-1949*. Wilmington, Delaware: SR Books, 1990.

Iriye, Akira. *Pearl Harbor and the Coming of the Pacific War: A Brief History with* Documents and Essays. Boston/New York: Bedford/St. Martin' s, 1999.

Japonicus. "The Pacific Charter." *Contemporary Japan: A Review of East Asiatic Affairs 13*(March 1944).

James, Clayton D. *The Years of MacArthur, vol. 1: 1880-1941 vol. 2: 1941-1945, vol. 3: Triumph and Disaster, 1945-1964*. Boston: Houghton Mifflin, 1970, 1975, 1985.

Keegan, John. *The Oxford Companion to World War II*. Oxford: Oxford University Press, 2005.

Kelsen, Hans. *The Laws of the United Nations.* London: The London Institute of World Affairs, 1951.

Leary, William M., ed. *We Shall Return: MacArthur's Commanders and the Defeat of Japan.* Lexington, Ky.: The University Press of Kentucky, 1988.

Livesey, Anthony. "Douglas MacArthur." In *Great Commanders: and Their Battles*(From the publishers of *Great Battlefields of the World and Great Battles of World War II*) Foreword by General Sir John Hackett. New York: Macmillan, 1987.

MacArthur, Douglas. *Reminiscences.* New York: McGrow-Hill Book, 1964.

Manchester, William. *American Caesar: Douglas MacArthur, 1880-1964.* Boston: Little, Brown and Company, 1978.

Masaaki, Tanaka. *What Really Happened in Nanking.* Tokyo: Sekai Shuppan, 2000[Kenkosha, 1987].

Ovendale, Ritchie. *Anglo-American Relations in the Twentieth Century.* London: MacMillan Press, 1998.

Petit Robert 2. Paris: Le Robert, 1989.

Ray, John. *The Invasion of Japan: Alternative to the Bomb.* Columbia: University of South Carolina Press, 1994.

René Girault, Robert Frank, and Jacques Thobie. *La loi des géants 1941-1964.* Paris: Masson, 1993.

Rioux, Jean-Pierre. *Une Histoire du Monde contemporaine.* Paris: Larousse, 2005.

Schaller, Michael. *Douglas MacArthur: The Far Eastern General.* Oxford: Oxford University Press, 1989.

Schonberger, Howard B. *Aftermath of War: Americans and the Remaking of Japan, 1945~1952.* Kent, Ohio: The Kent State University Press, 1989.

Sekiguchi, Takeo. "The Wartime Role of Manchoukuo." *Contemporary Japan: A Review of East Asiatic Affairs* 13, February 1944.

Shigenori, Togo. *The Cause of Japan.* New York: Simon and Schuster, 1956.

Sigal, Leon V. *Fighting to a Finish-The Politics of War Termination in the United States and Japan, 1945.* Ithaca: Cornell University Press, 1988.

Spinks, Charles Nelson. "The Man Behind in Japan." *Asia & Americas* 43, April

1943.

Springhall, John. *Decolonization since 1945: The Collapse of European Overseas Empires*. New York: Palgrave, 2001.

Suyin, Han. 長尾喜又 역. 『無島 の 夏』. 春秋社, 1972.

Taylor, A. J. P. *The Origins of the Second World War: An Illustrated History*. New York: G. P. Putnam' s Sons, 1975.

Tewksbury, Donald G. ed. *Source Materials on Korean Politics and Ideologies*. New York: International Secreatriat Institute of Pacific Relations, 1950.

U. S. Department of Defense. "The Entry of the Soviet Union into the War Against Japan: Military Plans, 1941~1945." Manuscript, Washington, D. C.: U. S. Department of Defense, 1955.

U. S. Department of State. *Peace and War: United States Foreign Policy, 1931~1941*. Washington, D. C.: U. S., Government Printing Office, 1943[1983].

Whitney, Courtney. *MacArthur; His Rendez-vous with Destiny*. New York: Knopf, 1956.

Williams, David. *Defending Japan' s Pacific War: The Kyoto School Philosophers and post-White Power*. London and New York: Routledge-Curzon, 2004.

Yano, Toru. *The Greater East Asia Co-prosperity Sphere: Setting the Stage for the Cold War in Southeast Asia*. Kyoto: Center for Southeast Asian Studies, Kyoto University, 1975.

"Acting Secretary of State Sumner Welles' statement on Japanese-French Collaboration in Indochina." 24 July 1941. *Department of State Bulletin*, 26 July 1941.

"Résolutions adoptées par l' Assemblée générale au cours de sa cent-douziéme séance pléniére" (14 novembre 1947).

Chronique d' une guerre oubliée: La guerre d' Indochine, 1945~1954. Coffret de 5 cassettes. Durée 7 h. Cassettes Radio France.

http://www.hermuseum.go.kr/index.jsp

http://www.yale.edu/lawweb/avalon/wwii/s1.htm

http://www.gwu.edu/~nsarchiv
http://history.sandiego.edu/gen/st/~pbugler/

제6장

한국의 6 · 25전쟁

김영호

Ⅰ. 머리말

국제정치현실은 외교관과 장군에 의해 상징된다고 할 수 있다.[1] 외교관은 평화와 교섭, 장군은 전쟁을 각각 상징한다. 중앙정부가 존재하지 않는 무정부적 국제정치현실에서 국가들 사이의 전쟁 가능성은 상존하고 있다. 국제정치는 전쟁과 평화의 시기가 교차하면서 그 역사가 펼쳐진다. 서로 다른 세계관을 가진 동양과 서양이 본격적으로 충돌하기 시작한 19세기 초부터 계속된 동북아 지역의 전쟁은 청일전쟁과 러일전쟁을 거치면서 본격적으로 근대적 성격을 띠어간다. 이러한 근대성은 바로 전쟁과 근대국가 성립과정의 불가분성을 의미한다.[2]

1) Raymond Aron, *Peace and War*, Richard Howard and Annette B. Fox, trans.(Malabar: Robert K. Krieger Publishing, 1981), pp. 5-6.

2) 박상섭, 『근대국가와 전쟁』(서울: 나남, 1996), pp.22-23.

근대국가는 무정부적 현실에서 자신의 생존을 지키기 위해 군사국가의 성격을 띨 뿐만 아니라 대외적 팽창을 위한 식민지국가의 성격을 동시에 지니고 있다.[3] 근대국가 형성에 실패한 조선은 구한말 일본에 의해 식민지로 전락하고 말았고 한반도는 열강들의 전장터가 되었다.

구한말부터 20세기 전반기 동북아는 '전쟁의 시대' 였다. 청일전쟁, 러일전쟁, 중일전쟁, 태평양전쟁, 한국의 6·25전쟁으로 점철된 역사가 이러한 사실을 입증해 주고 있다. 이와 달리 한국의 6·25전쟁(이하 한국전쟁으로 표기) 이후 동북아 지역은 50년에 걸친 장기간 평화의 시대를 구가하고 있다. 20세기 후반 '동북아 50년 장기간 평화' 의 시대는 역사적으로 매우 이례적인 현상이라고 할 수 있다.[4] 20세기 후반기를 동북아 평화의 시기로 부르는 데 반론이 제기될 수 있다. 한반도 분단과 간헐적인 지역 분쟁은 이 지역의 불안정 요인으로 작용했다.

그러나 이러한 분쟁과 위기는 20세기 초반기에 목격한 것과 같은 대규모 전쟁으로 비화되지 않았다. 비록 '동북아 50년 평화' 가 이상적인 영구평화의 상태는 아니지만 동북아 지역의 평화와 번영에 기여했음은 부정될 수 없다. 한국전쟁을 전후하여 동북아 지역 질서가 전쟁과 평화의 시기로 구분된다고 하는 것은 한국전쟁이 지역 질서 형

---

3) 이 점은 이용희, 『일반국제정치이론』(서울: 박영사, 1962)을 참조.

4) '장기간 평화' (long peace)라는 용어는, 냉전 기간 중 미국과 소련 사이의 대결이 제3차 세계대전이 발생하지 않은 이유를 설명하기 위해 존 개디스가 발전시킨 것이다. 이 점에 관해서는 John Lewis Gaddis, *The Long Peace*(New York: Oxford University Press, 1987), pp. 215-45; John Lewis Gaddis, "In Defense of Particular Generalization: Rewriting Cold War History, Rethinking International Relations Theory," *Bridges and Boundaries*, Colin Elman and Miriam Fendius Elman, eds.(Cambridge: MIT Press, 2001), pp. 315-16을 참조. 동북아 '장기간 평화' 의 요인에 관한 논의는 Michael McDevitt, "The Post-Korean Unification Security Landscape and U.S. Security Policy in Northeast Asia," *Korea's Future and the Great Powers*, Nicholas Eberstadt and Richard J. Ellings, eds.(Seattle: University of Washington Press, 2001), p. 281을 참조.

성과 발전에 끼친 심대한 영향력을 보여준다고 할 수 있다.

한국전쟁연구는 최근 소련과 중국의 한국전쟁 관련문서의 공개와 더불어 새로운 국면으로 들어서고 있다. 물론 북한측이 자신들에게 불리하다고 판단되는 문서들을 일체 공개하지 않음으로써 한국전쟁 관련 당사국들 모두의 문서가 현재 공개되어 있는 상태는 아니다. 그럼에도 불구하고 최근에 공개된 소련측의 문서들이 북한 지도부의 입장과 국경분쟁과 관련된 새로운 사실들을 보여주고 있기 때문에 우리는 한국전쟁의 중요한 국면들, 즉 남침의 결정과정, 전쟁 자체의 수행과정, 그리고 휴전협정체결의 과정들을 새롭게 조명해 볼 수 있게 되었다. 이 글은 탈냉전기 한국전쟁 연구 성과에 대한 분석을 통하여 한국전쟁사를 재조명하고 동북아 전쟁사에서 한국전쟁이 어떠한 의미를 갖는지를 분석하는 데 그 목적이 있다. 또한 이 글은 기존 연구 성과들에 유념하면서 향후 한국전쟁 연구의 중요한 과제들은 어떠한 것들이 있고, 그것들에 대한 전망은 어떠한지를 검토해 보고자 한다.

II. 전쟁의 원인

기존 한국전쟁 연구는 한국전쟁 원인을 설명하는 데 많은 노력을 기울였다. 북한의 전면적인 선제공격에 의해 한국전쟁이 발발했음에도 불구하고, 미소냉전 대결과 남북한 이념적 대치상황은 전쟁 발발과 관련하여 왜곡된 주장들이 학계에 유포되는 데 기여했다. 한국전쟁 원인에 대한 설명은 이 전쟁의 비극적 결과에 대한 책임 문제와도 밀접하게 관련되어 있기 때문에 어떠한 연구 주제들보다도 더욱 논쟁적이었고 연구 성과도 가장 많다.[5] 소련문서가 일부 공개되면서 전쟁

5) 한국의 6 · 25전쟁 원인과 관련된 연구에 관해서는 다음을 참조할 것. 김학준, 『한국정치론사전』(서울: 한길사, 1990), pp. 367-387; 김영호, 『한국의 6 · 25

원인을 둘러싼 의문점들은 상당 부분 해소되었다.

우선 한국전쟁의 원인을 국경분쟁의 연장선상에서 전쟁 발발의 직접적 원인을 설명하려는 커밍스의 내전론은 소련문서의 공개 이후 그 설득력을 잃었다. 『한국전쟁의 기원』 제2권에서 "제2의 모자이크"(second mosaic)라는 가설의 형식으로 제시되고 있는 그의 내전론은 1950년 6월 24일과 25일 새벽 사이에 남한측의 옹진반도 상에서의 도발과 이것에 대한 북한측의 반격이 동시적으로 이루어지고 이것이 연쇄반응을 일으켜 전쟁이 옹진반도에서 철원, 금화, 양양 등 38선 전역으로 확전되어 남북한 사이의 전면전이 일어났다고 주장한다.[6] 그러나 최근 공개된 소련문서들은 스탈린이 1949년 10월 말부터 38선상에서 북한군이 대규모 국경분쟁을 도발하지 못하도록 철저하게 통제하였다는 사실을 보여주고 있다. 이러한 사실은 한국전쟁이 스탈린의 승인과 지원 없이 남북한 사이의 국경분쟁의 연장선상에서 일어나지 않았다는 것을 보여 준다.

소련문서가 공개된 이후에도 커밍스는 자신의 내전론을 뒷받침하기 위해 소련문서를 재해석하려고 시도하고 있다. 그의 주장을 비판적으로 분석하기 위해 여기서는 남북 쌍방에 의한 국경 정찰시에 발생한 소규모 충돌과 구분하기 위하여 대대 내지는 연대급을 동원하여 남북한 사이에 벌어진 국경충돌을 대규모 국경분쟁이라고 규정한다. 소련문서가 공개된 이후 웨더스비와 벌인 논쟁에서 커밍스는 "옹진반도 상에서 국경분쟁은 1949년 말까지 계속되었다"고 주장하고 있다.[7]

전쟁의 기원과 전개과정』(서울: 두레, 1998), pp. 33-101.

6) Bruce Cumings, *The Origins of the Korean War*, Vol. II(Princeton: Princeton University Press, 1990), p. 568.

7) Cumings, "The Letter to the Editor of the CWIHP Bulletin," *Cold War International History Project Bulletin*(이하 *CWIHP Bulletine*으로 약칭), Vols. 6-7(Winter, 1995/1996), p. 120. 소련문서가 공개되기 이전에 씌어진 그의 책에서 커밍스는 1949년의 국경분쟁보다는 소규모이긴 하지만 한국의

그러나 커밍스가 자신의 이론을 전개하기 위하여 면밀하게 분석하고 있으며 그 자신이 출처의 신빙성을 의심하지 않는 미국 군사고문단 정보보고서들은 1949년 10월 21일부터 1950년 2월 14일까지의 시기에 남북한 사이에 대대 또는 연대급을 동원한 국경분쟁은 완전히 사라지고 소규모 충돌만이 국경 정찰시에 남북한 사이에 발생하였다고 보고하고 있다.[8] 방선주가 찾아낸 1950년 3월 8일자 북한 내무성 경비국 총참모부의 극비 작전보고서에 따르면, 1950년 3월 7일 현재 서부의 연백에서 동부의 양양에 이르는 38선 전 국경선에서 대규모 국경분쟁은 완전히 소멸되었다는 것을 분명하게 보여준다.[9]

1949년 10월 중순까지 계속되어 오던 대규모의 국경분쟁이 갑자기 더 이상 발생하지 않게 된 것은 분명히 하나의 이례적인 사건임에도 불구하고, 미국 군사고문단 정보보고서를 검토한 커밍스는 그의 저서에서 이 사실을 간과하고 있다. 국경분쟁과 관련된 소련문서가 최근 공개된 이후에도 그는 1949년 말까지 계속된 국경분쟁이 대규모 분쟁이었는지 아니면 정찰시 발생한 소규모 충돌이었는지를 분명하게 밝히지 않고, 단지 1949년 말까지 국경분쟁이 계속 되었다고만 주장함

---

6 · 25전쟁 직전까지 옹진-해주-개성 지역에서 국경분쟁이 계속되었다고 주장하고 있다(Cumings, *The Origins of the Korean War,* Vol. II, p. 575). 따라서 웨더스비와의 논쟁에 나타난 커밍스의 주장은 이 책의 주장에서 약간 후퇴한 것으로 이해할 수 있을 것이다.

8) Intelligence Summary Nos. 2611, 2618, 2625, 2632, 2652, 2655, 2665, 2674, 2681, 2688, 2694, 2710, 2715, Far East Command(이하 FEC로 약칭), Record Group(이하 RG으로 약칭) 338. 여기서 정보보고서 2715번은 1950년 2월 14일자이다. 우리가 이 정보보고서들을 인용하면서 커밍스가 이 문서들의 신빙성을 인정했다는 사실(Cumings, "The Letter to the Editor," p. 120)을 강조하는 이유는 커밍스가 노획문서들인 소련어로 된 "정찰명령 제 1호"와 한국어로 된 "전투명령 제1호" 등의 신빙성에 강한 의문을 제기하고 있기 때문이다(Cumings, *The Origins of the Korean War,* Vol. II, pp. 588-590).

9) SA 2009, Item 9/69, RG 242. 이 문서는 방선주, "노획 북한필사문서 해제(1)," 『아시아 문화』, 제1권(1986), pp. 77-78에서 재인용되었다.

으로써 자신의 내전론의 근거를 지키려고 하지만, 그의 주장은 설득력이 없다.

커밍스의 내전론에 대한 필자의 비판이 국경분쟁에 초점을 맞추는 커밍스의 이론이 갖는 의의를 완전히 무시하거나 부정하는 것으로 이해되어서는 안 될 것이다. 한국전쟁 이전 남북한 쌍방에 의한 국경분쟁이 발생하지 않았거나 김일성을 중심으로 하는 북한 지도자들이 전면전을 원하지 않았다고 한다면, 스탈린이 한반도, 보다 더 구체적으로 북한 내부의 상황을 이용하여 한반도를 소련의 국가이익을 관철시키기 위한 전쟁터로 만들기는 용이하지 않았을 것이다. 따라서 방대한 미국 군사고문단 정보보고서를 동원하여 이루어진 국경분쟁에 관한 커밍스의 분석은 이러한 일련의 국경분쟁이 스탈린에게 한반도에서의 전쟁을 결정하는 구실을 제공했다는 것을 보여주는 데 그 의의가 있다.

국경분쟁을 강조하는 커밍스와는 달리 김일성의 적극적인 적화통일 의지와 이를 관철시키기 위한 김일성의 소련과 중국에 대한 설득 노력이나,[10] 한국전쟁 직전 북한 내부에 등장한 급진군사주의를 강조하는 이론[11]들도 한반도 내부의 어떠한 조건들이 스탈린에게 한국전쟁을 통하여 소련의 세계 전략적 목적들을 달성하기 위한 구실을 제공하였는지를 보여주는 데 그 의의가 있다고 할 수 있다.

그럼에도 불구하고 1949년 3월 스탈린과의 면담과 1949년 8월과 50년 1월 스티코프와의 면담 기록들이 보여주는 것처럼 김일성이 분단국가의 성립 이후 언제나 남침을 원하고 있었지만, 1950년 1월 30일 스탈린이 남침에 동의하기 이전까지는 전쟁이 일어나지 않았다는 점에서 한국전쟁은 김일성의 개전 의지만으로는 충분하게 설명될 수 없

10) Hakjoon Kim, "Russian Foreign Ministry Documents on the Origins of the Korean War," Paper Presented at the Conference of "The Korean War: An Assessment of the Historical Record" (Washington, D.C., 1995), pp. 1-29.

11) 박명림, 『한국의 6 · 25전쟁의 기원 I』(서울: 나남, 1996), p. 36.

다. 나아가 스탈린이 대규모 국경분쟁이 전면전으로 비화되는 것을 막기 위해 이것을 철저히 통제하였다는 사실은 한국전쟁 원인을 단순히 국경분쟁의 연장선상에서 찾을 수 없다는 것을 보여준다.

1949년 9월 24일 소련 정치국 지시문에서 스탈린은 남침 그 자체에는 반대하지 않고 단지 시기가 적절치 않다는 것을 지적하고 있다는 사실에 우리가 주목할 때, 적절한 시기가 왔다고 스탈린이 판단할 때에는 언제든지 한국전쟁이 스탈린의 결정에 의해 일어날 수 있다는 것을 우리는 알 수 있다. 결국 우리는 1949년 전기간에 걸쳐 무력통일을 원한 상수적(常數的)인 김일성의 개전 의지나 한반도 내부의 국경분쟁의 연장선상에서 한국전쟁 원인을 찾으려는 좁은 시야를 벗어나서 스탈린이 어떠한 세계 전략적 목적을 달성하기 위하여 한반도 내부의 상황을 이용하여 남침을 승인하고 지원하기로 결정하였는지를 밝히는 데 더 많은 이론적 노력을 기울여야 할 것이다.

최근 공개된 소련문서들은 스탈린이 김일성을 비롯한 북한 지도자들의 남한 무력통일론을 역이용하여 미소 냉전 대결에서 결정적 승기를 잡기 위해 북한의 남침을 승인했다는 것을 보여주고 있다.[12] 따라서

12) 최근 공개된 러시아 문서와 관련하여 가장 중요한 자료는 러시아가 우리 정부에게 넘겨준 문서를 번역한 『한국의 6 · 25전쟁 관련 러시아 외교문서』이다. 이 문서는 번역된 전문을 공개한 것이 아니라 요약본이라는 한계점을 안고 있지만 1949년부터 한국의 6 · 25전쟁 종전까지의 중요 문서를 망라하고 있다는 점에서 여전히 매우 중요한 사료이다. 이 요약문은 당시 국내 언론을 통하여 거의 전문이 공개되었기 때문에 누구나 쉽게 구할 수 있는 장점을 또한 갖고 있다. 이 『외교문서』는 워싱턴 소재 윌슨센터(Woodrow Wilson Center for Scholars)에서 미국 이외의 국가들의 냉전 시기와 관련된 문서들을 영어로 번역하여 미국 학계에 소개하는 "다국적 냉전사 연구 기획"(Cold War International History Project)의 일환으로 출간되고 있는 간행물인 『다국적 냉전사 연구 기획 보고서』(CWIHP)에 영어로 그 전문이 번역되어 있기 때문에 이 외교문서의 전문을 모두 검토해보고자 하는 연구자들은 윌슨센터의 인터넷 사이트인 http://www.wilsoncenter.org/index.cfm 에서 이 문서들을 검색할 수 있다. 그 밖의 소련의 한국의 6 · 25전쟁 관련 자료들의 일부

한국전쟁은 그 결정 단계부터 국제적 성격을 강하게 띠고 있었던 것이다. 그럼에도 불구하고 한국전쟁이 국제전화되는 시점은 그동안 학자들 사이에 논란의 대상이었다. 예를 들어 콜코 부부는 북한이 서울을 장악한 후 한국 정치지도자들과 정치협상을 통하여 통일국가를 수립하려는 전형적인 내전으로 한국전쟁이 시작되었지만, 과도한 군비증액과 같은 정책들을 관철시키는 데 유용한 대외적 위기를 필요로 했던 트루만 행정부가 지상군을 투입하여 과도하게 대응함으로써 한국전쟁이 국제전으로 비화되었다고 주장한다.[13)]

마찬가지로 커밍스도 한국전쟁이 국경분쟁의 연장선상에서 내전으로 발발했지만 미국이 개입함으로써 국제전의 양상을 띠게 되었다고 주장한다.[14)] 콜코와 커밍스의 주장에서 우리는 한국전쟁 원인과 전개과정에 대한 설명이 불가분의 연관관계를 맺고 있다는 사실을 다시금 확인할 수 있다. 한국전쟁은 내전으로 발생했지만 미국의 개입으로 인하여 국제적 성격을 띤 전쟁으로 전화되는 계기적(繼起的) 발전과정을 설명하기 위해 "국제적 내전"이라는 용어가 1960년대 초부터 일본 학자들에 의해 사용되기 시작했다.[15)] 소련문서 공개 이후에도 "국제적 내전론"은 미국 학자들에 의해서도 수용되고 있다.[16)]

는 다음에 번역되어 있다. Kathryn Weathersby, "The Soviet Role in the Early Phase of the Korean War: New Documentary Evidence," *Journal of American-East Asian Relations*, Vol. 2, No. 4(Spring 1995), pp. 425-458; Alexandre Y. Mansourov, "Stalin, Mao, and China's Decision to Enter the Korean War, September 16-October 15, 1950: New Evidence from the Russian Archives," *CWIHP Bulletin*, Vols. 6-7(Winter 1995/1996), pp. 94-119.

13) Joyce and Gabriel Kolko, *The Limits of Power*(New York: Harper & Row, 1972), pp. 578-585.

14) Cumings, *The Origins of the Korean War*, Vol. II, p. 617.

15) 이 점에 관해서는 김학준, "6.25 연구의 국제적 동향: 6.25 연구에 관한 문헌사적 고찰," 김철범 편, 『한국의 6 · 25전쟁을 보는 시각』(서울: 을유문화사, 1990), p. 50을 참조.

한국전쟁이 내전으로 시작되어 미국의 개입과 더불어 국제전으로 비화되었다는 절충주의적 성격을 갖는 "국제전 내전론"을 자세히 검토해 보면, 전쟁 발생에 관한 한 이 이론은 여전히 내전론의 입장을 견지하고 있다는 점에서 기존의 내전론의 범주를 크게 벗어나지 못하고 있다는 것을 알 수 있다. 그런데 "국제적 내전"이라는 용어는 위와는 약간 다른 의미로 사용되는 경우도 있다. 예를 들어 일본의 나가이(永井陽之助)는 한국전쟁 발발의 내전적 측면의 중요성을 인정하면서도 국제정치적 측면을 간과해서는 안 된다는 사실을 강조하기 위하여 "국제적 내전"(international civil war)이라는 용어를 사용하고 있다.[17]

그는 남북한 지도자들 사이의 권력투쟁이나 김일성과 박헌영 사이의 분쟁이라는 내적 요인들에만 초점을 맞추어 한국전쟁을 설명하려는 시몬즈의 내전론을 비판하기 위해 "국제적 내전"이라는 용어를 사용하고 있다.[18] 이러한 논의의 연장선상에서 서주석은 한국전쟁 발발과정에서부터 소련이 적극적으로 관여하여 한국전쟁이 국제적 성격을 강하게 띤 전쟁으로 발전했다는 의미로 "국제적 내전" 개념을 사용하고 있다.[19] 나아가 그는 외적 요인과 내적 요인이 한국전쟁 발발에 끼친 영향력을 동시적으로 포괄한다는 의미에서 한국전쟁을 "국제적 내전"으로 규정할 것을 제의하고 있다.

나가이와 서주석의 "국제적 내전" 개념은 한국전쟁이 내전으로 시작되었지만 미국과 중국의 개입으로 국제전화되었다고 보는 내전론

---

16) William Stueck, *The Korean War: An International History*(Princeton: Princeton University Press, 1995), pp. 12-13.

17) Yonosuke Nagai, "The Korean War: An Interpretative Essay," *The Japanese Journal of American Studies*, No. 1(1981), p. 169.

18) 시몬즈의 입장에 관해서는 Robert Simmons, *The Strained Alliance*(New York: Free Press, 1975), pp. 105-110을 참조.

19) 서주석, "한국의 6 · 25전쟁 기원 논의의 현재적 의미," 『한국의 6 · 25전쟁과 휴전체제』, 정치외교사학회 논총 제16집(1997), p. 37, 각주 41.

적 입장에 치우친 "국제적 내전론"보다는 한국전쟁의 현실을 포착하는 데 더 많은 도움을 주는 것이 사실이다.[20] 그럼에도 불구하고 "국제전 내전" 개념은 미소 냉전대결이라는 구체적인 국제정치현실의 체험을 제대로 반영하지 못할 뿐만 아니라 외인과 내인 중 어느 것이 한국전쟁 발발에 결정적인 영향력을 끼쳤는지를 분명하게 설명하지 못한다는 문제점들을 안고 있다.

그러나 필자는 이 개념이 한국전쟁 현실의 체험을 상징화하고 개념화하려는 이론가들의 고심에 찬 사유의 결과로서 등장했다는 사실을 결코 부정하지 않는다. 단지 필자는 "국제적 내전"이 한국전쟁 현실을 포착하기 위해 발전된 상징어와 개념으로서 여전히 애매모호하고 미분화(未分化)된 상태에 있다는 사실을 지적하고자 할 뿐이다.[21] 필자는 한국전쟁의 국제정치적 측면을 미분화된 상태로 두지 않고 보다 더 구체적으로 차별화(差別化)시키고 전쟁의 발발과 전개과정을 상호 밀접한 관련하에서 이해하기 위해 스탈린의 롤백이라는 개념을 발전시킨 바 있다.[22]

새로운 소련문서들에 기초한 기존의 연구들이 한국전쟁 원인을 설명하는 데 많은 기여를 했지만 여전히 많은 연구 과제들이 남아 있는 것이 사실이다. 현재 스탈린의 한국전쟁 결정의 구체적 배경을 알려주는 자료는 거의 없다. 스탈린이 국제정세가 공산권에게 유리하게 전개되고 있다고 판단하고 북한의 남침을 지원하기로 결정했다는 소

---

20) 내전론을 전개하는 커밍스는 한국의 6 · 25전쟁을 "혁명적 내전"으로 규정하고 있다는 사실에 우리는 주목해야 할 것이다. 이 점에 관해서는 Cumings, *The Origins of the Korean War*, Vol. I, p. xxi; Vol. II, pp. xviii, 772를 참조.

21) "미분화"와 "차별화"라는 용어들이 갖는 의미에 대한 보다 더 자세한 논의에 관해서는 Eric Voegelin, *The New Science of Politics*(Chicago: University of Chicago Press, 1987), pp. 163-164를 참조.

22) 김영호, 『한국의 6 · 25전쟁의 기원과 전개과정』, pp. 15-24 참조.

련문서의 극히 일부분만 알려져 있을 뿐이다. 이 내용은 소련이 일부만을 공개한 스탈린과 김일성의 1950년 4월의 모스크바 회담기록에서 알 수 있고, 스탈린은 그 내용을 그대로 5월 중순 김일성과 회담하고 있던 모택동에게 전문의 형식으로 통보했다.

1949년 말 남북한 사이에 대규모 국경분쟁에 소련군사고문단이 직접 개입되었을 때 스탈린은 소련 정치국 명의로 북한주재 소련대사 스티코프(T. F. Shtykov)에게 전문을 보내 북한이 일체 국경분쟁을 다시 도발하지 못하도록 지시한 바 있다. 이러한 사실에 비추어볼 때 스탈린이 김일성의 남침을 지원하기로 결정하면서 정치국 내부의 토론 과정을 거쳤을 것이고 그 내용은 정치국 내부 문서로 남아 있을 가능성이 매우 높다.[23] 따라서 한국전쟁 결정에 이르는 스탈린의 전략적 판단의 근거를 이해하기 위해서는 소련 정치국 문서들을 비롯하여 더 많은 소련 문서의 공개가 필요하리라고 판단된다.

스탈린의 한국전쟁 결정 시기는 소련이 중국과의 새로운 군사동맹 조약을 체결하기로 한 시점과 일치하기 때문에 중국공산혁명이 스탈린의 전략적 판단에 어떠한 영향을 미쳤는지를 구체적인 사료들을 동원하여 검증하는 것은 매우 중요하다. 만약 스탈린이 중국혁명의 성

---

23) 1951년 1월 9일부터 12까지 크레믈린에서 열린 소련과 동구 공산권 지도자들 사이의 극비 회담 내용을 알려주는 문서가 워싱턴 소재의 민간기구인 National Security Archive에 의해 입수되어 공개되었다. 이 문서는 루마니아 노동당의 정치국원인 보드나라스(Emil Bodnaras)가 스탈린의 발언 내용을 메모한 것으로서 한국의 6 · 25전쟁과 관련된 귀중한 내용을 담고 있다. 이 회의에서 스탈린은 미국은 앞으로 2년 내지 3년 동안 아시아 지역에 묶여 있게 될 것이기 때문에 이 기회를 잘 활용하여 동구 공산국가들이 군사력을 증강시켜야 한다고 역설하고 있다. 이 문서는 스탈린이 한국의 6 · 25전쟁을 단기간에 끝낼 의사가 없음을 보여준다. 이 문서의 출처는 National Security Archive의 인터넷 사이트이다. 이처럼 한국의 6 · 25전쟁을 전후한 소련 내부의 문서들을 통하여 스탈린의 전략적 입장을 검증하려는 노력은 계속되어야 할 것이다.

공으로 아시아에서 이미 세력균형에 커다란 변화가 생겼고, 자신에게 주어진 선택의 폭이 대단히 제한 받는 상황에서 북한의 남침을 지원하기로 결정했다고 한다면, 한국전쟁 결정에서 스탈린의 주도적 역할을 강조하는 이론들의 타당성은 새로운 소련 정치국 문서들에 의해 재평가되어야 할 것이다.

이 점에서 1949년 말 진행된 스탈린과 마오쩌둥 사이의 모스크바 정상회담은 한국전쟁의 발발과 관련하여 매우 중요한 의미를 갖고 있다.

1949년 12월 16일 저녁 6시 스탈린과 마오쩌둥은 첫 번째 회담을 갖게 된다.[24] 이 첫번째 회담에서 마오쩌둥은 1949년 7월에 유소기가 스탈린을 만나 구조약 갱신에 관하여 논의했다는 점을 상기시키고 이 문제를 구체적으로 논의하고 싶다고 말했다. 이에 대해 스탈린은 구조약을 완전히 폐기하고 신조약을 체결하기보다는 구조약의 구체적 조항들을 형식적으로는 그대로 유지하면서 실질적으로 구조약을 변경할 것을 제의했다. 스탈린은 자신이 이러한 방식을 제시하게 된 이유를 얄타회담과 관련지어 설명했다. 그는 중소조약은 얄타협정의 일환으로 체결되었다는 것을 강조했다.

그는 얄타협정은 미국과 영국의 합의하에 체결된 것임을 강조하고 그렇기 때문에 구조약의 어떠한 조항도 변경해서는 안 된다는 것이 자신을 포함한 소련 권력층 내부의 의견이라고 말했다. 그 이유로서 그는 소련이 구조약의 어떤 한 부분이라도 변경시킬 경우 미국과 영국이 쿠릴열도와 사할린 등과 같은 얄타협정의 다른 조항들에 대한 변경을 요구할 수 있는 법적 구실을 줄 것이라는 것을 들었다. 따라서 그는 구조약의 골격을 그대로 유지하자고 제안했다. 얄타협정 때문에

---

24) 이 회담 기록은 Coversation between Stalin and Mao, December 16, 1949, *CWIHP Bulletin*, Vol. 5, pp. 5-7을 참조. 소련측에서는 몰로토프와 비진스키 등이 스탈린과 함께 이 회담에 참석했다. 이하 이 회담에 관한 내용은 다른 출처를 인용하지 않는 한 모두 이 기록에 기초하고 있다.

구조약의 골격을 유지하자는 스탈린의 제안에 대해 마오쩌둥은 자신이 얄타협정에 관한 미국과 영국의 입장을 전혀 고려하지 못했다고 실토하고 있다. 다시 말하면 그는 스탈린에게 새로운 중소동맹조약 체결 문제가 미소관계와 이처럼 밀접하게 연관되어 있다는 사실을 미처 깨닫지 못했다는 것을 스스로 인정하고 있다.

스탈린과 마오쩌둥의 제1차 회담에 관한 분석은 스탈린이 미국과의 합의하에 얄타협정의 정신에 입각하여 체결된 중국과의 구조약을 폐기하고 신조약 체결을 주저하고 있음을 알 수 있다. 그런데 스탈린은 구조약을 그대로 유지하자는 제1차 회담의 입장을 변경하여 신조약을 체결하기로 한 소련의 변화된 입장을 마오쩌둥에게 1950년 1월 2일 저녁 정식으로 통보한다.[25] 스탈린은 몰로토프와 미코얀을 마오쩌둥의 숙소로 보내 이러한 결정을 알려주고 주은래가 조약의 구체적 내용을 협의하기 위해 1월 20일까지 모스크바로 오는 데 동의했다. 그리고 신조약 체결을 위한 모든 조치는 1월 말까지 마무리짓기로 합의했다. 바로 이 1월 말은 스탈린이 김일성에게 남침 승인 의사를 통보하는 것과 일치한다. 마오쩌둥은 스탈린이 신조약 체결에 동의했다는 소식을 그날 밤 11시에 북경으로 전문으로 긴급히 알렸다.

몰로토프를 통하여 소련의 신조약 체결 결정을 통보한 후 스탈린은 1월 3일 새벽 4시 마오쩌둥과의 전화 통화에서 자신이 직접 이러한 결정을 재차 통보해 주면서 신조약의 대체적인 골격에 관해서 설명했다.[26]

신조약의 가장 기본적인 내용은 구조약과 마찬가지로 일본의 침략 가능성에 공동으로 대응한다는 것이고, 외몽고의 독립을 정식으로 인정한다는 것이었다. 스탈린은 여순과 대련 등의 지위는 부분적인 수정을 가하고 그 구체적인 문제는 주은래가 도착한 후 구체적으로 논의하기로 했다. 1950년 2월 14일 정식으로 조인된 신조약에서는 만주

---

25) Goncharov, et. al., *ibid.*, p. 93.

26) *Ibid.*, p. 95.

철도와 여순항의 관할권은 일본과 평화조약이 체결되는 즉시 그렇지 않으면 1952년까지는 중국에게 돌려주기로 양국이 합의하고 여순항의 소련군도 그때까지 철수하기로 했다. 그리고 대련 문제는 일본과의 평화협정이 체결된 이후 다시 고려하기로 하고 그 사이에 대련의 관할권은 즉시 중국에게 이양하기로 합의했다. 여순과 만주철도의 조차 기간이 구조약의 30년에서 이렇게 단축된 것은 주목할 만한 일이었다.

1950년 1월 20일 주은래가 모스크바에 도착한 후 1월 22일 스탈린과 마오쩌둥은 다시 회담을 갖고 신조약 체결을 위한 협상을 마무리 짓게 된다.[27] 스탈린은 구조약을 그대로 유지하려고 했던 기존의 입장을 바꾸어 신조약을 체결하기로 결정했다는 사실을 재차 통보했다. 이에 대해 마오쩌둥은 신조약을 체결하는 것이 얄타협정에 정면으로 위배되는 것이 아닌가 하고 스탈린에게 물었다. 이 질문에 대하여 스탈린은 이제 얄타협정을 완전히 폐기처분하여 없애버리기로 결정했다고 말했다. 계속해서 스탈린은 신조약 체결이 얄타협정을 위반하고 이러한 결정이 중소에게 불이익을 가져온다고 하더라도 중국과 소련은 지금부터 미국에 대항해서 싸워야 할 것이라고 강조하고 있다. 중국공산혁명에 뒤이어 체결된 중소동맹조약은 얄타협정의 파기를 의미했을 뿐만 아니라 그 조약의 잠재적 적국을 일본으로 명시함으로써 미소 대결의 격화와 함께 뚜렷한 양극적 구조가 형성됨으로써 동북아 냉전을 촉발시키는 계기가 되었다.

신조약을 통해 얄타협정이 파기됨과 동시에 스탈린은 북한의 남침을 지원하기로 결정함으로써 동북아 냉전은 유럽과 달리 냉전 초기 열전으로 비화되었다. 중국과 신조약의 중요한 골격을 마무리짓는

---

27) 이 회담 기록은 Coversation between Stalin and Mao, December 16, 1949, *CWIHP Bulletin*, Vol. 5, pp. 7-9를 참조. 2시간 동안 계속된 이 회담에는 중국측에서는 주은래와 소련측에서는 몰로토프와 비진스키 등이 함께 참석했다.

1950년 1월 22일의 회담 직전에 스탈린은 북한의 스티코프 소련대사로부터 1950년 1월 17일 김일성이 남침의 승인 여부를 타진했다는 전문을 1월 19일 접수했다. 그 이전에도 김일성은 여러 차례에 걸쳐 북한의 남침을 승인하고 지원해 줄 것을 요청했다. 그러나 스탈린은 얄타협정을 파기하는 공산중국과의 신조약 체결을 결정하기 이전까지는 38선은 미국과 합의에 의해 그어진 양국 사이의 세력분할선이기 때문에 미국을 자극하지 않기 위해 김일성의 남침을 승인하지 않았다. 신조약 체결이 결정되자말자 스탈린은 1950년 1월 30일 김일성의 남침을 승인하고 지원하겠다는 의사를 밝혔다. 스탈린이 중국과 신조약을 체결하고 아시아에서의 얄타협정을 폐기하기로 결정하는 시점과 거의 동시적으로 북한의 남침을 승인하기로 결정함으로써 동북아 지역에서 냉전은 본격적으로 시작되었을 뿐만 아니라 열전으로 치닫게 되었던 것이다.

중국공산혁명의 성공은 스탈린이 통제할 수 없는 상황에서 아시아 지역의 세력균형에 일대 변화가 일어났다는 것을 의미한다면, 스탈린이 사후적으로 공산중국이라는 신생 공산국가의 티토이즘을 경계하려는 의도 역시 매우 강했을 것이다. 한국전쟁을 통하여 스탈린이 미국과 중국 관계 개선에 쐐기를 박고, 중국을 소련의 세력권하에 묶어두려고 했다는 쐐기전략이론이 일부 소련 문서 공개 이후 학계에 재등장한 것은 당연하다고 하겠다. 더 많은 소련 정치국 내부 자료들의 공개는 쐐기전략의 타당성 여부를 평가하는 데 많은 기여를 할 것이다. 이와 함께 스탈린이 공산혁명 성공 이후 만주를 어떻게 처리하려고 했는가 하는 문제에 대한 연구와 자료 수집이 계속 진행되어야 할 것이며, 친소주의자 고강(高崗)에 대한 스탈린의 입장도 더욱더 자세하게 연구되어야 할 것이다.

북방 삼각관계의 세 축 중 가장 중요한 중소관계가 소련과 중국의 문서들에 의해 구체적으로 더욱 자세하게 검증되어야만 한국전쟁을 전후한 동아시아 국제정치질서의 성격이 분명하게 드러날 수 있을 것이다. 제2차 세계대전 이후에 등장한 두 초강대국 중 미국의 동아시아 전략을 이해하는 데 도움이 되는 자료들은 거의 대부분 공개되어 있기 때문에 미국의 자료들을 소련과 중국의 문서들과 비교, 검토함으로써 동아시아 질서의 성격을 객관적으로 이해하고 그것에 기초하여 한국전쟁의 원인과 영향에 대한 분석이 가능하게 될 것이다.

한국전쟁을 전후한 중소관계의 이해와 더불어 북방 삼각관계의 또 다른 한 축들인 소련-북한과 중국-북한의 관계는 북한 내부의 문서가 더 공개되면 더욱 분명하게 밝혀질 수 있을 것이다. 그러나 현재의 북한체제가 존재하는 한 한국전쟁을 전후한 북한측 문서의 공개를 기대하기는 거의 불가능할 것이다. 물론 북한체제의 붕괴 이후에도 이러한 문서들이 남아있으리라는 보장은 없다. 만약 북한의 공식 문서들이 잘 보존되어 있다면 다행이겠지만, 그렇지 않을 경우에는 생존자들의 인터뷰 등을 통해서라도 이 시기의 자료들을 확보하는 데 많은 노력을 기울여야 할 것이다.

최근 공개된 소련문서들은 미국의 참전이 분명해지자 김두봉과 홍명희와 같은 일부 북한 지도자들은 인민군이 미군과 직접 한반도에서 전쟁을 수행하는 데에서 발생할 수 있는 문제점들에 관해서 우려를 표명하고 이 문제들과 관련된 소련의 입장이 어떤 것인지를 김일성에게 문의했다는 사실을 보여주고 있다.[28] 이들과 달리 김일성, 박헌영, 김책, 최용건 등은 미국의 개입에도 불구하고 북한이 이 전쟁에서 승리할 수 있다고 주장했다. 이러한 문서들은 북한 지도부 내에서 미군 개입과 그 영향에 관한 입장의 차이가 존재했을 가능성을 강하게 암시하고 있다. 따라서 북한 내부 문서의 공개는 한국전쟁 결정을 둘러싼 북한 지도부 내에 어떠한 의견 차이가 존재했는지를 보여줄 것이며, 스탈린의 한국전쟁 지원을 받기 위한 북한의 대소외교의 구체적

28) Stalin to Shtykov, July 1, 1950 in Kathryn Weathersby, "New Russian Documents on the Korean War," *CWIHP Bulletin*, Vols. 6-7, p. 42.

내용을 이해하는 데 도움을 줄 것이다.

Ⅲ. 전쟁의 전개과정

기존의 한국전쟁 연구는 전쟁의 원인을 설명하는 데 주로 초점이 맞추어졌다. 최근 소련문서의 공개와 더불어 전쟁 발발과 관련된 의문점이 해소되면서 전쟁과정에 대한 연구의 중요성이 높아지고 있다. 사실 최근까지만 하더라도 한국전쟁의 초기 전개과정과 관련된 소련의 문서들이 거의 공개된 바가 없었기 때문에 그 설명은 한국과 미국의 전사(戰史)에 의존할 수밖에 없었다. 최근 일부 공개된 소련 문서들은 북한의 남침 직후 작전의 진행과정을 소상하게 밝혀주고 있다. 예를 들어 영국의 BBC방송국이 1994년 입수한 소련문서는 6월 25일 새벽 38선의 전 전선에 걸쳐 남침한 인민군들이 시간별로 몇 킬로미터씩 남하했는지를 소상하게 보여주고 있다.[29] 전쟁 초기 전개과정과 관련된 소련 측의 문서들은 한국과 미국의 군사(軍史)를 재평가할 수 있는 계기를 부여하고 있다.

한국전쟁 초기 춘천전투의 중요성을 재평가하려는 노력은 그 대표적인 예의 하나라고 볼 수 있다.[30] 소련군사고문단이 중심이 되어 작성한 남침 지도에 따르면 인민군은 초기에 1, 3, 4, 6사단과 105탱크여단을 동원하여 서울 지역을 공략하고, 2, 12사단을 동원하여 춘천과 홍천을 공격했다. 이 초기 작전에서 눈여겨보아야 할 부분은 인민군 2사단과 12사단은 춘천과 홍천을 점령한 후 즉시 수원과 이천 지역으

---

29) Shtykov to Zahkarov[Stalin], 26 June 1950 in Weathersby, *ibid.*, pp. 39-40.

30) 춘천전투의 새로운 해석에 관해서는 다음을 참조할 것. 소진철, 『한국의 6 · 25전쟁의 기원』(서울: 원광대학교 출판부, 1996), pp. 233-235; 김영호, 『한국의 6 · 25전쟁의 기원과 전개과정』, pp. 71-79; 김형식, "6사단의 춘천대첩은 세계사를 바꾸었다," 『월간조선』, 1999년 4월호, pp. 132-151.

로 이동하여 국군 사단들을 한강 이북에 포위하도록 작전 계획이 수립되어 있었다는 사실이다. 한국전쟁 당시 실제로 국군 후방 사단들인 2, 3, 5사단 중 3사단의 23연대를 제외한 모든 병력이 6월 28일경에는 모두 한강 이북에 투입되었다. 따라서 춘천지역에 투입된 인민군 사단들이 이 지역을 6월 25일 점령한 후 수원지역을 차단했다고 한다면 6월 28일경에는 모든 가용 국군 사단들이 한강을 중심으로 하여 인민군에 의해 완전히 포위당하는 결과를 가져왔을 것이다.

그런데 이러한 초기 인민군의 작전계획은 춘천지역에서 국군 6사단의 격렬한 저항에 부딪혀 춘천을 27일 저녁 10시가 되어서야 점령함으로써 3일간이나 차질을 빚게 되었다. 그 결과 하루만에 춘천을 점령한 후 한강 이남의 수원과 이천 지역을 차단하여 국군을 포위하고 국군의 한강방어선의 구축을 저지하려던 인민군의 초기 작전 계획은 수포로 돌아가게 된다. 6월 27일 밤 인민군 3사단을 시작으로 서울에 진입하기 시작한 인민군 사단들은 6월 28일 서울을 완전히 장악하게 되는데, 이때는 이미 국군이 재결집하여 한강 이남 지역에 한강방어선을 구축하고 인민군의 도강을 3일간이나 저지시키는 데 성공하게 된다. 즉, 7월 1일부터 한강을 도하하기 시작한 인민군은 7월 3일에야 한강 이남으로 진출하게 된다. 7월 1일 오전 11시 미제24사단의 선발부대가 부산에 도착하기 시작하여 7월 5일에는 딘(Willian F. Dean) 소장이 이끄는 이 사단 병력 전원이 한국전쟁에 투입됨으로써 속전속결의 남침전쟁을 강행하려는 인민군의 초기 작전계획은 수포로 돌아가게 된다.

이러한 춘천전투에 대한 새로운 해석은 한국전쟁 초기 전개과정에 관한 재해석의 하나의 예에 불과하다. 소련 측의 자료들은 북한에 주둔하고 있던 소련군사고문단과 인민군 지휘관들뿐만 아니라 스탈린 모두 인천상륙작전을 전혀 사전에 인지하지 못했다는 것을 보여주고 있다. 그 밖에도 일부 공개된 소련문서들에 비추어 한국전쟁 전개과정의 중요한 전투들을 새롭게 해석해 볼 수 있을 것이다. 한국전쟁 당시 북한에서 활동한 소련군사고문단의 보고서들이 공개된다면 인민군의 전쟁 준비과정과 전투 과정 등에 대해서도 더욱 자세한 연구가 진행될 수 있을 것이다. 또한 미국 군사고문단(KMAG) 정보보고서의 공개가 한국전쟁 연구에 중요한 기여를 했듯이, 소련 군사고문단들의 보고서 역시 한국전쟁 이전의 국경분쟁이라든지 부산방어선을 돌파하기 위한 인민군의 군사전략 등을 이해하는 데에도 도움을 줄 것이다. 나아가 소련 고문단 보고서들은 소련이 언제부터 미국을 한반도에 계속해서 묶어두기 위해 장기적인 소모전으로 들어가기로 결정하게 되는지를 밝히는 데에도 기여하게 될 것이다.

한국전쟁의 전개과정에서 가장 중요한 연구과제의 하나는 중국의 개입에 관련된 문제들이다. 지금까지 공개된 소련 측의 자료들은 한국전쟁 결정과정에서 스탈린이 김일성으로 하여금 마오쩌둥의 동의를 구하도록 했고, 마오쩌둥은 스탈린의 남침 지원 의사를 확인한 후 미군의 개입 등 유사시에 북한을 위해 전쟁에 개입하겠다는 의사를 한국전쟁 개시 이전에 밝혔음을 보여주고 있다. 그런데 이러한 사전 합의에도 불구하고 인천상륙작전의 성공 이후 10월에 단행된 중국의 전쟁 개입과정은 자동적으로 이루어지지 않았다. 중국의 개입과정은 스탈린과 마오쩌둥 사이에 개입 시점을 두고 의견 차이가 있었음을 보여주고 있다.

중국과 소련이 중국의 한국전쟁과 관련된 각각 상이한 내용의 전문을 공개함으로써 최근 학계에서 중국개입을 둘러싼 논쟁이 벌어지고 있다. 1980년대에 들어오면서 중국 당국은 마오쩌둥이 외국에 보낸 전문들과 글들을 모은 『중화인민공화국 창건 이후의 모택동 원고』를 공산당 내부 회람용으로 발간하였는데, 곧 이 문건들은 외부 세계의 학자들도 볼 수 있게 되었다. 여기에 마오쩌둥이 스탈린에게 보냈다는 10월 2일자의 전문이 포함되어 있는데, 이 전문에서 마오쩌둥은 중국이 10월 15일 12개 사단으로 구성된 의용군을 한국전쟁에 투입하기로 결정했다고 말하고 이 의용군은 스탈린이 요구한 대로 38선으로 즉시 배치될 것이 아니라 미군이 38선을 넘어 진격해올 경우 전략적으로 가장 유리한 지역에서 적을 맞아 싸우기 위해 북한 내의 가장 적당한 지역에 전개될 것이라고 말했다.[31] 나아가 마오쩌둥은 미국의 개입으로 중국이 한반도에서 미국과 전쟁을 하는 것은 불가피하게 되었고, 중국이 미8군을 파괴할 수 있다면 미국이 설령 중국에게 선전포고를 하더라도 전쟁은 한반도 내에서의 제한전으로 끝날 수 있을 것이라는 자신감을 표시했다.

그런데 소련문서가 공개되면서 마오쩌둥이 스탈린에게 보냈다고 하는 10월 2일자의 또 다른 전문이 소련 문서고에서 발견됨으로써 중국이 공개한 『모택동 원고』에 포함된 위의 전문의 진위 여부를 둘러싸고 학자들 사이에 논쟁이 가열되고 있다. 이 또 다른 문서는 소련전문가인 만수로프(Alexandre Mansourov)에 의해 학계에 알려지게 되었는데, 이 전문에서 마오쩌둥은 중국이 발표한 전문의 내용과는 달리 중국은 미군이 38선을 넘을 경우 몇 개의 중국의용군 사단들을 투입할 계획을 원래 세워두고 있었지만 무기와 장비를 제대로 갖추지 못한 몇 개의 사단들로서는 한국문제를 해결하기가 어렵다고 주장하고 있다.[32]

나아가 마오쩌둥은 중국의 개입으로 한반도에서 미국과 중국 사이의 전쟁은 불가피하게 되어 소련도 이 전쟁에 직접 휘말려들게 될 것이고 이러한 전쟁 확대의 결과는 실로 엄청난 사건이 될 것이라고 적고 있다. 따라서 중국공산당 중앙위원회는 한국전쟁 참전을 결정하는데 대단히 신중을 기하지 않으면 안 된다는 입장을 갖고 있다고 주장하고 이 문제와 관련된 최종 결정을 아직 내리지 못하고 있다는 사실

---

31) Mao to Stalin, October 2, 1950 in *Chinese Historians*, Vol. V, No. 1(Spring 1992), pp. 67-68.

32) Mao to Stalin, October 1, 1950 in Mansourov, "Stalin, Mao, and China' s Decision to Enter the Korean War," pp. 114-116.

을 스탈린에게 전달했다. 마지막으로 마오쩌둥은 북한은 전쟁 패배의 결과로 당분간 고통을 겪을 것이지만 게릴라전으로 전환하면 될 것이라고 주장하고 있다.

만수로프는 『모택동 원고』에 있는 전문을 소련 문서고에서 찾을 수 없다는 이유를 들어 중국 측의 10월 2일자 전문의 진가성을 의심했지만, 최근 이 문서는 중국 문서고에 실제로 존재하는 것으로 확인되었다고 한다.[33)]

그런데 이 마오쩌둥의 전문은 발송되었다는 표시없이 스탈린에게 미발송된 채로 중국문서고에 남아 있다. 따라서 이 전문은 마오쩌둥이 직접 작성한 후 스탈린에게 보내지 않은 것으로 확인된다. 그렇다면 소련 문서고에서 발견된 마오쩌둥의 전문은 마오쩌둥이 중국주재 소련대사 로쉬친(N. V. Roshchin)에게 중국 참전에 관한 입장을 구두로 전달한 것을 로쉬친이 전문의 형식으로 스탈린에게 보고한 것으로 현재 추정되고 있다.

이 두 종류 전문의 진위 여부를 둘러싼 논쟁은 마오쩌둥의 스탈린의 압력에 의하지 않고 독자적으로 중국의 개입을 결정했다는 것을 보여 주려는 의도를 중국 측이 갖고 있음을 보여 주고 있다. 이 점에서는 선별적으로 문서를 현재 공개하고 있는 소련 측도 크게 다르지 않을 것이다. 따라서 최근 계속 공개되는 있는 소련과 중국의 자료들을 검토할 때에는 이들 국가들의 문서 공개 방식에 유의하면서 연구를 진행시켜 나가야 할 것이다.

한국전쟁 중 맥아더는 만주로 확전을 주장하면서 냉전을 아시아에서 열전으로 바꾸어 미소 냉전대결이라는 불확실하고 불안정한 상태

---

33) Shen Zhihua, "The Discrepancy between the Russian and Chinese Versions of Mao' s 2 October 1950 Message to Stalin on Chinese Entry into the Korean War: A Chinese Scholars' s Reply," *CWIHP Bulletin*, Vols. 8-9(Winter 1996/1997), pp. 237-242.

를 종식시켜야 한다고 보았다. 우리는 이러한 그의 입장을 "승리 이외에는 대안이 없다"는 유명한 말에서 발견할 수 있다. 맥아더에게 만주로의 확전은 유라시아 전체를 전쟁터로 만들기 위한 십자군 원정의 출발점에 불과했다. 그러나 일본 제국주의자들이 만주와 중국 본토를 침략하여 파탄을 맞이했던 것처럼 맥아더의 만주 확전 역시 스탈린이 만들어 둔 전략적 지대라는 덫에 걸려 실패하고 말았을 것이다. 일본 제국주의자들과 마찬가지로 미국도 일단 만주로 들어갔다면 그곳에서 빠져나오기가 무척 어려웠을 것이다. 미국이 만주라는 늪에 빠져서 허우적 거리고 있을 때 스탈린은 유럽에서 위성국가들을 동원하여 또 다른 전쟁을 일으킬 수 있는 기회를 포착할 수 있었을 것이다. 결국 아시아에서의 전쟁을 통하여 냉전을 완전히 종식시키겠다는 맥아더의 전략적 발상은 전쟁의 범위를 유럽으로 확대시키는 결과를 가져왔을 것이다.

맥아더의 만주확전론과 관련하여 비판적으로 검토되어야 할 또 다른 주장의 하나는 한국전쟁 당시 트루만이 맥아더의 만주 공격을 승인했다면 우리 민족은 이미 통일국가를 건설했을 것이라고 보는 입장이다. 그러나 이 주장은 한국전쟁이 갖는 국제정치적 측면을 제대로 이해하지 못한 안이한 사고의 결과일 뿐이다. 만주로의 확전은 한반도가 바로 또 다른 세계대전의 중심지가 된다는 것을 의미할 것이기 때문에 이 와중에서 우리 민족은 더 많은 희생을 치루었을 것이다. 만약 스탈린의 전략적 지대로 미국이 들어간 후 패퇴했다면, 미국은 한반도에서 강제적으로 밀려나지 않을 수 없을 것이기 때문에 그 경우 우리의 통일국가는 공산주의 체제하에서 이루어졌을 가능성이 아주 높다. 이러한 결과는 맥아더의 만주 확전을 지지하는 사람들이 원하는 통일의 방식이 결코 아닐 것이다. 이처럼 만주로의 확전은 일부의 기대와는 다른 정반대의 결과를 가져왔을 가능성을 배제할 수 없다.

한국전쟁 중 제기된 또 다른 중요한 문제는 공산권이 주장한 미국의 세균전 실시 여부를 검증하는 것이다. 최근 공개된 소련 내부 문서들은 미국이 한국전쟁 중 세균전을 감행했다는 주장은 전혀 사실무근이라고 소련 스스로 인정하고, 마오쩌둥에게 전문을 보내 세균전과 관련된 허위 주장을 언론 매체에 더 이상 유포하지 말 것을 권고하고 있다.[34] 이 전문을 받은 마오쩌둥은 허위사실 유포와 관련된 어떠한 책임을 지기를 거부했으며, 세균전에 관한 선전전을 계속한 것으로 밝혀지고 있다.

한국전쟁에 참전하고 있던 소련 군사고문단들이 미국이 화학무기와 핵무기를 사용하고 세균전을 감행할 수 있다는 사실을 경고하고, 북한과 만주 지역 내에서 실제로 콜레라 등이 중공군들을 중심으로 발병했을 때 공산 측의 세균전 캠페인은 시작되었다. 중공군 현지사령관들이 마오쩌둥에게 미국이 공군을 동원하여 세균전을 감행했고, 그 결과 중공군들은 콜레라, 흑사병 등 전염병으로 피해를 입고 있다고 1952년 초에 보고하게 된다. 마오쩌둥과 주은래는 현지에 조사팀을 파견하여 이 사실 여부를 실험실에서 조사하도록 지시했다. 그런데 중국 측은 이 조사 결과가 나오기도 전에 미국이 세균전을 감행하고 있다고 미국을 비난하는 선전을 대대적으로 강행하게 된다. 세균전과 관련한 더욱 자세한 연구를 위하여 중국 측의 자료를 확보하고, 세균전에 관한 중국과 북한의 입장을 소련과 비교, 분석하는 것은 향후 중요한 연구 과제가 될 것이다.

세균전과 관련하여 최근 공개된 소련문서들은 이 세균전 문제가 스탈린 사후 소련 내부의 권력투쟁 과정에서 중요한 이슈의 하나로 등장했음을 보여주고 있다. 또한 미국의 계속된 공습에 의해 엄청난 피해를 입고 있던 북한은 대미 세균전을 조작함으로써 전쟁 장기화의

---

34) 이 점에 관해서는 다음을 참조할 것. Weathersby, "New Evidence on the Korean War," *CWIHP Bulletin*, Vol. 11, pp. 176-184; Milton Leitenberg, "New Russian Evidence on the Korean War Biological Warfare Allegations: Background and Analysis," *CWIHP Bulletin*, Vol. 11, pp. 185-200.

비난이 북한 지도부로 쏠리는 것을 막을 수 있었을 것이다. 마오쩌둥으로서도 세균전이라는 반인륜적 만행을 조작하고 미국에게 그 책임을 전가시킴으로써 중국의 한국전쟁 참전을 정당화시키고 국내의 반혁명세력을 진압하려는 의도를 갖고 있었던 것으로 보인다. 이러한 사실에서 한국전쟁은 소련, 중국, 북한의 국내정치와 복잡하게 얽혀 있었다. 따라서 한국전쟁의 전개과정이 이들 공산국가들의 국내정치와 얼마나 밀접한 관련을 맺고 있었는지를 여러 가지 각도에서 검토하는 것이 향후 중요한 연구과제가 될 것이다.

특히 이 세균전과 관련된 소련 문서들은 스탈린 사망 후 중소 사이의 입장 차이가 분명하게 드러나기 시작하고 있다는 것을 보여주고 있기 때문에 중소분쟁의 단초를 이해하는 데에도 중요한 자료가 될 것이다. 마오쩌둥에게 보내는 1953년 5월 2일자 전문에서 소련정부는 소련이 세균전 캠페인에 이끌려 들어가게 된 것은 잘못된 정보를 제공한 중국에게 있다는 사실을 지적하고 있다. 이러한 주장에 대해 마오쩌둥은 중국은 이 문제에 관해서 어떠한 책임도 질 수 없다고 주장했다. 이처럼 한국전쟁의 장기화로 인하여 스탈린이 기대한 것처럼 미국과 서구 동맹국가들 사이에 균열이 일어난 것이 아니라, 오히려 소련과 중국 사이에 분열의 조짐이 나타나고 있었던 것이다.

Ⅳ. 전쟁의 종전과정

한국전쟁이 진행되면서 미국과 소련은 이 전쟁이 양국 사이의 제3차 세계대전으로 비화되지 않도록 노력한 흔적이 여러 군데에서 발견된다. 우선 트루만은 맥아더가 요청한 만주확전론에 반대했고 계속해서 만주폭격을 주장한 맥아더를 전격적으로 해임시킴으로써 한국전쟁의 제한전화에 대한 자신의 의지를 분명히했다. 또한 미국은 군사작전 중 소련군사고문단 혹은 소련제 무기와 관련된 정보 사항은 언론에 공개되지 않도록 극비로 유지했다. 지금도 미국 국립문서처에서 한국전쟁 당시 맥아더 사령부의 정보보고서 경우 이 문서들은 비문해제해서 일반에 공개하는 경우에도 소련과 관련된 부분은 모두 검게 지워져서 연구자들에게 제공된다. 그 내용을 재확인하기 위해서는 또다시 비밀해제를 신청하는 과정을 거쳐야 되는데 대부분의 경우 그 내용은 소련과 관련된 사항들이다. 미국 정책결정자들은 한국전쟁 발발부터 북한의 배후에는 소련이 있다는 사실에 대한 확신을 갖고 있었고 전쟁이 진행되면서 그것과 관련된 확증들이 구체적으로 드러났지만 소련의 지원과 개입이 일반에게 공개될 경우 확전 여론이 증가할 것을 우려하여 소련의 개입 사실을 극비에 부쳤던 것이다.

미국과 마찬가지로 소련도 한국전쟁 과정에 소련의 개입 사실이 드러나서 이것이 확전이 빌미가 되지 않도록 했다. 스탈린은 인민군 사단에 배치된 소련군사고문단이 전선 배후에서 활동하도록 지시했다. 중공군 개입 이후 소련 공군이 투입된 이후에도 중공군 복장을 한 소련군 조종사들은 전선을 너머 유엔군을 공격하는 것이 엄격하게 금지되어 있었다. 이처럼 미국과 소련은 이 전쟁을 한반도 내에 전쟁의 범위가 국한되는 제한전이 되도록 노력했다. 이러한 입장에서 볼 때 전쟁의 장기화는 양쪽 모두에게 전면전의 위험을 강화시키는 결과를 가져올 수 있었다. 전면전의 위험을 더욱 우려한 쪽은 미국이었다. 미국은 소련에게 휴전협상의 가능성을 먼저 타진하게 되었다.

미소의 극비회담의 결과 소련이 먼저 휴전회담을 제의하고 미국이 이것을 받아들이는 형식으로 진행되었음을 알 수 있다. 1951년 6월 23일 유엔주재 소련대사 말리크가 라디오 연설을 통하여 한국전쟁 교전당사국들 사이의 휴전과 군병력의 38선으로의 철수를 논의하기 위한 회담이 시작되어야 한다는 성명을 발표했다. 이 성명은 미소 사이에 휴전협정을 논의한 케난(George F. Kennan)과 말리크(Jacob Malik)의 비밀회담 결과 발표된 것이었다. 최근 소련문서가 공개되기 이전까지는 공산측에서는 어떠한 과정을 거쳐서 휴전협정에 관한 합의가 이루어졌으며, 이 과정에서 누가 주도적인 역할을 했는지가 구체적으로 밝혀지지 않았다.

소련전문가 웨더스비(Kathryn Weathersby)에 따르면 스탈린이 휴전협상의 전과정에서 주도적인 역할을 했음을 보여주고 있다.[35] 원래 미국은 원산항의 네덜란드 선박에서 휴전회담을 개최할 것을 제의했지만, 스탈린은 마오쩌둥의 권고를 받아들여 개성에서 회담을 개최하도록 했다. 또한 미국이 김일성에게 회담을 제의했지만, 스탈린은 중국이 이 회담에서 실질적인 주도권을 행사해야 한다고 지시했고, 김일성에게도 협상에 임하기 전에 반드시 중국과 협의를 거치도록 했다. 그밖에 휴전회담 당시에 제기된 구체적인 문제점들에 관한 소련의 입장을 알려주는 문서들은 현재 공개되어 있지 않다. 예를 들어 말리크가 제시한대로 38선에서의 휴전을 소련이 더 이상 요구하지 않고 현재의 휴전선을 소련이 받아들인 배경이 무엇인지도 더 검증되어야 할 주제의 하나이다.

한국전쟁 종전과 관련된 또 다른 연구 주제는 스탈린이 한국전쟁의 종전을 유럽에서의 공산세력 팽창과 어떻게 전략적으로 연결짓고 있었느냐 하는 점이다. 최근 공개된 자료는 휴전회담이 시작되기 훨씬 전인 1951년 1월 초에 스탈린이 미국을 아시아에 2년 내지 3년 동안 묶어두겠다는 의도를 갖고 있었다는 것을 보여주고 있다. 또한 전쟁의 장기화는 미국과 서구동맹국들 사이에 마찰을 불러일으킬 수 있을 것이라고 스탈린은 판단했을 것이다.

그 밖에도 스탈린은 한국전쟁을 통하여 미국의 첨단 군사 기술과 조직에 관한 정보를 계속해서 수집하려고 했을 것이다. 전쟁 후반기

---

35) Weathersby, "The Soviet Role in Prolonging the Korean War, 1951-1953,"
35) Weathersby, "The Soviet Role in Prolonging the Korean War, 1951-1953," paper presented at the conference on the Korean War, July 24-25, 1995, p. 26.

에 시작된 대미국 세균전 캠페인은 미국의 국제적 이미지를 실추시키는 데 도움이 되었기 때문에 전쟁의 장기화는 스탈린에게 불리한 것은 아니었다. 다행스럽게도 한국전쟁은 스탈린 사후 휴전회담이 급격하게 진전됨으로써 휴전에 이르게 되었지만, 한국전쟁 종전을 전후한 스탈린의 전략적 구상이 어떠했는지를 더 많은 소련자료들을 통하여 살펴보는 것도 매우 중요할 것이다.

한국전쟁 종전과 관련해서 매우 중요한 또 다른 문제는 국군 포로의 문제이다. 북한에 억류되어 있는 국군과 민간인 억류자의 문제는 1994년 조창호 소위의 탈출을 계기로 우리 사회에 중요한 관심사의 하나로 떠올랐다. 그동안에 이 문제에 대해서 우리 학계가 제대로 대처해오지 못한 것이 사실이다. 그리고 현재 미국과 북한은 실종미군들의 유해를 확인하기 위하여 회담을 진행 중에 있는데, 미국측은 실종미군에 대한 상세한 자료를 갖고 이 문제에 접근하고 있다.

우리도 이 문제에 접근하기 위해서는 과연 미송환 한국군 포로와 억류민간인의 숫자가 얼마인지를 정확하게 파악하지 않으면 안 된다. 그동안의 연구는 너무 반공포로 송환 등 정치적 문제에만 치우친 측면이 있다. 이제부터라도 국군 포로들의 명단과 미국립문서처에 보관되어 있는 국군 포로 사진들을 일일이 확인해서 향후 진행될 남북회담에서 우리가 주도적으로 국군포로송환 문제를 의제로 상정하고 해결할 수 있도록 해야 할 것이다.

V. 맺음말

한국전쟁을 전쟁의 발발, 전개과정, 종전이라는 세 단계로 나누어 그 중에서 중요한 사건을 중심으로 살펴 보았다. 미국과 소련에게는 한국전쟁이 제한전이었음에도 불구하고 이 전쟁을 통하여 우리 민족은 세계대전에서와 같은 고통을 겪었다. 한반도 상에서 또 다른 전쟁의 발생은 한국전쟁보다는 그 강도가 훨씬 더 격렬할 것이고, 그 전쟁의 결과 우리 민족은 그 생존 자체를 위협받게 될 것이다. 설령 또다른 전쟁의 결과로 우리 민족이 한반도에서 생존을 유지한다고 하더라도 그 전쟁의 폐허에서 경제적 재기의 발판을 마련하는 데에는 한국전쟁 때보다 훨씬 더 많은 시간을 필요로 할 것이다. 과거 한반도를 중심으로 벌어졌던 전쟁들과 마찬가지로 또다른 전쟁은 주변국가들의 한반도에 대한 세력판도에 일대 변화를 가져올 것이다.

특히 여기서 우리가 주목해야 할 것은 일본이 한국전쟁 당시와는 달리 제2차 세계대전의 패전의 늪에서 벗어나 경제대국으로 부상해 있다는 사실이다. 따라서 만약 한반도에서 또 다른 전쟁이 일어난다면, 일본이 폐허화된 한반도에 대해서 주도적인 영향력을 행사하는 세력으로 대두할 가능성이 아주 높다. 나아가 중국과 러시아가 한반도에 대한 일본의 독점적 영향력의 행사를 용인하지 않음으로써 한반도는 또 한번의 소용돌이에 휘말리게 될 것이다.

나아가 한반도에서 전쟁의 재발은 우리 민족에게 뿐만 아니라 아시아 지역 전체에 부정적인 영향을 끼칠 것이다. 이미 세계는 유럽연합과 북미무역자유지대의 등장에서 보는 것처럼 지역적으로 경제의 광역화(廣域化)를 위한 기반을 착실히 다져나가고 있다. 이러한 변화된 조건에 적응할 수 있는 기반을 확보하고 있지 못한 아시아 지역은 또다른 한국전쟁의 발발로 그 기회를 완전히 상실하게 될지도 모른다. 동아시아에서 경제적 광역화를 발전시켜야 할 대상지역의 하나는 만주-북한-연해주를 잇는 지역이다. 스탈린이 이 지역을 전략적 지대로 창설하여 전쟁을 위한 목적으로 사용했다는 사실은 우리가 이미 지적한 바와 같다.

만약 한국전쟁이 아시아인들에게 주는 교훈이 있다면 그것은 아시아인들의 평화와 번영을 위해 스탈린의 전략적 지대를 경제협력의 지대로 전화시켜 경제 광역화의 기반을 착실히 다져나가야 한다는 것이다. 유럽과 북미에서 진행되고 있는 경제 광역화의 노력에 아시아 지역이 뒤쳐질 경우 19세기 서구의 팽창에 직면하여 동양이 겪은 고통은 되풀이될 것이고, 국가들 사이의 상호의존성이 증대된 오늘의 현실에서 그 결과는 서구의 번영에도 결코 도움이 되지 않을 것이다.

한반도에서 전쟁 재발을 막아야 하는 일차적 책임은 우리 민족에게 있다. 한국전쟁 이전에 남북한 쌍방에 의한 국경분쟁이 발생하지 않았거나, 김일성을 중심으로 하는 북한 지도자들이 무력통일론을 제창하지 않았다면, 스탈린이 북한 내부의 상황을 역이용하여 한반도에서 롤백전략을 추구하기는 쉽지 않았을 것이다. 향후 한반도 내에서 전개될 수 있는 예측할 수 없는 어떠한 사태들도 언제든지 주변 국가들에 의해 역이용될 수 있다는 점에서 지금의 상황은 한국전쟁 직전의 상황과 크게 다르지 않다.

우리 민족은 한국전쟁을 통하여 엄청난 고통을 겪었고, 그 상처는 아직 아물지 않은 채 분단된 상태에 살고 있다. 근대적 통일민족국가의 건설을 열망하는 우리 민족에게 분단상태는 여전히 불완전하고 불확실성으로 가득 차 있다. 한국전쟁은 우리 민족이 불확실성과 더불어 살아갈 수 있는 지혜를 배우고 그 불완전한 현실 속에서 민족의 잠재력을 최고로 발현시켜 나가지 않으면 안된다는 역사적 교훈을 던져주고 있다. 한국전쟁은 주변국가들에게도 한반도의 평화와 안정이 동북아 지역 전체의 평화와 번영에 직결된다는 역사적 교훈을 던져주고 있다.

참고자료

김영호. 『한국전쟁의 기원과 전개과정』. 서울: 두레, 1998.
김철범 편. 『한국전쟁을 보는 시각』. 서울: 을유문화사, 1990.
김학준. 『한국정치론사전』. 서울: 한길사, 1990.
_____. "6.25 연구의 국제적 동향: 6.25 연구에 관한 문헌사적 고찰." 김철범 편. 『한국전쟁을 보는 시각』. 서울: 을유문화사, 1990.
김형식. "6사단의 춘천대첩은 세계사를 바꾸었다." 『월간조선』. 1999. 4.
박명림. 『한국전쟁의 기원 I』. 서울: 나남, 1996.
박상섭. 『근대국가와 전쟁』. 서울: 나남, 1996.
방선주. "노획 북한필사문서 해제(1)." 『아시아 문화』. 제1권. 1986.
서주석. "한국전쟁 기원 논의의 현대적 의미." 『한국전쟁과 휴전체제』. 정치외교사학회 논총 제16집. 1997.
소진철. 『한국전쟁의 기원』. 서울: 원광대학교 출판부, 1996.
이용희. 『일반국제정치이론』. 서울: 박영사, 1962.

Aron, Raymond. *Peace and War*. Richard Howard and Annette B. Fox. trans. Malabar: Robert K. Krieger Publishing, 1981.
Cumings, Bruce. *The Origins of the Korean War*, Vol. II. Princeton: Princeton University Press, 1990.
_____. "The Letter to the Editor of the CWIHP Bulletin." *CWIHP Bulletin*, Vols. 6-7. Winter 1995/1996.
Hakjoon, Kim. "Russian Foreign Ministry Documents on the Origins of the Korean War." Paper Presented at the Conference of "The Korean War: An Assessment of the Historical Record." Washington, D.C., 1995.
Gaddis, John L. *The Long Peace*. New York: Oxford University Press, 1987.
_____. "In Defense of Particular Generalization: Rewriting Cold War History, Rethinking International Relations Theory." Colin Elman and Miriam Fendius Elman, eds. *Bridges and Boundaries*. Cambridge: MIT Press,

2001.

Kolko, Joyce, and Gabriel. *The Limits of Power*. New York: Harper & Row, 1972.

Leitenberg, Milton. "New Russian Evidence on the Korean War Biological Warfare Allegations: Background and Analysis." *CWIHP Bulletin*, Vol. 11.

Mansourov, Alexandre Y. "Stalin, Mao, and China' s Decision to Enter the Korean War, September 16-October 15, 1950: New Evidence from the Russian Archives." *CWIHP Bulletin*, Vols. 6-7. Winter 1995/1996.

McDevitt, Michael. "The Post-Korean Unification Security Landscape and U.S. Security Policy in Northeast Asia." *Korea' s Future and the Great Powers*. Nicholas Eberstadt and Richard J. Ellings, eds. Seattle: University of Washington Press, 2001.

Nagai, Yonosuke. "The Korean War: An Interpretative Essay." *The Japanese Journal of American Studies*, No. 1. 1981.

Simmons, Robert. *The Strained Alliance*. New York: Free Press, 1975.

Stueck, William. *The Korean War: An International History*. Princeton: Princeton University Press, 1995.

Voegelin, Eric. *The New Science of Politics*. Chicago: University of Chicago Press, 1987.

Weathersby, Kathryn. "The Soviet Role in the Early Phase of the Korean War: New Documentary Evidence." *Journal of American-East Asian Relations*, Vol. 2, No. 4. Spring 1995.

______. "New Evidence on the Korean War." *CWIHP Bulletin*, Vol. 11.

______. "The Soviet Role in Prolonging the Korean War, 1951-1953." Paper presented at the conference on the Korean War, July 24-25. 1995.

Zhihua, Shen. "The Discrepancy between the Russian and Chinese Versions of Mao' s 2 October 1950 Message to Stalin on Chinese Entry into the Korean War: A Chinese Scholars' s Reply." *CWIHP Bulletin*, Vols. 8-9. Winter 1996/1997.

http://www.wilsoncenter.org/index.cfm

Intelligence Summary Nos. 2611, 2618, 2625, 2632, 2652, 2655, 2665, 2674,

2681, 2688, 2694, 2710, 2715, Far East Command, Record Group 338.
Coversation between Stalin and Mao, December 16, 1949, *CWIHP Bulletin*, Vol. 5.
Mao to Stalin, October 2, 1950 in *Chinese Historian*, Vol. V, No. 1. Spring 1992.
Mao to Stalin, October 1, 1950 in Mansourov, "Stalin, Mao, and China' s Decision to Enter the Korean War."
Stalin to Shtykov, July 1, 1950 in Kathryn Weathersby. "New Russian Documents on the Korean War," *CWIHP Bulletin*, Vols. 6-7.

제7장 | 베트남전쟁

홍규덕

Ⅰ. 머리말

베트남전쟁은 20세기 현대 국제관계사의 흐름에 큰 변화를 가져다 준 중요한 전쟁이며, 2차 대전 이후 가장 많은 희생자를 낸 전쟁으로, 사망자 120만 명, 부상자 약 300만~400만을 추정할 정도의 엄청난 피해를 기록했다. 아직도 전쟁에 참가한 당사자들과 피해자들이 생존하고 있으며, 참혹한 전쟁의 상흔을 어렵지 않게 발견할 수 있다는 점에서 기존의 잊혀진 전쟁(forgotten war)들과 비교가 된다.

또한 베트남전쟁은 TV라는 문명의 이기를 통해, 안방 깊숙이까지 전쟁의 참상을 전달한 최초의 전쟁이 됨으로써, 미디어가 전쟁수행 방식과 지속여부에 심각한 영향을 미칠 수 있다는 가능성을 제시했다. 이러한 새로운 변화는 전쟁의 의미와 정당성에 대해 끊임없는 의문을 제기하게 만들었고, 국가이익과 윤리에 관한 소모적인 논쟁은 사회적 혼란을 가중시켰다. 또한 미국의 전쟁행위에 대한 반전 및 평화운동이 국제사회에서 조직적 연대를 갖추게 되었으며, 평화연구가 새로운 학문적 영역으로 자리잡게 되는 특별한 계기가 되었다.

베트남전이 갖는 주요 국제정치학적 특징들은 다음과 같다.

첫째, 베트남전은 2차 대전 이후 유지되어 오던 초강대국 미국중심의 세계질서가 유럽과 일본을 축으로 점차 다원화되어 가는 결정적 계기가 되었다. 전쟁의 장기화에 따른 국력 소진은 초강대국 미국으로 하여금 '힘의 정치'(power politics)에서 더 이상 머물 수 없게 만들었다. 미국이 1971년 경험한 달러의 위기와 1973년 OPEC의 도전으로 인한 석유공급의 차질, 그리고 Group 77이 주도한 신경제질서(New International Economic Order)에 대한 요구 등은 '상호의존성이 심화된 세계'(complex interdependence)로 이전하는 '패러다임의 이동'(paradigm shift)이 불가피하며, 미국으로 하여금 변화하는 신 세계질서 속에서 새로운 역할을 모색하게 하는 결과를 초래했다.

둘째, 베트남전은 미국인들에게는 더없이 큰 좌절과 충격을 준 사건이었다. 2차 대전 이후 한국전에 이어, 곧바로 대규모 지상군을 파병하여 엄청난 희생과 막대한 전비를 감수했음에도 승리를 구하지 못한 역사상 유일한 전쟁이었다. 베트남전쟁으로 인한 반감은 지도층에 대한 극도의 불신을 초래했고, 현직 대통령의 탄핵에 이르는 전대미문의 사태를 낳았다. 베트남전쟁은 미국 국내사회를 분열시켰고, 부도덕한 전쟁이라는 이미지 때문에 참전자들은 사회로부터 환영받지 못했으며, 결국 해외개입에 대한 반성과 수정주의(revisionism)의 열풍은 '베트남신드롬'(Vietnam syndrome)을 낳아, 새로운 국가목표에 대한 합의가 거의 불가능하게 만들었다.

셋째, 베트남전쟁은 세계 유일 초강대국 미국과 국민총생산이 불과 100불도 되지 않는 아시아의 작은 피식민 국가 간의 전쟁이란 점에서 세계인들의 주목을 받았다. 이는 소위 국제정치의 세계에서 불문율처럼 받아들여지던 약육강식의 논리, 즉 평화의 논리가 강자의 힘을 대체할 수 없다는 명제를 부정하는 흔치 않은 역사적 사례를 제공했다.

투키디데스의 『펠로폰네소스 전쟁사』에서 가장 많이 인용되는 「멜로스의 대화」편에는 "강자는 자신이 원하는 모든 것을 취할 수 있는 반면, 약자는 항상 고통을 감수해야 한다"는 (The strong do what they can, the weak suffer what they must) 귀절이 있지만, 베트남전은 절대적인 군사력의 차이에도 불구하고, 리더십의 전략적 비전과 같은, 눈에 보이지 않는 국력요소들의 중요성이, 얼마나 큰 위력을 발휘하는지, 그리고 국민의 의지가 확고한 지도력하에 결집될 때, 엄청난 변화를 초래할 수 있다는 점을 보여준 사례였다. 국제정치학자들이 힘의 우위와 체제가 주는 제약요인만을 강조한 반면, 특정 국가가 갖는 국내정치의 역동성 (inner dynamics)이나 전략문화(strategic culture)에 무관심했음을 반성하게 하는 계기를 제공했다.

넷째, 베트남전은 전선이 별도로 존재하지 않는 게릴라전(guerilla warfare)의 등장을 알리는 중요한 기회가 되었다. 게릴라전의 가장 중요한 특징은 정규군과 비정규군의 구분이 어렵고, 양민들 속에 게릴라들이 쉽게 침투하여 활동하기 때문에, 일반시민들을 공산세포들의 영향력으로부터 분리시키는 노력이 성공을 거두지 못하는 한, 지역을 안정화시키기 어렵다는 점이다. 결국, 전통 유럽의 열강 프랑스군도 베트민(베트남 독립동맹)의 독특한 군사전략과 다양한 테러공격에 속수무책으로 당할 수밖에 없었고, 프랑스군 철수 이후 개입한 미국 역시 게릴라전을 분쇄하기 위한 다양한 '대 게릴라전' (counterinsurgency) 전략을 세우고, 그린 베레(Green Beret)와 같은 특수전 부대를 창설, 투입했지만 효과적인 성과를 보기에는 미흡했다.

미국은 1967년 CORDS(Civil Operations and Rural Development Support)라는 기구를 만들어 평정사업을 군의 지휘하에 통합함으로써 효과를 보았고, '불사조 계획' (Phonix Program)과 같은 새로운 비밀정보전을 전개, 게릴라들을 소탕하기 위한 특수작전을 시도하여, 약 8만 명 이상의 게릴라들을 생포하는 개가를 올리기도 했다. 또한 약 50만 명에 달하는 민병대를 조직, 각 마을에 공산분자들이 침투하지 못하도록 치안을 유지하는 노력을 전개해야만 했다. 결국 이러한 노력들은 많은 성과를 보았지만, 엄청난 비용이 소모될 수밖에 없었고, 다양한 노력에도 불구하고 비정규전으로 인한 민간인 피해가 기하급수적으로 확대되는 것을 막기에는 역부족이었다.

다섯째, 베트남전은 정글과 열대 기후 속에서 치른 전쟁이다 보니, 전쟁의 양상도 많이 바뀔 수밖에 없었다. 보호할 주요 산업시설은 거의 전무했고, 중요한 전략적 거점을 지키는 것이 적의 영향력 확대저지에 전혀 도움이 되지 않는 상태에서 미국은 적의 출몰지역을 중심으로 '수색섬멸'(search and destroy)작전에 주력했다. 도로망이 부족하고 열대림과 같은 자연적 장애물이 많은 상태에서 남베트남 민족해방전선 즉 베트콩의 기습공격에 노출될 경우가 많았다. 지상군을 신속하고 안전하게 이동시키기 위해서 헬기를 이용한 '공중기동'(air-mobility)과 같은 새로운 개념의 도입이 불가피했고, 적의 은닉이 가능하고 동시에 작전에 장애가 되는 정글을 파괴하기 위해 에이전트 오렌지(Agent Orange)와 같은 강력한 화학 제초제들을 공중투하하는 새로운 방법들이 시도되었다.

또한 1965년 이후 대규모 공중폭격이 시작되었고, 이는 하노이 당국에 압력을 가하기 위한 수단으로 이용되었지만 특히 파리평화협상에서 보다 유리한 위치를 차지하기 위한 방법으로 사용되면서, 많은 비판을 받게 되었다. 특히 고엽제의 과다사용은 노출된 우군 병사들은 물론 투하지역의 많은 민간인들에게 심각한 후유증을 낳게 함으로써 윤리적 문제를 야기시켰고, 로마교황청과 각국 시민사회나 반전단체들로부터의 비난에 직면하게 되었다.

여섯째, 베트남전쟁은 3년 만에 일단락 된 한국전과는 달리, 거의 10배에 달하는 상당히 오랜 기간 동안 진행되어 왔으며, 미국의 예상과는 달리 중국군이 개입하지 않았다. 미국은 한국전에서의 쓰라린 경험 때문에 중국군의 직접적인 참전 가능성을 항상 염두에 둔 채 전쟁을 수행했다. 결국, 중국과의 직접적인 조우는 3차 대전으로 갈 가능성이 크다는 판단하에 17도선 이북의 공격목표들에 대한 지상군 투입을 철저히 자제해 왔다. 그러나 막상 중국은 베트남에 대한 군수지원 외에는 지상군 투입을 단행하지 않았으며, 강력한 민족주의를 표방한 호치민은 소수의 군사지원단의 활동을 제외하고는 철저히 자력에 의해 전쟁을 치렀다. 그러나 중국이나 북한이 개입하지 않은 상황임에도 강력한 초강대국 미국과 한국 등 대규모 전투 병력을 파병한 연합국들을 상대로 하노이 정부가 최종승리를 거두었다는 점은 놀라운 일이 아닐 수 없으며, 한국전에 대한 교훈을 잘못 적용한 대표적 사례이다.

일곱째, 베트남전은 초강대국 미국이 엄청난 피해 속에서도 전략핵무기를 끝내 사용하지 않은 제한 전쟁(limited war)이었다는 점이다. 미국은 중국이나 소련과의 전쟁으로 확대되는 것을 막기 위해 17도선 이북의 북베트남 지역에 대한 지상군 투입을 자제했을 뿐만 아니라, 중국이나 소련이 개입할 구실을 주지 않기 위해 북폭의 경우에도 항상 외교적 경로를 통해 전략적 목표를 염두에 둔 제한적 조치임을 강조해왔다.

1954년 제네바 회담 당시만 해도 국제사회에 처음 등장한 중국의 외교적 영향력을 염두에 두지 않던 미국은 주로 소련과의 다양한 외교적 채널을 통해 베트남에 대한 간접적인 압력을 행사해왔다. 특히 1969년 이후 닉슨과 키신저는 소련과의 '전략무기제한협정'(SALT)을 추진함으로써, 핵무기의 사용 가능성을 배제하게 되었고, 중국과의 새로운 외교적 접근을 시도함으로써 트루만 정부 이후 적용된 공산주의 진영에 대한 일률적인 봉쇄정책(containment policy)이 막을 내리고, 평화협상에 하노이당국이 유연한 태도를 취할 수 있도록 중국과 소련의 영향력 행사를 주문하게 될 만큼 변화된 접근을 시도했다.

여덟째, 베트남전은 베트남의 영토를 벗어나 인도차이나 전역에서 치러졌다는 것도 특징이다. 특히 라오스에 대한 전략적 중요성은 1961년 당시부터 미국이 군사적 개입을 시도할 정도로 시급하다고 판단했고, 공산주의자들인 파테트 라오(Pathet Lao)에 대한 비밀전쟁을 시작하게 되는 계기가 되었다. 국경을 따라 북에서 남으로 연결된 '호치민 트레일'이 군사적 침투의 주요 수단이 된다는 점에 착안하여, 라오스 내 고산지대에 사는 소수민족들의 라오스 지배세력에 대한 반감을 활용, 그들을 중심으로 '반란지원정책'(proinsurgency)을 지속적으로 추진해왔고, 베트남전 종전 후, 이들 몽(Hmong) 족들은 미국으로 이주시키게 되었다.

또한 캄보디아에서는 미국이 군사 쿠데타를 사주, 반공을 표방한 론놀(Lon Nol)을 지원함으로써 결국 캄보디아가 내전의 소용돌이 속에 빠지게 되었다. 캄보디아 내전 속에서 새롭게 등장한 크메르 루즈(Khmer Rouge) 세력은 집권 후, 전 세계에서 그 유례를 찾기 힘든 대학살을 단행했고, 결국 100만이 넘는 인구가 새로운 이상사회를 건설한다는 폴 포트(Pol Pot)의 명분하에 학살될 수밖에 없었다. 미국은 하노이 당국의 주요 보급로를 차단하기 위해 전쟁기간 내내 캄보디아와 라오스지역에 대한 폭격을 시도했고, 2차 대전당시 투하했던 전체의 양보다 많은 폭탄들을 투하함에 따라 캄보디아인들과 라오스인들의 피해가 속출했다. 이들 불발탄에 의한 민간인 피해가 오늘날에도 지속되고 있다.

아홉째, 1975년 통일을 이룬, 베트남은 즉각 캄보디아를 침공하여 오랜 기간 전쟁을 벌였다. 이는 민족해방전 수행의 대명사로 여겨지던 피해 당사자 베트남이 가해자가 되어 인접 국가를 침략할 수 있다는 점을 보여줌으로써, 힘과 국가이익에 관한 현실주의자들의 가정이 결코 잘못된 것이 아님을 보여 주었다. 수정주의자들의 역사해석에도 불구하고 베트남은 지역맹주로서 자국의 전략적 목표를 달성하기 위해 침략전쟁을 불사했고, 이는 국제사회에 큰 충격을 주었다. 또한 어떤 악조건 속에서도 프랑스와 미국을 상대로 놀라운 성과를 보였던 베트남군 역시 캄보디아에서는 고전을 면치 못했으며, 탈영자가 속출했고, 사기는 급격히 떨어져 갔다. 전략적 목표들을 달성하지 못한 상황에서 늘어만 가는 전비를 감당하기 어려웠으며, 국제사회의 비난과 유엔의 제제조치는 베트남경제와 외교를 더욱 어려운 상황으로 몰고 갈 수밖에 없었다.

마지막으로, 베트남전쟁은 사회주의 국가끼리도 전쟁을 할 수 있다는 새로운 가능성을 보여줬다. 사실상, 국제사회는 공산주의자들이 국제적 연대를 갖고 공산혁명이라는 하나의 목표하에 공동의 투쟁을 전개한다는 통념을 갖고 있었던 것이 사실이다. 그러나 인도차이나에서의 공산혁명의 성공에도 불구하고, 베트남과 캄보디아와 라오스는 결코 이상적인 협력관계를 유지하지 못했다. 3국 사이의 역사적인 갈등관계와 반목은 베트남으로 하여금 캄보디아에 대한 군사행동을 결심하게 만들었고, 라오스 역시 베트남의 영향력하에서 독자적 행보를 걷기 어려웠다. 또한 친중 노선을 표방한 크메르 루즈 정부에 대한 베트남의 침공행위를 징벌하기 위해, 중국이 베트남을 대상으로 소위 '교훈전쟁' 을 일으켰다는 점은 세상을 놀라게 하기에 충분했다. 이런 점에서 베트남전은 중국으로부터 1,000년간의 지배를 받은 베트남인들의 역사관에 대해 서방세계가 얼마나 무지했는가를 보여주는 계기가 되었다.

베트남전은 시기적으로 3단계에 걸쳐 진행되었으며 성격도 시대 순으로 바뀌어 갔다. 우선 베트남전은 프랑스와 하노이 정부 간의 탈식민지 독립 전쟁의 성격으로부터 출발했으나, 한국전 이후, 미국이 그 중심적 역할을 맡으면서 성격이 변질되기 시작하여, 하노이 정부와 남부 베트남 내 자생적 무장저항세력인 남베트남 민족해방전선 즉 베트콩을 대상으로 한, 미국의 반공 · 봉쇄 전쟁으로 확대되어 갔다. 미국이 전쟁을 주도하게 되면서 한국, 태국, 오스트레일리아, 뉴질랜드, 필리핀 등 미국의 주요우방국들이 자유민주주의 정부인 사이공정부를 공산화의 위협으로부터 보호한다는 명분하에 참전하게 되는 국제전적인 양상으로 그 성격이 변화한다. 그러나 1973년 파리평화협상이 체결된 후, 미국과 외국군들이 모두 철수하면서 전쟁의 성격은 다시

민족해방전으로 변모하게 되었다.

베트남전쟁을 자세히 시대적으로 구분하면 다음과 같다. 첫째, 1945년 2차 대전 종전 직후, 대부분의 식민 국가들은 독립의 기쁨을 맛보았지만, 식민정책을 포기하지 않기로 결정한 프랑스를 상대로 호치민의 민족주의 저항세력은 1차 인도차이나 전쟁을 시작했다. 결국 1954년 프랑스군이 라오스와의 국경부분에 위치한 디엔비엔푸에서 크게 패퇴한 이후, 국제사회는 제네바 회담을 통해 새로운 선거에 의해 베트남 독립을 약속하게 되며, 1954년까지를 1차 인도차이나 전쟁의 종결기간으로 간주한다. 제네바회담이 1956년 여름까지 선거를 통해 새로운 정부를 출범시킬 것을 결정했지만 동남아시아 지역으로부터의 공산주의 세력의 영향력 확대와 중국의 개입가능성을 우려하던 미 행정부는 제네바협약을 이행하기보다는 호치민이 주도하는 하노이 당국에 대응할 만한 안정된 반공정부를 사이공에 옹립하여 공산화를 저지하기로 결정했다.

결국 미국은 점차 개입의 폭을 확대해 나갔고, 급기야 1964년부터는 지상군을 파병하여 하노이 당국과 전면전에 들어가게 된다. 미국이 프랑스를 대신해 직접 베트남에 상륙, 공산주의 세력을 저지하기 위한 전쟁을 제2차 인도차이나 전쟁이라 부르며, 이는 미국이 철수할 1973년 3월까지 지속된다. 마지막으로 1973년 이후는 외국군이 사라진 상태에서 남북 간에 통일을 위해 치룬 전쟁을 제3차 인도차이나 전쟁이라고 부른다. 이는 사이공정부가 붕괴하는 1975년 5월까지의 시기까지 진행되었으며, 하노이 당국은 남베트남의 티우 정부를 상대로 압박의 수위를 높여가다가 1975년도에 들어서면서 본격적인 군사행동에 돌입했고, 작전개시 약 55일 만인 1975년 5월 1일 사이공정부를 붕괴시키면서 통일을 이룩하게 된다.

II. 1차 인도차이나 전쟁: 프랑스와 미국의 역할

1. 미국의 프랑스 지원배경

1945년 9월 2일 하노이에서 개최된 독립선언 기념식에서 호치민은 프랑스로부터의 독립을 축하하며, 미국의 대통령 토마스 제퍼슨(Thomas Jefferson)을 인용, 모든 인간이 평등한 권리를 갖는다는 말을 강조했을 뿐 아니라, 독립에 대한 미국의 역할과 공헌에 감사를 표했다. 행사에 초대된 미군 대표들은 보 구엔 지압(Vo Nguyen Giap) 장군과 함께 사열대에서 미군 비행편대의 축하비행을 관전했고, 베트남 군악대는 미국의 "성조기여 영원하라" 행진곡을 연주했다. 호치민이 한때, 미국을 독립을 위한 협력의 대상으로 삼았다는 점은 역사의 아이러니가 아닐 수 없다.

그렇다면 호치민이 미국에 계속 협조를 요구하며, 캄란만(Camranh Bay) 항구의 이용에 대한 의사를 타진했음에도 왜 미국은 하노이 지도자들과의 관계개선을 시도하지 못했을까? 미국은 결과적으로 프랑스군의 베트남에 대한 재 주둔을 허용했으며, 호치민의 공산혁명을 좌절시키기 위해, 프랑스의 노력에 힘을 실어주는 정책을 일관되게 취하게 됨으로써 베트남전의 비극을 피할 수 있는 중요한 기회를 놓치게 되었다.

미국이 프랑스를 지지하게 된 배경은 다음과 같다.

첫째, 루스벨트 대통령은 프랑스와 프랑스의 지도자 샤를르 드골에 대한 개인적 반감을 갖고 있었으며, 프랑스가 인도차이나에서 잘못된 식민정책을 통해 많은 학정을 펼친 바에 대해 항상 못마땅하게 생각해 왔다. 그는 미국이 아시아에서 민족주의 세력을 도와야 한다고 생각했으며, 베트남에 대한 독립을 전제로 국제사회가 신탁통치를 권고할 것을 주장했지만, 그의 보좌관들은 이러한 주장이 식민지들을 많이 보유하고 있는 동맹국 영국의 입장을 어렵게 만들 수 있다는 점에서 우려를 표명했다. 그들은 신탁통치의 요구가 미국의 대 유럽관계를 악화시킬 수 있다는 차원에서 미국이 보다 조심스럽게 접근할 것을 요구했고, 결국 1945년 2월 얄타 회담에서 신탁통치를 식민 종주국의 동의하에 실행한다는 후퇴된 입장을 발표하게 만들어 프랑스의 베트남에 대한 재진출을 허용하고 말았다.

둘째, 트루만 대통령은 이러한 루스벨트의 정책기조에서 벗어나 보다 적극적인 프랑스 돕기로 전환한다. 트루만은 봉쇄정책의 창시자로, 조셉 스탈린의 원대한 야심과 공산주의의 팽창을 막기 위해서는 유럽의 협조가 매우 긴요하다고 봤으며, 따라서 호치민의 적극적인 중재요청을 받아들이지 않았다. 중국의 공산화와 소련의 핵개발, 그리고 한국전의 발발 등의 연쇄적인 사건들은 미국으로 하여금 동남아시아에 대한 공산화가 미칠 영향에 대해 우려하게 했다. 동시에 도미노 효과에 의해 자원의 보고인 동남아시아를 잃게 될 경우, 유럽은 소련과 타협하려들 것이고, 일본은 고립되어 결국 중국과 관계개선을 시도하지 않을 수 없다고 보았다.

또한 소련이 1950년 1월 30일 하노이정부를 인정하자, 트루만과 애치슨 국무장관은 민족주의자들이라고 하지만 이들 하노이 지도부가 소련이나 중국과 밀접하게 연계되었다는 확신을 갖기에 충분했다. 한국전으로 인해 상당한 병력을 한국전선에 묶어둘 수밖에 없던 미국의 입장에서 동남아시아 지역을 공산화의 위협으로부터 지키기 위해서는 부득이 프랑스의 전략적 가치를 외면할 수 없었다. 다만 미국의 입장에서 프랑스가 식민주의를 연장하도록 지원할 명분이 없었으며, 따라서 바오 다이(Bao Dai) 황제를 옹립하여 라오스와 캄보디아, 베트남을 아우르는 프랑스연방 내 "자유국가"들을 지킨다는 새로운 명분이 필요했다. 따라서 미국은 표면적인 중립적 위치를 버리고 프랑스 돕기로 전환하지 않을 수 없었다.

셋째, 바오 다이 정부는 결코 지지를 받을 만한 위치에 있지 못했으며, 하노이 공산세력의 영향력과 국민들의 지지도는 상대적으로 점차 커져갔다. 1946년만 해도 프랑스의 공격에 일방적인 희생을 감수하던 베트민(베트남 독립동맹) 세력은 1950년대에 들어서면서 독립적인 공세작전을 전개할 정도의 수준으로 그 역량이 향상되었다. 프랑스군은 매달 1,000여 명의 사상자가 날 정도로 주요 도시 이외에서는 치안을 유지하기조차 힘들었다. 한국전에서 중공군의 개입이 시작될 즈음, 북 베트남에서도 프랑스가 식민전쟁 사상 최대의 패배를 경험하는 사건이 벌어졌다.

카오 방 (Cao Bang) 전투에서 약 6천 명의 사상자를 낼 정도로 대패한 프랑스를 지켜보면서 미국의 고민은 점차 커져갈 수밖에 없었다. 미국은 중국의 개입가능성을 두려워 한 나머지, 유일한 대안은 베트남 주둔 프랑스군에게 보다 많은 군사원조와 장비를 제공하는 것이라고 판단했으며, 약 1억 3,300만 달러의 군원을 제공하게 된다. 또한 1950년대부터는 경제 및 기술지원을 위해 약 5천만 달러의 추가 경제 원조를 단행하여, 바오 다이 정부가 국민들로부터 지지를 획득할 수 있도록 도왔지만, 트루만정부의 정책은 별반 효과를 거두지 못했다.

넷째, 국방부는 미국정부가 프랑스에 압력을 가해 보다 적극적인 군사정책을 취하도록 해야 한다는 입장이었지만, 국무부는 유럽에서 유럽안보공동체(European Defense Community)를 추진 중에 있었기에 지나치게 프랑스를 자극하는 데 우려를 표명했다. 프랑스는 이러한 미국의 약점을 충분히 활용하여, 미국이 베트남전에 대한 지원을 하지 못한다면 유럽에서 미국의 의도에 협조하기 어렵다는 점을 누차 강조했다. 결국 트루만 행정부는 프랑스의 베트남 전비의 약 1/3을 담당하지 않을 수 없었으며 이는 시간이 지날수록 확대되어, 1950년대 초반에는 거의 40%에 육박하는 비용을 부담해야만 했다.

다섯째, 한국전 종전과 함께 대통령이 된 공화당 출신 아이젠하워 장군은 새로운 안보전략인 '뉴 룩(New Look)'을 내걸고, 핵무기를 증가시켜 미래에 대비하면서 전체 군사비와 지상군을 대폭 줄인다는 정책을 발표했다. 따라서 베트남에 병력을 투자할 가능성은 더욱 희박해졌다. 2차 대전의 영웅인 아이젠하워는 베트남에서의 프랑스의 실패원인을 소극적인 군사정책에 있다고 판단했고, 한국의 예와 같이 보다 적극적으로 베트남 군사력을 키울 것을 권장했다. 미 합참 역시 이런 방법이 시도된다면 1년 이내에 성과를 볼 수 있다고 장담했다. 프랑스도 이런 미국의 요구에 따라 앙리 나바르(Henry Navvare) 장군을 사령관으로 임명, 보다 강력한 공세작전을 취하겠다는 입장을 보였지만, 동시에 이를 달성하기 위한 반대급부로 미국의 군사지원을 확대해 줄 것을 요구하였다.

'나바르 계획' 은 소위 분산된 병력을 모아 적의 중심부를 공격한다는 안이지만 결과적으로 라오스 국경 산악지대인 디엔비엔푸(Dienbienphu) 요새에, 1만 2,000 병력을 집결시켜 주력부대를 고립시키는 전략적 실수를 저지르게 된다. 결국 프랑스군은 보 구엔 지압의 군대에게 포위되어 고립무원의 위기에 빠지게 된다. 이를 타개키 위해 프랑스는 미국의 지원을 요구하기에 이르게 되고, 미국은 고립된 프랑스군 주력부대의 괴멸을 방관할 수 없어 각종 보급품을 공수하고, 공중폭격이나 지상군 투입 가능성 등을 면밀하게 검토하게 된다.

2. 미국의 연합행동(United Action)계획과 제네바 회담

미 아이젠하워 행정부는 한국전으로 인해 정치적 실패를 맛본 트루만의 전철을 밟지 않기 위해 베트남전에 직접 개입하는 데 주저했다. 따라서 덜레스 국무장관은 미국의 지원하에 동맹국들의 참전을 유도하는 '연합행동' (United Action)의 개념을 도입, 이를 구체화시키기 위해 많은 노력을 했다. 그러나 미 의회는 프랑스의 식민연장을 위한 미국의 참전이 시대적 요구와 도덕적 명분을 상실한 일이라고 비난했으며, 프랑스 역시 베트남의 완전독립을 허락할 의사를 보이지 않았다. 동맹국 영국은 제네바 회담 의장국으로 회담 이후 집단안보 정책을 고려해 볼 수 있지만, 인도차이나에 대한 즉각적인 군사개입에 반대했다. 영국의 처칠 수상은 동남아시아에서 도미노 현상이 일어날 가능성이 높다는 미국 측의 우려에 결코 동의하지 않았다. 결국 영국 등 여러 우방 국가들의 힘을 구해, 중국의 침략에 대비한 국제적 연대를 구축하고자 한 덜레스의 계획은 효과를 보기 힘들었다.

결국 프랑스의 디엔비엔푸 요새는 1954년 5월 7일, 항전 55일 만에 함락되었고, 미국은 이 문제를 제네바회의에 회부시키기로 결정했다. 미 행정부는 베트남 문제를 국제화시켜 해결책을 모색하고자 했지만 현상유지를 최대의 목표로 삼았다. 제네바 회의는 북위 17도선을 중심으로 한, 잠정적인 휴전안과 함께 2년 후인 1956년 여름까지 선거를 실시하여 베트남의 운명을 결정하기로 합의한다. 그러나 미국 의회 내, 강경파들은 휴전안을 중국과 공산권에 승리를 안겨준 외교적 실책이라고 질타했고, 남, 북 베트남 영토로부터 300일 내 양측이 군대를 철수하고 새로운 군대를 파견하지 않으며, 외국군들을 동원하거나 동맹을 맺을 수 없게 만든 협의안의 내용에 대해 비판적인 시각을 갖고 있었다. 결국 트루만 행정부의 입장에서 베트남의 분할은 남베트남에 확고한 반공정부를 구축하는 데 필요한 시간을 벌기 위한 조치였고, 라오스와 캄보디아, 그리고 남부 베트남을 연결하는 반공 대항 세력을 구축하기 위한 필수불가결한 조치였다.

3. 프랑스와 미국의 불협화음

프랑스와 미국의 협력관계는 상호불신과 비타협적인 자세로 일관했으며, 베트남의 안정화를 이룰 수 없었다. 미국은 루스벨트로부터 출발, 트루만, 아이젠하워를 거치는 약 10여 년의 기간 동안 유럽의 주요 동맹국인 프랑스의 위치와 역할을 결코 가볍게 다룰 수 없었다. 특히 미국은 프랑스의 고집스런 식민정책의 강행과 소극적인 전투수행 의지, 민족세력을 흡수하기 위한 노력 부족에 개탄을 금치 못하면서도, 소련의 공세적이고 팽창 지향적인 공산주의의 봉쇄와 한국전에 이은 중국군의 침략 가능성을 막기 위해, 부득이 프랑스를 반공 전략의 교두보로 삼지 않을 수 없었다. 특히 유럽에서의 안보협력에서 절대적으로 필요한 프랑스의 동의를 확보하기 위해서 총 26억 달러라는 엄청난 재원을 베트남에 지불해야만 했다. 그러나 프랑스는 결국 패배했고, 미국은 직접적인 군사개입을 할 수 없는 상태에서 베트남을 안정화 시켜야만 하는 더욱 어려운 과제를 안게 되었다.

Ⅲ. 반공국가 건설의 실패와 위협의 확대

1. 베트남민족해방전선의 창설과 베트남의 정국불안

미국은 제네바 회담 이후 본격적으로 사이공에 안정된 반공정부를 정착시키기 위해 노력했다. 미 국무성은 프랑스의 적극적인 반대와 베트남 현지에 있는 콜린스(J. Lawton Collins) 대사의 반대에도 불구하고, 고 딘 디엠(Ngo Dinh Diem)을 선택, 그를 중심으로 정부의 안정화를 도모하기로 결정했다. 미국의 전폭적인 지지 덕분에 불가능할 것만 같던 디엠정부는 강력한 정적들을 제치고, 1955년 말까지 확고한 권력기반을 잡게 되었다. 디엠정부는 제네바 협정이 권고한 선거를 거부하기로 결정했고, 이에 따라 미국정부는 안정된 반공정부를 구축한다는 목표하에 1955년부터 1961년까지 약 10억 달러의 경제 및 군사원조를 지원, 베트남을 미국의 수혜국 중 5번째로 많은 원조를 받는 국가로 만들었다.

덜레스 국무장관은 확고한 군사력 건설이 베트남안정에 가장 우선적 고려사항이란 판단하에 전체 원조액 중 78%를 군사원조에 집중했다. 또한 제네바 협정의 권고사항 때문에 군사고문단의 파견단을 최소화했던 미행정부는 1955년 이후 342명에서 692명으로 고문단 수를 확대했으며, 군사장비 구입과 인건비로 매년 850만 달러를 지출했고,

25만의 베트남군을 15만으로 줄여 정예화하기 위한 노력을 시작했다. 미국은 1960년에만 약 1,600명의 베트남 장교를 선발, 미국 주요 군사 교육기관에서 연수를 시키기도 했다.

그럼에도 불구하고 대부분의 교육이 게릴라전보다는 정규전에 대비한 훈련에 초점을 맞추게 됨으로써 베트남군의 역량향상에는 실질적 효과를 보지 못했다. 다행히 호치민이 북베트남에서 전후복구 사업과 토지개혁에 따른 저항을 무력으로 진압하는 과정에서 발생한 내부소요를 진정시키는 데 시간을 소모하는 사이, 남부지역에서는 미국 경제 및 군사원조의 효과가 조금씩 나타나기 시작했다.

그러나 이러한 효과는 결코 오래갈 수 없었다. 1960년 12월 베트남 남부에서 베트남민족해방전선이 공식으로 출범했고, 하노이 당국은 미국의 개입구실을 주지 않기 위해 베트남 내 자발적인 저항세력의 출범이 자신들과 전혀 무관한 것같이 행동했다. 그러나 이들이 베트남 전역에서 불만세력들을 규합하고 각종 봉기와 테러행위를 일삼게 되면서 사이공당국은 통제력을 점차 잃어갔다. 1958년에만 약 700명의 정부관리가 암살당했고, 1960년에는 약 2,500명이 이들 베트콩세력들에게 희생당했다. 1959년부터는 공격 후 도주하는 산발적인 공격행태에서 벗어나, 군사작전에 버금가는 대규모공격을 가하기 시작했다.

1960년 1월 사이공 북부 쩐 섭(Trang Sup) 마을에서 베트콩 4개 중대가 육군 사령부를 공격 점령하는 충격적인 사태가 발생했고, 4월에는 전직 관료들이 디엠정부를 비판하는 성명서를 발표하고, 동년 11월에는 특전사 3개 대대에 의한 쿠데타 음모를 간신히 막아낼 정도로 정국은 급격하게 불안해졌다. 이러한 심각한 도전에 직면하여, 강경 일변도로 진압하는 디엠정부의 인기하락은 우려할 수준으로 곤두박질쳤고, 미국은 서둘러 베트남군에 대한 대게릴라전(counterinsurgency) 교육을 시작하고, 문제해결을 위해 다각적인 노력을 전개했지만 디엠정부의 무능과 학정에 대한 국민들의 불만을 잠재우기에는 역부족이었다.

2. 케네디의 소극적 자세와 디엠의 실각

1961년 취임한 케네디 대통령은 자유주의의 수호를 위해 미국이 보다 많은 부담을 질 각오가 되어 있어야 한다는 점을 강조했지만, 막상 베트남 문제를 해결하는 데 있어서는 결코 단호함이나 신속한 대처능력을 보이지 못했다. 디엠정부의 무능함을 해결할 길이 없는 그는 1년 가까이를 망설이면서 베트남에서의 전면개입이라는 모험을 피하고자 노력했다. 결국 미국의 역할은 강화하면서 개입의 수준은 최소화하는 타협안을 선호했다. 결과적으로 볼 때, 그의 선택은 매우 근시안적인 것이었으며, 대규모 개입을 피하기 위해 문제해결능력이 없는 디엠정부를 계속 지원하게 됨으로써 미국의 지원수준과 개입은 더 늘리면서도 상황은 더욱 악화되는 최악의 결과를 가져왔다.

케네디는 취임 초부터, 쿠바와 라오스, 베를린 등에서 자유민주주의 세력을 지키기 위한 의지를 시험받게 됐다. 사실상 3대 외교 현안의 시급성 때문에 취임 100일 기간 동안에 베트남 문제는 우선순위에서 멀어져 있었다. 쿠바를 해방시키기 위한 미 중앙정보부(CIA)와 미 합참의 노력이 피그만(Bay of Pig)에서 실패한 직후, 케네디는 라오스에 대한 개입문제에 보다 신중하지 않을 수 없었다. 미국의 군사개입 필요성은 일찍부터 논의되어 왔지만 케네디는 모험을 피하고 협상을 통한 중립화 방안을 지지했다. 쿠바에도 병력을 보내지 않겠다고 선언한 입장에서 미지의 장소인 라오스에 병력을 파병한다는 게 설득력이 없다고 판단했기 때문이다. 그러나 베트남이나 베를린에서까지 수세에 몰린다면 소련의 압력에 지나치게 유약하다는 인상을 줄 것을 의식, 보다 강경한 대응을 결심했다.

베트남정책에 대해서 당시 맥스웰 테일러(Maxwell Taylor) 장군과 월트 로스토우(Walt Rostow) 경제고문은 베트남사태의 악화를 방지하기 위해서는 원조를 대규모로 확대해야 하고, 사이공정부가 보다 공세적이고, 효율적인 역량을 과시하도록 베트남군과 행정조직을 정비할 필요가 있다고 건의했다. 특히 민병대 조직을 활용, 군이 본연의 임무로 전환할 수 있도록 해야 하며, 군수지원업무(logistics task force)를 담당할 선발대 8,000명을 파견, 이들이 공병, 의무 및 경계업무를 지원하도록 건의했다. 또한 선발대를 메콩강 지역 하천의 범람에 따른 홍수피해에 대한 복구를 목적으로 파병하게 되면 병력의 부족문제도 해결하고 동시에 미국의 베트남에 대한 관심과 의지도 국제사회에 과시할 수 있을 것이라 주장했다.

반면, 국무차관인 체스터 볼스(Chester Bowles)와 라오스 협상의 미국 대표인 W. 애버렐 해리먼(W. Averell Harriman) 특사는 이러한 주장에 분명한 반대 입장을 표명했다. 그들은 미국이 절대로 베트남에 개입해서는 안 되며, 만약 개입을 시작하면 끝없는 혼란에 빠지게 될 가능성이 크기 때문에 차라리 라오스 협정을 중심으로 1954년 제네바 협정에 근거한 타협안을 새롭게 모색하는 것이 현실적이라고 주장했다.

케네디는 여전히 중도적 입장을 취했다. 볼스나 해리만의 협상을 통한 해결책에 분명한 반대의 입장을 표명하면서도 동시에 테일러와 로스토우의 파병안도 지지하지 않은 채, 완화된 개입을 선택했다.

1961년부터 1962년 사이, 케네디 행정부는 결국 군사지원을 배가시켰으며, 군사고문단을 폐지하고 군사지원사령부로 격상시키고, 폴 하킨스(Paul Harkins) 장군을 초대 사령관으로 임명했다. 1961년 12월 3,205명이던 군사고문의 숫자는 1962년 말에는 9천 명 수준까지 확대되었다. 이들은 베트남군을 훈련시키기 위한 다양한 임무들을 수행했다. 특히 특전사요원들은 산악지대 소수민족들을 훈련시켜 베트남 공산진영에 침투시켜 공격을 감행하기도 했고, 헬기조종사들은 베트남군을 적 출몰지역 깊숙이 수송하여, 이들이 효과적으로 작전에 투입되도록 도왔다.

미국의 지원하에 추진되던 전략적 정착촌(strategic hamlet) 사업은 1962년 말까지 약 3,500개를 건설했고, 2,000여 개가 추가로 건설을 시작했다. 그러나 이런 사업계획들이 내실을 기하지 않은 상태에서 지나치게 급하게 진행되다보니 베트콩들을 막아내기 어려웠고, 정착촌간의 거리가 너무 멀어 효과적인 방어망을 설치하기가 어려운 곳이 많아 그 효과를 장담하기 어렵게 됐다.

케네디 정부의 많은 지원과 여러 대책 안에도 불구하고, 베트남의 정치상황은 좀처럼 개선되지 않았다. 고 딘 디엠의 실정은 그의 동생 고 딘 누(Ngo Dinh Nhu)와 그의 부인 등의 세도정치에 의해 더욱 원성이 높았고, 이들을 지원하는 미국의 입장마저 곤란한 지경이 됐다. 정부에 대한 시위는 불교계를 중심으로 종교계에까지 점차 확대되었고, 케네디 행정부는 디엠 대통령에게 고 딘 누와 부인의 사임과 처벌을 요구했지만, 거듭 거부되었다. 이들이 무소불위로 행사하는 횡포를 차단한다는 차원에서 케네디 행정부는 군 장성들에 대한 쿠데타를 방조함으로써 디엠정부는 끝내 실각하게 된다. 결론적으로 케네디는 다른 많은 지역의 우선순위들을 해결하느라 베트남 문제에 대해서 보다 장기적인 대안을 개발하는 데 실패했다. 결국 그가 취한 임기응변식의 문제처리방식은 근원적인 문제해결에 도움이 되지 못한 채, 후임 대통령에게 더 큰 위험과 부담을 안겨 주게 되었다.

Ⅳ. 미 군사개입의 확대와 북폭의 한계

1. 존슨의 정책전환과 매독스(Maddox)호 사건

디엠의 실각 이후, 하노이 당국은 1963년 12월 중앙위원회 제9차 대회를 통해, 남베트남 민족해방전선에 정치적 공세와 군사행동을 강화할 것을 지시했고, 정규군을 남부로 침투시키기로 결정했다. 이는 남베트남 상황을 악화시킴으로써 미국 대선을 앞둔 존슨 행정부가 베트남에 대한 지상군 개입을 시도하지 못하도록 만들기 위함이었다.

그러나 케네디 암살 이후 부통령에서 대통령직을 계승한 존슨 대통령은 1964년으로 예정된 대통령선거를 의식, 지나친 개입은 자제했지만, 케네디 정부가 구상했던 반공정부 구축에 대한 목표를 완수한다는 생각이 강했다. 그는 1963년 11월 27일 국가안보행동각서 273(NSAM)에 "외부로부터 기획되고 지원되는 공산음모를 분쇄하기 위한 베트남 정부와 국민들을 돕는다"는 정책목표를 분명히 명시했다. 또한 그는 케네디의 지나친 신중함과 우유부단함이 베트남 상황을 악화시킨 주원인이라고 판단하고 있었다. 결국 존슨의 입장에서 볼 때, 베트남의 완전한 포기 또는 보다 적극적인 개입이라는 양단간의 결정만이 남아 있다고 판단했고, 문제를 회피하기보다는 신속하게 처리한 후, 국내문제에 전념하여 본인의 관심사항인 '위대한 사회'(great society) 건설에 매진하는 것이 유리하다고 생각했다.

디엠정부의 실각은 베트남정부에 심각한 정치공백을 가져왔고, 혼란은 점차 악화되어 갔다. 1964년 1월 29일 구엔 칸(Nguyen Khanh) 장군이 주도한 쿠데타가 발생, 정권을 장악했지만, 베트콩들의 도전은 보다 과감해져 사이공 내부에까지 안전을 보장할 수 없을 지경이 됐다. 미국 정보당국은 약 40%의 영토와 50%의 인구가 베트콩 관할하에 있다고 판단했고 미국의 보다 구체적인 개입이 없다면 칸 정부의 지속적 집권마저 기대하기 힘들다는 비관적 견해들을 제시했다.

존슨은 미국의 베트남에 대한 공약이행이 중국의 동남아 전체에 대한 개입가능성을 방지하고, 세계 다른 지역에 대한 공산세력의 침투를 막는 길이라고 판단, 철수제안이나 맨스필드 상원위원과 같은 협상파들이 제시한 중립화 방안을 거부했다.

존슨은 1964년 3월 정책검토를 통해, 기존의 정책을 답습하되 보다 효율성을 강화하는 것만이 유일한 대안이라는 결론을 내렸다. 그는 이를 NSAM 288호에 담아, 베트남이 전쟁태세를 갖추도록 유도하고 베트남군의 전력강화를 강력하게 추진하기로 했다. 그는 하킨스 사령관의 후임으로 2차 대전과 한국전에서 용맹을 과시한 윌리암 웨스트모얼랜드(William Westmoreland) 장군을 새롭게 임명하고, 향후 9개월 사이에 미국 고문단 수를 16,300명에서 23,300명 수준으로 대폭 확대하고 경제원조를 5천만 달러 증액하기로 결정했다.

미국은 증강된 군사고문단을 통해 베트남군을 훈련하고, OPLAN 34A에 입각, 북베트남의 해안에 대한 공세를 강화하고 있었다. 1964년 8월 1일 통킹 만에서 작전 중인 미국의 매독스함에 대한 어뢰정들의 위협에 직면, 인근 해역에서 활동 중인 터너조이함(C. Turner Joy)이 적 함정들을 추적하면서 첫 교전이 이루어졌다. 존슨 행정부는 매독스호 피습사건을 미국 국익에 대한 중대한 도전으로 간주, 대국민 성명을 발표한 후, 북베트남의 도전에 대해 단호하게 대처할 것을 천명하고 공격명령을 하달했다. 8월 4일 미국의 공습에 의해 북베트남의 어뢰정 25척이 파괴되었고, 석유저장시설 90% 이상이 파괴되었다.

미국의 단호한 공습으로 인해 존슨의 지지율은 42%에서 72%로 수직 상승했고, 미국의 국가이익에 대한 하노이 당국의 침공에 무력 응징할 것을 요구하는 통킹만 결의안은 상원에서 88-2의 압도적인 차이로 통과되었다. 존슨의 강력한 의지의 표현과 신속한 보복조치는 강경파 골드워터 상원의원의 도전에 직면한 존슨에게는 분위기를 반전시킬 매우 효과적인 기회였고, 이를 통해 11월 선거에서 압승할 수 있었다.

매독스 사건이 궁극적으로 조작된 사건이었음이 나중에 밝혀졌지만, 10년 넘게 진행된 베트남에서의 수세국면에서 전환, 북베트남의 영토에 직접적인 공격을 가할 수 있다는 점을 국민들에게 과시함으로써 심리적 지지 효과를 얻고자 했던 일종의 선거 전략이 되었던 셈이다.

2. 북폭의 시작과 지상군의 투입

미군 고문단에 대한 베트콩들의 공격이 가시화되면서, 비엔 호아(Bien Hoa)에 위치한 비행장에 주둔 중인 5개의 항공기와 4명의 미군이 사망하는 사건이 발생했다. 1964년 11월 말까지 대부분의 정책결정자들이 북베트남에 대한 공습계획이 더 이상 미룰 수 없는 정책수단이 되어야 한다는 점에 동의했다. 단, 미 합참은 보다 경력하고 신속한 공습을 원한 반면, 국무성에서는 협상을 염두에 둔 단계적 공습이 바람직하다고 주장했다. 그러나 국무 부장관 조지 볼(George Ball)은 이러한 공습계획이 결코 문제해결에 도움을 줄 수 없을 것이라 주장하며 반대했다. 볼은 전쟁을 확대하는 것이 결코 도움이 되지 않을 것이며, 일단 개입이 가속화되면 중도에 그만둘 수가 없기 때문에 신중하게 결정해야 한다는 점을 강조했다.

1965년 1월 말까지는 대부분의 정책결정자들이 베트남의 전황을 호전시키기 위한 조치로 북폭이 불가피하다고 판단했으며, 특히 국방차관보 존 맥노튼(John McNaugton)은 그 중심에 섰다. 1965년 2월 6일, 플레이쿠(Pleiku)에 주둔 중인 미군기지에 대한 베트콩의 공격으로 9명의 미군이 사망하고, 헬기 5대가 파괴되자, 미 행정부는 곧바로 불타는 화살(Flaming Dart) 작전을 전개, 17도선 북부 지역 군사시설을 대상으로 보복을 단행했다. 또한 2월 10일 퀴논지역의 미군막사에 대한 공격이 발생하자, 더 큰 규모의 보복 폭격을 감행했다.

며칠 내로 미국은 단순히 보복공습차원이 아닌 지속적인 폭격으로 전환하고, 소위 롤링 썬더(Rolling Thunder)라는 대규모 공습작전을 본격적으로 전개하게 된다. 4월까지 미국은 총 3,600회의 출격을 하게 되며 미공군의 지속적인 공습은 지상군 투입의 구실을 제공하게 된다.

맥스웰 테일러 대사는 지상군 투입의 결정에 신중해야 한다는 반대입장이었지만 존슨 대통령은 1965년 3월 8일 웨스트 모얼랜드 장군의 요청에 따라 북폭을 전개하는 공군 비행단의 안전을 지키기 위한 경비업무를 위해, 2개의 증강된 해병대대를 다낭지역에 파병할 것을 인가했다.

웨스트 모얼랜드 장군은 베트남의 전세 악화를 막기 위한 유일한 대안은 지상군 투입이라고 역설하며, 미 육군 2개 사단의 파병을 요구했다. 미 합참은 이를 강력히 지지했고, 미행정부 관리들도 결국 미지상군의 투입은 시간문제라고 판단하게 되었다. 결국 존슨행정부는 1965년 4월 하와이 호놀룰루에서 회의를 열어, 북폭을 6개월에서 1년간 지속하되, 북폭만으로는 전세를 뒤집기 어렵고, 지상군 투입이 동시에 추진되어야 한다고 봤다. 그들은 약 4만 명의 전투 병력을 파병하는 데 찬성했고 이 회의를 통해 한국군 1개 사단을 함께 참전시키는 결정을 내리게 됨으로써 한국군의 전투병 파병의 길이 열리게 됐다.

존슨은 1965년 5월 3일, 베트남을 지원하기 위해 약 7억 달러의 원조를 요청했다. 미국이 개입을 본격화하면서 베트남 정치내부에서도 큰 변화가 일어났다. 1964년 8월 칸 장군이 용퇴하고, 그 뒤를 이어 젊은 군 장교들을 대변하는 구엔 카오 키(Nguyen Cao Ky:전 공군 장군)와 구엔 반 티우(Nguyen Van Thieu: 육군 장군)가 권좌에 올랐다.

웨스트 모얼랜드 장군은 6월 초, 다시 15만 명의 추가병력 파병을 합참과 협의한 후, 요청했다. 조지 볼과 대통령의 개인자문역을 담당하고 있던 클락 클리포드(Clark Clifford)는 이러한 개입의 확대에 강력히 반대하며, 대통령이 개입의 수준을 최소화해야 한다고 주장했다. 대통령은 이들의 조언을 받아들여 전면적인 무차별 북폭에 반대했고, 7월 5만 명의 병력파병만을 승인했고, 동시에 부족 병력분에 대해서는 1965년 말까지 추가 승인할 것임을 밝혔다.

3. 전쟁의 장기화와 추가병력에 대한 요구

미국은 베트남에 군사력을 투입하면 손쉬운 승리를 거둘 것을 자신했기에, 베트남 상황에 맞는 적절한 전략을 개발하는 데 실패했다. 그러나 1965년 개입초기의 낙관적 견해는 불과 2년 만에 바뀌기 시작했다.

1967년까지 거의 50만에 육박하는 지상군이 베트남에 파병됐고, 2차 대전당시 투하된 폭탄보다 많은 양을 투하하다보니, 전비는 월 평균 20억 달러에 육박했다. 물론 미 정부는 전황이 개선되고 있다고 발표했지만, 사실상 베트콩의 도전을 잠재우고 북 베트남의 침투나 공세를 완화시키는 수준에 불과했다. 애당초 목표했던 안정된 반공정부의 구축은 아무리 많은 병력과 강력한 군사력을 갖고 있는 미국으로서도 해결할 수 없다는 데 존슨 행정부의 고민이 있었다.

이미 2차 대전이나 한국전에서 공중폭격의 한계를 충분히 감지했음에도 불구하고, 미국은 별다른 적절한 대안을 찾지 못한 가운데, 북베트남을 압박하기 위한 조치로 공습에 의존하게 되었다. 1965년에만 2만 5,000회, 1966년 7만 9,000회, 1967년 10만 8,000회로 출격횟수가 증가했고, 투하된 폭탄의 총량도, 6만 3,000톤에서 13만 6,000톤, 22만 6,000톤으로 각각 급증했다.

1965년 롤링썬더 작전이 개시된 이래 미국은 호치민 통로 중심의 보급로와 각종 산업시설, 석유보관시설, 철강공장 등을 타격했고, 월 평균 2,800명의 사상자를 양산했다고 판단했다. 그러나 이러한 공습에도 불구하고 즉각적인 효과는 거의 나타나지 않았다. 베트남인들은 약 3만 마일의 땅굴을 파고, 약 9만 명의 부녀자들이 훼손된 도로망을 복구하는 데 전념했다. 또한 중국과 소련으로부터의 원조와 긴급구호물자도 이러한 피해를 만회하는 데 중요한 역할을 했다.

하노이 당국은 북폭의 피해에도 불구하고, 1965년 3만 5,000명의 수준에서 1967년에는 9만 명 정도를 남파시킨 것으로 파악되었다. 반면에 미국은 각종 탄약과 유류, 격추된 비행기에 대한 대체비용 등으로 1965년부터 1966년까지 약 17억 달러를 지출했고, 이 기간 중 항공기 손실만 500대에 이르렀다. 전체적으로 미국은 1965년 공습을 개시한 이래 1968년까지 항공기 950대를 잃었으며, 60억 달러를 소요했다. 미국자체평가에 의하면 매 1달러의 공습효과에 대해 약 9달러 60센트의 비용이 지출된 셈이다. 또한 격추된 후 생포된 조종사들은 심리전에 이용되었고, 이들은 미국 내 반전움직임을 확대시키는 계기가 됐다.

지상에서의 상황도 별반 다르지 않았다. 미국은 1965년부터 1967년까지 지상군을 대폭 확대했으며, 웨스트 모얼랜드 사령관은 이를 바탕으로 1968년 초까지 엄청난 인력과 물량에 의존한 소모전(war of attrition)에 의존하였다. 소위 '수색섬멸' (search and destroy)작전은 적의 정규군 및 베트콩 주력부대를 섬멸한 후, 그들이 평화협상에 나오지 않을 수 없도록 물리적으로 압박한다는 개념에 입각하여 만들어졌다. 그러나 이러한 전략은 보다 많은 추가 병력을 필요로 했고, 웨스트 모얼랜드는 1966년 말까지 45만 명을 더 요구했다. 존슨 대통령은 공습에 대해 엄격한 제약을 둔 것과는 달리, 지상군 운용에 관해서는 주둔군 사령관에게 일임하고, 그가 원하는 대부분을 제공해 주었다. 1966년 초 존슨은 1967년 중반까지 43만 1천 명 수준의 병력을 유지하는 계획안을 승인했고, 웨스트 모얼랜드는 1967년 말까지 54만 2천 명이 필요하다고 재차 요청했다.

존슨은 병력지원 이외에도 정글지역에 대한 고엽제 살포를 위한 랜치핸드(Ranchhand) 작전을 승인하는 등 우수한 화력과 각종 과학 장비들을 동원, 베트콩들과 정규군들을 진압하기 위해 총력을 기울였지만, 하노이당국은 매년 20만 명을 새롭게 충원할 수 있었다. 자신들이 원하는 장소에서, 유리한 조건하에서 싸울 수 있고, 불리하면 언제든지 부대를 해산하거나, 은닉장소에 숨을 수 있는 적을 상대로 효과적인 전쟁을 수행한다는 것은 초강대국 미국에게도 큰 부담이었다.

웨스트 모얼랜드는 1967년 중반, 45만 규모에 20만의 추가병력이 지원된다면 전쟁은 2년 이내에 끝낼 수 있지만, 그렇지 못할 경우 5년이 더 필요하다는 점을 강조하며 병력 지원을 강력하게 요구했다. 그러나 점차 많은 사람들이 전쟁의 최종승리에 대해 자신감을 잃기 시작했다.

50만에 달하는 미군병사의 유입과 각종 물자와 원조의 범람은 베트남에게 기회이기도 했지만 그들을 더욱 의존적으로 만들었으며, 부패와 비효율은 극성을 부렸다. 정치적 부패는 국민들의 지지로부터 더욱 멀어지게 했으며, 미군 역시 독자적인 작전수행에 의존함으로써,

베트남군이 독립적인 군대로 성장할 수 있는 기회를 주지 않았다. 1967년경에는 존슨 대통령 자신이 심리적으로 압박을 받았으며, 특별한 조치를 취하기보다는 현상유지 선에서 기존 정책을 답습하게 된다. 그는 양극단의 정책적 제안들을 피하며, 웨스트 모얼랜드가 요구하는 20만의 추가 병력지원에 대해서는 5만 5천 명을 파병하는 것으로 마무리하고, 군사적 수단을 줄이고 협상으로 전환, 체면유지 방안을 찾자는 맥나마라 국방장관의 제안에 대해서는 공화당내 강경파들의 입장을 의식하여 거부한 채, 북폭을 유지하는 결정을 내렸다.

V. 구정공세와 평화협상으로의 전환

1. 구정공세와 전쟁의 전환점

1968년 1월 30일 새벽 2시 45분에 시작된 베트콩의 공격은 사이공 시내에 위치한 미대사관에 집중되었다. 이는 베트남 전쟁의 방향을 바꾼 큰 사건이 되었다. 19명의 침투자 전원이 7시간 만에 사살됨으로써 공격은 마무리되었고, 전국 많은 지역에서 동시다발적으로 시도된 구정공세 역시 진압되었지만, 하노이 당국의 치밀하게 계획된 전략은 미국 내, 여론에 엄청난 파급효과를 일으켰다.

하노이 당국은 정규군들로 하여금 주요 외곽지역에 위치한 미군지역에 공세를 가함으로써 이를 지원하기 위한 후방 보충부대를 전방으로 유도하고, 그로 인해 사이공 중심가에 공백을 만들게 되면 그 공백을 베트콩들로 하여금 파고들게 하여, 전술적 효과를 극대화하는 새로운 전략을 도입했다.

하노이 당국은 평화협상을 시작한 미국에 압력수단을 확보하고, 미군철수를 종용하며, 또한 사이공의 안전을 위협함으로써 불안을 증가시켜, 베트남과 미국 간의 협력 고리를 차단하고, 미국 내 여론을 반전 분위기로 몰아간다는 치밀한 계획하에 라오스 국경산악지대인 케산(Khe Sanh) 지역에 공격을 개시했던 것이다. 케산전투에 미국의 주력부대를 묶어두는 데 성공한 하노이 정부는 베트콩들로 하여금 베트남의 주요명절을 기해 도심 한복판에 있는 미 대사관을 공격하게 함으로써 미국의 의표를 찌른 것이다.

구정공세는 44개 지방주도 중 36곳, 6개의 대도시 중 5곳, 64개의 지역 도시에서 동시다발적으로 진행되었으며, 베트남 중부 고도인 후에는 7,500명의 베트콩과 정규군의 공격에 쉽게 함락되고 말았다.

사이공정부가 이를 재탈환하는 데 약 3주가 소요됐으며, 격렬한 전투 끝에 적 5,000명을 사살했지만, 아군 500명과 2,800명의 민간인 사망자 그리고 약 10만 명의 이재민을 양산했다. 구정공세는 미군에게도 상당한 충격을 주었다. 첫 2주간 미군 1,100명과 베트남군 2,300명이 전사했고 약 1만 2,500명의 민간인들이 희생됐다.

베트남 미 대사관에 대한 적의 침공 장면과 대치국면이 생생하게 미국 시청자들의 안방에 방영되면서 미국 여론의 반향은 냉담했다. 특히 베트남 경찰서장이 생포된 베트콩 포로를 그 자리에서 권총으로 즉결처분하는 장면이 생생하게 보도되면서 베트남전의 잔혹성과 비도덕성이 더욱 문제시되었으며, 전쟁의 의미에 대해서나 승리의 가능성에 대해 미 국민들 대다수가 비관적인 입장으로 돌아서게 되는 계기가 됐다.

그러나 웨스트 모얼랜드 사령관은 구정공세는 승리를 위한 기회라고 주장했다. 패퇴한 베트콩과 정규군을 더욱 압박해야 승리를 단축할 수 있다고 판단한 그는 존슨 대통령에게 가능한 한 모든 병력을 동원 증파해줄 것을 요구했고, 존슨 역시 패배를 받아들일 수 없다는 확고한 입장 때문에, 1만 500명을 더 보내겠다는 명령을 내리고, 이들에 대한 반격을 강화할 것을 주문했다.

그럼에도 불구하고, 1968년 1월 21일 발생한 북한의 청와대 기습사건과 1월 23일 동해 영해에서 발생한 미 해군 푸에블로호의 납북사건은 미국 정부로 하여금 예비 병력을 모두 소진하기 어렵게 만들었다. 휠러 미 합참의장과 웨스트 모얼랜드 주베트남 미군사령관은 예비병력을 활용하기 위한 새로운 동원령이 필요하다고 주장하며, 20만 6,000명의 신규병력을 베트남에 조속히 파병해 취약함을 보이고 있는 베트콩과 북베트남군을 거세게 압박할 수 있다고 대통령에게 보고했다.

이들의 보고서는 워싱턴 정가에 충격을 던져주었다. 존슨은 맥나마라를 대신해 새롭게 임명된 클락 클리포드 국방장관에게 베트남에 대한 전반적인 정책검토를 주문했고, 신임 클리포드 장관은 기존 전략에 비판적인 폴 완키, 타우젠드 홉스, 폴 니츠 등에게 문제점을 파악하게 했다. 특히 알랜 앤토밴(Alain Entoven)은 군의 증원요청이 결코 전쟁을 조기 종전시킨다는 보장이 없다며 비판했고, 미국이 더 이상 엄청난 비용을 감당할 수 없다고 판단했다.

이들 민간인 전문가들은 기존의 소모적인 수색섬멸작전에서 대규모 인구집결 지역들을 북베트남의 공격으로부터 보호하는 방어전략 즉 '인구보호'(population security)전략으로 전환해야 하며, 공격작전 수행의 부담을 대부분 베트남군에게 이관해야 한다고 주장했다. 이들의 보고내용에 입각, 클리포드 장관은 약 2만 2,000명의 증파와 예비병력 동원, 그리고 베트남정부에 전쟁수행의 책임을 전환시키는 건의안을 제출했고, 존슨은 큰 논쟁없이 이를 수용했다.

2. 새로운 평화협상의 시작배경

클리포드의 보고서가 수용될 즈음, 러스크 국무장관은 존슨에게 실익이 없는 북폭을 중단하거나 대폭 줄이고, 대신 평화협상을 시작할 것을 제안했다. 어차피 기후의 악화로 효과적인 북폭이 어려운 시점에서, 미국의 폭격을 감소시킴으로써 하노이당국을 협상으로 유도하는 것이 현실적인 대안이라는 점을 설득했다. 1965년 이후 북폭을 지속해온 존슨도 이에 반대하지 않았지만, 성급한 정책전환의 부작용을 의식하여, 일단 추후 검토만을 지시했다.

정부입장은 대략 1968년 3월을 기준으로 바뀌어 갔다. 이러한 정책 전환의 배경에는 미디어의 비판과 의회의 지속적인 문제제기가 큰 역할을 담당했다. 뉴욕타임스는 3월 10일 웨스트 모얼랜드의 20만 6천명 증원 요청을 비판적으로 보도했고, 존슨 대통령이 이에 대해 침묵으로 일관한다는 점을 다시 문제삼았다. 또한 미 의회에서는 추가파병에 관한 열띤 논의가 전개되어, 3월 11일과 3월 12일 상원외교위원회는 출석한 러스크 국무장관을 상대로 11시간에 걸친 매우 혹독한 청문회를 진행했다. 그로부터 일주일 뒤, 미하원 의원 139명은 행정부에게 베트남전 정책의 전반적인 재검토를 요구하는 결의안을 채택했다.

1968년 3월 12일 미 대선을 위한 뉴햄프셔 민주당 예비선거에서 대표적인 비둘기파인 유진 매카시(Eugene McCarthy)가 42%의 득표로 선두를 차지함으로써 대통령의 입장을 어렵게 했고, 또한 강력한 공화당 대선주자인 로버트 케네디 뉴욕주 상원의원이 3월 16일 출마를 선언하자, 대통령 측근들은 보다 확실한 평화안이 마련되지 않으면 안 된다는 판단하에 베트남정책의 본격적인 변화를 모색하게 된다.

이러한 국내여론과 정치적 압력하에서 존슨은 1968년 3월 22일 병력증파 계획을 공식적으로 거부하게 되고, 클리포드 국방장관이 건의한 2만 2,000명의 추가파병인원조차 없었던 일로 하고, 1만 3,500명만을 보충하기로 결정했다. 또한 이제껏 많은 병력을 요청해 왔던 웨스트 모얼랜드 장군을 워싱턴으로 소환, 합참의장에 임명했다.

1968년 3월 31일 존슨은 전국에 방영된 TV 연설을 통해 러스크 국무장관의 건의를 받아들여 북폭을 휴전선 북부지역에만 제한하기로 했고, 클리포드가 건의한 바대로, 이러한 폭격도 하노이 당국이 상응하는 제한조치를 취한다면, 조기 종결할 수 있다는 입장을 밝혔다. 또한 그는 애버렐 해리만을 대표로 선임, 하노이 당국과 장소와 시간에 구애받지 않고 평화협상에 임할 용의가 있다는 점을 분명히 했고, 마지막으로 대통령선거에서 재출마를 고려하지 않겠다는 매우 충격적인 선언을 했다.

결국 그의 연설은 지난 1965년 이후 지속된 개입 확대 정책의 종식을 의미했다. 이로써 미국의 베트남 정책은 되돌이킬 수 없는 중요한 전환점을 돌아서게 됐다. 그렇다고 해서 존슨의 목표인 베트남에 대한 반공정부의 구축을 포기한다는 것은 아니었다. 다시 말해, 압력을 가속화하는 정책으로부터 하노이 당국의 승리를 거부하는 전술적 전환을 꾀하게 되었다. 그러나 이러한 전략은 목표가 더욱 불명확하며, 때론 기존의 정책보다 더 혼란을 가져다 줄 수 있다는 점이 문제였다.

3. 파리평화협상의 시작과 교착상태

존슨의 3월 31일 연설내용에 입각, 하노이당국은 의외로 순순히 회담제의에 응했고, 베트남이 제시한 캄보디아의 프놈펜이나 폴란드의 바르샤바 대신 미국은 파리를 장소로 선택, 평화협상을 시작하게 된다. 그러나 초반부터 미국은 매우 강경한 자세를 유지했고, 기본적인 쟁점에 대해 양보할 의사가 없었다. 존슨과 그의 보좌관들은 회담이 성과를 보게 될 가능성이 매우 적다는 점을 예상하며, 북베트남에게 많은 양보를 강요하고, 최소한 회담파기에 대한 책임을 그들에게 부과하겠다는 자세로 임했다.

정식회담은 5월 13일 시작되었지만, 개시 직후 곧바로 난관에 봉착했다. 하노이 당국은 회담을 통해, 북폭을 중단시키는 효과를 얻고, 사이공과 워싱톤 간의 간격을 넓히며, 미국 내 반전여론을 확대하는 데 초점을 맞추고자 했다. 하노이 정부는 북폭 중단에 대한 반대급부 즉 상호교환(reciprocity)에 대한 가능성을 인정치 않음으로써 베트남 남부의 민족해방전선에 대한 지속적인 지원을 약화시킬 만한 어떠한 조치도 받아들일 수 없다는 입장을 견지했다.

해리만은 협상의 진전을 위해 북폭을 중단하고, 군사작전을 축소할 것을 요구했지만, 미 군부는 이에 강력하게 반대했다. 미 정부는 오히려 1968년 3~4월 남부 베트남 내에서 공세를 더욱 강화했다. B-52편대의 출격을 3배로 확대하고, 개전 이래 최대 규모의 수색섬멸전에 미군과 베트남군 약 10만을 동원, 하노이 당국을 압박했다.

미국과 베트남은 협상이 진전을 보게 될 경우를 대비하여, 지방 전역에 대한 공세를 강화하기 시작했고, 평정(pacification)사업에 박차를 가했다. 동시에 미국은 베트남화(Vietnamization)를 더욱 확대해 나가기 시작했다. 베트남군이 베트남 방위의 주체가 되게 하기 위해, 65만 8천의 병력수준을 85만으로 확장시키기로 결정했고, 새로운 장비들을 제공했다.

이러한 노력에도 불구하고 베트남 군사력은 결코 미국이 원하는 만큼 성장하지 못했다. 베트남군과 무기력한 베트남 지도부에 대한 좌절감은 결국 많은 미군들에게 혐오감을 심어주는 계기가 되었고, 1968년 3월 발생한 윌리엄 캘리(William Calley) 중위의 미라이(My Li) 마을 양민학살도 이러한 반감을 보여주는 대표적인 사건이라고 볼 수 있다.

해리만 특사의 노력에 따라 조건 없는 북폭의 중단을 미국이 시행하고, 미국 역시 하노이 당국의 상응하는 노력을 기대한다는 선에서 접근이 이루어졌다. 또한 평화회담에 티우 정부를 포함시키되, 베트콩 대표들을 동시에 포함하는 방식으로 균형점이 모색되었다. 물론 이러한 과정이 실효를 보기 위해서는 극복해야 할 많은 난관들이 있었다. 티우는 평화회담 자체가 베트남을 포기하기 위한 미국의 배신행위라고 반대했고, 미 공화당 강경파 역시 민주당이 대선을 앞둔 상황에서 의도적으로 평화공세를 강화한다는 비판을 가했다.

하노이 당국은 존슨행정부가 임기를 다하기 전에 최대한의 양보를 얻어내기 위해 미국의 입장에 귀 기울이며, 융통성을 보이기 시작했다. 그러나 회담에 참가한 베트남대표들은 여러 가지 절차상의 문제를 이유로 회담을 거부하기 시작했고 회담은 순식간에 교착상태에 빠지게 되었다. 미국의 해리만은 남베트남을 대동한 것이 잘못이었다고 보고 존슨 행정부가 하노이 당국과 직접 협상을 해야 한다는 견해를 보였고, 이는 훗날 키신저가 티우 정부를 회담 초기 단계에서부터 제외시키게 만드는 결정적 계기가 된다.

VI. 평화협상과 캄보디아 전쟁으로의 확대

1. 닉슨-키신저의 평화외교

1969년 새롭게 당선된 닉슨은 하바드 대학 국제정치학 교수 출신의 키신저를 백악관 안보담당보좌관으로 임명, 실패한 전임정부들의 과제를 떠안게 되었다. 그가 당선된 이유는 국민들로 하여금 전쟁을 조속히 끝내라는 기대가 있었기에 가능했지만 과연 어떻게 명예롭게 전쟁을 종결시킬 수 있는지에 관해서는 대안을 찾기 어려웠다.

결국 닉슨에게 가장 중요한 것은 존슨이 범한 실수를 반복해서는 안 된다는 점이며, 본인 스스로 중국의 공산화를 막지 못한 트루만에 대한 비판에 앞장섰던 입장에서 베트남을 포기할 수 없었다. 따라서 그들의 가장 큰 목표는 평화를 성취하는 것이며, 이를 위해 베트남에서 전쟁을 수행한다는 입장을 분명히 했다. 그들은 명예로운 방법이란 미국이 패배했다는 인상을 절대로 주지 않으면서, 동시에 남베트남이 협상을 통해 독립성을 확고히 유지하거나, 생존할 수 있는 구도를 만들어 주는 것이라고 정의했다.

이를 위해서 키신저는 하노이 당국이 미국을 절대로 힘으로 몰아낼 수 없다는 점과 미국의 지원하에 티우 정부가 영구적 집권이 가능하다는 점을 이해하게끔 만들어야 한다고 생각했다. 따라서 키신저는 단순히 미국의 군사력에만 의존해서는 안 되며, 소련과의 외교를 통해 이들이 하노이에 대한 영향력을 발휘하여, 결과에 영향을 미치도록 해야 한다는 소신을 갖고 있었다.

키신저는 프랑스나 소련의 외상을 통해 미국이 베트남으로부터의 철수와 북베트남군의 남부지역으로부터의 철수를 맞교환하는 협상에 관심이 있음을 통보하고, 동시에 닉슨은 북베트남에 대한 갑작스런 공습을 명했다. 이는 존슨 행정부에서 자제되어 왔던 일이지만, 닉슨은 강력한 힘의 우위를 바탕으로 협상을 전개하겠다는 의지를 대내외에 밝히고자 했다.

이러한 닉슨의 계산에 입각, 향후 15개월간 B-52 편대는 북베트남을 대상으로 총 3,630회의 폭격을 시도했고, 10만 톤 이상의 폭탄을 투하했다. 그러나 닉슨의 지시에 따라 이러한 내용은 국민들에게 공개하지 않은 채, 비밀리에 진행되었다. 그는 1969년 5월 '종합적인 평화계획'을 발표하며 북베트남에 대해 외국군의 철수가 평화협정 체결 후, 일 년 내에 이루어질 수 있으며, 또한 미군 전투 병력이 단계적으로 철수할 수 있다고 공표했다. 그는 미드웨이 섬에서 진행된, 티우 와의 정상회담 이후, 전격적으로 2만 5천 명의 미군병력이 베트남으로부터 철수하게 된다고 밝히기도 했다.

그러나 이러한 그의 비밀외교나 공격적인 태도가 결코 하노이 당국의 양보를 얻어내지 못했다. 그들은 닉슨의 입장이 결코 존슨의 입장에서 개선된 바가 없다고 판단했으며 반 세기 이상 고통을 감수하면서 인내해온 이상, 이제 와서 새삼스럽게 미국의 요구에 양보할 필요가 없다고 느꼈다. 그들은 미국의 즉각적이고 무조건적인 철수와 남베트남 내 티우 정권을 제외한 새로운 임시정부를 다시 세울 것을 요구했다.

닉슨의 평화공세는 국내정치에서도 기대효과를 보지 못했다. 공화당 강경파들은 파리평화협상의 실패를 인정하고, 정부가 보다 강경한 공세를 취할 것을 요구한 반면, 민주당은 초기 100일간의 허니문 기간이 끝나는 1969년 여름에는, 보다 많은 의원들이 닉슨의 정책이 결코 새로운 것이 없으며, 철군이 좀 더 가시적으로 이루어져야 한다고 주장했다.

이러한 비판여론에 직면한 닉슨은 프랑스를 통해 호치민 주석에게 평화에 대한 제의를 보내며, 만약 이러한 요구가 11월 1일까지 이루어지지 않을 경우, 하노이에 대한 강력한 보복이 있을 것임을 경고하는 최후통첩을 보냈다. 따라서 키신저는 닉슨의 명에 따라 북베트남에 결정적인 타격을 줄 만한 대안들을 찾는 데 주력했다.

그러나 하노이 당국은 결코 최후통첩에 대응하지 않았고, 쑤안 투이(Xuan Thuy)를 파견 키신저와의 파리근교에서의 회의에서 기존의 입장만을 되풀이했다. 하노이 당국의 반복된 완고함에 격노한 닉슨은 강력한 보복을 원했지만, 멜빈 레어드 국방방관이나 윌리암 로저스 국무장관 모두 이러한 강경책이 하노이당국에 변화를 유도하기에 힘들다는 점을 지적했고 키신저 역시 공세적 정책이 결코 하노이의 의지를 꺾기 힘들다는 보고서를 제출하게 되었다. 닉슨은 결국 북에 대한 응징을 포기하게 되면서 더욱 난감한 입장에 빠지게 된다. 하노이 당국에 양보를 강요할 수도 없고, 동시에 종전도 이룰 수 없는 상황에서 그가 할 수 있는 유일한 대안은 베트남군을 강화시켜 나가는 것이었다.

2. 반전분위기의 고조와 추가철군

그는 자신에 대한 비판세력에 대해 정면으로 공격하며, 미국의 이익을 해칠 수 있는 것은 북베트남이 아니라, 오히려 미국 국민들이라며 침묵하는 대다수(silent majority)는 미국이 베트남전에서 명예로운 철수를 하도록 행정부의 정책을 지지하고 있다고 밝혔다. 그러나 1969년 10월 15일과 11월 15일에 개최된 모라토리엄에서 반전에 대한 미국민들의 목소리가 전국 규모의 평화운동으로 확대되기 시작했다. 또한 많은 종교단체들과 시민사회단체가 이를 지지했다.

닉슨은 직접적인 정책변화를 모색하지는 않았지만, 이러한 반전 움직임에 자극을 받아, 베트남화 정책에 대해 보다 적극적인 지원을 아끼지 않았다. 닉슨 행정부는 우선 베트남군을 85만에서 100만으로 확대하고, 이들이 각종 현대무기로 무장할 수 있도록, 100만정의 M-16 자동소총과, 1만 2,000개의 M-60 기관총, 4만 개의 M-79 유탄발사기, 2,000개의 박격포와 곡사포 등을 지급했고 연 10만 명 이상을 재교육할 수 있는 군사학교를 설립하고 그들의 사기진작과 효율성강화를 위해 노력했다.

또한 전략촌 건설을 통한 평정사업을 위해 50만 명의 인력을 자동화기로 무장하게 하여 지방 부락에 배치, 양민들의 안전을 도모하게 만들고, 그들에게 자율권을 강화하고, 선출된 부족장들을 교육원에서 다시 훈련시키는 프로그램들을 개발했다.

그러나 이러한 베트남화 정책은 눈에 보이는 가시적인 성과에도 불구하고, 자발적인 문제해결 의지의 부족 때문에 미국 철수 후까지 유지되리라고 기대하는 사람은 없었다. 결국 이는 미국에 대한 의타심만 심어준 결과가 되었다.

1970년 3월 미국 내 반전 움직임이 다시 고개를 들기 시작했다. 닉슨은 이를 조기에 잠재우기 위해 15만 명을 추가 철군한다는 계획을 서둘러 공표했다. 그러나 이는 아브람스(Creighton Abrams) 주둔군 사령관의 강력한 항의에 직면하게 만들었다. 그는 닉슨의 철군카드는 베트남화의 과정에 악영향을 미치게 될 것이며, 베트남에서 미국의 작전 역량을 크게 위축시킬 것이란 점을 우려했다. 닉슨은 이러한 철군카드가 국내여론도 완화시키고 동시에 파리협상에서 진전을 볼 수 있는 계기가 될 것을 희망했는데 결국 둘 다 이루지 못하고 말았다.

3. 캄보디아 침공과 의회의 반대

1970년 3월 중립정권인 캄보디아의 시아누크(Sihanouk) 공이 반공을 표방한 론놀의 쿠데타에 의해 축출되는 사태가 발생했다. 이는 베트남에 침투하기 위한 공산 정규군들의 은신처로 사용되는 캄보디아를 반공 정부하에 두는 것이 유리하다는 판단하에 미국의 사주하에 이루어졌다. 이러한 의도적 노력은 하노이의 반발을 사기에 충분했고 또한 평화협상에 더욱 완강한 입장을 취하게 만들었다.

닉슨이 캄보디아에 대한 침공을 결정한 배경은 다음과 같다.

첫째, 이는 베트남화 작업의 시간을 벌기 위한 것이라고 볼 수 있다. 둘째, 캄보디아에 우군정부가 집권한다면 호치민 루트를 통한 북베트남의 침입을 쉽게 저지할 수 있다고 판단했기 때문이다. 셋째, 깜짝 놀랄 만한 사건을 통해 국내정치에서 반전을 꾀해 온 닉슨만의 독특한 '역발상' 이 작용했기 때문일 것이다. 넷째, 민주당이 장악한 상원이 그가 임명한 대법관 후보를 두 번씩이나 거부했기 때문에 보다 강경한 모습을 보여주고 싶었기 때문일 수도 있다. 마지막으로, 그는 평화협상에서의 지지부진함을 타개하기 위해 자신이 하노이 당국에게 여전히 큰 피해와 곤경을 줄 수 있을 만한 힘을 갖고 있다는 것을 보여주고 싶었을 것이다. 특히 1969년 11월 그가 정한 최후통첩에 하노이당국이 대응하지 않음으로써 자존심을 상하게 했던 일에 대한 개인적인 보복이었을 가능성이 크다.

군사적 견지에서 볼 때, 캄보디아 침공은 약 2,000명의 적을 사살하고, 1,600에이커의 영토를 확보하고, 8,000개의 벙커를 파괴했을 뿐 아니라, 베트남 내 침투작전의 중심거점인 남베트남중앙사무소(COSVN)를 파괴했다고 주장했지만 그 효과는 결코 크지 않았으며, 단기적이었다. 캄보디아의 중립성을 훼손하면서 침공을 개시하고, 공습을 강행함에 따라, 하노이 당국 역시 크메르 루즈를 지원하게 되었고, 이에 따른 내전이 심화되게 함으로써 폴 포트 정부가 자국 국민들을 상대로 전대미문의 대학살을 범하게 만드는 결과를 낳았다는 점은 역사의 아쉬운 대목이다.

특히, 캄보디아에 대한 침공은 더 큰 국민들의 저항을 불러일으켰다. 각 대학캠퍼스 내에 반전데모가 확산되고 이를 저지하는 가운데 오하이오주 켄트 스테이트 대학(Kent State University)과 미시시피주의 잭슨 스테이트 칼리지(Jackson State College)에서 주 방위군의 총탄에 학생들이 사망하는 유혈사태가 발생했고, 이를 항의하기 위한 집회가 워싱턴에서 벌어졌다. 5월 첫 주에만 10만 명 이상이 캄보디아 확전반대를 외쳤다. 이러한 상황하에서 존 쿠퍼(John Cooper) 켄터키 주 상원의원과 프랭크 처치(Frank Church) 아이다호 주 상원의원은 1964년 6월 30일 이후 캄보디아에 사용되는 모든 비용을 금지하는 결의안을 제출했다. 또한 조지 맥거번(Geroge McGovern) 사우스 다코다 주 상원의원과 마크 해트필드(Mark Hatfield) 오레곤 주 상원위원은 1971년 말까지 베트남으로부터 모든 병력을 철수하게 만드는 결의안을 상정했다.

닉슨과 의회지도자들, 그리고 진보성향의 언론과 백악관 간의 갈등은 더욱 심각해졌다. 닉슨은 1970년 10월 TV 생중계를 통해 베트남전 휴전에 관한 새로운 평화안을 제시하게 되지만, 하노이측은 즉각 이를 거부했다. 2년간의 비밀외교와 국내 정파 간의 마찰 속에서 닉슨은 군의 적극적인 반대에도 불구하고, 1971년 말까지 10만 명을 추가철수할 것을 명하게 된다. 결국 베트남에는 17만 5천 명만을 남겨두게 되었지만 그 중 전투병은 불과 7만 5천에 불과해, 북으로부터 증가하는 공산세력의 침투를 방지하기에는 역부족이란 불평과 그가 추진해 온 베트남화(Vietnamization) 정책을 효과적으로 추진하기가 불가능하다는 비판에 직면하게 되었다. 결국 닉슨은 북베트남 주요시설에 대한 공습을 다시 시작하고 1971년 2월에는 라오스에 대한 공격까지 명령하게 된다.

이러한 줄다리기는 반전 열기를 더욱 고조시키고, 급기야 정권퇴진운동으로 연결되어 닉슨 행정부와 대립각을 세우게 된다. 이 시기에 『뉴욕타임즈』지는 펜타곤보고서(Pentagon Papers)를 통해 전 국방성 직원인 다니엘 엘스버그(Daniel Elsberg)가 입수한 비밀문건을 공개했다. 보고서는 과거 미국행정부들이 전쟁에 관해 올바른 정보를 주지 않았으며 국민들을 기만했음을 알게 해줬고 이러한 분위기 속에서 닉슨은 정부 관리들의 비밀유포를 감시하기 위해 초헌법적인 조치들을 강구하게 만들었다.

4. 데탕트(detente)와 평화협상의 마지막 고비

당시 미국국민들은 71%가 전쟁개입을 실수라 판단했고, 58%가 부도덕한 전쟁이라 여겼다. 결국 닉슨의 지지율은 31%로 떨어졌고, 이러한 분위기 속에서 닉슨과 키신저는 1971년 재선을 위해서 평화협상의 타결이 무엇보다 긴요함을 인식하고 있었다.

5월 키신저는 평화협상을 성사시키기 위해 중요한 타협안을 하노이 측에 비밀리에 제시했다. 키신저는 모든 포로들의 석방을 조건으로 평화협정 체결 이후 7개월 내에 모든 외국군의 철수를 약속했다. 더 놀라운 사실은 상호철수의 주장에서 후퇴, 미국의 철수대가로 하노이 당국이 더 이상 남쪽으로 침투하지만 않는다면 이를 받아들이겠다고 제시한 것이다. 하노이정부 대표인 레 뚝 토는 이를 즉각 거부하고, 대신 미군포로의 즉각 석방과 미군철수를 교환하되, 미국이 티우 정부에 대한 지지를 철회할 것을 요구했다. 비록 협상 타결에는 실패했지만 가능성을 충분히 타진한 키신저는 새로운 제안을 했다. 즉 휴전이 체결된 후, 60일 안에 새롭게 선거를 실시하고, 티우는 선거 한 달 전에 사임하게 한다는 안을 하노이에 수정 제의했다. 그러나 티우가 출마를 안 한다는 보장이 없는 상황하에서, 하노이는 이를 거절했고 회담은 다시 미궁에 빠지게 되었다.

이러한 어려운 국면 속에서 닉슨과 키신저는 포기를 하지 않고, 북경과 모스크바를 상대로 정상회담을 기획, 국민들을 깜짝 놀라게 만들면서 데탕트의 분위기를 연출했고, 국민들은 다시금 희망을 갖고 사태해결을 기대할 수 있었다. 그들은 강력한 외교력을 동원, 하노이 당국을 고립시키고 소련과 중국을 통해 그들을 회담장으로 유도한다는 계획이었다.

하노이 당국은 1972년 3월 대규모 춘계공세를 시작했다. 하노이 측은 미국대선을 앞둔 시점에서 미국의 전쟁피해자가 속출하면 국내 반전열기가 더욱 거세질 것을 기대했고, 미군이 총 9만 5천 병력에 전투병이 6천 명 밖에 없다는 점도 고려의 대상이 됐다. 또한 하노이 당국은 베트남군 기지에 공격을 주력했으며, 이는 미국이 추진하는 베트남화 정책이 성공할 수 없음을 보여주기 위해서였다. 또한 지방에는 베트콩의 주력부대를 배치, 미국이 그동안 추진해 온 평정사업의 취약성을 미 국민들에게 과시하고자 했다.

닉슨은 이에 대해 의외로 강력하게 대처했다. 공군력을 총동원, 하노이 당국에 전쟁개시 후 최대 규모의 폭격을 단행했다. 하이퐁 항을 봉쇄하여 외부로부터의 보급을 차단하고, 새로 개발된 스마트 탄을 통해 적의 주요 시설들을 정밀폭격했다. 또한 외교적인 측면에서 키신저는 소련의 브레즈네프 서기장을 만나 북베트남의 춘계공세에 대해 항의하며, 휴전시 남부주둔에 대한 기득권을 인정한다는 사실을 다시 확인시키고, 소련의 영향력행사 여부가 미국과 소련과의 관계개선 결과에 중요한 영향을 미칠 것임을 지적했다. 또한 중국 정부에 대해서도 하노이당국에 유사한 압력을 행사해줄 것을 요청했다.

전쟁은 격렬했고, 하노이 측은 10만 명이 넘는 전사자를 냈다. 베트남군 역시 2만 3천의 전사자를 냈으며 전쟁은 곧 교착 상태에 빠지게 되었다. 춘계 공세가 어느 정도 소강상태를 이루게 됨에 따라, 1972년 가을 다시 평화협상이 시작되었다. 1972년 9월 닉슨의 재선이 확실하게 됨에 따라 하노이 측도 조지 맥거번의 당선을 기다리기보다는 닉슨 정부와의 협상을 통해 이익을 챙기겠다는 판단하에 보다 적극적으로 회담에 임하게 된다.

10월 22일 회담을 시작하기로 합의한 후, 키신저는 마지막으로 티우를 설득하기 위해 그를 만났지만 의외로 강경한 그의 태도로 인해 설득에 실패하게 된다. 티우의 입장에서 미국이 남베트남 내 공산세력의 주둔을 허용하고, 베트콩의 정치적 권리를 인정하라는 요구는 결코 받아들일 수 없었다. 키신저는 티우를 제외한 채라도 10월 31일 회담을 강행할 것을 닉슨에게 요구했지만, 닉슨은 티우에게 충분히 설득할 시간적 여유를 갖고 싶어했다. 닉슨은 10억 달러의 추가군원과 위기에 처할 경우 즉각적인 구원을 약속하면서, 동시에 지속적인 반대가 불가할 경우, 그를 배제한 상태에서 회담을 성사시키겠다는 위협도 잊지 않았다.

1972년 12월 중순에 다시 재개된 회의에서 양측은 막판까지 주장을 굽히지 않았고, 결국 미국은 회담에서 유리한 고지를 선점하기 위해, 북베트남의 중심지인 하노이와 하이퐁지역에 대한 폭격을 가하게 된다. 크리스마스 폭격이라고 불리는 이 폭격은 약 1,600여 명의 민간인 피해자를 낳았고, 과연 협상을 위해 불가피한 것이었느냐에 대한 윤리적 시비를 낳게 했다. 1973년 1월 8일 재개된 협상에서 양측은 며칠 동안의 마라톤 회의 끝에 합의에 도달하게 된다. 티우도 더 이상 합의안을 거부하기 어려웠고, 미국은 베트남의 저항과 불만을 뒤로한 채, 하노이 당국과 10여 년에 걸친 군사개입을 마무리하는 합의안에 서명하게 된다. 결국 명예로운 철군을 위한 합의 과정은 4년여에 걸친 시간을 더 소모했고, 그 기간 동안 사이공 정부 측은 10만 7,504명, 하노이 측 전사자 및 베트콩은 약 50여 만 명, 그리고 미군 측도 2만 533명이 추가로 전사했다.

Ⅶ. 미군 철군 이후의 전쟁과 통일과정

1. 평화협정의 무력화

1973년 1월 양국이 평화협정에 서명했고, 3월 말, 우여곡절 끝에 587명의 미군 포로들은 석방되어 미국으로 귀환할 수 있었다. 이는 파리협정의 유일한 성과로 받아들여질 수 있다. 안타깝게도 북베트남과 남베트남 모두 파리 평화협정의 내용들을 자신의 입장에서 유리한 대로 해석했고, 모호한 부분들에 대한 더 이상의 합의를 구하기란 불가능했다. 결국 평화협정은 1973년 3월 포로석방 이후 곧 사문화되었다.

미국은 3월 말까지 철군을 단행했고, 통일을 향한 하노이 당국의 집념과 생존을 위한 사이공 정부의 몸부림은 양측 간의 격돌을 불가피하게 만들었다.

미국은 지상군 철수 후에도 통킹만에 주둔한 해군함정들이나 태국 및 괌의 공군기지로부터 출격이 가능한 상태를 유지했고, 론놀 정부를 지원하기 위해 캄보디아 지역에 한정된 폭격도 지속했다. 비록 하노이 당국이 휴전협정을 지키지 않으면, 다시 북폭을 재개할 수도 있다고 공표했지만, 누구도 이를 믿지 않았다. 휴전을 감시할 어떤 외부세력도 존재하지 않는 상태에서 휴전에 대한 위반사례는 결코 문제가 될 수 없었다. 미국은 여러 경로를 통해 티우 정부에 거듭된 공약을 했지만, 과연 유사시 북베트남의 침략을 저지할 결연한 의지를 갖고 있는지 의심하지 않을 수 없었다.

베트콩은 서명과 동시에 휴전이 성립되기 전 조금이라도 영향력을 더 확보하기 위해 여러 지방에서 공격을 개시했고, 티우 정부 역시 미국의 지원이 사라지기 전에 확고한 우위를 다지기 위해 적극적인 공세를 취했다. 사이공 정부는 휴전직후 75%의 영토와 85%의 인구를 장악하고 있었으나, 대대적인 공세를 통해 입지를 더욱 강화하고자 했다. 그러나 첫 3개월 내에 약 6천 명의 전사자가 발생했고 이는 개전 이래 가장 격렬한 전투로 간주될 수 있다. 상대적으로 하노이 측은 매우 신중하게 대처했으며, 1972년의 춘계공세에서 막대한 피해를 보았기에, 휴전이후 새로운 전쟁 물자를 충당하며, 병력을 재구성하기 위한 숨 고르기에 집중했다. 이들은 정치적 분규를 일으켜, 티우 정부를 혼란에 빠지게 하기 위한 준비들을 갖춰 나갔고, 만약을 위해 북에서 남으로 연계되는 보급로 구축과 병력의 침투를 은밀히 진행해 갔다.

2. 미국 국내사정의 변화

1973년 여름이 되면서 닉슨은 공약준수는 거의 불가능하게 된다. 의회는 닉슨에 대해 더욱 비판적이 되었고, 워터게이트 사건에 연루된 백악관은 사면초가 속에서 베트남에 대한 공약준수를 걱정할 여유가 없었다. 양당의원들은 5월 10일 캄보디아 공습을 불법으로 간주하고, 이를 위한 예산을 전액 삭감하기로 결정하는 데 민주당과 공화당 간의 구분이 없었다. 6월에는 하원에서 수정안을 제기, 인도차이나 전역에서 미국의 군사적전을 중단시키는 결정을 했고, 닉슨의 거부권행사를 유보시킨 후, 타협안으로 8월 15일까지 중지시키는 것으로 합의했다.

1973년 말, 닉슨은 더 이상 권력을 행사할 수 없는 지경에 이르렀다. 워터게이트 사건에 대한 비판은 거세졌고, 11월 말 의회는 전쟁권법안(War Power Act)을 가결하여 대통령이 더 이상 의회의 견제 없이 전쟁을 장기간 수행하지 못하도록 못박는 법안을 통과시켰다. 의회는 대통령이 병력을 해외에 파병할 때, 48시간 내에 통보하고 의회의 비준이 없는 한 60일 이내에 철수시켜야 한다고 명시했다. 1973년 한 해 동안 파리회담은 몇 차례 간헐적인 만남을 통해 정치적 해결을 시도했지만, 베트남의 미래에 대한 합의란 불가능했고, 결국 1974년 초 폐회하고 말았다.

3. 베트남의 통일전쟁

티우는 1973년 말부터, 단독으로 3차 인도차이나 전쟁을 시작했다. 지상군과 공군력을 동원, 주요 북베트남 군 및 베트콩 집결지인 동해안 지역과 '철의 삼각지대' 그리고 메콩 델타지역에 대한 공격을 시작했다. 초기에는 사이공의 우세가 확실했으나, 1974년 가을경에 가서는 전세가 역전되기 시작했다. 북 베트남군은 우수한 동원 체제를 바탕으로 중장비들과 군사력을 신속하게 남으로 이동시켜 수비에 치중하고 있는 사이공 측 군대들을 압박해갔고, 메콩델타지역에서는 전년도에 잃었던 지역들을 대부분 탈환해갔다. 미군이 철수한 직후 베트남 경제는 급격하게 악화되어 갔고, 살인적인 인플레이션과 정부의 예산부족은 경제위기를 낳았고, 이에 따른 정국혼란은 결국 베트남 정부의 결속력을 급격히 와해시켰다.

1974년 닉슨이 권좌에서 물러나자, 미국의 베트남에 대한 공약은 더 이상 불가능했다. 키신저가 미국의 도의적 책임을 거론하며 15억 달러의 원조를 긴급 요청했지만 의원들은 대부분 반대했고, 간신히 7억 달러를 보낼 수 있었다. 미국의 원조삭감은 베트남의 존립에 심각한 영향을 미쳤다. 베트남군의 군사작전 수행능력은 급격히 위축되었고 공군기들은 유류난 때문에 항공작전을 수행하기 힘들어졌다. 군의 사기는 땅에 떨어졌고, 탈영은 1974년에만 24만 명에 달하는 기록을 세우고 말았다.

이러한 혼란을 지켜보고 있던 하노이 당국은 1975년 초, 통일을 위한 적절한 시기가 도래했다고 판단, 군사적 작전을 전개해 갔다. 1974년 12월 정규사단과 베트콩 지역사령부는 사이공 동북부의 푸옥 롱(Phuoc Long)을 공격, 3주 내에 3천 명을 사살하거나 생포하는 전과를 올렸다. 이에 힘을 얻은 하노이 당국은 1975년 통일을 위한 2개년 계획을 세워 1976년 통일을 완성하는 목표를 세웠다. 푸옥 롱 전투에 대한 미국의 무관심은 하노이당국의 입장에서 볼 때, 미국이 더 이상 베트남에 구원병을 보내지 않을 것이란 확신을 갖기에 충분했다.

3월 10일 하노이군은 중앙고원지대의 반 메 투옷(Ban Me Thuot)에 대한 공격을 단행, 단 이틀 만에 탈환했다. 이러한 움직임을 저지하기 위해 사이공당국은 성급하게 지상군을 투입했다 고립되어 패퇴하게 된다. 고원지대에서의 패배는 일주일 만에 플레이쿠(Pleiku)와 콘툼(Kontum)의 함락으로 이어졌고, 사이공 북부 6개주와 주요 거점도시들 역시 스스로 무너지거나 적의 수중에 떨어졌다.

불과 수개월 만에, 세계 4위 수준으로 급조된 100만 명의 사이공 군은 급격히 무너졌고, 하노이정부는 비로소 1975년 내에 통일이 가능하겠다는 자신감을 갖게 되었다. 사이공정부는 충격에 빠져 당황한 채, 대응방법을 찾지 못했고, 미국의 긴급구호에 마지막 희망을 걸고 있었다. 군과 주민들 모두 사기가 저하되고 깊은 혼란과 두려움에 빠지게 되었다. 다낭과 후에가 손쉽게 함락되자 포드 행정부는 의회에 긴급 군사원조로 7억 2천만 달러를 원조해줄 것을 요청했지만, 의회는 논란 끝에 미군과 미국시민권자들을 탈출시키기 위한 자금으로 3억 달러만을 인도적 견지에서 지급하기로 결정하는 데 그쳤다. 미국은 위기의 사이공정부가 내민 구원의 손길을 외면했고, 1975년 4월 21일 티우가 전격적으로 사퇴하면서 사이공 정부는 이미 상당부분 통제력을 상실하게 되었다. 하노이군은 5월 1일을 기해 마지막 공격을 단행, 사이공 대통령궁을 접수함으로써 30년 전쟁의 대단원을 마감하게 된다.

Ⅷ. 맺음말: 베트남전쟁의 현대적 교훈

베트남 전쟁은 장장 30년간에 걸친 오랜 기간 동안 진행되었다. 우선, 베트남전은 많은 행위자들에게 다양한 교훈을 남길 수밖에 없다. 오늘날의 시점에서 반드시 검토해야 할 몇 가지 중요한 전략적 교훈들을 살펴보면 다음과 같다.

첫째, 미국의 입장에서 안정된 반공정부를 사이공에 세우고자 한, 미국 행정부의 시도는 트루만 이후 닉슨까지 번번이 성공을 거두지 못했다. 수없이 많은 경제원조와 군사원조를 제공하고 심지어 보다 안정된 정부를 옹립하기 위해 군사 쿠데타를 사주하여 정권교체(regime change)를 시도했지만, 국민들로부터의 지지는 결코 외부로부터 강제할 수 없었다. 또한 문화가 다른 환경 속에서, 특히 전쟁의 소용돌이 한가운데에서 민주주의를 이식한다는 것은 불가능에 가까운 일이다. 이는 30년이 지난 현 시점에서도 많은 시사점을 준다. 한국에서 군사 쿠데타를 통한 박정희의 성공은 오히려 기적에 가까운 일이었다. 같은 유교문화권이고 북쪽으로부터의 침략에 대처하는 유사한 상황이었지만, 수많은 시도가 모두 실패하고 말았다는 점은 정통성을 결여한 인위적 정권교체가 결코 대안이 될 수 없음을 보여주고 있다. 그렇다면 정권교체가 성공하기 위해서는 어떤 조건들이 필요한 지 정책결정자들은 심사숙고해야 할 것이다.

둘째, 정파 간 내분이 심하고, 무장 게릴라들이 암약하는 상황에서 안정화를 이루는 구체적인 방법론에 대한 교훈이다. 미국이 경험한 다양한 시행착오들을 종합할 때, 가장 성공적인 대처방법은 인도적 지원 및 경제지원, 그리고 각종 복구사업에 종사할 민간요원들을 군의 지휘하에 통합하는 효율적이고 안전한 체계를 구축하는 일이다. 베트남전에서 1966년 약 1,000여 명의 고문단이 5억 8,200만 달러의 예산으로 평정사업에 종사하던 규모를 1967년경, 7,500명 수준에 15억 달러의 예산규모로 대폭 확대할 수 있었던 이유는, CORDS 즉 '민간 구호 및 지방개발 지원단'(Civilian Operations and Rural Development Support)을 국방성 산하에 배치, 일괄적이고 체계적인 지원이 가능하도록 조치했기에 가능했다.

놀랍게도 이라크와 아프가니스탄에서는 이러한 효율적인 통합체계가 제대로 이행되지 않고 있다. 민간인들과 군지원이 별도로 움직이기 때문에 나타나는 비효율이 여전히 크다는 게 문제로 지적되고 있다. 특히 2004년 CPA(Coalition Provisional Authority)가 이라크에서 해체된 후, 국가건설 사업이 군의 종합적인 계획 속에 제대로 융합되지 못했다는 비판을 많이 받고 있다. 따라서 이러한 사례들은 향후 북한의 급변사태 발생시 한반도 상황에 어떻게 적용이 가능할지 연구하는데 도움을 줄 것이다.

셋째, 오늘날 전쟁의 양상은 많이 변해, 각종 무장단체들의 테러가 결국 정국불안의 주요원인이 되고 있다. 또한 그들이 인질을 납치하거나 대량살상무기 등을 확보하는 등 초국가적 연계를 갖고 활동하며, 국제 시민사회 전체의 안전을 해칠 가능성이 더욱 커지고 있다. 베트남전에서 미국이 사용한 불사조 계획(Phoenix Program)은 무장단체나 게릴라들의 중심을 타격하여, 그들을 생포하거나 조직을 분쇄하고, 생포된 무장 세력을 민간사회로 환원시키는 사업이었다. 물론 이러한 방법이 잘못 운영됨으로써 인권차원에서의 문제제기가 많았고, 오늘날 관타나모 미 해병기지나 해외에서의 CIA가 운영하는 포로수용소들에서 자행되는 인권학대 사례가 외부에 공개되어 물의를 일으키기도 했지만, 조직의 중심에 침투, 이들 조직을 와해시킬 수 있는 첨단 정보능력과 특수전 수행능력은 현대전에서 더욱 필요한 요건이 되고 있다. 이들 특수부대의 노력에 의해 약 8만에 가까운 베트콩 요원들이 생포되거나 사살됨으로써 베트콩 조직에 심각한 타격을 가했던 점은 오늘날 현실에도 참고할 만한 사항이다. 오늘날 미국이 고전하고 있는 안정화 작전의 한계를 검토한다면 과연 한반도에서 전쟁이 발생할 경우, 특수전 능력과 정보 능력을 어떻게 발전시키고, 작전수행 중 발생 가능한, 비민주적 위험요소들을 줄여나갈 수 있을지 적극 검토해봐야 한다.

넷째, 민간인들을 보호하기 위한 전략이 매우 중요하다. 베트남전은 양민들의 피해가 커지면서 결국 미디어의 발달에 의한 '비도덕적 전쟁'으로 낙인찍히며, 실패하고 말았다. 시민들을 무차별 공격으로부터 보호하기 위한 '주민보호'(population security) 전략은 베트남전 말기 클락 클리포드 팀에 의해 제안되었다. 약 50만 명의 민병대가 베트남 내 전략촌에 배치되어 시민들을 적의 공격으로부터 보호하여 성공을 거두었지만, 예산부족과 사이공정부의 운영미숙으로 인해 효과를 충분히 발휘하지 못했다. 오늘날 이라크전 상황하에서 미국이 고전하는 이유도 결국 적은 병력으로 대부분의 주민들의 안전을 지키지 못하기 때문이다.

따라서 첨단무기를 통한 전장의 신속한 제압만큼 중요한 것이 후방지역이나 대도시의 양민들을 안전하게 지키는 것이며, 이를 위해 미국의 전략가들은 최근 '오일 스폿 전략(oil-spot strategy)'을 통해 무장반도들을 고립시키고, 안정화 지역을 확대해나가는 접근방식이 필요하다고 주장하고 있다. 마치 먹지에 기름방울이 퍼져나가듯 안전지역을 서서히 확대한다는 의미이며 이를 위해서는 잘 훈련된 병력의 확보가 필수적이다. 군사변혁이란 명분하에 지나친 감축이 되지 않도록 신중해야 할 것이다.

다섯째, 평화협상에 대한 교훈이다. 미국은 베트남에 대한 북폭을 계속 진행하는 가운데에도 수없이 많은 경로를 통해 하노이 당국에 평화협상을 제안했다. 그러나 원칙적인 측면에서의 타협은 결코 이루어질 수 없었다. 미국 측에서는 힘이 있을 때 어느 대통령도 양보하지 않았다. 하노이 측도 강경한 자세를 보임으로써 유리한 협상의 위치를 확보하고자 했다. 특히 존슨이나 닉슨 모두 직업정치인답게를 갖고 있었으며, 선이 큰 행동을 통해 남들로부터 인정받고 싶어하는 심리가 강했다(big play philosophy). 그들은 하노이 당국의 비협조와 고집에 대한 보복심리가 매우 강했고 실제로 북폭을 통해 자신의 강인함을 보여주곤 했다. 결국 평화에 대한 접근이 가능할 경우는 미 대선에 대한 효과를 간절히 필요로 했을 경우뿐이다.

존슨은 재선출마 포기로 막을 내렸지만, 험프리의 당선가능성을 위해 평화협상을 적극 주도했고, 닉슨은 국내정치의 엄청난 위기 속에서 탈출하기 위한 유일한 수단으로 평화구도를 택했고, 결국 사이공 정부를 포기하면서까지 하노이와의 비밀거래를 진행하지 않을 수 없었다. 평화협상이 결코 지켜지지 않을 것이란 것은 하노이도 워싱턴도 너무나 잘 알고 있었고, 실제로 제네바회담의 경우나, 파리평화회담의 경우에서도 시간을 벌거나 명분을 찾기 위함이지 평화가 힘에 의한 국제질서를 대체할 수 있다는 생각은 결코 갖고 있지 않았다. 이는 한반도 평화협정 체결이 민족 문제해결의 근원적 해결을 가져다 줄 것인지를 판단하는 중요한 토대가 될 것이다. 사이공의 이해에 관계없이 베트남의 운명이 결정지어졌다는 점은 우리에게 언제나 살아있는 교훈이 되어야 할 것이다.

여섯째, 봉쇄에 대한 강박관념과 개입에 대한 균형감각의 회복이다. 미국은 2차 대전 이후 새로운 세계질서를 구축하는 과정에서 유럽과 동남아시아에서 소련과 중국, 그리고 아시아 공산주의자들의 연계와 팽창을 막는 것이 매우 중요한 우선순위라고 판단했고, 봉쇄정책을 공식적인 외교정책의 기조로 확립한 후에는, 베트남에 대한 전략적 중요성을 결코 포기하기 힘들었다. 역사에서 "만약 그렇지 않다면"의 가정을 세우기는 어렵지만, 미국의 입장에서 볼 때, 베트남전은 중국의 한국전 참전 경험에 현혹된 아쉬운 대목이 아닐 수 없을 것이다. 결국 미국은 베트남 신드롬(Vietnam syndrome)을 통해 지나친 군사개입을 자제하는 큰 교훈을 얻었지만, 그럼에도 불구하고 도전세력을 어떻게 규정하고, 어떻게 봉쇄하는가에 대한 정확한 합의를 여전히 갖고 있지 못하다. 따라서 베트남전은 힘의 한계를 인식하고, 새로운 위협에 대해 자신만의 생각이 아닌, 보다 합의지향적인 대처를 해야 한다는 살아있는 교훈이 되어야 할 것이다.

일곱째, 주변 국가들의 자세와 역할이다. 미국은 아이젠하워 당시, 연합행동(United Action), 존슨 당시 다국적 캠페인(Multi-Flag Campaign) 등을 통해 동맹국들의 참여를 독려했지만, 대부분의 국가들은 베트남전쟁에 대해 중립적인 행동을 취하거나 방관자적 자세로 일관했다. 그러나 한국과 오스트레일리아, 뉴질랜드 등은 적극적으로 참여함으로써 자국의 전략적 이익을 극대화했다. 오스트레일리아와 뉴질랜드는 인도네시아가 공산화될 경우에 대비, 미국에 대한 지원을 통해 향후 오세아니아 지역에 대한 안보 공백을 채우기 위한 보험정책으로 참전을 했으며, 적은 병력을 파병, 큰 효과를 보는 데 목표를 두었다.

반면, 한국은 참전을 통해 미국과의 소원한 관계를 극복하고, 군사력의 현대화와 경제발전을 위한 재원확보라는 두 마리 토끼를 다 잡기 위한 전략적 선택했다. 한국의 경우, 미국 정책결정자들에게 파병의 적합성을 인정받기 위해 1961년 11월 박정희 의장이 최초로 의사를 밝힌 후, 한국의 전투병 파병에 대한 원칙을 공식 확정한 1965년 4월 회의까지 3년 반에 걸친 집요한 노력 끝에 기회를 얻었다. 일단 미국이 확전을 결정한 후, 유능한 전투 병력을 대규모로 파병 가능한 유일한 우방국으로서의 지위와 혜택을 동시에 만끽할 수 있었다. 초강대국 미국을 어떻게 활용할 것인가는 여전히 우리에게는 중요한 선택의 문제이다.

여덟째, 베트남전이 가져다 준 엄청난 피해는 흔히 통일의 당위성이나 제국주의와 초강대국들을 상대로 이겨낸 극적인 효과에 파묻혀 과소평가되는 경우가 있다. 전쟁은 베트남인들에게 엄청난 피해를 주었다. 또한 인접한 캄보디아나 라오스 등 인도차이나 전역에 걸쳐 수많은 인명이 살상되었고 그들의 삶의 터전은 철저하게 파괴되었다. 또한 미국을 포함 모든 참전국들 역시 엄청난 희생과 고통을 감수해야만 했다. 전쟁은 희생자를 불가피하게 양산할 수밖에 없는 특수성이 있지만 그럼에도 불구하고 모든 희생이 불가피했는지는 묻지 않을 수 없다. 각국의 정책결정자들은 그들 국민들과 군인들을 평화와 자유 수호, 또는 자주와 독립을 쟁취하기 위한 대의명분하에 동원했고, 그들은 국가이익을 위해 희생과 헌신을 감수해야만 했다.

그러나 어떠한 정책결정자들도 전쟁은 진정 불가피했는지, 또한 도덕적인 비난을 피할 수 있는 기회가 전혀 없었는지에 대해 자신있게 답하기 어려울 것이다. 또한 시민사회나 국제사회 역시 그들의 희생의 의미를 진정 겸허하게 받아들이고 그들의 상처를 충실하게 보듬어 왔는지에 대해 반성해야 할 것이다. 베트남전쟁은 이런 점에서 현대를 사는 우리 모두에게 전쟁이 불가피한 것이라면 이를 막기 위해 어떤 준비를 갖춰야 하며, 전쟁의 피해를 어떻게 줄일 수 있는지를 깊이 생각하게 해주는 잔혹한 스승이다.

아홉째, 전쟁은 참여국 대부분에게 막대한 고통과 손실을 가져다주지만 반사이익을 얻는 국가들을 양산한다. 한국전에서 일본이 그랬듯이, 베트남전에서 한국은 8년 반이라는 오랜 기간 동안 전쟁에 참가하는 대가로 미국으로부터 각종 경제차관과 군사원조의 연장, 자국기업의 진출과 기술 인력의 수출, 전투 부대원들의 전투수당 등을 얻어냈으며, 이는 성장기 한국경제에 필요한 자양분 역할을 했다. 삼각무역을 통해 미국은 전쟁물자 중 한국이 수출 가능한 물량을 의무적으로 구입해줬고, 이러한 기회의 보장은 한국경제가 수출주도형 성장을 구가할 수 있는 기초가 됐다. 한국경제의 도약과 성공적인 산업화가 주변국의 전쟁에 참여한 결과라고 한다면 이는 아이러니가 아닐 수 없다.

미국의 전폭적인 후원하에 국제금융기구들로부터 상업차관을 마음대로 가져다 쓸 수 있다는 것은 여타 제3세계 국가들에게 상상도 할 수 없는 일이었다. 반면, 베트남은 승전에도 불구하고, 캄보디아에 대한 침공으로 인해 국제사회로부터 경제봉쇄를 당했고, 향후 10년간 극심한 가난과 경제침체로 인한 고통을 감수해야만 했다. 한반도가 전장화된다면 누가 반사이익을 얻을 것인지, 전쟁 당사자의 경제는 얼마나 파괴될 것인지, 주변 국가들의 경제수준을 비교할때 과연 재기가 가능할지, 누가 한국경제의 재건을 돕게 될지에 관해 생각해봐야 할 것이다.

참고자료

Anderson, David L. *Trapped by Success: The Eisenhower Administration and Vietnam, 1953-61.* New York: Columbia University Press, 1991.

Duiker, William J. *The Road to Power in Vietnam.* Boulder, CO: Westview Press, 1981.

Herring, George C. *America's Longest War: The United States and Vietnam 1950-1975.* New York: Alfred C. Knopf, 1986.

Hong, Kyudok. *Unequal Partners: ROK-US Relations During the Vietnam War.* Unpublished Ph.D. Dissertation, University of South Carolina, 1991.

Karnow, Stanley. *Vietnam: A History.* New York: Penguin Books, 1984.

Kattenburg, Paul M. *The Vietnam War in American Foreign Policy 1945-75.* New Brunswick, NJ: Transaction Books, 1980.

Palmer, Bruce. Jr. *The 25-Year War: America's Military Role in Vietnam.* New York: Touchstone Book, 1984.

Turner, Robert F. *Vietnamese Communism: Its Origins and Development.* Stanford: Hoover Institute Press, 1975.

Westmoreland, William C. *A Soldiers Reports.* New York: A dell Book, 1980.

최용호. 『베트남전쟁과 한국군』. 서울: 국방부 군사편찬연구소, 2004.

한국베트남학회 편. 『베트남』 한국외국어대학교 출판부, 2000.

유제현. 『월남전쟁』. 서울: 한원, 1991.

유인선. 『새로 쓴 베트남의 역사』. 서울: 이산, 2002.

제2부
동아시아의 전쟁위협과 평화

제8장 | 중국의 전쟁관과 평화

황병무

Ⅰ. 머리말

사회주의 중국의 전쟁관은 마르크스 · 레닌주의적 전쟁교리, 마오쩌둥(毛澤東)의 모순론과 혁명적 변증법 및 역사적 사회세력의 요인에 의해 영향을 받으면서 정립, 발전되어 왔다. 마르크스는 전쟁은 계급투쟁의 수단이며 '혁명의 산파' 로 인식했다. 레닌은 전쟁을 자본주의 국가의 자본주의 팽창의 도구로 보았다. 마오(毛)는 마르크스 · 레닌의 전쟁관을 승계, 혁명계급과 민족의 해방을 의미하는 혁명 전쟁관으로 발전시켰다. 그는 전쟁을 국내외 세력 간의 (적대적) 모순(矛盾)을 해결하는 수단으로 인식했다. 마오의 '모순' 은 계급, 민족, 국가 간의 모순 등 외연을 확대시켰고 민족주의, 식민지주의, 제국주의 간의 '단결과 투쟁' 을 통한 전쟁억제와 승리를 위한 '연합전선' 이론의 기반을 제시했다.

항일전쟁과 국공내전을 통해 정립된 인민전쟁은 무기에 대한 인간의 관계를 비롯한 마르크스 · 레닌의 전쟁의 계급적 차원, 억제와 방위교리 및 싸움의 형태(운동전, 게릴라전, 진지전 등) 면에서 중국적 특색을 지닌다. 인민전쟁교리는 한국전쟁 이후 중 · 인 국경분쟁(1962), 중 · 소 국경분쟁(1969), 중 · 베트남전쟁(1979) 및 1990년대 이후걸프전으로부터 이라크전에 이르기까지 부단히 수정 · 보완되어 왔다. 개방시대 이후 명명된 '현대적 조건하의 인민전쟁', '제한국부전쟁', '고기술하의 국지전쟁', '정보화 조건하의 국지전쟁' 등도 전장 환경의 조건에 비추어 인민전쟁의 우수한 전통을 계승, 발전시킨 것이다.

중국지도자들은 전쟁은 "정치의 수단이다. 권력은 총구로부터 나온다"는 명제에 확고한 믿음을 가지고 있다. 이들은 현실주의적 전쟁관을 가진다. 따라서 중국이 감행하는 전쟁의 정치적 성격이 전쟁의 윤리성, 전쟁의 목적, 그리고 이러한 목적을 구현하기 위한 군사력 운용에 이르기까지 반영되고 있다. 예컨대 중국지도자들은 전쟁의 정치에 관련 일반적 원칙과 행동들을 한국전쟁 이후 주변 국가들과의 치룬 전쟁(중 · 인, 중 · 소, 중 · 베트남, 그리고 대만해협 위기 등)에 적용, 발전시키고 있다.

사회주의 중국의 전쟁에 관한 이론과 실제는 세 가지 측면에서 분석해 볼 만한 가치가 있다. 첫째, 전쟁 본질에 관한 중국 지도부의 인식이다. 전쟁원인과 전쟁의 기능에 대한 중국 지도부의 인식 변화, 국제 역학구도의 모순론적 해석과 전쟁방지를 위한 모순론에 입각한 연합전선의 의미를 살펴볼 필요가 있다. 둘째, 인민전쟁교리의 변화와 인민전쟁교리 발전의 전략적 의미이다. 셋째, 전쟁의 정치적 성격을 구명한다. 끝으로 이러한 중국지도자들의 광의적 의미의 전쟁관이 부상하는 중국의 국력 신장과 관련 향후 동아시아 평화와 안보질서에 미치는 의미를 살펴본다.

II. 전쟁의 본질

중국 지도자들은 국공내전과 항일전쟁 시기, 전쟁을 계급과 민족의 해방과 독립을 쟁취하는 수단으로 생각했다. 마오 시기 전쟁은 지배계급과 피지배계급, 억압민족과 피억압민족, 제국주의와 반제국주의 간의 모순을 해결하는 수단으로 인정되었다.

마오주의자들은 전쟁은 목적을 가지며 진보적(계급과 민족해방) 모든 전쟁은 정의이며, 진보를 방해하는 모든 전쟁은 부정의의 전쟁으로 보았다. 이들 지도자들은 전쟁이 진보적이 되기 위해서는 무엇보다도 인민의 지지가 있어야 하며 인민의 지지를 받은 전쟁은 이길 수 있다는 신념을 가지게 되었다.

마오주의자들은 전쟁의 원인은 계급의 존재에 있으며 국제적 의미의 전쟁은 자본주의 국가와 사회주의 국가 간의 역학관계에서 발생하는 것으로 보았다. 이들은 사회주의 국가가 자본주의 국가보다 힘(strength)이 약할 때 자본주의 국가의 침략을 받을 가능성을 염려했다. 전쟁의 억제는 국제세력 간의 모순을 잘 이용하여 연합전선을 결성하는 것이며, 국내적으로 전쟁을 준비하는 것으로 인식했다. 이 점에서 마오 시대 중국 지도자들의 전쟁관은 서방의 현실주의적 전쟁관과 다를 바 없다.

마르크스 · 레닌의 전쟁 원인론에 대한 오류를 중국지도자들이 인식하고 다원적 전쟁원인을 공식적으로 인정하게 된 시기는 개혁 · 개방이 시작된 1980년대 중반이다. 중국 공산당 이론지 〈홍치(紅旗)〉는 제2차 세계대전 이전 자본주의 국가 간의 전쟁은 10차례 발생했으나 전후에는 1회도 발생하지 않았다는 점, 반면 사회주의 국가 간의 전쟁은 6회가 발생되었으며 제3세계 국가 간의 발생 건수가 신속히 증대하고 있는 점에 대해 두 가지 이유를 들었다. 첫째, 전후의 경제발전, 고도화된 생산력 및 자본의 국제화는 자본주의 국가들 간의 경제적 상호 의존성을 증대시켰다. 1938년 제2차 세계대전이 발발하기 직전은 자본주의 국가들의 해외 직접 투자의 70%는 아시아, 아프리카, 라틴 아메리카 등 제3세계를 대상으로 한 것이었다.

그러나 1970년대 초 선진자본주의 국가들의 해외투자의 70%는 선진자본주의 국가 상호간에 행해졌다. 선진자본주의 국가들은 상호 의존성이 높아짐에 따라 "만약 1개 국가가 피해를 입으면 모든 국가가 피해를 입는다"는 공동운명체 의식을 형성하게 되었다. 따라서 이들 선진자본주의 국가들 간에는 전쟁은 그들 모순과 갈등을 해결하는 적절한 수단이 될 수 없었다. 둘째, 선진자본주의 국가들의 제2차 세계대전 이후 고도로 국제화된 생산과 자본의 원활한 운영을 위해 국제경제질서(GATT, IMF, IBRD)를 만들었다. 또 이들 국가들의 무역 분규를 비롯한 경제 및 정치적 분쟁을 대화와 협상에 의해 해결할 수 있는 수뇌협의기구(G7)를 창설하였다.[1]

중국 군사문헌은 사회주의 국가 간의 무력분쟁은 마르크스 · 레닌주의 원칙이나 사회주의 본질에서 연유하는 것이 아니며 집권 공산당 지도자의 자본 계급 민족주의, 패권주의, 민족이기주의에 있다고 기술한다. 또 선진자본주의 국가들의 패권주의, 강권주의, 간섭주의로부터 영토, 인종, 종교분쟁 및 해안자원과 에너지 등 전략물자의 확보 경쟁 등 아른바 전쟁원인에 관한 한 정치적 다원주의 입장을 기술하고 있다.[2]

III. 전쟁과 연합전선

마오 이후 중국은 덩샤오핑(鄧小平), 장쩌민(江澤民), 후진타오(胡錦濤)

---

1) 황병무, 『전쟁과 평화의 이해』(서울: 오름, 2001), pp. 32-33.

2) 王金城, 『21世紀 武器,軍隊,戰爭研究』(北京: 國防大學出版社, 1988), pp. 250-251.

시대를 맞는다. 이들은 마르크스 신봉자인 동시에 정치 현실주의자들이다. 더욱이 이들 지도자들은 제국주의, 패권주의, 강권정치, 일방주의 등, 모든 전쟁원인들은 국제사회를 구성하는 국가 또는 진영 간의 힘의 격차에서 발생한다고 인식하고 있다. 이들은 전쟁을 방지하기 위해서 모순의 해결 원칙으로 국제사회의 무정부적 성격상 연합전선을 활용해 왔다.

양대진영론, 중간지대론, 세계삼분론은 국가체제의 계급적 성격에 입각한 국제구조의 구별이다. 중국은 1950년대 양대진영론에서 세계는 사회주의 진영 대 자본주의 진영으로 대별되고 양진영 간의 모순은 계급모순이며 적대적 모순으로 인식, 양대 진영 간에 투쟁을 통한 계급 모순의 해결을 강조했다.

마오는 항미원조(抗美援朝) 전쟁을 사회주의 진영 대 자본주의 진영의 전쟁으로 규정했으며, 사회주의 국가들의 국제연대주의에 의해 자본주의 진영 간의 투쟁에서 승리할 것을 강조했다. 그러나 중 · 러 연합군 결성의 실패 등 사회주의 연합전선의 결성은 한계를 보였다. 이러한 사회주의 국가 연합전선은 베트남전쟁에서도 나타났다. 그러나 중 · 소 간의 이익충돌과 월맹 지원전략에 대한 이견으로 대미투쟁의 공동전선을 형성하지 못했고, 중 · 러는 각각 월맹과 베트콩을 지원했다. 1950년대와 1960년대 초까지 중국은 미국을 상대로 대만해협에서의 세 차례 위기를 조성했다. 중국은 소련의 지원 없이 자구적 위기관리 조치를 취해야 했다.

1950년대 말 마오는 양대진영에 중간지대를 첨가했다. 제1중간지대는 아시아, 아프리카, 라틴 아메리카 제국으로 구성된다. 이들 국가들은 식민지 지배로부터 벗어나기 위한 독립과 봉건제도나 자본주의 체제를 벗어나기 위해 해방을 원한다. 제2중간지대는 일본과 유럽국가들이다. 마오에 의하면 자본주의 국가들이 일으킬 수 있는 전쟁을 막기 위해서는 반제국주의 운동을 촉진해야 하고 이의 주류는 제3세계, 제1중간지대가 주류가 되어야 한다고 생각했다.

마오의 중간지대론은 자본주의 진영의 팽창을 막기 위한 제3세계에서의 반미연합전선 형성을 촉진시킨 이론과 실천의 기반이 되었다. 중국은 사회주의 진영이 단결하는 한 제국주의는 사회주의 국가에 대한 공격보다는 제3세계 국가를 지배하려고 할 것이기 때문에 제3세계와의 연대를 강화하고, 제2중간지대에 속하는 일본과 유럽 국가들이 미국의 경제적, 군사적 지배를 벗어날 수 있는 여건 조성도 강조했다. 결국 중간지대론은 양대진영하에서 사회주의 진영의 단결의 한계를 극복하고, 중간지대에서의 반미투쟁에 의한 미국의 힘을 약화시켜 자본주의 팽창을 막아 보자는 연합전선 전략의 일환이다.

1974년 4월 덩(鄧)은 유엔 총회연설에서 '세계삼분론' 을 공식으로 선언, 양대진영론을 공식으로 부정했다. 소련의 체코 침공(1968)과 브레즈네프 독트린 선언, 중 · 소 국경분쟁(1969)은 중국지도자들로 하여금 사회주의 진영의 정체성에 의문을 갖도록 만들었다. 저우언라이(周恩來) 수상은 소련을 '사회제국주의' 로 낙인 찍었다.

덩의 연설에 의하면 미국과 소련은 각각 제국주의 국가로서 제1세계를 이루며 개발 도상국가들은 제3세계를, 그리고 이 중간에는 어느 일방의 초강대국에 의해, 통제 및 들볶임을 받고 있는 제2세계 국가들(일본 및 동서유럽)이 존재한다는 것이다.

중국 지도자들은 2개의 초강대국 가운데 소련이 세계전쟁의 가장 위험한 근원임을 강조하면서 그 이유를 세 가지로 열거했다. 첫째, 미국은 베트남전쟁에서 입증되었듯이 세력이 약화되고 있지만 소련은 미국보다 더 한층 모험적이고 기만적인 국가가 되어 가고 있다. 둘째, 미국은 세계에서 이익 보호를 원하고 있으나 소련은 팽창을 원한다. 셋째, 소련은 지리적으로 중국과 접경하기 때문에 미국의 위협보다 한층 직접적이다.

중국은 소련이라는 제1위협을 배제하고자 미국을 비롯한 자본주의 국가들과의 전략적 제휴를 모색했다. 1978년 12월 소련과 동맹조약을 체결한 베트남의 캄보디아 침공, 1979년 소련의 아프가니스탄의 침공은 중국 지도자들로 하여금 미국과의 연합전선의 필요성을 인식토록 했다. 이 시기 중국은 더 이상 계급적 전쟁관에 집착하지 않았고 서구적 세력균형 전쟁관에 접근했다.

그 대표적인 사례로 1979년 2월 개시한 중국의 대 베트남전은 사회주의 국가 간에 전쟁이라는 점 이외에도 중국이 미국과의 전략적 제휴를 바탕으로 소련과 동맹한 베트남의 중국이 생각하는 지역 패권주의를 응징하려 했다는 의미에서도 그 전략적 의미가 크다.

중국의 대미 연합전선은 모순론에 입각한 '단결과 투쟁' 의 두 얼굴을 지니게 되었다. 중국은 대소 견제에는 안보협력(단결)을 활용했지만 제3세계 정책에는 미국과 이견과 대립(투쟁)을 보였다. 1982년 중국은 미국과의 전략적 제휴를 유지하면서 소련과의 화해, 협력을 모색하기 위해 자주독립외교를 표방한다. 1985년 6월 덩은 중앙군사위원회 확대회의에서 새로운 전쟁위협으로 1, 2차 세계전쟁이나 핵전쟁 대신 소규모 재래식 전쟁(小打, 打常規戰爭)을 들면서 평화시기의 국방건설노선으로 재래식 국지전쟁에 대비할 것을 강조한다.[3] 이러한 전쟁관의 변화는 군사교리, 군구조 개혁의 신호탄이 되었다.

걸프전, 소련연방의 해체 및 동구권 사회주의 붕괴는 세계삼분론의 종식과 일초다극(一超多極)체제의 등장을 재촉했다. 중국 정치 군사지도자들은 국제적 힘의 구조(格局)의 변화를 인정, 그 구조적 특징과 전략적 의미를 제시했다.

미국 주도의 다극질서는 장기간(20년 내지 30년 이상) 지속될 것이라는 인식을 중국지도자들은 공유하고 있다. 중국은 이 국제체제를 현실로 인정, 한편으로는 미국의 질서를 수용, 편승하면서 다른 면으로는 미국의 패권질서의 팽창이나 장기화를 반대하여 국제정치의 다극화를 촉진하려는 전략을 선택했다. 이른바 결불당두(決不當頭) 도광양회 유소작위(韜光養晦 有所作爲)' 즉, 탈냉전기 연합전선전략의 변증법적 부활

---

3) 郭壽航, 『鄧小平國防現代化思想研究』(北京: 國防大學出版社, 1989), p. 19.

을 시도한 것이다. 이런 전략운영의 단적인 예가 1993년 은하호(銀河号) 사건, 1999년 유고슬라비아 중국 대사관 피폭, 2001년 군용기 충돌사건 등 모두 중 · 미 군사충돌사태에서 중국 지도부는 주권의 훼손을 감수하면서 미국과 타협, 갈등의 분쟁으로 확산을 방지했다. 이러한 [도광양회 유소작위] 개념하의 대미전략 방향은 적응, 방지, 확대라는 실용주의 전략개념을 제시하고 있다.[4)]

적응전략은 미국의 패권질서에 정면으로 도전하기보다는 그 질서를 묵인하거나, 부분적인 수용을 통해 미국을 포함한 강대국들이 중국 국력의 지속석 성장을 이해하여 지지토록 만든다는 책략이다. 이를 위해 중국은 부당한 대결을 회피하고 반미동맹의 형성을 시도하지 않는다는 것이다. 방지전략이란 부상하는 중국을 경계하고 견제하거나 중국의 능력, 지위 및 영향력 팽창을 좌절시키기 위한 미국 및 강대국의 노력을 저지시려는 책략이다.

이와 관련 중국이 두려워하는 미국의 움직임은 세 가지이다. 첫째, 미국이 일본과 한국을 비롯한 아시아 국가들과의 안보협력을 강화하여 중국을 견제하는 것. 둘째, 아 · 태 지역에서의 미국의 군사태세(전진배치와 유사시 전개능력의 강화, 미사일방어체계의 도입 등)가 강화되는 것, 이러한 조치들은 중국이 대국이 되는 데 보다 비용을 증대시키고 장기적 경주를 요구토록 만든다. 셋째, 수출 주도의 성장전략의 원활한 가동을 위해서 미국시장의 지속적인 진출보장과 미국이 감행할지 모르는 경제제재의 위협 등이다. 확대전략은 반 패권 및 다극화 국제질서

---

4) 결불당두의 의미는 국제사회에서 중국은 두목 노릇을 하려고 해서는 안 된다는 것. 도광양회는 능력을 감추고 애매성을 기르면서, 유소작위, 즉 일정한 역할만을 달성하려고 시도해야 한다는 것이다. 원래 도광양회는 중국 삼국시대 유비가 조조와의 불리한 역학관계에서 생존을 도모하면서 힘을 기르기 위한 전략이었다. 황병무, "중국의 국제정세관과 대외정책," 『교수논총』, 국방대학, 제23집, 2003, pp. 82-84; Michael D. Swaine and Ashley J. Tellis, *Interpreting China's Grand Strategy: Past, Present, Future* (Santa Monica, CA., Rand Corporation, 2000), pp,112-120.

의 조성을 위해 동아시아 국가들에 영향력 유지 및 확대를 모색하는 책략이다.

1990년대 초반 이후 추진된 "주변외교는 경제현대화에 유리한 국제환경의 조성에 목적이 있었지만 과거 대립국가(인도, 베트남)들을 포함한 미수교국가(한국, 인도네시아)들과의 관계 개선을 도모함으로써 이른바 중국의 전략적 주변이 미국과 결탁하여 중국을 봉쇄하는 기지로 되는 것을 방지하고 중국의 영향력을 확대시키고자 한 것이다.[5]

중국의 전략분석가들 가운데 미래 중국이 직면할 전쟁유형의 평가에 3개의 학파가 존재한다. 군사혁신파는 가까운 장래 중국이 지역전쟁이나 대규모 침략을 받는 전면전쟁은 없을 것이며, 20년 이후 미국패권에 대한 도전을 방지하기 위해 중국을 해체하려는 미국과의 대규모 전쟁을 우려한다. 군사혁신파는 20년 후를 대비하는 중국군 현대화의 속도를 가속화하고 다른 강대국들을 추월할 수 있도록 현대화 목표를 높게 설정할 것을 주장한다. 국지 전쟁파는 인도, 베트남과의 국경전쟁, 일본과의 해양영토 및 자원분쟁, 남중국해에서의 군사분쟁, 그리고 대만독립 움직임에 따른 군사분쟁을 경고하면서 지상군을 줄이고 신속대응능력을 강화하면서 해 · 공군력을 현대화할 것을 주장한다.

끝으로 마오의 인민전쟁학파는 미국, 일본 등 강국들의 중국 침공이나 티베트와 신강지방의 분리운동의 조장에 의한 중국 해체 의도를 중시하고 이데올로기 교육강화, 대규모 경무장 보병부대의 국가적 규모의 동원기지를 유지 할 것을 강조하고 있다 특히 이 학파는 상당기간 동안 중국은 대미 군사력 열세를 인정할 수밖에 없는 입장에서 인민전쟁의 전통에 입각한 중국적 싸움의 방식(즉 "너는 너의 방식, 나는 나의 방식으로 싸운다," 你打你的, 我打我的)을 개발할 것을 강조한다.

---

5) Mel Gurtov and Byong Moo Hwang, *China,s Security; The New Roles of the Military* (West View, Co., Lynne Rienner, 1998), pp. 109-113s

세 학파는 주변국과의 군사력 균형을 다르게 평가한다. 인민전쟁학파는 일본의 군사력에 대해서는 중국 우세를, 국지전쟁학파는 양국 군사력의 개략적 균형을, 군사혁신파는 중국이 10대 1의 열세를 유지하고 있다고 평가한다. 3개학파 모두 중국의 대미 군사열세를 인정하나 미국도 대외전쟁 수행에 불충분한 수송 수단, 후방 공군기지와 항공자산의 미사일 공격의 취약점을 가지고 있음을 지적하고 있다. 예컨대 걸프전시 이라크 패인은 미국의 이러한 핵심적인 취약점을 이용하지 못한 것이라고 평가한다.[6)]

그렇다면 3개학파의 논리와 주장 등이 중국 국방건설에 준 영향은 무엇일까? 2000년대 중국의 군사력 건설 방향으로 미루어 볼 때 3개학파의 영향력은 우선 순위면에서 군사혁신파, 국지전쟁파, 인민전쟁학파의 순으로 생각해 볼 수 있다. 그러나 가까운 장래 중국이 미국과 같은 군사 초강대국과 군사분쟁에 들어갈 때 인민전쟁의 핵심요소 인 비대칭전과 기습전을 중시할 가능성이 높다.

Ⅳ. 인민전쟁 교리의 변화

인민전쟁과 교리의 핵심은 '유적심입 적극방어(誘敵深入 積極防禦)' 이다. 이 교리는 핵시대 초강대국에 대한 중국의 방위 교리이다. 중국이 신뢰성 있는 핵 억제력을 확보할 때까지 핵 공격으로 받는 파괴를 최소화하며 적이 중국 본토를 침공하여 지상전을 감행할 경우 광활한 영토와 험준한 지역으로 적을 유인, 분산시켜 이른바 전략방어와 전략반격을 변증법적으로 통일시켜 승리를 달성한다는 것이다. 1960년대에서 1970년대 '유적심입 적극방어' 교리는 중국 전 국토 전장화를

---

6) Michael Pillsbury, *China Debates The Future Security Environment* (Washington D. C., National Defense University Press, 2000), pp. 132-152.

가정한 전쟁준비에 지도지침이 되었다.

1970년대 말부터 1980년대 초 중국은 개혁, 개방을 시작하면서 인민전쟁 교리에 대한 군사지도자들의 백화쟁명 시대를 맞는다. 인민전쟁 교리의 혁신이 이루어졌다. 전통적 인민전쟁 교리에 현대적 조건을 가미한 '현대적 조건하의 인민전쟁' 으로 명명되었다. 현대 전쟁의 조건에 부응하여 마오의 인민전쟁 교리는 수정되어야 한다는 의미이다. 1981년 '유적심입' 이 삭제되었다. 새로운 교리는 전 국토의 전면전 보다는 발생 가능한 국부(지)전쟁과 군사충돌에 대비할 수 있는 전략과 능력을 요구했다. 중국군은 국경무력분쟁, 국지 제한침공, 해양 군사분쟁, 응징전 등 가상 군사분쟁 유형에 따른 전역계획을 마련했다.[7]

1980년대 이전 중국이 감행한 응징전(중 · 인, 중 · 소, 중 · 월 군사분쟁)과 인민전쟁의 '유적심입과 적극방어' 교리와의 관계이다. 중국은 한국전쟁을 포함, 몇 번의 전쟁에서 '유적심입' 대신 국경 너머로 전력을 투사했다. 중국은 자국의 영토를 전장화하지 않는 전역을 치루었다. 중국의 전쟁수행전략에서 '유적심입' 의 의미는 무엇인가? 마오는 중국이 상대와 국경에서 싸우느냐 내지에서 싸우느냐는 상대의 공격규모에 달려 있음을 밝혔다. 즉 교리는 중국군 전력 운용의 교조가 아님을 강조한 것이다. 마오 사후 보완된 현대적 조건하의 인민전쟁교리는 전장 환경에 따라 보다 융통성과 실용성을 중시하고 있다.

제한국지전쟁의 전략방침 주요 요소는 단기전과 속전속결전이다. 군구조와 전력은 이러한 전략방침을 구현할 수 있도록 현대화 · 정규화되어 가고 있다. 1990년대 중국의 군부는 '첨단기술 국지전쟁' 의 작전방식에 관심을 기울이고 이러한 전쟁에 대한 전략지도 과제를 해결하는데 주력하고 있다. 중국 군부가 인지한 첨단기술 국지전쟁의 주요 작전방식에는 4차원(육 · 해 · 공 · 우주)이 하나가 되는 기동전, 전자 · 화력 마비전, 해상 · 공중 봉쇄전, 특수작전 및 정보전을 들고 있

7) 황병무, 『신중국 군사론』(서울: 법문사, 1995), pp. 118-123.

다. 2000년대 중국군은 미국이 감행한 아프가니스탄과 이라크전쟁에서 3군 합동작전과 무기체계의 통합과 상호 운영성 및 기동작전을 지원하는 적시적 병참에 관한 교훈을 중시했다.

또한 이러한 전쟁을 통해 중국군은 항공력과 정밀타격 기술만으로 군사분쟁을 종결지울 수 없다는 점에 대해서도 관심을 기울였다 .중국의 국방백서는 중국군의 새로운 군사교리는 정보화 조건하의 국지전쟁에 대한 준비임을 천명했다.[8] 지난 10년간 중국군 전력발전의 지침이 되었던 고기술 조건하의 인민전쟁 개념은 방기되었다. 향후 중국군의 전략지도와 과제는 정보화 조건하의 국지전쟁의 특징, 규칙을 보완한 새로운 전법을 적극 탐색, 개발하여 승리를 주요 목표로 하는 군사투쟁의 준비를 강화할 것을 포함, 인민전쟁과 인민군대의 우수한 전통의 계승, 발양을 들고 있다.

첨단기술 정보화 조건하에서도 왜 인민전쟁을 강조하는가? 중국 군사 문헌에 따르면 첫째, 장래 상당 기간 무기의 현대화에도 불구하고 대치할 강적에 중국 군사력의 열세를 인정하고 이 기간 내 전쟁 발발시 열세한 장비로 우세한 장비를 가진 적과 싸워 승리한다는 인민전쟁에 대한 확고한 믿음이다. 둘째, 현대전쟁의 승패는 최종적으로 전쟁의 성격과 인민의 지원 및 인민(이익인식, 이익구현의 확고한 신념, 용감성, 희생정신, 선진과학기술지식의 활용도, 높은 군사자질)에 있다는 것이다. 셋째, 모략의 응용과 융통성 있는 전략지도이다. 넷째, 중국적 전법 개발로 적의 약점, 점혈(点血) 공격과 무기장비의 열세 보완이다. 다섯째, 민간기술의 군사적 활용, 인민존중의 정보전(경제, 문화, 해커전) 참여 및 현대 첨단기술 작전체계는 후방지역과 인민역량(장거리 병력 수송 등)에 의존한다는 점이다.[9]

---

8) [2004年 中國的國防],中國 國務院 新聞辦公室, 北京 2004, pp. 13-14.

9) 장완넨(張萬年), 『중국인민해방군의 21세기 세계군사와 중국국방』, 이두형 · 이정훈 역(서울: 평단문화사, 2002), 제2장 3절, 제4장 2절 참조.

지상전을 비롯한 해 · 공군교리는 인민전쟁 교리와 보완관계를 유지하고 있다. 지상군의 집단군으로 개편, 신속대응부대의 강화, 해군의 근해적극방어전략, 공군의 국토와 야전방공교리는 군별에 따라 정도에 차이는 있지만 인민전쟁교리를 첨단기술과 정보화 조건하의 국지제한전쟁에 부응할 수 있도록 수정, 발전시켰다. 그러나 핵전략은 예외이다. 그 이유는 핵전쟁의 특수성 및 반격과 억제능력에 대한 중국 전문가들의 증대되는 자신감 때문으로 보인다.

중국 군부와 민간 전문가들은 한동안 논쟁을 거쳐 핵전략교리에 관한 한 최소억제에서 제한억제로 나가는 문제를 검토했다. 최소억제란 핵 공격 국가의 인구나 산업시설을 보복할 수 있는 의지와 능력을 과시함으로써 상대의 핵 공격을 억제한다는 의미이다. 제한억제는 핵 공격국가의 핵무기를 거부할 수 있는 능력을 가짐으로써 핵전쟁을 억제한다는 의미이다. 제한억제는 냉전기 미국의 실증 파괴 전략과 유사하다.

중국 군부는 제한억제가 전략 핵전쟁을 비롯한 재래식 전장을 억제하고 핵전쟁이 발발시 확전을 방지할 수 있는 장점이 있음을 지적한다. 미국이 미사일 방어체계를 전력화하자 중국 군부의 제한억제의 목소리는 더욱 힘을 얻고 있다. 그러나 제한억제 능력을 확충하는 데 첨단 기술조건의 증대와 엄청난 재정적 부담이 뒤따른다. 현재 중국의 제한 억제 교리와 핵 능력은 일치하지 않는다. 상당 기간 동안 중국의 핵전략교리는 최소억제에 머물러 있을 것이나 미국과 러시아에 대한 향상되고 안전한. 제2가격력, 특히 양국이 배비하려는 얇은 탄도탄 방어망을 돌파할 수 있는 제2가격력의 보유를 추구할 것으로 보인다.[10)]

중국은 핵 선제 불사용 원칙을 대외적으로 천명하고 있다. 그러나 군사문헌은 재래식 전력을 지원하는 수단으로서 전술 핵무기에 대한

---

10) 황병무 · 멜거토브, 『중국안보론: 인민해방군 역할의 분석』(서울: 국제문제연구소, 2000), pp. 180-186.

관심을 표명하고 있다. 1980년대 중국군은 핵전쟁 조건하에서의 군사 훈련을 빈번하게 실시했다. 중국은 20kt 이하의 파괴력을 가진 지하 혹은 대기권 핵실험을 10여 회 이상 실시하였으며 대구경포 및 다연장 로케트뿐만 아니라 새로운 8인치포를 이용해서 전술핵을 운반할 수 있는 능력을 가지고 있다. 중국이 만약 전술핵을 배치했다면 핵무기 선사용 금지 원칙은 신뢰성이 약화된다.

중국의 핵전략 교리가 제한억제를 추구하고 제한억제전력의 건설을 위하여 장거리 탄도탄과 잠수함 발사탄도탄의 양적 증강과 질적 개선을 모색하는 한 중국이 미 · 러의 핵군축 클럽에 참여할 가능성은 아주 낮다.

V. 전쟁의 정치

전쟁은 정치의 수단이며 국가를 보위하는 무력수단이다. 마오는 항상 "우리는 전쟁을 반대하지만 전쟁을 두려워하지 않는다", "전쟁은 전쟁을 심리적 · 물질적으로 준비할 때 가장 잘 억제된다"는 현실주의적 전쟁관을 강조했다. 마오는 군사력 운용에 모험주의와 패배주의를 경계해야 하지만 패배주의를 보다 경계할 것을 주장했다. 중국지도부와 인민이 전쟁의 두려움 때문에 싸움을 거부하는 이른바 '전략적 항복' 이야말로 적이 중국을 공격하는 결정적 계기가 된다는 것이다. 마오가 '제국주의자들' 을 전략적으로 두려워해서는 안 될 '종이 호랑이' 로 지칭한 것도 이 때문이다. 마오가 주장한 "우리는 공격을 받으면 반드시 반격하며(人若犯我 我必犯人), 공격을 받지 않으면 반격하지 않는다(人不犯我 我不犯人)"는 전략 원칙은 사회주의 중국의 군사력 사용의 주요한 지침이 되어 왔다.[11]

---

11) Melvin Gurtov and Byong Moo Hwang, *China Under Threat: The Politics*

중국이 인지한 '공격'의 의미를 역사적 사례를 통해 밝혀 본다. 한국전쟁의 경우 중국은 자국의 전략적 주변이나 완충지역인 북한체제의 소멸을 공격으로 인지, 군사개입하였다. 중・인 국경분쟁의 경우 인도의 중국 서부 국경의 침범 등 사실상 국경에서의 현상타파를 공격으로 인식했다. 중국의 소련과의 무력충돌은 문화혁명 와중에 소련의 정치 간섭 위협 및 중국 동북국경 침범을 공격으로 인식했다. 중・베트남 전쟁의 예에서 보듯이 중국은 베트남의 캄보디아 침공에 의한 폴 포트 세력의 제거 등 지역 강대국에 의한 세력균형의 파괴를 공격으로 보았다. 1954~1955, 1958년 대만에 대한 미국의 군사지배의 강화를 중국은 자국 영토의 공격으로 인식하고 2차례 대만해협의 위기를 만들었다. 1996년 중국의 대만해협에 대한 미사일 실험은 대만 당국의 분리 독립시도에 대한 무력시위였다. 대만 독립은 중국 주권에 대한 공격을 의미하는 것이었다.

중국은 1974년 월남종전이 임박했을 때 베트남과의 영유권 분쟁의 가능성을 우려, 서사군도의 3개 섬을 군사 점령하였다. 이는 영토 주권에 대한 있을 수 있는 외국의 공격을 예방, 실효적 지배 조치를 취한 것이다. 1950년 10월 한국 전쟁 개입 직전, 중국의 티베트 점령은 준독립 국가인 티베트를 중국 영토에의 편입에 의한 완전한 통제를 위한 것이었다. 공산당이나 국민당 지도자들은 일찍부터 티베트를 중국 영토의 부분으로 인식, 주장했다.

중국 공산당은 "티베트의 해방"을 광범위한 반국민당 해방전쟁의 부분으로 강조하는가 하면 전통적 국경의 재확립으로 강변했다. 서방 학자들은 중국군에 의한 티베트 점령은 중국이 사실상(de facto) 국경을 넘어 군사력을 사용한 최초의 사례로 들고 있다. 당시 중국이 인지한 위협은 티베트 지도자들이 국제적으로 국가승인을 얻으려는 움직임

---

of Strategy and Foreign Policy(Baltimore and London: Johns Hopkins University Press, 1980), pp. 8-9.

과 인도와 미국으로부터 원조를 얻고자 하려는 노력이 전부였다. 티베트가 독립할 경우 중국 서남국경의 안정도 취약해진다는 점도 무력사용의 명분이었다.[12)]

향후 중국이 주변국의 내전이나 정치적 급변사태에 개입한다면 중국의 군사력 사용 동기와 목표는 질적인 변화를 하는 것이다.

중국은 중국이 인지한 공격에 대해 일괄적 대응을 함으로써 전략적 주도권을 확보하였다. 한국전쟁, 중·인 국경분쟁, 중·소 국경분쟁에서 중국은 경제, 정치적으로 내우가 증폭되었던 시기였지만 군사력 대응의 주도권을 잃지 않았다. 중·월 전쟁시 중국은 개혁·개방 및 경제발전의 우선순위에도 불구하고 대 베트남전을 치루었다. 이 점에서 전쟁수행에 불리한 국내 여건은 중국이 인지한 안보위협이 증대될 때 중국지도부의 전략적 주도권을 제약하기보다는 전략의 선택(단기전, 지상전, 포격 등)에 영향을 주어 왔다는 점을 이해할 수 있다. 이 밖에도 중국은 '공격'을 받았다고 인식할 때 공격국가의 군사력에 비해 열세에도 불구하고 반격하였다. 한국전쟁, 대만해협 위기, 중·소 전쟁은 중국이 상대보다 군사력 열세에서 감행한 군사분쟁이었다.

중국 전쟁 수행의 동기와 목표(motives, objectives)는 몇 가지로 요약할 수 있다. 한국전쟁에 대한 중국의 개입은 공산주의 국가인 북한이 군사적으로 붕괴되는 것을 막음으로써 중국의 안전을 확보하자는 것이었다. 아울러 중국은 전쟁발발 이전 북한, 중국, 소련 공산당 간에 이루어진 약속, "미군이 개입하면 중국은 군대를 보내고 소련은 물자를 보내 지원한다"는 약속을 지키고자 한 것이다. 중국의 전쟁 목표는 개입 초기 미군의 한반도 축출에 두었으나 군사력의 약세로 3차 공세(1951년 1월 4일 서울점령) 이후 현 휴전선 고수의 현상유지에 두었다.

---

12) Allen S. Whiting,*China Crosses the Yalu: The Decision to Enter the Korean War* (Stanford, Ca. Stanford University Press. 1960), pp, 2-3; Gerald Segal, *Defending China* (New York, Oxford University Press, 1985), pp. 80-83.

중 · 인 국경분쟁, 중 · 소 국경분쟁의 동기는 '공격'으로 받은 피해의 원상회복, 인도와 소련의 기존의 대중안보(영토) 정책의 수정 및 중국 주권, 영토 수호의지의 과시 등이었다. 전쟁의 목표는 중 · 인 국경분쟁의 경우 인도 영토의 부분, 일시적 점령에 두었으며 중 · 소국경분쟁의 경우 소련 국경수비대의 격퇴에 두었다. 중국은 소련에게 문화혁명과 같은 정치적 취약성에도 소련의 군사력 압력에 대항할 수 있는 결의가 있다는 것, 인도에게는 대약진 운동의 실패에 따른 3년 재해의 경제적 피폐에도 불구하고 인도의 전진정책(중국 영유권 주장 지역에 40여 개의 군 초소의 설치 등)은 거부할 수 있다는 의지와 능력을 현시했다.

베트남과의 전쟁 동기는 베트남의 인도지나 반도에서의 패권추구와 행삼린 정권의 군사적 승리를 지원하는 데 대한 응징이었다. 전쟁 목표는 중국군에 의한 베트남 국경을 압박하고 영토내로 진격함으로써 캄보디아에 작전 중인 베트남군의 완전 또는 부분 철수를 노린 것이었다. 1979년 2월 26일, 덩샤오핑이 밝힌 바 있듯이 중국은 군사적 승리 보다 베트남지도자들이 원하는 대로 행동할 수 없음을 가르치는 제한된 전쟁 목표를 가졌다.[13)]

중국의 무력분쟁 관리과정의 특징을 살펴본다. 중국은 미국 등 서방국가들과 마찬가지로 위기를 합리적으로 관리한다. 중국이 상대로부터 안보위협을 인지하면 그러한 위협이 커지기 전에 조기 억제를 시도한다. 중국이 사용하는 억제의 방법은 구두와 외교 각서에 의한 경고, 군대이동 및 제한된 군사력사용 등이다. 중국은 억제를 위한 조치가 실패하면 다시 강하게 시도하면서 단계적 확대를 행동률로 삼고 있다.

한국전쟁시 중국의 억제 대상과 조치는 특이하다. 중국의 경고는

---

13) 황병무, 『신중국 군사론』 제7장 1절 무력분쟁의 관리과정 참조. 덩샤오핑의 논평은 p. 394 참조.

지도자의 성명으로 시작되었다. 그러나 1950년 10월 1일 한국군 3사단이 38도선을 돌파, 북진하자 저우언라이 수상 겸 외상은 억제의 목표는 한국군의 확전이 아니라 미군 지상군의 북진에 있음을 주중 인도대사 파니카에 전달했다. 그러나 중국은 경고에 의한 미 지상군의 38선 이북으로 진격을 억제하는 데 실패했다. 10월 7일 미군주도의 유엔군이 북진했고, 10월 8일 중국인민지원군의 북한지역에 신속한 진군 명령을 중국인민혁명군사위원회 주석인 마오쩌둥의 이름으로 하달하였다.[14]

베트남전쟁시 중국의 억제에 대한 궁극적 목표는 미공군의 북폭이 아니라 미 지상군의 17도선 이북으로의 진격에 있었다. 저우언라이는 미 지상군의 17도선 이북으로 진격을 중국 전투부대 파견의 중요 조건으로 삼았다.[15]

펜타곤 문건에 따르면 베트남 미사령관 웨스트 모어랜드 장군의 몇 차례 지상군 증파와 17도선 이북으로 지상군 사용에 대한 권한 위임 요청이 워싱턴 정책 당국에 의해 거부되는 주요 이유 중 하나가 중국 지상군의 참전을 염려한 것이었다.[16]

중국은 미국의 월남전이 중국 영토에 확전되는 것도 억제의 대상이었다. 중국은 미국이 공군력에 의한 중국 영토의 타격에 지상전으로 대응한다는 위협을 통해 억제를 시도했다.

중국은 구두나 외교적 경고에 의한 억제의 충분한 효과를 얻지 못할 때 군대의 이동이나 제한된 군사력 사용에 의존한다. 최선의 억제

---

14) *Selected Works of Maco Tsetung*, Vol. V.(Peking, Foreign Language Press, 1977), p. 43. 이 출동 명령은 소련의 항공지원 문제로 10월 중순까지 보류된다.

15) 『周恩來軍事文選』第4劵 (北京: 人民出版社, 1997), pp. 508-516.

16) The New York Times, *The Pentagon papers*(New York: The New York Times Company, 1971), pp. 524-535; Gerald Segal, *Defending China*, pp. 160-163.

는 최대의 호전적 태도에 의존한다는 중국 전래의 전략문화에 영향을 받은 것이다. 한국전쟁시 중국군은 비밀을 이유로 한만국경 및 북한 지역의 병력이동으로 대미 억제의 효과를 얻을 수 없었다. 베트남전쟁의 경우 중국은 3만 5,000여 명의 방공 및 병참 병력을 북베트남에 파견했음을 공표했고 공병 부대를 북베트남에 파견, 북베트남의 북부 지방에 대규모 기지건설과 중국 국경과 연결되는 도로 건설을 착수했다. 곧 이어 1만 5,000여 명을 증원했다. 중국은 한국전쟁 때와는 달리 이른바 전진 억제(forward deterrence)를 실시한 것이다.

1962년 7월 말 중 · 인 국경에서 무력충돌이 잦아지자 중국은 외교각서를 통해 엄중 항의했고, 중국 수비병들의 사상자 수가 증대되자 "인도가 공격하면 중국은 반드시 반격한다"는 강력한 경고를 보냈다. 9월 20일 중국은 인도의 국경수비대에 중국군 대대급 병력에 의한 타격을 감행하고 10월 15일까지 국경회담에 응하라는 제의를 인도정부가 수락할 것을 강요했다. 인도가 제의를 거부한 5일 후 중국은 중 · 인 국경의 서부 국경과 맥마혼 선으로 알려진 동북부 국경지역을 수개 사단의 병력으로 기습, 공격했다.

중 · 인 국경분쟁, 중 · 베트남전쟁은 중국이 감행한 '적지 전장화' 위주의 공세적 전역이었다. 중 · 소 국경분쟁은 국경지대가 전장이었다. 중국은 인도와 베트남에게 '기정 사실' 적 침공에 의해 중국의 요구에 순응하든가 아니면 확전 중 하나의 선택을 강요했다.[17] 남사군도의 소규모 무력분쟁을 제외하면 한국전쟁, 중 · 인 국경분쟁, 중 · 소 국경분쟁 및 중 · 베트남 전쟁은 중국의 단일 군종(지상군)에 의한 전역이었다. 중 · 인 국경분쟁은 보병, 포병, 기갑 3 병종의 협동전이었으나 중 · 월 전쟁은 기동로의 협소 때문에 보병 위주의 전투였다. 중 · 베트남 전쟁시 항공력은 정찰과 수송에 한정되었다. 중국 군부는 북

17) Marks Burles and Abarm N. Shulsky, *Patterns in China's Use of Force* (Santa Monica, CA., Rand, 2000), pp. 39-43.

베트남에 대한 응징전이 불필요하게 항공전으로 확대되는 것을 원하지 않았다. 1950년대 중국은 대만해협에 위기 조성 시 연안포에 의존했다. 1996년 대만해협의 위기는 미사일 훈련에 의한 것이었다. 이 점은·중국군의 전력의 현대화가 위기전략의 수단 결정에 영향을 주고 있다는 증거이다.

한국전쟁을 예외로 한다면 중국이 치룬 몇 번의 전쟁은 추격 제한과 단기전의 성격을 지닌다. 중 · 인전시 중국군은 맥마흔 선을 넘어 인도영토의 60km까지 진격했다. 베트남과의 전쟁시 중국군은 베트남 영토의 15km까지 진격했다. 이 점에서 중국은 주변국과의 군사분쟁을 치를 때 돌파가 성공하더라고 적지에 깊숙이 진격을 하지 않는다는 점을 시사하고 있다.

무력분쟁의 종전 양상도 비서구적이다. 한국전을 제외하면 중 · 인전은 30일, 중 · 소전은 15일, 중 · 월전은 17일 내로 전투를 종결시켰다. 중국은 점령한 영토를 상대에게 정전협정의 체결을 강요하는 레버리지로 사용하지 않았다. 중인, 중월 전쟁의 경우 중국은 일방적으로 철군을 결정하고 군사적 적대행위를 종결시켰다. 영토의 장기적 점령을 시도하거나 점령 영토의 중국에의 강압적 편입을 시도하지 않았다. 중국은 중인전쟁 특히 중월전쟁은 단 17일 동안 수천의 인명 피해를 입었다. 서방 전문가들은 중국의 전쟁 효과성에 대해 의문을 갖는다. 중국은 막대한 인명살상과 전비의 지불에 대한 국경 안정과 평화로운 안보환경의 조성이라는 응징전의 심리적, 정치적 효과를 비교할 때 너무나 많은 대가를 지불한다는 것이다. 그러나 응징전은 중국 전쟁문화의 중심에 자리잡고 있다.

중국은 한국전쟁 정전 협정의 당사자이다. 중국의 인명과 재정적 손실은 천문학적이다. 그러나 중국은 한국전쟁의 참전과 정전 당사국으로서 북한에 대한 영향력 행사를 스스로 자제했다.1950년 12월 김일성의 펑더화이(彭德懷) 중국지원군 사령관에 대한 비공개적 작전권 이양과 1958년 중국군의 철수 및 정전체제의 북한 정부의 주도적 관리에 대한 양해 등은 중국정부의 주권 평등과 내정 불간섭 원칙을 국제적 규범으로 존중하려는 정책기조에 영향을 받은 것으로 생각된다.

Ⅵ. 중국의 부상과 동아시아 평화

중국의 국력은 증대되고 있다. 중국 정부는 2000년의 경제규모를 2010년까지 2배로 늘리고 1인당 국내 총생산을 1,250(2004)달러에서 3,400달러(2049)로 올려 중견국가의 수준에 도달할 목표를 내걸고 있다. 중국의 국내 총생산은 2005년 불변가격으로 1.5조 달러에서 2025년에 이르면 6.4조 달러로 증대될 것이라는 전망이 나오고 있다. 2025년 중국의 국내 총생산은 러시아의 1.5조 달러, 일본의 6.3조 달러보다 앞서고 미국의 22,3조 달러보다 뒤진다는 전망이다.

중국의 이러한 경제성장은 군사비의 증대를 지원하는 물질적 기반이 된다. 지난 10년간 경제의 고속성장에 힘입어 중국의 국방비는 두 자리 숫자의 증가율을 유지했다. 2003년 5월 후진타오 국가 주석은 국방건설과 경제건설은 상호촉진과 조정적 발전체계를 형성할 것이라고 말했다. 2025년 중국의 국방비는 약 2,800억 달러(2005년 불변가격)에 이를 것으로 추정되고 있다.[18)]

중국의 부상은 동아시아 안정과 평화에 주는 의미가 크다. 이 문제에 관련, 중국과 미국의 지도자 및 안보 전문가들이 갖는 관심을 세 가지 측면에서 분석해 볼 필요가 있다. 첫째, 중국의 평화적 부상을 의미하는 평화적 발전전략의 실체는 무엇인가. 둘째, 장시간이 소요되는 중국의 부상과정에 중국은 의도하거나 의도하지 않은 군사분쟁에 개

---

18) Office of the Secretary of Defense, *The Military Power of the People's Republic of China*, 2005, Annual Report to Congress, The United States of America. p. 11.

입될 위험은 무엇인가. 셋째, 중국의 국력 증대로 동아시아의 역학구도가 바꾸어질 때 중국은 현 지역질서를 중국이 원하는 질서로 바꾸기 위해 지역안정을 위태롭게 할 위험은 없는가 등이다.

중국의 평화적 발전전략의 실체와 당위성에 대해 중국의 지도자들은 기회가 있을 때마다 중국의 부상은 어느 국가를 가로막거나 위협을 주지 않을 것이며, 결코 제3국의 희생위에 달성되지 않을 것이며 상호이익을 도모하는 가운데 추진될 것임을 강조하고 있다. 중국 대외전략의 기조를 시사하는 용어 사용에 중국 지도부를 비롯 전문가들 간에는 이견과 논쟁이 있었던 것으로 보인다.[19] 2004년 4월, 후진타오 국가 주석은 보아오 포럼에서 기존의 화평굴기(和平堀起) 대신 화평발전(和平發展)이라는 용어를 반복하여 사용했다. 평화적 발전은 평화적으로 우뚝선다는 용어에 비하여 대외적 이미지 형성에 부드럽고 평화애호적 인상을 줄수 있다. 중국 지도부는 중국의 새로운 이미지 형성과 확산을 통해 중국의 발전이 세계의 모든 국가들에게도 위협이 아니라 상호 협력과 발전의 기회가 됨을 홍보하고자 하는 의도를 가진 것으로 보인다. 또한 중국 지도부는 중국 근대사에서 각인된 피해의식을 극복하고 부상하는 강국으로서 합리적 의식을 발전시키는 책임강국의 역할을 담당한다는 점도 부각시키고자 했다.

중국 지도부는 동아시아 국제질서는 평화적 변화를 이루어가고 있는 점을 강조하고 있다. 동아시아에 대규모 지역 전쟁의 발발 위험은 사라지고 있으며 경제적 세계화는 갈수록 심화되고 있다. 지역협력에

---

19) 화평발전, 또는 화평굴기에 관련 한 중국 문헌은, Xu Jian, "A Peaceful Rise: China' s Strategic Option," CISS *International Studies*, Vol. 2, March 2004 pp.1-20; Dong Manyuan, "The Progressive Trend in the World and China' s Peaceful Development," CIIS, *Internatioal Studies*, Vol. 6, November,2004, pp.42-55; Yan Xuetong, "Peaceful Rise and Peaceful Building-Comments on the Strategy and Tactics of China' s Rise," CISS, *International Studies,* Vol. 3, May 2004, pp. 30-42.

기반을 둔 지역주의는 동아시아 국가 간의 상호 의존성을 심화시키고 국가 간의 제도화를 촉진시키고 있다. 특히 동아시아 지역협력은 아세안 자유무역 지대 창설과 동아시아 공동체 구상의 실천 등 공식 협력구조를 만들어 가고 있다. 지역 강대국 간의 그룹화도 조정되고 있다. 아세안+한 · 중 · 일, 중 · 인도 · 러시아, 그리고 EU · 중국 등 그룹화는 세계정치의 다극화를 촉진시킨다는 인식 등이 바로 동아시아 지역질서의 평화적 변화의 예이다.

중국은 과거 독일과 일본의 비평화적 방법에 의한 부상이 국가와 민족에 씻을 수 없는 재난을 가져 온 교훈 그리고 냉전기간 중 미 · 러의 위협과 봉쇄로 인해 경제발전이 제약되었다는 경험을 교훈삼아 동아시아 평화로운 국제환경을 유지, 발전시키면서 종합적 국력발전의 기회를 최대로 이용한다는 것이다. 중국은 평화적 발전외교 기조를 선린 우호와 호혜주의에 두고 있음을 강조한다. 이러한 중국의 평화발전 외교방향은 주변국을 비롯한 세계국가들과의 경제, 협력을 포함한 정치, 문화 및 군사협력 등을 강화시키는 계기로 작용, 중국의 이미지제고와 영향력 확대에 기여함으로써 중국위협론의 완화와 불식에 기여할 것으로 보인다. 그렇지만 중국의 평화적 부상의 노정이 순탄하리라는 생각은 금물이다. 중국의 평화적 부상을 제약하거나 견제하는 국내 외적 요인을 과소평가할 수 없다. 세 가지 불확실한 국내적 요인을 지적해 볼 수 있다.

첫째, 지속적인 경제성장의 성과와 치솟는 민족주의와 자신감이 연결될 때 중국 지도부는 군사력에 지원을 받는 경제력을 그의 무역 상대와 주변국들에게 대외정책과 경제거래의 조건을 강요하는 수단으로 이용할 가능성이다.

둘째, 경제불황과 경제침체가 중국의 미래전략방향에 미칠 수 있는 문제점이다. 경제불황은 중국 지도부에 국내 정치적 문제를 야기한다. 중국 지도부는 두 가지 선택 중 하나를 택해야 한다. 군사비를 줄이거나, 아니면 해외에서 민족주의적 조건을 관철한다는 명분을 내세워 국내적 지지를 유지하기 위해 군부에 많은 투자를 하는 경우이다. 경제침체는 취약한 금융구조, 시장경제의 불완전한 전환과정, 사회복지체제에 부담을 주는 인구변화, 지역생태계의 재난을 가져올 수 있는 빈약한 환경정책 등으로 어느 때고 발생할 수 있다. 주요 경제침체는 지역경제의 범위를 넘어 국가적 차원의 효과를 갖는다. 국내적 불안 요인을 만들고 중앙정부가 통제하기 어려운 대량 난민을 발생시킬 수 있다.

셋째, 정치체제가 갖는 국내적 불안 요인이다. 중국 지도부는 경제영역에서는 권한을 하부기관에 상당히 위임했지만 공공부문과 특히 정치권력의 독점에 대한 도전에 대해서는 용인하지 않고 있다. 중국 지도부는 독립적 무역과 노동조합, 티베트, 위그르 소수민족의 정치적 움직임을 진압의 대상으로 삼고 있으며, 파룬공의 정신적 운동마저도 통제하고 있다.[20] 개혁개방의 성장위주의 정책아 가져 온 이른바 발전의 역설이라 할 수 있는 도시와 농촌, 지역 간, 부자와 빈자 간의 소득격차와 지방관료의 전횡 및 부패에 기인한 지방에서의 주민들의 생존권 차원의 소요가 전국적인 범위로 일어나고 있다. 중국 지도부는 주민소요를 생존권 차원의 소요와 정권차원의 소요를 분리하여 대응하고 있지만 생존권 차원의 대규모 소요가 공산당의 정통성에 도전할 수 있는 소요나 큰 혼란으로 확대되는 사태에 취약성을 지니고 있다.

중국의 평화적 부상을 가로막을 수 있는 국제적 요인은 세 가지 측면에서 살펴 볼 수 있다. 첫째, 미국을 비롯한 강대국들에 의한 견제가능성이다. 역사적으로 강대국 간 힘의 균형정책은 경쟁과 대립 및 협력관계를 형성했다. 중국이 공산주의 국가로 남아 국력을 배양하는 한 주변의 자유주의 국가들과의 가치와 체제의 이질성 때문에 주변국들은 의혹과 경계의 눈으로 볼 것이며 중국과의 쌍무적 또는 다자안보협력은 제약될 수밖에 없다. 중국은 향후 중국부상의 전략이 평화

20) "Annual Report to Congress," pp. 8-9.

적인 면을 국제사회에 최대로 홍보하여 국제사회의 이해와 지지를 얻기 위한 노력을 경주하면서 아·태지역에서 미국, 일본과의 군사력 균형을 유지하기 위해 군사현대화를 지속적으로 추진할 것이다. 이는 군비경쟁의 촉발요인이며 지역 불안정 요인으로 작용할 것이다.

그렇지만 중국이 미국주도의 동아시아 패권질서에 도전하는 전쟁을 감행하지는 못할 것이다. 그 주된 이유는 향후 30년 내로 중국은 동아시아에서 미국의 군사력 우세를 인정할 수밖에 없기 때문이다.[21] 또한 중국은 미국에 대해서 정치 외교적 이견과 전략적 경쟁을 인정하면서 경제협력과 선택적 안보협력을 추구할 것이다. 미국은 동아시아에서의 미국주도 질서 유지에 중국의 이해와 지지가 필요하다. 따라서 미국은 중국과의 협력적, 건설적 관계를 발전시키면서 중국이 국제협의와 제도, 협력 체제 내에서 중요한 이익 상관자(important stakeholder) 역할을 해주기를 바라고 있다. 북한 핵문제의 평화적 해결을 위한 6자회담을 조직하고, 중재하는 역할이 바로 이익 상관자 역할의 한 예이다.

향후 미국과 일본은 대중 견제를, 중국은 미·일 견제를 위한 러시아와 전략적 제휴를 시도하겠지만 동아시아 역학구도가 신냉전체제로 돌아 갈 수 없는 구조적 한계를 가지고 있다. 지역 내의 쌍무 동맹을 가진 국가들마저도 정치, 경제, 문화 및 안보 면에서 관계의 다원화와 다변화를 추진할 뿐 아니라 특정 3국을 겨냥한 별도의 동맹형성을 원하지 않기 때문이다.

---

21) 2020년 동아시아 미·중 군사력 평가에 대한 RAND의 연구에 따르면 오산, 미자와 카데나 괌기지가 중국의 지대지탄도, 크루즈 미사일의 타격권내에 위치함으로써 지역분쟁 발생시 미국의 전개계획을 보다 복잡하게 만들고 미 항모전단의 생존성에 대한 취약성을 증대시키지만, 미국이 새로운 전력소요를 메우고 지속적 군사혁신과 태평양 지역의 기지태세를 조정할 때, 대중 군사우세를 유지할 수 있으며 특히 정보전 능력면에서는 향후 중국보다 20년 내지 30년을 앞서갈 수 있다는 것이다. Galmay M. Khaligad. et al., *The United States and a Rising China; Strategic and Military Implications* (Santa Monica, CA., 1999), 참조

둘째, 중국의 부상은 중국 정부로 하여금 해외에서 자원 에너지 시장 등을 확보해야 하는 측방압력을 받도록 만들고 있다. 중국은 10년 전 세계 5대 석유 생산국이었지만 2020년까지 석유의 60%를 수입해야 하는 국가가 된다. 중국의 에너지 시장은 중앙아시아, 러시아, 중동(수단, 오만, 사우디아라비아, 이라크, 이란), 베네주엘라, 페루, 인도네시아 등 세계적으로 확대되고 있지만 중동국가들에의 의존도는 증대되고 있다. 2015년까지 중국의 중동 원유 점유율은 약 70%에 이를 전망이다. 중국은 수입 원유의 80% 이상을 걸프만-인도양-말라카 해협을 거쳐 운송해야 한다. 중국은 미 해군의 말라카 해협의 상시 초계활동이나 주둔 계획에 민감하다. 최근 중국 지도부가 오랫동안 미결로 남겨둔 항공모함 획득을 결정하고 이란 국경 근처에 위치한 파키스탄의 과다르 항과 방글라데시의 치타공 항구 건설과 미얀마 대코코 · 소코코 섬의 기지 건설을 지원하기로 결정한 것도 에너지 수송로의 안전이 특정 강대국에 의해 위협받는 사태에 전략적 대비를 하기 위한 것으로 보인다.

셋째, 중국의 평화적 부상을 제약할 국제적 요인은 대만문제, 한반도 문제 및 일본과의 정상적 관계를 유지하는 문제이다. 중국은 대만의 분리주의 운동은 영토분열로 인식, 중국의 평화적 발전을 저해하는 가장 큰 요인으로 인식하고 있다. 대만독립을 막지 못한다면 평화적 발전도 있을 수 없으며 대만을 평화적으로 통일할 수 없다고 생각한다. 중국 지도부는 대만독립을 막는 가장 중요한 수단은 군사적 억제로 생각한다. 군사적 억제를 위해서는 중국은 대만해협에서의 군사력의 우세를 유지해야 한다는 것이다. 중국의 군사 현대화는 대만해협에서의 군사우세를 달성하기 위한 노력의 일환이었다. 미국의 대만에 대한 선진무기 이전은 직접적으로 대만에 대한 중국의 군사우세를 방지하는 것이며 간접적으로 미국이 "하나의 중국"의 수용 논리에도 불구하고 대만의 독립을 부추키는 행위로 인식했다. 이점에서 중국은 미국이 추진하는 미사일 방어에 대만의 참여를 적극 반대하고 있다.

향후 대만 해협의 군사적 균형은 역동적 관계로 발전될 것이며 군사적 긴장은 상존할 것이다

2005년 3월, 중국 입법부에 해당되는 전국인민대표대회는 반국가분열법을 통과시켰다. 10개 조항으로 구성된 이 법은 대만독립을 저지하기 위한 구체적 내용을 담았다. 법 8조는 중국국무원과 중앙군사위원회가 다음의 세 가지 조건에서 중국의 주권과 영토통합을 보호하기 위해 비평화적 방법을 결정하고 행사할 것임을 밝히고 있다. 세 가지 조건이란 분열세력이 중국으로부터 대만을 분열시키는 행위를 할 때(예컨대 대만 당국이 국호 개정을 위한 개헌 등), 대만의 분열을 야기하는 주요 사태가 일어날 때 (예컨대 대만에서 내전 발생, 대만을 외국군이 점령하는 등), 또는 평화적 통일이 가능성이 소진될 때(예컨대 대만당국이 중국의 평화회담 제의에 무한정 불응할 때) 등이 바로 그것이다.

최근 중국 지도부는 대만당국이 중국이 주장하는 통일회담에 나오든가 아니면 군사행동에 직면하든가 하나의 선택을 향후 20년(2025) 이내로 해야 할 것을 촉구하였다. 이러한 시한설정은 반국가분열법에서도 밝히고 있는 것으로서 대만문제의 평화적 해결의 실패는 2020년대 대만해협의 군사위기를 예고하고 있다는 점에서 주변국의 관심과 우려를 제고시키고 있다. 중,단기적으로 대만문제는 소강상태로 남아 있을 가능성이 크다. 대만의 집권 민진당은 의회의 과반수 의석 확보 실패로 대만독립의 필요조건인 헌법개정을 통한 영토조항과 국호개정이 어려운 실정이다. 중국지도부의 대만 야당에 대한 "하나의 중국론" 이행을 위한 연합전선공세의 성공, 그리고 2008년 총통 선거에서 국민당 단독이나 그 연합이 승리할 때 대만독립운동은 정치적 우선순위가 낮아질 것이다. 평화적 정권 이양의 제도화는 대만의 정치적 안정성을 의미한다. 대만의 외교정책 또한 외국 군대를 끌어들일 정도의 외세 의존적이 아니다.

중국은 일본을 동아시아 지역에서 경제협력 및 지역 다자협력기구의 중요 파트너이면서 경쟁과 견제의 대상으로 보고 있다. 동시에 중

국은 일본과 동중국해에서 조어도, 춘사오, 오키노토리 등에서 영유권과 광물자원 개발을 둘러싸고 분쟁을 겪고 있다. 중국은 일본이 과거 역사의 반성이 부족하고 역사를 왜곡하고 있으며 지리적으로는 아시아에 속하지만 미국의 국력과 정책에 편승한 외교정책을 추진함으로써 지정학적 정체성을 상실하고 있다고 비판하고 있다. 일본의 미국 주도의 미사일 방어체계의 참여, 주일 미군기지태세의 강화 및 미일동맹의 세계화 추진 등은 미국의 일극체제를 공고화 내지 장기화시키는 요인이며 궁극적으로 동아시아의 다극적 안보질서의 창출을 방해하고 있다는 것이다.

Ⅶ. 맺음말

2005년 12월 쿠알라룸푸르 동아시아 정상회담에서 중 · 일의 주도권 싸움으로 비친 미국의 정상회담 참여의 찬반 논쟁은 기실 동아시아 지역의 정체성 문제와 관련이 있다. 중국은 일본과의 대립과 분쟁은 평화적 부상에 부담요인이 된다. 그렇다고 중국은 영토문제 및 동아시아 지역에서의 일본의 우경화에 뒷받침된 영향력 확대를 수수방관할 처지도 아니다. 미래 중 · 일의 대립과 긴장관계는 동아시아 불안정 요인으로 작용, 동아시아 공동체 추진 및 다자안보협력체 추진에 부정적 요인으로 작용할 가능성이 크다. 또한 중국이 대일관계의 평화적 관리에 실패, 일본과의 해양영토문제로 군사분쟁을 치룰 가능성을 완전 배제할 수 없다.

중국의 대한반도 정책 기조는 한반도의 정세안정이다. 한국전쟁이후 이러한 정책 기조는 현재까지 변함이 없다. 중국의 평화적 부상에 주변국으로서 한반도의 정세 불안정과 군사 분쟁은 부담요인이며 최악의 시나리오 상황하에서는 중국이 한반도 군사 분쟁에 개입할 가능성을 완전 배제할 수 없는 지역이다. 중국의 북한 핵개발과 그 방지문제와 관련 중국의 양비(兩非)론적, 즉 북한 핵 보유의 반대, 동시에 비평화적 방법에 의한 북한 비핵화 반대라는 입장과 정책 방향은 한반도의 정세 안정이라는 기조를 바탕으로 짜여진 것이다. 한국전쟁은 한반도 군사분쟁에 미국과 중국이라는 강대국이 싸운 전쟁이었다. 그 전쟁의 교훈은 중, 미 양국의 동북아 정책수립에 반영되고 있다.

미, 중은 한반도 문제의 안정적 관리를 통해 양국이 한반도에서 대립하거나 분쟁에 들어가는 사태를 방지하는 일에 공통의 이익을 가지고 있다. 반면 중, 미양국은 타방의 한반도 전략에 의구심과 경계심을 가지고 있다. 중국은 주한 미군의 전략적 유연성을 대만해협의 군사분쟁 발생시 주한 미군 전력의 전환계획의 일환으로, 한국의 미국 주도의 미사일 방어체계의 참여를 한미동맹의 공고화 내지 장기화 요인으로, 대만 참여시 독립노선의 촉진 요인으로 보고 있다. 미국은 중국이 중·북한 동맹조약의 지속적 유지와 북한정권에 대한 정치, 경제적 지원을 통해 북한체제의 생존을 유지시키는 버팀목이 되고 있다고 생각한다.

북한의 내전 반발이나 체제의 붕괴 등 급변사태 발생시 중국의 군사개입에 대해 전문가들의 학문적, 정치적 관심이 크다. 북한체제의 붕괴 시나리오 하에서 중국의 군사개입 여부는 상황 의존적으로 보아야 할 것이다. 중국의 군사개입 여부는 북한지역에 외세의 군사개입 여부에 크게 영향을 받을 것이다. 인권문제로 인한 국제기구의 개입이나 한국의 단독 군사개입마저도 외세로 보느냐의 문제는 숙제로 남는다. 북한 정변으로 인한 내전 발생시 북한 난민의 월경 통제, 친중국 정권 수립, 및 내전 종식 등 이유로 중국의 군사개입 가능성을 완전히 배제할 수 없으나 기정사실로 본다는 것은 더 한층 무리이다. 중국은 공산정부 수립 이후 정치적 이유로 제3국의 내정 간섭을 위해 군사개입을 한 사례가 없었다.

즉 제3국의 내정혼란을 중국의 영토나 주권에 대한 공격으로 인식하지 않았다는 것이다. 중국의 평화공존 외교 원칙 중 내정 불간섭은 가장 중요한 대외 관계 행동률이다. 중국은 군사개입을 할 경우 미국과 한국, 일본의 부정적 대응에 의한 정치, 외교 및 경제적 불이익을 감수해야 할 준비가 되어 있어야 한다. 평화적 부상을 국가노선으로 추진하고 있는 중국으로서는 군사개입이 주변국들에게 "중국 위협론"을 현실화시키는 계기로 작용, 중국의 대외적 평화 이미지를 크게 훼손시키는 부담을 안게 된다. 군사개입은 인명 손실과 경제적 비용이 따를 뿐 아니라 최악의 경우 주변 강대국들과의 군사적 충돌로 번질 수 있는 위험을 안고 있다. 이 점에서도 군사개입은 안보이익과 경제발전을 저해하는 요인으로 작용할 것이다. 따라서 중국의 군사개입의 억제요인이 촉진요인을 능가한다고 보아야 한다. 중국의 최선의 선택은 관련 당사국들과의 협의를 통해 북한의 내우(內憂)가 외환(外患)으로 연계되는 사태를 막으면서 북한 내정혼란의 조기종식과 안정화를 도모해야 할 것이다. 한국전쟁, 그리고 구한말 임오군란, 갑신정변과 갑오년 사태와 청일전쟁 등은 중국 지도부의 정책결정에 귀중한 교훈이 될 것이다.

평화적 부상을 실현하기 위해 중국은 강대국으로서 새로운 국제질서의 개념을 창출하고 그 구현방법을 제시하고자 하는 노력을 보이고 있다. 중국지도자들은 단극체제는 특정 단일 또는 소수 국가의 이익을 보호하는 국제체제의 성격을 지닌다는 의미에서 반대한다. 다극체제의 경우 역사적으로 존재한 서구식 다극체제는 지역국가로 하여금 끊임없는 세력균형 게임에 몰두하도록 만든다는 의미에서 반대한다. 중국이 원하는 다극체제는 권력정치의 영향을 적게 받으면서 국제법과 도덕기준에 의해 지배를 받는 체제이다. 지역이나 세계적 규모의 다극체제의 형성에 필수 조건은 공정하고 합리적인 국제정치,경제질서의 수립이다는 것이다.

그렇다면 새로운 국제정치,경제질서의 수립을 위한 노력은 무엇에 집중해야 하는가? 중국 문헌은 국제연합 헌장의 관련 규칙과 보편적으로 인정된 국제행위 규범을 준수하고 국제연합 헌장의 기본원칙과 특정 국가들의 이익을 옹호하는 국제법과 규정을 개정하며 국제연합의 개편 등 국제법과 보편적 윤리의 적용을 강조하고 있다. 현 국제정치, 경제질서는 개혁되어야 하나 개혁방향은 질서내의 불공정한 요인만을 제거하는 데 한정하고 현 국제질서의 기본적 안정에 미치는 권력정치의 충격을 배제해야 한다는 것이다. 이 점에서 중국의 개혁 대상과 방법은 현 국제질서의 급진적 변혁을 의미하지 않는다. 2001년 7월 발표된 중국의 신 안보개념은 다극화 세계를 향한 추세에서 국가간의 다양한 이익의 조정을 통한 국가간의 협력을 증진할 것을 강조하고 있다.

중국의 신 국제질서관은 이상적이며 정책화하기에는 많은 어려움이 있다. 중국은 언술적으로 국력의 패권적 사용을 부인한다. 그렇다고 중국이 새로운 국제질서의 수립과정에 중국 국력의 역할, 즉 연성국력인 영향력을 부인하고 있지 않는 점이다. 중국지도자들은 종합적 국력의 신장은 권력정치를 부정하고 공정한 국제경쟁의 참여를 보장하는 힘임을 강조한다. 중국은 강대국은 강대국다워야 한다는 언명에서 강대국 책임론을 시사한다.

동아시아 역학구도가 중국국력의 증대로 중국에 유리하게 전개될 때 중국의 국제법과 도덕적 국제질서관에 변화가 없을까? 중국에 유리한 국제 규범을 만드려는 시도는 없을까? 이를 반대하는 국가에 대한 중국의 강압력이 행사되지 않을까? 중국이 현실주의적 마르크스-레닌 국가로 남아 있는 한 이에 대한 대답은 자명하다.

따라서 향후 중국의 연성국력, 특히 국제 영향력의 본질, 확대의 범위, 속도는 학문과 정책적 연구의 대상이 되어야 한다. 평화적발전과 "결불당두, 도광양회, 유소작위"의 변증법적 통일법칙을 기초로 전개되는 다극체제의 형성전략이 동아시아의 안정과 평화에 미치는 전략적 의미를 지속적으로 평가해야 하는 이유가 바로 여기에 있다.

참고자료

장완넨(張萬年). 『중국인민해방군의 21세기 세계군사와 중국국방』, 이두형 · 이정훈 역. 서울: 평단문화사, 2002.

황병무. 『신중국 군사론』. 서울: 법문사, 1995.

황병무 · 멜거토브. 『중국안보론: 인민해방군 역할의 분석』. 서울: 국제문제연구소, 2000.

황병무. 『전쟁과 평화의 이해』. 서울: 오름, 2001.

황병무. "중국의 국제정세관과 대외정책," [교수논총],국방대학, 제 23집, 2003.

王金城. 『21世紀武器,軍隊,戰爭硏究』. 北京: 國防大學出版社, 1988.

郭壽航. 『鄧小平國防現代化思想硏究』. 北京: 國防大學出版社, 1989.

『周恩來軍事文選』第4券. 北京: 人民出版社, 1997

『2004年 中國的國防』. 北京: 中國 國務院 新聞辦公室, 2004.

Allen S. Whiting. China *Crosses the Yalu: The Decision to Enter the Korean War*. Stanford, Ca: Stanford University Press, 1960.

Office of the Secretary of Defense. U.S.A., *Annual Report to Congress: The Military Power of the People's Republic of China*, 2005.

Burles, Marks, and Shulsky, Abarm N. *Patterns in China's Use of Force*, Santa Monica, CA.: Rand, 2000.

Dong, Manyuan, "The Progressive Trend in the World and China's Peaceful Development." CIIS, *Internatioal Studies*, Vol. 6. November, 2004.

Gurtov, Mel, and Hwang, Byong Moo . *China's Security; The New Roles of the Military*. West View, Co., Lynne Rienner, 1998.

Gurtov, Melvin, and Hwang, Byong Moo. *China Under Threat: The Politics of Strategy and Foreign Policy*. Baltimore and London: Johns Hopkins University Press, 1980.

Jian, Xu, "A Peaceful Rise: China's Strategic Option," CISS *International Studies*, Vol. 2, March 2004.

Khaligad, Galmay M., et al. *The United States and a Rising China; Strategic and*

Military Implications. Santa Monica, Ca., 1999.

Pillsbury, Michael. *China Debates The Future Security Environment*. Washington D.C.: National Defense University Press, 2000.

Segal, Gerald . *Defending China*. New York: Oxford University Press, 1985.

Selected Works of Mao Tsetung. Vol. V., Peking, Foreign Language Press, 1977.

Swaine, Michael D. and Tellis, Ashley J. *Interpreting China's Grand Strategy: Past, Present, Future*. Santa Monica, Ca.: Rand Corporation, 2000.

The New York Times. *The Pentagon Papers*. New York: The New York Times. Company, 1971.

Yan, Xuetong. "Peaceful Rise and Peaceful Building-Comments on the Strategy and Tactics of China's Rise." CISS, *International Studies* Vol. 3, May 2004.

제9장

중국-대만 간 전쟁위협과 평화

문흥호

Ⅰ. 머리말

1949년 12월 국민당 정부가 대만으로 패퇴한 이후 현재에 이르기까지 대만해협을 사이에 둔 중국과 대만의 군사적 대치와 긴장 상황은 비록 시기적으로 정도의 차이는 있지만 여전히 양안관계의 중요한 특징이다. 또한 중국과 대만의 군사 · 안보적 현안은 대만해협과 양안관계의 변화에 직결될 뿐만 아니라 대만문제의 속성상 한반도를 포함한 동아시아 전반의 정세변화에 심대한 영향을 미칠 수밖에 없다. 즉 대만해협의 전쟁과 평화의 문제는 중국, 미국, 일본의 첨예한 전략적 이해관계와 맞물려 있으며 한반도 역시 이 문제로부터 결코 자유롭지 않다.

한편 양안관계에 있어서 군사 · 안보문제의 핵심은 국제사회가 '하나의 중국 원칙' 을 공인하고 있음에도 불구하고 여전히 중국과 대만의 정치적 관계가 모호하고 중국이 점차 고조되고 있는 대만 내의 독립 분위기를 억제하기 위한 효과적 수단으로서 무력 사용 가능성을 강조하고 있다는 것이다. 즉 자신들을 일개의 지방정부로 전락시키는 중국의 '일국양제(一國兩制)' 통일방안을 거부하고 독립국가로서의 지위를 확보하려는 대만과 가능한 모든 수단을 동원하여 이를 억제하려는 중국의 대립이 양안 간 군사·안보적 대립의 핵심이다. 이러한 점에서 중국과 대만의 정치적 관계설정과 양안의 평화정착은 불가분의 관계를 갖는다. 따라서 중국이 대만의 통일을 포기하거나 대만이 독립을 포기하지 않는 한 양안의 군사적 대립은 근본적 해결이 불가능하다. 더욱이 양안의 군사·안보문제는 중국과 대만이 전적으로 주도할 수 있는 사안이 아니고 미국, 일본 등 주변 국가 및 역내 안보문제와 상호 연계된 다자적, 복합적 사안이다.

중국과 대만은 양안의 군사·안보적 현안의 이러한 특성을 잘 인식하고 있으나, 쌍방의 기본 입장은 큰 차이를 보인다. 즉, 중국은 양안의 안보문제를 순수한 내정인 대만문제의 일부분으로 선을 긋고 제3국의 개입 여지를 근본적으로 봉쇄하려는 반면, 대만은 양안의 안보문제를 의도적으로 국제화하고, 이를 통해 다자안보의 틀 속에서 대만해협의 평화정착, 더 나아가 자신들의 안보를 확보하려는 전략적 의도를 갖고 있다. 중국과 대만의 근본적인 입장 차이는 양안의 군사적 긴장을 고조시키는 최대 요인이다. 1990년 대 중반 이후 일본이 유사시 자신들이 군사적으로 활동할 수 있는 지역에 대만해협을 포함시키고, 미국이 대만을 미사일방위체제(MD) 구축 범위에 포함시키려는 움직임을 보이면서 야기되었던 중국과 대만·미국·일본의 첨예한 대립 양상은 양안의 군사·안보문제가 주변지역의 군사·안보문제와 민감하게 연계되어 있음을 보여주는 대표적인 예다.

결국 대만해협의 군사적 대립은 중국과 대만이 양안의 통일과 독립문제에 대한 완전한 합의를 이루지 못하는 한 적어도 현 단계에서는 근본적인 해결이 불가능할 뿐만 아니라 양안관계를 언제든지 긴장국면으로 몰고 갈 수 있는 요인이다. 그리고 그 과정에서 중국과 대만 이외의 기타 대외적 변수, 특히 미국, 일본 요인이 불가피하게 영향을 미칠 수밖에 없다.

II. 양안관계와 대만문제

중국과 대만은 쌍방의 정치적 관계 및 정치적 현안을 포괄하는 명칭을 둘러싸고 대립할 정도로 양안의 정치적 관계에 민감하다. 또한 많은 경우 동일한 용어라 하더라도 중국이 부여하는 의미와 대만이 부여하는 의미가 차이를 보인다. 예를 들어 그동안 중국과 대만이 사용한 '중국' 이라는 의미에 있어서도 중국정부는 당연히 '중화인민공화국' 을 의미했던 반면 대만정부는 1912년 이후의 '중화민국' 을 의미했다. 따라서 양안관계와 대만문제가 갖는 의미와 쌍방의 입장 차이를 분명히 이해할 필요가 있다.

우선 양안관계는 기본적으로 과거의 중화인민공화국과 중화민국의 관계, 중국대륙과 대만지구(臺灣 · 金門 · 彭湖 · 馬祖)의 관계, 국제사회에서 보편적으로 통용되는 중국을 대표하는 유일한 합법정부로서의 중화인민공화국과 그것의 불가분한 일부분으로서의 대만의 관계, 하나의 중국원칙에도 불구하고 현실적으로 하나이지 못한 중국과 대만의 모호한 정치적 관계 등을 모두 포괄하는 개념이다. 따라서 양안관계라는 개념 속에는 중국공산당과 중국국민당의 장기간 대립 · 갈등의 역사, 대만해협을 사이에 둔 지리 · 공간적 환경, 국제사회의 보편적인 인식 및 공인된 원칙과 실제 간의 괴리 현상 등이 모두 내재되어 있다고 할 수 있다.[1] 이와 같이 양안관계의 개념은 중국과 대만의 관계만큼이나 복잡하고 다면적인 성격을 갖고 있어서 하나의 중국, 두 개

---

1) 문홍호, "양안관계연구," 정재호 편, 『중국정치연구론: 영역, 쟁점, 방법 및 교류』(서울: 나남출판, 2000), pp. 215-217 참조.

의 중국, 하나의 중국과 하나의 대만 등의 공식 중에서 어느 하나에 초점을 맞추기가 어렵다.

한편, 중국은 기본적으로 대만과의 통일문제 등 양안의 주요 정치적 현안을 '대만문제'로 인식하며, 따라서 중국의 입장에서 대만과의 통일은 곧 대만문제의 해결을 의미한다. 중국의 이러한 입장은 양안의 통합을 두 정치실체 간의 통일이라는 차원보다는 일방적인 해방의 대상으로 인식해 온 기존의 입장과 대만문제를 중국의 고유한 내정으로 규정하려는 정치적 의도와 관련이 있다. 실제로 중국은 1971년 10월 제26차 유엔 총회 2758호 결의안을 통해 중국을 대표하는 유일한 합법정부로 공인 받은 이후 대만 국민당정부를 지칭하는 데 있어서 독립적인 정치실체 혹은 정부로서의 오해를 야기할 소지가 있는 표현을 철저하게 배제했다.[2)]

반면 대만 국민당정부는 중국이 통일문제를 포함한 양안의 정치적 문제를 대만문제라고 지칭하는 것에 대해 심한 거부감을 갖고 있었으며, 중국문제만이 존재할 뿐 대만문제는 근본적으로 존재하지 않는다는 입장을 보였다. 즉 국민당정부 입장에서는 중국공산당정권이 중국문제를 대만문제로 격하시켜 중화민국의 존재 자체를 부정하려고 한다는 인식을 갖고 있었던 것이다.

1980년대 후반 이후 양안관계의 변화는 이처럼 쌍방의 정치적 관계 및 정치적 현안을 포괄하는 명칭을 둘러싸고 대립할 만큼 적대적이었던 상황이 완화되면서 비로소 가능했으며, 그 이면에는 중국과 대만 지도부의 현실적, 이성적 정책전환이 원동력으로 작용했다. 즉 덩샤오핑(鄧小平)체제 출범 이후 중국이 대만정책을 획기적으로 전환하고, 비록 제한적이기는 하지만 대만이 이에 부응하는 정책을 추진함으로써

2) 즉 중국은 지금까지도 대만정부를 '臺灣當局', '臺灣方面', '國民黨當局', '國民黨統治集團', '民進黨當局' 등으로 지칭하고, 대만 정치지도자에 대해서는 소속정당의 '領導' 혹은 '陳水扁'과 같이 이름만을 사용하고 있다.

양안관계의 변화가 시작된 것이다. 중국의 경우 대만정책의 현실적인 전환은 개혁·개방정책 추진과 불가분의 관계를 갖는다. 중국은 개혁·개방정책을 통한 경제발전을 최우선적인 정책목표로 설정하면서 대내외 정책의 혁신적인 전환이 불가피하다는 점을 인식하였고, 이러한 인식변화의 연장선에서 대만정책이 자연스럽게 전환될 수 있었다.

따라서 중국은 무력사용을 통한 대만의 '조속한 해방' 이란 기존의 입장에서 벗어나 우선 양안의 교류·협력 확대를 통해 자신들의 개혁·개방정책을 직간접적으로 지원하는 동시에 양안관계를 새롭게 정립해야 한다는 현실적인 방향으로 정책을 전환하였다. 사실 중국지도부가 개혁개방을 통한 경제발전을 지상과제로 추진하면서 대만정책을 포함한 대내외 정책에 있어서 기존의 정치·이념적인 요인보다는 합리적 선택을 중시했고, 개혁개방에 따른 새로운 정치·경제적 환경이 또 다시 주요 정책결정과정의 정치·이념적 요인을 축소하는 일련의 결과를 가져왔다.

한편 대만 국민당정부는 중국에 대한 뿌리깊은 불신감 때문에 초기에는 중국의 각종 제의에 대해 강한 거부감을 보였으나 점차 비정치·민간차원에서의 양안교류·협력을 긍정적으로 수용하기 시작하였다. 대만정부가 이처럼 대륙정책을 전환하기 시작한 것은 중국의 개혁·개방정책을 긍정적으로 평가하는 동시에 중국과의 대립관계를 지속하는 것이 대만의 정치·경제적 발전에 유리하지 않다는 지도부의 인식전환이 있었기 때문이다. 이와 함께 1980년대 중반 이후 대만 내에서 확산되기 시작한 민주화 요구 및 이와 결부된 대륙정책에 대한 비판적 여론 역시 대만정부가 대륙정책을 전환하게 된 배경의 하나로 지적될 수 있다. 즉 민주화 요구와 결부된 대륙정책의 비판 여론은 양안관계의 현실에 대한 국민당지도부의 인식 전환을 가능하게 했으며, 결과적으로 장징궈(蔣經國) 정부의 대륙정책 변화를 촉진하였다.[3]

또한 1988년 1월 장징궈 사후 리덩후이(李登輝) 체제의 출범과 국민당

권력구도의 변화, 정치과정의 제도화 및 투명성 제고 등 대만 내에서 일어난 일련의 정치적 변혁은 대만정부의 대륙정책 변화를 더욱 촉진하는 요인으로 작용했고, 이는 양안관계의 질적인 변화로 이어졌다.[4)]

물론 상대방에 대한 중국과 대만지도부의 인식변화와 경제분야를 중심으로 한 비정치 · 민간차원 교류협력의 폭발적인 증대는 단절 · 대립으로 점철되었던 중국과 대만의 적대관계를 변화시켰으나, 정치

---

3) 당시 대만정부의 대륙정책에 대한 비판적 여론의 요지는 중국의 각종 제의를 무조건 거부하는 피동적인 대륙정책으로는 양안관계를 주도하기 어렵고, 더 나아가 대만의 경험과 성과를 대륙에 전파할 수 없으며, 결과적으로 三民主義에 의한 중국통일을 실현하는 것이 불가능하다는 것이었다. 이러한 상황에서 대만정부는 기존 정책으로는 대만내의 비판적인 여론을 만족시킬 수 없을 뿐만 아니라 이미 확산되고 있는 민간차원에서의 비공식적 인적 교류, 경제교류 등 三不政策의 이탈현상을 더 이상 억제하기 어렵다는 점을 고려하지 않을 수 없었다.

4) 리덩후이체제하에서 추진된 각종 정치개혁의 추진배경과 구체적인 내용 및 양안관계에 대한 영향에 대해서는 Cal Clark, "Taiwan in the Post-Cold War *Asia Pacific*," *James C. Hsiung, ed.*, *Asia Pacific in the New World Politics*(Colorado: Lynne Rienner Publishers, 1993), pp. 121-129; Chien-min Chao, Taiwan's Democratization and Cross-Strait Relations," Prepared for International Conference on Democratization and Unification in Devided Nations(September 1997), Research Institute of Peace Studies, pp. 1-33; Deborah A. Brown, Eric P. Moon, and James A. Robinson, "Taiwan's 1998 Local Elections; Appraising Steps in Democratization," *Asian Survey*, XXXVIII, No. 6(June 1998), pp. 569-584; Steven J. Hood, "Political Change in Taiwan: The Rise of Kuomintang Factions," *Asian Survey*, XXXVI, No. 5(May 1996), pp. 468-482; Qingshan Tan, Peter Kien-hong Yu, and Wen-chun Chen, "Local Politics in Taiwan: Democratic Consolidation," *Asian Survey*, XXXVI, No. 5(May 1996), pp. 483-494; 王家英, "臺灣的國家演化與兩岸關係," 王家英, 孫同文(編),『兩岸關係的矛盾與出路』(香港: 香港中文大學香港亞太硏究所, 1996), pp. 251-289; 邵宗海,『大陸政策與兩岸關係』(臺北: 華泰書局, 1996), pp. 136-143; 石之瑜,『兩岸關係槪論』(臺北: 揚智文化事業股分有限公司, 2001), pp. 133-210; 문홍호, "대만의 정치민주화와 인권,"『민주주의와 인권』(전남대학교 5.18 연구소), 2001년 제1권 2호, pp. 163-203 참조.

적 관계설정에 대한 근본적 입장 차이에 기인하는 군사 안보적 대치 상황은 여전히 대만해협을 가로막고 있다. 더욱이 2000년 5월 대만출신의 진보적 인사가 주축이 된 민진당 정권이 등장하면서 대만의 독립 분위기가 확산되었고 이는 곧 대만해협의 군사적 긴장 고조로 연결될 수밖에 없었다. 이처럼 소위 양안의 '통독문제(統獨問題)' 즉 통일과 독립문제를 의미하는 대만문제의 근본적인 해결이 없는 한 양안간 군사적 대립의 완전한 해소는 불가능하다. 더욱이 이 문제는 중국과 대만의 대내 정치 · 경제 · 안보 상황뿐만 아니라 미국, 일본 등의 대외적 요인과 연계되어 있어서 이들을 모두 만족시킬 수 있는 조건이 적어도 현 단계에는 존재하지 않는다.

III. 양안관계의 군사 · 안보적 요인

1. 중국 요인

중국의 입장에서 대만문제는 반드시 해결해야 할 국가 · 민족차원의 과제로서 누구도 이로부터 자유롭지 못하며 적어도 상징적으로라도 대만문제를 최우선적 정책과제로 설정하고 있다. 즉 중국의 최고지도자에게 있어 대만문제의 해결을 위한 노력과 새로운 성과의 창출은 선택이 아닌 필수적 부분이며 만약 이에 역행하는 방향으로 대만문제가 전개될 경우 그의 정치적 기반에 부정적인 영향을 미치게 된다. 이는 중국이 무력사용을 포함해 가능한 모든 수단을 동원하여 하나의 중국 원칙을 고수하고 대만문제 해결의 주도권을 장악하고자 하는 중요한 이유다.

이러한 입장은 후진타오(胡錦濤) 주석에게 있어서도 결코 예외가 아니다. 즉 후 주석에게 있어 대만문제는 지극히 중요한 사안이며 특히 대만문제 등 국가적 정치 · 안보사안을 주도할 수 있는 중앙군사위원회 주석을 승계한 상황에서 대만문제에 대한 정책적 선택과 가시적 성과에 더욱 민감할 수밖에 없다. 예를 들어 후진타오는 국가주석을 승계한 2002년 이후 주요 국가 지도자들과의 각종 회담에서 예외 없이 대만문제에 대한 중국의 확고한 입장을 피력하고 이에 대한 적극적인 동조와 지원을 강조하며, 2005년 9월과 11월 부시 미 대통령과의 정상회담에서도 "중 · 미관계의 건강한 발전을 위해서 대만에 대한 미국의 무기 판매 중단 등 대만문제를 합리적으로 해결해야 하며 하나의 중국원칙하에 어떠한 문제도 논의할 수 있다"[5]는 입장을 거듭 강조했다.

한편 후진타오체제의 대만정책 기조를 가장 극명하게 보여주는 것은 2004년 5월 17일 중공중앙 대만사무판공실과 국무원 대만사무판공실 명의로 발표된 7개항의 성명(소위 '胡七點')이다. 여기에서는 중국은 1)양안의 대화 · 담판 · 협상 재개, 2)적당한 방식의 양안간 연계 유지 및 협상을 통한 교류상의 각종 문제 해결, 3)전면적 삼통(通商, 通航, 通郵) 실현, 4)대만의 산업구조 및 경제상황을 고려한 경제협력의 긴밀한 안배와 호리호혜(互利互惠) 강화, 5)다양한 인적 교류의 강화, 6)화해협력 분위기하에서 대만인들이 추구하는 평화, 사회 안정, 경제발전 실현, 7)대만지구의 국제적 지위 및 그에 상응한 활동 공간 문제의 협상 등을 제시했다.

이와 함께 중국은 천수이볜이 2000년 제1기 정권을 출범시키면서 공언한 소위 '사불일몰유(四不一沒有)', 즉 1)대만의 독립을 선포하지 않는다, 2)국호를 개정하지 않는다, 3)양국론을 헌법에 명시하지 않는다, 4)양안의 현상을 변화시키는 '통일, 독립문제'를 국민투표에 회부하지 않는다, 5)국가통일위원회, 국가통일강령을 폐지하지 않는다는 약속을 저버렸다고 비난하고 이러한 제반 문제의 적절한 해결을 통해 중화민족의 존엄을 공유하자는 점을 강조했다. 이는 후진타오가 천수

5) 『人民日報』, 2005年 9月 15日.

이볜 정부의 집요한 분리 독립 움직임을 제어하는 동시에 다른 한편으로 양안간의 비정치 · 민간교류를 부단히 확대함으로써 양안관계를 '하나의 중국' 원칙 내에 묶어두기 위한 것이다.

이처럼 중국은 대만문제에 있어서 회유와 압박을 병행하고 있다. 즉 중국은 대만이 하나의 중국이라는 틀 속에서 대내적으로 독립 분위기를 확산시키지 않고 대외적으로 독립을 향한 외교공세를 추진하지 않을 경우 양안의 평화적 공존과 교류협력 확대를 적극 지지하겠지만 만약 이와 상반된 방향으로 대내외정책을 추진할 경우 군사적 수단의 동원을 통한 주권수호가 불가피하다는 점을 강조하고 있다. 이는 천수이볜 정부의 노골적인 대만독립 성향에 대해서는 군사적 위협을 포함해 초강경의 정책을 고수하고 그 이외의 교류협력에 대해서는 포용적인 정책을 취하고자 하는 이중전략이며, 이를 대표적으로 보여주는 것이 대만에 대한 무력 사용을 합법화한 '반국가분열법(反國家分裂法)' 제정과 국민당, 친민당 등 주요 야당 수뇌부와의 전격적인 회담이다.

1) 반국가분열법

2005년 3월 4일 후진타오 주석은 제10기 3차 전국정치협상회의에 참석한 대만관련 인사를 접견하는 자리에서 '사개결불(四個決不)'을 강조했는데 이는 중국의 당 · 정 · 군 최고 지위를 모두 승계한 후진타오가 대만문제에 대해 단호한 의지를 재삼 강조한 것이다. 여기에서 후진타오는 대만문제에 있어서 ①하나의 중국 원칙에 있어 결코 동요하지 않는다, ②평화통일을 쟁취하기 위한 노력을 결코 포기하지 않는다, ③대만 인민의 염원을 관철하는 방침을 결코 포기하지 않는다, ④대만독립, 분열 활동과 결코 타협하지 않는다는 점을 역설했다. 또한 후 주석은 3월 13일 전인대 인민해방군대표 전체회의에서 군이 '거안사위(居安思危)' 정신으로 주권 수호, 영토 보존에 대한 인민해방군의 역사적 사명을 다할 것을 강조함으로써 간접적으로 대만문제에 대한

반국가분열법의 중요성을 암시하였다.[6)]

우선 반국가분열법의 제정 배경은 첫째, 후진타오는 천수이볜 정부 출범 이후 대내외적으로 추진하고 있는 자주 · 독립국으로서의 '대만공화국'을 확립하기 위한 공세적 정책을 억제할 필요성을 인식했으며, 둘째 미국의 대만정책 변화 움직임을 차단할 필요를 느꼈다. 특히 중국은 출범 초기부터 협력보다는 경쟁에 대중정책의 무게를 두었던 미국이 대 테러전 확대와 일방주의를 강화하고 해외 주둔 미국의 재배치, 전략적 유연성을 강조하면서 자국을 압박하는 한편 대만에 대한 무기 판매 확대, 미 의회의 대만방위 결의, 미 · 일 안보협력 논의 과정에서 대만문제의 비중 확대 등 일련의 비우호적 정책을 취하자 대만문제에 대한 심각한 우려를 갖게 되었다. 셋째, 후진타오의 대내적 고려로서 대만문제는 중국의 신성불가침의 영역으로 최고 지도자는 대만문제 해결을 위한 확고한 입장과 강한 실천의지를 가져야 하며, 더 나아가 가시적 성과를 창출하여야 한다. 만약 이와 관련된 동요나 무능함을 보일 경우 그의 정치적 지위에 부정적 영향을 미치게 된다. 따라서 후진타오는 대만문제에 관한 확고한 의지와 새로운 정책 방향을 제시할 필요가 있었다.

한편 반국가분열법은 총 9조로 구성되어 있으며 법안의 핵심은 대만문제가 중국의 내전으로 인해 야기된 내정문제라는 점을 전제하에, ①대만의 독립 추진 세력에 의한 분열 행위, ②대만의 분열을 초래하는 중대사건 발생, ③평화통일 조건의 완전한 소멸시 국가주권과 영토 보전을 위해 비평화적 방식과 필요한 조치를 취할 수 있다고 명시함으로써 대만에 대한 무력행사를 합법화한 것이다. 여기에서 명시한 비평화적 방식의 동원이 가능한 상황은 "대만당국이 독립을 위한 헌법 개정 혹은 국민투표 실시, 국기 · 국명의 변경, 일방적인 대만독립 선언, 외국세력의 대만 침략 · 점령 혹은 대만 내 군대 주둔, 대만에 중

6) 『人民日報』, 2005. 3. 14 참조.

대한 정치 · 경제 · 사회적 소요 발생, 대만의 대량 살상 무기 개발 혹은 구매, 양안 간 통일문제의 지나친 지체(過時), 대만군의 양안 군사분계선 침범 및 군사도발, 대만을 조국에서 분리시키려는 사건 발생" 등이다.

중국의 헌법 제62조 14항은 전인대가 "전쟁과 평화의 문제에 대한 결정 권한을 갖는다"고 규정하고, 제80조는 "국가 주석이 전인대와 전인대 상무위원회의 결정에 따라 전쟁 상태를 선포하고 동원령을 발령할 수 있다"라고 규정하고 있는데, 반국가분열법안은 대만문제와 관련된 긴급사태 발생시 국무원과 중앙군사위가 먼저 무력동원을 비롯해 필요한 조치를 취한 뒤 전인대 상무위원회에 사후 보고하도록 했다. 물론 중국은 반국가분열법의 적용 대상을 '대만 독립세력'으로 한정하고 무력동원 대신 비평화적 방식이라는 표현을 썼으며 '비평화적 방식 동원시 대만 주민과 대만 내 외국인의 생명과 재산을 보호할 것'이라고 밝힘으로써 대만의 독립을 추진하는 세력(臺獨分子)과 대만의 일반 주민, 외부의 독립지원 세력과 일반 국제사회를 각각 구분하였다.

2) 국공회담(國共會談)

중국이 대만의 독립 움직임에 대한 무력사용을 합법화하는 반국가분열법 제정으로 긴장국면이 고조되던 양안관계는 롄짠(連戰) 국민당 주석의 중국방문과 후진타오 주석과의 '국공회담'(國共會談)이 전격적으로 이루어지면서 전혀 반대의 국면으로 접어들었다. 이는 바로 앞서 언급한 바와 같이 갈등과 협력이 병존하는 양안관계의 이중적 특성을 보여주는 것이다. 1924년의 제1차 국공합작은 당시 중국의 각 지역을 실질적으로 분할 지배하고 있던 군벌의 타도가 주요 목적이었고 1937년의 제2차 국공합작은 일제의 중국침략을 타도하기 위한 항일이 합작의 목표였다. 1945년 8월 국민당과 공산당의 수뇌부가 충칭(重慶)에서 회동한 이후 60년 만에 이루어진 롄짠과 후진타오의 이번 베이징회담은 양안관계의 평화와 중화민족의 공동번영을 명분으로 내세우고 있다. 이러한 점에서 국민당은 롄짠 주석의 대륙방문을 '평화의 여정'(和平之旅)이라고 표현했다.

당시 국공회담에 대한 관심은 주로 과연 이를 계기로 국민당과 중국공산당의 제3차 국공합작이 본격화될 수 있을 것인가, 아니면 서로의 입지 강화를 위한 단발성의 정치적 이벤트로 끝날 것인가, 결과적으로 양안 및 주변 정세에 평화와 번영에 득이 될 것인가 실이 될 것인가 하는 것이었다. 특히 통일과 독립을 둘러싸고 끊임없는 갈등을 겪고 있는 중국과 대만, 그리고 양안관계에 직간접으로 간여하고 있는 미국, 일본과의 관계, 더 나아가 동북아정세에 어떠한 영향을 미치게 될 것인지를 주목했다.

(1) 국공회담의 배경

1949년 장제스(蔣介石) 국민당 정부가 대만으로 패퇴한 이후 이들은 중국공산당과의 잘못된 합작이 결정적으로 자신들을 궁지로 내몰았다는 피해의식을 갖고 있었다. 즉 공산당의 통일전선 계략에 속아서 공산당이 힘을 배가할 기회를 준 반면 자신들은 힘을 소진했으며 결과적으로 대륙을 내주게 되었다는 것이다. 따라서 어떠한 경우에도 공산당과는 접촉, 담판, 타협을 하지 않는다는 소위 '삼불정책'(三不政策)을 고수해 왔으며 이러한 입장은 국민당집권 시기로부터 현 민진당 정부에 이르기까지 유지되고 있다. 1979년 1월 1일 '대만동포에게 고하는 글'을 통해 양안의 접촉과 교류의 확대를 제의한 이래 중국이 제기한 수많은 건의 및 국민당과 공산당의 제3차 합작 요구에 대해 대만이 무시 내지는 묵묵부답으로 일관했던 것도 삼불정책에 따른 것이었다.

그러나 시대는 변했고 국민당도 이미 과거의 국민당이 아니다. 즉 더 이상 대륙을 호령했던 국민당이 아닌 것은 물론 장제스, 장징궈 부자, 리덩후이로 이어졌던 대만의 절대적인 집권당도 아니다. 냉정하게 말하면 국민당은 지구상에 오직 하나뿐인 중국의 불가분한 일부분으로 인식되는 '국가 아닌 국가' 대만의 야당이다. 뿐만 아니라 국민당을 구성하고 있는 당원의 절대 다수는 이미 대륙출신의 외성인(外省人)이 아닌 대만출신의 본성인(本省人)이며 그들의 가치관 역시 더 이상 대륙 지향적이지 않다. 특히 2000년과 2004년 총통선거에서 롄짠후보가 공교롭게도 그의 이름처럼 연전 연패한 이후 국민당은 더욱더 곤경에 처해 있었다.

결국 거대하지만 노쇠한, 외형상 대륙을 지향한다지만 내면은 이미 대만화된 국민당의 무기력증을 치유하고 적어도 대만에서나마 재집권 기회를 만들어야 하는 책임이 롄짠에게 주어진 것이다. 국민당의 이러한 상황은 롄짠의 대륙방문을 부추긴 결정적인 요인이다. 즉 롄짠으로서는 대만인들의 절대다수가 양안의 급격한 독립 혹은 통일보다는 평화와 번영의 현상유지를 희구한다는 점에 주목하여 민진당의 분리주의적 성향이 양안의 긴장과 경제교류의 퇴보를 초래하는 반면 자신들의 현상유지정책은 양안의 평화와 번영을 가져다 줄 것이라는 점을 부각시키고자 하는 것이다. 이처럼 롄짠은 자신들이 양안의 통일을 주장하지는 않지만 적어도 독립을 배제하면서 하나의 중국 원칙 내에서 공존하고 실질적인 정치실체로 인정받음으로써 국민당을 평화, 안정, 번영의 주체로 자리매김하고자 했다.

한편 중국의 입장에서 대만문제와 관련된 기존의 원칙과 성과를 수호함은 물론 점증하는 대만 내의 독립 분위기와 대만문제의 국제화 추세를 제어하지 않으면 안 된다. 후진타오 역시 이를 잘 인식하고 있으며 그로서는 일단 대만정책의 초석인 하나의 중국원칙과 '일국양제' 방침을 고수하면서 그동안 대만에 제시했던 각종 원칙과 제안, 2004년 총통선거 이후 대만의 정국 상황, 양안관계의 대외적 환경 변화 등을 종합적으로 고려하여 보다 현실적이고 진전된 형태의 원칙과 방침을 설정해야 한다. 롄짠의 초청과 국공회담 역시 이러한 전략적 구상에서 이루어진 것이다.

특히 후진타오는 천수이볜이 집권 2기에 접어들면서 중국이 아닌 대만, 중국인이 아닌 대만인으로서의 역사 · 문화적 정체성 확립 필요성을 더욱 강조하고 심지어 중화민국이라는 기존 국호마저 개정하려는 내부 움직임을 더 이상 좌시할 수 없는 입장이었다. 동시에 천수이볜이 주력하는 소위 국제사회의 생존 공간 확대 정책과 미국의 묵인과 동조하에 추진되는 대만문제의 국제화 추세를 방치할 수도 없었다. 따라서 후진타오에게 있어 적어도 대만의 독립을 운운하지 않고 여전히 중국, 중국인의 정체성을 고수하는 국민당 최고 실력자와의 베이징회담을 통해 다 같은 중국인임을 의미하는 '염황자손'(炎黃子孫)을 역설하고 독립이 아닌 통일 염원을 합창하는 것은 아주 매력적인 카드로 비춰졌다.

(2) 국공회담 성과

홍콩과 쑨원(孫文)의 묘가 있는 난징(南京)을 거쳐 베이징을 방문한 롄짠 주석은 2005년 4월 29일 베이징대학교 연설을 통해 중화민족의 위대함을 찬양하는 동시에 민족의 태평성대를 위한 양안의 대화 · 화해 · 협력을 강조함으로써 자신은 천수이볜, 리덩후이와 같은 분리주의자가 아님을 확실하게 부각시켰다. 한편 베이징대 측은 그 대학 졸업생인 롄짠의 모친 짜오란쿤(趙蘭坤) 여사의 1930년 당시 학적부 복제본을 선물했으며 그녀가 재학시 묵었던 기숙사를 참관토록 했다.[7)]

이처럼 중국인으로서의 마음가짐을 새롭게 한 상태에서 롄짠은 후진타오와 회담을 가졌고 양안의 ①대등한 대화 · 협상 재개, ②적대관계 청산과 군사적 신뢰 구축, ③전면적 경제협력 추진, ④대만의 국제적 활동 확대 촉진, ⑤당 대 당의 정기적 접촉 추진 등 5개항에 달하는 합의를 이루었다. 물론 이러한 합의는 국민당이 집권당이 아니라는

---

7) 이 과정에서 롄짠은 자신이 중국인이라는 점을 깊이 자각했을 것이며, 혹 가슴 속에 대만의 독립이라는 생각이 조금 있었더라도 모두 사라져 버렸을 것이다. 중국의 용의주도함이 돋보이는 장면이다.

점에서 효력상의 한계가 있으며, 중국도 이를 의식해 합의 내용을 '신문공보' (press communique) 형식으로 발표했다.

이들 합의 사항을 살펴보면 우선 양안의 대화와 협상의 재개 문제는 준정부기구인 중국의 해협회(海協會)와 대만의 해기회(海基會) 대표가 장쩌민과 리덩후이의 대리인 자격으로 싱가포르에서 만났던 1992년 '왕꾸회담' (王辜會談)의 연장선에서 정식 협상을 추진하자는 것이다. 특히 왕꾸회담에서 공감했던 사항 즉 하나의 중국원칙을 상호 인정하되 중국의 표기는 각자의 방식으로 한다는 소위 '일중각표(一中各表)' 를 기초로 양안 주민의 복지 증진과 양안관계의 건실한 발전을 도모하기 위한 협상을 조속히 재개해야 한다는 점에 합의했다. 한편 양안의 평화 · 안정적 발전 필요성에 주목하여 적대상태를 공식 종결하고 무력충돌 방지와 군사적 신뢰 구축을 포함하는 안보기제를 구축한다는 점에 합의했다.

또한 양안의 전면적인 경제협력 확대에 합의했는데 구체적으로 선박 · 항공기의 직항을 의미하는 삼통의 전면 추진, 통상 · 투자의 확대와 보장, 대만 농산품의 중국 판매를 포함한 농어업 협력 등이 거론되었고 더 나아가 양안의 협상이 재개될 경우 우선적으로 '공동시장' 문제를 협의한다는 점을 강조했다. 이와 함께 양안의 협상이 재개된 이후 대만의 세계보건기구(WHO) 가입문제를 포함해 대만의 국제적 활동 참여 확대 문제를 논의하고 해결방안을 모색한다는 데 합의했으며, 마지막으로 국민당과 공산당의 정기적인 접촉 기반을 구축하여 다양한 논의를 추진한다는 점을 강조했다.

결국 후진타오와 롄짠이 회담에서 합의한 내용은 하나의 중국을 전제로 한 양안의 평화정착과 공동번영을 위한 상호협력으로 집약될 수 있다. 물론 정부 간 공식회담이 아닌 상황에서 합의된 내용의 실천은 분명한 한계가 있고 특히 중국은 경제공동시장 구축, 대만의 국제적 생존 공간 확대 등 민감한 현안의 경우 구체적인 논의를 '양안의 공식 협상 재개 이후' 로 못박았다. 그 이유는 야당 당수와의 만남에서 구체적인 약속을 하기도 어려울 뿐만 아니라 중국이 지금까지 그래왔듯이 하나의 중국을 전제로 대만이 협상테이블로 나올 경우 모든 것을 논의할 수 있다는 방침을 고수하기 위한 전략적 판단에 따른 것이다.

2. 대만 요인

양안관계의 군사 안보적 요인 중에서 소위 국제사회에서의 생존공간을 확보하기 위한 동원 가능성을 대만의 외교공세는 핵심적인 요인이다. 즉 중국이 군사적 수단의 동원을 운운하는 것은 전적으로 대만의 독립 움직임과 불가분의 관계를 갖는다. 1988년 1월 장징궈의 사망으로 리덩후이체제가 출범하면서 대만은 대외정책의 대대적인 전환을 시도했으며, 특히 '중국을 승인한 국가와도 외교관계를 수립한다'는 이중승인(雙重承認) 정책을 공식적으로 표명하였다.[8] 이에 따라 대만은 자신들의 국제적 지위 강화에 대외정책의 최우선 순위를 두고, 이를 위한 구체적인 방안으로 유엔가입, 대미관계 강화, 중남미 · 아프리카 · 동남아 제3세계 국가들과의 관계강화를 추진하여 왔다.

리덩후이 정부의 탄성외교(彈性外交), 무실외교는 사회주의권 붕괴라는 시대적 호재를 만나면서 점차 가시적인 성과를 얻기 시작했고, 이를 계기로 국제사회에서의 독립적인 지위를 확보하기 위한 대 중국 외교공세로까지 확대되었다.[9] 즉 1992년 이후 대만은 국제사회에서의 합법적 생존공간을 확보하는 지름길로서 유엔가입 추진, 미국 등

8) 당시 리덩후이 정부가 대외정책을 전환하게 된 배경은 첫째, 국제사회에서의 고립 타파를 요구하는 대만 내의 여론 수렴을 통해 지지기반을 강화하고, 둘째, 대만의 정치적 실체에 대한 국제사회의 인식전환을 통해 국제적 지위를 강화하는 동시에 이를 대만의 정치적 지위에 대한 중국의 인식전환을 촉구하기 위한 수단으로 활용하고자 한 것이다. The Government Information Office, *Taipei-Washington Relations and the ROC's Pragmatic Diplomacy*(Taipei: The Government Information Office, 1995), pp. 1-15.

9) 탄성외교와 무실외교는 대만정부가 기존의 수세적이고 피동적인 외교정책이

주요 국가들과의 정치적 관계발전, 수교국 확대 등 야심찬 대외정책을 추진하여 왔다.[10] 대만정부의 외교공세는 1995년 리덩후이 총통의 미국방문으로 최고조에 달했으며, 중국의 군사적 위협과 양안의 군사적 긴장고조에도 불구하고 대만문제를 국제여론에 부각시키고, 비록 제한적이지만 미국과의 내면적인 정치·군사적 공조체제를 구축하는 결정적인 계기가 되었다.[11] 또한 양안관계의 대외적 요인의 중요성을 인식시키는 계기가 되었다.

국제사회에서의 외교적 고립과 행동반경의 축소를 자초했다는 인식하에 대외정책을 전환하면서 추진하게 된 정책을 지칭한다. 이러한 정책의 주요 목표는 중국과 외교관계를 맺고 있는 국가를 포함한 여러 나라와 다각적인 접촉을 시도하여 이중승인을 유도하고, 각종 국제조직에 능동적으로 참여하여 대만의 정치적 실체를 인정받는 동시에 국제적 지위를 강화한다는 것이다.

10) 이와 관련, 대만은 자신들이 동원할 수 있는 모든 수단을 동원하여 국제적 지위 확보를 위한 자신들의 노력의 정당성과 불가피성을 강조하고 있는데, 예를 들어 유엔가입의 정당성과 관련된 대만의 주장과 논리는 Jasen C. Hu, *The Now Silent Partner in the Founding of the UN: The Republic of China on Taiwan*(Taipei: The Government Information Office, 1995), pp. 20-21; Ministry of Foreign Affairs Republic of China, *The Participation of the Republic of China on Taiwan in the United Nations: The Fundamental Rights of the People and Government of the ROC on Taiwan to Participate in the United Nations and International Activities*(April 1994), pp. 1-17; Ministry of Foreign Affairs Republic of China, *The Republic of China on Taiwan and the United Nations*(August 1994), pp. 1-15; Ministry of Foreign Affairs Republic of China, *Why the UN Resolution No. 2758 in 1971 Should Be Reexamined Today: The Fundamental Rights of the People and Government of the ROC on Taiwan to Participate in the United Nations and Other International Organizations*(July 1994), pp. 1-15 참조.

11) *Taipei-Washington Relations and the ROC's pragmatic Diplomacy*(Taipei: The Government Information Office, 1997), pp.1-14, pp. 162-178; Shirley A. Kan, "China · Taiwan: Evolution of 'One China' Policy-Key Statements from Washington, Beijing, and Taipei," *CRS Report for Congress*(October 18, 1999), pp.29-30; 朱鋒, "中國大陸與台灣關係中的美國因素," 王家英, 孫同文(編),『兩岸關係的矛盾與出路』(香港: 香港中文大學香港亞太硏究所,

그러나 양안관계와 대만의 외교공세의 관계에 있어서 대만의 외교적 성과와 양안관계의 평화 · 안정적 유지는 적어도 현 단계에서는 양립하기 어렵다. 즉 대만이 외교적 성과를 얻을수록 양안관계는 경색될 수밖에 없는 것이 현실이다. 특히 중국은 대만이 유엔가입, 수교국 확대, 각종 국제조직 · 기구에서의 역할 증대 등을 통하여 소위 국제사회에서의 생존공간을 확보하고자 하는 움직임을 대만 독립을 위한 정책으로 인식하고 있다. 즉 중국은 대만이 새삼스럽게 국제적 생존공간을 요구하는 핵심은 유엔가입 등을 통하여 국제사회의 독립적인 정치실체로서 인정받고자 하는 것이라고 비난하고 있다.

또한 중국은 대만이 세계 대다수의 국가와 경제 · 무역 · 문화적인 교류를 갖고 있고, 중국이 이에 대한 이의를 제기하지 않는 상황에서 국제적 생존공간이 없다고 주장하는 것은 국제적 생존공간이 곧 대만의 독립공간을 의미하는 것이기 때문이라고 비난한다.[12] 더욱이 중국은 자신들이 내정차원으로 인식하는 양안의 정치적 현안이 국제화되는 것 자체를 거부한다.

또한 대만의 외교공세는 양안관계에 민감한 영향을 미치고 있을 뿐만 아니라 그 성격상 미국 등 국제질서를 주도하는 동시에 양안관계에 영향력을 행사하는 국가들과 긴밀하게 연계되어 있다. 즉 대만정부가 추진하는 유엔가입 등 외교공세의 절대적인 부분은 미국에 의해 성패가 좌우된다 해도 과언이 아니다. 이러한 상황을 고려할 때 향후 양안의 정치적 관계설정 문제가 중국과 대만뿐만 아니라 미국, 일본 등 주요 국가와 유엔이 직간접적으로 개입된 상황에서 복잡하게 전개될 가능성이 높다. 양안의 정치적 관계를 특수한 국가 대 국가의 관계

1996), pp. 162-178 참조.

12) "國際社會絶無 '臺獨' 生存空間,"『人民日報』, 1995年 7月 25日; 達 理, "臺灣當局圖謀參與聯合國就是製造兩個中國,"『人民日報』, 1995年 9月 21日; 中華人民共和國國務院臺灣事務辦公室, 國務院新聞辦公室, "一個中國的原則與臺灣問題,"『人民日報』, 2000『人民日報』, 2000年 2月 22日 참조.

로 정립해야 한다고 주장한 리덩후이의 양국론 발언 이후 야기되었던 미국, 일본과 중국, 대만 간의 미묘한 관계는 이러한 가능성을 뒷받침한다.

한편 중국의 반국가분열법 통과 이후 대만 내에서는 연일 반중국 시위가 이어졌으며, 천수이볜 정부와 민진당, 급진적인 독립 추진 세력인 대만단결연맹은 '인민해방군의 대만 공격을 합법화하기 위한 백지수표식 전쟁수권법안' 이라고 맹비난하고 시에창팅(謝長廷) 대만 행정원장은 2005년 2월 8일 반국가분열법에 대해 헌법 개정, 별도의 국가 선언 등 정면 대응하겠다는 의사를 표명하기도 했다.[13] 또한 치우타이산(邱太三) 대륙위원회 부주임은 양안문제에 대한 중국의 비평화적 방식과 호전성에 대항하여 태만의 인권, 민주, 자유를 수호해야 한다는 점을 강조했다. 특히 리덩후이 전 총통은 중국 내부의 소수 호전 집단의 대만 침략 및 병합 의도를 노골적으로 드러낸 것이라고 주장하기도 했다.

물론 대만의 이러한 반발에 대해 원자바오 총리는 3월 14일의 기자회견에서 반국가분열법은 대만 인민을 겨냥하지 않으며 '전쟁법' 이 아니라 오히려 양안관계를 강화하는 법이라고 설명하기도 했다. 즉 원 총리는 이 법안의 목적이 대만독립 추진 세력을 제재하기 위한 것이며, 이들을 제재해야만 대만 해협에 평화정착이 가능하고 이는 결국 대만 기업인 및 외국인 투자자들의 대륙투자를 증진시킨다는 논리를 피력했다. 또한 이러한 논리를 뒷받침한다는 차원에서 중국은 양안간 전세기의 상시화, 대만남부 농산품의 대륙 판매, 대륙 어민의 대만 노무 송출 문제 등을 조속히 해결하여 대만 민중의 권익을 보호할 것임을 강조했다.[14]

결국 중국의 입장에서 양안관계의 악화와 대만해협의 군사적 긴장

---

13)『中國時報』, 2000年 2月 9日.

14) 사실 반국가분열법에 대한 중국의 주장과 해석에 모순이 있다 하더라도 중국

은 전적으로 대만의 독립 지향적인 정책과 이를 암묵적으로 지지하는 일부 국가들의 이중정책에 기인한다. 그러나 민주화된 '대만', '대만인'으로서의 역사, 문화적 정체성 확립이 정권의 존재이유라고 할 수 있는 민진당 정부의 입장에서는 자신들의 국제적 지위를 강화하는 동시에 대만식의 '보통국가'를 향한 다양한 시도를 결코 포기할 수가 없다. 다만 대만정부는 중국이 주장하는 일국양제 방식의 통일이나 무리한 독립을 모두 원치 않는 대다수 대만인들의 소위 '불통부독(不統不獨)' 정서와 적어도 단기적으로 대만해협의 현상 타파를 원치 않는 미국의 입장을 고려하지 않을 수 없을 것이다.[15)]

3. 대외적 요인

양안관계의 군사 안보적 요인 중에서 미국과 일본을 중심으로 한 대외적 요인은 중국, 대만 요인 못지않게 중요한 요인이다. 어느 측면에서는 대외적 요인이 양안관계에 더 큰 영향을 미치며 특히 중국과 미국, 중국과 일본의 패권 경쟁이 고조될수록 이들 요인의 영향력이 가속적으로 증대될 것이다.

우선 미국의 대 중국정책, 대 대만정책 변화는 대만의 외교공세와

이 양안관계의 악화 특히 인적 교류, 경제교류의 경색을 원치 않는 것은 분명하며, 대만정부 역시 외형상의 심한 반발에도 불구하고 양안관계의 급격한 후퇴나 침체를 원치 않는다.

15) 물론 이러한 제약 상황하에서도 대만의 정치상황에 따라 '독립' 변수가 부각되고 이로 인해 대만해협의 군사적 긴장이 고조될 가능성은 상존한다. 예를 들어 천수이볜 대만 총통은 2006년 1월 1일의 신년사에서 "대만 독립을 위한 새로운 헌법 초안을 2006년 중에 마련하고 2007년 이에 대한 찬반 국민투표를 실시하겠다"라고 강조함으로써 중국의 거센 반발을 야기했는데 이는 다분히 마잉지우(馬英九) 주석을 중심으로 한 국민당의 지지도 상승과 천수이볜 총통과 민진당의 지지도 하락 등 국내 정치적 요인을 고려한 것이다.『中國時報』, 2006年 1月 2日;『中國時報』, 2006年 1月 3日 참조.

결부되어 양안관계에 직접적인 영향을 미치는 중요한 요인이다. 특히 양안관계에 절대적인 영향력을 행사하고 있는 미국의 전략적 의도 변화는 양안관계 변화에 즉각적으로 반영된다. 사실 미국은 형식적인 측면에서는 중국의 입장을, 실질적인 측면에서는 대만의 입장을 고려함으로써 중국 · 미국 · 대만의 삼각관계를 자국의 관점에서 균형적으로 유지하고자 한다.

물론 최근 미국 내에서는 '전략적 모호성'(strategic ambiguity)에 입각한 이중정책(policy of dual deterrence and dual reassurance)을 통해 양안관계에서 적절한 이득을 취해왔던 기존 정책이 대만해협의 군사적 충돌을 제어하는 데 한계가 있으며, 따라서 미국정부가 좀 더 적극적으로 대만해협의 평화유지를 위한 정책을 추진해야 한다는 주장이 제기되고 있다.[16] 미국의 이러한 입장은 적어도 현 단계에서는 양안의 정치적 관계의 근본적인 해결이 불가능하다는 인식하에 대만정부에 대해서는 독립 의도를 노골적으로 표출하는 양국론과 같은 과도한 대 중국 외교공세를 자제시키는 동시에 중국에 대해서는 대만에 대한 군사적 위협 가능성을 경고하고, 대만에 대한 안보 공약 의지를 강조하는 선에서 자국의 기존 정책을 유지하고자 하는 것이다.[17]

한편 1990년대 중반 이후 중국은 미국의 패권적 독주에 대응하여

---

16) Kenneth Lieberthal, "Preventing a War Over Taiwan," *Foreign Affairs*, March/April. 2005, Vol. 84.(http: ··oquest.umi.com · pqdweb)

17) 양안관계에 대한 미국의 전략적 고려에 대해서는 Martin L.Laster, *U.S. Interests in the New Taiwan*(San Francisco: Westview Press, 1993), pp. 223-236; Kerry Dumbaugh, "China-U.S. Relations: Chronology of Developments During the Cliton Administration," *CRS Report for Congress*(July 10, 1999), pp. 1-31; Shirley A. Kan, "China · Taiwan: Evolution of 'One China' Policy-Key Statements from Washington, Beijing, and Taipei," *CRS Report for Congress*(October 18, 1999), pp.22-41; David E. Sanger, "Bush Tells Beijing the U.S. Is Ready to Defend Taiwan," *The New York Times*, April 26. 2001.; Michael R. Gordon, "Military Analysis: U.S. Weapons Help Taiwan Stave Off Threat," *The New York Times*, April 25, 2001; US

국제질서의 다극화와 국제관계의 민주화를 지속적으로 요구하여왔다.[18] 중 · 미 간의 이러한 갈등 요인은 결국 양안관계와 관련된 대만문제에서 최고도로 증폭되며 장쩌민의 지적처럼 대만문제는 중 · 미관계의 최대 현안이다.[19] 특히 중국은 대미관계에서의 열세를 만회하지 못할 경우 기본적으로 전략성 모호성에 입각하고 있는 미국의 대만정책을 효과적으로 제어하기 어렵다는 점을 우려하고 있다.

이러한 점을 고려하여 중국은 첫째, 중국은 대미관계에 있어서 기존의 수세적 · 피동적인 정책을 지양하는 동시에 대외정책상 점차 대미관계의 비중을 의도적으로 축소하고, 둘째, 대미관계 축소조정의 연장선에서 미국의 단일패권체제에 불만을 갖고 있는 국가들과의 다양한 연대를 모색하고 대외관계를 다각화하며, 셋째, 미국의 대중정

---

on 'dangerous road': China, *South China Morning Post*, April 26, 2001; Steven Mufson and Dana Milbank, "Taiwan to Get Variety of Arms," *The Washington Post*, April 24, 2001; Michael S. Chase, "Defense Reform in Taiwan: Problems and Prospects," *Asian Survey*, Vol. XLV, No. 3, May/Jun 2005, pp. 380-382 참조.

18) 중국은 21세기에 접어든 국제질서가 세계적인 차원에서 새롭게 분화, 조합하고 있으며 이에 따라 강대국 간의 관계 역시 심각하게 조정되고 있다는 점을 강조한다. 또한 이러한 국제질서의 과도기적 변화과정에서 각국이 평화를 구하고(要和平), 협력을 도모하며(求合作), 발전을 촉진하는(促發展) 것이 요구됨에도 불구하고 냉전적 사고가 여전히 존재하며 특히 특정 국가의 패권주의와 강권정치가 세계평화와 안정을 위협하고 있다는 점을 지적한다. 중국의 이러한 대외 인식은 주로 미국을 겨냥한 것으로서 자신들은 국제적 사안에 있어 중국인민, 세계인민의 근본이익과 사안의 시비곡직에 근거하여 입장과 정책을 결정할 것이라는 점을 역설하고 있다. 江澤民, "在中國共産黨成立八十周年大會上的講話," 『人民日報』, 2001年 7月 2日.

19) 예를 들어 장쩌민은 2000년 9월 유엔 밀레니엄 정상회담 참석차 미국을 방문하는 과정에서 행한 연설을 통해 "대만문제는 중 · 미관계에서 가장 중요하고 민감한 문제이며, 실제로 몇 십 년간 중 · 미관계가 겪었던 우여곡절은 대부분이 대만문제로 인한 것"이라고 강조했다. 江澤民, "共同構築面向新世紀的中美關係," 『人民日報』, 2000年 9月 9日.

책에 대한 사안별 대응 즉 대만문제, 인권문제, 티베트 · 신강문제 등 주권 · 영토수호와 직결된다고 인식하는 문제와 기타 문제를 분리하여 전자의 문제에 대해서는 타협의 여지를 불허하는 강경 전략을 취해 왔다.[20]

대만문제를 둘러싼 미국의 전략적 변화 움직임과 이로 인한 중 · 미 관계의 갈등은 2001년 미국 부시 정부의 출범과 함께 크게 증대되었다. 예를 들어 미국은 중국과의 관계를 전략적 동반자가 아닌 경쟁자 관계로 재규정하는 동시에 중국에 대한 공세적 입장을 취했으며, 결과적으로 2001년 4월 남중국해에서의 미 정찰기와 중국 전투기 충돌 사건, 대만에 대한 미국의 대규모 무기판매 추진, 천수이볜 대만총통의 미국 방문과 주요 정치인들과의 다각적인 접촉 등 중 · 미관계를 악화시키는 일련의 사건이 이어졌다.

또한 중국의 반국가분열법 제정 직후 미국은 이를 양안의 대화 추세를 거스르는 불행한 일이라고 논평하고 이는 결국 양안관계 발전에 도움이 되지 않으며, 중국이 대만문제를 평화적 수단이 아닌 방법으

---

20) 중국의 이러한 반미연합 움직임에 있어 중요한 파트너는 역시 러시아다. 중국의 대러정책 핵심은 기존의 대미 견제 파트너십을 근간으로 상하이협력조직(SCO) 등을 통한 중국과 러시아 주도의 다자협력체제를 확대 발전시키고 에너지, 안보, 통상 부문의 협력을 강화하는 것이다. 특히 관계발전의 한계에도 불구하고 중 · 러 양국의 대미 불만과 견제 심리는 양국간 우호협력의 지속적인 에너지원으로 작용할 것이다. 즉 중국은 러시아를 미국의 일방주의를 견제하는 데 있어 가장 중요한 파트너로 인식하며, 과거 장쩌민-옐친에 이은 후진타오-푸틴의 파트너십은 9 · 11 테러 이후 강화되고 있는 미국의 패권주의, 일방주의에 대한 견제에 무게를 두고 있다. 한편 대만문제와 관련, 중국과 러시아는 2001년 7월 16일의 강택민-푸틴 정상회담(모스크바)에서 체결한 '우호협력조약' 제5조에서 "세계상에 하나의 중국만이 존재하고, 중화인민공화국은 중국을 대표하는 유일한 합법정부이며, 대만은 중국의 불가분한 일부분이다. 러시아는 어떠한 형식의 대만독립도 반대한다"("中華人民共和國和俄羅斯聯邦睦鄰友好合作條約,"『人民日報』, 2001年 7月 17日)는 점을 명시하였다.

로 해결하려 할 경우 이 지역의 평화 · 안보를 위협할 수 있음을 강조했다. 물론 중국은 반국가분열법 제정을 재고해 달라는 미국의 요청을 단호히 거부했다.

이처럼 대만문제를 포함한 미국의 중국정책이 전반적인 변화를 보이고 이 과정에서 중국의 반발과 국제사회에서의 입지 확대를 위한 대만의 새로운 외교공세가 가세하면서 중국 · 미국 · 대만 간의 정치 · 안보적 공방이 가중되고 있다. 따라서 중국 · 미국 · 대만의 삼각관계에 대한 미국의 전략적 의도가 근본적으로 변화하지 않는 한 미국요인은 양안관계 변화에 절대적인 영향을 미치게 될 것이며, 미국의 정책여하에 따라 양안관계의 크고 작은 기복은 불가피하다.[21]

한편 대만문제와 관련된 중 · 일관계에 있어 중국은 일본과의 경제협력을 강화하고 정치 · 군사적 갈등의 완화를 위한 노력을 기울이면서도 주권 · 영토문제의 핵심인 대만문제에서는 결코 양보하려 하지 않을 것이다. 특히 대만문제에 대한 일본의 개입 움직임에 대해서는 초강경 입장을 고수할 것이다. 사실 중국은 사회주의권 붕괴 이후 미국의 대 중국정책 변화과정에서 경험하였듯이 일본의 중국정책 역시 변화할 가능성이 다분하며, 특히 대만문제와 관련된 부분에서는 이미

---

21) 중국은 미국의 이러한 전략적 의도를 잘 파악하고 있으며, 특히 부시 정권 출범 이후 미국의 이러한 의도가 점차 노골화되고 있는 것에 대한 불만이 고조되고 있다. 즉 중국은 양안관계 및 대만문제에 대한 미국의 의도를 "抑獨"과 "防統"의 병행으로 표현하고 있는데, 이는 미국이 적어도 현 단계에서 여러 가지 복잡한 상황을 야기할 수 있는 대만의 독립을 억제하는 동시에 중국에 의한 통일을 방지하고자 한다는 것이다. 중국, 대만, 미국의 미묘한 입장 차이에 대한 자료는 古平, "中國統一是歷史的必然 - 中美關係中的臺灣問題," 『人民日報』, 2001年 7月 23日; Edward Cody, "China, Taiwan and U.S. display military might: Exercises a Reminder of Potential for Conflict Over Island," *Washington Post*, July 27, 2004; Glenn Kessler, "U.S. Cautions Taiwan on Independence," *Washington Post*, April 22, 2004; Philip P. Pan, "Rice Rebuffs China on Taiwan Arms Sales," *Washington Post*, July 9, 2004 참조.

변화가 시작되었다는 인식을 갖고 있다. 그리고 경우에 따라서는 대만문제에 대한 일본의 영향력이 증폭될 수 있다는 우려를 갖고 있다. 왜냐하면 중국은 과거 50년간 대만을 식민지배를 했던 일본으로서는 대만에 대한 인식이 각별할 수밖에 없다는 점을 잘 알고 있고, 실제로 일본의 대만정책 변화 움직임이 곳곳에서 감지되고 있기 때문이다.

예를 들어 일본의 정치권에서는 리덩후이 총통 집권 시기부터 대만과의 관계 강화를 주장하는 의견이 제기되었으며 이러한 분위기는 친일정서가 매우 강한 리덩후이 총통의 일본 방문 추진과 맞물려 중국을 자극했다. 대만의 정치권은 자신들의 대외적 입지 확대 차원에서 미국과 함께 일본과의 관계 증진을 끈질기게 추진해 왔으며 일정부분 성과를 이끌어 냈다. 천수이볜 민진당 정권 출범 이후 자주 독립적 정치실체로서의 국제적 생존 공간 확대를 위한 대만의 대외 공세가 강화되고 일본의 정치 · 안보적 역할이 강화되면서 자연스럽게 대만문제에 대한 일본의 개입 여지가 확대되고 있다. 또한 천 총통으로서도 대만 문제에 대한 일본 정치권의 관심을 최대한 이용하여 자신들의 입지를 확대하고자 한다.

따라서 중국으로서는 일본과 대만의 정치적 접근을 차단하고 이들의 관계를 비정치 · 민간차원으로 묶어 두어야 할 필요성이 있으나, 최근의 일본과 대만의 움직임을 고려할 때 결코 쉽지 않은 과제로 보인다. 이처럼 대만문제는 향후 중국과 일본의 관계에 결정적인 영향을 미칠 수 있는 민감한 사안이며, 만약 일본이 대만의 국제적 지위 강화 및 궁극적인 독립을 위한 대내외정책을 직간접으로 지지할 경우 중 · 일관계는 수습하기 어려운 긴장관계에 빠질 것이다. 특히 대만의 노골적인 독립 움직임으로 인해 중국과 대만이 군사적으로 대립할 경우 중 · 일관계는 난관에 봉착할 가능성이 매우 높다. 즉 양안 간의 군사적 긴장이 고조되고 미국이 이에 개입하는 경우 일본은 미국의 군사정책에 동조할 것인지 혹은 동조를 거부할 것인지를 결정해야 하는 어려운 입장에 직면할 것이며, 미국에 대한 동조는 곧 중 · 일관계가 최악의 상황에 빠지는 것을 의미한다.

결국 대만문제는 중국과 일본의 관계에서 매우 민감한 문제이며 비록 일본이 대만문제에 대해 미국이 운용하는 '전략적 모호성' 정책을 노골적으로 표방하지는 못하겠지만 중국에 대한 견제 수단이자 자국의 정치 · 안보 역할 확대 통로로서 대만문제를 십분 활용하고자 할 것이다. 특히 대만문제가 국제사회의 주요 현안으로 등장하고 이와 관련된 각국의 정책이 변화하는 과정에서 대만문제는 중 · 일관계의 중요한 변수로 작용할 것이다.

더욱 우려되는 것은 최근 중국과 일본의 관계가 악화되면서 대만문제를 둘러싼 갈등이 더욱 심화될 수 있다는 것이다. 예를 들어 최근 고이즈미 총리가 주변국의 우려와 비난에도 불구하고 야스쿠니 신사 참배를 강행하고 내각 개편을 통해 보수 우익 인물을 주축으로 강성 내각을 구성하는 등 정치 · 군사 대국화를 향한 행보를 더욱 가속화하면서 양국관계가 더욱 악화되고 있다. 심지어 중국은 고이즈미 총리의 새로운 지도부 구성을 전쟁 내각이라고 비난하고 2005년 11월 부산의 아태경제협의체(APEC) 정상 회의, 같은 해 12월 말레이시아에서 개최된 아세안과 한 · 중 · 일 정상회담(ASEAN +3)에서도 중 · 일 정상회담을 갖지 않았다.

중국의 이러한 입장은 일본 정치권이 주변국에 대한 기본적인 신의와 예의를 무시하는 상황에서 더 이상 일본 최고 지도부와의 정치적 교류가 무의미하다는 판단을 담고 있다. 사실 2004년 11월 칠레 산티아고에서 개최된 APEC 정상회담시 2001년 이후 3년여 만에 가까스로 성사된 중 · 일 정상회담에서 일본은 중국의 입장을 최대한 고려하여 야스쿠니 신사참배에 전향적인 자세를 취할 것이라는 점을 분명히 했으나 결국 고이즈미 총리가 2005년 10월 신사 참배를 재개함으로써 중국지도부의 심한 반발을 초래한 것이다.

결국 일본이 더 이상 과거와 역사의 굴레에 구속되지 않고 소위 '보통국가'를 향한 행보를 가속화하겠다는 움직임을 구체화하면서 고조되고 있는 중 · 일 간의 갈등은 양안관계와 대만문제에 매우 부정적인 영향을 미칠 것으로 보인다. 물론 현실적으로 중국이 일본과의 관계를 대립일변도로 몰고 갈 수 있는 입장은 아니며 자신들의 군사적 역량의 한계, 일본과의 경제협력 확대, 주변 국제정세 안정 등의 필요성을 고려하여 일본과의 정치 · 군사적 갈등을 최소화하는 노력을 하고자 할 것이다. 다만 중국은 자신들에 대한 봉쇄와 개입을 혼용한 미국의 소위 '컨게이지먼트 정책'(congagement policy)에 일본이 본격 편승하여 중국에 대한 위협을 노골적으로 표출하는 정책에 대해서는 강경하게 대처하고자 할 것이다. 특히 중국은 일본이 미국과의 직간접적 연대하에 대만문제와 같은 자국의 주권, 영토문제에 개입하고자 하는 것에 대해서는 초강경의 정책을 취할 것이다.

Ⅳ. 맺음말

중국과 대만의 양안관계는 '하나의 중국' 원칙을 대만문제 해결의 철칙으로 고수하는 중국과 자신들을 일개의 지방정부로 전락시키는 중국의 '일국양제' 통일방식을 거부하고 자주 독립적인 국제사회의 구성원이 되고자 하는 대만의 근본적인 대립이 해소될 수 없는 상황에서 어느 일방도 완전한 해결 능력을 갖고 있지 않다. 더욱이 양안관계와 대만문제는 미국을 중심으로 한 대외적 요인이 절대적인 영향을 미치고 있다. 이처럼 양안관계와 대만문제는 이미 중국과 대만의 특정 지도자, 정치세력이 근본적 변화를 추진하기 어려울 정도로 대내외적인 요인이 복합적으로 연계되어 있다.

우선 중국의 입장에서 대만문제는 반드시 해결해야 할 국가 · 민족 차원의 과제다. 따라서 중국의 최고 지도자에게 있어 대만문제 해결을 위한 노력과 성과 여부는 그의 정치적 입지에 중요한 영향을 미치며, 후진타오도 예외는 아니다. 이러한 점을 고려하여 중국의 향후 정책 방향을 전망하면 첫째, 일국양제에 의한 평화통일 원칙을 고수하면서도 다른 한편으로 반국가분열법 제정이 보여주는 것처럼 군사적 수단의 동원 가능성을 계속 강조할 것이다. 이는 중국이 대만의 독립 시도를 견제하는 동시에 대만해협을 포함한 대만의 군사·안보문제가 미국, 일본등 외세 개입으로 인해 국제화되는 것을 방지하기 위한 것이다.

둘째, 정치·안보적 대립과는 별도로 양안관계 발전의 원동력이었던 비정치·민간차원의 교류협력을 지속적으로 확대할 것이다. 사실 경제분야를 중심으로 급속하게 확대된 양안간 교류협력은 이미 되돌릴 수 없는 수준에 도달했으며 대만해협의 정치적 대립과 군사적 긴장을 일정 수준으로 억제하는 작용을 하고 있다.

셋째, 국제사회에서의 '생존공간' 확보를 위한 대만의 외교공세를 차단하는 데 주력하고자 할 것이다. 대만은 자신들의 유엔 가입이 현 단계에서 불가능하다는 점을 잘 알면서도 대만문제의 본질과 자신들의 존재를 국제여론에 부각시키기 위한 전략적 행동의 일환으로 유엔 가입을 부단히 시도하고 있다. 대만의 이러한 의도를 알고 있는 중국으로서는 이것의 근본 차단에 주력할 것이며, 특히 대만문제의 국제화에 결정적 영향력을 갖고 있는 미국의 정책변화를 억제하고자 할 것이다.

한편 대만의 천수이볜 정부는 정체성을 확립을 위한 대내외적 시도를 지속할 수밖에 없고 이는 결국 대만해협의 군사적 긴장을 고조시키는 요인이다. 우선 천수이볜은 대만, 대만인을 강조하면서 점차 '중화민국'과 구별되는 순수한 대만의 역사와 문화를 강조하는 소위 역사·문화적 정체성을 강조해 나가고자 할 것이다. 실제로 대만은 이미 자신들의 역사를 중국대륙사의 미미한 일부분이 아닌 독립된 역사로 편성하고 이를 실제 교과과정에 반영하고 있으며, 최근에는 국제사회에서 중국과 혼동을 빚고 있는 중화민국(Republic of China)의 국호보다는 '타이완'(Taiwan)으로 전환하려는 움직임이 가시화되고 있다.

이처럼 대만의 역사와 문화를 대륙과 일정하게 구분하고 대만의 정체성을 강화하려는 노력은 천수이볜의 제2기 재임 중 더욱 강화될 것이며 이러한 의도는 천수이볜의 2006년 신년사에서도 잘 나타나고 있다.

대만의 역사와 문화에 대한 재인식이 대만의 정체성 확립을 위한 대내적인 과정이라고 한다면 대만의 국제적 지위 강화와 자주 독립적인 영역 확대는 대만의 정체성 확립을 위한 대외적 과정이다. 사실 대만의 정체성은 궁극적으로 국제사회에서 인정받아야만 그 의미가 있는 것이며 그렇지 않을 경우 하나의 중국 원칙과 일국양제를 거부하고 자신들의 독립적인 지위를 강조하는 내부적인 움직임으로 비춰질 뿐이다. 따라서 천수이볜 정부로서는 대만의 정체성 확립을 위한 대내외 전략을 효율적으로 추진해야 하며, 이를 통해 자신의 리더십과 정치적 안정을 확보해야만 한다.

문제는 정체성 확립을 위한 대외적 노력이 수교국 확대, 각종 국제조직 · 기구에서의 역할 증대 등 소위 국제사회에서 생존공간을 확보하고 궁극적으로 유엔 가입을 통해 독립적인 정치실체로서의 지위를 획득하려는 것이기 때문에 이러한 일련의 과정이 중국에게는 대만의 분리 · 독립운동으로 인식될 수밖에 없다는 것이다. 따라서 대외적 차원에서 대만의 정체성 확립을 위한 노력은 필연적으로 중국과의 마찰을 야기할 수밖에 없으며 그 과정에서 중국과 미국, 대만과 미국 등 삼국의 미묘한 삼각관계가 중요한 변수로 작용할 것이다. 그럼에도 불구하고 이를 위한 다각적인 노력과 성과는 천수이볜 정부의 속성상 결코 포기할 수 없는 작업이다. 왜냐하면 이는 대만인들의 내면적인 바램인 동시에 천수이볜 정부의 존재이유이기 때문이다.

양안관계와 대만문제에 절대적인 영향력을 갖고 있는 미국은 형식적으로는 하나의 중국에 대한 중국의 입장을, 실질적으로는 하나의 중국과 하나의 대만(一中一臺)을 추구하는 대만의 입장에 동조함으로써 중국 · 미국 · 대만의 삼각관계를 자국의 이해관계에 따라 조정하고자 한다. 또한 미국은 기본적으로 중국, 대만을 불문하고 일방적으로 양안의 현상을 변화시키려는 어떠한 정책에도 반대한다는 점을 강조하고 있다. 따라서 단기적으로 미국과 대만의 정치관계 급진전, 대만의 국제적 지위 강화를 위한 미국의 적극적 지원 등이 현실화될 가능성은 거의 없다. 그러나 양안의 현상유지 수준 및 형태에 대한 미국의 판단은 중국과 대만의 대내외적 상황 및 자국의 이해관계를 고려하여 탄력적으로 변화할 수 있다. 즉 미국이 생각하는 양안의 현상유지는 고정불변의 형식이 존재하는 것이라기보다는 미국의 대중전략 및 정권 변동, 여론 변화 등의 대내적 상황에 따라 유동적일 수 있다.

한편 중장기적 차원에서 중국과의 패권경쟁이 불가피하다는 점을 인식하고 있는 일본은 대만문제를 중국에 대한 견제 수단이자 자국의 군사안보적 역할 확대 통로로 활용하고자 한다. 일본의 이러한 전략적 고려는 최근 중 · 일관계 악화의 한 요인으로 작용하고 있으며 경우에 따라서는 미국 요인 못지않게 대만해협의 군사적 긴장을 고조시키는 요인이 될 수 있다. 특히 일본이 정치 · 군사 대국화를 향한 행보를 가속화하면 할수록 대만문제에 대한 중 · 일 간의 대립이 표면화될 가능성이 높다.

결국 중국 근현대사의 한 단면을 보여주는 양안관계와 대만문제는 그 생성 과정과 역사적 경험만큼이나 복잡다단하며 주변 국가들의 이해관계가 첨예하게 대립하고 있다. 특히 양안의 통일을 여전히 민족적 과제로 인식하는 중국과 이를 철저히 거부하고 자주, 독립국가로 다시 태어나려는 대만의 입장이 하나로 모아질 가능성은 거의 없다. 더욱이 대만문제의 생성, 양안의 대립 과정 전반에 직접적으로 관여해 온 미국과 일본은 자국의 전략적 이득을 확대 재생산하는 데 몰두하고 있다. 따라서 양안의 통일과 독립문제에 대한 중국과 대만의 획기적인 합의가 없는 한, 그리고 미국, 일본 등 주변 국가들이 양안관계와 대만문제를 동아시아의 진정한 평화와 공동 번영의 모색이라는 차원에서 접근하지 않는 한 대만해협의 군사 · 안보적 긴장은 해소되기 어렵다.

참고자료

문홍호. “양안관계연구.” 정재호 편. 『중국정치연구론: 영역, 쟁점, 방법 및 교류』. 서울: 나남출판, 2000.

_____. “대만의 정치민주화와 인권.” 『민주주의와 인권』. 전남대학교 5.18 연구소, 2001년 제1권 2호.

Cal Clark. “Taiwan in the Post-Cold War Asia Pacific.” James C. Hsiung, ed., *Asia Pacific in the New World Politics*. Colorado: Lynne Rienner Publishers, 1993.

Chien-min Chao. “Taiwan’s Democratization and Cross-Strait Relations.” Prepared for International Conference on Democratization and Unification in Devided Nations(September 1997). Research Institute of Peace Studies.

Deborah A. Brown. Eric P. Moon, and James A. Robinson. “Taiwan’s 1998 Local Elections; Appraising Steps in Democratization.” *Asian Survey*, XXXVIII, No. 6(June 1998).

Steven J. Hood. “Political Change in Taiwan: The Rise of Kuomintang Factions.” *Asian Survey*, XXXVI, No. 5(May 1996).

Kenneth Lieberthal. “Preventing a War Over Taiwan.” *Foreign Affairs*. March/April. 2005, Vol. 84.

Martin L.Laster. U.S. *Interests in the New Taiwan*. San Francisco: Westview Press, 1993.

Kerry Dumbaugh. “China-U.S. Relations: Chronology of Developments During the Cliton Administration.” *CRS Report for Congress*(July 10, 1999).

Shirley A. Kan. “China · Taiwan: Evolution of ‘One China’ Policy-Key Statements from Washington, Beijing, and Taipei.” *CRS Report for Congress*(October 18, 1999).

The Government Information Office. *Taipei-Washington Relations and the ROC’s Pragmatic Diplomacy*. Taipei: The Government Information

Office, 1995.

Jasen C. Hu. *The Now Silent Partner in the Founding of the UN: The Republic of China on Taiwan*. Taipei: The Government Information Office, 1995.

Qingshan Tan, Peter Kien-hong Yu, and Wen-chun Chen. "Local Politics in Taiwan: Democratic Consolidation." *Asian Survey*. XXXVI, No. 5(May 1996).

王家英, "臺灣的國家演化與兩岸關係." 王家英, 孫同文(編). 『兩岸關係的矛盾與出路』. 香港: 香港中文大學香港亞太研究所, 1996.

邵宗海..『大陸政策與兩岸關係』. 臺北: 華泰書局, 1996.

石之瑜. 『兩岸關係概論』. 臺北: 揚智文化事業股分有限公司, 2001.

『人民日報』, 1995. 7. 25; 1995. 9. 21; 2000. 2. 22; 2000. 9. 9; 2001. 7. 2; 2001. 7. 17.; 2001. 7. 23 ;2005. 9. 15; 2005. 3. 14.

『中國時報』, 2000. 2. 9; 2006. 1. 2; 2006. 1. 3.

Washington Post, April 22, 2004; July 9, 2004; July 27, 2004.

The New York Times, April 26. 2001; April 25, 2001.

제10장 |

일본의 전쟁관과 평화

박영준

Ⅰ. 머리말

일본은 19세기 후반에서 20세기 전반기에 걸쳐 청일전쟁, 러일전쟁, 제1차 세계대전, 만주사변과 중일전쟁, 태평양전쟁[1] 등 연속적으로 전쟁을 일으키거나 관여한 역사를 갖고 있다. 이러한 역사적 기억에 의해 일본이 호전적인 국가라는 이미지를 갖게 되고, 종전 60주년

---

* 본 논문은 『국제정치논총』45집4호(2005년 겨울)에 실린 "인간, 국가, 국제체제, 그리고 일본의 전쟁"을 수정 보완한 것임을 밝혀둔다.

1) 1941년 12월, 일본이 발발한 전쟁은 태평양전쟁으로 통칭되어 왔으나 최근 일본에서는 이 전쟁의 범위가 태평양뿐만 아니라 중국대륙 및 아시아 전역이 포함되었다는 관점에 따라 아시아태평양전쟁으로 부르고자 하는 움직임도 나타나고 있다. 예컨대 일본의 전직 외교관 金子熊夫씨가 아사히신문 2005년 8월6일자에 기고한 칼럼 「제2차대전을 아시아태평양전쟁으로 부르자」 및 山中恒, 『アジア太平洋戰爭史』(岩波,2005) 등을 참조. 그러나 본고에서는 혼돈을 피하기 위해 태평양전쟁으로 부르기로 한다.

이 지난 지금도 그러한 이미지가 현대 일본의 외교안보정책을 바라보는 틀이 되고 있는 경향이 강하다. 이러한 이미지는 태평양전쟁 종전 60주년을 경과한 시점에도 불식되지 않고 있다. 특히 일본 시마네현이 다케시마의 날 조례 제정을 감행하고, 자위대의 정규군 격상 등을 포함한 평화헌법 개정이 추진되고 있으며, 고이즈미 수상이 야스쿠니 신사를 거듭 참배하고 있는 사실 등을 근거로 일본이 재차 군국주의로 회귀하고 있다는 진단이 적지 않게 내려진다.

한편 일본이 전후 체제에서 탈피하여 보통국가화되고 있는 것은 사실이나, 군국주의로 회귀하는 사태는 일어나지 않을 것이라고 확신하는 주장들도 제기되고 있다. 여기에서 운위되는 군국주의가 1930년대의 일본이나 독일에서 나타났듯, 기존 국제질서에 도전적인 대외팽창을 추진하면서 국내적으로 그에 필요한 군사적 총동원을 가능하게 하는 정치사회체제의 구축을 도모하는 통치양태라고 정의한다면, 21세기의 일본 연구자들은 일본이 군국주의로 갈 것인가, 그렇지 않은가의 판단과제에 직면하고 있다고 할 것이다.[2)]

그런데 일본이 과연 과거처럼 다시 전쟁을 국가의 대외정책으로 정당화하는 군국주의의 전철을 밟을 것인가를 판단하기 위해서는, 과거에 전쟁을 하게 된 구조와 요인들을 판별하고, 그러한 구조와 요인들

---

2) 21세기 일본의 안보정책을 군국주의 회귀시각과 그에 대한 반대시각으로 분류하는 것은 지나친 단순화의 위험성을 가진다. 국내외 학계에서는 일본이 전전과 같은 군국주의로 회귀하는 것은 아니지만, 대내외적인 요인들을 배경으로 군사안보적 역할을 국제적으로 확대하려는 경향을 지니게 될 것이라고 전망하는 견해도 많다. 예컨대 Michael Green, *Arming Japan: Defense Production, Alliance Politics, and the Postwar Search for Autonomy*(New York:Columbia University Press,1995); Christopher W.Hughes, *Japan's Re-emergence as a Normal Military Power*(Oxford:Oxford University Press, 2004); 박철희, "전수방위에서 적극방위로:미일동맹 및 위협인식의 변화와 일본 방위정책의 정치," 『국제정치논총』 제44집 1호(2004) 등을 참조. 필자도 기본적으로 이에 동의하는 입장이나, 본고에서는 주로 군국주의 회귀론에 대한 비판에 초점을 맞추기 위해 논의구도를 단순화시킬 것이다.

이 현대의 일본에도 존재하고 있는가를 판단하는 작업이 필요할 것으로 여겨진다.

왜 국가들이 대외정책의 유형으로서 전쟁을 결정하는가의 문제를 둘러싸고 국제정치학은 다양한 관점에서 논의를 지속해 왔다. 합의되지 않은 많은 논쟁점들에도 불구하고, 필자는 현재까지의 논의 가운데 제기된 다음과 같은 요소들이 국가의 전쟁 돌입을 설명하는 유력한 변수들이 아닌가 생각한다.

첫째, 국제체제적 변수이다. 국제정치이론 가운데에는 국제체제의 구조가 기존 국제체제의 유지 속에서 이익을 발견하는 현상유지 세력과 그에 도전하는 도전세력 간에 대립적 구도를 이루고 있을 때 전쟁발발의 위험성이 높아진다고 보는 관점이 있다. 국제체제의 변수를 전쟁발발의 요인으로서 중시하고 있는 이론으로서는 세력전이론과 체제변화론을 들 수 있다. 세력전이론은 강대국들 간의 국력의 증대속도 차이에 의해 일국이 급속도로 부강하게 되고, 이 국가가 기존 강대국 및 국제질서에 도전적인 세력으로 부상하는 세력전이(power transition) 현상 속에서 전쟁가능성이 높아진다고 보고 있다.[3] 체제변화론도 기존의 균형적 국가체제 속에서 어느 일국에 의해 권력의 차별적 성장이 발생할 경우 체제 내에 권력이 재분재되면서 체제의 불균형이 발생하고, 이 불균형을 해소하기 위해 소위 패권적 전쟁이 발발할 가능성이 높다고 보았다.[4]

---

3) 세력전이론에 대해서는 A.F.K.Organski, *World Politics*(New York:Alfred A.Knopf, 1958); A.F.K.Organski and J.Kugler, *The War Ledger*(Chicago:University of Chicago Press, 1980), 김우상,『신한국책략:동북아시아 국제관계』(나남출판, 1998), pp.174-175 및 김우상,"세력전이와 동아시아 안보질서에 관한 경험적 연구,"『한국정치학회보』35집 4호(2001년 겨울) 등을 참조.

4) Robert Gilpin, *War and Change in World Politics*(Cambridge:Cambridge University Press, 1981), pp.10-12; Robert Gilpin, "The Theory of Hegemonic War," Robert I.Rothberg and Theodore K.Rabb, *The Origin and Prevention of Major Wars*(Cambridge:Cambridge University Press,1988) 등을 참조.

둘째, 국가 간 변수로서 대립적 체제에 속해 있는 양국 간에 군비경쟁이 존재하느냐의 여부도 중요한 변수가 될 수 있다. 군비경쟁이란 상대국에 대한 적대의식과 불만에 의해 촉발되어 자국의 경제적 부담의 범위 속에서 재정지출 확대를 통한 군사력 증강 경쟁을 벌이는 것으로 정의된다. 군비증강에 관한 경험적 연구들은 국가 간에 군비경쟁이 진행될 경우 전쟁발발의 빈도가 높다는 결론을 제시한 바 있다.[5]

셋째, 해당 국가가 공격적 군사교리를 갖고 있는가의 여부도 경시할 수 없다. 군사교리의 공격적 성격과 방어적 성격 여부와 전쟁 발발의 상관관계를 논한 최근의 연구들에 따르면, 한 국가가 공세적 군사교리를 보유할 경우 공격-방어균형이 전쟁 도발에 경사되는 경향을 갖게 된다고 지적하고 있다.[6] 1930년대 독일의 경우 군부에 의해 개발

5) 이러한 가설에 대한 고전적인 연구로는 Lewis R.Richardson, *Arms and Insecurity* (Chicago:Quardrangle Books, 1960)를 들 수 있다. 이외에 군비경쟁과 전쟁과의 상관관계를 다룬 연구로는 M.D.Wallace, "Arms Race and Escalation:Some New Evidence," in J.D.Singer, *In Explaining War: Selected Papers from the Correlates of War Project*(Beverly Hills Sage, 1979); Randolph M.Sieverson and Paul F.Diehl, "Arms Race, the Conflict Spiral, and the Onset of War," Manus I.Midlarsky, *Handbook of War Studies* (Winchester, Mass.:Unwin Hyman Inc., 1989); Michael D.Intriigator and Dagobert L.Brito, "Richardsonian Arms Race Models," Manus I.Midlarsky, *Handbook of War Studies* (Winchester, Mass.:Unwin Hyman Inc., 1989) 등이 있다.

6) Stephen Van Evera, "Offense, Defense, and the Causes of War," *International Security*, Vol.22, No.4(Spring 1998), pp.5-43. 이외에 군사교리와 전쟁과의 상관관계를 다룬 연구로는 Barry R.Posen, *The Sources of Military Doctrine:France, Britain and Germany between the World Wars*(Ithaca, N.Y.:Cornell University Press, 1984); Jack S.Levy, "The Offense-Defense Balance of Military Technology:A Theoretical and Historical Analysis," *International Studies Quarterly*, Vol.38, No.2(June 1984); Stephen Van Evera, "The Cult of the Offensive and the Origins of the First World War," *International Security*, Vol.9, No.1(Summer 1984); Sean M.Lynn-Jones, "Offense-Defense Theory and Its Critics," *Security Studies*, Vol.4, No.4(Summer 1995) 등을 참조.

된 전격전의 공격적 군사교리가 독일의 전쟁성향을 더욱 부추긴 사례는 하나의 예시이다.

넷째, 인간의 변수이다. 케네스 왈츠는 인간의 본성에 내재한 공격적 충동과 어리석음이 국가들이 전쟁을 하게 되는 첫 번째 이미지라고 제기한 바가 있다.[7] 이 관점에 따른다면 전쟁 돌입의 계획을 세우고 결정을 내리는 정치지도자, 혹은 군부지도자들의 존재가 유력한 변수의 하나가 될 것이다.

본 연구는 이상에서 요약한 변수들, 즉 국제체제의 대립적 구도, 국가 간 군비경쟁의 존재, 공격적 군사교리의 존재 여부, 정치 및 군사지도자들의 호전성 등이 근대 일본의 전쟁 발발 요인 및 향후 일본의 전쟁 잠재성을 평가하는 기준으로 활용될 수 있다고 생각한다.

이러한 변수들에 의거해 본 연구의 제2절에서는 20세기 전반기 일본이 수행한 전쟁의 발생원인을 재검토해 보고, 이러한 변수들이 근대 일본의 전쟁원인을 설명할 수 있는 유효한 변수로서 가능한지에 대한 예비적 검토를 행하고자 한다.

제3절에서는 현대 일본이 처한 국제구도, 정치 및 군사지도자들의 성향, 군비경쟁의 여부, 방위전략의 성격 등을 검토하여, 21세기의 일본이 전쟁위협의 잠재성을 갖고 있는 것인지 평가해 보기로 한다. 그리고 마지막으로 21세기 동아시아의 평화를 위해 일본에 요청되는 조건들을 검토하기로 한다.

---

7) Kenneth N.Waltz, *Man, the State and War:A Theoretical Analysis*(New York:Columbia University Press, 1959), Chap.II. "The First Image:International Conflict and Human Behavior"를 참조.

II. 근대 일본의 전쟁 원인

1. 국제체제의 대립적 구도

전쟁은 정의상 두 국가 이상이 국가이익을 둘러싼 이해대립을 폭력적 수단으로 해결하기 위해 벌이는 무력충돌을 말한다. 전쟁이 발발하기 위해서는 국가 간 대립이 불가결한 조건이 된다. 국가 간 대립과 전쟁이 발생하는 구조적 요인에 대해 오간스키와 로버트 길핀은 국제체제의 구조 속에서 어느 일국이 국력의 증대속도 차이나 권력의 차별적 성장에 의해 급속히 부상하면서, 기존의 현상유지 세력에 대해 도전적인 행위자로 부상할 때 국제체제가 불균형에 빠지고 전쟁이 발발할 가능성이 높아진다는 세력전이론과 체제변화론을 각각 제기한 바 있다. 이같은 이론은 청일전쟁 이후 수행된 근대 일본의 전쟁을 설명하는데 상당한 유용성을 가진다.

청일전쟁의 경우 전통적인 조공체제하에서 종주국과 조공국의 관계로 계서화된 청국과 조선의 관계에 대해 일본이 조선의 자주국화, 즉 조공체제로부터의 이탈을 요구하면서 청국에 대한 도전세력으로 등장한 데에서 발단되었다고 볼 수 있다.[8] 전통적인 동아시아 국제질서하에서 일본은 조선과는 통신관계, 중국과는 통상관계를 맺고 있었지만, 조공체제의 질서로부터는 이탈된 고립된 행위자였다고 볼 수 있다. 그러한 일본이 1853년 페리제독의 내항 이후 서구와의 근대적 조약질서 속에 편입되고 서구식 부국강병 정책을 추구하면서, 청국과 조선에 대한 차별적 국력의 신장을 기할 수 있게 되었다.

---

8) 청일전쟁에 대한 참고는 田保橋潔, 『日清戰役外交史の研究』(東洋文庫,1951); 岡義武,「日清戰爭と當時における對外意識」, 『國家學會雜誌』68卷3,4號(1953年8月) 5,6號(1955年2月); Stewart Lone, *Japan's First Modern War:Army and Society in the Conflict with China,1894-95*(London:MacMillan Press,1994); 齊藤聖二『日清戰爭の軍事戰略』(芙蓉書房, 2003) 등을 보라.

일본은 신장된 국력을 기반으로 해서 조선에 대한 영향력 확대를 꾀하면서 1876년의 강화도 조약 체결에서 나타난 것처럼 조선에 대해 청국에 대한 자주국의 지위를 가질 것을 요구하게 되었다. 그러나 1882년 임오군란과 1884년 갑신정변의 처리과정에서 오히려 청국의 조선에 대한 종주권 강화가 결과되자, 일본은 청국 주도의 조공체제에 도전하는 길을 택하게 되고, 결국 1894년의 동학농민혁명에 대한 출병을 계기로 청국에 대해 전쟁을 도발하는 정책선택을 하게 되었다. 청일전쟁은 동아시아의 전통적인 조공체제하에서 현상유지를 바라던 세력이었던 청국과 조선에 대해, 부국강병 정책을 통해 국력의 차별적 성장을 이룩한 일본이 도전하는 구도 속에서 발단된 것이다.

1904~05년 간의 러일전쟁도 동아시아 질서를 둘러싼 러일 양국의 대립적인 구도하에서 발단되었다.[9] 당시의 국제질서상 5대 열강의 하나였던 러시아는 1895년의 삼국간섭 이후 동아시아 질서에 깊숙히 관여하기 시작하였다. 1896년의 고무라-웨버 협정, 야마가타-로바노프 협정, 1898년의 니시-로젠 협정 등을 통해 러시아는 일본과 만주와 한반도의 교환에 합의하였고, 1898년에는 청국으로부터 요동반도를 조차하여 여순과 대련을 관할하게 되었다. 그런 러시아가 1900년대 접어들어 만주뿐만 아니라 마산과 용암포 등 조선 영내에 대해서도 개입하려는 움직임이 나타나자, 청일전쟁 이후 동아시아의 패권적 지위를 확립하게 된 일본은 러시아에 군사적으로 대항할 태세를 갖추게 된다.

1902년 1월 영일동맹을 체결하여, 세계최강의 해군국이던 영국과 육해군의 군사당국자 간의 협의를 개최하여 러시아에 대항하는 작전 태세를 공동으로 강구하는 단계에 이르러서는, 러시아 대 영일 간의

---

9) 러일전쟁에 대해서는 조명철, "러일전쟁기 군사전략과 국가의사의 결정과정," 『일본역사연구』(일본역사연구회, 1995년9월)과 山室信一,『日露戰爭の世紀』(岩波新書, 2005) 등을 참조.

대립구도와 전쟁발발이 피할 수 없는 국면까지 도달하게 되었다. 러일전쟁도 당시 세계 최강의 육군국 러시아의 만주 및 한반도 진출로 인해 조성된 대립적 동아시아 질서 속에서, 일본이 영일동맹 체결 등으로 국력의 차이를 극복하면서 도전한 전쟁이었다고 볼 수 있을 것이다.

1937년부터 시작된 중일전쟁과 1941년 발발한 태평양전쟁도 국제체제의 구조 속에서 설명될 수 있다.[10] 일본은 제1차 대전에 연합국측 일원으로 참전한 공로를 인정받아 1919년 베르사유 강화회의시에 전승국으로 대우받았고, 1921~22년간 해군 주력함 군축문제를 협의하기 위해 개최된 워싱턴 군축회의에서는 미국 및 영국에 이은 세계 3대 해군 강국의 하나로 발돋움하였다. 이로부터 1930년대 초반까지 일본은 국제연맹 및 워싱턴체제의 구성원으로 국제적 위상을 공고히 하면서 영미협조주의의 대외정책을 지속하였다. 그러나 만주사변이 계기가 되어 1933년 3월에 국제연맹에서 탈퇴하고, 1934년 12월에는 워싱턴 군축조약의 폐기가 결정되면서 일본은 영미 중심의 국제질서에서 이탈하게 되었다. 그 대신 1936년 11월에 독일과 방공(防共)협정을 체결하고, 1940년 9월에 독일 및 이탈리아와 군사동맹을 체결하면서 일본은 영미 중심의 국제질서에 도전하는 추축국의 일원으로 부상하게 되었다.

이러한 국제질서의 대립적 구도가 조성되고, 일본이 그 한축에 가담하면서 기존의 현상유지 세력인 영국과 미국에 도전하는 자세를 취한 것이 1937년 중일전쟁과 1941년 아시아태평양 전쟁 발발의 구조적 요인이 되었다고 할 것이다.

이상에서 간략히 검토한 바와 같이 청일전쟁, 러일전쟁, 중일전쟁,

---

10) 태평양 전쟁 발발의 구조적인 측면에 대해서는 入江昭,『太平洋戰爭の起原』(東京大學出版會, 1991); 江口圭一,「帝國日本日本の東アジア支配」,『岩波講座近代日本と植民地1:植民地帝國日本』(岩波書店, 1992); 相澤淳,『海軍の選擇』(中央公論新社, 2002) 등을 참조.

그리고 태평양전쟁의 발발 배경으로서는 일본이 기존 국제질서의 현상유지 세력에 대해 도전적인 자세를 취하면서 대립적인 국제구도가 조성된 것이 구조적 요인으로 확인된다. 제1차 세계대전의 종전 이후 배태된 국제연맹과 워싱턴체제하의 국제질서에서 일본이 영미협조주의의 외교정책을 취하면서 순응한 1920년대에 그나마 일본에 의한 전쟁이 발발하지 않은 것은 국제체제 변수의 타당성을 오히려 역설하는 사례로 여겨진다.

2. 공격적 군사독트린

국제질서 내에서 대립적인 두 국가 이상이 존재하고, 각국이 서로를 가상적으로 상정하고 있다 하더라도, 해당 국가의 육해군이 방어적 군사독트린을 갖고 있다면 전쟁은 발발하기 어려울 것이다. 전쟁을 실제적으로 담당하게 될 군대가 공격적인 전쟁계획을 갖고 있는가의 여부에 따라 전쟁 발발원인을 해명하려는 노력들이 최근 활발하게 이루어지고 있다. 역사적으로 보아도 제1차 대전시 독일의 쉴리펜 계획이나 몰트케 수정안, 제2차 대전시 대소전에 책정된 독일의 바바롯사 작전계획 등은 가상적국에 대한 공격적인 군사전략들이었다. 따라서 어느 일국이 책정하고 있는 군사독트린이 공세적 성격을 띠고 있는가, 그렇지 않은가가 전쟁위협 여부를 판단하는 데 중요한 기준이 될 수 있다. 그런데 일본의 경우는 어떠했는가.

청일전쟁 개전을 앞둔 시기의 일본 육해군은 공세적인 군사전략을 채택하고 있었음이 확인된다. 창설기부터 프랑스식을 받아들인 육군은 훈련교범인 보병조전(步兵操典)도 프랑스 교범을 번역한 것을 사용했는데, 1887년 보병조전은 수세적 방어전략을 배제하고 공세적 방어를 채택한 내용이었다. 같은 해 참모본부의 제2국장 오가와 마타지(小川又次)는 청국을 상정한 작전계획을 세우고 있는데, 이에 따르면 육군의 8개 사단을 청국에 파병하여 북경을 점령하고 청국 황제를 포획한다는 극히 공세적인 군사전략이 주요 내용이 되고 있다. 이에 따라 1894년 8월 5일, 청일전쟁의 선전포고가 내려진 직후에 확정된 전쟁계획도 해군이 제해권을 장악하는가의 여부에 따라 육군 주력이 조선 및 청국 본토에서 결전을 수행한다는 공세적인 성격의 것이었다.[11)]

러일전쟁 발발 이전의 시기에도 일본 육해군은 공세적인 군사작전을 입안하고 있었다. 해군은 1901년 제정된 해군요무령(海軍要務令)에서 선제주의, 공세주의, 결전주의의 3대 독트린을 책정하고 있었다. 특히 영일동맹이 체결된 이후 1902년 5월에 해군대신 야마모토 곤베에(山本權兵衛)는 러시아와의 전쟁에 대비하여 일본과 영국 양 해군이 연합하여 러시아 적 주력함대를 격파하거나, 러시아의 항만을 봉쇄하여 전쟁해역에서의 제해권을 장악할 것을 훈시하고 있다. 육군 참모본부도 1902년 8월에 기안된 작전계획에서 한반도 주변 해역에서 제해권이 확보될 경우, 육군의 주공을 만주에서, 조공을 연해주의 우수리 방면에서 전개할 것을 책정하고 있었다. 1904년 2월, 개전 직후 확정된 육해군 합동작전계획은 대체로 이들 구상을 종합한 방안이 되고 있다.[12)]

공세적인 전략계획에 의거해서 청일전쟁과 러일전쟁에서 연이어 승전을 거둔 일본 육해군에는 이후에 공세전략이 전통으로서 확고하게 자리잡게 되었다. 이 점은 일본 육해군이 공동으로 책정하고 천황의 재가를 받아 결정된 최고의 군사전략 지침서 「제국국방방침」의 내용에서 쉽게 확인된다. 「제국국방방침」은 1907년에 제정되어, 이후 1918년, 1923년, 그리고 1936년에 각각 개정되는데, 공통적으로 주로 국제정세의 분석과 일본에 대한 주 위협요소를 도출하고 있는 국방방침, 주 위협요소를 배제하기 위해 필요한 육해군 병력의 규모를 정한 소요병력, 전시에 육해군의 구체적 운용방침을 정한 용병강령의 3가

11) 黑川雄三,『近代日本の軍事戰略概史』(芙蓉書房,2003), p.16, pp.45-46.
12) 黑川雄三,『近代日本の軍事戰略概史』(芙蓉書房,2003), pp.49-52.

지 부분으로 구성되었다. 이 가운데 국방방침과 용병강령을 중심으로 각 제국국방방침의 내용을 간단히 살펴보면 다음과 같다.

1907년 제국국방방침은 청일, 러일전쟁을 통해 만주 및 조선에 부식한 이권과, 아시아 남방 및 태평양 지역에의 확장이 일본의 대전략이라고 전제하고, 가상적국으로서는 남하정책을 포기하지 않고 군비를 재건하고 있는 러시아와 미국을 거론하고 있다. 이에 대해 일본 육해군은 국가이익을 침해하려는 국가들에 대해 공세전략을 취해야 한다고 규정하고 있다. 육군은 선제의 이점을 점유하는 것을 목적으로 작전해야 하며, 해군도 적의 기선을 제압하고 가상적의 해상세력을 섬멸하는 것을 목적으로 해야 한다고 하였다.

제1차 세계대전이 종전된 직후인 1918년에 제정된 제국국방방침도 소련(러시아), 미국, 그리고 중국을 가상적으로 상정하였다. 이들 가상적과의 전쟁에 대비하여 육군은 주로 소련에 대항하여 주작전을 만주와 하얼빈에서, 보조작전을 우수리와 사할린 북부에서 전개하여 바이칼호 이동지역까지 점령한다는 공세적 계획을 수립하였다. 해군은 미해군에 대항하여 개전초기 육군과 협동으로 필리핀 루손을 공략하고 이후 오가사와라 제도를 방어선으로 삼아 미 주력함대의 진공에 대비하여 결전을 준비한다는 선제기습개념의 공세적 군사전략을 책정하였다.

일본이 워싱턴 군축체제에 가담한 직후인 1923년에 책정된 제국국방방침은 의외로 미국을 제1의 가상적으로, 그리고 소련, 중국을 그 다음 순위의 가상적국으로 설정하고 있다. 이러한 국가들에 대해 육해군은 협동하여 선제의 이점을 살려 공세를 취하는 것을 기본전략개념으로 삼았다. 육군은 개전 초기에 태평양 방면에서 필리핀 루손도와 괌도의 미 해군 근거지를 격파하고, 극동 방면에서는 극동 지역 소련 육군을 격파하고 바이칼호 이동의 지역을 점령하며, 중국 방면에서는 남만주와 북만주 일대를 제압하고, 중국 본토, 발해만 등에 대한 작전을 실시하도록 되었다. 해군은 개전초기 동양에 있는 미 함대를 제압하고, 육군과 함께 루손 및 괌의 미 해군기지를 파괴하고, 미 함대 주력의 내항에 대비하여 축차적으로 이를 파괴한다는 기본개념을 세우고 있었다.

워싱턴 군축체제에서 이탈한 이후인 1936년 책정된 제국국방방침에서는 미국, 소련, 중국, 영국을 가상적으로 상정하고 있다. 그리고 1923년 방침과 동일하게 육해군 협동하여 선제의 이점을 살려 공세를 취하여 속전속결을 도모하는 것을 군사전략의 기본방침으로 삼았다. 육군은 소련과 중국 방면에서 공세를 취하고, 해군은 동아시아 해상에 배치된 미국 태평양 함대를 초전에 제압하고, 루손과 괌을 장악한 후에 미국의 함대주력 내항을 기다려 이를 격파하는 선제공격의 전략개념을 답습하였다.

이같이 일본은 20세기 전반기 내내 육해군의 공세적인 전략개념을 포기하지 않았다. 독일의 쉴리펜 플랜과 몰트케 수정안, 그리고 전격전이나 바바로사 플랜 같은 공세적 군사독트린의 존재가 제1차 및 제2차 대전의 독일측 개전원인으로 들 수 있다면, 근대 일본에 의한 연속적인 전쟁도발도 이같은 공세적 군사독트린의 존재가 있었기에 가능했었다고 생각된다.

3. 군사력 증강과 적대국가에 대한 군비경쟁

국제질서 내에서 세력경쟁상, 혹은 이념대결상 대립적인 두 국가가 존재한다 하여도 각국에 전쟁을 수행하기 위한 무비(武備)가 갖춰지지 않으면 개전과 승전에 대한 자신감을 가질 수 없다. 도전국의 입장에서는 개전시 가상적국이 보유하는 군사력에 대항해 승전을 이끌어 낼 수 있는 전력을 확보하고자 노력을 경주하게 될 것이다. 양국간에 군비경쟁이 진행될 경우 전쟁발발의 가능성이 높아진다는 점은 전쟁원인을 연구하는 학자들에 의해 이미 지적되고 있는 사항이기도 하다.

그렇다면 근대 일본의 전쟁의 경우에도 가상 적국을 상정한 군비증강과 대립적인 국가들 간에 군비경쟁의 양상이 나타나고 있었는가. 청일전쟁 발발 이전의 일본 군사사를 검토하면 해군을 중심으로 대규모 군함건조계획이 몇 차례에 걸쳐 추진되고 있는 점이 두드러진다.[13)]

임오군란 직후인 1883년에 일본 해군은 대함 6척, 중함 12척, 소함 12척, 수뢰정함 12척, 합계 42척의 군함을 8년 계획으로 획득하려는 야심찬 건함계획을 추진하였다. 1888년에는 사이고 스구미치(西鄕從道) 해상이 5개년에 걸쳐 46척의 건함을 추진한다는 제2기 해군확장계획을 발표하였다.

1890년에는 가바야마 스케노리(樺山資紀) 해상이 군함 7만 톤 건조방안을 수립하였다. 1893년에는 니레 가게노리(仁禮景範) 해상이 4척의 건함계획을 추진하였다. 이러한 일련의 건함계획은 예산의 제약 문제로 원안대로 실현되지는 못하였다. 그러나 어쨌든 이 결과로 인해 청일전쟁 당시 일본 해군은 군함 28척, 배수량 합계 57,600톤 규모의 해군을 보유하게 되었고, 배수량 7,300톤급을 자랑하는 전함 정원(定遠)과 진원(鎭遠)을 가진 청나라 북양함대에 비해 전력상 대등한 수준의 해군력을 건설하는 데에 성과를 거두고 있다.

러일전쟁 이전의 시기에도 군비증강이 이루어지고 있다. 특히 이 시기에는 청일전쟁의 패전국인 청국으로부터 획득한 배상금을 기반으로 해서 육군 14개 사단, 해군 20만 톤 규모의 군비확장계획이 추진되었다.[14)]

러일전쟁 당시 일본 해군이 위용을 자랑하던 러시아 극동함대와 발트함대를 각각 격파할 수 있었던 것은 청일전쟁 이전 시기부터 지속적으로 추진되어온 건함계획이 가져다준 성과라고 할 것이다.

---

13) 이 부분은 高橋秀直,「形成期明治國家の軍備擴張政策:壬午事變後の軍擴決定をめぐって」,『史學雜誌』 第99篇 8號(東京大學史學會, 1990.8); 후지와라 아키라(藤原彰)『日本軍事史』엄수현역(시사일본어사,1994); 박영준,『명치시대 일본군대의 형성과 팽창』(국방군사연구소,1997), pp.402-437 등을 참조.

14) 坂野潤治,『大系日本の歷史13:近代日本の出發』(小學館, 1993), p.259.

〈표 1〉〈제국국방방침〉에 제시된 육해군의 전력증강 목표[15]

	1907년 제국국방방침의 소요병력	1918년 제국국방방침	1923년 제국국방방침	1936년 제국국방방침
육군	평시 25개사단, 전시 50개 사단	평시25개 사단 전시 40개 사단	상설 16개 사단 (군축으로 4개사단 폐지) 전시 40개 사단	평시 27개사단 전시 50개 사단 전시 항공중대 140개 중대
해군	전함 8척(2만톤급) 순양함 8척(1만8천톤급) 8.8함대	전함 8척 전함 8척 순양함 8척 8 · 8 · 8함대 구상	주력함 9척 항공모함 3척 대형순양함 12척 (워싱턴 해군군축조약으로 으로 주력함 제한)	주력함 12척 항모 10척 순양함 28척

러일전쟁 이후 일본은 1907년 제정된 「제국국방방침」에서 육군은 러시아, 해군은 미국을 가상적으로 설정하였고, 육군과 해군의 군비증강도 가상적국의 보유 군사력에 대항할 수 있는 수준의 전력획득을 목표로 하였다. 1907년에 제정되어 이후 1918년, 1923년, 1936년에 각각 개정되는 제국국방방침에 제시된 육해군 전력증강 목표를 도시하면 〈표 1〉과 같다.

〈표 1〉을 보면, 일본이 워싱턴 해군군축체제에 가입하고 이에 따라 육군도 군축을 실시하게 된 1923년 시점의 제국국방방침을 제외하고는, 소련과 미국을 각각 가상적국으로 하는 육군과 해군의 소요전력이 계속 증강되는 추세에 있었음이 나타난다. 특히 일본이 1934년 말에 워싱턴 해군군축체제에서 이탈한 이후에는 공격측에 비해 방어측의 전력 비율이 7할 수준이 되어야 한다는 일본 해군의 전통적인 대미 7할론에 따라 미국 해군이 보유하는 해군전력의 70% 수준을 보유목표로 하는 건함계획이 경쟁적으로 추진되었다.

1937년부터 미국이 보유할 수 없었던 6만 톤급 대전함의 건조가 추진되었고, 1938년 미국이 제2차 빈슨법으로 함대증강계획을 추진하

15) 黑川雄三, 앞의 책, p.82, 119, 161, 196 등 참조.

자, 제4계획으로 이에 대항하였다. 1940년 미국이 제3차 빈슨법과 이대양(二大洋)함대법으로 함대를 증강시키려 하자, 일본도 제5계획과 제6계획으로 상응하는 함대전력을 건설하고자 하였다. 이 결과 1941년 말 태평양전쟁이 발발하였을 때 일본 해군은 대미 70.6%의 전력을 보유할 수 있었다.[16] 이같이 근대 일본은 가상적국을 상정한 육해군의 군비증강을 경쟁적으로 실시하고 있음이 확인되고 있다.

4. 정치 및 군사지도자의 호전성과 전쟁결정

국가가 전쟁을 결의하는 것은 국가이익과 목표를 달성하기 위한 최고 수준의 정치적 의사결정이다. 어느 국가가 기존 국제질서나 상대국에 대해 불만을 품고 대립적인 국제구조가 조성되어 전쟁 발발의 구조적 요인이 갖춰졌다고 해도, 해당 국가의 정치지도자나 군사지도자가 전쟁의 결의를 하지 않는다면 전쟁은 발발되지 않을 것이다. 정치 및 군사지도자는 케네스 왈츠가 말하는 공격적 본능이나 어리석음에 의해 전쟁을 결의할 수도 있을 것이고, 국가이익을 극대화하는 최선의 정책수단으로 전쟁에 호소하는 길을 택할 수도 있을 것이다. 개전 결의의 결정적인 행위자는 역시 인간에게 귀착된다 할 것이다. 근대 일본이 주도한 전쟁에서도 최종적으로 전쟁을 결정한 국가지도자, 혹은 군사지도자의 존재를 무시할 수 없을 것이다.

일본의 사상가 나카에 초민(中江兆民)은 1887년 『삼취인경륜문답(三醉人經綸問答)』이라는 저술 속에서 남해(南海)선생, 양학신사(洋學紳士), 호걸군(豪傑君) 3인을 등장시켜 일본이 나아가야 할 경세책을 논하고 있다. 그런데 일본을 도덕의 화원(花園)으로 만들어야 한다는 양학신사의 주장에 대해 호걸군은 다음과 같이 반박하고 있다.

16) 相澤淳,『海軍の選擇:再考眞珠灣への道』(中央公論新社, 2002), pp.31-39.

> 다른 나라보다 뒤늦지만 문명의 내용을 손에 넣고자 하면, 방법이야 여러 가지가 있겠지만, 요컨대 거액의 돈을 들여 사들이는 수밖에 없습니다. 하지만 소국으로서는 그 비용을 마련할 방도가 없으니 어떻게든 큰 나라를 하나 더 할취하여 스스로 부유한 나라가 되는 수밖에 없습니다. 그런데 하늘이 도와 눈앞에 탐스러운 큰 나라가 있어 그 땅은 기름지고 병대(兵隊)는 약해빠졌으니 이보다 더한 행운이 또 있을까요? …오로지 내정을 향상시켜 언젠가 문명국이 되기 위한 바탕을 마련하자는 입장에서 봐도, 지금 외국정복이라는 정책은 정말로 불가피합니다.…제가 마음 속에 품고있는 제1의 책략은 나라 안의 장정을 죄다 모아 그 큰 나라에 가서 그 땅을 우리 영토로 삼아 조국을 소국에서 대국으로 만들고, 약한 나라에서 강한 나라도 만들고, 가난한 나라에서 부유한 나라로 만드는 것입니다.[17]

여기에서 「그 땅이 기름지고 병대가 약한」,「눈앞에 탐스러운 나라」는 조선 혹은 청국을 가리키는 것으로 생각된다. 즉 나카에 초민은 호걸군을 빌려 일본의 문명화를 위해서라면 대륙팽창을 서슴치 않고 주장하던 당시 정부와 군부의 인사들을 발언케 하고 있는 것이다. 그런데 근대 일본의 전쟁과정을 보면 매순간마다 호걸군들이 전쟁배경의 무대에 어김없이 등장하고 있다.

청일전쟁 개전에 즈음하여 정부와 군부의 인사들은 예외없이 조선과 청국에 대한 침략의 정당한 이유를 주장하고 나섰다. 일본 육군 건설의 최대 공로자이며, 청일전쟁 당시 신편된 제1군 사령관으로 전쟁에 직접 참전했던 야마가타 아리토모(山縣有朋)는 1894년 11월에 작성된 정책보고서를 통해 청국을 패퇴시키고 조선을 독립시키는 것은 동양에 있어 일본의 이익을 채우려는 방편이며, 그래서 「조선의 독립을

---

17) 나카에 초민(中江兆民) 지음, 연구공간 수유너머 일본근대사상팀 옮김,『삼취인경륜문답(三醉人經綸問答)』(1887: 서울:소명출판, 2005), pp.101-102, p.117.

보전하려면 청국의 병력을 쫓아낼 뿐 아니라 금후 수년간 조선에 병력을 주둔시켜 내정개혁을 행하고 운수 교통의 권리를 장악하고 동양 유사시에 이를 이용하여 기회를 잃지 말 것」[18]을 주장하고 있다. 조선의 개혁을 지지하는 일본과 거부하는 중국이라는 이미지를 가공하여 외교적으로 청일전쟁 개전의 명분을 강구한 무츠 무네미츠(陸奥宗光) 외상이나 문명을 대변하는 일본과 야만을 상징하는 청국의 이미지를 대비하여 개전을 정당화한 후쿠자와 유키치의 존재도 청일전쟁 발발 과정에서 개전결정을 촉진한 호걸군(豪傑君)들이라 할 것이다.[19]

러일전쟁 당시에도 개전결정을 주도한 호걸군들이 등장하고 있다. 1900년대 접어들어 러시아와의 대립적인 구도가 형성되었을 때 일본 정부와 군부의 수뇌들은 강경론보다는 수세전략에 입각하여 대러 협상을 통해 양국간 갈등을 해결하고자 하였다. 이때 대러시아 개전의 불가피성을 주장하고 대러시아 강경론을 주도해간 세력들은 육군 참모본부의 소장파 군인들이었다. 4년간 러시아 유학에서 돌아와 참모본부 러시아 반장에 보임된 다나카 기이치(田中義一) 소좌는 대러 전쟁이 불가피하게 발발할 것으로 전망하고, 러시아에 대한 일본 육군의 작전계획 수립을 주장하였다. 이에 호응한 참모본부의 이구치 쇼고(井口省吾) 총무부장, 마츠카와 도시타네(松川敏胤) 작전부장 등이 참모본부 부장회의를 통해 일본이 요구한 만주철병안에 대해 러시아가 응하지 않을 경우에는 무력에 호소해서라도 일본의 목적을 관철해야 한다고 주장하였다.[20] 이들의 강경론에 의해 육군의 대러시아 개전론이 결정되고, 결국 어전회의도 이 주장을 따라갔다. 러일전쟁 개전의 결의는 육군 참모본부의 소좌 및 대좌급 소장장교들에 의해 주도되어 일본

---

18) 岡義武, 앞의 글, pp.168-169에서 재인용. 山縣有朋에 대해서는 藤村道生『山縣有朋』(東京:吉川弘文館, 1961)를 참조바람.

19) 이에 대해서는 무츠 무네미츠,『蹇蹇錄』(범우사) 및 가토 요코(加藤陽子),『근대 일본의 전쟁논리』(태학사, 2003), 제5장 참조.

20) 조명철, 앞의 논문, p.151, 161,173.

정부에 확산된 것이다.

1930년대 이후 전개된 만주사변과 중일전쟁, 그리고 태평양전쟁의 개전 및 확전과정에도 또 다른 호걸군들이 등장하고 있다. 러일전쟁 시기와 마찬가지로 이때에도 육군성과 참모본부, 해군성과 해군군령부에 소속된 과장급의 중견 막료들이 영미협조체제로부터의 이탈과 미국, 영국, 소련을 상대로 하는 전쟁결정을 주도해 나갔다.[21] 이들은 공통적으로 초급 장교 시절에 제1차 세계대전을 목도하면서 장차 전쟁은 국가의 인적, 물적 자원을 총동원하는 총력전 양상이 될 수밖에 없고, 이에 대비하기 위해 일본의 총동원체제가 구축되지 않으면 안 된다는 전략구상을 공유하고 있었다.[22]

만주사변을 기획한 육군의 이시하라 간지(石原莞爾)는 대소전에 이어 일본과 미국 간에 세계 최종전쟁이 벌어질 것이며 이 전쟁은 장기전, 총력전의 양상을 띠게 될 것이라고 전망하였다. 그리고 이에 대비하기 위해서 일본은 만주를 영유하여 자원 동원의 기반을 확보하고, 남방 및 중국 등 아시아 각 민족과 결합하여 최종전쟁에 대비하여야 한다고 하였다.[23] 해군 중견 장교들도 대미 전쟁의 불가피성과 그에 대한 구체적인 전쟁계획을 주장하였다.

해군군령부 참모 이시카와 신고(石川信吾)는 1933년 10월에 작성된 보고서에서 해군군축체제 이탈에 대비하여 6만 톤급 대전함 건조 필

---

21) 1930년대 이후 일본의 주요 외교군사정책 결정과정에 대한 육해군 막료층의 역할에 주목하는 연구로는 加藤陽子,『模索する1930年代:日米關係と陸軍中堅層』(山川出版社,1993) 참조. 五百旗頭眞『戰爭・占領・講和1941-1955』(中央公論新社,2001), p.44에서도 같은 견해가 보인다.

22) 1920년대 일본 육해군 장교층의 결사체 활동과 전략논쟁에 대해서는 北岡伸一,『日本の近代5:政?から軍部へ' 1924—1941』(中央公論新社, 1999) 및 黑澤文貴,『大戰間期の日本陸軍』(みすず書房, 2000) 등을 참조.

23) 黑野耐,『帝國國防方針の硏究』(總和社, 2000), pp.187-189. 石原莞爾 군사사상에 대해서는 Mark Peattie, *Ishiwara Kanji and Japan's Confrontation with the West*(Princeton:Princeton University Press, 1975)가 표준적이다.

요성을 역설하면서, 이같은 건함계획이 태평양을 무대로 예측되는 미국 해군과의 전쟁위기에 대비하는 방책이 될 것이라고 보았다. 일본 해군항공의 건설자인 야마모토 이소로쿠(山本五十六) 제독도 1940년대 초반 대미 해전시 적 주력함대를 격파하기 위한 방책으로 하와이 공격구상을 이미 강구하고 있었다.[24] 이같은 육해군 중견층의 전쟁결의가 중일전쟁 및 태평양전쟁 개전의 행위자적 요소로서 작동하고 있었음은 분명하다. 명치헌법상 군부가 천황과 직결되는 통수대권의 통치구조로 인해 군부를 제어할 정부의 견제장치가 없었다는 점, 그리고 육해군 중견층의 전쟁 결의를 적극적으로 제어하지 않았던 외교 및 군사정책 결정과정의 최고책임자로서 명치천황과 소화천황의 전쟁책임이 더해져서 군부 중견층의 호전론이 실제의 개전결정으로 이어졌다고 할 것이다.

이상에서 우리는 전전 일본에서 전쟁이 가능했던 구조적, 행위자적 요인들을 검토하였다. 구조적으로는 각 전쟁시 일본의 국력상승에 따라 국제질서의 중요한 행위자로 부상하면서 지역질서의 패권을 둘러싸고 기존 국가들과 대립적인 관계를 형성하게 되었던 점을 근대 일본의 전쟁 원인의 하나로 지적할 수 있을 것이다. 행위자적인 요인들로서는 군부와 천황 등 정치군사지도자들의 세계관과 정책결정을 들 수 있을 것이다. 제국 일본의 군부와 정부는 각 시대의 가상적국에 도전할 수 있는 무기체계와 예산을 확보하면서 군사력 증강을 추진하였다. 군부와 천황 등 정치 및 군사지도자들은 여러 가지 이유에서 가상적국에 대한 전쟁의 불가피성을 상호 확인하면서 전쟁을 결의하였고, 육해군은 실제의 전쟁을 촉발시킬 수 있는 공격적 군사독트린을 갖추고 있었다. 이같은 요인들이 복합적으로 작용하면서 청일전쟁, 러일전쟁, 중일전쟁, 태평양전쟁 등이 연속적으로 일본의 주도에 의해 발

---

24) 相澤淳,『海軍の選擇:再考眞珠灣への道』(中央公論新社,2002), p.31,34; 五百旗頭眞,『戰爭・占領・講和1941-1955』(中央公論新社,2001), p.18,20.

발하게 되었다고 보여진다.

III. 현대 일본의 군사위협 평가

앞장에서 검토한 전쟁발발의 구조적, 행위자적 요건들은 현대 일본에 어느 정도 존재하고 있는 것일까. 일본이 군국주의로 회귀할 것이라고 주장하는 견해들은 사무라이의 전통을 갖고 있는 일본이 과거에도 전쟁의 도발자였던 역사를 강조하면서, 현대 일본의 보수화, 우경화 움직임이 군국주의에로의 회귀를 재촉하고 있다고 진단한다. 그 징표로서 자위대의 보유 군사력이 전수방위의 범위를 넘어 해외투사력을 갖기 시작했고, 정치적으로도 평화헌법을 개정하여 자위대의 해외파병이 가능한 체제를 갖추려고 하고 있음을 지적하고 있다.

그러나 이러한 진단은 한 국가가 전쟁에의 위협요인을 갖고 있는가를 판단하기 위해 요구되는 엄밀한 국제정치적, 군사적 검증을 결여한 주관적인 평가에 머무르고 있다. 한 국가가 전쟁위협요인을 갖고 있는가를 판단하기 위해서는, 앞 절에서 제시된 근대 일본의 전쟁 원인 분석에 유효하게 사용된 변수들, 즉 일본을 둘러싼 국제체제의 구조와 성격, 자위대 보유 군사력의 양상과 특성, 군사독트린의 성격, 국내정치의 구조 및 정치 및 군사지도자들의 성향 등이 포괄적으로 검토되어야 한다고 생각한다.

1. 전후 일본과 국제체제: 미일동맹의 군사적 구조와 변화추세

어느 일국이 국력 상승에 따라 기존 국제질서에 대해 어떤 입장을 갖게 되는가, 그리고 동맹국가들과 어떠한 위협인식 속에서 어떠한 공동의 군사태세를 갖추고 있는가가 그 국가의 잠재적인 군사위협여부를 판단하는 하나의 기준이 될 수 있다. 전전의 일본이 1902년 영일동맹을 체결하고 1918년 이후 워싱턴 체제하에 편입되었을 때에는 기존 국제질서의 주도국인 영국 및 미국과 우호적인 관계를 유지하였다. 그러다가 1930년대 들어서서 국제연맹 및 워싱턴 체제에서 이탈하고 국제질서의 도전국인 독일 및 이탈리아와 동맹을 맺으면서, 이 동맹을 기반으로 기존 국제질서의 현상유지국인 영국 및 미국을 상대로 중일전쟁과 태평양전쟁을 도발해 나갔다. 기존 국제질서에 대한 도전국으로 부상할 때 해당 국가가 호전적인 국가로 될 가능성이 농후함을 전전 일본의 국제관계사는 보여 주고 있는 것이다.

전후 일본은 지금까지의 외교정책을 통해 이러한 사실을 철저하게 인식하고 행동에 옮기고 있음을 보여 주고 있는 듯하다. 패전국가로서 제2차 세계대전 이후의 국제질서 형성에 배제당한 일본은 미국 등이 주도하여 구축한 전후질서에 철저하게 순응하는 태도를 보이고 있다. 이러한 점은 전후 일본의 유엔외교와 미일동맹 정책에서 잘 나타나고 있다.

유엔의 형성과정에서 배제당한 일본은 여러차례의 시도 끝에 1956년에 비로소 유엔 회원국으로 가입할 수 있었다. 그리고 1957년 발간한 『외교청서』에서는 유엔중심, 자유주의 제국과의 협조, 아시아 일원으로서의 입장 견지 등 일본 외교의 3원칙을 밝힌 바 있다.[25] 이러한 유엔 중시의 외교정책은 최근까지도 변함없이 유지되고 있다. 1990년대 이후 유엔분담금을 미국 다음가는 규모로 부담하고 있는 점, 혹은 유엔 안전보장이사회 상임이사국의 지위를 노리고 유엔 개혁에 앞장서고 있는 점 등은 일본 외교가 기존의 국제질서에 대해 순응하는 자세를 보이고 있는 사례로서 볼 수 있다. 미일동맹체제를 견지하고 있는 점도 이같은 시각에서 해석될 수 있다. 일본은 태평양전쟁에서 자신을 패배시킨 미국과 1951년 상호안전보장조약을 체결하였고, 1960년에는 이를 개정하면서 동맹관계를 50년 이상 발전시켜 오고 있다.

---

25) 五百旗頭眞 編,『戰後日本外交史』(有斐閣, 1999), p.90에서 재인용.

냉전체제하에서 미일동맹은 당시 소련의 위협에 대응하여 군사적 역할분담이 이루어진 것이 사실이다. 그러나 예컨대 1차 대전시 독일의 슐리펜 작전계획, 혹은 몰트케 수정계획, 제2차 대전시 일본이 태평양방면에서 수립했던 전쟁계획처럼 기존 국제질서에 도전하거나, 가상적국에 대해 공세적인 작전계획을 갖고 있었던 것은 아니었다. 냉전체제하에서 미일동맹은 일본이 기지를 제공하고, 미국이 군사력을 제공하는 형태를 취하면서, 지리적로는 극동, 즉 일본 본토, 필리핀 이북, 한국 및 대만 지배하의 지역을 적용범위로 해 왔다.[26] 1978년에 양국간에 합의된「미일방위협력을 위한 지침」, 즉 가이드라인에 따르면, 미일 양국은 일본에 대한 무력공격, 혹은 일본 이외의 극동지역에 있어 일본의 안전에 중요한 영향을 가할 수 있는 사태가 발생할 경우에 대비하여 공동연습과 공동훈련을 행할 것을 규정한 바 있다.[27]

최근 공개된 자료들에 따르면 냉전기의 미일동맹은 소련의 일본침공을 상정한 공동작전계획을 매년 수립하고, 필요한 병력동원계획을 세우고 있었으나, 이 계획은 어디까지나 소련군이 일본 주변도서를 침공해 올 경우를 상정한 미일 연합방어계획의 성격을 갖고 있었던 것이다.[28] 즉 미일동맹은 기존 국제질서에 도전하는 성격을 갖고 있엇던 것도 아니고, 잠재적 도전세력으로 간주된 소련에 대한 공격적 동맹의 성격을 갖고 있었던 것도 아니었던 것이다.

그런데 탈냉전기를 거쳐 21세기에 접어들면서, 미일동맹이 보다 강화되는 양상을 보이고 있는 것이 사실이다. 미일 양국은 1996년 미일

---

26) 坂元一哉,『日米同盟の絆:安保條約と相互性の模索』(有斐閣, 2000), pp.249-252; 졸고, "일본의 대미동맹정책," 한용섭 편,『자주냐 동맹이냐』(서울:오름, 2004), pp.395-435.

27) 坂元一哉,『日米同盟の絆:安保條約と相互性の模索』(有斐閣, 2000), pp.249-252; 田中明彦, 앞의 책, p.284에서 재인용.

28) 냉전기 미일양국의 공동통합작전계획, 영어명 Coordinated Joint Outline Emergency Plan 에 대해서는『朝日新聞』, 2004년 7월12일자 참조.

안보공동선언의 채택을 통해 소련의 위협이 사라진 탈냉전하의 미일동맹이 아시아태평양 지역질서의 안정을 위한 지역동맹으로 발전되어야 한다는 점에 합의하였다. 그리고 1997년에는 신가이드라인 제정을 통해 일본 주변지역의 유사시에 미국과 일본이 각각 수행해야 할 군사상의 역할분담을 구체적으로 규정함으로써 동맹의 운용성을 신장시켰다.

이같이 재정의된 미일동맹은 21세기에 접어들어 양국의 공통위협이 무엇이고, 그에 대응하여 양국이 어떤 역할을 각각 수행해야 할 것인가에 대한 인식의 일치를 이루면서 더한층 공고화되고 있는 모습을 보여주고 있다. 9·11 이후 미국은 테러리즘의 확산과 대량살상무기의 확산을 안보상의 주요위협요인으로 인식하고 이에 대응하는 테러와의 전쟁 및 본토방위체제 강화를 안보전략의 핵심과제로 위치지우기 시작했다.

이러한 미국의 군사전략 변화에 일본은 다른 어떤 나라보다도 적극적으로 부응하여 동맹국으로서의 상응하는 역할을 모색하기 시작했다. 미국이 대테러전쟁의 일환으로 아프가니스탄 및 이라크에서 전쟁을 수행하게 되자 일본은 2001년 10월 테러대책특별조치법을 제정하여 아프가니스탄에서 대테러전쟁을 수행하던 미국을 지원하기 위한 활동을 전개하였고, 2003년 7월에는 이라크 부흥지원특별조치법 등을 제정하여 역시 이라크 전쟁의 전후 부흥을 위해 자위대를 파견하는 등 양 지역에서 미국이 수행하는 대테러 전쟁에 적극 협력하는 자세를 보였다.

또한 일본은 미국이 주도하는 미사일방위체제 구축이나 핵확산 방지구상 등의 안보정책에 적극적으로 관여하고 지원하는 자세를 보이고 있다. 1998년 8월, 대포동 미사일 발사실험 직후 일본은 미국의 제안을 받아들여 미사일방위체제(MD)의 공동연구에 착수하였다. 일본은 2003년 5월에 부시 대통령이 제창한 핵확산방지구상(PSI)에도 적극적으로 참가하고 있다. PSI란 핵무기나 탄도미사일을 제조할 수 있는 관련물질이 소위 불량국가에서 유출되어 테러리스트에 흘러들어갈 수 있는 루트를 참가국들의 협력적 네트워크 구축에 의해 차단, 방지한다는 개념하에, 참가국들 간에 대량파괴무기 관련물질의 국제적 유통에 관한 정보를 상호 공유하고 경우에 따라서는 해상 임검 등을 통해 관련물질을 적발하는 체제 구축을 목표로 하고 있다. 일본은 2003년 오스트레일리아에서 실시된 PSI훈련에 참가한 데 이어 2004년 10월에는 스스로가 동경만 해상에서 PSI 훈련을 주최하기도 하는 등 적극적인 참가의 자세를 보이고 있다.

이러한 미일동맹관계는 향후에도 그 적용범위를 확대하고 군사적 운용성을 강화하는 방향으로 재편될 전망이다. 2005년 2월19일에 열린 미국과 일본의 외교 및 방위담당 각료회합, 소위 '투 플러스 투' 회의에서 발표된 공동성명은 미일의 협력관계를 지구적 규모에서 발전시킨다는 점에 합의하였다. 그리고 구체적으로 중국에 대해서는 타이완 문제의 평화적 해결과 군사적 투명성 강화를 요구하였고, 북한에 대해서는 6자회담에의 조속한 복귀와 핵폐기를 촉구하였다.[29] 이 성명에서 표명된 미일동맹의 지구동맹화를 군사적으로 뒷받침하기 위한 주일미군기지의 재편작업도 현재 진행 중에 있다.

2005년 10월29일 발표된 미군기지 재편에 관한 중간보고에 따르면 주일미군 기지 주둔에 따른 일본 국민들의 부담을 경감시키기 위해 오키나와 후텐마 기지를 이전하고, 미 해병대 일부 병력을 괌에 이전 배치하지만, 미국 워싱턴주에 소재한 제1군단 사령부를 일본에 이전시켜 작전사령부로 재편하며, 미 공군 제5공군 사령부와 일본 항공자위대 사령부와 요코다 기지에 공동근무하게 하면서 통합운용조정소를 설치하는 등의 조치를 통해, 주일미군을 동아시아 군사전략의 중추사령탑으로 활용한다는 방침을 천명하고 있다.[30]

---

29) 『朝日新聞』, 2005년 2월20일, 2월21일자 참조.

30) 「日米同盟:未來のための變革と再編」(www.jda.go.jp)(2005년 12월3일 검색).

혹자는 이러한 미일동맹 강화에 편승하여 일본이 군사대국화의 길을 걷고 있다고 지적한다. 분명히 군사력 역할 강화가 미국측에서 요청되고 있는 것은 사실로 보인다. 그러나 미일동맹체제가 강화된다고 해서 일본이 국제사회에 도전적인 국가로 탈바꿈하거나, 보다 공세적인 군사독트린을 가지면서 전쟁을 도발하기 쉬운 군국주의체제로 회귀한다고 보기는 어렵다. 2002년 체결된 미일의 공동작전계획 5055는, 일본 주변 유사사태 발생시 미군이 전방전개되어 작전을 수행한다면 일본 자위대는 본토방위를 주로 담당하면서 일본내 미군기지와 원자력 발전시설 등의 전략시설을 보호하고, 정보수집과 수송 등 후방지역에서의 지원작전에 국한하여 작전을 실시하도록 되어 있다.[31]

이러한 내용으로 보건대 미일동맹 강화 속에서 일본이 보다 공세적 군사독트린을 채택하고 있다는 점은 받아들이기 힘들다고 생각된다. 또한 일본이 군국주의에 경사된다는 것은 미일동맹체제를 폐기하고 국제질서 속에서 미국과 대립하는 국가로 발돋움하는 것을 의미하게 되는데, 오히려 일본이 자국의 국익 추구를 위해 미일동맹을 강화하는 현 시점에서 군국주의 회귀의 정책은 현실적으로 고려되기 힘들다고 보아야 할 것이다.

2. 일본의 군사독트린: 「전수방위」의 군사전략과 그 변화여부

한 국가가 공격적인 성향을 갖고 있는가, 그렇지 않은가를 판단하는 가장 좋은 재료는 해당 국가의 군사전략과 군사독트린을 검토하는 것이다. 전전 일본의 군사전략을 규정한 최고 지침서인 「제국국방방침」이 1907년의 제정 당시부터 1918년, 1923년, 1936년 개정에 이르기까지 일관해서 가상적에 대한 공세적인 군사독트린을 취하고 있었음을 앞에서 살펴 보았다. 그런데 전후 일본은 평화헌법 제정을 통해

---

31) 미일공동작전계획 5055에 대해서는 『朝日新聞』, 2004년 12월12일자 참조.

육해공군 전력의 불보유와 국가정책 수단으로서 전쟁 포기를 선언한데 더해, 군사전략의 기본방침으로서 전수방위(專守防衛)를 일관되게 표명해 왔다. 전수방위전략이란 스스로가 보유하는 방위력과 그 행사방식을 자위를 위해 최소한도로 한정하여, 외부로부터 무력을 받은 경우에 한해 방위력의 사용이 허가되는 전략을 의미한다.[32] 그래서 방위상의 필요가 생겨도 상대국의 기지를 선제적으로 공격 가능한 전략적 공격은 채택하지 않고 상대가 자국을 침공해 오는 경우에만 연안과 공중 지역에서 격퇴한다는 것이다.

군사전략의 특성상 각국은 최고의 군사전략 지침서를 대외비로 취급하기 일쑤이다. 전전의 「제국국방방침」도 천황과 육해군 수뇌부 사이에서만 비밀리에 논의되고 결정되었었다. 그러나 평화주의 원칙을 표방하고 있는 전후 일본은 최고급 군사전략 지침서를 내외에 공개하고 있다. 1976년에 처음 제정되어, 1995년에 1차 개정, 그리고 2004년 12월에 재개정되어 각의를 거쳐 공표된 「방위계획대강」이 바로 현대 일본의 군사전략을 담고 있는 최고 지침서라고 볼 수 있다. 그리고 이 「방위계획대강」은 앞서 설명한 전수방위의 수세적 군사독트린을 일관되게 표명하고 있는 것이다.

냉전기에 제정된 방위계획대강에서 일본은 당시의 최대 위협요인으로 간주되었던 소련으로부터의 직접적인 침략위협에 대해서는 미국의 핵우산과 미군의 전방전개에 의존하여 방어하고, 일본 자위대는 본토에 대한 공중으로부터의 공격과 해상 상륙 침공의 경우에 대비하는 방위력 만을 보유한다고 명언해 왔다. 이러한 전략방침은 전수방위의 원칙에 의거한 것이라고 볼 수 있다.

그런데 이러한 전수방위의 전략방침이 2004년 12월 재개정된 「방위계획대강」에서 다소 변형된 모습으로 나타난 것이 사실이다.[33]

---

32) 防衛大學校安全保障學研究會, 『安全保障學入門』(亞紀書房, 2003), p.314.
33) 신방위계획대강에 대해서는 졸고, "일본의 신방위계획대강과 중기방위력 정

2004년 12월에 책정된 신방위계획대강은 크게 보아 ①일본을 둘러싼 안전보장환경, ②일본 안전보장의 기본방침, ③방위력의 양태, ④그리고 육해공 자위대의 군사력 보유목표를 정한 별표(別表)의 4부분으로 구성된다.[34)]

첫 번째 부분인 「일본을 둘러싼 안전보장환경」에서는 국제정세를 분석하면서 일본의 안보에 위협이 될 수 있는 위협요소를 도출하고 있다. 방위계획대강은 9 · 11 이후의 안보환경은 종래와 같은 국가 간 군사적 대립뿐만 아니라 대량살상무기와 탄도미사일 확산, 국제테러 조직 등 비국가주체에 의한 새로운 위협요인이 증대하고 있다고 지적하고 있다.

그리고 일본 주변지역에는 핵전력을 포함한 대규모 군사력이 존재하고 있고, 다수 국가가 군사력의 근대화에 힘을 기울이고 있다고 지적하면서, 특히 「북한은 대량살상무기와 탄도미사일 개발, 배비, 확산을 행함과 동시에 대규모 특수부대를 보유」하고 있고, 「북한의 이러한 군사적 움직임은 지역 안보에 있어 중대한 불안정 요인이 됨과 동시에 국제적 확산방지의 노력에 대한 심각한 과제가 되고 있다」고 분석하고 있다. 방위계획대강은 또한 중국에 대해서도 언급하면서 「중국은 핵 미사일 전력이나 해공군력의 근대화를 추진함과 동시에 해양에 있어 해양활동의 확대 등을 꾀하고 있고, 이러한 동향에는 금후에도 주목해갈 필요가 있다」라고 언급하고 있다.

동아시아 지역질서에서 북한이나 중국과 같은 특정국가를 지칭하면서, 예컨대 북한의 군사태세가 지역질서의 중대한 불안정요인이 되고 있다거나, 중국의 군사적 동향을 금후 주목할 필요가 있다는 언급 등은 1976년이나 1995년의 방위계획대강에서는 찾아볼 수 없는 표현

비계획," 『군사논단』 제42호(한국군사학회, 2005년 여름), pp.175-177를 참조.
34) 『平成17年度以後に係る防衛計畫の大綱について』(2004.12.10)(http://www.kantei.go.jp/jp/kakugikettei/2004/1210taikou.html)(12.12 검색).

이다. 생각컨대 1998년 8월의 대포동 미사일 발사나 2002년 1월의 NPT 탈퇴 및 핵개발 시인, 그리고 일본인 납치사건 등의 공표 등에 의해 촉발된 대북한 여론 악화, 그리고 중국측 잠수함의 잇단 일본 영해 침범사건과 일본에 대한 비대칭전력으로서의 제2공군 전력에 대한 위협의식이 북한 및 중국 관련 언급의 배경으로서 작용하고 있다고 생각된다.

이러한 21세기 초두의 잠재적인 위협에 대해서 어떻게 대응해야 할 것인가의 방향성이 「일본 안전보장의 기본방침」에서 논의되고 있다. 방위계획대강은 안전보장의 기본목표가 일본에 직접 위협이 미치는 것을 방지하고, 나아가 국제적 안보환경을 개선하여 일본에 위협이 미치지 않도록 해야 하는 것이라고 밝혔다. 이러한 안전보장의 목표를 달성하기 위해 3중의 틀, 즉 일본 자신의 노력, 미일안전보장체제, 국제사회와의 협력이 요구된다고 보았다.

일본자신의 노력으로서는, 후술할 「기반적(基盤的) 방위력」 개념을 유지하면서도 「다기능 탄력적이며 실효성있는 방위력」을 갖출 것을 제언하고 있고, 미일안전보장체제에 관해서는 미군의 억지력 유지와 주일미군 기지에 의한 부담경감을 원칙으로 제시하였다. 그리고 국제사회와의 협력을 위해서는 국제평화협력활동의 주체적 시행과 지역간 안전보장을 위한 다국간 노력에의 참가 등을 주창하였다. 이 부분은 95년의 방위계획대강과 구조적으로는 유사하다. 다만 다기능 탄력적 방위력의 개념이나 국제평화협력활동의 주체적, 적극적 시행 등은 종전 대강과 달라진 면으로 평가된다.

즉 2004년의 방위계획대강은 냉전시대의 주위협 소련에 대체하여 대량파괴무기 및 테러리즘 확산, 중국과 북한 등을 잠재적인 주위협으로 설정하고, 이러한 위협을 배제하기 위해 다기능 탄력적인 방위력 증강, 미일안보체제의 강화, 국제안보활동에의 적극관여를 제언하고 있는 것이다. 이러한 변화가 자국의 본토에 대한 공격만을 상정하여 방위력을 행사한다고 했던 전수방위의 원래 모습과 거리가 있는 것은 사실이다. 필자는 이러한 안보전략의 양태가 안보의 영역을 단지 일본에 한정하지 않고 국제사회라는 광역의 범위에서 위협요인을 배제할 수 있는 태세를 적극적으로 갖추려고 한다는 점에서 전방위 적극방위의 형태로 변화하고 있다고 분석한 바 있다.[35)]

일본이 군사전략의 측면에서 중대한 변화와 선택의 기로에 다가선 듯이 보이는 것은 부인할 수 없다. 그러나 전방위 적극방위 전략으로 변화가 되었다고 해도 이 독트린이 여전히 수세적인 성격을 벗어나지 못하고 있는 점은 인정해야 할 것이다. 방위연구소 등지에서 2003년 이후 적 기지에 대한 선제공격 독트린의 채택이 논의된 적이 있었다.[36)] 그러나 이러한 여론이 정부 여당 내의 반대의견으로 보류된 점을 보면 일본이 공세적 군사독트린으로 전환했다고는 단정할 수 없다.

3. 일본의 군사력 성격: 「기반적 방어력」 개념과 그 변화

전전의 일본이 군국주의로 치달았던 요인 가운데 하나는 가상적국에 대해 만일의 경우 대적할 수 있는 군사력 증강을 일관되게 추진했던 점을 들 수 있다. 현대 일본의 안보정책을 연구하는 연구자들 가운데에도 일본의 군사력이 이미 원거리 투사능력을 갖고 있고, 군사비 지출도 세계적인 규모여서 군사대국화, 나아가 군국주의 회귀의 경향까지 보이고 있다고 주장한다. 과연 그러한가.

전후 일본이 평화헌법하에서 전수방위의 원칙을 표명하고 있다는 점은 잘 알려져 있다. 이에 따라 일본은 군사력, 특히 무기체계의 획득에 있어서도 자기제약적인 정책을 취해 왔다. 이러한 정책은 냉전시

---

35) 박영준, "탈냉전기 일본의 군사전략, 군사독트린, 군사정책:전수방위에서 전방위 적극방위전략으로의 이행," 2003년도 한국국제정치학회 연례학술회의 자료집『일본 방위안보정책의 변화』(한국국제정치학회, 2003년 12월12일).

36) 防衛廳防衛硏究所編,『東アジア戰略槪觀2004』(防衛廳防衛硏究所, 2004), pp.227-229.

대의 일본 역대 정부가 표명해온 기반적 방위력의 개념, 비핵3원칙, 공격용 무기보유 금지 등의 원칙에 잘 나타나고 있다. 기반적 방위력의 개념이란 1970년대 중반 미키 내각하에서 방위사무차관을 지냈던 쿠보 다쿠야(久保卓也)가 제시한 개념으로, 일본이 보유해야 할 방위력의 규모와 성격은 특정 위협에 대항하기 위한 것이 아니라 스스로가 힘의 공백이 되어 국제관계의 불안정 요인이 되지 않을 정도의 최소한의 기본적인 저항력을 갖는 수준이 되어야 한다고 보는 관점을 말한다.[37)]

비핵 3원칙은 1967년 사토 수상에 의해 표명된 것으로 핵을 제조하지도, 보유하지도, 반입하지도 않겠다는 원칙이다.[38)] 공격용 무기 보유 금지의 원칙은 1971년 5월, 중의원 정부답변에서 표명되어 이후 발전되어온 원칙으로 대륙간탄도탄, 장거리 전략폭격기, 공격용 항공모함 등의 보유는 타국에 침략적 위협을 줄 수 있기 때문에 평화헌법의 정신과 전수방위 원칙에 준거해 보유가 허용되지 않는다고 보는 입장을 말한다.[39)] 나아가 1977년 8월, 당시의 후쿠다 수상은 동남아시아 방문을 통해 일본은 군사대국이 되지 않을 것을 선언하였다.[40)] 즉 냉전체제하의 일본은 핵무기를 비롯하여 전략폭격기, 공격형 항공모함, 대륙간탄도탄 등 전략무기의 보유를 금하고, 군사대국화의 가능성을 스스로 부정해 왔던 것이다.

그런데 탈냉전체제를 거쳐 21세기 초두에 진입하면서 군사력 보유

37) 1995년 11월28일 일본 각의에서 결정된 「防衛計劃の大綱」,『防衛ハンドブック:平成15年度版』(朝雲新聞社, 2003)에서 재인용; 田中明彦, 앞의 책, pp.257-259도 참조.

38) 田中明彦,『安全保障:戰後50年の模索』(讀賣新聞社, 1997), p.222.

39) 防衛大學校安全保障學硏究會,『安全保障學入門』(亞紀書房, 2003), p.314. 21세기 들어와서도 공격용 무기 보유 금지 원칙은 『防衛白書』에서 지속적으로 표명되고 있다; 防衛廳 編,『防衛白書2003年版:日本の防衛』(2003年 8月, 防衛廳), p.87.

40) 五百旗頭眞 編,『戰後日本外交史』(有斐閣, 1999), p.173.

기준에 관한 일본의 입장에 미묘한 변화가 나타나고 있는 것은 사실이다. 즉 탈냉전기 이후 테러리즘의 확산과 대량살상무기의 확산, 특히 중국의 해공군력 근대화 및 북한의 탄도미사일 전력 등을 새로운 위협요소로 간주하기 시작하면서 일본은 이에 대응할 수 있는 군사력의 정비 필요성을 주장하기 시작한 것이다. 2004년 12월에 제정된 「신방위계획대강」은 방위력이 새로운 위협과 다양한 사태,[41] 본격적인 침략사태, 국제적 안보환경 개선을 위한 노력 등에 대응할 수 있는 능력을 갖추어야 함을 강조하였다. 이와 동시에 발표된 「중기방위력정비계획(2005~2010)」은 보다 구체적으로 새롭고도 다양한 위협요소에 대응하기 위해 자위대가 기반적 방위력에 더해 다기능적이고 탄력적인 방위력을 구축하지 않으면 안 된다고 제언하였다. 그렇다면 중기방에서 말하는 다기능 탄력적인 방위력이란 무엇을 의미하는 것일까.

〈표 2〉는 2004년 신방위계획대강의 별표를 1976년, 1995년의 그것과 비교하여 육해공 자위대 전력증강의 목표와 방향을 나타낸 것이다. 〈표 2〉를 보면 2004년 방위계획대강에서는 육해공 자위대의 병력 및 기간장비들이 전반적으로 감소되는 경향을 보이고 있는 데 반해, 새롭게 탄도미사일 방위를 위한 특수부대 신편 및 장비편성이 추가되고 있는 점이 현저한 특징이다.

〈표 3〉은 중기방위력정비계획에서 제시된 육해공 자위대 보유 군사력의 전략적 용도 등을 나타낸 것이다. 〈표 3〉을 보면 종전의 방위력 정비의 중점은 방공능력, 주변해역 방어능력, 가상적의 착륙 및 상륙공격 대비능력 확충 등에 주어졌으나, 향후 5년간은 탄도미사일 공격에 대응할 수 있는 방위력, 게릴라 및 특수부대에 대응할 수 있는 능력, 도서부 침략에 대응할 수 있는 방위력의 정비 등에 중점이 옮겨가고 있는 것을 볼 수 있다.

---

41) 구체적으로는 탄도미사일 공격, 게릴라와 특수부대에 의한 공격, 도서부에 대한 침략 등을 들고 있다.

즉 〈표 2〉와 〈표 3〉을 분석해 볼 때 「신방위계획대강」 및 「중기방위력정비계획(2005~2010)」에서 제시된 다기능 탄력적 방위력이란 종전의 기반적 방위력 개념에서 요구되었던 방공능력, 주변해역 방위능력, 착상륙침공 대처능력에 더해 탄도미사일 공격에 대응할 수 있는 방위력, 게릴라 및 특수부대에 대응할 수 있는 능력, 도서부 침략에 대응할 수 있는 방위력 등을 의미한다고 볼 수 있다. 새롭게 대두된 위협요인에 대항해서 보유해야 할 방위력의 성격도 미묘하게 변화되고 있는 것이다.

다기능 탄력적 방위력의 개념을 구체적으로 실현하기 위해 부대편제 및 지휘체계의 재편도 진행되고 있는 것이 사실이다. 육해공 자위대에는 제3국으로부터의 게릴라전 및 테러리즘 공격에 대응하기 위한 특수부대가 속속 신편되고 있다. 2004년 「신방위계획대강」은 육상자위대 내에 중앙즉응집단(中央卽應集團)을 창설하여 대테러전 및 특수전의 임무를 수행하도록 하고 있다. 중앙즉응집단에는 이미 동경 근교에 배치된 제1공정단과 테러대처전문 특수부대, 그리고 신설될 PKO 전문부대 및 헬기부대를 배속할 예정으로 있다. 항공자위대는 원거리에 소재한 도서부에서 전개될 작전을 지원하기 위해 공중급유수송부대 1개 비행대를 2005년 이후 신편하고 있다. 특히 2004년 「신방위계획대강」은 탄도미사일방위를 위해 이지스시스템 탑재 호위함 4척의 신규도입, 항공경계관제부대의 신편, 지대공유도탄부대 3개 고사군의 신편을 계획에 포함하고 있다.

군사제도 측면에서는 방위청을 방위성으로 승격시키려는 움직임이 적극화되고 있다. 이미 자민당 의원들을 중심으로 방위청을 방위성으로 승격시키는 모임이 결성되어 활동을 전개하고 있고, 이들의 활동 여하에 따라 빠르면 2007년 안에 방위성 승격 실현이 이루어질 것으로 전망된다. 기존에 육해공 3자위대와 병렬적인 관계에 있던 통합막료회의가 격상되어 실질적으로 3자위대를 통합지휘하게 되는 자위대 지휘체계의 개편도 2005년도에 단행되었다. 군사정보 수집 및 분석을

〈표 2〉 「방위계획대강」 별표(別表)의 추이[42]

		1976년 방위계획대강	1995년 방위계획대강	현 중기방 완성시(2005년)	2004년 방위계획대강목표
육상자위대	편성정수	18만인	16만인	16만6천 인	15만5천 인
	평시지역배비	12개사단	8개사단 6개여단	9개사단 4개여단 1개혼성단	8개사단 6개여단
	기동운용부대	1개기갑사단 1개공정단 1개헬리콥터단	1개 기갑사단 1개 공정단 1개 헬리콥터단	1개기갑사단 1개공정단 1개헬리콥터단	1개 기갑사단 중앙즉응집단 (中央卽應집단)
	지대공유도탄 부대	8개고사특과군	8개고사특과군	8개고사특과군	8개고사특과군
	전차 및 화포	1,200량	전차 900량 약 900문	930량 약 910문	약 600량 약 600문
해상자위대	호위함부대 (기동운용)	4개 호위대군	4개 호위대군	4개 호위대군	4개 호위대군 (8개대)
	호위함부대 (지방대)	10개대	7개대	7개대	5개대
	잠수함부대	6개대	6개대	6개대	4개대
	소해부대	2개 소해대군	1개 소해대군	1개 소해대군	1개 소해대군
	초계기부대				9개대
	호위함	약 60척	약 50척	52척	47척
	잠수함	16척	16척	16척	16척
	작전용 항공기	220기	170기	170기	약 150기
항공자위대	항공경계관제 부대	28개경계군 1개 비행대	8개 경계군 20개 경계대 1개 비행대	8개 경계군 20개 경계대 1개 비행대	8개 경계군 20개 경계대 1개 경계항공대
	요격전투기부대	10개 비행대	9개 비행대	9개 비행대	전투기부대 12개 비행대
	지원전투기부대	3개 비행대	3개 비행대	3개 비행대	
	항공정찰부대	1개 비행대	1개 비행대	1개 비행대	1개 비행대
	항공수송부대	3개 비행대	3개 비행대	3개 비행대	3개 비행대
	지대공유도탄 부대	6개 고사군	6개 고사군	6개 고사군	6개 고사군
	공중급유 수송부대				1개 비행대
	작전용 항공기	430기	약 400기	약 390기	약 350기
	이 가운데 전투기	350기	약 300기	약 290기	약 260기
탄도미사일방위 주요장비, 기간부대		이지스시스템 탑재호위함			4척
		항공경계관제부대			7개 경계군 4개 경계군
		지대공유도탄부대			3개 고사군

〈표 3〉 각 중기방 전력증강을 위한 주요사업의 우선순위 비교[43]

우선순위 \ 중기방	91~95년도 중기방 〈주요사업〉	95~00년도 중기방 〈주요사업〉	01~05년도 중기방 〈자위대 능력 주요사항〉	05~10년도 중기방 〈새로운 위협과 다양한 사태 대응〉
1순위	방공능력	방공능력	방공능력	탄도미사일 공격에의 대응
2순위	주변해역방위 및 해상교통안전 확보능력	주변해역방위 및 해상교통안전 확보능력	주변해역방위 및 해상교통안전 확보능력	게릴라 및 특수부대 대응 능력
3순위	착상륙침공 대처능력	착상륙침공 대처능력	착상륙침공 대처능력	도서부침략 대응능력
4순위	수송력, 기동력	수송력, 기동력	게릴라에 의한 공격 대처능력	주변해공역의 경계감시 및 영공침공대처 및 무장공작선에의 대응
기타	정보지휘통신능력 계전능력 교육훈련체제 기술연구개발 등	정보지휘통신능력 계전능력 교육훈련체제 구난체제 등	재해구원 在外국민 수송 정보능력 경계감시능력 정보통신능력 기동력 수송력 등	대규모 특수재해 본격적 침략사태

담당하는 조직강화도 진행되고 있다. 기존에 통합막료회의 산하에 설치되었던 정보본부가 방위청 장관의 직할 하에 옮겨지면서 조직이 강화될 전망이다. 또한 2003년에 발사된 2기의 정보수집위성으로부터 송신되는 정보를 분석하기 위해 내각부에 위성정보센터가 설치되어 활동에 임하고 있다. 방위성 승격과 통합형 지휘체제에로의 조직개편이 이루어지고, 이를 뒷받침할 정보수집 및 분석조직이 강화될 경우 일본의 방위정책결정은 보다 강력하게 추진되고 군사적으로도 신속

42) 『2003年版防衛白書』, p.97 및 『2005年版防衛白書』, p.111 등 참조.
43) 防衛年鑑刊行會 編,『防衛年鑑:2001』(防衛年鑑刊行會, 2001), pp.458-484 및 『日本の防衛:防衛白書2005年版』, pp.360-361 참조.

하고 효율성있는 지휘체제로 변화될 것이라 전망된다.

이러한 방위력 개념 변화, 군부대의 신편, 군사제도의 재편 등은 기존의 전수방위체제와 기반적 방위력 개념에 입각해 볼 때 의미있는 변화라고 볼 수 있다. 그러나 이러한 변화가 과연 군사대국화, 혹은 군국주의에의 회귀를 예고하는 성격을 가진 변화라고 볼 수 있을까. 방위체계가 신속대응능력을 갖추고, 다양한 위협에 대처하는 역할을 하는 군부대가 신편되는 것은 사실이나 이러한 부대와 조직들이 공세적 독트린 하에 재편되는 것으로 보이지는 않는다. 그리고 비핵3원칙이나 공격용 무기 보유금지 등의 원칙은 신중하게 견지되고 있다. 일본의 외교안보 전문가들 사이에서 지정학적 이유나 동아시아 안보질서 유지의 관점에서 핵을 보유하면 안 된다는 논의가 널리 공유되고 있음을 주목할 필요가 있다.[44] 전방위 적극방위 형태로의 변화는 인정되지만, 군국주의 회귀나 군사대국화에 접근하는 변화로 보기에는 무리가 있다고 생각된다.

4. 국내정치의 구조: 평화주의와 문민통제 원칙의 변화여부

전전 일본의 정치구조는 천황의 통수대권 구조 속에서 군부가 정당 및 정부의 제어를 받지 않은 채 천황의 재가를 받아 국내 정치 및 대외정책을 전단할 수 있었다. 그리고 바로 이 점 때문에 1930년대 군부에 의한 정변이나 만주사변과 중일전쟁 등 일련의 폭주가 가능했었다. 그런데 전후 일본의 정치구조는 전전(戰前)의 전쟁이 가능했던 정치구조를 환골탈태(換骨奪胎)시킨 성격을 갖고 있다.

종전 이후 1946년 제정된 평화헌법은 제1조에 상징천황제(천황은 일

---

44) 자유주의자의 관점은 船橋洋一,「北朝鮮核實驗と日本核武裝」,『朝日新聞』, 2003.9.4, 현실주의자의 관점은 北岡伸一,『日本の自立:對米協調とアジア外交』(中央公論新社, 2004), p.200.

본국의 상징이고 일본 국민통합의 상징), 제9조 1, 2항에 전쟁포기조항(전쟁과 무력에 의한 위협 또는 무력의 행사는 국제분쟁을 해결하는 수단으로서 영구히 이를 포기한다, 전항의 목적을 달성하기 위한 육해공군 기타 전력은 보유하지 않는다), 제66조 2항에 문민통제 조항(내각 총리대신 및 기타 국무대신은 문민이 아니면 안 된다) 등을 삽입시켰다. 이로 인해 천황과 군부가 정치에 직접 개입하는 길을 막았고, 대외정책의 수단으로서 전쟁 및 무력행사를 헌법적으로 금지시켰다. 이같은 평화헌법상의 장치들이 전후 60여 년에 걸쳐 일본에 의한 전쟁의 재발을 방지하는 국내적 구조가 되어 왔다.

그런데 냉전체제가 종식되고 일본의 외교안보적 역할 강화가 내외에서 요구되면서 평화헌법의 개정 움직임이 활발해지고 있는 것은 사실이다. 2000년 이후 중의원과 참의원에 헌법조사회가 각각 설치되어 개헌안 작성을 위한 준비작업이 진행되고 있고, 이와 병행하여 자민당과 야당에도 헌법개정작업이 추진되고 있다. 그런데 중의원 헌법조사회와 자민당 신헌법기초위원회 등에서 중간작업을 정리한 보고서에 의하면 설령 헌법이 개정된다고 하여도 전후 전쟁을 억제해온 기본적인 헌법구조, 즉 전쟁포기조항과 문민통제 조항 등은 계속 유지되는 것으로 합의되고 있다.

예컨대 2005년 3월, 중의원 헌법조사회에서 최종보고서안을 제시한 바에 따르면 제9조 1항의 전쟁포기 조항은 견지하자는 의견이 다수였다고 지적되고 있다.[45] 2005년 4월, 자민당 신헌법기초위원회에서 독자적으로 작성한 헌법요강도 전행 평화헌법의 기본이념인 평화주의를 계승한다는 점을 헌법 전문에 명시하고, 제9조 2항의 육해공군 전력 불보유 조항은 현실을 반영하여 「자위를 위해 자위군을 보유한다」라고 명기하지만, 제9조 1항의 전쟁포기 조항은 계승한다는 내용이 되고 있다.[46]

---

45) 『朝日新聞』, 2005년 3월30일 기사에서 인용.
46) 『朝日新聞』, 2005년 4월5일.

그리고 2005년 11월22일, 자민당 창당 50주년 기념식에서 발표된 자민당의 개헌안 초안도 제9조 2항에 총리대신을 최고 지휘관으로 하는 자위군의 보유를 규정하고, 제76조 3항에 군사재판소의 설치를 새롭게 규정하면서도, 헌법 전문에서 평화주의와 국제협조주의를 강조하고, 그리고 제66조에서 문민통제 조항을 존속시키고 있는 것이다.[47]

일본 정치세력이 헌법개정을 추진하면서도 현행 평화헌법의 핵심 조항들에 대해 견지의 입장을 보이는 것은 국민들의 여론을 무시할 수 없기 때문이라고 보여진다. 2005년 5월 3일, 아사히신문이 일본헌법에 대한 여론조사를 실시한 결과를 보면, 헌법 개정의 필요에 대해서는 응답자의 56%가 찬성을 보였지만, 헌법 제9조를 바꾸지 않는 것이 좋다는 의견도 51%가 나오고 있기 때문이다.[48]

현행 헌법의 또 다른 핵심조항인 문민통제에 관해서도 최근 수정의 움직임이 나타나고 있는 것이 사실이다. 평화헌법상에는 내각총리대신과 기타 대신들이 문민(文民)이 아니면 안된다는 조항이 포함되어 있지만, 실제 일본의 문민통제 원칙은 상당히 엄격하게 적용되어 왔다. 방위청의 핵심업무와 보직을 외무성이나 재무성, 통산성 등의 다른 부서 출신이 점해와서 국방업무 주관부서로서의 제도적 자율성이 상실되어 왔었다.[49] 뿐만 아니라 방위청 내에서도 현역 자위관의 지위상승이나 정책결정과정에서의 역할이 극히 제한을 받아 왔다. 현역자위관은 방위청내 직제상 과장 혹은 그 이상의 지위에 승진할 수 없게 되어 있다. 그리고 자위대 지휘체계상 육해공 자위대는 방위참사관제도를 통해 방위청장관의 지휘감독을 받아왔는데, 방위참사관을 구성하는 것은 관방장과 방위국장 등 10여 명의 문관관료가 맡아왔다.

즉 육해공 자위대는 방위청내 문관 관료들에 의해 실질적으로 지휘

---

47) www.jimin.jp/jimin/shin-kenpou/shiryou/index.html(2005년 12월3일 검색).

48) 『朝日新聞』, 2005년 5월3일.

49) Peter J.Katzenstein, *Cultural Norms & National Security:Police and Military in Postwar Japan*(Ithaca:Cornell University Press, 1996), pp.104-107.

감독을 받아온 것이다. 이에 대해 최근 자위대 고급 간부들이 중심이 되어 방위청 조직 개편 및 지휘치계 조정을 통한 현역 자위관의 위상 승격이 제기되었다. 2004년 6월, 해상자위대의 수장인 해상막료장 고조 고이치(古庄幸一)는 방위청장관에게 제출된 문민통제개혁안을 통해, 2005년 시점에서 통합막료장이 설치되는 제도개편을 계기로 해서, 방위참사관 제도를 폐지하고, 통합막료장이 방위청 장관의 지휘감독을 받으면서 육해공 자위대의 군령권을 행사할 수 있도록 하는 방안을 건의한 것이다.[50]

그러나 고조(古庄幸一)의 문민통제 개혁안도 실은 신설 예정의 통막의장이 군령권을 행사할 수 있도록 하는 데에 초점이 맞춰져 있는 것이지, 문민통제 원칙 자체를 부정하는 것은 아니라고 보아야 한다. 자민당의 신헌법요강에도 자위대에 대한 수상의 지휘감독권 명기와 문민통제 원칙의 계승이 표명되고 있고, 2005년 7월에 가결된 자위대법 개정안도 문민통제 원칙이 관철되고 있다.[51] 따라서 헌법개정의 추세에도 불구하고, 그 내실을 보면 전쟁포기조항과 문민통제 조항 등 현행 헌법의 평화주의적 요소들은 계승될 것으로 전망된다. 점차 일본 정치세력이 보수화되는 경향은 물론 중시할 만한 요소이기는 하지만, 개헌 추세 속에서도 평화주의가 계승되고 있는 점도 유의해야 할 것이다.

Ⅳ. 맺음말: 동아시아 평화를 위한 21세기 일본의 조건

본 논문은 전전 일본의 전쟁발발요인을 대립적 국제체제, 가상적국

---

50) 『朝日新聞』, 2004년 7월2일과 7월4일자 기사 참조.

51) 자위대법 개정안 내용 및 가결 경위에 대해서는 『朝日新聞』, 2월10일과 7월 23일자 참조.

에 대한 군사력 증강과 적대적 군비경쟁, 공격적 군사독트린의 존재, 정치 및 군사지도자들의 호전성 및 전쟁결의 등 4가지로 도출하고 이에 따라 근대 일본의 연이은 전쟁이 구조적으로나, 행위자적인 차원에서 가능했었음을 제시했다. 그리고 이같은 분석틀에 준거해 현대 일본의 전쟁위협 여부를 검토해 보았다. 그 결과 냉전체제하 일본에서는 방어적 성격에 기초한 미일동맹의 구조, 전수방위의 원칙에 따른 군사전략, 기반적 방위력과 비핵3원칙 등에 입각한 군사력 구조, 평화헌법과 문민통제 원칙을 기반으로 한 민군관계 구조 등이 존재하여 전쟁위협 요소가 거의 존재하지 않았다고 보았다. 10년마다 전쟁이 발발하였던 20세기 전반기와 달리 20세기 후반기에 일본에 의한 전쟁이 한번도 발발하지 않은 것은 이러한 요인들이 복합적으로 작용한 결과라고 생각된다.

그런데 탈냉전기를 거쳐 21세기에 진입하면서 이같은 안보구조들에 변화의 요소들이 배태되고 있는 것은 부인할 수 없다. 미일동맹은 중국의 군사력 근대화 및 북한의 핵개발 추세를 경계 대상으로 인식하면서 글로벌 동맹으로서의 성격을 강화하고 있다. 90년대 이후 미국에 의한 안보역할 확대 요청에 따라 PKO부대 파견 및 대테러 전쟁에 관여하면서 기존의 전수방위 원칙은 전방위 적극방위 형태로 변화되고 있다. 기반적 방위력 개념에 기초한 자위대 군사력 획득추세는 이제 다기능 탄력적 방위력 개념하에서 탄도미사일 및 테러리즘에 대비하는 군사력의 확대에까지 다양화되고 있다. 평화헌법은 부분적으로 개정될 경향을 보이고 있다. 통합막료회의의 군령권이 보강되면서 종전의 문민통제의 구조에도 변화가 생겨나고 있다.

그런데 이같은 21세기 일본의 안보구조 변화가, 전전 군국주의의 구조로 회귀하는 성격을 갖는 것은 아니라고 보여진다. 글로벌화되는 미일동맹의 공동작전계획에서 일본은 여전히 방어적 역할에 머물러 있다. 핵무기와 공격용 무기 등의 전략무기체계 불보유에 관한 일본의 기존 방침은 변경되지 않고 있다. 설령 헌법이 개정된다 하여도 평화주의는 견지될 전망이며, 문민통제 구조 속에서 자위대의 정치외교적 영향력은 이전과 마찬가지로 제한될 것이다. 따라서 21세기 일본의 안보정책을 군국주의 회귀로 단정하는 것은 현상의 일면만을 강조한 피상적인 관찰의 결과라고 생각된다.

다만 이러한 일본 방위구조의 변화가 중국, 러시아, 북한 등 주변국가들에 긴장을 불러일으켜 군비경쟁의 악순환을 초래하고, 그로 인해 동아시아 질서가 군사적 불안정에 빠질 위험성은 적지 않게 존재한다. 예컨대 미일동맹이 중국과 북한의 군사적 움직임, 특히 중국 해공군의 근대화와 북한 핵개발 위협에 대한 경계감을 가지면서 이에 대응하기 위한 군사태세를 갖춰 나갈 경우, 이에 상응하여 중국과 북한, 그리고 러시아가 경쟁적인 군비증강에 나가면서 동아시아 지역질서의 불안정요인이 될 개연성이 충분히 있다고 보여지기 때문이다. 동아시아에서 군사적 대립과 긴장구조가 재현되는 것은, 북한 핵개발 시도를 저지하고, 나아가 남북한 평화공존 질서를 구축하려는 우리의 국가목표 달성에 바람직하지 않다.

따라서 한국으로서는 일본 방위구조의 변화가 평화주의의 원칙에 입각해서 진전되도록 유도하고, 진행되고 있는 동아시아 안보구도 재구축이 지역의 평화질서를 깨지 않도록 지역질서 내에서 중재자, 혹은 가교국가의 역할을 새롭게 정립할 필요가 있다.

우선 일본에 대해서는 헌법상의 평화주의와 문민통제 구조의 유지, 대량파괴무기를 포함한 공격용 무기 보유 금지, 방어적 성격의 군사독트린 유지, 방어적 성격을 고수하는 미일동맹의 견지 등을 지속적으로 요구해가야 한다. 아울러 선제공격 독트린의 채택시도, 순항미사일 등을 포함한 장거리 미사일의 채택 여부 등에 대해 면밀히 주의를 기울여야 할 것이다.

이미 한일 간에 구축되고 있는 안보대화와 다양한 채널에 걸친 안보교류, 그리고 공동군사훈련을 활성화시켜 양국간의 군사적 신뢰구축을 더욱 높이는 작업도 지속되어야 한다. 나아가 동아시아 지역 내에 다자간 안보협의체를 구축하여 각국 간 군사적 신뢰구축과 투명성의 제고, 그리고 안보협력이 가능한 어젠다의 창출을 공동으로 논의해 가야 할 것이다.

참고자료

가토 요코(加藤陽子). 『근대 일본의 전쟁논리』. 태학사, 2003.
김우상. 『신한국책략:동북아시아 국제관계』. 나남출판, 1998.
김우상. "세력전이와 동아시아 안보질서에 관한 경험적 연구." 『한국정치학회보』 35집 4호(2001년 겨울).
나카에 초민(中江兆民) 지음. 연구공간 수유너머 일본근대사상팀 옮김. 『삼취인경륜문답(三醉人經綸問答)』(1887). 서울: 소명출판, 2005.
무츠 무네미츠. 『건건록(蹇蹇錄)』. 범우사, 1993.
박영준. 『명치시대 일본군대의 형성과 팽창』. 국방군사연구소, 1997.
______. "탈냉정기일본의 군사전략, 군사독트린, 군사정책: 전수방위에서 전방위 적극방위전략으로의 이행." 2003년도 한국국제정치학회 연례학술회의자료집 『일본 방위안보정책의 변화』. 한국국제정치학회, 2003년 12월 12일.
______. "일본의 대미동맹정책." 한용섭 편. 『자주냐 동맹이냐』. 서울:오름, 2004.
______. "일본의 신방위계획대강과 중기방위력 정비계획." 『군사논단』 제42호. 한국군사학회, 2005년 여름.
______. "일본의 입장." 한용섭 · 박종철 · 윤현근 · 황병무 · 박영준 · 이숭희 · 김영호 · 이서항 · 오승렬. 『동아시아 안보공동체』. 서울: 나남출판, 2005.
박철희. "전수방위에서 적극방위로:미일동맹 및 위협인식의 변화와 일본 방위정책의 정치." 『국제정치논총』 제44집 1호. 2004.
조명철. "러일전쟁기 군사전략과 국가의사의 결정과정." 『일본역사연구』. 일본역사연구회, 1995년 9월.
후지와라 아키라(藤原彰). 『日本軍事史』. 엄수현 역. 시사일본어사, 1994.

相澤淳. 『海軍の選擇:再考眞珠灣への道』. 中央公論新社, 2002.
五百旗頭眞 編. 『戰後日本外交史』. 有斐閣, 1999.
五百旗頭眞. 『戰爭 · 占領 · 講和1941-1955』. 中央公論新社, 2001.
入江昭. 『太平洋戰爭の起原』. 東京大學出版會, 1991.
井上壽一. 『日本外交史講義』. 岩波書店, 2003.

江口圭一. "帝國日本日本の東アジア支配."『岩波講座近代日本と植民地1:植民地帝國日本』. 岩波書店, 1992.
岡義武. "日清戰爭と當時における對外意識."『國家學會雜誌』68卷3,4號(1953年8月), 5,6號(1955年2月).
加藤陽子.『模索する1930年代:日米關係と陸軍中堅層』. 山川出版社,1993.
北岡伸一.『日本の自立:對米協調とアジア外交』. 中央公論新社, 2004.
北岡伸一.『日本の近代5:政?から軍部へ′1924-1941』. 中央公論新社, 1999.
黑澤文貴.『大戰間期の日本陸軍』. みすず書房, 2000.
黑川雄三.『近代日本の軍事戰略概史』. 芙蓉書房, 2003.
黑野耐.『帝國國防方針の硏究』. 總和社, 2000.
齊藤聖二.『日淸戰爭の軍事戰略』. 芙蓉書房, 2003.
防衛大學校安全保障學硏究會.『安全保障學入門』. 亞紀書房, 2003.
防衛廳 編.『防衛白書2003年版:日本の防衛』. 2003年8月, 防衛廳.
防衛廳 編.『日本の防衛:防衛白書2005年版』. 2005年, 防衛廳.
防衛廳防衛硏究所編.『東アジア戰略概觀2004』. 防衛廳防衛硏究所, 2004.
防衛年鑑刊行會 編.『防衛年鑑:2001』. 防衛年鑑刊行會, 2001.
『防衛ハンドブック:平成15年度版』. 朝雲新聞社, 2003.
田中明彦.『安全保障:戰後50年の模索』. 讀賣新聞社, 1997.
田保橋潔.『日淸戰役外交史の硏究』. 東洋文庫, 1951.
高橋秀直. "形成期明治國家の軍備擴張政策:壬午事變後の軍擴決定をめぐって."『史學雜誌』第99篇 8號(東京大學史學會, 1990.8).
武田康裕. "戰爭と平和の理論." 防衛大學校安全保障學硏究會.『安全保障學入門』.亞紀書房, 2003.
坂野潤治.『大系日本の歷史13:近代日本の出發』. 小學館, 1993.
山中恒.『アジア太平洋戰爭史』. 岩波, 2005
山室信一.『日露戰爭の世紀』. 岩波新書, 2005.
藤村道生.『山縣有朋』. 東京:吉川弘文館, 1961.
坂元一哉.『日米同盟の絆:安保條約と相互性の模索』. 有斐閣, 2000.
『平成17年度以後に係る防衛計畫の大綱について』(2004.12.10)(http://www.kantei.go.jp/jp/kakugikettei/2004/1210taikou.html).「日米同盟:未來のための變革と再編」(www.jda.go.jp)(2005.12.3).「自民黨新憲法草案」(www.jimin.jp/jimin/shin-kenpou/shiryou/index.html)(2005.12.3).『朝日新聞』.

Gilpin, Robert. *War and Change in World Politics*(Cambridge:Cambridge University Press, 1981.

Gilpin, Robert. "The Theory of Hegemonic War." Robert I.Rothberg and Theod ore K.Rabb. *The Origin and Prevention of Major Wars.* Cam bridge University Press, 1988.

Green, Michael. *Arming Japan: Defense Production, Alliance Politics, and the Postwar Search for Autonomy.* New York:Columbia University Press, 1995.

Hughes, Christopher W. Japan' s Re-emergence as a Normal Military Power. Oxford: Oxford University Press, 2004.

Katzenstein, Peter J. Cultural Norms & National Security:Police and Military in Postwar Japan. Ithaca: Cornell University Press, 1996.

Intriigator, Michael D., and Dagobert L.Brito. "Richardsonian Arms Race Models." Manus I.Midlarsky. *Handbook of War Studies.* Winchester, Mass.: Unwin Hyman Inc., 1989.

Levy, Jack S. "The Offense-Defense Balance of Military Technology:A Theoretical and Historical Analysis." International Studies Quarterly, Vol.38, No. 2*(June)*, 1984.

Lone, Stewart. *Japan' s First Modern War:Army and Society in the Conflict with China,1894-95.* London: MacMillan Press,1994.

Lynn-Jones, Sean M. "Offense-Defense Theory and Its Critics." *Security Studies,* Vol.4, No.4(Summer), 1995.

Organski, A.F.K. *World Politics.* New York: Alfred A.Knopf, 1958.

Organski, A.F.K., and J.Kugler. *The War Ledger.* Chicago: University of Chicago Press, 1980.

Peattie, Mark. *Ishiwara Kanji and Japan' s Confrontation with the West.* Princeton: Princeton University Press, 1975.

Posen, Barry R. The Sources of Military Doctrine:France, Britain and Germanybetween the World Wars. Ithaca, N.Y.:Cornell University Press, 1984.

Richardson, Lewis R. Arms and Insecurity. Chicago:Quardrangle Books, 1960.

Sieverson,Randolph M., and Paul F.Diehl. "Arms Race, the Conflict Spiral, andthe Onset of War." Manus I.Midlarsky. *Handbook of War Studies.* Winchester, Mass.: Unwin Hyman Inc., 1989.

Van Evera, Stephen. "Offense, Defense, and the Cause of War." *International Security*, Vol.22, No.4(Spring), 1998.

Van Evera, Stephen. "The Cult of the Offensive and the Origins of the First World War." *International Security*, Vol.9, No.1(Summer), 1984.

Wallace, M.D. "Arms Race and Escalation:Some New Evidence." In J.D.Singer. *In Explaining War: Selected Papers from the Correlates of War Project*. Beverly Hills Sage, 1979.

Waltz, Kenneth N. *Man, the State and War: A Theoretical Analysis*. New York: Columbia University Press, 1959.

제11장 | 남북한 간 전쟁위협과 평화

전재성

Ⅰ. 머리말

1953년 한국전쟁이 마감된 이래 한반도는 여전히 정전체제 속에 놓여 있다. 갈퉁의 개념을 빌자면, 우리 민족은 적극적 평화는 물론 소극적 평화도 이룩하지 못한 상태에서 50여 년을 살아온 것이다.[1)]

냉전기에 평화는 남북이 모두 원하는 최우선의 가치였다고 보기는 어렵다. 남과 북은 모두 자신의 이념이 승리하기를 원했고, 자신의 체

---

1) 요한 갈퉁, 『평화적 수단에 의한 평화』, 강종일 옮김 (서울: 들녘, 2000). 갈퉁은 평화를 소극적, 적극적 평화로 나누고 이를 힘의 세 가지 폭력 구도, 즉, 직접적 폭력, 구조적 폭력, 문화적 폭력의 삼각 구도와 연결시킨다. 세 가지 폭력 구도에 대해서는 직접적 폭력은 주로 군사적 폭력을 의미하고, 구조적/간접적 폭력은 정치적, 경제적 폭력을 의미한다. 그리고 직접적, 구조적 폭력을 정당화하는 것이 문화적 폭력이다. 갈퉁은 소극적, 적극적 평화와 네 가지 폭력의 영역 즉, 정치적, 군사적, 경제적, 문화적 힘과 연결시켜 평화에 이르는 여덟 가지 통로에 관해 이야기한다.

제가 보편화되기를 기도했고, 자신이 주체가 되어 한반도를 통일하기를 원했다. 그러한 상태에서 평화는 자신이 주도하는 통일을 위한 수단적 의미만을 띠게 되는 수가 종종 있었다. 남과 북은 많은 불가침협정, 평화협정, 평화체제에 대한 제안을 해 왔으나, 평화는 상위의 정책목표를 위한 수단적 의미에 그치는 수가 많았다.[2)]

1972년의 7.4 공동성명, 1991년의 남북합의서, 2000년의 6.15 공동성명 등 남과 북이 뜻을 같이하여 공존과 평화를 도모한 합의들이 있었음에도 불구하고, 군사적 긴장과 충돌은 여전히 지속되어 왔다. 그러나 대체적으로 한반도를 감싸던 냉전적 대립의 기운이 퇴조하고, 세계적, 지역적 세력균형이 변화함에 따라 탈냉전기 남북 간의 평화공존과 교류 · 협력, 통일이 가능할지도 모른다는 희망이 확산되었다. 2000년 남북 정상회담 이후 김대중 전 대통령의 "더 이상 한반도에 전쟁은 없다"는 선언은 이러한 경향을 상징적으로 대변해 주는 언명이었다.

이러한 상황에서 탈냉전기 남북 간의 전쟁 가능성을 둘러싼 논의는 매우 다양하고, 상반된 의견들의 각축의 양상을 보이고 있다. 일단 한국이 대북 무력사용에 의한 통일정책을 추진할 가능성이 매우 희박하다는 전제하에, 전쟁의 가능성은 북한의 무력 사용과 국제정치적 요인의 작동으로 인한 것이라고 전제할 수 있다.[3)]

탈냉전기에 접어들어 북한의 변화된 국가전략과 남북관계의 진전속도로 볼 때, 전쟁 가능성이 거의 사라졌다는 견해와, 북한의 국가전략, 안보전략, 대남전략의 본질은 냉전기 북한과 사실상 변화가 없으므로, 여전히 전쟁가능성이 상존하고 있다는 견해가 공존하고 있다.

---

2) 이러한 의미에서 갈등의 소극적 평화, 적극적 평화에 더하여 수단적 평화를 이야기할 수 있겠다.

3) 한반도에서의 전쟁가능성을 논함에 있어 미북 간의 무력충돌, 향후 미중 간의 대결로 인한 한반도의 전쟁 연루 가능성 등 국제정치 요인을 고려할 수 있으나, 본 논문은 남북 간의 무력사용가능성에 집중한다.

전자에 따르면, 북한이 근본적인 국가전략을 수정하였다고 본다. 한국에 대한 무력 공산화 통일의 노선이 더 이상 힘을 발휘하지 못한다는 견해이다.

특히 2002년 7.1 경제개혁조치 이후 개혁개방의 길로 들어섰으며, 이미 돌이킬 수 없는 변화를 겪고 있다고 본다. 한국과의 관계개선은 물론, 대외적으로도 개혁, 개방을 위한 정책을 추진하고 있다는 것이다. 북한의 개혁, 개방은 점진적인 체제변화를 목표로 하지만, 정권의 안보가 독립변수로 작용한다. 정권의 안전이 위협받지 않는 한계 내에서 개혁, 개방을 점진적으로 추진한다는 것이다.

문제는 김정일 수령체제가 존재하는 한, 북한의 개혁, 개방에는 근본적인 한계가 있으며, 정권의 교체, 혹은 정권의 근본 성격의 변화가 있기 전까지는 개혁, 개방이 원칙적으로 불가능하다는 점이다. 외부 보수세력 특히, 9 · 11 테러를 겪고 난 이후의 미국은 북한의 체제 자체가 외부에 안보위협을 가하고 있다고 본다. 특히 제2차 핵 위기와 2006년 2월 10일 북한의 핵무기 보유선언 이후, 북한의 정권교체가 북한의 변화의 전제조건이라는 점이 지적되고 있다. 이러한 견해에서 볼 때, 북한의 변화의 주된 걸림돌은 북한을 위협세력으로 보는 외부의 보수세력이다.

이와 상반된 견해는 북한이 여전히 대남 공산화전략을 추진하고 있다고 본다. 1990년대를 통해 북한이 공산권의 몰락과 경제난으로 주춤하고 있지만, 국력이 회복되면 한국에 대한 공산화전략을 추진할 수 있다고 보는 것이다. 이 견해에 따르면, 북한에 의한 전쟁발발의 가능성은 먼 미래이지만 여전히 존재하고 있다는 것이다. 북한이 대남 공산화전략, 혹은 북한 주도의 통일전략을 포기했다는 명백한 증거가 없는 이상, 북한을 잠재적 적국으로 간주하고 대북정책과 외교정책을 추진해야 한다는 주장이다.

현재까지는 팽팽히 대립하고 있는 양자의 주장을 결정적으로 뒷받침할 수 있는 경험적 증거가 없는 것이 사실이다. 이는 북한의 외교정책의 진정한 목표에 대한 지식이 결여되어서일 수도 있고, 북한 국가전략이 현실 속에서 양면성을 가지고 있기 때문이기도 하다. 그러나 이러한 상황이 지속되는 한, 북한의 전쟁위협과 한반도에서의 남과 북의 전쟁 가능성에 대한 논쟁이 지속될 것은 확실하다.

근대 국제정치체제에서 국가주권의 규범이 확립된 이래, 영토적 병합을 목적으로 한 전쟁이 성공한 예는 점차 감소하고 있다. 1945년 이후 제3세계 국가들이 점차 독립해 가면서 타국의 주권존중, 주권적 평등, 영토보전, 내정불간섭 등의 주권 규범들이 세계적으로 확산된 결과이다.[4] 향후의 근대 국제정치에서 영토병합이 국제사회의 반대를 불러일으키지 않으면서 가능한 사례는 아마도 남북통일과 중국통일 정도가 될 것이다.[5]

1990년 독일의 통일이 주권의 원칙에 위배되지 않는다는 인식 속에서 이루어진 것을 보면 알 수 있다.

---

4) 일례로 자허는 1945년 영토변경을 목적으로 한 전쟁이 감소했음을 보여 주고 있다. 즉, 1945년 이전 근대적 전쟁의 80%가 영토전쟁이었던 데 반해, 1945년 이후에는 30%만이 영토전쟁이었다는 것이다. 또한 1976년 이후 현재까지 영토보전의 규범이 예전 어느 때보다 강화되어, 1976년에서 1980년까지 벌어진 소말리아-이디오피아전쟁, 1990년의 이라크의 쿠웨이트 침공, 1992년에서 1995년까지 지속된 유고슬리비아의 크로아티아와 보스니아 침공, 그리고 1999년 인도네시아의 동티모르 독립 허용 등의 사례를 볼 때, 영토보전의 원칙이 중요하게 작동하였음을 보여 주고 있다. 아시아의 경우 인도네시아의 동티모르 침공 이래, 영토변경을 주 목적으로 한 전쟁이 발생하지 않았다는 사실 또한 특기할 만한 점이다. Mark W. Zacher, "The Territorial Integrity Norm: International Boundaries and the Use of Force," *International Organization*, 55:2, (Spring, 2001) 참조; Jianwei Wang, "Territorial Disputes and Asian Security: Sources, Management, and Prospects," in Muthiah Alagappa, ed., *Asian Security Order: Instrumental and Normative Features*(Stanford: Stanford University Press, 2003)도 참조.

5) 아시아에 대한 국제정치이론적 분석으로는 John Ikenberry and Michael Mastanduno, eds., *International Relations Theory and the Asian-Pacific* (New York: Columbia University Press, 2003) 참조.

이러한 상황은 남북관계를 매우 특수한 관계로 규정짓도록 하고 있다.[6] 남과 북은 1991년 국제연합에 동시가입한 이래, 각각 국제법적 주권국가로 국제사회에 참가하고 있다. 그러나 동시에 남과 북은 타방을 불법적인 영토점유자로 인정하는 법적 체계를 가지고 있다. 또한 공식적인 국가정책목표로 통일을 내세우고 있다. 통일은 평화적인 합의에 의해 이루어질 수도 있으나, 폭력에 의해서도 이루어질 수 있으며, 강압과 흡수에 의해서도 이루어질 수 있다. 따라서 남북관계는 한편으로는 국민국가 간 근대적 국제정치가 작동하는 관계이면서, 다른 한편으로는 통일을 기초로 한 근대국가 완성이라는 근대 이행의 국제정치가 작동하는, 이행과 중첩의 관계라는 특수성을 가진다.

이와 같은 특수 관계 속에서의 평화는 일반적인 국민국가 간 평화와는 다른 의미를 지닐 수밖에 없다. 현재까지 남북 간의 평화에 관한 연구는 남과 북의 내부정치 및 상호간에 대한 정책을 연구하거나, 남북관계를 둘러싼 국제관계를 연구하는 것이 상대적으로 다수였고, 남과 북을 두 개의 국민국가로 상정하여 국제정치학을 적용하여 연구한 것은 상대적으로 소수였다. 더구나 남북 관계를 한편으로는 국제관계, 한편으로는 통일을 전제로 한 근대 이행의 국민국가 형성과정의 단계로 보고 이를 분석한 것은 더욱 소수에 그쳤다.[7] 본 논문은 한반도에서의 전쟁가능성을 논의함에 있어 남과 북을 독립적인 두 개의 국제정치적 행위자로 보는 것이 도움이 된다는 점을 보여주고, 이를 통해 남북 간 전쟁 가능성을 분석하는 효용을 제시하고자 한다. 본 논

---

6) 김근식은 남북관계의 이중성을 "적대의식과 동포의식의 이중성", "적대적 대결관계와 화해협력적 관계의 이중성", "국가간 관계와 민족 내부관계의 이중성"으로 개념화하고 있다. 김근식,"남북한 관계의 특성: 과도기의 이중성," 경남대학교 북한대학원 엮음, 『남북한 관계론』(서울: 한울아카데미, 2005) 참조.

7) 남북관계의 국제정치이론적 분석을 개괄한 글로는 구갑우, "남북한 관계의 이론들," 경남대학교 북한대학원 엮음, 『남북한 관계론』(서울: 한울아카데미, 2005).

문은 국제정치이론의 주된 패러다임인 현실주의, 자유주의, 기능주의, 구성주의 등을 목적에 맞게 변형하여 적용하고, 특히 남북관계의 근대국가 형성 이행의 특수성을 고려한 적용의 중요성에 유의한다.

가장 비관적인 고전적 현실주의의 예측에서, 이에 비해 상대적으로 낙관적인 공격적 · 방어적 현실주의, 더 나아가 통합의 가능성까지 논의하는 기능주의와 자유주의, 그리고 정체성의 공유 가능성까지 분석하는 구성주의 등을 스펙트럼으로 삼아 각각의 이론에서 유추되는 남북관계의 현재와 미래를 논의할 것이다. 이러한 작업을 함에 있어서 국제정치이론을 적용하되, 다른 두 개의 근대국가 간 일반 관계를 그대로 적용해서는 안 되며, 남북관계가 통일과 영토병합을 전제로 하고 있으며, 이러한 병합이 국제적인 승인을 획득할 수 있는 상황이라는 사실을 전제로 한, 특수 관계의 분석에 초점을 맞출 것이다.

II. 고전적 현실주의와 한반도 전쟁 가능성

전쟁을 일으키는 원인은 무수히 많다. 전쟁발생의 원인은 인간의 본성에 깊이 뿌리박혀 있을 수도 있고, 전쟁 주체의 내부 조직, 특히 국가의 정책결정에 영향을 미치는 많은 행위자들의 정책과 이해관계에 있을 수도 있다. 또한 개인과 집단, 국가의 의도와 결정에 관계없이 국제관계가 어떻게 조직되어 있는가 하는 국제정치의 조직원리, 혹은 국제적 세력배분구조에 전쟁의 원인이 놓여 있을 수도 있다.[8)]

전쟁을 일으키는 주체가 인간과 인간의 집단이고 보면, 이들 행위자의 의도가 가장 중요하다는 것은 당연한 일이다. 전쟁을 효과적이고 필요한 정책수단으로 정책결정자들이 의도하고 결정할 경우, 전쟁이

---

8) 전쟁 원인에 관한 논의로는 Kenneth Waltz, *Man, the State, and War: A Theoretical Analysis*(New York: Columbia University, 1959) 참조.

발생하기 때문이다. 물론 전쟁이 행위자들의 의도와는 상관없이 우연과 상호 오해에 의하여, 또는 전혀 의도치 않은 상황의 긴장 상승에 의하여 발생할 수도 있다. 제1차 세계대전이 대표적인 예로 참전국들은 전쟁의 규모와 지속 기간 등에 대해 애초에 전혀 예측하지 못한 상황에서 세계대전이라는 끔찍한 상황에 돌입하였다고 알려져 있다. 참전국들은 1914년 8월 초에 발생한 전쟁이 그 해 성탄절 이전에 순조롭게 마감될 것이라고 예상했으나 전쟁은 무려 4년 이상 지속된 것이다.[9]

그럼에도 불구하고, 전쟁의 발발가능성을 논리적으로 분석할 때에는 행위자들의 의도를 분석하는 일은 매우 중요하다. 과연 행위자들이 전면적인 폭력 사용이 정책 목적의 실현을 위해 가장 효과적이고 합리적인 정책수단이라고 생각하고 있는지, 그리고 그렇게 생각할 수 있는 상황적 요건이 마련되어 있는지를 판단하는 것이 전쟁가능성에 대한 분석에 긴요한 일이다. 한반도의 상황을 놓고 볼 때, 남과 북, 그리고 주변국들이 남북 간의 전쟁, 혹은 주변국들이 개입하는 한반도의 전쟁이 각자의 국가이익 실현을 위해 가장 합리적이고 효율적인 정책수단이라고 생각하는지가 전쟁 발발가능성 분석에 필요한 일일 것이다.

국가의 의도와 전쟁 발발에 관해 국제정치의 각 이론들은 견해를 달리 한다. 우선 고전적 현실주의는 인간과, 인간으로 이루어진 정치집단의 끊임없는 권력욕을 강조한다. 정치집단의 권력욕의 기반은 인간의 본성이다. 고전적 현실주의자들은 한결같이 인간의 본성의 권력욕과 이기성을 강조하는데, 이기성보다는 권력욕을 더욱 강조하는 경향이 있다. E. H. 카아가 "모든 정치는 권력정치이다"라고 했을 때, 라인홀드 니이버가 "인간의 본질은 자기애"이며, "자기애는 권력을 통해 실현된다"라고 보았을 때, 그리고 모겐소가 "인간의 이기심은 충족될 수 있을지라도, 권력욕은 모든 인류를 정복할 때까지 만족될 수

---

9) Henry Kissinger, *Diplomacy*(New York : Simon & Schuster, 1994) 참조.

없다"고 했을 때, 인간 간의 관계, 더 나아가 인간 집단 간의 관계는 권력을 둘러싼 투쟁일 수밖에 없다.[10] 모든 개인은 자신의 이기심과 권력욕을 집단에 투사하고 집단의 지도자는 책임윤리에 기반하여 자신이 대표하는 정치집단의 세력확장을 위해 노력한다. 그 과정에서 가능한 모든 수단이 사용되며, 폭력이 독점적으로 소유된 국가 상위의 실체가 부재한 상황에서, 국제정치는 무정부상태적일 수밖에 없다는 것이 고전적 현실주의자들의 결론이다.

모겐소는 국가의 외교정책을 두 가지로 구분한다. 즉, 현상유지의 외교정책과 현상타파의 외교정책이다. 현상을 유지하는 외교정책을 사용하는 것은 세력을 팽창하는 것이 다른 세력에 의해 막혀 있을 때에 한정된다. 즉, 세력균형이 현상유지의 외교정책을 불러오는 것이다. 국가는 안정적으로 세력을 팽창할 기회가 허락되면, 세력으로 정의된 국가이익을 극대화하기 위하여 가능한 모든 수단을 사용한다고 본다.

1945년 이후의 국제정치는 제3세계를 포함한 지구상의 모든 국가들의 영토주권과 내정불간섭을 현대 국제정치의 기본 규범으로 인정하고 있다. 따라서 국제법적으로 승인된 타국의 영토를 병합하는 것은 국제법적 위반일 뿐 아니라, 사회적으로 구성되고 공고화된 규범으로서 사실상 힘을 발휘하고 있다고 보아야 할 것이다. 1976년 이후 지구상의 주권국가 간 불법적인 영토병합이 일어난 사례는 한 건도 없다는 통계가 이러한 사실을 증명해 주고 있다. 21세기 영토 상의 지위변경이 일어날 수 있는 사례는 영토분쟁지역의 해결과, 분단국가의 통일 정도가 될 것이다. 그리고 한반도의 통일은 이러한 분단국가의

10) E.H. Carr, *The Twenty Years' Crisis 1919-1939: An Introduction to the Study of International Relations*(New York: Palgrave, 2001); Reinhold Niebuhr, *The Nature and Destiny of Man: A Christian Interpretation*(London: Nisbet & co. ltd., 1949); Hans J. Morgenthau, *Scientific Man vs. Power Politics*(Chicago: The Univ. of Chicago Press, 1974) 등 참조.

통일 사례로서 영토변경이 합법적으로 일어날 수 있는 드문 사례 중의 하나가 될 것이다.

문제는 한반도의 통일이 남과 북 각자에게 상대방에 대한 정복행위로 비추어질 수 있다는 점이다. 남과 북은 각자 통일을 주장하지만, 이는 상대방의 측면에서 보면 자신의 정치집단이 소멸될 수 있는 위험한 정복행위일 수 있기 때문이다.

남과 북이 통일을 국가전략의 기초에 두고 있다는 사실에는 분단 이후 큰 변화가 없다. 한국은 헌법 제3조를 통하여 대한민국의 영토는 한반도와 그 부속도서로 한다고 명시하고 있으며, 제4조를 통하여 대한민국은 통일을 지향하며, 자유민주적 기본질서에 입각한 평화적 통일 정책을 수립하고 이를 추진한다고 명시하고 있다. 반면, 북한도 북한 노동당 규약 전문을 통해 "조선노동당의 당면 목적은 공화국 북반부에서 사회주의의 완전한 승리를 이룩하고 전국적 범위에서 민족해방과 인민민주주의 혁명과업을 완수하는 데 있으며 최종 목적은 온 사회의 주체사상화와 공산주의사회를 건설하는 데 있다" 고 하여 통일에 대한 정책을 명시하고 있다.

한국은 김대중 행정부의 등장과 더불어 통일보다는 화해와 협력, 냉전구조 종식 및 평화공존에 큰 비중을 두고 있다. 김대중 행정부 이후 노무현 행정부에 이르기까지 통일이 국가의 국가전략에 공식적으로 큰 비중을 두고 나온 적이 거의 없다는 것도 특이한 사항이다. 그러나 여전히 통일부가 존재하고 있으며, 더구나 1990년 독일 통일 이후 흡수통일 및 기능적 화해협력에 기초한 관여(engagement)에 의한 자연스러운 통일의 대안이 논의되고 있는 상황에서 북한이 한국의 통일정책을 의식하지 않고 있다고 보는 것은 합리적이지 못하다.

반면, 북한은 여전히 공식적으로 다양한 통일담론을 구사하고 있다. 물론 1962년 '4대 군사노선' 을 통해 군사정책을 표방한 때와는 상황이 다르다 할 수 있으나, 새로운 상황에 맞춰 통일정책을 내놓고 있다. 2006년에 발표된 "원대한 포부와 신심에 넘쳐 더 높이 비약하자"

라는 신년사에서 북한은 "북과 남, 해외의 온 겨레는 6 · 15공동선언의 기치를 높이 들고 민족자주, 반전평화, 통일애국의 3대 공조를 실현하기 위한 과감한 투쟁을 벌려 통일운동의 새로운 장을 펼쳐놓았다"고 하면서 "절세의 애국자이신 위대한 김정일 장군님을 높이 모시고 6 · 15공동선언의 기치 따라 나아가는 우리 겨레의 거세찬 자주통일 흐름을 가로막을 힘은 세상에 없다"고 논하고 있다. 또한 "북과 남, 해외의 온 겨레는 새로운 단계에 들어선 조국통일 위업을 더욱 활력있게 전진시켜나가야 한다"면서 "자주통일의 길로 힘차게 전진해 나가야 한다"고 주장하였다.

통일의 당위성은 하나의 민족이라는 정체성과 민족주의 규범에서 발생하기도 하나, 고전적 현실주의와 같은 국제정치이론의 측면에서 볼 때, 정당하고 효과적인 국력의 급속한 확대라는 점에서 남과 북이 지속적으로 지향할 수밖에 없는 정책목표로 보여질 수밖에 없다. 자신의 원하는 바대로 통일을 하게 되면 실제적 국력과 국제적 지위가 급속히 상승하기 때문이다. 남과 북은 이러한 사실을 누구보다도 잘 알고 있으며, 따라서 상대방의 공격적인 정복행위, 혹은 통일정책에 대해 극도의 긴장을 늦출 수 없는 것이다. 더구나 1950년 남침에 의한 북한의 전쟁행위 및 이후 남과 북의 지속적인 무력사용 사례들이 이러한 긴장을 유지시키고 있다.

고전적 현실주의에 의하면 정치집단의 의도는 완전히 파악되기도 어렵고 또한 가변적이라는 문제가 있다. 특히 의도는 능력에 부수한다는 것이 고전적 현실주의자들의 강력한 주장이다. 현재 능력이 부족하여 방어적 외교정책을 추진하고, 전쟁발발을 의도하지 않더라도, 이후에 능력이 증가하여 타국을 정복할 힘이 생기게 되면, 이전의 방어적 의도는 언제든지 변화할 수 있다는 것이다.

이러한 딜레마는 흔히 죄수의 딜레마의 경우에서 가장 잘 표현된다. 상대방의 의도에 대한 불가지성과, 배신을 방지할 기제가 결여된 상태에서, 행위자들은 항상 상대방의 배신, 혹은 공격에 대해 대비해

〈표 1〉 남북 군사력 비교

(2004.12.31 현재)

<table>
<tr><th colspan="4">구 분</th><th>한 국</th><th>북 한</th></tr>
<tr><td colspan="2" rowspan="4">병력</td><td colspan="2">총 계</td><td>68만 1천여 명</td><td>117만여 명</td></tr>
<tr><td colspan="2">지상군</td><td>55만여 명</td><td>100만여 명</td></tr>
<tr><td colspan="2">해 군</td><td>6만 7천여 명
(해병대 포함)</td><td>6만여 명</td></tr>
<tr><td colspan="2">공 군</td><td>6만 4천여 명</td><td>11만여 명</td></tr>
<tr><td rowspan="17">주요전력</td><td rowspan="8">지상군</td><td rowspan="3">부대</td><td>군 단(급)</td><td>13
(항작사, 특전사 포함)</td><td>19(포병, 미사일지도국,
경보교도지국 포함)</td></tr>
<tr><td>사 단</td><td>49</td><td>75</td></tr>
<tr><td>기동여단</td><td>19</td><td>69
(교도 50여 개 미포함)</td></tr>
<tr><td rowspan="5">장비</td><td>전 차</td><td>2,300여 대</td><td>3,700여 대</td></tr>
<tr><td>장 갑 차</td><td>2,400여 대</td><td>2.100여 대</td></tr>
<tr><td>야 포</td><td>5,100여 문</td><td>8,800여 문</td></tr>
<tr><td>다련장/방사포</td><td>200여 문</td><td>4,600여 문</td></tr>
<tr><td>지대지유도무기</td><td>30여 기(발사대)</td><td>60여 기(발사대)</td></tr>
<tr><td rowspan="5">해군</td><td rowspan="4">수상함</td><td>전 투 함</td><td>120여 척</td><td>430여 척</td></tr>
<tr><td>상 륙 함</td><td>10여 척</td><td>260여 척</td></tr>
<tr><td>기 뢰 전 함</td><td>10여 척</td><td>30여 척</td></tr>
<tr><td>지 원 함</td><td>20여 척</td><td>30여 척</td></tr>
<tr><td colspan="2">잠 수 함(정)</td><td>10여 척</td><td>70여 척</td></tr>
<tr><td rowspan="3">공군</td><td colspan="2">전 투 기</td><td>530여 대</td><td>830여 대</td></tr>
<tr><td colspan="2">특 수 기</td><td>70여 대
(해군 항공기 포함)</td><td>30여 대</td></tr>
<tr><td colspan="2">지 원 기</td><td>200여 대</td><td>520여 대</td></tr>
<tr><td colspan="3">헬 기</td><td>690여 대
(육 · 해 · 공군 헬기포함)</td><td>320여 대</td></tr>
<tr><td colspan="4">예 비 전 력(병력)</td><td>304만여 명</td><td>770만여 명
(교도대, 노동적위대,
붉은청년근위대 포함)</td></tr>
</table>

출처: 『2004 국방백서』(2005), 국방부.

야 하는 것이다. 이는 전형적인 무정부상태의 논리로서, 상대방의 공격에 대비할 수 있는 충분한 힘을 갖춤으로써만 안전과 평화가 보장될 수 있는 것이다. 따라서 국제정치에서 외교정책은 상대방의 의도를 확인해 가며, 상대방의 의도에 대해 맞균형을 취하는 것은 부분적으로만 타당한 논리이다. 흔히 외교정책에서 상대방의 의도를 정확히 읽어내고, 이를 기반으로 외교정책을 수립하려고 한다. 그러나 이는 항상 위험부담을 가지고 있다. 오히려 상대방의 능력의 변화에 기반하여 외교정책을 수립하는 것이 무정부상태 속에서 안전을 보장받는 길이라는 것이 고전적 현실주의자들의 주장이다.

결국 상대방의 전쟁의도를 막을 수 있는 유일한 방법은 상대방의 힘에 대한 균형이며, 세력균형이 전쟁의 부재를 확보할 수 있는 가장 신중한 방법이라는 것이다. 현재와 같이 남과 북이 통일을 국가의 기본 목표로 삼고 있는 상황에서 고전적 현실주의의 입장에서는 전쟁의 발발 가능성은 세력균형의 변화에 의해 상존하고 있다는 것이 합리적인 결론일 수밖에 없다.

냉전이 종식된 이후, 북한은 북한 주도의 통일을 위한 국내 차원, 한반도 차원, 국제 차원의 환경이 여의치 않다는 것을 인식하고, 근래 들어 수세적인 실용주의적 노선을 추구하고 있는 것이 사실이다. 정성장, 임재형은 북한의 대외전략을 냉전과 탈냉전기로 나누어 고찰하고, 이를 다시 다섯 개의 시기로 분석하고 있다. 우선 1945년부터 1954년까지는 진영 중심의 대외전략이 주를 이루었고, 이후 1955년부터 1965년까지 스탈린 격하운동을 계기로 독자적인 대외노선을 모색하였다. 1966년부터 1988년까지 냉전의 후반기에서 북한은 자주외교 노선을 수립하고 전개하였으며, 냉전에 즈음하여 1989년부터 1999년까지 북한은 생존차원의 수세적 대외전략을 추진하였다. 이 기간 중 김정일 정권이 수립되고 2000년대에 들어와 북한은 실용주의적 전방위 대외전략을 모색하고 있다고 볼 수 있다.[11]

---

11) 정성장, 임재형, "대외전략," 세종연구소 북한연구센터 엮음, 『북한의 국가전략』(서울: 한울아카데미, 2003), 231-250쪽 참조.

이와 더불어 북한의 대남전략은 초기의 '북조선 민주기지' 건설, 6 · 25전쟁을 통한 무력통일 시도, 1960년대 중반에 등장한 남조선혁명론, 1960년대부터 2000년까지의 기간을 통해 제시된 연방제 통일방안 등, 시기를 통해 다른 모습으로 펼쳐져 왔다. 특히 연방제통일방안은 1960년, 1973년, 1980년, 1991년, 2000년 등 다섯 번에 걸쳐 수정되었다. 그러나 공산권의 몰락으로 냉전이 종식되면서 이러한 노력에도 일정한 변화가 불가피해졌다. 일례로 북한의 연방제 통일방안의 경우, 전체적으로 '통합형' 연방제에서 '공존형' 연방제로 변화하였다. 이는 1980년대 이후 국력이 쇠퇴하고 국내외 환경이 변함에 따라 새로운 현실에 적응하는 방향에서 '통합' 위주의 통일방안에서 '공존' 위주의 통일방안으로 전환한 것이다.[12]

문제는 이러한 역사적 맥락 속에서의 변화가 북한의 전쟁 의도 및 무력 사용에 의한 통일정책의 가능성을 완전히 사라지게 했는가 하는 점이다. 한국 내에서도 북한의 이러한 전략과 의도의 변화에 기초하여 전쟁의 가능성이 사라지고 있다고 주장하는 의견이 대두된지 오래이다. 물론 전쟁의 가능성이 현격하게 줄어든 것이 사실이나, 고전적 현실주의에 의하면 문제는 전쟁 가능성의 양적 감소가 아니라, 세력균형의 변화의 양상이며, 이러한 변화가 북한의 전쟁사용 가능성의 의도를 봉쇄할 만큼 충분한가 하는 점이다.

탈냉전기 북한의 전략이 통합위주에서 공존위주로 변화했다고 해서, 북한이 통일이라는 목적을 포기했다고 보기는 어려울 것이다. 다만 잠정적으로 전쟁의 발발 가능성이 양적 감소했다는 것이다. 백학순이 정확하게 지적했듯이 "북한이 자신의 전략에 따라 통일이라는 '기본 목표'를 달성하는 것은 현실적으로 이미 불가능"하겠으나, "한반도에서 민족국가 형성은 아직도 미완성이기 때문에, 남북한 지도자

---

12) 백학순, "대남전략," 세종연구소 북한연구센터 엮음, 『북한의 국가전략』(서울: 한울아카데미, 2003), 205-207쪽 참조.

들이 전쟁이 아닌 다른 수단으로써 상대방을 굴복시키고 자신의 비전과 방식대로 한반도 전역에 단일 국가를 수립해 보겠다는 정치적 본능"을 가지고 있는 것은 사실이라고 할 수 있다. 따라서 "북한국가가 '한반도' 라는 역사적, 심리적, 실체적으로 단일한 경쟁의 장에서 남한국가와 체제경쟁에서 승리하여 한반도 전체에서 '독점적 권위' 의 확보를 통해 통일국가를 이룩하려는 대남전략의 본질은 변하지 않았다" 고 볼 수 있다.[13)]

이상의 내용을 종합해 보면, 고전적 현실주의는 다음과 같은 주장을 펴고 있다. 즉, 1)인간과, 인간으로 구성된 정치집단은 권력욕에 의해 움직이며, 지속적인 팽창을 추구한다, 2)정치집단의 의도는 가변적이며, 이를 추동하는 근본 요인은 세력과 세력균형이다, 3)전쟁은 세력의 변화와 이에 따른 의도의 변화에 의해 언제든 발생할 수 있는 국제정치의 상시의 일이며, 상대방의 의도에만 집중하여 평화를 추구하는 것은 실패할 가능성이 있다는 것이다. 한반도의 상황에서 이러한 주장을 생각해 볼 때, 통일을 통해 국제법적으로 정당하게 현상변경을 추구할 수 있는 드문 상황이 한반도의 상황이고 보면, 여전히 전쟁을 수단으로 사용한 통일정책이 추구될 가능성이 있다는 것이다.

더구나 외교적, 경제적 세력균형에서 북한이 현격히 부족한 상황이고 보면, 폭력의 사용가능성을 부정하기가 어렵다는 것이 고전적 현실주의에 따른 분석이라 할 수 있다. 또한 전쟁의 의도는 능력에 의해 추동되며, 북한의 능력과 남북 간 세력균형이 변화함에 따라 북한의 전쟁의도도 가변적일 수 있다. 냉전 종식 이후 북한의 외교정책이 수세적 실용주의로 선회했다는 사실은 확실하나 이러한 의도의 변화가 세력균형의 변화에 따른 것이고 미래의 상황 또한 마찬가지라는 사실을 인식하는 것이 중요하다는 것이 고전적 현실주의의 결론이라 하겠다.

---

13) 백학순, "대남전략," 세종연구소 북한연구센터 엮음, 『북한의 국가전략』(서울: 한울아카데미, 2003), 150쪽 참조.

Ⅲ. 신현실주의와 한반도 전쟁 가능성

신현실주의는 20세기 중반 미국에서 발전된 현실주의의 한 갈래로, 고전적 현실주의의 비실증성에 대한 비판을 중시한다. 케네츠 왈츠는 고전적 현실주의가 국가 행동의 기본 가설에 있어 인간 본성을 언급하는 것이 비과학적이라고 보았다. 말 그대로 본성이란 불변의 것이자, 인류 공통적인 것인 바, 특정한 전쟁과 국제정치의 사건을 설명하는데, 변수보다는 상수의 역할 밖에는 못한다는 것이었다. 가장 엄밀한 이론의 성립을 위해서는 최소의 독립변수로 최다의 종속변수를 설명해야 하는데, 인간 본성은 그러기에 많은 한계가 있다는 것이 왈츠의 생각이었다.[14)]

왈츠에게 중요한 것은 국가의 의도보다는 정책행위로서, 정책행위가 국제정치의 기본 조직원리와 세력배분구조에 의해 어떻게 제약되는가 하는 것이 주된 이론화의 대상이었다. 왈츠는 국가의 행동 의도가 기본적으로 생존지향적이라고 봄으로써, 과학적 근거 없이 국가가 팽창지향적이라는 의도가설을 거부하였다. 그보다는 생존지향적인 국가의 의도가 어떠한 국제정치구조하에서 때로는 공격적 행위로, 때로는 방어적 행위로 표출되는가 하는 것에 관심을 기울였다. 이로부터 미국의 국제정치학자들을 중심으로 공격적 현실주의와 방어적 현실주의의 논쟁이 시작된다.

미어샤이머로 대표되는 공격적 현실주의자들은 "최선의 방어는 공격"이라는 가설을 중시한다. 즉, 국가들은 생존이 기본 목적이지만, 자국의 안보를 보장받기 위해 가능한 한 세력을 확장해 놓으려고 한다는 것이다. 이 경우, 생존지향의 방어적 의도가 공격적 행위로 나타날 수 있다. 미어샤이머는 공격적 현실주의를 이루는 다섯 가지 가정

14) Kenneth Waltz, *The Theory of International Politics*(Boston, Mass.: McGraw-Hill, 1979) 참조.

에 관해 다음과 같이 말하고 있다. 첫째, 국제체제는 기본적으로 무정부상태적이다. 이는 주권 국가 상위의 권위가 인정되고 있지 않다는 명제로, 국가 간 갈등과 안보경쟁이 필연적이라는 결론과는 논리적으로 무관하다. 둘째, 강대국들은 대개 공격적 군사능력을 소유하고 있다는 점이다. 셋째, 국가들은 다른 국가들의 의도에 대해 확신할 수 없다는 점이다. 국가들의 의도는 가변적이며, 확증하기도 어렵기 때문에 다른 국가가 공격적 의도를 가지고 행동을 할 것인지에 관해 확신하기 어렵다는 것이다. 넷째, 국가의 가장 중요한 목적은 생존이라는 점이다. 다섯째, 국가들은 합리적 행위자로서 자국의 이익을 극대화시키기 위해 합리적으로 행동한다는 것이다.[15)]

이러한 전제하에서 국제정치는 기본적으로 배반과 상대적 이득의 논리에 기반해 있다. 국가들이 다른 국가들과 맺은 조약이나, 약속을 배반할 때, 이를 제재할 수 있는 효과적인 수단이 없는 것이 근대 국제정치의 조직원리의 결론이다. 또한 한 국가의 이득은 다른 국가들의 이득과 비교해 볼 때에만 의미를 가질 수 있다. 상대적 이득의 논리이다. 따라서 언제 있을지 모르는 배반에 대비하고, 상대적 이득을 극대화하기 위해서는 공격적 외교정책이 반드시 필요하다는 것이 공격적 현실주의자들의 주장이다.

공격적 외교정책은 다양한 형태로 나타날 수 있다. 영토를 확장해 놓는 것도 하나의 정책이고, 군사력을 증진시켜 놓는 것도 하나의 정책이다. 또한 상대방의 방어능력을 약화시키기 위해 강압외교를 추진할 수도 있고, 상대방의 군사력을 제한하기 위한 다양한 제도적 장치를 마련하는 것도 효과적인 수단이다. 이러한 경우, 외관상으로는 공격적이고 팽창적인 외교정책으로 보일지 모르지만, 기본적인 목적은

---

15) John Mearsheimer, *The Tragedy of Great Power Politcs*(New York : Norton, 2001), pp. 30-32 참조, 또한 John Mearsheimer, "The False Promise of International Institutions," *International Security* 19:3(1994-1995), pp. 5-49 도 참조.

자국의 방어를 위한 방어적이라는 것이 공격적 현실주의의 기본 가정이다.

한편, 방어적 현실주의자들은 공격적 현실주의자들과 국가의 외교정책의 의도에 대한 가정에서는 견해를 같이한다. 그러나 방어적 목적을 가진 국가의 외교정책이 반드시 공격적인 모습으로 표출될 수밖에 없다는 결론에 대해서는 견해를 달리한다. 방어적 현실주의는 공격적 현실주의의 기본 가정이 국가 간 갈등과 안보경쟁을 필연적으로 불러오는 것이 아니라는 점을 강조한다. 공격적 현실주의가 강조하는 바, 자력구제의 원칙, 군사력 증강의 필요성, 상대방의 의도에 대한 확신 불가능성의 등의 요소가 안보경쟁보다는 오히려 협력을 가져올 수도 있다는 점을 강조하는 것이다. 국가들은 안보를 스스로 책임져야 하는 자력구제의 상황에서 갈등보다는 협력을 선택할 수 있고, 군사력 증강의 필요성을 느끼기 때문에 상대방과의 조약으로 이러한 필요성을 군축을 통해 통제하려고 하며, 상대방의 의도를 확신할 수 없기 때문에 협력을 통하여 의도를 확인하고 제어하려고 한다는 것이다.

한마디로 국가 간의 협력은 현실주의적 가정에 따르는 상태에서도 상황에 따라 다른 결과를 가져올 수 있다는 것이다. 이와 같이 "상황에 따라 다른 현실주의(contingent realism)"는 첫째, 협력의 가능성을 선험적이 아닌 경험적 문제로 인식하고, 둘째, 공격적 현실주의와 방어적 현실주의가 적용되는 상황에 대한 구체적 연구를 심화시킬 수 있으며, 셋째, 신자유제도주의가 강조하는 바와 같이 국제제도에 기대지 않고서도 국가 간 협력의 가능성을 논할 수 있다는 점에서 공격적 현실주의와 차이점을 보인다.[16]

방어적 현실주의자들은 방어적 의도를 가진 국가들의 안보딜레마

---

16) Charles L. Glaser, "Realists as Optimists: Cooperation as Self-Help," *International Security* 19:3(1994); "The Security Dilemma Revisited," *World Politics* 50:2(1997)도 참조.

가 다양한 제도적 장치를 통해 해결될 수 있다고 본다. 배반과 상대적 이득의 중요성은 인정하더라도 이를 막을 수 있는 평시의 견제 메커니즘이 있을 수 있다는 것이다. 군비통제, 비확산체제, 조기경보체제 등 다양한 협력안보의 제도들은 상대방의 의도를 수시로 확인하고, 쌍방의 약속이 지켜지고 있는가를 확인할 수 있는 기제들이다. 만약 국가들이 진정으로 방어적 의도만을 가지고 있다면, 이러한 안보딜레마는 해결될 수 있다는 것이다.

방어적 현실주의의 관점에서 보면, 상대방 국가의 내정이나 정권의 성격에 대한 간섭은 허용되지 않는다. 모든 국가는 국가의 성격이나 이데올로기와 상관없이 존재의 근거가 있는 것이며, 상대방이 자신의 국익을 추진할 수 있는 권리를 가지고 있음을 인정해야 한다. 만약 상대방이 자신과 다른 이념을 가지고 있다고 해서, 존립근거를 공격하고, 내정에 간섭하면 이는 국가의 방어적 의도를 배반하는 것이 되며, 이러한 경우 방어적 현실주의는 성립되지 않는다.[17)]

고전적 현실주의가 국가들의 팽창 및 정복 욕구에 대한 경각심을 유지하는 반면, 신현실주의는 공격적, 방어적 현실주의를 막론하고, 무조건적 팽창욕구를 상정하고 있지는 않다. 공격적 현실주의는 팽창적 행위를 가정하나, 이는 국가의 생존을 위한 방어적 의도의 공격적 표현에 불과하다. 안보와 공존을 위한 조직적 틀이 마련되면, 방어적 현실주의가 주장하는 바처럼 평화로운 공존이 가능하다는 입장을 취

---

17) 기타 공격적, 방어적 현실주의의 논의에 대해서는 Sean M. Lynn-Jones, "Offense-Defense Theory and Its Critics," *Security Studies* 4:4(1995), pp. 660-695; Jack Snyder, *Myths of Empire: Domestic Politics and International Ambition*(Ithaca, N.Y.: Cornell University Press, 1991) 등도 참조. Gideon Rose, "Neoclassical Realism and Theories of Foreign Policy," *World Politics* 51:1(1988), pp. 144-172; Benjamin Frankel, "Restating the Realist Case: An Introduction," *Security Studies* 5:3(1996); Stephen G. Brooks, "Dueling Realisms," *International Organization* 51:3(1997), pp. 445-477 등 참조.

한다는 점에서 고전적 현실주의보다는 낙관적이라고 볼 수 있다.

공격적 현실주의의 가정에 입각할 경우, 북한의 공격적 외교정책을, 체제와 정권의 생존과 안전이라는 방어적 의도의 한 표현이라고 볼 가능성이 있다. 북한은 냉전기 대남공산화통일을 목표로 군사, 외교, 정치 부문에서 대단히 공격적 대남정책을 추진해 온 것이 사실이다. 이는 한반도의 단일 국민국가의 미성립과 냉전이라는 독특한 상황에서 파생된 특수한 측면이었다. 그러나 1991년 남과 북이 국제연합에 동시가입하고, 주변국들이 남과 북을 정당한 정치집단으로 외교적으로 승인하는 상황이 벌어지면서, 군사적 정복에 의한 통일의 가능성은 상당히 줄어들었다. 이러한 상황에서 북한의 공격적 대남정책을 어떻게 해석할 것인가 하는 문제가 새롭게 등장하였다.

북한은 잘 알려진 바와 같이 냉전의 종식과 반테러전쟁의 확장과 같은 국제정세의 변화에 직면하여, 국가의 존립을 유지하고, 사회주의의 체제를 지속하며, 수령체제의 보호와 같은 수세적 국가전략에 힘을 기울이고 있다. 그러나 외교정책의 목적이 수세적이라고 해도 외교정책의 전략이 공격적이 될 수 있다는 것이 공격적 현실주의의 논의이다. 공격적 외교정책의 전략은 영토의 확장, 무력의 사용, 정책 어젠다의 선점, 군비확대, 외교적 공세, 강압외교 등 다양한 형태로 나타날 수 있다.

북한은 1990년대 초부터 타협적 대남정책과 공격적 대남정책을 동시에 사용하여 왔다. 1991년의 남북기본합의서와 1997년의 4자 회담, 2000년의 6 · 15 남북공동성명 등은 대남 타협정책의 대표적 사례들이다. 반면, 1993년 3월부터 시작된 제1차 핵위기, 2002년 6월 29일의 서해교전, 2002년 10월에 시작된 제2차 핵위기 등은 북한의 공격적 대남 외교정책으로 볼 수 있다. 고전적 현실주의의 입장에서 보면 일련의 공격적 대남정책은 미래에 있을지도 모를 북한의 대남 통일전략의 하위전술로 간주될 수 있다. 그러나 1990년대 북한의 대남 외교정책을 공격적 현실주의의 관점에서 분석할 수 있는 가능성도 있다. 즉,

남북의 UN 동시가입과, 냉전 종식 이후의 주변국의 대한반도 정책의 변화, 북한의 체제위기로 인한 사실상의 대남적화정책의 유보 등의 상황을 고려할 때, 북한의 기본 정책목표가 생존과 안전이라고 볼 수 있다. 만약 북한의 방어적 의도를 상정한 공격적 행위의 관점에서 북한의 공격적 대남정책을 분석할 때, 이는 고전적 현실주의보다는 공격적 현실주의의 관점에 더욱 부합된다.

북한은 냉전이 종식되고, 기존의 공산주의 국가가 자본주의 국가로 혹은 시장사회주의 국가로 이행해 가는 가운데, 체제와 정권의 생존과 안보를 지키기 위한 최적의 수단으로 대단히 공격적인 외교정책을 추진하고 있는 것이다. 그리고 이러한 외교정책의 공격성의 수위도 매우 합리적으로 조절되어, 행위의 공격성이 의도의 공격성으로 오해받지 않으려고 노력하는 모습을 볼 수 있다. 북한은 서해교전 당시에도 한국에 대해 북한의 의도가 공격적이 아님을 역설하였고, 북핵 위기에 있어서도 미국의 대북적대시 정책과 북한의 자위를 가장 중요한 정책목표로 주장하고 있다. 이는 사실 여부를 떠나 북한의 체제와 정권의 안보를 가장 중시함을 대외적으로 확인시키려 하는 모습으로 볼 수 있다.

북한의 핵을 어떻게 볼 것인가 하는 것 또한 한반도의 평화와 전쟁을 둘러싼 대단히 중요한 문제이다. 북한이 핵을 개발하는 근본 목적은 다양하게 분석된다. 첫째, 핵 무기를 확보하여 남북 간, 지역 내 군비경쟁에서 우위를 확보하고, 이를 방어적 혹은 공격적으로 사용할 수 있는 군사적 목적이 작용할 가능성이 있다. 둘째, 핵 무기 개발과 포기를 둘러싼 북미 간, 혹은 6자회담에서의 교섭을 통해 체제유지에 필요한 경제적, 정치적, 외교적 자원을 최대한 끌어내는 협상용 목적이 작용할 가능성도 있다. 셋째, 북한이 주장하는 바대로 에너지의 확보 혹은 강성대국의 실현수단으로 대내적 정치 정당성 확보를 위한 국내적 목적이 작용할 가능성이 있다.

만약 북한이 공격적 목적에서 핵 무기 프로그램을 추진하고 있다면

이는 군사력을 극대화하여 향후의 세력확장의 기반을 마련하려 하고 있다고 보아야 할 것이다. 이러한 경우 고전적 현실주의가 논하는 바대로 북한의 핵개발 의도를 추정하는 데 집중하기보다는, 북한의 핵개발로 남북 간, 북미 간, 그리고 지역 내 국가 간 군사적 세력균형이 어떻게 바뀌는지를 주시하는 것이 가장 중요한 일일 것이다.

그러나 북한의 목적이 체제유지와 같이 근본적으로 방어적인 것이고, 다만 전략의 추진 수단이 공격적인 것이라면 공격적 현실주의의 관점이 더 타당하다고 볼 수 있다. 북한이 핵을 개발하고, 서해교전사태에서와 같이 무력을 사용하는 것이 체제유지의 불안감에서 비롯되는 것이라면, 체제불안을 누그러뜨릴 수 있는 근본적인 대책이 더욱 중요하게 된다. 만약 한국과 미국이 북한의 공격적 외교정책을 팽창적 의도로 해석하여 과도하게 대응할 경우, 북한은 더욱 방어적 의도를 강화하는 한편, 추진수단에서는 더욱 공세적이 될 가능성이 있다. 결국 북한이 체제불안을 덜 느끼도록 국제환경을 조성하는 것이 북한의 공격적 외교정책을 완화시키는 첩경이 된다는 것이 공격적 현실주의의 견해라고 볼 수 있다.

본 논문의 초점에서는 벗어나지만 핵위기를 둘러싼 미북 간의 대립 역시 양자의 공격적 현실주의의 대립으로 볼 수도 있다. 즉, 공격적 현실주의의 입장에서 볼 때, 미국의 경우도 북한의 경우와 근본적인 논리에서는 동일하다. 미국은 9 · 11 테러 사태 이후, 세계 최대의 군사력을 소유하고 있음에도 불구하고, 지속적인 본토 안보에 대한 불안에 직면할 수밖에 없는 역설적 상황에 처하고 있다. 더구나 안보위협이 전통적인 국가 간 전쟁위협에서 발생하는 것이 아니고, 예측이 상대적으로 어려운 테러집단에게서 비롯되는 만큼, 미국은 이에 대처하기 위하여 방어적 목적에서, 보다 공격적인 정책을 취할 수밖에 없는 상황에 직면하였다. 미국은 부시 1기 행정부의 반테러전쟁 정책을 통하여 아프가니스탄과 이라크를 군사공격하였고, 이후에도 테러의 위협이 예상될 경우, 군사적 선제공격이 불가피하다는 군사독트린을 제시하고 있다.

또한 테러가 대량살상무기의 사용과 연계되는 것을 방지하기 위하여, 대단히 공격적인 비확산 정책을 추진하고 있다. 미국은 현재 핵의 농축과 재처리를 하고 있는 국가 이외에 다른 국가들이 추가로 농축과 재처리 시설을 확보하는 것을 최대한 막으려 하고 있고, 기존의 핵국가들의 핵시설이 테러집단에게 노출되는 것을 막기 위해 다양한 노력을 기울이고 있다. 그리고 이러한 노력은 다른 국가들에게 국제제도 운용에 있어서 미국의 일방주의로 비추어지고 있다.

테러사태 이후 미국의 외교정책이 표면적으로 일방주의인 것은 사실이다. 그러나 이러한 일방주의가 21세기 미국의 제국건설전략에서 비롯된 것인가 혹은 자국의 안보를 확보하기 위한 방어적 전략에서 비롯된 것인가를 둘러싸고는 다양한 해석이 가능하다. 제국론자들이 주장하는 바대로, 21세기 미국은 인류 역사상 최초로 지구 전체를 군사적으로 장악할 수 있는 기술적, 경제적 토대를 차지하게 되었다. 미국이 근대의 국민국가체제를 넘어 제국체제로 이행하고자 하는 것도 가능한 논의이다. 이는 미국의 팽창적 욕구에서 비롯된 것일 수도 있고, 지구적 공공재 생산을 위해 불가피한 선택일 수도 있다.[18]

만약 제국론의 논의가 맞다면 이는 방어적 현실주의보다는 고전적 현실주의의 논의에 더 부합한다고 볼 수 있다. 미국의 제국적 국력이 제국적 외교정책의 의도를 창출하기 때문이다. 그러나 미국의 일방주의가 비국가 행위자의 불확실하고, 예측하기 어려운 군사위협에서 비롯된 것이라면, 그래서 미국의 대응이 기존의 군사전략처럼 통상적이기 어렵다면, 이는 방어적 의도를 상정한 것이다. 미북 간의 핵을 둘러싼 대립도 본토안보를 추구하는 미국과, 생존을 추구하는 북한 간의 공격적 정책 간의 대립이라는 각도에서 해석할 수 있는 여지가 있다.

---

18) Niall Ferguson, *Colossus : The Price of America's Empire*(New York: The Penguin Press, 2004) 참조.

사실 북한은 방어적 목적을 가지고 있어도, 방어적인 외교정책만을 추진하기에는 어려운 상황이다. 1990년 동독이 서독에 흡수통일되고, 동구 국가들이 대부분 자본주의와 다당제로 이행했으며, 인접한 중국도 대외개방과 개혁을 추진하여 왔기 때문이다. 북한은 탈냉전기 초기에 북한의 생존을 위하여 핵을 개발하여 대외 교섭에서 우위를 점하려는 '위협팔기' 전략을 추진해 왔다. 그리고 이러한 위협팔기는 대단히 공격적인 모습으로 비추어진 것이 사실이다. 이는 '최선의 방어는 공격' 이라는 공격적 현실주의의 가정에 따른 행위로 볼 수 있고, 사실 이러한 대외전략이 15년 이상 북한을 탈냉전기의 상황에서 비켜주었다고 볼 수도 있다.

북한은 냉전기를 통해 자립적 민족경제발전 노선, 중화학공업 우선 불균형 성장전략, 군사 · 경제 병진 전략 등 3대 발전전략하에 사회주의적 경제건설을 추진해 왔지만, 냉전이 종식되면서, 대외경제환경의 변화에 따라 이 정책기조를 유지하면서도 실리사회주의노선을 새롭게 추진하고 있다. 북한은 1990년대에 9년 동안 마이너스 경제성장을 겪은 결과 '빈곤의 함정' 에서 벗어나기 어려운 현실에 직면하게 되었다. 이에 따라 북한은 2000년대 들어와 고심끝에 북한식 사회주의체제인 '수령절대체제' 를 유지하면서도 계획경제체제의 모순을 개선하고 국제경제질서에 적극 편입하고자 하는 방향으로 새로운 경제정책 노선을 제시하게 되는데, 이는 이른바 '실리사회주의 노선' 이다.

북한에 따르면 실리사회주의란, "사회주의원칙을 지키는 가운데 가장 큰 실리를 추구하는 것," 즉 집단적 이익을 우선으로 놓고 각 경제단위들의 실리를 추구하는 것이라는 의미로 볼 수 있다.

실리사회주의 노선은 한국과의 협력은 물론, 미국으로부터의 안전보장, 국제기구로부터의 경제협력을 필수적으로 요구하고 있다. 그러나 외세들이 북한의 붕괴 혹은 흡수통일을 지향할지도 모른다는 생각으로 북한은 섣부른 대외개방이나, 소위 '황색 바람' 의 자본주의 영향의 유입을 극히 경계하고 있다. 그리고 이러한 방어적 노력에 더하여,

핵개발과 무력도발과 같은 공격적 노력이 북한의 방어적 목적을 달성하는 데 유용한 측면이 있다고 판단하고 있는 것으로 볼 수도 있다.

이러한 공격적 현실주의의 가정에 입각하여 북한을 본다면, 북한이 체제와 정권의 생존과 안전을 스스로 확신하기 전까지 북한의 공격적 외교정책이 지속될 가능성이 있다고 보아야 할 것이다. 더욱 문제가 되는 것은 북한의 의도를 둘러싼 한국과 미국으로부터의 오해의 가능성이 상존하고 있다는 것이다. 북한의 체제 개혁과 개방의 정책에 대해 한국으로부터의 오해와 적대가 상당 부분 감소된 것은 사실이나, 미국은 북한의 체제개혁의 진실성에 대해 근본적인 회의를 가지고 있다.

특히 제1차 핵위기의 해결과정에서 북한이 신뢰를 배반하고 고농축우라늄핵 프로그램을 가동했다는 점은 미국으로 하여금 북한의 의도를 의심하도록 하고 있다. 이러한 상황에서 북한은 미국의 대북 정책이 대북 적대시 정책으로 일관하고 있다고 믿고 있으며, 근본적으로 미국이 북한의 제도전복을 기도하고 있다고 주장하고 있다. 만약 북한의 체제개혁, 개방의 의지가 확고한 것이고, 대외적 팽창보다는 생존을 추구하고 있다면 북한의 공격적 현실주의 외교정책은 한국과 미국의 대응에 따라 보다 조화로운 방향으로 갈 수 있다는 결론이 나온다.

북한의 행위에 대한 공격적 현실주의의 가정이 적용가능하다고 볼 때, 방어적 현실주의가 논하는 남북 간 협력의 가능성 또한 예상해 볼 수 있다. 이는 굳이 남북 간 기능주의적 협력의 논의를 빌지 않더라도, 남과 북이 모두 생존이라는 방어적 목적에 기반하고 있을 경우, 상황과 조건에 따라 상호간에 협력할 수 있다는 논리로 연결될 수 있다. 탈냉전기 중 이러한 협력이 많지는 않았고, 또한 경제원조 및 협력에 대한 필요성 때문에 북한이 상황적으로 협력의 전술을 사용한 경우도 있다. 특히 김대중 행정부의 대북 화해 협력정책이 본격화된 이후에는 아래에선 논의할 기능적 협력이 주가 되었다고 보아야 할 것이다.

그러나 기능적 협력이 가속화되기 이전에 체결된 1991년의 남북 기본합의서와, 1994년의 북미 간 제네바합의, 그리고 1997년부터 약 2년간 지속된 4자 회담 등은 기능적 협력이 있지 않더라도, 남북 간 안보문제와 같이 첨예한 현안을 두고서도 협력과 타협이 있다는 가능성을 제시해 주고 있다. 이는 방어적 현실주의의 입장에서 볼 때, 탈냉전기 북한의 생존전략이 상황의 변화에 따라 보다 협력적이고 타협적으로 표출된 사례로 인용될 수 있는 것이다.

결국, 신현실주의는 국가 외교정책의 근본 목적을 생존이라는 수세적 목적에 고정하여 분석을 진행해 가면서, 외교정책의 공격성에 내재해 있는 목적의 실체를 좀더 복잡하게 파악하도록 하는 효과를 거두고 있다. 한국은 물론, 북한과 미국의 외교정책을 살펴봄에 있어서 상대방의 행동의 공격성 때문에 의도의 공격성을 상정하는 것이 항상 옳은 것은 아니기 때문이다. 더욱이 공격적 외교정책의 필요성을 점차 감소시킬 경우, 방어적 현실주의자들의 논의하는 바대로 타협과 협력이 가능하다는 결론이 나온다. 그러나 주의해야 할 점은, 남과 북의 관계는 근대 국민국가 간 일반적 관계와는 다르다는 사실이다. 분단국가로 인정받고 있는 남과 북의 경우, 서로에 대한 정책의 방어적 성격을 완전히 확신할 수는 없는 일이다. 분단국가로 인정받고 있다는 것은, 상대방에 대한 병합이 상황에 따라 국제적으로 용인될 수 있는 결과를 가져올 수 있기 때문이다.

Ⅳ. 기능주의, 자유주의, 구성주의와 한반도 전쟁 가능성

현실주의 패러다임이 무정부상태의 조직원리하에서 안보경쟁과 자력구제에 의해 움직이는 국가들 간의 관계를 비관적으로 보고 있다면, 협력의 가능성에 좀더 초점을 맞추어 전쟁의 회피 가능성과 평화의 정착 가능성에 주목하는 견해가 있다. 자유주의 국제정치 패러다임은 국가 간 협력과 조정의 가능성을 강조하며, 이를 통해 전쟁이 회피가능하다고 본다. 두 차례에 걸쳐 유럽에서 벌어진 참혹한 세계대전은 안보경쟁과 전쟁을 회피하는 노력을 배가시켰으며, 그 과정에서 협력과 통합의 지혜가 축적되었다. 경제와 사회문화 등 소위 저위정치 영역에서의 기능적 협력이 활성화되고 축적되면 협력의 제도와 문화가 고위정치 영역으로 확산되어 안보경쟁과 전쟁위험을 감소시킬 수 있으리라는 기능주의의 견해는 실제로 1950년 전후부터 시작된 유럽통합의 기초를 제공한 측면이 있다. 기능주의적 협력의 확산 가능성을 둘러싸고 정치적 타협의 가능성을 좀더 강조한 신기능주의자들의 수정노력이 있었지만, 대체적으로 기능적 협력에 의한 평화는 자유주의 국제정치이론에서 보다 확산된 형태로 전개된다.

자유주의이론은 국가들 간의 협력이 발생하고, 제도화될 수 있다는 가능성에 주목한다. 국가들 간의 협력이 배반과 상대적 이득의 장애를 넘어 이루어질 수 있는 많은 기제들이 있다는 것이다. 거래비용의 감소, 미래의 그림자, 이익구조의 변화 등 협력이 제도화됨에 따라 협력에 참가하는 국가들이 얻을 수 있는 바는 많다. 신자유주의적 제도주의가 강조하는 국가 간 협력은 국가 간 갈등이 폭력 사용에 의해 해결될 가능성을 줄인다고 본다. 제도화된 협력이 기제를 따라 갈등이 해소될 수 있는 방법이 존재하기 때문이다. 소위 제도에 의한 평화이다.

또한 사회의 역할을 강조하는 자유주의이론은 국가 간 관계에 영향을 미치는 시민사회의 행위자들이 중요하다는 점을 강조한다. 대표적으로 중요한 행위자는 시장 속에서 행동하는 자본과, 민주주의의 틀 속에서 행동하는 시민사회이다. 국가 간의 관계가 시장기제를 매개로 이루어지면, 자본은 이윤 창출을 극대화하기 위하여 평화로운 국제관계를 요구하는 경향이 있다는 것이 자유주의자들의 생각이다. "자본이 평화의 최고의 로비스트"라는 이러한 가설은 국가 간 무역, 금융, 투자 관계가 밀접해질수록 국가 간 갈등이 폭력적으로 해결되는 경향이 줄어든다는 점과 연관된다. 자본가들은 국가 간 관계가 악화될 경우, 이윤창출에 어려움을 겪게 되므로, 최대한 많은 수단을 사용하여

국가들이 대립적인 관계를 회피하도록 한다는 것이다.[19]

민주평화론으로 대변되는 민주주의와 평화의 관계는 많은 논쟁적인 측면을 포함하고 있다. 민주국가는 외교정책결정과정에서 시민사회의 다양한 주장을 수렴한다. 이 과정에서 어느 한 집단이 자신의 이익만을 위하여 갈등적 국제관계를 조성하는 것이 어려워진다. 독재, 혹은 권위주의 국가가 원만한 국제관계를 요구하는 시민사회의 요구를 무시하고 쉽사리 국제관계를 악화시키는 일이 민주주의 사회에서는 일어나기 어렵기 때문이다. 또한 독재, 권위주의 국가들이 정당하지 못한 국내권력을 유지하기 위하여 내부적 모순을 외부로 돌리는 일도 민주주의 사회에서는 일어나기 어렵다는 것이 자유주의자들의 생각이다. 내부권력의 정당성 문제가 국내정치의 기제들을 통하여 해결되기 때문에 관심전환으로서의 전쟁이 흔하지 않기 때문이다.

또한 독재적, 권위주의적 권력의 전쟁 선동 또한 일어나기 어렵다. 다양한 시민사회의 목소리들, 즉 여론, 미디어, 이익집단, 정당들이 외교정책에 대해 다양한 문제제기를 하기 때문이다. 자유주의자들은 민주주의적 국내질서가 보다 합리적인 외교정책을 가능하게 한다고 보고, 민주주의 질서, 혹은 개인의 권리, 즉, 인권이 보장되면 보장될 수록 국가 간 관계가 비폭력적이 될 수 있다고 본다.[20]

---

19) David Mitrany, *A Working Peace System* (Quadrangle Books, 1966); Ernst B. Haas, *The Uniting of Europe: Political, Social, and Economic Forces, 1950-1957*(Stanford University Press, 1958); Karl W. Deutsch et. al., *Political Community and the North Atlantic Area: International Organization in the Light of Historical Experience*(Princeton University Press, 1957); Paul Pierson, "The Path to European Integration: A Historical Institutionalist Analysis," *Comparative Political Studies* 29-2(1996): 123-163; Emanuel Adler and Michael Barnett, "A frame work for the study of security communities," in Emanuel Adler and Michael Barnett, eds., *Security Communities* (Cambridge: Cambridge University Press, 1998), pp. 30-37 등 참조.

20) Michael W. Doyle, "Kant, Liberal Legacies, and Foreign Affairs," *Philosophy and Public Affairs*, 12:3 (1983); Michael W. Doyle, *Ways of War and*

기능주의, 제도적 평화, 시장 평화, 민주평화 등 다양한 가능성에 기반한 자유주의 이론을 강화시켜주는 또 하나의 패러다임으로 구성주의가 있다. 구성주의는 집합정체성에 의한 평화를 주장한다. 즉, 국가간 전쟁의 위험성을 현저하게 저하시킬 수 있는 것은 국가들이 같은 정체성을 공유하는 것이다. 유사한 정체성을 공유한다는 것은 정치집단 간 집합적 정체성이 창출된다는 것이다. 집합적 정체성은 규범에 대한 인식을 공유함으로써 가능하다. 즉, 보다 많은 규범을 공유할수록 정체성의 공통분모가 늘어나고, 공유된 규범과 정체성은 국가의 이익을 정의하는 방식에서의 합의를 더 많이 이끌어 낼 수 있다. 구성주의자들은 국가 간 갈등과 전쟁의 위험성이 집합적 정체성의 출현과 발전으로 줄어들 수 있다고 본다.

전쟁과 전쟁위협에 있어서의 집합적 정체성은 국가안보에 대한 관점을 많이 공유할수록 출현될 가능성이 높다. 대표적인 것이 민족주의이다. 방어적 성격이든, 공격적 성격이든 정치집단의 정체성을 민족개념에서 찾고, 정치집단의 성격을 민족국가로 정의할때, 정치집단 간 갈등의 양상은 줄어들 수 있다. 민족은 문화와 역사, 규범과 미래에 대한 비전을 공유하므로, 정체성의 공유는 대단히 확고해질 수 있다. 민족은 국민과는 달리 역사적으로 형성된 집합정체성의 확고한 기반을 가지고 있기 때문이다.

미래에 대한 희망과 비전을 공유할 때에도 집합정체성이 형성될 수 있다. 예를 들어 대량살상무기 사용에 대한 공통의 회피감정과 비확산에 대한 비전을 공유할때, 안보에 있어서의 공통의 문화, 집합적인 정체성이 창출될 수 있고, 이는 협력안보의 제도적 틀 속에서 공고화된다.

Peace (New York: W.W. Norton, 1997); Christopher F. Gelpi, and Michael Griesdorf, "Winners or Losers? Democracies in International Crisis, 1918-94," *American Political Science Review* 95:3(2001); Bruce Russett and John R. Oneal, *Triangulating Peace: Democracy, Interdependence, and International Organizations*(W. W. Norton & Company: 2001) 등 참조.

일단 공유된 규범에 근거한 제도가 자리잡게 되면, 이와 관계된 다양한 갈등들은 제도적 갈등해소절차를 통해 해결될 수 있기 때문이다.[21)]

길게는 1988년의 7.7 선언 이후, 짧게는 2000년 6.15 공동성명 이후, 남북관계는 국가 차원 중심, 안보 영역 중심의 관계를 서서히 벗어나, 시민사회의 역할 증대, 경제, 사회문화 영역의 중요성 증대의 추세를 보여 왔다. 아래의 표에서 보이는 바와 같이 1991년 냉전의 종식시점으로부터 남북 간 교역액은 111만 달러에서, 2005년 1,055만 달러에 이르기까지 약 9.5배의 성장세를 보였다. 또한 교역 업체와 품목도 각각 56개에서 523개로 9.3배, 57개에서 774개로 13.6배의 성장세를 보였다. 이와 더불어 대북 지원액수도 1995년에는 민간 25만 달러, 정부 2억 3,200만 달러에서 2005년에는 민간 8,866만 달러와 정부 1억 2,388억 달러로 민간의 비중이 점차 커지고 지원액수도 꾸준히 유지되고 있다. 더불어 한국은 북한에 대해 매년 40만 톤의 쌀을 차관형식으로 지원하고 있다.

〈표 2〉 연도별 남북교역액 추이 (단위: 백만불)

연도	1991	1992	1993	1994	1995	1996	1997	1998	1999	2000	2001	2002	2003	2004	2005
총교역액	111	173	187	195	287	252	308	222	333	425	403	642	724	697	1,055

〈표 3〉 연도별 교역업체 및 품목 변화 추이 (단위: 개)

연도	1991	1992	1993	1994	1995	1996	1997	1998	1999	2000	2001	2002	2003	2004	2005
업체	56	77	121	136	236	319	356	419	516	536	506	432	481	462	523
품목	57	92	103	158	244	258	365	449	488	578	549	572	588	634	774

21) 전재성, "구성주의 국제정치이론과 남북관계," 하영선, 김영호, 김명섭 공편, 『한국외교사와 국제정치학』(서울: 성신여자대학교 출판부, 2005) 참조.

경제적 교류, 협력은 비단 무역과 대북 지원을 넘어 관광과 투자, 사회간접자본 설비 등으로 확장되고 있다. 금강산 관광사업의 경우 2004년 26만 8,420명의 관광객을 기록하고 있다. 개성공단은 남북 간의 무역, 관광을 위주로 한 경제관계가 투자와 생산의 단계로 확대 발전할 수 있는가를 보여주는 평가기준이 될 것이다. 이미 북한은 1991년 11월 나진 · 선봉 특구 정책, 2002년 신의주 특구정책을 통해 제한된 범위에서 해외자본 유치의 노력을 기울였으나, 성공하지 못하였다. 반면, 개성공단은 지리상의 이점, 시장성 등으로 볼 때, 기존의 경우보다 성공의 확률이 높은 것으로 평가된다. 물류, 소비시장근접도, 인프라구축 가능성 등의 경우에서 이전의 특구보다 유리한 상황에 있기 때문이다.

2003년 6월 30일 개성공업지구 착공식을 거행한 이후 2004년 4월 13일에는 1단계 100만 평 토지 임차료, 지장물 보상비 등 관련 계약(1,600만 달러)을 북측과 체결하였다. 그리고 기반시설 설치에 소요되는 공사기간과 중소기업들의 조기분양 요구를 반영하여 100만 평 공단 내에 우선 입주가 가능한 2만 8천 평 규모의 시범단지를 개발하기로 하고, 2004년 4월 23일 1단계 100만 평 조성사업에 대한 통일부의 협력사업 승인을 얻은 개발사업자는 1단계 부지조성 공사 및 시범단지 개발에 착수하였다.

이후 시범단지 분양에 따라 입주기업으로 선정된 15개 기업이 6월 14일 입주계약을 체결하고, 4차에 걸쳐 정부로부터 협력사업 승인을 받았다. 9월 10일 (주)리빙아트의 공장 건설공사를 시작으로 2005년 1월말까지 11개 기업이 공장건설에 착수 또는 완료하였다.[22]

북한이 금강산 관광, 경의선 철도 연결, 개성공단 사업을 통해 보여준 태도를 볼 때, 군사적 요인보다 경제적 합리성을 중시하고 있다는 인상을 보이고 있다. 경제사업의 중요성을 강조하면서 군사적 요인,

---

22) 통일부, 『2005년 통일백서』(서울: 통일부, 2005), 3장 참조.

군부의 역할에 대한 기존의 태도를 변화시키지 않고는 내리기 어려운 결정들을 내렸다고 볼 수 있기 때문이다.[23)]

남북 간의 경협은 새로운 제도의 정착을 가져옴으로써, 남과 북의 경제협력에 대한 태도를 제도화하는 효과를 가져왔다. 남북경제협력 제도화를 위해 2000년 12월 16일「남북사이의 투자보장에 관한 합의서」,「남북사이의 소득에 대한 이중과세방지 합의서」,「남북사이의 상사분쟁 해결절차에 관한 합의서」,「남북사이의 청산결제에 관한 합의서」등 4개 경협합의서를 타결한 이래 남북은 그 후속조치들을 계속적으로 논의하고 합의를 이루어 나감으로써 남북관계는 이제 정치적인 합의의 수준을 넘어 법적·제도적 단계로 점차 발전되고 있다.

2004년 1월 27일부터 29일까지 개성에서 진행된 남북경협제도실무접촉에서「개성공업지구와 금강산관광지구의 출입 및 체류에 관한 합의서」가 타결되어 개성공단 개발 및 운영에 필요한 일련의 합의서 채택이 마무리되자, 정부는 4개 경협합의서 발효(2003.8.20)의 선례에 따라 그간 채택된 남북 간 경협합의서들을 발효시키기로 결정하였다. 총 9개의 경협합의서들은 북측이 내부절차를 마친 후 상호 발효통지문을 교환하면 정식 발효되며, 정식 발효될 경우 개성공단, 철도·도로연결 등 남북경협을 실질적으로 뒷받침할 수 있을 것으로 기대된다.[24)]

남북 간의 교류협력은 비단 경제분야에서만 이루어진 것이 아니라 광범위한 사회, 문화교류 부분에서도 이루어져 왔다. 연도별 방북 인원과 주민접촉을 보더라도 1990년대 후반부터 급속히 증가하여 2005년 한국의 북한방문 인원은 8만 7,028명에 이르게 되었다. 또한 사회문화협력 사업의 승인도 2005년 107명에 이르러 10년 전에 비하면 기하급수적으로 증가한 사실을 알 수 있다. 이러한 남북 간 사회문화교

---

23) 류상영, "남북경협과 한반도 평화체제: 이상과 현실," 한국국방연구원 주최, 한반도 평화체제 구축세미나, 발표논문집『동북아 신질서와 한반도 평화체제』(2006년 3월 30일), pp. 117-120.

24) 통일부,『2005년 통일백서』(서울: 통일부, 2005), 3장 참조.

〈표 4〉 연도별 방북인원 변화추이

(단위: 명)

연도	1992	1993	1994	1995	1996	1997	1998	1999	2000	2001	2002	2003	2004	2005
방문 인원	257	18	12	536	146	1,015	3,317	5,599	7,280	8,551	12,825	15,280	26,213	87,028

〈표 5〉 연도별 주민접촉 추이

(단위: 명)

연도	1992	1993	1994	1995	1996	1997	1998	1999	2000	2001	2002	2003	2004	2005
성사	1015	707	691	1222	1003	1191	1890	1698	2468	1879	1981	1964	5385	3301
승인	2250	2182	2673	2703	2029	2850	6623	8890	4899	2283	3367	3994	6736	3590

〈표 6〉 사회문화협력사업 승인 추이(누계)

(단위: 명)

연도	1992	1995	1996	1997	1998	1999	2000	2001	2002	2003	2004	2005
승인 자수	2	2	2	3	8	13	18	24	31	44	60	107

류는 이산가족 상봉과 함께, 학술, 예술, 종교, 방송 등에서 다양하게 이루어지고 있다.

현재 한국정부는 점차 증가해가고 있는 남북 간 교류, 협력에 기초하여 3단계의 통일안을 추진하고 있다. 즉 화해협력 단계를 거쳐 남북연합 단계, 그리고 통일실현 단계로 나아간다는 것이다. 화해협력 단계에서는 다음의 세 단계 즉, 남북대화 및 교류협력 다양화, 활성화, 초보적 군사신뢰 구축, 북핵문제 해결방향 합의 등으로 이루어진 남북관계 안정적 발전 단계, 남북대화 및 교류 협력 심화, 발전, 군사적 신뢰구축 본격 추진, 북핵문제 합의 이행 등으로 이루어진 평화, 협력 심화단계, 마지막으로 남북대화 및 교류협력 활성화, 제도화, 평화협정 체결 및 이행, 북핵문제 해결 등으로 이루어진 평화, 협력 정착단계를 거치는 것으로 설정되어 있다.

다음으로 남북연합 단계 역시 다음의 세 단계, 즉, 남북연합 기구 구성, 운영, 단계적 군축 추진 등으로 이루어진 연합체제 형성 단계, 그리고 남북 공동생활권 형성, 남북공동시장 형성 등으로 이루어진 경제, 사회공동체 실현단계, 그리고 통일법안 마련과 통일 실현의 방법과 절차 마련 등으로 이루어진 제도적 통일 분비 단계를 거치는 것으로 되어 있다. 이러한 두 단계를 거치면 마지막으로 통일실현이라는 최후의 목적이 달성되는 것이다.[25)]

첫째, 남북 간의 경협이 정치적, 군사적 부분에서의 협력을 가져올 것인가? 즉, 시장평화론이 상정하는 바처럼, 경제적 복합상호의존의 심화, 경협을 둘러싼 제도화 수준의 증가가 정치, 군사부문과 같은 고위정치 영역에서의 협력을 가져올 것인가? 그리고 이러한 변화는 장차 한반도의 평화에 기여할 것인가?

둘째, 남북 간의 교류와 접촉이 증가함에 따라 남북 간에 집합정체성의 형성 수준 역시 증가할 것인가? 즉, 남북 간 교류가 증가함에 따라 정치, 경제, 사회문화 등의 부문에서 규범의 공유, 정체성의 동질화를 불러올 것인가? 또한 이러한 변화가 한반도의 평화에 기여할 것인가?

무엇보다 북한은 한국과의 경제협력이 북한의 체제에 변화를 가져오는 것을 경계한다. 소위 자본주의 황색바람이 유입되어 북한의 우리식 사회주의에 악영향을 끼치고, 더 나아가 수령유일의 정치체제에 위협의 요소를 제공하는 것을 경계하기 때문이다. 북한이 경협에 대해 정치적 고려를 우선시함에 따라 경협이 가지는 정치적 의의가 제한적일 수밖에 없다. 또한 다원주의와 시민사회가 결여되어 있는 북한의 정치체제의 성격으로 볼 때, 현재 진행되고 있는 경협을 정치적 고려에 의해 중단시킬 수 있는 결정구조를 가지고 있다. 경협의 목적,

25) 통일부, 『한반도 통일과정의 이해』 (서울: 통일부, 2005, 12) 참조.

과정, 결과에 대한 정치결정론이라고 할 수 있다.

반면 한국, 특히 한국정부는 남북 간 경협이 북한체제의 개혁, 개방을 가져오고, 더 나아가 경협이 정치, 군사적 협력으로 확산되어, 결국 평화정착과 통일에 기여할 것이라는 낙관론을 가지고 있다. 만약 이러한 낙관론이 과도한 것이라면, 한국은 경협이 북한의 체제변화를 가져오지는 못할 지라도, 평화를 정착시키는 효과는 가져올 것이라는 신중한 낙관론은 가지고 있다고 할 수 있다. 즉, 한국은 북한이 중장기적으로 "계획의 일원화 원칙하에서 운용되는 시장경제"를 지향하고 있는 것으로 보고 있다.

이러한 시각에 따르자면, 북한이 한국과의 경협을 통해 재정과 경제운용의 기본 계획을 수립해 나가고, 경제의 발전을 꾀하는 이상, 한국과의 군사적 긴장관계를 지속적으로 유지하기는 어려울 것이라는 것이다. 즉, 이미 수년간 지속되어 온 경협의 구조상, 북한은 한국으로부터 이미 일종의 매몰이익(sunk benefit)을 가지고 있다고 볼 수 있다. 결국 기능적 협력이 확산되어 정치적, 군사적 협력으로 이어지고, 이러한 협력은 한반도의 평화정착 가능성을 증가시킬 것이라는 기대가 존재하는 것인데, 이를 경협에 대한 기능주의적 낙관론이라고 할 수 있을 것이다.

문제의 핵심은 경제교류 · 협력, 그리고 체제의 동질성 증가, 체제통합, 평화, 통일 등 다양한 현안 부문들 간의 관계를 어떻게 상정하는가 하는 것이다. 북한은 필요에 의해 교류, 협력을 추진하고 있지만, 나머지 부문과의 연계를 최대한 차단하려고 한다. 반면 한국은 이러한 부문들이 밀접하게 결합되어 확산되기를 목표로 하고 있다. 가장 낙관적인 기대는 다섯 가지의 부문이 모두 순차적으로 연결되는 것이겠으나, 최소한 경제적 교류 · 협력이 평화를 가져올 수는 있으리라는 것이다. 이를 위해 우선적으로 고려할 점은 경협이 남북 간 체제적 동질성을 증가시킬 수 있는 구조적 효과를 가져올 수 있는가 하는 점이다.

만약 경협이 행위적 차원에서 가역적인 협력의 양적 증가에 기여할 뿐, 불가역적인 구조의 변화를 수반하지 않는다면, 이는 정치, 군사적 협력으로의 확산 가능성은 물론, 경제체제 동질성 증가에도 기여하지 못할 것이다. 반면, 경협이 점차적인 북한의 체제변화를 불러올 수 있다면, 이는 경제구조의 변화, 그리고 정치, 군사적 변화로 이어져 체제 동질성의 증가로 인한 평화의 효과를 가져올 수 있을 것이다.[26]

현재까지의 상황전개로 볼 때 어떠한 경험적인 정답은 없다고 해야 할 것이다. 이론적으로 고려한다면, 현실주의의 대답은 기능주의, 자유주의와는 달리 비관적이다. 현실주의의 입장에서 볼 때 국가 간 협력은 상대적 이득을 둘러싼 경쟁을 피하기 어렵다. 협력을 통한 양국의 이익이 정확히 등가가 될 수 없는 한, 상대적으로 보다 많은 이득을 얻는 측이 생기게 마련이고, 이는 예측하기 어려운 양국 간 관계에 중대한 세력균형 변화 요소로 작동할 것이기 때문이다. 남북 간 경협 역시 상대적 이득의 측면에서 남과 북에 다른 총량적 이득을 가져다 줄 것은 확실하다. 문제는 상대적 이익의 득실을 정확히 평가하는 것이 매우 어려운 상황에서 경협을 둘러싼 북과 남의 내부의 논쟁이 지속된다는 것이다. 북한은 북한대로 경협이 가져오는 경제적 이득의 긍정적 효과와 안보불안, 체제파괴의 부정적 효과 사이에서 군부와 대남협력 세력을 중심으로 한 논쟁을 벌이고 있으며, 한국도 마찬가지로 경협이 가져오는 평화의 효과와, 북한의 경제회생, 이에 따른 군사적 도발의 능력 증가, 그리고 결국 남북 간 세력균형의 변화로 인한 대남 위협의 증가와 같은 부정적 효과를 둘러싸고 남남갈등의 양상을 보여온 바 있다. 이러한 상대적 이득에 대한 기초적 논의가 해결되지 않는 한, 경협의 확산에 대한 남과 북, 각각의 태도는 여전히 논쟁적인 채로 남을 것이다.

---

26) 가역적인 행위적 관여와 불가역적인 구조적 관여에 관해서는 전재성, "관여(engagement)정책의 국제정치이론적 기반과 한국의 대북정책," 『국제정치논총』 제43집 1호(한국국제정치학회, 2003) 참조.

결국 경제적 교류·협력이 단기적인 기능적 협력의 증대를 가져올 것은 확실하나, 장기적으로 이러한 협력이 구조적이고 불가역적인 북한의 변화, 정치, 군사 영역으로의 협력 확산을 가져올지는 확실치 않다. 북한은 정치결정론적 관점에서 경제교류·협력을 이끌어 나가고 있으며, 상대적 이득의 관점에서 경협의 이익을 취한 뒤, 세력균형이 변화하면 경협을 수단적으로 이용하려고 하는 의도를 여전히 가지고 있기 때문이다.

다음으로 남북 간의 교류, 협력이 규범과 가치, 정체성의 공유와 동질화를 가져올 것인지의 문제가 있다. 자유주의적 구성주의의 입장에서 볼 때, 교류의 증가는 집합적 정체성의 확대를 가져올 것이라고 기대하는 것이 자연스러운 일이겠으나, 문제는 집합적 정체성이 갈등과 경쟁의 정착으로 이어질 수도 있다는 사실이다. 서로의 차이점과 단점을 확인하면서 지속적인 반목과 갈등이 지속될 가능성도 있다. 더욱 문제가 되는 것은 구성주의 본래의 문제점으로 정체성의 변화과정을 정확하게 인식할 수 있는 인식론이 부재하다는 사실이다. 현재까지 남북한 간 교류, 협력이 진행되고 있으나, 과연 정치, 경제, 사회문화를 둘러싼 집합정체성의 정도가 어느 정도 향상되었는지, 그리고 이에 따라 평화의 가능성이 얼마만큼 증가했는지 과학적으로 분석할 수 있는 방법론이 매우 취약하다는 사실이 구성주의에 의한 남북한 평화의 논의에 많은 장애로 작용하고 있다고 하겠다.

V. 맺음말

이상의 논의를 종합해 보면 다음과 같은 결론을 얻을 수 있다. 첫째, 북한이 전쟁을 일으킬 가능성을 논의할 때 국제정치학 이론은 상당한 시사점을 제공해 준다. 남과 북의 관계는 전통적인 민족적 정체성과, 근대적인 의미에서 단일적 국민형성의 실패라는 이중성으로 말미암아 전형적인 근대 국민국가 간 관계를 보이고 있지 않은 것은 사실이다. 그러나 대내외적 주권의 측면에서 두 개의 독립된 정치집단으로 엄연히 존재하는 남과 북의 관계, 특히 전쟁의 가능성을 분석할 경우, 국민국가 간 관계를 이론화한 국제정치학 이론을 적용하는 것은 상당한 시사점을 제공해 준다. 기존의 북한연구와 남북관계연구와 결합될 때, 국제정치학 이론은 현재의 한반도에 관해 많은 함의를 줄 것이다.

둘째, 전쟁의 가능성을 논의할 때 행위자의 의도에 초점을 맞추는 논의는 한계가 있다는 것이다. 무엇보다 행위자의 의도를 정확히 파악할 방법이 없다는 것이 가장 큰 걸림돌이다. 이론적으로는 상대방의 의도와 선호도를 선별하여 이를 우선 순위에 따라 배열하고, 이를 기준으로 전쟁의 발발 가능성을 상정할 수 있다. 그러나 국제정치의 공간에서 상대방의 의도를 정확히 파악한다는 것은 매우 어려운 일이다. 더욱이 상황의 변화에 따라 행위자의 의도는 변하게 마련이다. 현재 전쟁이 합리적인 정책대안이 아니더라도, 상황이 바뀌면서 적극적으로 고려되는 경우는 흔하기 때문이다. 결국, 의도의 파악불가능성과 가변성을 함께 고려할 때 상대방의 의도에 집중하는 논의는 한계가 있기 마련이다. 북한의 경우, 북한의 정책결정자, 특히 최고정책결정자가 전쟁을 합리적인 정책대안으로 고려하고 있을 것인지 의도에 초점을 맞추는 논의들이 많지만, 이는 한계가 있을 수밖에 없다.

셋째, 행위자의 의도의 변화를 결정하는 가장 큰 요인이 행위자 간, 혹은 국가 간 세력균형의 변화라는 사실이다. 고전적 현실주의자들이 강조하고 있듯이 의도는 권력에 부수적으로 변화하는 것이 국제정치의 경우이고 보면, 변화하는 세력균형의 양태를 면밀히 관찰하고 이에 따라 전쟁의 발발 가능성에 초점을 맞추는 것이 중요하다. 폭력을 사용하여 주어진 목적을 달성할 수 있는 세력균형의 조건이 마련될 경우, 국제정치에서 폭력의 사용을 막을 수 있는 제약 요인이 근본적으로 존재하는 것은 아니기 때문이다. 이는 탈냉전기 북한의 외교정책과 대남정책을 봄에 있어 북한의 정책상의 변화를 추적하는 일 못지 않게, 남북 간, 혹은 남과 북의 동맹체제 간 세력균형의 변화를 예의주시하는 것이 중요하다는 사실을 알려 준다. 탈냉전기를 통하여 남북 간의 세력균형은 한국에 유리하게 진행되고 있으나, 세력균형의 상황이 바뀔 경우 북한이 여전히 방어적 정책을 추진할 것이라는 보장이 없기 때문이다.

넷째, 신현실주의가 상정하듯이 국가 외교정책의 목적이 방어적이라고 상정할 근거가 남북관계에서는 결여되어 있다는 것이다. 근대국가가 국가의 대외적 주권, 특히 영토적 보전과 내정불간섭에 기초하고 있으나, 남북관계는 이를 직접 적용하기에는 특수한 관계이다. 분단국가로 국제적으로 인정받고 있는 남북관계의 경우, 상대방에 대한 병합이 국제적으로 용인될 수 있는 상황이기 때문이다. 이는 이론적으로 남과 북의 외교정책의 목적이 서로에 관한 한 생존 이상의 것이 될 수 있다는 것을 의미한다. 바로 이 점이 국제정치학 이론을 그대로 남북관계에 적용시키기 어려운 이유이다. 물론 상황에 따라 남과 북이 모두 현상유지적 세력으로 존재하여 상대방에 대한 공존과 이에서 비롯된 공격적, 방어적 정책을 추진할 수는 있으나, 궁극적인 의미에서 신현실주의의 근본 가정이 적용되기는 어렵다.

다섯째, 1990년대 중반부터 본격화되기 시작한 남북한 간 교류, 협력의 증가가 평화의 가능성을 높일 수 있다는 자유주의와 기능주의의 주장에 대해 매우 신중한 태도가 요구된다는 것이다. 한국은 교류, 협력의 증가가 북한의 체제변화, 남북한 간 체제 동질성 증가, 통합의 가능성 증가, 평화정착과 통일의 완성으로 이어질 것이라는 낙관적 전망을 가지고 있으나, 북한은 교류, 협력이 이후의 변화로 확산되는 것을 정치적으로 통제하는 것을 목적으로 삼고 있다. 또한 교류, 협력의 성과에 대해서도 북한 내에서는 경제적 이득과 안보적, 정치적 손실 사이에서, 한국 내에서는 평화와 통일에 대한 이득과 남북한 간 불리한 세력균형의 변화에 대한 우려 사이에서 지속적인 내부 논쟁 양상을 보기고 있다. 교류, 협력이 가져올 수 있는 실질적 성과와 정체성의 변화를 경험적, 과학적으로 실증하기 어려운 상태에서 자유주의와 기능주의의 평화론을 신중한 판단 없이 수용하기에는 난관이 따른다고 할 것이다.

결국 남북한 간 평화는 여전히 현실주의적 신중성을 기초로 하여 평가될 수밖에 없다. 그러나 이론적 결론이 신중성을 요구하고 있다 하더라도 실천에 있어서 비관적이어야 한다는 것은 물론 아니다. 현실에서의 모든 가능성을 추구해 나가면서 구조적 한계를 타파해 나가는 노력이 실천의 세계에서는 중요하다고 하겠다.

참고자료

구갑우. "남북한 관계의 이론들." 경남대학교 북한대학원 엮음. 『남북한 관계론』 (서울: 한울아카데미, 2005).

김근식. "남북한 관계의 특성: 과도기의 이중성." 경남대학교 북한대학원 엮음. 『남북한 관계론』 (서울: 한울아카데미, 2005).

류상영. "남북경협과 한반도 평화체제: 이상과 현실." 한국국방연구원 주최, 한반도 평화체제구축 세미나 발표논문집 『동북아 신질서와 한반도 평화체제』 (2006년 3월 30일).

백학순. 「대남전략」. 세종연구소 북한연구센터 엮음. 『북한의 국가전략』 (서울: 한울아카데미, 2003).

요한 갈퉁. 『평화적 수단에 의한 평화』. 강종일 옮김 (서울: 들녘, 2000).

전재성. "관여(engagement)정책의 국제정치이론적 기반과 한국의 대북정책." 『국제정치논총』 제43집 1호.

_____. "구성주의 국제정치이론과 남북관계." 하영선, 김영호, 김명섭 공편. 『한국외교사와 국제정치학』 (서울: 성신여자대학교 출판부, 2005).

정성장, 임재형. 「대외전략」. 세종연구소 북한연구센터 엮음. 『북한의 국가전략』 (서울: 한울아카데미, 2003).

통일부. 『2005년 통일백서』 (서울: 통일부, 2005).

_____. 『한반도 통일과정의 이해』 (서울: 통일부, 2005, 12).

Adler, Emanuel, and Michael Barnett. "A frame work for the study of security communities." In Emanuel Adler and Michael Barnett, eds. *Security Communities* (Cambridge: Cambridge University Press, 1998).

Alagappa, Muthiah, ed. *Asian Security Order: Instrumental and Normative Features*(Stanford: Stanford University Press, 2003).

Brooks, Stephen G. "Dueling Realisms." *International Organization* 51:3(1997).

Carr, E.H. *The Twenty Years' Crisis 1919-1939: An Introduction to the Study of International Relations*(New York: Palgrave, 2001).

Deutsch, Karl W., ed al. Political Community and the North Atlantic Area: *Interna-*

tional Organization in the Light of Historical Experience(Princeton University Press, 1957).

Ferguson, Niall. *Colossus: The price of America's Empire*(New York: The Penguin Press, 2004).

Frankel, Benjamin. "Restating the Realist Case: An Introduction." *Security Studies* 5:3(1996).

Glaser, Charles L. "Realists as Optimists: Cooperation as Self-Help." *International Security* 19:3(1994); "The Security Dilemma Revisited." *World Politics* 50:2(1997).

Haas, Ernst B. *The Uniting of Europe: Political, Social, and Economic Forces, 1950-1957*(Stanford University Press, 1958).

Ikenberry, John, and Michael Mastanduno, eds. *International Relations Theory and the Asian-Pacific*(New York: Columbia University Press, 2003).

Kissinger, Henry. *Diplomacy*(New York: Simon & Schuster, 1994).

Lynn-Jones, Sean M. "Offense-Defense Theory and Its Critics." *Security Studies* 4:4(1995).

Mearsheimer, John. "The False Promise of International Institution." *International Security* 19:3(1994-1995).

Mearsheimer, John. *The Tragedy of Great Power Politics*(New York: Norton, 2001).

Mitrany, David. *A Working Peace System*(Quadrangle Books, 1966).

Morgenthau, Hans J. *Scientific Man vs. Power Politics*(Chicago: The Univ. of Chicago Press, 1974).

Niebuhr, Reinhold. *The Nature and Destiny of Destiny of Man: A Christian Interpretation*(London: Nisbet & co. ltd., 1949).

Pierson, Paul. "The Path to European Integration: A Historical Institutionalist Analysis." *Comparative Political Studies* 29-2(1996).

Rose, Gideon. "Neoclassical Realism and Theories of Foreign Policy." *World Politics* 51:1(1998).

Snyder, Jack. *Myths of Empire: Domestic Politics and International Ambition*(Ithaca, N. Y.: Cornell University Press, 1991).

Waltz, Kenneth. *Man, the State, and War: A Theoretical Analysis*(New York: Columbia University, 1959).

_____. *The Theory of International Politics*(Boston, Mass.: McGraw-Hill, 1979).

Wang, Jianwei. Territorial Disputes and Asian Security: Sources, Management, and Prospects, in Muthiah Alagappa, ed. *Asian Security Order: Instrumental and Normative Features*(Stanford: Stanford University Press, 2003).

Zacher, Mark W. "The Territorial Integrity Norm: International Boundaries and the Use of Force." *International Organization*, 55:2(Spring, 2001).

제12장

ASEAN 국가들 간 전쟁위협과 평화

봉영식

Ⅰ. 머리말

동아시아의 전쟁과 평화라는 대주제 아래 연구대상으로서 아세안(Association of Southeast Asian Nations, ASEAN)은 여러 가지 면에서 특이한 사례라고 할 수 있다.[1]

아세안의 안보체제는 그 생성과정이나 중심 이슈를 놓고 볼 때 동북아시아와 중앙아시아의 경우와 비교하여 상당히 색다른 특징을 보

---

1) 본 장에서 안보의 개념을 "정책결정론자 입장에 본 집단의 생존과 복지를 위하여 필수적인 가치의 보호와 향상"으로 정의한다. Muthiah Alagappa, "Conceptualizing Security," in Muthiah Alagappa, ed., *Asian Security Practice: Material and Ideational Influences* (Stanford, CA: Stanford University Press, 1998), 689. "The protection and enhancement of values tha the authoritive decision makers deem vital for the survival and wellbeing of a community."

여 왔다. 예를 들어 일본의 패전, 남북한 분단, 중국의 공산화, 한국전쟁 등의 과정을 거쳐 냉전 초기 동북아시아 안보체제가 소련과 미국 간의 양극체제를 충실히 반영하는 양상으로 전개되었다면, 동남아시아의 안보체제는 1967년 아세안의 출범이 상징하는 다자간협력체제의 실험과 주권존중 및 외세개입의 방지라는 원칙하에서 형성되었다고 할 수 있다.

또한 냉전과 탈냉전 시대에 걸쳐 핵무기 개발과 보유의 문제가 중국과 남북한 등 동북아 지역 국가들과 인도와 파키스탄 등의 국가들에게 있어서 지역안보상과 국내정치상 대단히 첨예한 이슈로 지속되어 온 데 비하여, 아세안 회원국들 간에 핵무장과 핵확산을 두고 경쟁하거나 충돌한 경험이 없다는 점 또한 하나의 특이사항으로 생각해 볼 수 있다. 이러한 아세안 국가들 간에 공통적으로 나타나는 핵무기에 대한 무관심과 무경험은 비단 아시아 지역에 견주어 보아서뿐만이 아니라, 중동, 남미, 아프리카 지역의 경험과 비교해 볼 때도 주목할 만한 예외적 현상이라고 하겠다.[2)]

둘째로, 동남아시아 국가들은 지난 40여 년간 자생적 지역협력체인 아세안과 '아세안 방식(ASEAN Way)' 이란 독특한 방식을 통하여 지역안보과 협력의 문제를 모색해 왔다는 특징이 있다.[3)] '아세안 방식' 은 분쟁방지와 해결의 수단으로 비공식채널이용, 전체합의, 내정불간섭과 국가 간 분쟁에 있어서 무력사용금지를 주원칙으로 삼고 있다.[4)] 지역안보체제에 대한 이러한 원칙들은 1971년 쿠알라룸프르 평화, 자

---

2) 아세안 국가들은 1995년 12월 15일 동남아시아 핵무기자유지대조약(Southeast Asia Nuclear Weapons Free Zone Treaty, SEANWFZ)에 서명하였다. *Far Eastern Economic Review*, December 28, 1995-January 4(1996), 14-5.

3) 1967년 아세안의 창설 회원국은 인도네시아, 말레이시아, 필리핀, 태국과 싱가포르였으며, 브루네이가 1984년, 베트남이 1995년, 미얀마와 라오스가 1997년, 보디캄푸치아가 1999년 가입함으로써 현재 10개 동남아시아국가가 회원국으로 있다.

4) *Treaty of Amity*, Chapter 1, Article 2, section 10 참조.

유, 중립지대선언(The Zone of Peace, Freedom and Neutrality, ZOPFAN)과 1976년 발리회의에서 채택된 아세안 친선과 협력조약(ASEAN Treaty of Amity and Cooperation, TAC)을 통하여 재차 확인되어졌다.[5] 이러한 전쟁과 평화에 대한 아세안 특유의 프로세스 중심적(process-oriented) 접근방법은 여타 지역협력체가 문제해결적(problem-solving), 다수결 방법원칙을 적용하고 있는 것과 큰 차이를 보인다.[6]

본 장은 동남아시아 국가들의 전쟁위협과 평화의 문제를 아세안 국가들의 안보의식의 근저를 이루는 역사적, 정치적 배경과 국가안보정책의 기본원칙을 통해 살펴 보면서, 아세안 국가들에게 있어 주권과 안보의 문제가 지역협력체로서의 아세안이 전쟁의 위협을 줄이고 지역내 협력을 증대시키려는 노력에 어떠한 영향을 미칠 것인가에 대해 살펴 보고자 한다.

대부분의 아세안 안보에 대한 연구가 주로 민족국가 단위(nation-state level)의 특정 국가분석에 치중해온 반면, 본 연구는 지역단위분석(regional level)을 통한 접근방식을 통하여 전쟁의 위협과 평화의 문제에 접근하는 데 초점을 맞추고자 한다.

아세안은 10개의 동아시아 국가들로 구성된 다자간 지역 협력체이다. 아세안을 기본 분석단위로 삼아 동아시아의 안보를 연구하는 작업은 그 지역공동체의 구성국가들이 동일한 안보논리와 위기의식을 공유한 상태에서 '아세안' 이라는 하나의 통일된 행위자로서 행동할 것이라는 것을 기본 전제에서 시작한다. 그러나, 아세안 지역내 국가들 간의 정치적, 경제적, 문화적 다양성을 고려해 볼 때, 아세안 안보

---

5) *Treaty of Amity and Cooperation*, Chapter 3, Article 10 참조. "All parties shall not in any manner of form participate in any activity which shall constitute a threat to the political and economic stability, sovereignty, or territorial integrity of another High Contracting Party."

6) Amitav Acharya, "Ideas, Identity and Institution-Building: From the 'ASEAN Way' to the 'Asia-Pacific Way?" *The Pacific Review*, 10, 3(1997) 319.

라는 명제를 거시적 · 종합적인 입장에서 분석한다는 것은 사실 용이한 문제가 아니다. 먼저 영토의 크기, 자원의 분포, 경제발전 수준, 종교, 언어, 소수민족문제 등의 측면에서 아세안 회원국들 간의 차이는 뚜렷이 나타난다. 독립과 국가건설의 역사적 배경 또한 다양하다.

대부분의 회원국들은 19세기와 제2차 대전 기간 동안 제국주의 국가들에 의한 식민지화를 경험하였고, 치열한 무장항쟁을 통하여 전후 독립을 획득하였으나, 예외적으로 태국과 캄보디아는 중립정책을 통하여, 필리핀은 미국의 군사적 개입을 적극적으로 도모하는 방식을 통하여 국가 독립을 유지하고자 하였다. 이러한 구성 국가들 간의 여러가지 상이성을 고려할때, 그 상이성를 무시하고 개별국가가 아니라 아세안이라는 포괄적 지역체를 분석단위로 선택하여 지역안보를 논한다는 것은 프라이 교수(Frey)가 지적한 정치학 분야의 소위 "행위자 규정"의 문제를 야기할 위험성이 다분하다고 할 수 있다.[7)]

이러한 문제점에도 불구하고, 아세안 안보에 대한 거시적 · 지역적 분석은 본 연구계획이 아시아의 전쟁과 평화라는 거대한 주제하에 역사와 이론의 대화, 사례연구와 국제정치학 이론의 검증을 폭넓게 도모하는 취지와 부합되는 긍정적인 측면이 있다. 또한 세계화와 지역화가 현대국제정치의 주된 조류를 형성하고 있다는 점과, 테러리즘, 자연재해, 기아와 질병 등 국경을 망라하고 지구촌을 위협하는 새로운 안보위협요소들의 등장을 고려해 볼 때 아세안 안보의 문제를 민족국가 단위(nation-state level)뿐만 아니라 지역 단위에서 거시적인 분석을 시도하는 것은 나름대로 타당성을 지닌다고 하겠다.

아세안 국가의 전쟁과 평화에 대한 본 장의 토론은 다음과 같은 질문을 중심으로 한다. 첫째, 아세안 국가들의 안보의식과 정책 형성에 공통적으로 존재하는 기본원리는 어떤 것인가? 둘째, 이러한 기본원

7) Frederick W. Frey, "The Problem of Actor Designation in Political Analysis," *Comparative Politics*, 17, 2(1985), 127-152.

리는 아세안 지역의 분쟁과 협력에 어떠한 영향을 미쳤는가? 셋째, 지역협력체로서 아세안의 기능과 역할을 어떻게 평가할 수 있는가? 마지막으로, 이러한 점들을 고려해 볼 때 아세안 국가의 전쟁의 위협을 어떻게 평가할 수 있는가?

본 연구는 특히 아세안 국가들이 역사적으로 베스트팔렌체제적 국가주권 개념(Westphalian Sovereignty)에 집착해 왔으며, 이러한 강한 주권의식이 국가 간 긴장고조와 분쟁의 원인으로 작용하고 지역통합을 저해해 왔다는 기존의 주장들을 비판적으로 검토하고자 한다.

아세안 국가들이 식민지 해방전쟁의 경험으로부터 국가주권수호에 대하여 강하게 집착해온 것은 경험적으로 증명이 된 사실이지만, 이러한 해석은 아세안 국가들이 안보이익추구에서 보여주는 자율성과 현실주의적 오리엔테이션을 지나치게 과소평가하는 경향이 있다. 요약해서 말하자면, 아세안 국가들은 주권과 안보의 개념을 상치적인 관계로 파악해 왔다기보다는 상호보완적인 관점에서 능동적으로 해석 · 조율해 왔으며, 이러한 관점에서 볼 때 아세안 국가들의 전쟁의 위협과 평화에 대한 평가는 희망적이며, 지역협력체로서 아세안이 지역의 미래 지역안전보장과 경제협력에 긍정적으로 기여할 가능성은 상대적으로 높다고 해석된다.

II. 아세안에서의 전쟁의 위협: 포괄적 안보개념과 주권우선원칙

근대 아세안의 국제안보사는 크게 보아 세 시기로 구분될 수 있다. 첫번째 시기는 19세기 후반부터 제2차 세계대전 종전까지의 기간으로 이는 아세안 국가들이 서구와 일본 제국주의에 대항해 탈식민지 무장투쟁에 집중한 시기다. 두 번째 시기는 냉전 기간으로, 아세안 국가들이 미 · 소 간의 강대국 대립과 두 번의 인도차이나 전쟁을 겪으면서 아세안이라는 지역협력체를 통한 동남아시아의 안정과 협력을 실험하며 근대국가수립과 발전에 주력한 시기에 해당한다. 1989년 냉전 종식부터 현재에 이르는 세 번째 시기는 대부분의 동남아시아 국가들이 대내적으로는 정치적, 경제적 자유화를 확대하고 대외적으로는 아세안의 위상과 기능의 강화를 도모한 시기이다.

아놀드 월포스(Arnold Wolfers)는 일찍이 신현실주의적 국가안보개념을 협소하게 정의하여 단순히 무정부적 국제체제하의 국가 대 국가 구조 속에서 파악되는 점을 비판하고, 안보의 개념을 '핵심적 가치(core values) 추구 및 실현' 이라는 포괄적, 총체적 개념으로 발전시킬 것을 주장한 바 있다. 알라가파(Muthia Alagappa) 역시 국가 및 지역안보의 문제를 국가 정체성(national identity), 정통성/통치(political legitimacy or the title to rule), 분배적 정의(distributive justice)라는 세 가지 기준을 가지고 국내적 위협과 국외적 위협의 상호연관에 초점을 맞추어 분석하는 종합적인 안보분석론의 필요성을 제기하였다.[8] 이러한 넓은 의미의 안보개념을 사용하여 위에서 제시한 세 시기 동안 아세안의 국제안보사에 공통된 특징을 찾아 본다면, 그것은 아세안 국가의 안보정책이 포괄적인 안보개념과 주권우선원칙(主權優先主義, Sovereignty-First Principle, 혹은 主權第一主義)이라는 큰 틀 속에서 전개되어 왔다는 점이라고 하겠다.

전통적으로 아세안 국가 엘리트들은 국가안보를 단순히 외적 위협으로 부터의 국가의 방어라는 협의적 개념이 아니라, 독립국가로서의

---

8) Kenneth Waltz(1979)와 Wolfers(1962, 154-55)가 말하는 국가생존의 개념을 비교참조. 흥미로운 점은 현실주의자인 Hans Morgenthau(1952, 988)는 국가생존을 영토, 정치제도, 문화의 보전이라고 보는 상당히 포괄적인 개념으로 파악하고 있다는 점에서 Waltz와 차이를 보이고 있다. Muthiah Alagappa, "Rethinking Security: A Critical Review and Appraisal of the Debate," in Muthiah Alagappa, ed., *Asian Secuirty Practice: Material and Ideational Influences* (Stanford: Stanford University Press, 1998), pp.35-38.

생존과 주권의 확립이라는 다분히 정치적이고 총체적인 개념으로 인식하는 경향을 보였다.[9] 즉 안보와 위협의 문제는 국가 대 국가의 관계에서 결정되는 국토방위의 문제라기보다는, 국내정치와 국제관계의 상호작용에서 파생되는 외재적이면서도 내재적인 문제로 정의되는 경향이 강하였다. 주권은 국가안보의 핵심을 이루는 가치로서, 이를 위협하는 모든 외재적/내재적, 군사적/비군사적 요소의 제거가 국방의 핵심목표를 이룬다는 인식이다.

아세안 창설 정신을 대표하는 1967년 방콕 선언이 잘 표현하고 있듯이, 동남아시아 국가들은 국내정치에 있어서나 지역분쟁에 대한 외세의 개입에 있어 심한 경계심과 영토와 국경의 신성성, 자결원칙에 대한 강한 집착을 보이고, 국제관계에서는 주권과 자결의 원칙, 국내정치에서는 국가통합을 중심원리를 강조하여 왔다. 1967년 방콕 선언은 "동아시아 국가들이 지역의 경제적, 사회적 안정의 도모에 직접적인 소명을 가진다는 것과 지역국가들의 평화적이고 진보적인 국가발전 그리고 "어떠한 형태의 외세개입"도 반대한다는 것을 천명하고, 아세안 창설의 근본동인은 회원국들의 주권과 자결 원칙을 수호하는 데 있음"을 강조하였다.[10]

주권과 안보에 대한 이러한 인식경향은 대부분의 아세안 국가들이

---

9) Shaun Narine, "ASEAN and the Management of Regional Security," *Pacific Affairs*, 71, 2, Summer (1998) pp.195-214.

10) 1967년 방콕 선언은 "동아시아 국가들이 지역의 경제적, 사회적 안정의 도모에 직접적인 소명을 가진다는 것과 지역국가들의 평화적이고 진보적인 국가발전 그리고 "어떠한 형태의 외세개입"도 반대한다는 것을 천명하고, 아세안 창설의 근본동인은 회원국들의 주권과 자결 원칙을 수호하는 데 있음"을 강조하였다: "The countries of Southeast Asia share a primary responsibility for strengthening the economic and social stability of the region and ensuring their peaceful and progressive national development, and…they are determined to ensure their stability and security from external interference in any form or manifestation."

근대 서구와 일본 제국주의의 동남아시아 진출의 결과로 주권을 상실하고 반외세 독립투쟁과 근대국가건설을 거의 동시에 수행하였다는 역사적 특성에서 비롯되었다. 탈식민지 독립운동은 수단적인 측면에서는 군사적 행동이었으나, 본질적으로는 국가주권과 정체성의 회복이라는 근대 국가건설의 기본토대를 마련하기위한 정치적 운동이었고, 이는 국가안보와 국가건설이 군사적 목표와 정치적 목표라는 대칭적인 개념이라기보다는 상호보완적 개념으로 받아들여지는 데 큰 영향을 미쳤다. 국가안보는 단순히 세력균형, 무역, 동맹 등을 통하여 국가생존을 위협하는 외부세력으로부터 자기를 방어하는 외적 안보(external/inter-state security) 측면에서 뿐 아니라 국내 정치안정, 경제발전 여건 향상, 국가 정체성 유지 등 내적 안보(Internal/Intrastate security)의 실현이라는 의미에서 개념화되었다. 주권과 안보는 이분법적 개념이나 분리될 수 있는 목표가 아니라, 마치 동전의 양면 같은 동시적 과제이자 상호연관된 개념인 것이다.

따라서 국방은 국가 대 국가 차원에 국한된 것이 아니며, 진정한 국가안보는 자생적(homegrown) 위협의 제거에서부터 시작한다는 것이 아세안 지도자들이 공유하는 국가안보의 기본 인식이었다고 할 수 있다. 국가 정체성을 위협하는 자생공산세력이나 분리 주의자들의 활동에 대하여 아세안 정부들은 이러한 현상들이 국내정치에 국한된 내부적 위기에 그치는 것이 아니라, 외세개입의 여지를 확대하는 대외 안보위협의 일종으로 간주하여 강경한 정책을 오랫동안 고수해 왔던 것은 외적안보와 내적안보의 상관성 그리고 국가정체성과 국가생존의 불가분의 관계를 중시하는 아세안 특유의 안보의식의 정책적 결과였다고 볼 수 있다.

이러한 역사적 배경으로부터 아세안 국가의 안보정책은 주권보호와 정치적 안정을 이룸으로써 외세의 국가안보 위협의 여지를 극소화한다는 다분히 내우외환(內憂外患)적인 논리하에서 진행되어 왔으며, 이러한 논리는 전통적으로 아세안 국가 엘리트들이 정치 이데올로기,

경제위기, 인권문제 등 비군사적인 이슈가 등장하였을 때 이를 국가방위 차원에서 안보의 위협요소로 규정하여 예민하고 강력하게 대처하는 경향으로 나타났다(〈표 1〉~〈표 3〉 참조).

동아시아 국가들의 이러한 포괄적인 안보개념은 국제체제 내의 세력균형 역학과 국가들의 지정학적 요건에 따라 다양한 형태의 정책노선으로 변화되어 나타났다. 중국, 인도와 비교되는 거대한 영토와 풍부한 지하자원과 인구를 갖춘 인도네시아는 냉전 초기 동남아시아 지역의 패권세력으로서 일찍이 주도적이고 적극적인 외교정책(Free and active foreign policy)을 채택하였다. 그 일환으로써 인도네시아는 1955년 반둥회의에서 표방한 비동맹(non-alignment) 정책을 적극 지지하고, 수카르노 정권하에서는 식민지 시대 이전의 대결정책(konfrontasi)을 고수하였다.

대결정책은1966년 인도네시아 내의 정권교체와 함께 막을 내리기까지 약 3년 동안 말레이시아와 싱가포르의 정통성을 위협하고 필리핀과의 영토분쟁의 원인을 제공하면서 지역긴장을 고조시키기도 하였다. 인도네시아는 1965년 자바와 발리를 중심으로 일어난 자생적 공산세력의 반란과 이를 진압하는 과정에서16만 명에서 50만 명 정도로 추정되는 막대한 인명손실과 수카르노 정권의 몰락으로 이어지는 정치적 혼란을 겪었다. 이후 새로운 수하르토 정권은 신질서(New Order)의 기치 아래 보다 친서구적인 노선을 취하면서 국가경제발전을 우선적인 국가목표로 추구하였으나, 동시에 비동맹자주세력의 중심국가로서의 인도네시아의 위치를 국제사회에서 지속적으로 확인하고자 하였다.[11)]

인도네시아와 상이한 지정학 조건하에 놓인 다른 아세안 국가들은 서구 세력과의 안보연대에 대하여 보다 탄력적인 입장을 견지하였고, 이러한 노선의 차이는 아세안 내의 결속력을 저해하는 요인으로 작용

---

11) CIA The World Factbook: The Indonesia(2005).

하기도 하였다. 인도네시아가 1967년 방콕 회의 당시 아세안 헌장에 아세안 지역 내 모든 외국군사기지의 조속한 철수를 명시하고자 하였을 때, 싱가포르와 말레이시아는 영국과의 관계의 중요성을 이유로, 필리핀과 태국은 미국과의 동맹을 이유로 반대하였던 사실은 이러한 입장의 차이를 잘 보여주는 한 예이다. 지정학적으로 사회주의국가(베트남, 라오스, 캄보디아)와 인접한 태국은 지역내 자생적 공산세력의 팽창을 국가안보의 직접적인 위협으로 간주하고, 이를 미국과의 밀접한 군사협력관계를 통하여 대처하고자 하였고, 필리핀은 1947년 미군의 클라크 공군기지와 수빅만 해군시설 사용에 동의하는 군사기지협정을 체결함으로써 자국 내 미군의 주둔과 활동을 허용하였다.[12]

베트남과 미얀마도 인도네시아와 마찬가지로 반외세와 자결의 원칙 하에서 자국안보를 적극적으로 추구한 경우에 해당하지만, 베트남의 경우는 강대국 간의 세력균형에 의해, 미얀마의 경우는 군부정치의 논리에 따라 국가안보위협에 대처하였다. 베트남은 식민지 시대와 냉전 기간 동안 강대국의 대규모 군사개입을 동남아시아 그 어느 국가보다 자주 또 직접적으로 경험하였다.

베트남에게 있어 프랑스와의 제1차 인도차이나 전쟁과 1961년 이후 미국이 개입한 베트남 전쟁(제2차 인도차이나 전쟁)은 반외세무장투쟁이라는 군사적 수단을 통하여 독립과 통일이라는 정치적 목표를 달성하려는 집단적 경험이었다. 1976년 베트남 통일 후 1978년 캄보디아 침공과 1979년 국경분쟁을 거치며 중국이 베트남의 최대 안보위협으로 떠오르게 되었고, 베트남은 1989년 캄보디아로부터 철군할 때까지 소련과의 군사협력을 유지함으로써, 강대국 간의 세력균형과 경쟁을 이용한 안보전략을 구사하기도 하였다. 반면 미얀마의 경우에는 반외세원칙과 국가안보개념이 정권안보라는 목표를 중심으로 융합된 내재적 안보개념이라고 할 수 있다.

---

12) CIA The World Factbook: The Philippines(2005).

미얀마의 국가안보는 전통적으로 '하나의 단결된 버마' (naing-ngan-daw, royal state)라는 기치 아래 군부의 신직업주의적(new professionalism) 정치개입을 정당화하는 방향으로 개념화되었다.[13]

무장독립투쟁의 연대세력이었던 공산세력과 카인(Kayin) 분리주의자의 반란을 경험한 미얀마의 군부는 이러한 역사적 경험으로부터 군 내부의 결속과 미얀마 사회의 총체적 단결없는 국가안보는 불가능하다는 결론에 도달하였으며, 이에 따라 군부의 절대적 리더십하에 사회-정권-군부가 일체가 되어 국가적 단결(national unity)과 국가주권(state sovereignty)의 두 가지 목표를 동시에 수행하는 것을 국가안보의 근간으로 삼게 되었다.

국가안보의 가장 큰 위협은 내부의 혼란이며, 군부는 이러한 '안보위협' 으로부터 국가를 수호할 신성한 임무를 부여받은 선도적 집단이라고 보았다. 안보의 선봉집단으로서의 군부의 정치개입을 부인하거나 그 정통성을 위협하는 일체의 외부압력이나 국내정치활동은 안보위협으로 간주했다. 1988년 8월과 9월에 걸친 아웅산 수키의 민주주의를 위한 범국가연대(National League for Democracy, NLD)의 민주화 운동과 미얀마 인권을 비판하는 국제사회여론에 대한 단호한 대응은 미얀마 군부세력의 이러한 독점적 국가안보관을 잘 대변한다.[14]

---

13) Tin Maung Maung Than, "Myanmar: pre-occupation with Regime Survival, National Unity, and Stability," in Muthiah Alagappa, ed., *Asian Secuirty Practice: Material and Ideational Influences* (Stanford: Stanford University Press, 1998), 390-416, esp. 398-400.

14) 인도네시아의 수카르노와 수하르토 정권도 미얀마 군부와 마찬가지로 안보의 정치적, 내재적 개념을 수용하여 정권의 정통성을 확보하는 수단으로 삼았다. 즉 국가 안보의 가장 큰 위협은 안으로부터의 위협이며, 국방의 사활은 군과 사회의 단결에 달려 있으며, 정권안보와 국가안보를 불가분의 관계에 있으며, 정권의 절대적 안정이 정치질서와 경제발전의 전제조건이라는 포괄적, 정치적 안보개념을 적극적으로 활용, 주창하였다. 한캄라타(Hankamra-ta, 전인민이 하나가 되는 국방체제)라든지, 국가 이데올로기 판카실라(Pan-

민족구성과 소수민족의 자결권 문제는 동아시아 국가들의 위협인식과 안보정책형성에 큰 영향을 미쳤다. 베트남을 제외한 동남아시아 국가들은 다민족국가라는 공통점에도 불구하고, 종교분포와 인구구성에서 큰 차이를 보이며, 이러한 차이는 아세안 국가들의 안보정책 형성에 지대한 영향을 미쳐왔다. 필리핀 인구의 다수가 천주교도임에 비하여(인구의 85%), 인도네시아(87%)와 말레이시아(60%)는 이슬람, 태국은 불교(94%)가 절대적인 비중을 차지하고 있다. 중국계 소수민족의 비중을 놓고 볼 때 싱가포르(77%), 말레이시아(24%), 태국(14%)과 인도네시아, 베트남, 필리핀 등은 큰 대조를 이룬다.[15)]

소수민족의 존재는 동남아 정부들에게 있어 국내상황과 대외적 안보상황의 상호역학관계를 극도로 예민하게 만들었다. 1962 년 3월 쿠데타를 통하여 집권한 미얀마 군부는 국내 소수민족 반란세력들이 정치권의 혼란을 틈타 국가를 분열시켜 안보의 위기를 몰고 온다는 이유로 정치개입을 정당화하였다. 미얀마 내의 소수민족 문제는 태국으로 확산되기도 했다. 2004년 미얀마 군대와 소수민족 카렌족과의 무력충돌 사건에서 파생된 약 12만 명의 카렌 계 피난민을 접경국으로 수용하였으나, 동시에 이들로부터 미얀마 정부가 국경지대의 살윈 강(Salween River) 수력댐을 건설하는 계획을 지지하였다는 이유로 비난의 대상이 된 경험이 있다. 말레이시아 정부는 국내 중국계 공산주의 세력의 위협에 맞서 1948년부터 1966년까지 국가위기령을 선포하기도

---

casila, 국가 철학의 5대원칙, 유일신주의, 인본주의, 국가통합, 대표민주주의, 사회정의) 등은 이러한 정권주도의 안보개념 형성에 사용된 주요 개념들이었다. Dewi Fortuna Anwar, "Indonesia: Domestic Prioirties Define National Security," in Muthiah Alagappa, ed., *Asian Secuirty Practice: Material and Ideational Influences* (Stanford: Stanford University Press, 1998), pp.477-512.

15) Bureau of East Asian and Pacific Affairs, U.S. Department of State Country Background Note, May (2005); CIA The World Factbook: Southeast Asian Countries (2005).

〈표 1〉 아시아 태평양 지역 내분 상황

분쟁지역	외부분쟁요인	상황 및 결과
중국		
티벳	인도(소극적)	지속적인 대립과 견제상태
위구르	중앙아시아, 러시아, 아프가니스탄	지속적인 대립과 견제상태
내륙 몽고	몽고	지속적인 대립과 견제상태
인도		
캐쉬미어	파키스탄, 중국, 미국, UN	첨예한 대립상태
펀자브(시크)	파키스탄, 국외 추방자	휴전 및 타결상태의 현상유지
북동지역	방글라데시, 미얀마, 중국	지속적인 대립과 견제상태
인도네시아		
서파푸아	호주, 파푸아 뉴기니	첨예한 대립상태
아체	인도주의적 대화센터(Center for Humanitarian Dialogue), 아체 디아스포라	대립상태 해소과정
파키스탄		
방글라데시	인도	선제공격에 의한 전승
신드	인도	지속적인 대립과 견제상태
푸쉬툰(비폭력)	아프가니스탄	휴전 및 타결상태의 현상유지
발루치스탄	아프가니스탄, 이란	휴전 및 타결상태의 현상유지
스리랑카		
타밀	인도	첨예한 대립상태
미얀마		
카렌	태국	첨예하게 대립하나 사격중지 상태
샨	태국	
몬	태국	
아라칸	방글라데시	
필리핀		
민다나오 섬의 모로스(무슬림)	말레이시아, 인도네시아, 이슬람 기구(OIC)	첨예한 대립상태
방글라데시		
치타공 구릉지역	인도, 미얀마	지속적인 대립과 견제상태
태국		
무슬림(남부)	말레이시아	지속적인 대립과 견제상태

출처: Swamy, Arun R. and Gershman, John, "Managing Internal Conflicts: Dominance of the State," in Muthia Alagappa(ed.), *Asian Security Order: Instrumental and Normative Features* (Stanford: Stanford Univ. Pr., 2003), p. 499.

〈표 2〉 아시아 태평양 지역의 국가 정체성 분쟁

분쟁 형태	외부 분쟁 요인	결 과
인도		
종교적 정체성 분쟁: 선거 관련, 폭력적	파키스탄, 일반 이슬람권 국가	지속적인 충돌과 견제: 선거에서 이긴 후 이데올로기 대립 약화
파키스탄		
이슬람 세력의 역할 분쟁	인도, 아프가니스탄	지속적인 충돌과 견제/대립
스리랑카		
종교적 정체성 분쟁: 폭력적	인도(간접적)	지속적인 충돌과 견제/대립
방글라데시		
종교적 정체성 분쟁: 선거 관련, 폭력적	인도(발생 가능성)	지속적인 충돌과 견제
대만		
분리/독립 분쟁	중국, 미국	지속적인 충돌과 견제/대립
인도네시아		
종교적, 공동체적 분쟁: 선거 관련, 폭력적	국제 사회, 중국	첨예한 대립
말레이시아		
종교적: 선거관련 분쟁	국제 사회, 중국	지속적인 충돌과 견제

출처: Swamy, Arun R. and Gershman, John, "Managing Internal Conflicts: Dominance of the State," in Muthia Alagappa(ed.), *Asian Security Order: Instrumental and Normative Features*(Stanford: Stanford Univ. Pr., 2003), p. 500.

하였으며, 1969년에는 국내 소요시 중국계에 대한 테러문제로 중국과 외교마찰을 경험하기도 하였다. 말레이시아 정부는 1970년 잠비아 루사카에서 개최된 비동맹회의에서 중, 소, 미의 동아시아 존중원칙과 지역국가들 내의 반전 반개입 원칙에 기반한 동남아시아의 중립화 운동을 주도함으로써, 내부적으로는 중국계 소수민족이 중심을 이루는 말레이시아 공산당의 세력을 약화시키는 한편 중국과의 분쟁확산과 긴장고조를 방지하고자 하였다.[16)]

16) Shaun Narine, "ASEAN and the Management of Regional Security," *Pacific*

〈표 3〉 아시아 태평양 지역의 정권 정체성 분쟁

분쟁형태	결 과
파키스탄	
쿠데타, 민중 운동 무장 이슬람군	첨예한 충돌
네팔	
민주화 농촌 지역 모택동 사상주의자 반란	지속적인 충돌과 견제 첨예한 충돌
중국	
민주화	지속적인 충돌과 견제
인도네시아	
민주화	첨예한 충돌
미얀마	
민주화	지속적인 충돌과 견제
캄보디아	
국가 정체성과 커뮤니티 이데올로기를 둘러싸고 대량학살로까지 이어진 격심한 시민전쟁	지속적인 충돌과 견제로 발전 - 휴전 및 타결상태의 현상유지?
필리핀	
공산주의자	지속적인 충돌과 견제
쿠데타 위협	휴전 및 타결상태의 현상유지
태국	
쿠데타 위협 혹은 민주화 운동	지속적인 충돌과 견제

출처: Swamy, Arun R. and Gershman, John, "Managing Internal Conflicts: Dominance of the State," in Muthia Alagappa(ed.), *Asian Security Order: Instrumental and Normative Features* (Stanford: Stanford Univ. Pr., 2003), p. 501.

III. 주권우선원칙과 지역안보의 상관성

문정인과 전재성은 일찍이 국가주권의 문제를 지역내 국가 간의 갈등과 분쟁, 협력과 공존의 패턴을 결정하는 핵심적인 요소로 파악하면

Affairs, 71, 2, Summer(1998), pp.197-8.

서 특히 아시아 지역안보의 경우 지역 국가들의 베스트팔렌체제 주권에 대한 강한 집착은 지역안보협력의 가능성을 저해하고 영토 및 자원의 소유권을 둘러싼 국가 간의 갈등과 군사적 충돌의 주요한 원인으로 작용하였다고 지적한 바 있다. 또한 베스트팔렌체제 주권체제에 기초하여 만들어진 지역안보질서는 세력균형, 권력, 상호억제 등의 경쟁적 안보수단(competitive security measures)에 의존하기 때문에 근본적으로 불안정하고 잠정적인 안보질서일 수밖에 없다는 주장을 나타내었다.

따라서 지속적, 영구적, 안정적 지역평화는 베스트팔렌적 의미의 주권개념이 보다 개방적이고 포용적인 주권개념으로 인식되고, 경쟁적 안보수단이 상호신뢰에 기초한 쌍무적, 다자적 분쟁해결방식으로 대치될 경우에만 가능하다는 주장을 한 바 있다.[17)]

즉, 진정한 의미에서의 아시아의 지역평화와 안정의 실현은 수단적 질서(instrumental order)를 규범적-계약적 질서(normative-contractual order)와 연대적 질서(solidarity oder)로 대치하는 데 달려 있는 것이다.[18)]

베스트팔렌체제의 주권원칙은 동남아시아 국가들이 다자적 집단안보체제보다 국제제도의 전략적, 선택적 이용을 통한 주권비용(sovereignty cost)의 최소화에 집착하게 만들고, 지역연대, 상호존중, 지역 정체성에 기초한 안보질서의 구축을 어렵게 만드는 원인으로 지적되어

17) Chung-In Moon and Chaesung Chung, "Sovereignty: Dominance of the Westphalian Concept and Implications for Regional Security," in Muthia Alagappa, ed., *Asian Security Order: Instrumental and Normative Features* (Stanford: Stanford University Press, 2003), pp.107-108, 126.

18) "There should be a gradual shift, therefore, to the normative-contractual order and solidarity order," Moon and Chun, "Sovereignty," 132. 이러한 주장은 두 가지 점에서 문제가 지적된다. 첫째, 이는 다분히 규범적(normative) 주장으로서, 어떻게 수단적 안보질서에서 연대적 안보질서로 이전(shift)할 수 있는가에 대한 설명이 없다. 둘째, 규범적-계약적 안보질서와 연대적 안보질서에 기반한 안보공동체는 공동체 내부의 평화확보에는 유용할 수 있으나, 공동체 건설 후에도 공동체 외부안보위협의 문제가 여전히 남아 있다.

왔다.[19] 나린(Shaun Narine)은 냉전시대와 마찬가지로 아세안 국가들의 탈냉전 시대의 국제관계사상이 이러한 주권제일주의 혹은 주권우선 원칙에 기반하고 있는 점을 고려할 때, 아세안 지역에서보다 개방적이고 효과적인 지역안보 관리체제의 등장 가능성을 기대하기 어렵다는 주장을 하였다.[20]

더욱이 신현실주의적 입장에서 보면, 공동위협의 부재는 냉전의 종식 이후 아세안 회원국가들이 지역적 단결력과 연대감을 유지할 가능성이 희박하며,[21] 싱가포르, 필리핀과 같은 기존 회원국들과 새로운 아세안 회원국들 간의 국가정체성, 정치적 성숙도, 경제발전상 큰 격차 또한 지역공동체로서의 아세안 내부 단결력을 저해하는 요인으로 지적된다.[22] 독재국가, 민주국가, 자본주의국가, 공산국가로 구성된 아세안이 '아세안 방식' 을 고수하여 다수결이 아닌 전체합의를 통하여 중요한 안보와 경제 사안을 해결한다는 것은 모순이라는 논리이다.[23] 이러한 관점에서 본다면 아세안은 1994년 ARF의 창설과

---

19) Kenneth W. Abbott and Duncan Snidal, "Hard and Soft Law in International Governance," *International Organization* 54 3, Summer(2000), 421-456; Miles Kahler, "Legalization as Strategy: The Asia-Pacific Case," *International Organization*, 54, 3, Summer(2000), pp.549-571.

20) Shaun Narine, *Pacific Review*, 17, 3(2004), 423-50, esp. 442-43; Matsuo Watanabe, "Issues in Regional Integration of East Asia: Conflicting Priorities and Perceptions," *Asia-Pacific Review*, 11, 2(2004), pp.1-17.

21) Markus Hund, "ASEAN Plus Three: Towards a New Age of Pan-East Asian Regionalism? A Skeptic' s Appraisal," *The Pacific Review*, 16, 3(2003), pp.383-417; Shaun Narine, "ASEAN and the ARF: The Limits of the 'ASEAN Way,' " *Asian Survey*, 37, 10(October 1997), pp.961-78.

22) Michael Antolik, *ASEAN and the Diplomacy of Accommodation*(London: M.E. Sharpe, 1990), pp.156-157; Narine(1998), pp.195-6.

23) Samuel Sharpe, "An ASEAN Way to Security Cooperation in Southeast Asia?" *The Pacific Review*, 16, 2(2003), pp.231-250; *The Economist*, "A Holiday in Bali: Some Find Words, But Limited Action," October 11(2003), p.46.

ASEAN+3로 이어지는 외향적 발전에도 불구하고 지역협력과 통합의 과정에 기여하는 데 있어 구조적인 문제를 안고 있으며, 이러한 점에서 라이퍼(Leifer)가 지적하듯이, 지역적 수단을 통한 지역안보문제의 해결은 본질적으로 실천 불가능한 오류라고 할 수 있다.[24)]

동남아시아의 미래는 과연 주권우선원칙이 지배하는 긴장과 분쟁의 방향으로 전개될 것인가? 아세안이란 지역협력체의 양적 팽창과 질적 변화를 통한 실질적인 지역안보질서의 개선 가능성은 어떠한가? 탈냉전 시대의 아세안 국제관계를 검토해 볼 때, 아세안 지역의 평화질서의 가능성은 상대적으로 높은 편이라고 하겠다. 이러한 낙관론의 경험적, 논리적 근거는 다음과 같다.

첫째, 아세안 무용론을 뒷받침하는 근거의 부족이다. 아세안은 지역분쟁 방지와 해결에 있어 실질적 공헌이 없는 "말의 향연장"이나 "이빨빠진 협의체"[25)]이며, 아세안이 성공한 점이 있다면 그것은 지난 40년간 그나마 명목상의 존재를 유지해 왔다는 점 정도라는 평가를 받고 있다. 그러나 아세안이 숱한 지역분쟁의 역사 속에서도 동남아시아를 대표하는 지역협의체로서의 존재를 지속해 왔다는 사실은 아세안 무용론보다 아세안 긍정론을 뒷받침하는 증거로 받아들여져야 할 것이다. 뿐만 아니라 아세안의 확대 또한 주목할 만하다. 냉전 전후에 세워진 대부분의 다자간 지역협력체들(SEATO, APEC, 4자 회담, KEDO)

---

24) Michael Leifer, "Regional Solutions to Regional Problems?" in Gerald Segal and David S. G. Goodman, eds., *Towards Recovery in Pacific Area*(New York: Routledge, 2000), pp.108-9.

25) 비판론자들은 아세안의 기본정신인 내정불간섭과 무력비사용의 원칙은 베트남의 캄보디아 침공과 중국과 베트남 분쟁에서 여지없이 무시되어졌고, 아세안은 회원국들과 중국 사이의 남지나해 도서분쟁의 방지나 평화적 해결에 큰 역할을 하지 못했다고 지적한다. David Martin Jones and Michael L. R. Smith, "ASEAN' s Imitation Community," *Orbis*, 46, 1, Winter (2002), pp.93-109; Juergen Haacke, "The ASEANization of Regional Order in East Asia: A Failed Endeavor?" *Asian Perspecrive*, 22, 3(1998), pp.7-47.

이 더 이상 존재하지 않거나 심각한 정체성의 위기를 경험하고 있는데 반하여, 아세안은 1994년 ARF의 출범 베트남, 캄보디아, 미얀마의 아세안 가입 ASEAN+3 출범[26] 등을 통하여 동남아시아뿐만 아니라 동북아시아 국가들과의 건설적 관계도 적극적으로 모색해 왔다.

2004년 자카르타 ARF에 북한 핵문제를 둘러싼 6자 회담 당사자국들이 모두 참석하였다는 사실은 ARF의 유용성을 간접적으로 대변해준다.[27] 2002년 프놈펜 정상회의에서 참가국은 동아시아 자유무역지대와 동아시아 정상회의 개최를 제의하기도 하였다. 만일 아세안이 그토록 무용지물이라면, 아시아 국가들이 아세안에 적극 참여하는 최근의 추세는 어떻게 설명되어질 수 있는가? 나토(NATO)와 EU(European Union)의 팽창이 다자간 협력체의 성장과 유용성을 증명하는 변화라면, 마찬가지로 아세안의 지속적 지역적, 기능적 팽창 또한 긍정적인 증거로 받아들여져야 할 것이며, 논의의 초점은 아세안 무용론보다는 유용론에 맞추어져야 할 것이다.[28]

그러나 아세안은 근본 성격이 지역분쟁의 직접적인 해결을 목적으로 설립된 협력체가 아니라, 최소한의 안보환경조성의 매개체로서 집단적 행동원칙의 확인과 상호협의를 목적으로 만들어진 느슨한 협력체로 출발하였다는 점을 고려해야 한다. 즉 최소주의적 입장(minimalist perspective)에서 아세안의 기능과 지역안보 기여도를 평가하는 것과 최대주의적 입장(maximalist perspective)에서 평가하는 것에서 큰 차이가 생기며, 아세안 유용성과 미래 변화에 대한 평가는 아세안 특유의 제도적 설계(institutional design)를 고려하여 평가되어져야 할 것이다.[29]

---

26) Richard Stubbs, "ASEAN Plus Three: Emerging East Asian Regionalism?" *Asian Survey*, 42, 3(2002), pp.440-55. 2004년 라오스 회의 동아시아 공동체(East Asian Community) 구상 *The Economist*, December 11(2004), pp.40-2.

27) *The Economist*, July 10, (2004), pp.36-7.

28) Robert O. Keohane and Lisa Martin, "the Promise of Institutionalist Theory," *International Security*, 20, 1(1995), pp.39-51.

또한 안보협력제도를 통한 전쟁의 위협 감소와 국가 간의 협력의 제고는 행위자 모두가 일치되고 유기적인 정체성을 갖춘 후에야 가능한 것만은 아니라는 점을 고려해야 필요가 있다. 아이켄베리 류의 제도주의자들은 제도가 국가의 행위에 미치는 영향은 행위자의 정체성 변화라기보다는 보다 직접적이고 현실적인 것으로, 강대국들의 자의적 권력행사를 제어하고, 약소국들에게는 효과적인 참여의 기회를 보장하는 상호제어적(co-binding) 체계라는 측면에서 파악한다.[30)]

따라서 아세안 회원국가들 내의 안보협력의 가능성은 비단 공동정체성을 획득한 후에만 가능한 것이 아니라, 회원국들 간에 최소한의 행동원칙준수와 정보교환, 합의도출에 관한 효과적인 제도적 제어가 작용하는 경우에도 가능한 것이다.

두 번째로, 경험적인 측면에서 아세안 지역 국제관계를 분쟁과 긴장의 역사로 파악하는 입장은 설득력이 약하다. 일찍이 프리드버그 등의 학자들은 유럽의 경우 분쟁 방지와 신뢰조성을 위한 평화의 제조건이 갖추어진(over-determined) 반면, 이러한 조건들이 부족한 아시아의 경우는 전쟁의 위협이 높다는 주장을 펼친 바 있다.[31)] 그러나 아시아 전쟁론은 냉전 종식 20여 년이 지난 오늘날까지 경험적으로 뒷받침되지 않고 있다. 만일 우리가 동남아시아의 전쟁의 위협과 평화

---

29) Lisa L. Martin, "An Institutionalist View: International Institutions and State Strategies," in T. V. Paul and John Hall, eds., *International Order and the Future of World Politics* (Cambridge: Cambridge University Press, 1999), 78-98; See also Lisa L. Martin and Beth Simmons, "Theories and Empirical Studies of International Institutions," *International Organization*, Autumn (1998), 52, 4, pp.729-757.

30) G. John Ikenberry, *After Victory: Institutions, Strategic Restraint and the Re-building of Order after Major wars*(Princeton: Princeton University Press, 2001).

31) Aaron Friedberg, "Ripe for Rivalry," *International Security*, 18, 3, Winter 199, pp.5-33; also Muller(1989).

의 문제를 전쟁이라는 절대적 기준에서 평가한다면, 지난 반 세기 동안 아세안 지역의 안보상황은 대단히 안정적이었다고 할 수 있다. 데이비드 강이 지적하듯이, 아시아의 평화에 대한 분석은 그 종속변수를 무엇으로 삼느냐에 따라 판이하게 다른 결론에 도달하게 된다.[32)]

실제로 지난 아세안 설립 이후 동남아시아에서 일어난 전쟁은 모두 외세의 개입에 의한 전쟁이었으며, 1967년부터 아세안 회원국가 사이에 무력충돌은 한 차례도 일어난 적이 없었다.[33)] 코소보 전쟁, 체첸 내전, 미국의 대테러전과 이라크 전쟁은 모두 아세안 지역 외부에서 일어났다. 동아시아 지역과 비교한다면, 아세안 지역은 내생적인 지역협력체가 지속적으로 기능해 왔다는 점과 회원국들 간의 화해와 협력에 있어서 과거사의 부담이 중국, 일본, 한국 간의 경우에 비하여 훨씬 가볍다고 볼 수 있다.[34)]

---

32) David Kang, "Getting Asia Wrong: The Need for New Analytical Frameworks," *International Security*, 27, 4, Spring(2003), 57-85.

33) Amitav Acharya, "Do Norms and Identity Matter:?: Community and Power in Southeast Asia' s Regional Order," *The Pacific Review*, 18, 1, March (2005), pp.102-3.

34) 크로커(Crocker)의 공존과 화해의 개념은 아세안 국가들 사이의 협력과 공존이 구성주의에서 강조하는 지역정체성의 형성없이도 가능하다는 파이론에 관련하여 생각해 볼 만하다. 화해의 개념으로 크로커는, 1)분쟁의 반대개념으로서의 단순한 공존, 2)아직도 실질적인 긴장상태에 있으나 이전 분쟁의 당사자 간에 상대방에 대하여 무력을 사용하지 않을 것과 생존할 권리를 존중한다는 상호 합의가 있는 상태, 그리고 3)상호 과오에 대한 용서와 치유가 이루어지고 미래에 대한 공동의 비전을 나눈 상태로 구분한다. 한일 관계의 경우 두 번째 화해(reconciliation) 개념에 해당하겠고, 아세안 회원국 간에는 베트남과 분쟁을 경험한 국가들 간의 화해와 공존도 유사한 상태에 해당한다고 볼 수 있다. 아세안 회원국 간의 전쟁 위협과 관련하여 중요한 점은 완전한 화해를 이룬 지역공동체가 완성되기 전에도 지역 국가들 간 분쟁의 방지, 지역안정과 협력이 충분히 가능하다는 점이다. David A. Crocker, "Reckoning with Past Wrongs: A Normative Framework," 1999 Ethics & International Affairs, pp.60-61.

세 번째, 아세안 지역안보 비관론은 정태적인 시각에서 동남아시아 국가의 안보 행위(security practices)를 분석하는 경향을 보인다. 과거 아세안 국가들의 행동원리는 가열되는 내외적 공산세력의 팽창에 맞서 지역적 세력균형과 주권적 생존을 보호하기 위한 냉전적 현실주의의 산물이었던 것이 사실이다.[35] 그러나 탈냉전 시대의 새로운 안보환경에서도 아세안 국가들 간의 국제관계가 동일한 냉전적 안보관과 주권수호의 원칙, 국가이익 개념에 따라 전적으로 진행될 것이라고 보기는 어렵다. 알라가파(Alagappa)가 지적하듯이 국가의 안보행위는 국제, 국내 환경의 변화에 따라 지속적으로 변화되고 정립(contested)되는 비고정적인 개념인 것이다. 국가의 안보개념이나 국내정치에서의 안보논의(discourse)가 물질적, 정치적 토대의 변화에도 불구하고 계속 불변한다는 미어샤이머(Mearsheimer) 류의 '과거로의 회귀(back to the future)'적 시각은[36] 이러한 안보행위의 역동적인 측면을 간과하는 오류를 범하는 것이다.[37]

아세안의 정체성과 지역안보에 대한 회원국들의 사고방식은 지속적인 변화와 재정립의 과정 속에서 결정되는 것이다. 아세안이 공동의 기본 가치로 삼은 '내정 불간섭', '외세배제', '무력사용불가' 의 원칙은 변화하는 국제환경에 따라 다른 의미를 가지는 것이다.[38] 예를 들어, 아세안의 내정불간섭주의는 과거 제국주의 세력의 국가생존위협이라는 기준에서 절대적인 원칙으로 이해되었던 측면이 강하다면,

35) Michel Leifer, The ASEAN Regional Forum, Adelphi Paper No. 302(London: International Institute for Strategic Studies, 1996), pp.53-4.

36) John Mearsheimer, "Why We Will Soon Miss the Cold War," *The Atlantic*, 66, 2, August (1990), pp.35-45.

37) Muthiah Alagappa, "Rethinking Security," 27-64, esp. pp.11-13.

38) Amitav Acharya, "Do Norms and Identity Matter?: Community and Power in Southeast Asia' s Regional Order," *The Pacific Review*, 18, 1, March (2005), pp.102-3.

탈냉전 시대에는 지역협력과 평화라는 기준에서 고려되는 상대적 원칙으로 받아들여지는 측면이 있다. 최근 태국과 필리핀이 주도하는 대(對)미얀마 개입정책은 아세안 내부에서 내정불간섭주의에 대한 아세안 국가의 이러한 태도를 대변한다고 하겠다.[39] 또한 중국의 남지나해상 무력사용에 대한 아세안 공동보조, 태국의 동티모르 다국적 평화유지군 파병과 아프가니스탄과 이라크 재건 작업 참여, 캄보디아 · 미얀마 · 라오스의 경제 · 무역 및 개발 지원을 목적으로 한 2003년 경제건설계획(Economic Cooperation Strategy) 주도, 말레이시아 주도의 대라오스 · 미얀마 아세안 건설적 포용정책(constructive engagement) 등도 변화하는 아세안적 안보논리의 다른 예라고 하겠다.[40]

마지막으로, 아세안 국가들의 주권제일주의에의 집착이 호전적, 팽창적 안보정책으로 이어진다는 논리를 검토해 볼 필요가 있다. 역사적으로 그리고 특히 최근의 사례를 볼 때, 아세안 국가들은 베스트팔렌체제에 기초한 주권개념에 대한 강한 집착에도 불구하고, 국가안보와 국가주권을 조화하는 데 있어서 역사적으로 높은 수준의 전략적 유연성과 현실주의적 탄력성을 보여 왔다. 문정인과 전재성은 냉전 동안 한미, 미일 동맹과 중국의 홍콩 편입의 예는 표면적으로는 아시아 국가들의 주권제일주의가 국제관계의 힘에 논리에 의하여 꺾어진 타협적 주권(compromised sovereignty)의 예로 보이지만, 한편 아시아 국

39) Hiro Katsumata, "Why Is ASEAN Diplomacy Changing?: From 'Non-Interference' to 'Open and Frank Discussion,'" *Asian Survey*, 44, 2(2004), p.241.

40) 자카르타에서 열린 제11차 ARF 회의에서 회원국들은 미얀마 정부가 민주화 열망의 표출에 실질적인 달성을 위한 모든 노력을 기울일 것"을 촉구하고 "의회에 미얀마 사회의 모든 계층의 참여 필요"를 강조하는 성명문을 채택하였다. "ARF Ministeters Back 6-Ways Talks on North Korean Nuke Issue," Jiji Press, July 2, 2004. 이전까지 아세안 국가들은 미얀마 국내정치에 대하여 내정불간섭원칙에 입각한 소극적인 태도를 보여 왔다. "Regime Unchanged: Myanmar and ASEAN," *The Economist*, October 11(2003), p.15.

가들이 국가주권의 근본이 되는 생존과 안보이익을 성취하기 위하여 주권제일주의를 탄력적으로 적용한 경우로 볼 수 있다는 점을 지적하였다.[41] 즉 동맹이라든지 자치권의 부여는 단기적인 관점에서는 베스트팔렌체제적 의미의 주권이 훼손, 타협된 경우라고 볼 수 있으나, 장기적, 거시적 관점에서는 오히려 아시아 국가들이 능동적, 포괄적으로 주권을 행사한 경우로 볼 수 있는 것이다.

아세안 국가들의 영토문제에 대한 최근의 태도변화는 주권제일주의와 호전적, 패권적인 외교정책 간의 상관관계에 대하여 생각해 볼 때 흥미있는 현상이라고 할 수 있다. 동남아시아 국가들 간의 도서분쟁과 국경분쟁은 아시아 국가들의 베스트팔렌체제적 주권개념에 대한 집착이 국가 간 분쟁을 악화시키고 전쟁의 위협을 증가시킨다는 주장을 뒷받침하는 예로 자주 사용되어져 왔다. 아래 〈표 2〉를 살펴보면, 동북아시아의 경우와 마찬가지로, 동남아시아에도 다수의 해양분쟁 사안이 지속적으로 존재하고 있는 것이 사실이다. 그러나, 최근 동남아시아 국가들의 도서및 해양 분쟁사안에 대한 외교정책의 전반적인 기조는 대립과 충돌 보다는 평화적, 법제적 해결 양상으로 전개되고 있다.

예를 들어 말레이시아가 주도한 2002년 남지나해 관계 당사자 선언(Declaration on the Conduct of Parties in the South China Sea)은 남지나해 스프래틀리 도서(Spratly Islands) 분쟁을 둘러싼 긴장완화와 평화적 해결을 행동원칙(code of conduct)으로 채택하였다. 1995년 말레이시아와 싱가포르 간 분쟁(Pedra Blanca Island/Pualu Batu Putih)을, 1996년 인도네시아와 말레이시아 간 분쟁(Sipadan and Ligitan)을 국제사법재판소의 결정에 따라 해결하기로 합의하였다. 2002년 국제사법재판소는 말레이시아에게 시파단과 리지탄(Sipadan and Ligitan)의 영유권이 있음을 판결하였고 인도네시아는 이를 수용하였다.

---

41) Moon and Chun, "Sovereignty," pp.122-124, 130-32.

〈표 4〉 아시아 태평양 도서분쟁 지역 및 경제적 이슈

분쟁 지역 및 원인	분쟁국	경제적 이슈
뉴무어 섬(New Moore Island)	인도 · 방글라데시	석유
나콘댐 섬(Narcondam Island)	인도 · 미얀마	에너지
파타니 해구(Pattani Trough) 및 태국만(Gulf of Thailand) · 해상 국경, 대륙붕	캄보디아 · 태국	석유, 가스
태국만(Gulf of Thailand) · 해상 국경, 대륙붕, 배타적 경제 수역	베트남 · 캄보디아 태국 · 말레이시아 태국 · 베트남 베트남 · 태국 · 말레이시아 베트남 · 캄보디아 · 태국	석유, 가스, 어업
다이묘/센카쿠 열도	중국 · 일본	석유, 어업, 해상교통로
독도/다케시마	한국 · 일본	석유, 어업
황해 · 대륙붕	중국 · 일본 · 한국	석유, 어업

출처: Jean-Mark F. Blanchard, "Maritime Issues in Asia: The Problem of Adolescence," in Muthia Alagappa(ed.), *Asian Security Order: Instrumental and Normative Features*(Stanford: Stanford Univ. Pr., 2003), p. 435

인도네시아는 또 싱가포르와는 1973년 협정을 기본으로 2005년까지 바탐섬(Batam Island) 북부 지역에 관한 분쟁을 완결하기로 합의한 상태이다. 말레이시아는 필리핀과 사바(Sabah) 일부 지역에 관한 분쟁을 외교문제화 하지 않기로 합의하였고, 분쟁 중인 대륙붕 지역에서 가스 및 석유채굴 작업을 중단하기로 2003년 브루네이와 합의하였다. 이러한 지역적 추세를 고려할 때, 미해결상태의 도서 및 해양 분쟁사안들이 지역안보에 결정적이고 직접적인 위협으로 작용할 가능성은 희박한 것으로 보이며, 따라서 동남아시아 국가들의 주권 제일주의가 호전적, 팽창적 외교 · 군사행동으로 이어질 것이라는 주장의 경험적 근거 또한 약하다고 볼 수 있다.[42]

42) 물론 도서분쟁을 아시아 국제안보에서 직접적인 전쟁의 위협요인으로 보는 것은 2차적 인과관계의 오류에 가깝다고 하겠다. 이러한 입장에 대해서는

냉전 기간 동안 아세안 국가들 중 가장 두드러지게 패권적 팽창정책노선을 걸어온 베트남이 신외교정책노선은 동아시아국가들이 어떻게 주권 제일주의를 탄력적으로 실현하면서 국가안보와 국가주권이란 두 가지 국가 목표를 조화하고자 하는가를 보여 주는 또 하나의 예라고 할 수 있다.[43)]

1986년 '도이모이' (doi moi, 개혁, renovation) 프로그램의 채택 이후 베트남의 외교정책은 더 이상 베트남, 캄보디아, 라오스 3개국의 '특별한 주권관계' 의 보전을 최우선 과제로 삼지 않고 있다. 장기간의 캄보디아 내전개입이 국가건설과 발전에 입힌 손실이 너무 크다는 데에 비단 사회뿐만 아니라 지도층 엘리트 사이에도 광범위한 공감대가 형성되어 있고, 이는 과거의 군사적 대응을 통한 반외세, 팽창적 기조보

Youngshik Bong, *Flashpoints at Sea? Legitimization Strategy and East Asian Island Disputes*, Ph. D. dissertation, University of Pennsylvania, 2002, 259-71. 혹자는 도서분쟁은 기본적으로 국제안보상 '빅뱅' 에 해당하는 중요한 이슈가 아니라 국지적인 이슈에 불과하기 때문에, 도서문제에 초점을 맞추어 아세안 국가들의 주권제일주의에의 집착의 변화를 논하는 데 문제가 있다고 말할 수 있겠다. 이에 대하여서는 첫째, 이제까지 아시아 지역의 도서분쟁을 지역안보에 커다란 위협으로 간주한 것은 아세안 안보에 대하여 비관론을 피력한 논문들이 주를 이루고 있고, 도서분쟁을 부차적 이슈로 생각하는 경향은 오히려 아시아 안보에 대하여 낙관적인 견해를 가진 입장에서 더욱 두드러진다는 점이다. 둘째, 도서분쟁의 점진적, 평화적 해결은 아세안 지역의 협력이 증가하고 있다는 긍정적인 현상으로 인식되어야 할 것이다. 물론 아세안 지역에 아직도 미해결된 영토분쟁과 국경 분쟁 사안이 다수 남아 있으나, 중요한 것은 전반적인 추세가 분쟁의 악화와 개선 중 어느 방향으로 진행이 되고 있느냐 하는 문제와 동아시아(중국, 일본, 타이완, 남북한)와 비교하여 어떻게 평가될 수 있느냐는 점을 고려해야 할 것이다.

43) 베트남 공산정권의 주권집착과 냉전 시대의 패권적 정책성향은: 양승윤, "베트남의 정치경제와 국제관계: 베트남의 팽창주의와 아세안," 『한국과 국제정치』, 2권 2호, 1986, 241-72 에 잘 요약되어 있다. 탈냉전 시대 베트남의 새로운 외교안보 기조를 분석한 논문으로는: 홍규덕, "미국- 베트남 관계정상화과정과 요인분석," 『한국과 국제정치』 7, 2(1991), 181-72; 안승욱, "베트남의 개혁개방과 경제발전전략," 『한국과 국제정치』 26권(1997), 29-84 등이 있다.

다는 국가주권의 보호와 실질적 실현을 위한 물적 토대와 대외 환경의 조성이 베트남의 새로운 안보정책의 목표가 되어야 한다는 변화의 배경이 되었다.[44)]

베트남은 과거의 "적(敵)"들과의 관계를 모색하면서 지역안보의 최대 위협으로부터 지역안정의 새로운 지지자와 최대 수혜자로 변모해 왔다. 1989년 캄보디아로부터 철수 이후, 베트남은 아세안, 유럽, 동아시아 국가들과의 관계 개선을 적극적으로 모색하였다. 1991년 중국과 수교한 후, 1999년에는 대륙국경 협정을, 2000년 12월에는 통킹만 국경협정을 체결하였다. 미국과는 1993년 외교관계 수복을 위한 본격적인 노력을 시작하였다. 베트남과 미국은1994년 2월 미국의 대 베트남 무역 엠바고 철회, 1998년 3월 잭슨-바닉 수정안에 의한 최혜국 대우자격(Jackson-Vanik waiver)을 부여, 2000년 10월 빌 클린턴 대통령의 베트남 방문, 2001년 12월 미국-베트남 상호무역협정 발효 등 대단히 빠르고 실질적인 관계개선의 길을 걸어 왔다. 베트남은 미국의 비토 철회로 세계은행, IMF, 아세안 개발은행, APEC에 가입하는 개방일로의 정책을 지속해 왔다.

베트남은 탈냉전 이후 주변 국가들과의 영토분쟁 문제에 있어서도 전향적인 자세를 견지해 왔다. 2004년 라오스와 국경위원회(Vietnam-Laos Boundary Commission) 결성 및 국경인식물(markers) 공동 복구활동에 참여했고, 타이완과는 파라셀 군도(Paracel Islands) 분쟁의 평화적 해결을 위한 공동의 노력에 힘을 기울였으며, 중국과 필리핀과는 2005년 3월 국유석유공사들 간의 공동해양탐사작업에 합의하였다. 중국과 베트남 간의 해양경계협정과 어업협정은 2004년 6월 발효되었다. 이러한 베트남의 패권국가로부터 개방국가로의 변신과 새로운 주권과 안보의 조화노력은 아세안에 있어서 전쟁의 위협과 평화의 미래를 가늠

44) Kim Ninh, "Vietnam: Struggle and Cooperation," in Muthia Alagappa, *Asian Security Practice*(1998), 463.

해 보는 데 중요한 기초를 제공하는 예라고 하겠다.

이러한 최근 사례들을 분석해 볼 때, 아세안 지역은 반외세, 영토수호의 베스트팔렌적 의미의 주권 행사로부터 실질적인 주권행사(performance sovereignty)로 주권우선원칙의 내용과 안보논리를 변화시켜 왔다고 할 수 있다. 이러한 관점에서 아세안 국가들의 국가주권과 안보이익의 조화노력이 지역안보질서를 위협하고 아세안을 통한 지역협력을 저해할 가능성은 상대적으로 적다고 볼 수 있다.

Ⅳ. 아세안 지역의 전쟁과 평화의 미래: 중-일 경쟁, 테러리즘, 세계화

주권제일주의와 아시아 국제관계의 미래를 분석하는 논문들은 냉전의 종식과 함께 아시아 국가들의 베스트팔렌체제의 주권중심주의는 분리주의운동과 같은 내재적 위기와 세계화와 지역통합과 같은 외부도전으로부터 위협을 받고 있으며, 이러한 주권위기(Contested sovereignty)가 지역안보에 중요한 변수로 작용할 것이라고 경고한 바 있다.[45)]

이러한 혜안(慧眼)을 통하여 아세안 국가의 전쟁의 위협과 평화의 문제를 생각해 볼 때 과연 주권제일주의에 대한 아세안 국가의 태도변화가 미래 지역안보와 협력의 조건으로 작용할지, 아니면 긴장과 경쟁의 유발요인으로 작용할지를 생각해 볼 필요가 있겠다. 아세안 국제관계의 미래를 결정하는 중요한 변수로 중국과 일본의 대 아세안 경쟁외교와 국경을 초월한 안보위협(transboundary crisis)[46)]의 등장, 미국

---

45) Chung-In Moon and Chaesung Chung, "Sovereignty: Dominance of the Westphalian Concept and Implications for Regional Security," in Muthia Alagappa, ed., *Asian Security Order: Instrumental and Normative Features* (Stanford: Stanford University Press, 2003), p.120 and pp.126-8.

46) Herman Kraft, "The Principle of Non-Intervention and ASEAN: Evolution

주도의 대테러전쟁 등을 손꼽을 수 있겠다.

1. 중국과 일본의 아세안 정책

중국은 1989년 천안문 사태 이후 국제적 고립에서 벗어나기 위하여 지역국가들과의 관계를 근본적으로 재정립할 필요성을 자각한 후, 아세안 국가들과의 외교정상화에 주력하였다. 중국은 인도네시아와 싱가포르(1990년), 브루네이, 베트남, 캄보디아, 라오스(1991년)와 국교를 정상화하였고, 1994년 7월 제1차 ARF 회의에 참가하였다.[47] 2002년 초 후진타오 주석은 싱가포르와 말레이시아를 방문하여 중국-아세안 간의 무역교류확대의 중요성을 확인하기도 하였다.[48]

일본은1997년 국제사회의 공동문제해결을 위한 일본과 아세안 국가들 간의 공동 노력을 천명한 하시모토 독트린, 1999년 11월 오부치 플랜(인적 자원의 개발과 교류 지원) 이후 고이즈미는 2001년 부르네이 정상회의에 참석하여 일본의 아세안에 대한 경제적 연대와 지원을 확인하였고 싱가포르와 자유무역조약 체결하였다.[49] 지역 안보 측면에서는 1992년 1,800명의 캄보디아 평화유지활동에 파견하였고,[50] 2002년

---

and Emerging Challenges," Working Paper no. 344(Canberra: Strategic and Defence Studies Centre, Australian National University, 2000), pp.4-9.

47) Brantly Womack, "China and Southeast Asia: Asymmetry, Leadership, and Normalcy," *Pacific Affairs*, 76, 4, Winter (2003/04), pp.529-49.

48) Alice Ba, "China and ASEAN: Renavigating Relations for a 21st-Century Asia," *Asian Survey*, 43, 4(2002), pp.622-747. Hu said, "China' s development would be impossible without Asia, and Asia' s prosperity without China" growth spoiler, not: growth drifver," cited in "We Are Good Partners," *News Straits Times*(Kuala Liumpur), April 25(2002), cited in Alice Ba, 647, footnote 71.

49) Bhubhindar Singh, "ASEAN' s Perceptions of Japan: Change and Continuity," *Asian Survey*, 42, 2(2002), p.293.

50) Bhubhindar Singh, "ASEAN' s Perceptions of Japan: Change and Continu-

에는 2002년 동티모르 사태시 700명의 일본방위대 소속 공병단을 지원한 바 있다.[51]

중국과 일본의 경쟁적인 아세안 포용정책은 아세안이 지역협력체로서의 위상과 영향력을 인정받고, 강대국들과의 경제협력과 긴장완화의 모색에 있어서 주도권을 행사하는 유리한 조건으로 작용하고 있다. 아세안 국가들은 중국으로부터 영토분쟁 문제의 평화적 해결을 위한 전향적인 태도를 끌어 내었다. 예를 들어 중국은 1996년 자카르타에서 열린 제3차 아세안 지역 포럼 확대 외무장관 회의 이후로부터는 남지나해 도서분쟁의 문제는 양자간의 협의에 의해서 해결되어야만 한다는 종전의 원칙을 철회한 후, 2002년 11월에는 아세안 국가들과 남지나해 분쟁의 평화적 해결원칙에 합의 서명하였다. 2003년 제9차 인도네시아 발리 아세안 정상회담에서 중국은 TAC에 서명함으로써 아세안 국가들에 대한 무력사용의 의도가 없음을 다시 한번 공식적으로 확인하였다.[52]

아세안 국가들은 또한 일본의 대(對)아세안 포용정책을 선별적, 제한적인 입장에서 지지하고 있다. 아세안 국가들은 일본의 메콩강 유역 개발계획지원을 환영하면서, 2004년 11월 라오스에서 개최된 일본-아세안 정상회담에서 일본의 유엔 안보리 상임 이사국 진출을 공동으로 지지할 것을 최초로 확인하였다.[53] 반면 2003년 정상회담시 아

---

ity," *Asian Survey*, 42, 2(2002), pp.276-296.

51) Sandra R. Leavitt, "The Lack of Security Cooperation between Southeast Asia and Japan: Yen Yes, Pax Nippon No," *Asian Survey*, 45, 2(2005), pp.216-240.

52) "The Charm from Beijing," *The New York Times*, October 9, 2003, A11; "China Promises More Investment in Southeast Asia," *The New York Times*, October 8, 2003, W1; John Garofano, "Power, Institutions, and the ASEAN Regional Forum: A Security Community for Asia?" *Asian Survey*, 42, 3(2002), p.519.

53) "ASEAN Backs Japan' s Bid for Permanent U.N. Security Council Member-

세안 국가들은 동아시아 정상회의(East Asian Summit, EAC)에 호주와 뉴질랜드를 포함시키자는 일본의 제안을 거부하고,[54] 또 2005년 12월 말레이시아에서 최초로 개최될 예정인 동아시아 정상회의에서 공동의장을 맡고자 하는 일본의 입장에 대해서 공동으로 반대 입장을 표명하면서, 아시아지역협력체의 발전과 기능의 방향설정에서 아세안 국가들의 중심역할을 보장해야 한다는 원칙을 고집하였다.[55]

최근 몇 년 동안 아세안을 아우르려는 중국과 일본 간의 패권적 경쟁과, 그에 대한 관련 국가들의 외교노력이 갈수록 치열해지고 있는 것이 사실이다.[56] 동아시아 공동체의 미래성격과 범위를 놓고 중국, 일본, 미국, 한국 등 관련국가들 간의 이익충돌과 외교 각축은 2005년 12월 말레이시아에서 개최된 ASEAN+3 정상회의 동안 다시 한번 표면화되었다. 미국을 포함시키자는 일본 측의 제안은 동아시아 국가들 내의 동질성과 공감대를 강조하는 중국과 한국의 입장과 맞부딪혔으며, 그 결과 동아시아 정상회의의 기본성격에 관한 관련국가들 간의 공감대 형성에 실패하였다.[57] 과거의 중국과 일본의 동남아시아 진출이 아세안 국가들이 주권과 국가안보에 대한 위협이었다면, 아세안을 포용하고자 하는 최근의 중국과 일본 간의 각축전은 동남아시아 국가들의 협상력과 영향력을 제고하면서 지역이익의 확대와 긴장완화를 위한 좋은 기회를 제공하는 방향으로 전개되고 있다고 하겠다.

---

ship," Jiji Press, November 30(2004).

54) "Japan, ASEAN Leaders to Seeek Ways to Expand Partnership," Jiji Press, December 10(2003).

55) Jiji Press, February 27(2005); "ASEAN Sets Conditions for East Asia Summit Membership," Jiji Press, April 12(2005).

56) Jae-Seung Lee, "ASEAN+3 and the New Regional order in East Asia: Political Consequences of Regional Cooperation," *Korean Political Science Review*, Vol. 38, No. 4(2004), pp.25-42.

57) 『동아일보』, 2005년 12월 9,10,11일 참조.

2. 범세계적 안보위협의 등장

1997년 아세안 재정위기(Asian Financial Crisis, AFC), 2001년 9 · 11 사태로 시작된 대테러전쟁, 2002년 11월부터 2003년 여름을 휩쓴 사스 사태(SARS: 중증 급성 호흡기 증후군, Severe Acute Respiratory Syndrome), 조류 독감(Avian influenza 또는 Bird flu), 2004년 12월 인도양을 강타한 지진 해일 쓰나미(津波, Tsunami) 사태는 아세안 국가들로 하여금 새로운 국제 환경에 있어서 국가생존과 안보의 위협이 더 이상 국가차원의 문제가 아니라 지역적, 세계적(global) 대책을 요구하는 사안이라는 인식의 전환을 경험할 기회를 제공하였다. AFC는 국가주권과 안보에 대한 경제적 위협의 존재를 확인하는 집단적 경험이었다.

또한 중국 광둥에서 처음 발생한 사스가 불과 몇 주일 만에 아시아, 유럽, 북미 및 남미의 32개국으로 급속히 확산되고, 홍콩, 베트남, 싱가포르 등 아시아 국가들에게 가장 큰 피해를 남긴 사실, 그리고 자연재해 쓰나미 사태가 인도네시아, 말레이시아, 미얀마, 몰디브뿐 아니라 아프리카의 소말리아, 탄자니아등 12개국에서 총 20여만 명의 인명피해와 200만 명의 이재민을 발생시킨 사실은 '국경' 이라는 물질적, 개념적 틀과 '전쟁' 이라는 군사적 현상을 중심으로 생각하던 안보와 평화의 문제를 다시금 생각해보는 계기가 되었다고 할 수 있다.[58)]

---

58) 세계보건기구(WHO)에 따르면 2003년 사스의 급속한 확산으로 전세계 총 8,422명의 사람들이 사스에 감염되었으며, 이들 중 사망자가 916명(치사율 11%)인 것으로 보고되었다. 아시아개발은행(ADB)은 2003년 9월 발표한 보고서에서 사스가 일본과 북한을 제외한 아시아 경제에 미친 영향을 금액으로 환산한 결과 무려 600억 달러에 이른다고 발표한 바 있는데, 이는 아시아 지역 국내총생산(GDP) 총액의 2%에 이르는 액수에 해당된다. 또한 아시아 각국 정부는 사스 퇴치를 위해 180억 달러를 투입한 것으로 집계됐으며, 이는 감염자 한 명당 200만 달러를 들인 셈이 되는 등 아시아 경제에 엄청난 피해를 미쳤다. 사스는 이라크 전쟁 등으로 침체되어 있던 세계 경제를 더욱 악화시키는 결과를 초래하였다. 사스로 인해 아시아 지역 경제는 경기둔화가 확

AFC의 경험은 인도네시아, 태국, 말레이지아 등 동남아시아 국가들에서 반자본주의, 민족주의적 입장에서 세계화의 흐름을 부정하고 이에 대항하는 경제적 주권우선원칙을 옹호하는 움직임으로 발전하였다면,[59] 이와 반대로 쓰나미 사태는 동남아시아국가들이 국제사회의 정치적, 경제적 개입에 대하여 보다 긍정적인 인식을 하는 계기가 되었다.

최대 150억 달러로 추산되는 쓰나미 사태가 남긴 피해는 피해 국가들이 서방국가와 국제기구의 개입을 적극적으로 모색하게 만들었다. 피해국에 대한 유무상 원조는 사상 유례가 없을 정도로 활발하여, 주요국 및 국제기구가 62억 달러, 개인 및 민간기업이 16억 달러 등 총 80~100억 달러에 달하는 지원이 이루어졌다. 태국 정부의 경우 유네스코의 '정부 간 해양학 위원회'(IOC)와 협조하에 인도양 해역 전반에 걸쳐 쓰나미 경보체계를 가동, 조류 계측기, 심해 수압 센서, 지진계 같은 장비의 설치와 개선을 시도하고, 방콕에 250만 달러를 들여 국가재난경보센터를 개설하였다. 국제기관은 국가 차원의 재난 대처 계획을 세우는 데 도움을 줄 수 있는 공공 교육 프로그램, 상호 의사소통, 대피 루트나 비상 수용시설, 의료시설 같은 필수 기반시설의 마련 등 직접적인 도움을 제공하였다.[60]

산되었으며 위축된 소비심리로 인한 경제활동 제약을 통해 직간접으로 아시아 경제에 부정적인 영향을 미쳤다. 태국, 대만 및 싱가포르 등의 동남아시아 국가들은 핵심산업이라 할 수 있는 관광산업이 여행위험지역, 여행자제지역의 지정 등으로 인해 침체되면서 항공, 숙박, 레저, 외식산업 등 전 서비스 분야에 걸쳐 심한 타격을 입었고, 이로 인해 1997~98년의 아시아 금융위기에 버금가는 경기침체를 야기하게 되었다. www.who.int/csr/sars/en, www.cdc.gov/sars, "사스의 관광부문 파급효과 추정," 『월간내외저널』(김덕기, 한국문화관광정책연구원, 2003).

59) Ann Marie Murphy, "Indonesia and Globalization," in Kim, pp.209-232.

60) BBC에 의한 국별 피해규모를 보면, 인도네시아 22억 달러, 인도 16억 달러, 스리랑카 13~15억 달러, 몰디브 13억 달러, 태국 12억 달러 등이다. 전만, 쓰나미의 동서남아 경제에 대한 파급효과와 복구(정재완, 대외경제정책연구원,

〈표 5〉 쓰나미에 의한 국별 직접피해 현황(2005년 1월 11일)

	인명피해(명)			외국인 인명피해(명)	
	사망	실종		사망	실종
인도네시아	110,299	12,132	유럽 및 지중해	318	4,872
스리랑카	30,893	6,038	동아시아	60	263 이상
인도	15,766	5,711	북미	42	150 이상
태국	5,313	3,810	오세아니아	21	104
소말리아	298		남미	8	1
몰디브	82	26	남아프리카	10	364
말레이시아	68	6			
미얀마	90	3,200			

* 그 외 탄자니아 10명, 방글라데시 2명, 케냐 1명 등도 사망함.
* 출처: AP통신, BBC 통신, 조선일보.

2005년 8월 인도네시아 정부와 아체(Aceh) 자주독립무장세력 간의 평화조약 서명은 국가 생존과 안보의 화두와 우선적 가치가 자연재해의 여파 속에 변화함을 보여주는 한 예라고 하겠다. 아체 지방의 에너지 자원을 둘러싸고 일어난 아체 분쟁은 1976년부터 30년간 약 1만 5,000의 사망자를 내면서 해결의 실마리를 찾지 못한 채 지속되어 왔다. 소모적 분쟁이 계속된 이유 중의 하나는 분쟁 당사자들이 외부의 중재개입에 대하여 주권침해 차원에서 거부해 왔기 때문이었다. 헬싱키에서 맺어진 평화조약은 전 핀란드 대통령(Martti Ahtisaari)의 중재노력의 결실이라고 할 수 있는데, 분리주의자(Free Ache Movement) 대표와 인도네시아 정부는 폭력행사의 자제에 동의하고, 국제감시단의 감독하의 단계적 철수와 무장해제에 합의하였다.[61] 인도네시아 정부는 아

2005) 참조.

61) 인도네시아 정부는 2005년 말까지 6개월간에 걸쳐 철수하여 현재 약 3만의 인도네시아 군인과 경찰병력 중 14,000명만을 아체지역에 남기고, 아첸 자치세력은 매 2개월 마다 약 20퍼센트에 해당하는 무기류와 군대를 해산하기로 동의하였다. "In Signing Accord Today, Indoensia and Rebels Hope for

체 자치세력이 석유, 천연가스, 삼림자원의 개발에서 파생되는 세입 중 70%를 관장하는 것과 정당을 결성하여 18개월 후 선거에 참여는 것에 동의하였다.

또한 12개 지역에서 아체 반군의 무기 반납을 감시하기 위한 300명의 유럽공동체와 아세안 감시단체의 활동을 보장하고, 수감 중에 있는 무장세력 중 쓰나미 사태 중 복구 및 인명구제 활동에 참여했던 자들을 우선적으로 석방할 것을 약속하였다. 아체 대표와 인도네시아 정부의 이러한 새로운 화해노력은 특히 무장세력의 지원을 통하여 동티모르의 독립을 저지하고, 조류독감의 발발과 확대를 방치하여 국제적 위상과 영향력을 실추한 인도네시아 정부가 국제사회의 기본적 규범과 원칙을 안보정책결정에 보다 적극적으로 수용하고 주권과 국가안보의 위협을 상호신뢰와 재건의 입장에서 접근하는 새로운 예라고 하겠다.[62]

3. 범세계적 테러전

9 · 11 사태 이후 범세계적 반테러전의 일환으로 미국은 아세안 국가 내에서 활동하는 자생적 테러집단과 회교반군세력에 대한 공동의 안보노선구축에 주력해 왔다.[63] 필리핀의 경우 테러집단 아부 사뱌프

Peace," *The New York Times*, August 15(2005), A4.

62) Bakhtiar Abdullah, a spokesman for Free Aceh Movement: "After years of allegations and counter-allegations, the tsunami made us realize that we needed to finally sit down and come together to rebuild Aceh··· There was also pressure from the international community; we know people are watching closely." Indonesian defense minister also emphasized, "[W]e' ve learned from the past. We are committed to trust-building."

63) Jonathan T. Chow, "ASEAN Counterterrorism Cooperation since 9/11," *Asian Survey*, 45, 2, 302-21. 아세안-미국의 대테러 협력이 국내정치의 긴장을 고조시킨다는 비판적인 입장은 Suzaina Kadir, "Mapping Muslim Politics in Southeast Asia after September 11," *The Pacific Review*, 17, 2, June, 2004, pp.199-222 참조.

단체(Abu Sayyaf Group, ASG)과 모로 회교해방전선(Moro Islamic Liberation Front, MILF), 필리핀 공산당/신인민군(Communist Party of thePhilipppine/New People Army, CPP/NPA) 등이 특히 졸로 섬과 서남 지역을 중심무대로 활동하고 있으며, 미국은 발리카탄(Balikatan, Shoulder-to-Shoulder, 반테러 공동전선)을 통하여 필리핀 군의 대 테러 군사훈련을 지원해 오고 있다. 미국 정부는 필리핀에 대하여 2002년부터 2006까지 약 6,800만달러에 달하는 아시아에서 가장 큰 규모의 반테러 지원금과 대규모 군사훈련을 약속하였다. 태국과 함께 필리핀은 2003년 미국의 주요 비나토 동맹국으로 지정되었고, 현재 12개의 유엔 반테러 회의를 인준한 상태이다.[64]

미국이 주도하는 대테러전은 이슬람 인구가 국내정치에서 큰 영향력이 있는 아세안 국가들에게 외교적 부담으로 작용한 것은 사실이지만, 미국과의 반테러전 협력이 아세안 지역을 테러전의 첨예지역(hot spot)으로 변모시키고 있다는 주장을 뒷받침할 확실한 증거는 아직 없다고 하겠다.[65] 예를 들어 회교국인 인도네시아의 경우 이슬람 국가들과의 범세계적 연대에 소극적인 자세를 보여 왔다. 인도네시아는 범이슬람연대(Organization of the Islamic Conference)의 회원이긴 하지만 와히드 대통령 집권 당시 이스라엘과의 관계개선을 시도하는 등 전방위 외교노선을 고수하고 있다.[66] 필리핀의 경우는 2001년 8월 모로 회교해방전선과 종전안에 합의한 이후, 최종평화안에 서명하기 위한 협상

---

64) Bureau of East Asian and Pacific Affairs, U.S. Department of State Country Background Note, May 2005.

65) 2001년 11월 아세안 대테러공동행동선언(ASEAN Declaration on Joint Action to Counter Terrorism)의 발표는 미국과 아세안 국가들간의 공동보조를 활성화하는 시발점이 되었다. Jonathan T. Chow, "ASEAN Counterterrorism Cooperation since 9/11," *Asian Survey*, 45, 2, pp.312-14.

66) Bureau of East Asian and Pacific Affairs, U.S. Department of State Country Background Note, Indonesia, May 2005.

을 계속해 오고 있다. 2003년 MILF가 공식적으로 테러리즘 포기선언한 이후 분쟁 당사자인 필리핀 정부와 MILF 측은 말레이시아와 미국의 중재를 받아들여 평화협상의 신속한 결말을 모색하고 있다.[67]

종합하여 볼 때, 최근의 지역국제관계의 변화 추세는 아세안 회원국가들 간의 지역적 결속력과 긴장완화에 긍정적인 작용을 하고 아세안 국가들로 하여금 지역안보의 공공재(public good)적 측면에 주목하는 계기가 되었고, 아세안 국가들은 이러한 새로운 국제관계의 변화의 흐름 속에서 지역 문제에 대한 주도권을 가지고 안보이익을 추구하고 있는 것으로 보인다.

V. 맺음말

클라우제비츠는 일찍이 전쟁은 정치의 연속이라는 명제를 주장한 바 있다.[68] 국가안보의 문제를 국가생존과 주권의 차원에서 포괄적으로 정의하는 아세안 국가들의 전통적인 안보정책과 위협인식의 특징을 생각해 볼 때 클라우제비츠의 명제는 아세아 국가들에 있어서 전쟁의 위협과 평화의 문제를 조망해보는 데 시사하는 바가 크다고 할 수 있다.

마틸리(Mattli)는 강한 국가의 건설과 정통성의 확보는 성공적인 지역공동체의 건설에 필수불가결한 기초조건이라고 주장한 바 있다.[69] 아세안 국가들의 국제관계는 아세안 국가들이 이러한 지역공동체 형

67) Bureau of East Asian and Pacific Affairs, U.S. Department of State Country Background Note, Philippines, September 2004.

68) Carl von Clausewitz, *On War*, edited and translated by Michael Howard and Peter Patet(New York : Knopf, 1993).

69) Walter Mattli, "Sovereignty Bargains in Regional Integration," *International Studies Review*, 2,2, (2000), pp.149-80.

성의 기본 조건을 성취하는 긴 과정의 연속이었다고 할 수 있다. 이 과정에서 아세안 국가의 안보논리는 과거 포괄적 국가안보 개념과 주권 우선원칙에 따라 전개되어 왔다. 이러한 아세안 특유의 안보개념과 위협인식은 주로 아세안 국가들의 패권적, 패쇄적 외교정책의 근원을 설명하는 데 사용되어졌다.

이에 반하여 본 장에서는 아세안에서의 주권문제와 안보문제의 밀접성이 전쟁이 아닌 평화의 동인으로서 작용할 수 있는 가능성에 대하여 논의하고, 주권에 대한 아세안 국가의 집착성향이 지역분쟁과 협력부재의 원인이 된다는 견해와 지역 안보공동체로서 아세안의 유용성에 대한 비판론을 경험적, 논리적 근거를 가지고 비판적으로 검토해 보았다. 아세안 내부와 외부의 국제관계의 최근 변화 추세를 고려해 볼 때, 아세안 국가들의 전쟁의 위협과 평화의 문제는 과거에 비하여 보다 긍정적인 방향으로 전개되고 있는 것으로 보인다.

참고자료

김덕기. "사스의 관광부문 파급효과 추정," 한국문화관광정책책연구원. 2003.

안승욱. "베트남의 개혁개방과 경제발전전략." 『한국과 국제정치』 26권. 1997.

양승윤. "베트남의 정치경제와 국제관계 : 베트남의 팽창주의와 아세안." 『한국과 국제정치』, 2권 2호. 1986.

정재완. "쓰나미의 동서남아 경제에 대한 파급효과와 복구 전망." 대외경제정책연구원. 2005.

홍규덕. "미국- 베트남 관계정상화과정과 요인분석." 『한국과 국제정치』, 7, 2. 1991.

Abbott, Kenneth W., and Duncan Snidal. "Hard and Soft Law in International Governance." *International Organization*, 54, 3, Summer (2000), 421-456.

Acharya, Amitav. "Do Norms and Identity Matter?: Community and Power in Southeast Asia's Regional Order." *The Pacific Review*, 18, 1, March(2005), 102-3.

_______. "Ideas, Identity and Institution-Building: From the 'ASEAN Way' to the 'Asia-Pacific Way?" *The Pacific Review*, 10, 3 (1997), 319-46.

Alagappa, Muthiah. "Conceptualizing Security." In Muthiah Alagappa, ed. *Asian Security Practice: Material and Ideational Influences* (Stanford: Stanford University Press, 1998), 677-700.

_______. "Rethinking Security: A Critical Review and Appraisal of the Debate," in Muthiah Alagappa, ed. *Asian Security Practice: Material and Ideational Influences* (Stanford: Stanford University Press, 1998), 27-64.

Antolik, Michael. *ASEAN and the Diplomacy of Accommodation* (London: M.E. Sharpe, 1990), 156-157.

Anwar, Dewi Fortuna. "Indonesia: Domestic Priorities Define National Security. "In Muthiah Alagappa, ed. *Asian Security Practice: Material and*

Ideational Influences (Stanford: Stanford University Press, 1998), 477-512.

Ba, Alice. "China and ASEAN: Renavigating Relations for a 21st-Century Asia." *Asian Survey*, 43, 4 (2002), 622-747.

Blanchard, Jean-Marc. "Maritime Issues in Asia: The Problem of Adolescence." In Muthia Alagappa, ed. *Asian Security Order: Instrument and Normative Features* (Stanford: Stanford University Press, 2003), 412-40.

Bong, Youngshik. Flashpoints at Sea? Legitimization Strategy and East Asian Island Disputes, Ph. D. dissertation (University of Pennsylvania, 2002).

Borgu, Aldo. "Combating Terrorism in East Asia?A Framework for Regional Cooperation." *Asia-Pacific Review*, 11, 2 (2004), 48-59.

Bureau of East Asian and Pacific Affairs, U.S. Department of State, Country Background Note, May (2005).

CIA, The World Factbook (2005).

Chow, Jonathan T. "ASEAN Counterterrorism Cooperation since 9/11." *Asian Survey*, 45, 2 (2005), 302-21.

Clausewitz, Carl von. *On War.* Michael Howard and Peter Patet,ed., tr.(New York : Knopf, 1993).

Crocker, David A. "Reckoning with Past Wrongs: A Normative Framework." *Ethics & International Affairs,* 13 (1999), 43-66.

Frey, Frederick W. "The Problem of Actor Designation in Political Analysis." *Comparative Politics*, 17, 2 (1985), 127-52.

Friedberg, Aaron. "Ripe for Rivalry." *International Security*, 18, 3, Winter (1999), 5-33.

Garofano, John. "Power, Institutions, and the ASEAN Regional Forum: A Security Community for Asia?" *Asian Survey*, 42, 3 (2002), 502-21.

Haacke, Juergen. "The ASEANization of Regional Order in East Asia: A Failed Endeavor?" *Asian Perspective*, 22, 3 (1998), 7-47.

Hund, Markus. "ASEAN Plus Three: Towards a New Age of Pan-East Asian Regionalism? A Skeptic's Appraisal." *The Pacific Review*, 16, 3 (2003), 383-417.

Ikenberry, G. John. *After Victory: Institutions, Strategic Restraint and the Re-*

building of Order after Major Wars (Princeton: Princeton University Press, 2001).

Jones, David Martin, and Michael L. R. Smith. "ASEAN' s Imitation Community." *Orbis*, 46, 1, Winter (2002), 93-109.

Kadir, Suzaina. "Mapping Muslim Politics in Southeast Asia after September 11." *The Pacific Review*, 17, 2 (2004), 199-222.

Kahler, Miles. "Legalization as Strategy: The Asia-Pacific Case." *International Organization*, 54, 3, Summer (2000), 549-71.

Kang, David. "Getting Asia Wrong: The Need for New Analytical Frameworks." *International Security*, 27, 4, Spring (2003), 57-85.

Katsumata, Hiro. "Why Is ASEAN Diplomacy Changing?: From 'Non-Interference' to 'Open and Frank Discussion.'" *Asian Survey*, 44, 2 (2004), 237-54.

Keohane, Robert O. and Lisa Martin, "The Promise of Institutionalist Theory." *International Security*, 20, 1 (1995), 39-51.

Kraft, Herman, The Principle of Non-Intervention and ASEAN: Evolution and Emerging Challenges, Working Paper no. 344 (Canberra: Strategic and Defense Studies Centre, Australian National University, 2000), 4-9.

Leavitt, Sandra R. "The Lack of Security Cooperation between Southeast Asia and Japan: Yen Yes, Pax Nippon No." *Asian Survey*, 45, 2 (2005), 216-40.

Lee, Jae-Seung. "ASEAN+3 and the New Regional Order in East Asia: Political Consequences of Regional Cooperation." *Korean Political Science Review*, vol. 38, no. 4 (2004), 25-42.

Leifer, Michael. "Regional Solutions to Regional Problems?" In Gerald Segal and David S. G. Goodman, eds. *Towards Recovery in Pacific Area*. New York: Routledge, 2000, 108-18.

______. The ASEAN Regional Forum, Adelphi Paper no. 302 (London: International Institute for Strategic Studies, 1996).

Mearsheimer, John. "Why We Will Soon Miss the Cold War." The Atlantic, 66, 2, August (1990), 35-45.

Narine, Shaun. "State Sovereignty, Political Legitimacy and Regional Institutionalism in the Asia-Pacific." *Pacific Review*, 17, 3 (2005), 423-50.

______. "ASEAN and the Management of Regional Security." *Pacific Affairs*, 71, 2, Summer (1998), 195-214.

______. "ASEAN and the ARF: The Limits of the 'ASEAN Way'." *Asian Survey*, 37, 10 (1997), 961-78.

Ninh, Kim, "Vietnam: Struggle and Cooperation." In Muthia Alagappa, ed. *Asian Security Practice: Material and Ideational Influences.* Stanford: Stanford University Press, 1998, 445-476.

Martin, Lisa L., "An Institutionalist View: International Institutions and State Strategies." In T. V. Paul and John Hall, eds. *International Order and the Future of World Politics.* Cambridge: Cambridge University Press, 1999, 78-98.

Martin, Lisa L., and Beth Simmons. "Theories and Empirical Studies of International Institutions." *International Organization*, 52, 4, Autumn. 1998, 729-757.

Moon, Chung-In, and Chaesung Chun. "Sovereignty: Dominance of the Westphalian Concept and Implications for Regional Security." In Muthia Alagappa, ed. *Asian Security Order: Instrumental and Normative Features.* Stanford: Stanford University Press, 2003, 106-40.

Mattli, Walter. "Sovereignty Bargains in Regional Integration." *International Studies Review*, 2, 2 (2000), 149-80.

Murphy, Ann Marie. "Indonesia and Globalization." In Samuel Kim, ed. *East Asia and Globalization.* Lanham, Rowan & Littlefield, 2000, 209-32.

Sharpe, Samuel. "An ASEAN Way to Security Cooperation in Southeast Asia?" *The Pacific Review*, 16, 2 (2003), 231-50.

Singh, Bhubhindar. "ASEAN's Perceptions of Japan: Change and Continuity." *Asian Survey*, 42, 2 (2002), 276-96.

Stubbs, Richard. "ASEAN Plus Three: Emerging East Asian Regionalism?" *Asian Survey*, 42, 3 (2002), 440-55.

Swamy, Arun R., and John Gershman. "Managing Internal Conflicts: Dominance of the State." In Muthia Alagappa, ed. *Asian Security Order: Instrumental and Normative Features.* Stanford: Stanford University. Press, 2003, 497-535.

Than, Tin Maung Maung. "Myanmar: pre-occupation with Regime Survival, National Unity, and Stability." In Muthiah Alagappa, ed. *Asian Security Practice: Material and Ideational Influences.* Stanford: Stanford University Press, 1998, 390-416.

Watanabe, Matsuo. "Issues in Regional Integration of East Asia: Conflicting Priorities and Perceptions." *Asia-Pacific Review*, 11, 2 (2004), 1-17.

Wolfers, Arnold. *Discord, and Collaboration.* Baltimore, MD: Johns Hopkins Press, 1962.

Womack, Brantly. "China and Southeast Asia: Asymmetry, Leadership, and Normalcy." *Pacific Affairs*, 76, 4, Winter (2003/04), 529-49.

『동아일보』.

The Economist.

Jiji Press.

The New York Times.

Far Eastern Economic Review.

News Straits Times (Kuala Lumpur, Malaysia).

제13장

동아시아의 미래전

이상현

I. 머리말

전쟁과 평화의 문제는 어느 시대 어느 국가를 막론하고 매우 중요한 문제이다. 20세기를 지배했던 냉전이 종식되고 21세기의 초입에 들어서도 국가 간 전쟁과 갈등은 여전히 지구사회의 안보를 위협하는 요인이 되고 있다. 21세기의 군사안보질서는 무엇보다도 정보화 · 세계화의 추세로 인해 과거와는 다른 양상으로 전개될 것이 예상된다.

미래의 군사안보환경이 변함에 따라 미래전에 대비하는 것은 모든 국가의 피할 수 없는 과제가 되었다. 국제체제가 정치 · 경제적으로 발달하면서 전쟁의 양상이 변하리라는 것은 21세기의 분명한 추세이다. 또한 전쟁이 치러지는 안보환경 역시 포괄적인 변화의 도정에 있다. 과학기술이 발달하면서 전쟁의 수단은 갈수록 첨단화 · 경량화 · 기동화 · 네트워크화의 특성을 보이면서 과거와는 근본적으로 다른 시각과 접근을 필요로 한다. 9 · 11 테러 이후 대량살상무기와 대규모

테러 등 각종 비대칭 위협은 21세기 안보의 핵심 문제가 되었다. 그것은 국가와 국가의 경계가 약화되고 초국가적 정치 · 경제 · 사회적 활동이 비약적으로 확대되면서 초래된 결과이며, 새로운 안보위협은 어느 한 나라가 통제할 수 없는 이슈 영역이 되었다. 이러한 변화에 처하여 21세기의 군사안보 문제는 환경의 변화, 군사기술의 변화, 위협 주체의 변화, 글로벌 차원 세력관계 변화 등 총체적 변화를 전제로 연구되어야 한다.

이상의 변화를 염두에 둘 때 군사안보와 관련하여 우리가 대비해야 할 과제는 무엇인가? 이 글은 다가올 미래전에 대비하여 그 변화의 진폭과 의미를 살펴 보고, 그에 대한 대응을 모색하는 데 목적이 있다. 일반적으로 과학기술의 발전은 곧 군사기술의 발전을 초래하고, 이는 전쟁양상의 변화로 이어지게 마련이다. 이 글은 동아시아에서 전개될 미래전 양상을 분석하고 그것이 향후 역내 질서에 미칠 영향을 전망하기 위한 시론이다. 이를 바탕으로 동아시아에서 평화를 위한 대비책을 모색하고자 한다. 우리가 미래를 예측하는 것은 항상 불확실성과 단순화의 위험성을 내포하고 있지만, 현 단계에서 가능한 미래의 전망은 군사분야에서도 광범위한 변화를 예고하고 있다.

II. 미래전: 양상과 변화의 방향

전쟁의 양상 변화를 주도하는 요인은 무엇인가? 전쟁은 무기의 수나 질과 같은 객관적 비교를 넘어서 예측불가능성, 불확실성, 우연성 같은 인간이 계산할 수 없는 복잡한 변수들이 작용하는 총체적 게임이다. 전쟁의 동기와 목적, 환경 사이에는 본연적인 마찰(friction)의 요소가 개입되기 마련이다(Watts 1996). 그래서 클라우제비츠는 전쟁을 이해하고 설명하고 준비하는 데 있어 가장 중요한 것을 인간적 요소라고 생각하였다. 그러나 갈수록 무기체계의 성능이 발달하면서 오늘날 전

〈표 1〉 산업기술 발달과 전쟁양상의 변화

	제1차 산업혁명	제2차 산업혁명	네트워크 혁명
주요 테크놀로지	증기기관, 철도, 전신 등	전기, 유기화학, 자동차, 비행기, 전화, 라디오 등	반도체, 컴퓨터, 디지털 네트워크(인터넷), 표준화에 의한 호환성, 생명공학 등
갈등의 주요 원인	민족주의 대중운동, 식민지	전체주의 정치운동	전지구적 어젠다, 불량국가(rogue states), 극단주의
전쟁의 수단	대규모 징병, 대량생산된 소화기(firearms), 철도 중심의 병참지원	기계화, 공군력, 무선통신, 레이다, 대량파괴무기(WMD)	고효율 특수전, 정밀무기, 사이버무기
취약지/ 공격 대상	인구중심지	인프라	지식 및 정보 자산

출처: Eriksson(1999), p. 59의 두 표에 근거하여 정리.

쟁의 양상을 결정하는 가장 중요한 요소는 바로 과학기술이라 할 수 있다. 일반적으로 과학기술이 전쟁의 양상에 영향을 미치는 이유는 궁극적으로 갈등과 안보가 사회적 관계의 함수이기 때문에 발생한다.

인류역사를 통하여 하나의 전환점이 될 만한 신기술이 도입되면 이에 따라 그 시대 전반적인 삶의 양식과 문화가 변화하고 군사안보 분야 역시 이러한 추세에서 예외는 아니었다. 정보화 사회의 삶의 양식이 산업사회와는 다르듯이 정보혁명이 초래하는 군사안보상의 변화는 전쟁의 양상, 즉 전쟁의 내용과 수행 방식을 산업사회와는 근본적으로 다르게 변화시킨다. 농경사회에서는 전쟁의 주된 수단이 창, 검, 활 등이었고 근접·백병전이 이루어졌다. 그 후 산업사회에서는 규격·표준화된 생산설비에 따라 대량생산과 소비가 달성되면서 전쟁도 표준화 무기의 대량생산, 대량징집, 총력전 양상이 나타나 기계적 수단에 의한 대량파괴·살육전이 보편적 전쟁양상이 되었다(Toffler 1993, 33-43).

기술은 좀 더 크게 보면 추상적인 지식의 체계로서 세계를 바라보는 태도와 문제해결 방식을 포함하는 것이다. 전쟁의 모든 측면은 기술의 영향을 받고, 기술은 전쟁의 흐름에 영향을 미친다. 그래서 기술은 곧 전쟁의 하부구조를 형성하는 것이다(Van Creveld 1991, 311). 20세기 말부터 시작된 정보혁명은 전쟁양상에 더욱 혁신적인 변화를 초래하고 있다. 그래서 일부 연구자는 정보혁명이 그 파급효과와 파장의 범위에 있어서 인류역사상 경험한 두 차례의 산업혁명과 맞먹는 광범위한 변화를 초래했다고 지적한다. 정보혁명의 결과 형성되는 사회유형은 네트워크사회로서 여기서는 사람들의 일상 생활이 정보기술 및 네트워크와 관련된 신기술들에 크게 영향을 받는다. 〈그림 1〉에서 보듯이 군사안보의 측면에서 네트워크사회가 산업사회와 가장 크게 다른 점은 새로운 유형의 갈등행위자들이 등장하고 갈등의 대상이 지식 및 정보 자산으로 변한다는 점이다.

산업사회에서는 징병을 위한 기반으로서의 인구 규모, 영토와 병참지원에서 통제의 필요성 등을 종합적으로 고려한 결과 군사력의 강약이 병사의 숫자에 크게 의존하였지만 네트워크사회에서 중요시되는 군사 자산은 보다 적은 인원으로 고도의 지식과 정보를 활용한 형태를 띤다. 즉 네트워크사회의 군사력은 산업사회에 비해 물리적 자원에 의존하는 정도가 덜하고 강대국들만의 전유물일 필요는 없다는 특징을 지닌다. 이러한 변화의 결과 네트워크사회에서는 지식 및 정보자산이 군사력의 구성요소인 동시에 공격의 일차적 대상이 된다. 이는 산업사회에서 주 방어의 대상이 인구중심지와 산업 인프라였던 것과 좋은 대조를 이룬다(Toffler and Toffler 1993).

지난 걸프전과 코소보전에서 보여진 바대로 90년대 이후의 전쟁양상은 과거의 전쟁과는 전혀 다른 새로운 양상으로 변화하고 있다. 최근의 아프간 전쟁은 여러 의미에서 과거와는 다른 '새로운 전쟁'이며, 전쟁의 양상에 대한 이러한 변화는 향후로도 불가예측적으로 지속될 것이 예견되고 있다. 이러한 변화는 기본적으로 정보기술혁명이

〈그림 1〉 미래전 양상 변화의 기본적 구조

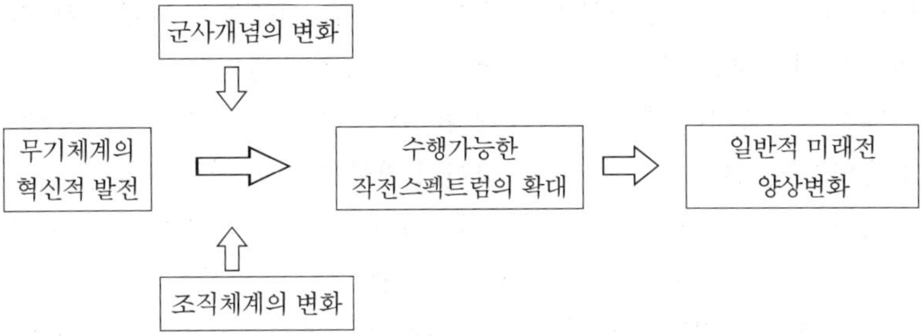

출처: 노훈 · 이상현(2001), p. 2.

라고 일컬어지는 전세계적인 기술환경 변화가 군사분야에 응용되기 시작한 결과로서, 이미 대부분의 국가들이 이러한 변화에 주목하여 그에 적응이 가능한 군사분야의 전환을 추구하고 있으며 미국을 비롯한 군사선진국은 이미 상당한 노력의 결실을 거두고 있는 상황이라 할 수 있다. 특히 그간 이러한 노력 속에서 식별된 것은 정보기술의 발전은 단순히 첨단군사기술의 발전을 통한 통상적인 군사력 증진 정도의 수준에서 그치는 것이 아니고 군사분야 전반에 걸친 총체적인 변화, 즉 군사 패러다임의 변화를 예고하고 있다는 것이다.

21세기의 전쟁과 관련하여 혹자는 두 차례의 세계대전을 거치고 얻어진 인류의 성찰과 과학기술의 발달로 무기의 파괴력이 재앙적 수준으로 발전하면서 이제 과거와 같은 큰 전쟁은 없을 것이라고 주장하기도 한다. 과연 미래에는 전쟁이 불필요해질 것인가? 핵무기의 가공할 파괴력과 국제사회의 전반적 민주화로 인해 전쟁 무용론이 제시되기도 하지만, 적어도 인류역사가 우리에게 말해주는 바는 모든 평화시기는 실은 두 전쟁 사이의 소강상태일 뿐이라는 점이다(Black 2000, 272). 대규모 전쟁이 급격히 역사의 무대에서 사라지고 있다는 주장도 잘못된 것이다. 오늘날 강대국 간의 전쟁이 없는 것은 미국 우위의 군사력 불균형이 너무 심해서 일시적인 전쟁 비수기를 지나고 있을 뿐이다(Gray 2004, 13-14). 때문에 미래전의 성격을 이해하고 이에 대해 적절히 대비할 필요성은 아무리 강조해도 지나치지 않다.

일반적으로 미래전의 양상을 논할 때 가장 먼저 떠오르는 논지는 전쟁의 양상 변화, 즉 전쟁 하드웨어의 변화와 그로 인한 전술상의 변화이다. 미래 전쟁양상의 변화에 주목하는 논의 중 대표적인 것은 군사혁신(RMA: Revolution in Military Affairs) 개념이다. 군사혁신론자들은 미래전의 핵심이 정보 네트워크라고 지적한다. 군사혁신은 급속도로 발전하는 첨단과학기술을 바탕으로, 정보 · 감시 · 정찰(ISR)과 정밀타격무기(PGM: precision guided munition)를 첨단 전투지휘 자동화체계(advanced C[4]I)로 연결하면 새로운 하나의 복합체계가 탄생되고, 이들은 전투력의 승수효과(force multiplier)를 수반한다는 개념이다.

또한 군사혁신은 첨단정보기술을 군사력에 응용하여 군대의 조직과 교리까지도 바꿈으로써 전쟁의 방식을 근본적으로 바꾼다는 의미를 지닌다. 군사혁신에 기반한 미래전은 현재의 전쟁 양상과는 사뭇 다를 것으로 예상할 수 있다. 미래전을 묘사하는 여러 가지 방식이 있지만 이들을 종합적으로 고찰해 보면 미래전은 대체로 정보전(information warfare), 비대칭전(asymmetric warfare), 병행전(parallel warfare), 우주전(space warfare), 정밀타격전(precision warfare), 로봇전(robot warfare) 등으로 특징지어질 수 있다. 이 모든 미래전의 키워드들에서 한 가지 공통적인 요인은 바로 정보 네트워크가 중추적 기능을 수행한다는 점이다. 정확하고 적보다 한발 빠른 전장공간인식, 전투단위들을 일거에 엮어주는 네트워크, 그리고 정밀한 타격력은 미래전의 핵심 요소들이다.

이와 같은 의미에서의 미래전 대비의 선두주자는 미국이다. 미국은 이 분야에서 타의 추종을 불허할 정도로 앞서 있다. 미국의 새로운 군사안보전략에서 가장 중점을 두는 분야는 첨단기술을 적용한 첨단군사력 건설이다. 이와 관련하여 다양한 연구와 논의가 전개되고 있다.

첫째는, 군사혁신과 군 변환(transformation) 연구이다. 군사혁신은 첨단정보기술을 군사력에 응용하여 조직과 교리까지도 바꿈으로써 전쟁의 방식을 근본적으로 바꾼다는 의미를 지닌다. 군 변환은 군사혁신을 실제로 적용하여 군대의 체질을 바꾸는 과정으로서 두 가지 의미를 지닌다. 첫째는, 첨단 정보과학기술을 응용하여 산업사회 군사력을 정보화 시대 군사력으로 전환하는 것으로, 첨단 지휘자동화체제인 C^4ISR, 원거리 정밀타격, 네트워크, 유연성, 파괴력 향상 등의 구현에 중점을 둔다. 둘째는, 냉전기 군사태세를 탈냉전기 군사태세로 전환하는 것으로, 탈냉전기의 새로운 위협요인인 테러, WMD 확산 등에 대처하여 미군의 군사태세를 바꾸되, 전진배치 위주의 고정된 군사력 운용에서 기동 위주로 전환하며, 그 일환으로 동맹국관계와 해외주둔 정책을 변화시킨다는 것이다(Feith 2003; Conetta 2003, 5/9-6/9; U.S. DoD 2003; U.S. DoD 2001).

둘째는, 네트워크중심 전쟁(network-centric warfare) 개념이다. 네트워크중심 전쟁은 네트워크 컴퓨팅(network-centric computing) 개념과 유사하다. 네트워크 컴퓨팅은 전송 데이터를 디지털화하여 표준화된 패킷으로 나누어 전송함으로써 통신 노드 중 일부가 파괴되더라도 연결 가능한 모든 회선을 활용하여 데이터의 전송률을 높이고 네트워크의 효율을 극대화하는 방식이다. 마찬가지로 네트워크중심 전쟁은 전 지구를 엮는 통신 네트워크를 구축하여 여하한 플랫폼이라도—전함, 비행기, 육상전투차량, 혹은 심지어 말단 보병에 이르기까지—언제든지 네트워크에 로긴하여 데이터의 업로드, 다운로드를 자유로 구사하게 한다는 개념이다(Berkowitz 2003, 113).

무기체계들이 전장공간 내 어느 곳에 위치하든 간에 네트워크상에 존재하기만 하면 신속하게 효과 위주의 집중공격에 참가할 수 있을 뿐만 아니라 이동과 수송 소요도 대폭 줄일 수 있으며 전투참여 요원들이 공통으로 보유하는 지식이 많아진다는 장점이 있다. 그렇게 되면 각 플랫폼이 무엇이냐보다는 그것들이 어떻게 합동작전을 할 수 있느냐 하는 것이 매우 중요해지는 것이다. 정보화 시대의 전쟁은 특히 네트워크를 중심으로 이루어지고 네트워크를 잘 활용하는 측에 유리한 특징을 지니고 있다(노훈 · 손태종 2005).

네트워크중심 전쟁은 인지, 정보, 물리적 영역의 우위를 결합하여 전장공간 인식, 축약된 지휘절차, 정밀타격을 가능케 함으로써 달성된다. 이러한 우위를 점하기 위해 미국을 비롯한 선진국들은 군사력을 재조직하고 정비하여 새로운 안보환경에 맞는 군대로 바꾸는 작업을 지속적으로 추진하고 있다. 정밀타격은 네트워크중심 전쟁의 핵심이다. 정밀타격은 장거리 폭격기와 미사일이 동원된다는 면에서 전략폭격(strategic bombing)과 유사한 일면이 있다. 전략폭격은 핵심 목표를 타격하여 적의 저항의지와 전쟁지속능력을 파괴하는 것이 주 목적이다. 이에 비해 정밀타격은 말 그대로 '한방에 하나의 목표물을 파괴하는(one bomb destroys one target)' 것이 핵심이다. 전략폭격을 가능하게 한 기술인 장거리 전폭기와 미사일은 산업사회의 기술에 속한다. 반면 정밀타격은 목표 탐지와 유도장치 등 정보사회 기술이 없이는 불가능하다. 정밀타격으로 이제 목표가 어디 있는지만 알면 언제 어디서든 파괴가 가능한 시대가 되었다(Berkowitz 2004, 76-77).

셋째, 최근의 미 군사교리는 신속결전작전(RDO: Rapid Decisive Operation)의 중요성을 강조하는 경향이 있다. 신속결전작전에서는 입체성, 통합성, 정확성, 기민성 등이 강조되며, 미래전의 양상이 순차적이 아닌 동시병렬적 공지합동작전으로 치러질 것임을 보여 준다. 미 합참자료에 의하면 신속결전작전은 미래전을 위한 합동작전개념이다. 신속결전작전은 지식, 지휘통제, 효과 기반 작전(effect-based operations)을 결합하여 원하는 정치 · 군사적 결과를 얻기 위한 것이다. 신속결전작전에 의해 미국과 동맹국들은 네트워크로 연결되어 적이 저항할 수 없는 방향과 차원에 걸쳐 비대칭적 공세를 펼쳐 작전의 조건과 템포를 주도하게 된다(U.S. JFC 2001).

네트워크중심 전쟁 개념과 신속결전작전은 이미 아프간 전쟁과 이라크 전쟁을 통해 그 위력을 검증받은 바 있다. 1991년 걸프전 양상과

이 두 전쟁을 비교해 볼 경우 전쟁수행 방식의 혁신적 변화가 이루어지고 있음을 알 수 있다. 새로운 전쟁의 특징은 토미 프랭크스 미 중부군 사령관이 무인항공기 프레데터가 보내는 실시간 동영상을 미국 플로리다에 앉아 받아보면서 지휘한 사실에서 잘 드러난다. 미국의 아프간 전쟁은 미래지향적인 첨단무기의 시연장과도 같았다.

아프간 전쟁에서 특히 위력을 발휘한 것은 1995년 발칸 전쟁 때 첫선을 보인 무인정찰기 프레데터(Predator)로서, 이 무인항공기는 1.6km 고도에서 TV와 적외선, 전자, 광학 카메라를 통해 지상의 사람 얼굴을 식별할 만큼 정확한 영상을 전송한다. 이러한 첨단기술 덕분에 미국의 전쟁 지도부는 플로리다에 앉아서 전쟁의 경과를 손바닥처럼 볼 수 있었고 미군 병사들이 추락한 헬기에서 하나씩 끌려나와 적에게 사살당하는 장면까지도 지켜보아야 했다. 아프간 전쟁의 양상은 1991년 걸프전 당시 야전 사령부를 사우디아라비아로 옮겨가기 위해 애로를 겪었던 것과는 좋은 대조를 이룬다. 이러한 새로운 전쟁 양상은 정보화 시대 전쟁의 특징을 잘 보여 준다.

이러한 논의는 대부분 기술결정론적 미래전 시각에 근거하고 있다. 즉 전쟁의 하드웨어, 특히 첨단기술위주의 군사력이 전쟁의 대세를 결정한다는 것이다. 그러나 다른 한편 전쟁의 본연적 속성은 궁극적으로 인간이라는 변수 자체에 의해 영향을 받으며 첨단기술 전쟁만이 미래의 전장을 지배할 유일한 변수는 아니라는 반론도 만만찮다. 미래의 전쟁은 첨단전쟁과 재래식 전쟁이 혼재하는 양상이 될 가능성이 크며, 비록 해 · 공군력과 정밀무기가 전세의 큰 흐름은 주도한다 하더라도 전쟁의 종결에는 여전히 소총 든 보병이 필요하다는 것이다. 네트워크중심 전쟁 개념과 신속결전작전의 위력은 이미 아프간 전쟁과 이라크 전쟁을 통해 입증되었지만, 전쟁종결과 전후 처리에는 첨단 군사력으로 해결할 수 없는 어려움이 따른다는 교훈도 간과해서는 안 된다. 전쟁은 갈수록 첨단화되는 것이 추세이지만, 다른 한편 재래식 군사력도 여전히 필요하다는 사실은 전쟁의 변하지 않는 속성이다.

흔히 군사혁신은 완전한 승리를 보장하는 수단으로서 보편적인 전쟁수행 독트린이 될 기회를 제공하고, 그 결과 냉전기의 보편적 전쟁 양상이었던 저강도 분쟁(low intensity conflict)의 효용을 떨어뜨리는 것으로 간주된다. 그러나 군사혁신이 병사들을 전장으로 몰아넣는 현실을 대체할 수 있는 것은 아니다. 기술적 격차가 커지면 그에 비례하여 전술적 · 전략적 대항수단—비대칭적 수단—이 동원될 가능성이 커진다. 때문에 기술적으로 우월한 국가들만이 반드시 상대방의 전술에 더 효과적으로 대처할 수 있는 것은 아니다. 따라서 전쟁에서 기술적 우위가 지니는 한계를 분명히 인식하는 것은 미래의 전쟁을 이해하는 데 매우 중요하다(Black 2000, 286-297).

냉전이 종식되면서 많은 전문가들은 전쟁의 성격이 근본적으로 바뀔 것이라고 예측했었다. 전쟁의 새로운 양상은 1990년대 국제체제의 경제적 결정 변수와 밀접한 연관이 있다. 탈냉전 이후 세계경제체제의 속성 자체가 전쟁의 새로운 양상을 촉진하고 있다는 것이다(Kaldor and Vashee 1998, 17-19). 세계화의 압력 아래 각국은 경제를 개방하게 되었고 각종 자유화 조치와 구조 조정을 단행하였다. 이러한 경제적 전환의 결과 일부 지역은 실업과 불평등이 증가하고 비공식 경제(informal economies) 부문이 확대되었다.

세계경제구조의 이러한 변화는 전쟁의 양상에도 변화를 불러왔다. 전통적으로 전쟁은 국가의 정규 군대들 간의 싸움으로 이루어졌다. 그러나 1989년 이후 국민국가의 파편화(fragmentation) 현상이 늘어나면서 일부 군대는 실패한 국가 테두리 내에서 움직이는 파벌과 비슷한 모습으로 변하고 있다. 냉전의 종식은 기존 군대조직의 축소를 불가피하게 만들었으며, 그 결과 준 군사(paramilitary) 행위도 확대되고 있다. 이러한 전쟁의 사유화 현상으로 인해 안보도 다른 상품과 마찬가지로 구매가 가능한 서비스의 일종으로 변하고 있다(Kennedy-Pipe 2000, 16-20).

군사혁신의 놀라운 효과를 강조하는 시각에 비해 다른 한 쪽에서는 정보혁명이 초래한 여러 가지 변화에도 불구하고 전쟁의 속성이 본질적으로 변하지 않으리라는 주장이 있다. 이러한 주장은 최근 우리가 목격하는 전쟁수행 방식의 혁신적 변화에도 불구하고 전쟁의 기본 논리는 변하지 않았다는 점을 강조하고 있다. 이에 의하면 전쟁의 본질이 변하면 그것은 이미 전쟁이 아닌 다른 무엇이다. 현재 진행 중인 군 변환에도 불구하고 21세기의 전쟁의 본질은 20세기의 전쟁과 동일하다.

클라우제비츠가 지적한 전쟁의 네 가지 요소인 '위험, 고생, 불확실함, 기회'는 모든 전쟁에 공통적이다. 때문에 군사혁신 논의에서 비롯된 군 변환보다 더 중요한 것은 전쟁을 보는 문화적 컨텍스트에서 일어나고 있는 변화이다. 즉, 전쟁을 바라보는 시각과 실제 전쟁수행 방식에 대한 규범적 태도, 그리고 직업으로서의 군대에 대한 가치관이 변함으로써 전쟁은 인류에게 갈수록 받아들여지기 어려운 행동의 하나가 되어가고 있다.[1] 이러한 전쟁의 비합법화는 전세계 미디어의 활동에 의해 크게 고양되었다.

좀 더 구체적으로, 전쟁에 관한 네 가지 단서를 주목할 필요가 있다. 첫째는 전쟁의 정치적, 사회적, 문화적 컨텍스트를 무시하지 말라는 것이다. 전쟁에 관한 최근의 논의는 기술과 관련된 전쟁방식의 혁신적인 변화만을 강조하는 경향이 있는데, 실상 전쟁의 본질은 전쟁 자체에 관련된 특성보다는 정치 · 사회 · 문화 · 전략적 컨텍스트에 의해 규정된다는 것이다. 둘째, 국방 부문은 적이 제기하는 문제보다는 자신이 해결하기를 선호하는 문제에 집중하는 경향이 있다는 점이다. 그 결과 어떤 문제의 해답을 찾았을 때는 이미 다른 문제가 제기되어 있는 경우가 흔히 발생한다. 셋째, 현재의 추세만 따라가는 것은 미래

---

1) 그런 이유로 혹자는 군사혁신(RMA)에 더하여 군사태도의 혁신(RAM: Revolution in Attitudes for Military)을 중요시하기도 한다. 이러한 논지는 Kurth(2003)을 참조.

를 대비하는 적절한 방법이 아니다. 미래의 전략환경은 현재의 추세가 아니라 그것의 결과로 만들어지는 것이기 때문에 현재 추세에만 주목하는 국방계획은 미래의 위협에 대비하지 못한다. 넷째, 전쟁에서는 항상 예기치 못한 일이 발생한다(Gray 2004, 2-4). 때문에 미래전쟁의 변화를 오로지 기술적 측면만으로 설명할 수는 없다는 것이다.

흔히 '혁신'은 조직의 구조, 자원 배분, 독트린과 전략 등을 근본적으로 바꾸는 것을 의미한다. 군사혁신은 군사제도의 운용과 전쟁수행 관행을 변화하는 기술 여건 및 정치 · 사회적 환경에 적합하도록 변화시키는 과정이다. 일반적으로 군사조직은 서로를 비교하는 속성이 있기 때문에 혁신은 확산과 불가분의 관계에 있다. 오늘날 미국은 전세계적인 군사혁신을 선도하는 위치에 있다. 그러나 혁신의 성과는 조만간 타국의 군사조직으로 확산되기 때문에 혁신은 조만간 선도국가의 군사적 우위를 잠식하는 효과를 수반한다(Goldman and Mahnken 2004, 1-2). 동아시아도 이러한 경향에서 예외는 아니다. 다음 절에서는 동아시아 미래전의 양상을 규정할 주요 변인과 그 의미를 살펴 보기로 한다.

Ⅲ. 동아시아와 미래전

앞으로 동아시아에서 전쟁이 발발한다면 어떤 형태가 될 것인지 예측하기는 쉽지 않다. 동아시아가 처한 상황은 일반적인 미래전 논의와 더불어 동아시아가 지니는 지정학적 특수성을 고려해야 하기 때문이다.

동양과 서양 사이에 발견되는 전쟁관의 차이는 근본적으로 국제관계 관(觀)의 차이에서 비롯된다. 서구의 국제관계는 행위자로서의 근대국가의 형성 및 발전과 긴밀히 연관된 지리적, 역사적 토대에 그 기초를 두고 있으며 정치, 경제적 요인과 더불어 문화적 요인의 매개 하에 그 실현이 모색되어온 것이라 할 수 있다. 여기에서 비롯되는 전쟁관의 특징은 클라우제비츠의 고전적 전쟁론에서 잘 드러난다. 클라우제비츠는 전쟁을 규모가 큰 결투에 비유하면서, 여러 쌍의 결투가 한꺼번에 이루어질 때 그것이 집단적으로 전쟁이 된다고 설명한다. 전쟁이란 다른 수단으로 행하는 정치로서 국가 간에 일어나는 분쟁을 해결하는 하나의 수단으로 인식되었다.

따라서 유럽에서의 전쟁은 반드시 한쪽이 망해서 없어지는 과정이라기보다는 무력대결을 통해서 승자의 정치적 의지가 관철되는 과정으로 이해되었다(클라우제비츠, 유재승 역 2003). 근대 유럽의 국제관계는 절대강자가 없이 비슷한 규모와 국력을 가진 다수의 국가들이 병존하는 체제로서, 세력균형이 질서를 유지하는 핵심 메커니즘이었다. 그렇기 때문에 일단 전쟁이 발발하면 그것은 흔히 다수의 국가들이 동맹이나 외교의 연결로 인해 동시다발적으로 참여하는 전쟁양상을 보여 주었다. 그리고 전쟁의 결과 일단 승자의 의지가 관철되면 비록 패배한 국가라 하더라도 다시 세력균형체제의 일원으로 인정하고 받아들이는 것이 보편적이었다(Haas 1953).

이처럼 근대 서구 국제관계가 적어도 국제법상 평등한 주권국가들 사이의 평등하며 상호 독립적인 존재를 전제했던 반면, 동양의 전통적 국제관계는 명분상 천하는 하나라는 단원적 천하관과 상하차등적이며 위계적인 질서로 특징지어진다. 또한 근대 서구 국제관계는 기독교적 세계관 · 윤리관과 유리되면서 무력에 의한 상호견제, 즉 세력균형을 중요시했던 반면, 동아시아에서는 개인과 사회뿐만 아니라 국제관계에까지 유교적 원리가 두루 통용되었다(이용희 1977, 167-169). 이러한 유교적 국제질서관은 20세기에 들어 서구의 국제관계 관념으로 대체되면서 동아시아의 전쟁과 평화도 아시아적 특색을 상실하게 되었다.

역사적으로 동아시아는 중국과 일본이 세력판도를 다투는 형국으로 발전해 왔다. 중국과 일본은 수세기에 걸쳐 동아시아를 번갈아가며 제패해 왔다. 현재의 동아시아는 역사상 처음으로 일본과 중국이 모두 강대국인 상황을 맞고 있다. 여기에다 태평양을 사이에 둔 미국이 동아시아에 깊숙이 관여함으로써 이 지역 세력구도를 좀 더 복잡하게 만들고 있다. 냉전이 끝난 후 동아시아 전략구도는 표면적인 평온에도 불구하고 점증하는 대결구도, 특히 미 · 일 대 중 · 러의 세력 각축이 점차 가시화되는 추세이다.

동아시아 주요국들의 전략적 관계는 냉전 이후 표면적으로 큰 문제가 없는 듯하면서도 여러 가지 어려운 문제들을 안고 있다. 동북아 지역은 탈냉전 이후 경제적 상호의존이 심화되고 있음에도 불구하고 군사안보적 측면에서는 오히려 불안정성이 증대되는 양상을 노정하고 있다. 역내 국가 간 상호불신의 역사적 경험과 갈등관계는 지금도 계속되고 있으며, 냉전 종식 이후 영토, 자원, 환경문제 등 다양한 분쟁요인이 다시 등장하고 있다.

또한 세계적으로 군비지출은 감소하는 추세이지만 동북아 지역만은 군비지출이 냉전 종식 이후에도 계속 증대하고 있어 한반도 주변국들간 역내 주도권 확보를 위한 군비경쟁이 가속화되는 경향을 보여주고 있다. 그에 더하여 최근 중국의 고구려사 왜곡이나 일본의 역사교과서 문제 접근 방식에서 보듯이 역설적으로 아시아지역은 세계화 시대에 민족주의가 다시 발흥하는 양상을 노정하면서 잠재적인 경쟁관계 재연의 가능성을 내포하고 있다. 이러한 복잡한 상황에 더하여 2002년 10월에 시작된 제2차 북핵 위기는 6자회담을 통한 노력에도 불구하고 해결의 실마리를 찾지 못하여 역내 불안 요인으로 상존하고 있다.

제2차 북핵 위기를 제외한다면 9 · 11 이후 동북아 안보구도의 특징은 크게 세 가지 추세로 특징지어진다. 첫째, 미 · 중 간에는 반테러 · 반확산 공동전선을 중심으로 형성된 공조체제가 유지되면서 당분간은 전략적 협력관계가 유지될 것으로 보인다. 둘째, 미 · 일 간에는 안보협력 강화가 지배적 추세이다. 셋째, 중 · 일 간에는 주도권 확보를 위한 암묵적인 경쟁과 갈등이 지속될 것으로 전망된다. 이러한 미 ·

중 · 일 삼국의 관계가 당분간 동북아 질서를 주도하는 가장 중요한 변수가 될 것이다(외교안보연구원 2005). 이를 종합해 볼 때 미 · 중 및 미 · 일 관계에 있어서는 협력지향적 쌍무주의가 자리를 잡아가고 있으나 중 · 일 간에는 역내 영향력 확대를 놓고 상호불신이 심화되는 대립지향적 쌍무주의가 추세라 할 수 있다.

중국과 러시아는 최근 들어 전략적 연대를 확대하면서 미국의 단극(unipolar) 국제체제를 견제할 중심세력으로 등장하고 있다. 2005년 5월 8일 후진타오 중국 국가주석은 모스크바를 방문하여 푸틴 대통령과 정상회담을 가졌다. 그로부터 한 달여가 지난 6월 30일 다시 모스크바를 방문한 후진타오 주석은 푸틴과 함께 '21세기 국제질서에 대한 공동선언'을 발표하여 중 · 러 양국이 다극구조를 만들어가는 데 함께 노력할 것과 인권의 지역적, 국가적 특성을 인정할 것 등을 합의했다. 양 정상은 다시 7월 5일부터 카자흐스탄에서 미국의 중앙아시아 지역 주둔군 철군 일정을 요구하는 상하이협력기구(SCO) 정상회담을 주도했고 곧이어 스코틀랜드에서 개최된 G8 정상회담에 나란히 참석했다. 물론 중 · 러 양국이 공식적인 반미전선 구축을 선언한 것은 아니지만, 최근 양국은 세계전략과 동북아 전략에 있어서 일관되게 미국과 일본을 견제하는 방향으로 나가고 있다.

G8 정상회담 폐막일인 7월 8일 푸틴은 향후 동북아의 에너지 안보 및 지역전략과 관련해 결정적 의미를 갖는 러시아 극동 송유관 노선을 중국으로 결정한다고 공식 선언했다. 이 계획에 의하면 극동 송유관 라인 중 1단계로 연 공급량 3,000만 톤 규모의 노선을 시베리아의 타이셰트에서 극동 스코보로디노로 건설하여 2008년부터 매년 2,000만 톤의 석유를 중국의 다칭으로 수송하고, 나머지 1,000만 톤은 철로를 이용해 극동지역으로 수송해 일본 등지로 수출하겠다는 것이다. 송유관 노선은 단순한 에너지 안보의 문제가 아니라 향후 유라시아 지역에서 러시아가 중국 및 중앙아시아, 그리고 남북한으로 이어지는 장기 국가전략 구상과 분명한 연계를 갖고 추진되는 것이다(이철호

2005, 5-8; 이상현 2005a, 10-12; 황병덕 · 홍용표 2004).

더 나아가 양국은 2005년 8월 처음으로 육 · 해 · 공 · 해병대까지 참여하는 사상 최대 규모의 합동 군사훈련을 황해와 발해만 지역에서 실시하여 향후 중 · 러 간 전략적 연대는 더욱 강화될 전망이다. '평화의 사명' 2005로 명명된 이번 합동군사훈련은 블라디보스토크에서 시작되어 한국에 인접한 중국 산둥반도와 황해에 걸쳐 실시되어 그 의도와 배경이 관심을 끌고 있다. 훈련은 3단계로 나눠 1단계는 블라디보스토크에서 함대 기동훈련으로 시작되어, 2단계는 산둥반도와 서해에서의 상륙작전, 마지막 3단계에선 산둥에서 첨단 미사일 발사 실험으로 이어졌다. 이번 합동군사훈련의 초점이 공정부대와 상륙부대 작전에 맞춰져 있어 유사시 한 · 미 연합군의 북진을 저지하는 데 맞춰져 있다는 분석도 제기되고 있다(중앙일보, 2005년 8월 18일).

일본의 경우는 평화헌법 개정 움직임과 일본사회의 전반적인 보수우경화 추세를 감안할 때 결국 군사대국화로 갈 가능성이 매우 높다. 특히 중국의 급격한 부상에 대한 일본의 인식은 장차 동아시아에서 중 · 일 간의 잠재적 충돌을 배제하고 않고 있다(김영춘 2004). 중국과 일본은 근래 경제적 교류는 매우 역동적으로 확대하면서도 정치 · 군사적인 면에서는 서로에 대한 불신과 경계의 시선을 늦추지 않고 있다. 일본에서는 1990년대 초반 이래 중국의 군사현대화와 군비증강이 일본의 안보에 위협이 된다는 중국경계론이 부상하였다.

일본은 냉전 종결에도 불구하고 중국이 계속 두 자리 수로 군비를 증액하고 있는 점을 우려하고 있다. 중국의 군사력 증강 및 현대화 정책을 우려한 일본은 방위백서에서 이미 1990년 말부터 중국을 위협국가로 꼽기 시작하였으며 1990년대 후반으로 오면 양국관계는 과거사 문제로 인하여 민족주의적 대립이 가시화되는 가운데 미일 「신방위협력지침」의 적용범위에 대만 포함 여부를 놓고 중국측의 반발이 지속되었다. 아울러 언제라도 갈등이 재연될 수 있는 센카쿠열도(댜오위다오, 조어도)의 영유권 문제를 둘러싼 갈등이 지속되었다. 고이즈미 정부하에서는 야스쿠니신사 참배문제가 새로운 갈등의 불씨를 제공하고 있다.

이러한 정황을 염두에 둘 때 일본의 2004년 방위백서에서 중국을 '가상의 적' 으로 규정한 것은 놀라운 일이 아니다. 일본은 또한 2004년 말 개정된 방위계획대강에서 중국을 처음으로 '군사적 위협대상' 으로 규정하였다. 이제까지의 방위대강에서는 동북아시아의 안보환경이 불안정하다는 측면에서 한반도 정세의 불안정 정도를 언급하는 데 그쳤던 것인데, 신방위대강에서는 한반도 위기는 물론 대만해협에서의 위기가능성도 언급함과 더불어 북한 및 중국에 대해 직접적으로 언급하고 있다(이면우 2005a, 5-6; 2005b).

동아시아의 역외 국가이면서도 이 지역에 전략적 이익을 지니는 미국 역시 최근 들어 중국과 표면적인 반테러 전선 공조와는 별개로 대만 문제부터 통상, 북핵, 남아시아 지진해일 구호에 이르기까지 크고 작은 경쟁을 계속하고 있다. 작년 중국의 무역규모는 1조 1,547억 달러로 일본을 제치고 미국, 독일에 이어 세계 3위로 부상하면서 통상마찰도 증가하는 추세이다. 최근 유엔 안보리 개편 문제에 있어서도 미국은 일본을 새 상임이사국으로 밀고 있지만 중국은 이에 반대하고 있다. 북핵 문제에 있어서도 미국과 중국은 속내가 다르다. 최근에는 미국의 석유회사 유노칼(Unocal) 인수를 둘러싸고 석유 메이저인 쉐브론텍사코(Shevron Texaco)사와 중국해양석유유한공사(CNOOC)가 격돌함으로써 양국은 에너지 분야에서까지 대립각을 세우고 있다. 미국의 기업을 인수하려는 중국 기업의 공세에 대해 미국은 '미국의 안보와 자존심을 팔 수는 없다' 면서 미국인들의 애국심까지 동원하면서 반격에 나서고 있는 것이다(조선일보, 2007년 7월 20일).

미 국방부는 중국의 군사적 팽창이 아시아에 장기적으로 위협이 될 수 있다고 보며, 중국은 미국의 영토에 도달할 수 있는 핵탄두 현대화와 증강에 전력하고 있는 것으로 알려져 있다. 미 국방부의 중국 군사력 보고서에 의하면 중국은 1990년대 중반 이후 매년 두 자릿수 이상으로 국방비를 증가시키고 있다. 미 국방부는 중국이 다른 예산을 통해서도 국방비를 쓰고 있는 만큼 국방예산이 매우 불투명하며, 중국이 공식 통계보다 2~3배 많은 국방비를 쓰고 있는 것으로 추산한다. 2005년 3월 전인대에서 보고된 중국의 2005년 공식 국방예산은 299억 달러로 전년 대비 12.6% 증가한 금액이다. 그러나 실제 중국의 국방예산은 900억 달러에 이를 수도 있다는 추산이 있으며, 그럴 경우 중국은 미국, 러시아에 이어 세계 3위의 군사대국이다(U.S. DoD 2005, 21-22).

이러한 전략적 평가와 더불어 동아시아 각국의 군사혁신과 현대화 동향을 주목할 필요가 있다. 동아시아 각국도 나름대로 미래전에 대비하고 있다.

중국의 국가전략은 강하고 현대화되고 통일된 부국으로서 타 강대국과 대등한 국력을 지닌 나라로 성장하는 것이다. 이러한 목표를 위해 중국은 덩샤오핑이 4개근대화계획을 발표한 이래 총체적인 국가개발 전략을 수립하고 실천하는 데 주력해 왔다. 중국의 개발전략은 국가의 경제력을 총체적인 국력의 가장 핵심적인 요인으로 상정하고 신속하면서도 지속적인 경제성장과 과학기술 수준의 제고에 총력을 기울여왔다. 1990년대에 와서 중국의 지도부는 걸프전, 코소보전 등 일련의 현대전쟁의 교훈으로 군사력의 질을 향상시키고 최신 무기체계로 무장해야 할 필요성을 절감하게 되었다. 이에 따라 중국은 미국에 대한 새 전략을 검토할 정도로 미국에 대한 경계를 강화하는 한편, 미 · 일동맹 강화에 대처하기 위해 군사력 증강을 강조해 왔다.

특히 걸프전 이후 중국의 지도부는 미래전의 승패가 첨단 군사기술의 획득 · 운영에 있다고 판단하고 덩샤오핑의 '현대적 조건하에서의 인민전쟁' 개념을 벗어나 1993년부터는 새로운 방위전략으로 '첨단기술 조건하의 제한전쟁'이라는 전략으로 전환하였다. 더 나아가 중국은 2002년 16전대에서 장쩌민 총서기가 세계 군사혁신 추세에 맞추어 과기강군(科技强軍) 전략을 실천해야 한다고 선언한 이래 첨단기술 조건하의 전쟁전략으로 방향을 설정하였다. 장쩌민의 뒤를 이은 후진타오도 과학기술형 강군 육성 및 질 위주 군대건설(質量建軍)을 목표로 정예화, 통합화, 고효율화를 추진하고 있다. 하이테크전에서는 전쟁의 초기 단계에 첨단 과학무기로 선제공격을 가함으로써 전쟁의 주도권을 확보해야 하며, 이를 위해서는 무기 및 장비의 질을 개선하고 고도의 정보전 체계를 갖춰야 한다는 것이다(한국전략문제연구소 2003, 192-196; Ji 2004, 98-100).

러시아는 구소련의 군사유산을 대부분 물려받았기 때문에 물리적인 군사력면에서는 여전히 강대국에 속한다고 볼 수 있다. 러시아의 전략핵무기는 미국을 비롯한 세계 어느 국가도 완전히 파괴시킬 수 있는 능력을 충분히 보유하고 있다. 그러나 이러한 양적 능력만으로 그 국가의 군사력을 측정할 수는 없는 것이 오늘날의 현실이다. 그리고 오늘날 러시아 군이 당면하고 있는 가장 큰 위협은 군사적인 것이 아니라 재정적인 것이다(양승함 2000, 64-67). 러시아군은 소련의 붕괴 후 재조직, 감축, 재배치 등의 혼돈스러운 개혁과정을 거치면서 하나의 제도로서의 응집력에 커다란 손상을 입었다. 더욱이 아프간 패퇴 이후 러시아군의 사기 저하 및 예산부족은 군의 준비태세를 더욱 저해하였고 정치권과의 충돌은 러시아군의 미래에 여전히 어두운 그림자로 드리워져 있다.

이러한 상황을 배경으로 러시아는 2000년 3월 푸틴 정부가 출범하면서 '신국가안보개념' 을 채택한 데 이어 같은 해 4월 '신군사독트린' 을 정립하였다. 러시아는 새로운 안보개념에 따른 군사전략으로서 '전방위 기동방어전략' 을 채택하고 있다. 새로운 전략의 핵심은 기존의 핵억지력 유지와 더불어 신속대응을 위한 전략타격체제와 해외투사능력을 강조하는 점이다. 이에 따라 전력배치가 기존의 2~3차원 전쟁시의 '선 개념' 에서 미래 4~5차원 전쟁을 고려한 '거점 개념' 으로 전환되었다. 일반적으로 러시아의 전반적인 군사기술은 미국에 비해 상당히 낙후된 것으로 평가되며 특히 정보, 전자, 소프트웨어 분야에서는 격차가 심화되고 있다. 그러나 우주기술, 레이저, 프라즈마, 3세대 핵기술 등은 매우 탁월한 것으로 평가되고 있다. 러시아는 현재의 사정상 당분간은 이와 같은 현상을 유지할 수밖에 없는 상황에 처해 있으며, 취약한 재래식 군수산업 기반 위에서 특화된 몇 가지 군사기술에 대해 집중 투자할 수밖에 없을 것으로 판단된다.

일본은 2차대전 패망 이후 1947년의 평화헌법 제9조에 의해 독자적인 군사력 보유를 영구히 포기하였다. 그러나 1950년 한국전쟁이 발발하면서 당시 미 태평양사령부 맥아더 사령관의 지시에 의해 75,000명 규모의 경비대를 발족하였고, 뒤이어 1951년 샌프란시스코 평화조약과 미일안보조약에 의해 일본은 점령지에서 미국의 군사우방으로 탈바꿈하였다. 그후 1954년 일본 의회는 보안군을 자위대(SDF: Self-Defense Force)로 개정할 것을 의결하였고, 이에 의해 육상, 해상, 항공 자위대가 창설되었다. 현재 일본의 자위대는 순수한 방어적 목적으로 존재함에도 불구하고 방위비 지출 수준이나 화력의 면에서 세계 2~3위의 군사력에 육박할 정도로 막강한 위용을 자랑한다.

일본은 미래전에 대비하여 정보기술 RMA를 일본의 상황에 적합한 미래전 대비로 규정하고 이의 구현에 많은 투자를 하고 있다. 정보 RMA의 핵심 내용은 미국의 RMA와 거의 동일하지만, 특히 정보기술의 혁신이 RMA 실현에 불가결한 요소임을 강조하기 위해 '정보 RMA'라고 칭한다. 일본은 1999년부터 방위청 산하 방위국 방위정책연구과에서 RMA의 기초적인 연구를 수행해 왔다. 일본이 정보기술의 중요성을 인식하고 정보 RMA를 연구하기 시작한 것은 걸프전에서 위성이나 지상감시용 레이더 탑재정찰기 등에 의한 정찰감시 시스템, 정밀유도무기 등의 통합운용에서 커다란 효과를 거둔 것을 주의한 결과였다.

정보 RMA란 기본적으로 미국의 RMA 골격을 수용하되 미래에는 정보기술이 군사력의 우열을 결정하는 중핵적인 요소가 되리라는 판단을 전제하고 있다. 미래전쟁에서 정보 RMA형 군대는 무엇보다도 다양한 센서정보를 바탕으로 시시각각의 전황을 정확히 파악할 수 있으

〈표 1〉 아시아 주요국들의 미래전 전력배양 중점 비교

	호주	중국	일본	싱가포르	타이완
첨단 C^4ISR	O	O	O	O	O
정밀타격 전력	O	O		O	O
정보전 전력	O	O	O	O	O
우주전 전력	O	O	O		
전역미사일방어			O		O
무인 항공전력		O		O	

출처: Goldman and Mahnken(2004), p. 218.

므로 상대의 사정거리 밖으로부터 장거리 정밀 유도무기 등을 사용한 핀포인트 공격에 의해 적의 중추에 타격을 가할 수 있다. 이에 따라 적의 지휘통제 계통을 파괴하고 일방적으로 적군대의 조직적인 행동을 현저하게 곤란하게 만들 수 있다(JDA 2000; Takahashi, 2004). 일본은 방위계획대강을 통해 정보 RMA 강화, 독자적 정보능력 확충을 위한 위성능력 강화, 미사일 방어(MD) 공동연구 참여 등 21세기형 유연반응 전략, 위기예방 전략, 억지 및 대처전략에 중점을 두어 대비하고 있다.

이외에도 아시아 주요국들의 미래전 대비 전력배양 중점을 정리해 보면 〈표 1〉과 같다.

이상의 추세를 볼 때 동아시아 대부분의 국가들은 첨단 지휘통제체제인 C^4ISR과 정밀타격력, 그리고 정보전 분야에 집중적인 투자를 하고 있음을 알 수 있다. 때문에 동아시아에서 미래전이 발생할 경우, 핵전쟁의 가능성을 논외로 한다면 그 양상은 첨단정보 네트워크를 바탕으로 한 정밀타격중심의 전쟁이 될 가능성이 크다. 동아시아 대부분의 국가들은 좁은 지역에 인구가 밀집된 지정학적 여건 때문에 어떤 형태로든 전쟁이 일단 발발하면 그 피해는 막대할 수밖에 없다. 그러한 피해를 예견할 때 동아시아 평화를 위한 최선의 선택은 향후 다가올지도 모를 미래전을 미연에 방지하는 것이다.

Ⅳ. 한국 군사안보에 대한 함의

한반도는 지정학적 특수성, 즉 점증하는 미일안보협력과 중러협력 틈새에 끼인 채 주변 강대국들의 세력균형과 향배에 따라 운명이 크게 달라질 수밖에 없는 운명을 타고 났다. 이러한 상황에서 한국이 국가로서의 생존을 확보하고 동북아 평화에 기여할 수 있는 방안에 대한 모색이 절실히 필요한 시점이다.

첫째, 한국도 미래전에 대한 대비를 피할 수 없다. 그 일환으로 한국형 군사혁신을 모색할 필요가 있다. 혁신은 모색(speculation), 실험(experimentation), 구현(implementation) 등 세 단계에 걸쳐 진행되는 것이 보통이다. 그리고 각 단계를 나타내는 대략적인 지표가 있다. 예를 들면 모색 단계에서는 새로운 전투방법에 대한 논문이나 저작이 출판되고 최근 전쟁의 교훈을 연구하기 위한 스터디그룹이 결성되어 외국의 군사혁신 사례를 연구하게 된다. 실험 단계에서는 군 혁신을 연구하는 공적 조직이 생겨나고, 이를 실험하는 조직과 새로운 전쟁개념에 대한 연습이 실행된다. 마지막으로 구현 단계에서는 공식적인 변환전략이 채택되고 새로운 임무에 따른 교리가 정립된다(Goldman and Mahnken 2004, 4).

이러한 구분에 근거해 보면 한국은 아직 군사혁신에 관한 한 모색 단계에 있다고 할 수 있다. 첨단무기체계의 중요성은 특히 1991년의 걸프전 이후 우리 국방 당국자들의 큰 관심을 끌고 있다. 걸프전과 코소보전 등 일련의 미래전장 상황을 목격하면서 국방부는 21세기 정보화된 선진형 신국방체제 구축을 목표로 군사혁신과 군 정보화에 역량을 집중해야 할 필요를 인식하고 있다. 이를 위해 1998년 4월 국방부 산하에 장관직속기구로 국방개혁추진위원회가 발족되어 국방개혁 5개년 계획(1998~2003)을 주도적으로 추진하는 임무를 수행하고 있다. 이와 병행하여 각 군도 개혁실무추진위원회를 설치함으로써 국방부와 각 군간에 연계성 있는 개혁이 이루어지도록 하고 있다.

특히 21세기 정보화 시대의 안보환경의 변화와 새로운 전쟁양상에 대비하기 위해 1999년 4월 국방개혁추진위원회 산하에 군사혁신기획단을 창설하였다. 군사혁신기획단이 설정한 군사혁신의 목표는 정보・지식기반의 국방력을 창출하여 21세기의 생존・번영・통일을 보장하고 정보화 시대의 국방발전 요구에 부응하는 것이다. 특히 ①중・장기 국가발전 비전과 계획에 부합된 군사혁신 비전 및 개념 설정, ②핵심적인 군사혁신 과업 및 과제에 역점을 둔 구현방책 개발, ③미래 과학기술 발전추세를 예측하여 시대를 앞서가는 군사기술혁신 추구, ④비교우위의 사회적 잠재력을 최대한 활용하여 적은 비용으로 강력한 국방력 창출 등 네 가지 목표를 설정하였다. 군사혁신기획단은 이러한 방향에 기초하여 한국의 안보상황과 국방여건에 맞는 군사혁신의 개념과 방안을 집중 연구한 바 있다(국방부 2000, 151-152).[2)]

현 단계에서 한국의 실정에 맞는 미래전 대비는 무엇인가? 이에 대한 분명한 해답을 찾기는 어렵지만 한국형 군사혁신 방향을 설정하고 추진해야 할 필요성과 관련하여 일본의 경우에서 중요한 역사적 교훈을 발견할 수 있다. 일본은 1940년대에 해군역사상 가장 큰 전함에 속하는 두 척의 전함을 건조하였다. 전함 야마토(大和)와 무사시(武藏)가 그것이다. 야마토는 6만 5,000톤 급으로 만재톤수는 무려 7만 2,000톤이고 자매함 무사시와 함께 일본이 건조한 가장 큰 전함이었다. 당시 세계 다른 나라들의 전함이 보통 16인치 함포를 장착하고 있었던 반면 야마토에는 460mm(18.1인치) 함포 9문이 장착되어 있어 무게가 1,460kg(3,200 파운드)이나 나가는 장갑관통탄을 발사할 수 있었다. 야마토와 무사시는 전함끼리의 해전에서는 막강한 위력을 발휘했다.

그러나 미국이 2차 대전에 참전하여 잠수함전을 전개하면서 상황은 달라졌다. 일본 수송선들은 미국 잠수함의 공격에 속수무책이었으며,

---

2) 현재 군사혁신기획단은 해체되어 더 이상 활동하지 않고 있다. 이는 한국의 군사혁신 발전을 위해 매우 아쉬운 일이라 하지 않을 수 없다.

지정학적 위치상 긴 해상운송로 확보가 필수적이었던 일본에게는 거대 전함보다는 오히려 대잠수함 전력이 더욱 중요해졌다. 또한 진주만 기습으로 적의 주력 함대가 파괴되면서 거대 전함의 효용은 감소했다. 전함 야마토와 무사시의 경우는 군비증강이 그 나라의 전략적 필요와 부합되어야 한다는 점과 군사혁신이 실현될 경우 혁신 이전의 전통군은 문제에 봉착할 수 있다는 중요한 교훈을 준다(Takahashi 2004, 92-93).

한국형 군사혁신을 준비할 때에도 한국이 처한 전략환경에 대한 분석을 바탕으로 미래전을 위해 투자해야 할 전력의 우선순위에 대한 면밀한 검토가 필요하다. 한국형 군 변환은 물론 미국식 군 변환과 내용과 범위에 있어서 같을 수 없다. 한국과 미국은 처한 위협과 전략적 이익이 서로 같지 않기 때문이다. 한국이 미국과 같은 첨단기술 위주의 군 변환을 추구하는 것은 분명히 가능하지도 않고 바람직하지도 않다. 실상 미국식 군 변환을 추구할 수 있는 국가는 세계에서 미국뿐이다. 그렇다면 한국이 우리의 처지에 맞는 군 변환을 추구하려면 무엇을 고려해야 하는지 우선순위에 대한 점검이 시급하다. 한국형 군 변환을 시도하려면 우선 국방예산의 적절한 증가가 불가피하고 그에 따른 군 편제의 개편도 뒤따라야 한다. 더 나아가 우리의 국방소요에 적합한 한국형 군 변환의 요소를 일선부대에서부터 최고위 지휘관에 이르기까지 공감할 수 있도록 파악하는 작업이 뒤따라야 할 것이다.

둘째, 한국이 미래전을 대비할 때 한미동맹에 관한 고려가 중요한 부분을 차지한다. 미국은 21세기 안보환경의 변화에 대응하여 새로운 동맹의 개념을 설정하고 이를 점점 구체화하고 있다. 새로운 동맹개념의 핵심은 과거와 같이 상호방위조약에 근거한 고정된 지역적 동맹이 아니라 임무에 따른 유연한 연합과 연합국을 엮는 다차원 네트워크이다. 새로운 동맹개념에 부응하여 미 국방부는 군 변환과 능력위주계획(CBP: capabilities-based planning)을 핵심 원리로 채택하고 점에서 선으로, 그리고 네트워크를 지향하는 방향으로 군사안보전략을 변화시키고 있다. 미국의 군사안보전략이 추구하는 변화는 하드웨어적 측면에서는 첨단 IT 기술에 기반한 군사혁신과 군 변환으로 나타나고, 소프트웨어적 측면에서는 동맹국/기지 정책의 네트워크화로 나타나고 있다. 21세기 제국의 군사원리는 네트워크 중심의 전쟁양상에 기반을 두면서 단순히 군사 하드웨어뿐만 아니라 동맹정책과 해외기지를 네트워크로 연결하는 특징을 띠게 될 것으로 전망된다(이상현 2005b).

이와 같은 한미동맹의 변화를 전제할 때 한국이 대비해야 할 미래전은 한국의 독자적인 전쟁보다는 미국과의 연계 속에서 치러질 전쟁이 될 가능성이 매우 높다. 한미동맹을 고려할 때 당장 문제가 되는 것은 상호운용성이다. 상호운용성이란 간단히 말해 다양한 조직 혹은 개인들이 공통의 임무를 수행하기 위해 서로 합동작전이 가능한 정도를 지칭한다. 지휘의 관점에서 보면 상호운용성은 표준화, 통합, 협력 및 시너지를 함축하는 좋은 개념이다. 그러나 좀 더 구체적으로 보면 상호운용성은 전략(strategic), 운용(operational), 전술(tactical), 기술적(technical) 차원 등 다양한 차원에서 여러 가지 의미로 사용된다. 전략적 차원에서 상호운용성은 동맹이나 연합군 형성 같은 가장 포괄적 의미에서의 협력을 의미한다.

전략적 차원에서의 상호운용성은 아군과 연합군 간에 세계관, 전략, 교리 및 전력구조를 조화시키는 문제에 집중된다. 운용 및 전술 차원의 상호운용성은 실제 전쟁 수행을 용이하게 하기 위해 유리한 전장환경 조성, 위기 대응, 연합작전 등을 조율하여 최대의 효율을 발휘하기 위한 것이다. 전쟁 수행과정에서 상호운용성의 핵심은 실제 전력을 구성하는 요소들 간의 대체성 혹은 상호교환성이다. 즉 연합군으로부터 가용한 자원과 제약 내에서 최대의 효율로 임무를 완수하기 위해 상호운용이 가능한 지휘체제, 표준화된 통신 및 컴퓨터 데이터 네트워크, 정보·감시·정찰(ISR) 체제 등을 통합 사용하는 것이다. 마지막으로 기술적 차원의 상호운용성은 연합군이 사용하는 시스템 간의 호환을 가능케해 주는 인터페이스 등 각종 하드웨어와 소프트웨어와 관련된 것이다(Hura 2000, 7-15).

냉전 이후 미국이 치른 몇 개의 주요 전쟁들—파나마(1989), 사막의 폭풍(1990), 소말리아(1992), 아이티(1993), 보스니아(1995), 사막의 여우(1998), 코소보(1989), 아프간(2001), 이라크(2003)—을 분석해 보더라도 미국과 동맹국 간에는 일종의 역할분담이 이루어질 가능성이 크다. 이들 전쟁에서는 다음과 같은 특징이 나타난다.

첫째, 미국의 군사작전은 압도적으로 합동작전(joint and combined)이다. 파나마 사태가 육군위주로 진행되었던 것을 제외하고는 최근 미국의 군사작전은 압도적 무력을 동원한 육 · 해 · 공 합동작전이다. 둘째, 냉전 이후의 가장 두드러진 특징은 공군력을 동원한 타격으로 주로 시작된다는 점이다. 공군력 사용은 인명피해를 줄이고 부수적 손실을 통제하기 위한 효과적인 방법이 되고 있다. 셋째, 주요 지상 전투단계는 과거에 비해 기간이 단축되는 추세이다. 지상 작전이 가장 길었던 코소보의 경우도 78일에 불과하다. 반면 주요 전투행위 종료 이후 평화유지는 더욱 길고 어려워지고 있다. 넷째, 공군력만으로 전쟁을 종결짓기는 불충분하다는 사실이 드러나고 있다. 1990년대 이후의 경험은 비록 공군력이 중요하긴 하지만 전쟁은 결국 지상군이나 외교에 의해 종결된다는 사실을 잘 보여준다. 다섯째, 전쟁 자체보다는 전후처리가 갈수록 어려운 임무가 되고 있다. 이라크, 보스니아 · 코소보, 아프간 전쟁 등은 전후처리의 중요성을 보여주는 대표적 사례들이다(Gaffney 2004, 1-3). 이상의 논의를 종합해 볼 때, 한국이 미래전에서 미국과 어떤 역할분담을 할 것인지 분명한 청사진이 필요하다.

셋째, 동아시아에서 지속가능한 평화체제를 이루기 위해 노력해야 한다. 미래전을 피하는 최선의 방법은 이를 예방하는 것이다. 전쟁을 예방하려면 지속가능한 평화체제, 혹은 다자안보대화체를 통한 평화의 제도화가 하나의 대안이 될 수 있다. 최근 북핵 6자회담과 관련하여 한반도 평화체제 논의가 다시 부상하고 있다. 이러한 움직임은 동북아에서 다자안보협의체의 가능성을 시사하는 것이다. 이러한 다자주의를 동북아 평화체제의 구상에 적용하는 것은 쉬운 일은 아니다. 우선 동북아는 유럽에 비해 다자주의적 접근이 용이하지 않다는 차이를 지닌다. 유럽의 경우 근대 국제체제의 성립 과정에서 다양한 국가간 사회간 조직이 자연발생적으로 생겨난 전례가 있기 때문에 상대적으로 다자주의적 개념의 수용이 용이하다는 특징을 지닌다. 흔히 성공적인 다자주의의 역사적 경험으로 논의되는 구주공동체(EC)나 북대서양조약기구(NATO) 혹은 핵확산금지조약(NPT)이나 유엔에 이르기까지, 대부분의 경우는 국가라는 단위를 중심으로 설정되어 있다.

즉, 서구의 다자주의는 행위자로서의 근대국가의 형성 및 발전과 긴밀히 연관된 지리적, 역사적 토대에 그 기초를 두고 있으며, 정치, 경제적 요인과 더불어 문화적 요인의 매개 하에 그 실현이 모색되어 온 것이라 할 수 있다. 우선 기본적으로 위계적, 쌍무적 특징을 지닌 전통질서 내에서의 동아시아 국가들 간의 협력과 갈등은 서구 국제체제의 특성과는 크게 다르다는 점을 지적할 수 있다(신욱희 1997, 250-55). 즉 근대적 삶의 형태로서의 국제관계의 동아시아 적용은 유럽의 경우에서처럼 동등한 국가들 간의 상호작용의 결과라기보다는 서구체제의 확산 내지는 전파의 양상을 띤다는 차이를 지닌다.

또한 2차 대전 이후 냉전이라는 역사적 경험은 동북아의 안보문제를 처리하는 과정에서 다자적 접근보다는 쌍무적 방식이라는 형태를 띠었다. 일례로 한 · 미 · 일 삼각관계도 세 나라 간의 다자적인 합의의 표출이라기보다는 사실상 미국을 중심으로 하는 쌍무적 관계의 중첩이라는 성격이 강하다고 할 수 있다. 이처럼 역사적으로 다자적 경험의 결여와 쌍무적 방식의 다자화는 현재 동북아 평화체제의 구축을 다자적 방식으로 해결하는 데 많은 어려움을 초래하고 있는 주된 원인이 되고 있다.

이러한 다자안보체는 공동안보와 협력안보에 입각한 안보공동체를 지향하면서 포괄적 안보논의의 장으로서 기능해야 한다. 더 나아가 단순한 논의의 장을 넘어서는 안보문제 해결 기구로서의 동북아 다자안보협력체를 구상할 필요가 있으며, 군사 충돌, 영토분쟁, 과거사 문제, 민족주의 갈등 등 핵심 안보 문제의 논의와 해결을 지향해야 한다. 동북아 다자안보체는 역내 대부분의 국가들을 포함해야 하고, 특히 북한을 비롯한 문제국가들까지 포용해야 한다. 이를 위해 유럽안보협력기구(OSCE) 및 아세안지역포럼(ARF) 등 주요 지역다자안보협의체의 구성을 심도있게 연구할 필요가 있다. 단, 유럽통합의 경험을 동북아에 적용할 경우 이를 동북아의 실정에 맞게 변용할 필요는 충분히 고려해야 한다. 궁극적으로 어떤 형태의 다자안보협력체를 원하는가에 대한 역내 국가들 간 공감대 형성이 선행되어야 한다.

V. 맺음말

'평화를 원한다면 전쟁을 준비하라' 는 격언이 있다. 현실주의적 세계관이 지배하는 국제사회에서는 전쟁이 곧 국제관계의 통상적인 법칙이다. 국가 간의 이견이 존재할 때 합리적이고 이성적인 외교가 문제를 해결하지 못할 경우 궁극적인 판단의 기준은 곧 힘에 의한 대결로 귀착될 수밖에 없는 것이 국제정치의 현실이다. 문제는 국가 간의 전쟁이 언제나 엄청난 희생과 비용을 수반한다는 사실이다. 그렇기 때문에 평화를 위한 최선의 선택은 전쟁을 하지 않고도 평화를 확보하는 길이다.

일찍이 손무(孫武)는 그의 병법서 첫머리에 '병자국지대사(兵者國之大事) 사생지지(死生之地) 존망지도(存亡之道) 불가불찰야(不可不察也)' 라 하여 '전쟁은 나라의 큰 일이다. 국민의 생사와 나라의 존망이 달려 있으니 신중히 살펴야 한다' 고 경고하였다. 손자병법이 그리는 전쟁상은 국민 모두가 참여하는 총력전이다. 군주 혼자 달려들어 수행하는 전쟁이 아니기 때문에 전쟁결심은 아무리 신중을 기해도 과하지 않다. 만약 잘못된 판단으로 전쟁을 하게 되면 나라가 피폐해지거나 장기전화하여 국력이 쇠퇴하게 되고, 그 결과 이웃나라에 의해 잡아먹히게 되는 것이 현실이다. 국가는 한번 망하면 끝이고 회복은 불가능하다. 그래서 신중에 신중을, 만전에 만전을 기해야 할 것이 전쟁을 결정하는 일이다. 손자는 전쟁수행 단계의 스펙트럼을 벌모(伐謀), 벌교(伐交), 벌병(伐兵), 공성(攻城)으로 구분하여 벌모, 즉 적의 '꾀'를 쳐서 적으로 하여금 나의 의지에 대항할 의지조차 갖지 못하도록 하는 것이 상책이라고 적고 있다. 다시 말해 전쟁을 하지 않고도 승리를 거두는 것, 즉 부전승(不戰勝)이야말로 최상의 선택이라는 것이다(노병천 1995, 105-112). 이것은 미래전의 경우에도 마찬가지로 적용되는 교훈이다. 인류가 이전에 보지 못했던 가공할 무기들이 총동원될 미래전은 미연에 방지하여 가급적 일어나지 않게 하는 것이 최상책이다.

현대전의 특성상 선제공격 징후를 조기에 포착하여 예방조치를 취하는 것은 중요한 의미를 지닌다. 갈수록 첨단화되어가는 무기체계는 인류가 과학으로 성취한 진보인 동시에 평화를 위한 재앙이다. 재래식 무기도 거의 핵무기에 가까운 파괴력을 지닐 정도로 발전한 것이 오늘날의 현실이다. UN 재래식 군비위원회(United Nations Commission for Conventional Armaments)는 1948년에 이미 핵무기와 재래식 무기를 구분하기 위해 '대량살상무기'(WMD)라는 새로운 항목을 도입했다. 이 위원회에 의하면 대량살상무기는 '원자폭탄, 방사능 물질 폭탄, 치명적 생화학 무기, 앞으로 개발될 원자폭탄이나 지금 언급된 무기들에 버금가는 파괴력을 가지는 모든 폭탄'이라고 정의된다. 최근에는 CBRNE(화학, 생물학, 방사능, 핵무기, 고성능폭탄)이라는 새로운 용어가 쓰이기도 한다. 이러한 가공할 무기가 오늘날 그것을 책임있게 관리할 능력이 부족한 국가나 집단들에게까지 확산되고 있다는 데 문제의 심각성이 있다.

탈냉전 이후 국제안보의 주체가 다양화되면서 평화를 확보하기가 갈수록 어려워지고 있다. 9 · 11 테러 이후 세계는 탈-탈냉전(post post-

Cold War) 국제질서에 돌입했다고 언급될 정도로 근본적인 변화의 과정을 겪고 있다. 변화의 핵심은 안보위협의 유형과 종류가 전통적인 국가 대 국가의 관계를 벗어나서 확대되는 것이며, 이에 따라 안보위협의 주체도 각종 비국가 행위자로 확대되면서 국제관계의 설정과 관리가 과거와는 다른 접근을 요한다는 데 있다. 그 결과 어느 한 나라의 힘 만으로 평화를 유지한다는 것이 사실상 불가능한 시대가 도래하였다. 심지어 미국과 같은 유일 초강대국조차도 아프간이나 이라크의 경우에서 보듯이 손쉬운 승리 뒤의 평화유지에 더 큰 어려움을 겪고 있다. 때문에 이제는 국제사회가 평화와 안보에 대한 새로운 시각을 가질 필요가 있다. 좀 더 협력적이고 포괄적이면서 상호적인 안보개념이 국제사회에 만연할 때 평화의 길은 더 쉬워질 것이다.

그러나 동시에 반전이 곧 평화를 보장해 주는 것은 아니라는 사실은 국제관계의 철칙임을 잊어서는 안 된다. 한국처럼 적대적 분단이 지속되고 주변 4강이 곧 세계 4강인 지정학적 위치에서는 더더욱 평화와 안보에 대한 균형 잡힌 시각이 필요하다.

참고자료

국방부. 『국방백서 2000』. 서울: 대한민국 국방부, 2000.

권태영. "21세기 군사혁신과 한국군의 군사발전방향." 한국해양전략연구소 편. 『동북아시아 전략환경변화와 우리군의 발전방향』. 서울: 한국해양전략연구소, 2001.

김영춘. "중국의 부상에 대한 일본의 인식과 군사력 강화." 서울: 통일연구원, 2004.

노병천. 『손자병법 통달을 위하여』. 서울: 도서출판 21세기, 1995.

노 훈 · 이상현. 「세계적 군사혁신 추진 동향과 미래전 양상」. 2001년도 국방비 관련 정책과제 연구용역 보고서. 2001.

노 훈 · 손태종. "NCW: 선진국 동향과 우리 군의 과제." 『주간국방논단』 제1046호. 2005.

신욱희. "다자주의의 동아시아 적용의 문제." 『한국과 국제정치』, 23권 1호. 1997.

외교안보연구원. "2005 국제정세전망." 서울: 외교안보연구원, 2005

양승함. "러시아의 국방정책과 군사전략." 『國際問題』, 9월호. 2000.

이면우. "일본의 새로운 방위정책: 신방위대강을 중심으로." 『정세와 정책』, 2월호(통권 제 103호). 2005a.

______. "2005년 이후의 일본방위정책: 신 '방위대강'과 '중기방'의 분석 및 자료." 세종연구소 정책보고서. 2005b.

이상현. "미 · 인도 핵협력의 전략적 의미." 『정세와 정책』, 8월호(통권 제 110호). 2005a.

______. "미 군사변환의 세계전략과 동맹네트워크." 동아시아연구원 국가안보패널(NSP) 보고서. 2005b.

______. "정보화와 한국의 군사안보: 미래전을 위한 대비." 윤영관 · 유석진 편. 『정보화의 도전과 한국: 여섯 가지 쟁점과 미래전략』. 서울: 한울, 2003.

______. "정보화 사회의 국가안보: 안보개념의 변화와 대응." 성남: 세종연구소, 2001.

이용희. 『한국민족주의』. 서울: 서문당, 1977.

이철호. "중 · 러 정상회담과 군사협력 강화의 의미." 『정세와 정책』, 8월호(통권

제 110호). 2005.
클라우제비츠, 유재승 역. 『전쟁론』. 서울: 책세상, 2003.
한국전략문제연구소. 『동북아 전략균형』. 서울: 한국전략문제연구소, 2003.
황병덕 · 홍용표. 『미 · 중 패권경쟁과 동아시아 지역패권 변화 연구』. 서울:통일연구원, 2004.

Berkowitz, Bruce. *The New Face of War: How War Will Be Fought in the 21st Century*. New York: The Free Press, 2003.
Black, Jeremy. *War: Past, Present and Future*. Phoenix Mill: Sutton Publishing, 2000.
Conetta, Carl. "9/11 and the Meanings of Military Transformation." *Project on Defense Alternatives*, 6 February(http://www.comw.org/pda/0302conetta.html, 검색일: 2003년 11월 26일), 2003.
Eriksson, Anders E. "Information Warfare: Hype or Reality?" *The Nonpro liferation Review*. Spring-Summer(웹버전 http://cns.miis.edu/pubs/npr/pdfs/eriksn63.pdf), 1999.
Feith, Douglas. "Transforming the U.S. Global Defense Posture." Remarks to the Center for Strategic and International Studies, Washington, D.C., December3 (http://www.defenselink.mil/speeches/2003 /sp20031203-0722.html), 2003.
Gaffney, H. H. "The American Way of War through 2020." Paper presented at the National Intelligence Council 2020 Project Workshop. "Changing Nature of Warfare" (25 May), 2004.
Goldman, Emily O., and Thomas G. Mahnken. *The Information Revolution in Military Affairs in Asia*. New York: Palgrave, 2004.
Gray, Colin S. 2004. "How Was War Changed Since the End of the Cold War?" Paper presented at the National Intelligence Council 2020 Project Workshop, "Changing Nature of Warfare" (25 May), 2004.
Haas, Ernest. "Balance of Power: Prescription, Concept or Propaganda?" *World Politics*, 5. 1953.
Hura, Myron, and others. *Interoperability: A Continuing Challenge in Coalition Air Operations*. Santa Monica, CA: RAND, 2000.
Ikenberry, G. John. *After Victory: Institutions, Strategic Restraint, and the*

Rebuilding of Order After Major Wars. Princeton: Princeton University Press, 2001.

Japan Defense Agency. "Info-RMA: Study on Info-RMA and the Future of the Self-Defense Forces." Office of Strategic Studies, Defense Policy Division, Defense Policy Bureau, Japan Defense Agency(http://www.jda.go.jp/e/pab/rma/rma_e.pdf, 검색일: 2005년 8월 23일), 2000.

Ji, You. "Learning and Catching Up: China' s Revolution in Military Affairs." In Emily O. Goldman and Thomas G. Mahnken. *The Information Revolution in Military Affairs in Asia*. New York: Palgrave, 2004.

Kaldor, Mary, and Basker Vashee, eds. *New Wars: Restructuring the Global Military Sector*. London: Pinter, 1998.

Kennedy-Pipe, Caroline. "From Cold Wars to New Wars." In Clive Jonesand Caroline Kennedy-Pipe, eds. *International Security in a GlobalAge: Securing the Twenty-first Century*. London: Frank Cass, 2000.

Kurth, James C. "Clausewitz and Two Contemporary Transformation: RMA and RAM." In Bradford A. Lee and Karl F. Walling, eds. *Strategic Logic and Political Rationality: Essays in Honour of Michael I. Handel*. London: Frank Cass, 2003.

Takahashi, Sugio. "The Japanese Perception of the IT-RMA." In Emily O. Goldman and Thomas G. Mahnken. *The Information Revolution in Military Affairs in Asia*. New York: Palgrave, 2004.

Toffler, Alvin, and Heidi Toffler. *War and Anti-War: Survival at the Dawn of the 21st Century*. Boston: Little, Brown and Company, 1993.

U.S. Department of Defense. "The Military Power of the People' s Republic of China." U.S. Department of Defense, Office of the Secretary of Defense(http://www.defenselink.mil/news/Jul2005/d20050719china.pdf, 검색일: 2005년 7월 21일). 2005a.

_______ . *The National Defense Strategy of the United States of America*. March(http://www.defenselink.mil/news/Mar2005/d20050318nds1.pdf), 2005b.

_______ . *Transformation Planning Guidance*. April(http://www.afei.org/ transformation/pdf/TransPlanningGuidance_April2003.pdf, 검색일: May 7, 2004), 2003.

______ . *Transformation Study Report*. April 27 (http://www.defenselink.mil/news/Jun2001/d20010621transrep.pdf, 검색일: May 11, 2004), 2001.

U.S. Joint Forces Command. A Concept for Rapid Decisive Operations, RDO Whitepaper Version 2.0, 2001.

Van Creveld, Martin. *Technology and War: From 2000 B.C. to the Present*. Revised and Expanded edition. New York: The Free Press, 1991.

Watts, Barry D. "Clausewitzian Friction and Future War." Institute for Na-tional Strategic Studies, National Defense University. *McNair Paper*, Number 52, 1996.

제14장 |

동아시아 평화체제의 모색

한용섭

Ⅰ. 머리말

21세기 동아시아 지역은 경제와 안보질서 면에서 양국 간, 혹은 다국 간에 새로운 역내 질서를 모색하고 있다. 20세기 전반의 전쟁과 빈곤의 시대를 벗어나 20세기 후반에는 경제발전과 지역질서의 안정을 희구했다. 새로운 밀레니엄에 동아시아의 국가들은 지역공동체의 일원으로서 공동의 정체성을 모색하기 시작했다.

그러나 아직 갈 길이 멀다. 특히 안보질서의 측면에서는 미·일 간, 혹은 한·미 간에 체결된 동맹체제가 강화되거나 재조정되고 있고, 중국과 북한, 중국과 러시아 간의 안보관계가 강화되고 있다. 유럽에서는 1, 2차 세계대전을 겪고 난후 유럽 특유의 평화프로세스를 창출했으며, 유럽통합과 안보협력기구를 만들어 내었으나, 동아시아에서는 느슨한 지역협력체의 탄생과 더불어 각국이 자국의 경제발전에 진력하는 동안 주변정세가 평화스럽고 안정되기를 희구하는 정도에서 오늘을 맞고 있는 것이다.

탈냉전 이후 동아시아 지역 내에 탄생한 대표적인 다자간 대화체로는 1994년에 결성된 아세안지역포럼(ARF: ASEAN Regional Forum)을 들 수 있다. ARF의 참가국들 간에 신뢰구축의 촉진, 예방외교의 진전, 분쟁방지 방안의 모색 등에 관한 협의가 활성화 되고 있다. 1999년 이후 아세안+3 회담의 형태로 정례화 되고 있는 한 · 중 · 일 3국 간의 정상회담에서는 경제협력 문제를 비롯하여 안보문제가 공통의 의제로 논의되면서 상호협력의 폭을 넓혀가고 있다. 민간 레벨에서는 1993년 이후 캘리포니아 대학 샌디에고 분교의 세계분쟁협력연구소가 주최하고, 한국, 미국, 러시아, 중국, 일본, 북한 등의 전문가 및 관료들이 개인자격으로 참가하고 있는 동북아시아협력대화(NEACD)를 중심으로 다양한 안보이슈에 관한 협력이 모색되고 있다.

이러한 동아시아 지역 내의 다자간 안보질서의 모색과 그 역할 확대는, 경제면에서의 지역주의 강화와 더불어 새로운 동아시아 공동체의 전망을 가름하는 데 중요한 요소로 부각되고 있다. 특히 2003년 2월, 한국에서 새로운 정부의 등장과 함께 노무현 대통령이 앞으로 한국은 동북아시아의 평화와 번영을 위해 노력하며, 동북아 시대의 중심에 한반도를 자리매김하겠다고 발표함으로써 한국 정부도 동북아시아뿐만 아니라 동아시아 지역 내의 다자간 안보질서 구축에 적극적 역할을 모색하고 있다. 한국 정부가 한반도에서 평화체제의 구축 및 동북아에서 동북아의 평화와 번영의 질서를 모색하겠다는 국가목표를 제시했기 때문에 동아시아에서 평화체제 혹은 안보공동체가 출범된다면 한국의 정책목표를 달성하는 데 매우 유리한 국제적인 조건이 될 수 있을 것이다. 따라서 본 장에서는 동아시아 지역 내의 평화체제 구축의 필요성을 강조하면서, 평화체제 개념의 정의, 평화체제의 접근 방법, 평화체제의 과제 등을 살펴보기로 한다.

동아시아 지역의 다자간 안보질서 구축 문제에 관해서는 국내뿐 아니라 역내의 많은 연구자에 의해서 일찍부터 주목되어 왔다. 특히 정부 간 레벨의 ARF 및 NEACD, 아태안보협력이사회(CSCAP: Council for Security Cooperation in Asia-Pacific) 등 다자간 안보대화체가 태동되면서 새롭게 대두된 현실을 설명하려는 이론적 시도들이 시작되고 있다.

현실주의적 관점에 입각한 연구들은 동아시아 각국의 역사적 상이성과 현실적 적대관계의 존재에 기반하여 다자간 안보공동체의 실현 가능성에 대하여 부정적인 입장을 보여 왔다.[1] 한편 자유주의적 관점에 입각한 연구들은 동아시아 각국의 역사적 차이에도 불구하고 경제적 상호의존성의 증가가 다자간 안보협의체를 통한 신뢰구축 및 대화 과정를 촉진시킬 것이기 때문에 안보공동체가 실현될 가능성이 있다고 낙관적인 전망을 하고 있다.[2]

이 두 입장의 중간에서 경제와 안보 간의 상호연계가 선순환(virtuous circle)이 되도록 조정하고 관리함으로써 경제와 안보관계를 증진시킬 수 있다고 보는 입장도 있다.[3] 또한 새롭게 대두된 국제정치이론인 구성주의적 관점은 다자간 안보협의체가 지역질서 내 국가 간에 공통의 정체성을 형성하는 역할을 수행하고 있음을 제시하고 있다. 요컨대 탈냉전 이후 안보협의체의 대두라는 새로운 현실이 동아시아 국제관계 연구에 새로운 이론적 자극을 제공하고 있다고 할 수 있다.

---

1) Barry Buzan and Gerald Segal, "Rethinking East Asian Security," *Survival*, Vol. 36, No. 2 (Summer 1994), p. 16; 안청시, "21세기 동북아 안보질서," 이상우 편저, 『21세기 동아시아와 한국 I』 (서울: 오름, 1998), p. 286; Ralph A. Cossa and Jane Khanna, "East Asia: Economic Interdependence and Regional Security," *International Affairs*, Vol. 73, No. 2 (April 1997), p. 224.

2) Robert Keohane, Ming Wan, "Wealth and Power: Economic Transformation of Security," Harvard *International Review*, Vol. 18, No. 2 (Spring 1996), pp. 20-21; 정진영, "동아시아 경제협력과 지역안보: 동아시아 불안정론에 대한 비판," 김태현 편, 『신동아시아 안보질서』 (성남: 세종연구소, 1997), pp. 153-186.

3) 홍용표, "동북아 안보경제협력의 이론적 틀," 박종철 외, 『동북아 안보경제협력체제 형성방안』(서울: 통일연구원, 2003), pp.3-45.

동아시아는 대립과 갈등의 20세기를 넘어 협력과 번영의 21세기를 맞고 있다. 20세기 후반의 역동적인 경제발전에 힘입어 동아시아는 세계의 경제적 중심, 전략적 중심축이 되고 있다. 아세안과 한·중·일 삼국을 합하면 2001년도에 세계 GDP의 21.8%, 세계 무역의 22.9%를 차지하고 있다. 여기에 미국과 캐나다를 더하고 동아시아로 지역적 범위를 넓히게 되면, 동아시아 국가들은 세계 GDP의 약 60%, 세계 무역의 약 50%를 차지하게 된다.

그런데 동아시아 국가들은 지역적 다자적인 경제협력의 진전 속도에 맞추어 안보면에서 지역적 다자적인 협력을 추진해 오지 못했다. 안보면에서는 동북아와 동남아는 확실히 다른 정책을 구사해 왔다. 동북아에서는 양자적 안보동맹을 중심으로 안보정책을 구사해 왔고, 동남아에서는 군사안보를 제외한 다자적 포괄적인 협력을 추진해 왔다. 반면에 유럽과 미주 대륙은 다자적 안보공동체와 정치 경제적 공동체 형성을 이루었다. 동아시아에서 다자적인 안보협력을 성공시키지 못할 경우 동아시아 국가들 간에 기왕에 활성화되고 있는 지역적 다자적 경제협력의 추진 속도가 늦어지게 되며, 안보적 불확실성으로 인해 역내 국가들의 평화와 번영의 기초가 흔들리기 쉽다. 따라서 21세기의 동아시아의 가장 큰 과제는 역내의 평화공동체를 구축하는 일이다.

II. 동아시아의 지역적 범위

동아시아의 지역적 범위를 어떻게 설정할 것인가? 보통 동아시아라고 하면 지리적으로 동북아시아와 동남아시아를 합한 범위를 가리킨다. 그러면 태평양 국가와 오세아니아주 국가인 미국, 캐나다, 호주, 뉴질랜드 등이 빠지게 된다. 이들 국가가 빠질 경우, 동아시아 평화체제는 현실성이 없다. 왜냐하면 미국은 동아시아 지역에서 패권을 행사하고 있고 안보에 있어 가장 큰 역할을 하고 있기 때문이다. 또한 러시아를 제외하면 동아시아의 국제안보에서 하나의 중요한 행위자를 제외하는 것이 된다. 따라서 이들 국가를 포함해서 동아시아 평화체제를 생각해야 한다.

동아시아에서 평화체제를 구상하려면, 동아시아의 지역적 범위를 동북아시아 7개국(남한, 북한, 미국, 중국, 일본, 러시아, 몽골), 동남아시아 10개국(태국, 싱가포르, 말레이시아, 필리핀, 인도네시아, 미얀마, 베트남, 라오스, 캄보디아, 브루나이), 캐나다, 호주, 뉴질랜드, 파푸아뉴기니, 인도와 파키스탄을 포함하여 23개국으로 하는 것이 바람직하다. 여기서 인도와 파키스탄을 포함시킬 것인가에 대해 논란이 있을 수 있지만, 이들 두 국가들은 아세안지역포럼의 참가국이기도 하고, 최근에 동아시아와의 다자간 경제 및 안보협력에 많은 관심을 나타내고 있기 때문에 동아시아에 포함시키는 것이 바람직할 것이다. 또한 타이페이와 홍콩을 어떻게 할 것인가에 대해 판단을 내려야 하는데 홍콩은 중국의 일부임을 감안해야 하고, 동아시아 평화문제에 있어 타이페이는 경제협력체인 APEC에 옵서버 자격으로 참여하고 있기 때문에 동아시아 평화협력체에 옵서버로 참석할 필요가 있다고 할 수 있다. 물론 타이페이의 옵서버 자격 참가에는 중국의 동의를 구하는 현실적인 문제가 있다.

다만 경제협력차원에서 동아시아라고 할 때는 아시아 · 태평양 경제협력체인 APEC(Asia-Pacific Economic Cooperation)을 중심으로 하기 때문에 안보분야에서 다루는 평화협력체와 경제분야에서 다루는 지역적인 경제협력체는 서로 다를 수 있다. 〈표 1〉에서 보는 바와 같이 ARF와 APEC을 비교해 볼 때 APEC의 회원국이지만 ARF에는 없는 회원국으로서는 멕시코, 칠레, 페루, 타이페이, 홍콩 등이 있고,[4] ARF의 회원국이지만 APEC에는 없는 회원국으로서는 몽골, 북한, 미얀마, 라오스, 캄보디아, 인도, 파키스탄, EU 등이 있다.

---

4) http://www.apecsec.org.sg/apec/about_apec.html (검색일자: 2004.7.30).

〈표 1〉 아세안지역포럼(ARF), 아시아태평양경제협력체(APEC),미래의 동아시아 평화체제의 회원국 비교

ARF (24)	미래의 동아시아 평화체제	APEC (21)
호주, 부르나이, 캐나다, 중국, 인니, 일본, 한국, 말련, 뉴질랜드, 파푸아뉴기니, **캄보디아**, 필리핀, 러시아, 싱가포르, 태국, 미국, **EU**, **미얀마**, 베트남, **라오스**, **몽골**, **북한**, **인도**, **파키스탄**	호주, 부르나이, 캐나다, 중국, 인니, 일본, 한국, 말련, 뉴질랜드, 파푸아뉴기니, **캄보디아**, 필리핀, 러시아, 싱가포르, 태국, 미국, **미얀마**, 베트남, **라오스**, **몽골**, **북한**, **인도**, **파키스탄**	호주, 부르나이, 캐나다, **칠레**, 중국, **홍콩**, 인니, 일본, 한국, 말련, **멕시코**, 뉴질랜드, 파푸아뉴기니, **페루**, 필리핀, 러시아, 싱가포르, **타이페이**, 태국, 미국, 베트남

참고: 표에서 고딕체로 표시된 국가들은 ARF, APEC 중 하나만 가입한 국가

따라서, 안보분야에서의 동아시아 평화 협력과 경제분야에서의 동아시아지역협력은 그 회원국이 다르기 때문에 어떤 국가를 배제하고 어떤 국가를 포함시킬 것인지에 대한 판단이 필요하다. 본 장에서는 동아시아 평화체제 구축이 이슈이므로 미래의 동아시아 평화체제에는 〈표 1〉과 같이 23개국이 참여하는 것이 바람직할 것이다. 동아시아의 평화체제를 이룩하기 위해서는 안보와 관련된 모든 국가들이 참여하는 것이 바람직하므로 ARF의 회원국들이 모두 참가하되, EU(유럽연합)는 유럽인 점을 감안하여 동아시아에 포함시키지 않는 것이 바람직할 것이다.

III. 평화체제의 의의와 내용

1. 평화와 평화체제의 개념

그러면 동아시아의 평화와 평화체제에 가장 기본이 평화라는 개념을 어떻게 정의할 것인가? 학자들은 동아시아에서 평화라는 개념에

대해 유교적 평화관, 불교적 평화관 등을 연구하고 서양의 전쟁관과 평화관을 대체하는 개념으로서의 가능성을 모색한 바 있다.

먼저 유교에서는 평화라는 개념을 직접적으로 정의한 바 없으나, 국가 간의 평화스런 관계에 대해서 패권국과 주변의 약소국들 간에 수직적 관계가 성립되어 있는 상태를 평화적 국제질서로 보았다는 특징이 있다. 즉, 패권국은 약소국을 자비롭게 대하며, 약소국은 패권국을 섬기는 사대자소(事大慈小)를 국제적 평화라고 본 것이다.[5] 약소국은 패권국인 중국에게 조공을 바침으로써 사대를 하며, 약소국들은 상호 교린을 하면서 질서를 유지했던 것이다.[6]

유교에서는 전쟁을 정당시하고 있지 않지만, 중국을 중심으로 하는 중화주의에 대해 주변의 조선과 일본, 월남 등이 조공을 바치고, 주변국들이 무력으로써 중국중심의 국제질서의 변경을 추구하지 않는 한 국제질서는 평화스럽게 된다는 생각을 기저에 깔고 있었다. 이러한 평화관은 일본이 명나라와 청나라의 교체기에 중화주의로부터 벗어나 자국 중심의 독자노선을 밟고, 청말기에 청일전쟁에서 승리함으로써 큰 도전을 받게 되었다.

19세기 후반 부터 유교중심 혹은 중화중심의 국제질서가 한편으로는 서양 제국주의의 침략에 의해 무너지고, 19세기 말 일본의 주변국 침략에 의해 일본 중심의 동북아질서로 바뀌게 되었다. 일본은 경제력에 바탕한 공세적 군사력 건설을 통해 클라우제비츠적인 전략사상으로 무장하고, 주변국가들을 무자비하게 침략하기 위해 대동아공영권이란 미명하에 동아시아의 평화를 가장했다. 일본의 아시아 평화관은 일본중심의 동아시아 질서를 만들기 위해 침략전쟁을 미화한 것에

5) 김석근, "한국 전통사상에서의 평화관념: 사대와 중화를 중심으로," 하영선 편, 『21세기 평화학』(서울: 풀빛, 2002), pp. 73-107.

6) 이정남, "중화사상과 근대 동북아 국제관계의 재편," 강성학 편, 『동북아의 평화사상과 평화체제』(서울: 리북, 2004), pp. 235-272.

다름이 아니었다.

이 책의 제1장에서 김재창 장군이 설파한 바와 같이 19세기 후반기와 2차 세계대전 이전에 아시아에서 발생한 전쟁들은 주로 일본이 주도한 전쟁이었고, 2차 대전 이후 발생한 전쟁들은 중국과 관계된 전쟁(국공전쟁, 중인 국경분쟁, 중월 국경분쟁), 북한과 관계된 전쟁(한국전쟁), 미국과 관계된 전쟁(베트남 전쟁)이 대종을 이루었다. 특히 2차 대전 이후에 발생한 전쟁들은 전통적인 아시아적 전쟁관이라기보다는 마르크스레닌주의의 공산주의 전쟁관이 판을 쓸었다고 할 수 있다. 그래서 아시아에서 평화를 논하기 위해서는 유교적이거나 공산주의적 전쟁관이 아닌 다른 차원에서 평화에 대한 접근이 필요한 것이다.

한편, 불교에서는 평화, 비살생, 비폭력을 근본으로 하므로 불교의 평화관에 근거하면 세계가 통합되고 전쟁은 사라진다고 주장하는 학자들이 있다.[7] 불교는 왕조나 국가가 침략을 받아 위기를 당할 경우, 호국불교로 무장하고 방어적인 전쟁을 추진하기는 하지만, 공세적 침략을 위한 불교로는 나타나지 않는 특징이 있다. 불교와 평화의 관계를 연구한 요한 갈퉁(Johan Galtung)은 불교에 평화를 지향하는 스무 가지 특징이 있는 데 비해, 평화와 관련하여 여섯 가지 약점이 있음을 설파하면서, 그래도 서양의 기독교, 이슬람교, 천주교보다는 불교가 비교적 평화지향적 특징이 있음을 강조한 바 있다.

불교가 평화에 기여하는 20가지의 특징 중 대표적인 것은 무아 사상, 비살생 비폭력 사상이 두드러진다. 이것은 전쟁에 대한 부정으로 이어진다. 자기이익을 위해 남을 희생해서는 안 된다는 것으로서 다른 국가를 폭력을 사용해 제거하려는 절대안보에 정반대되는 개념이다. 자비심과 공생사상은 폭력을 부정할 뿐만 아니라 적극적으로 자비심을 베풀고 상대와 공생하려는 의지를 권장한다. 다양성을 존중하

---

7) Johan Galtung, *Buddhism: A Quest for Unity and Peace* (Hawaii: Daewonsa Temple of Hawaii, 1988), pp. 9-32.

며 살아 있는 모든 생물들을 존중하면서 비살생을 권장하는 데서 폭력은 설자리를 잃는다. 불교가 개인 차원에서는 많이 발달되었지만, 사회나 국가, 세계에 대한 철학과 실제에 대한 사유가 미치지 않아 서구에서처럼 국가 간의 전쟁과 평화에 대한 언술체계가 없지만, 전체로서의 조화와 합일을 추구하는 관점에서 보면 평화를 지향한다고 볼 수 있다.

또한 개인의 해탈에도 객관과 주관, 아와 비아의 대립을 지향하지 않고 합일을 지향하고 있다는 점에서 피와 아, 아군과 적군으로 구분하지 않는다. 현실은 모두 무상하니, 집착해서는 안 되므로 상대와 싸울 필요가 없는 것이다. 상호 인연을 중시하므로 모든 관계를 쌍방향으로 생각한다. 세계는 모순으로 둘러싸여 있으나, 모든 것이 마음먹기 여하에 따라 달라진다. 또한 모든 것이 윤회하므로 현재의 삶에서 복을 쌓지 않으면 후생에서 윤회의 고뇌를 벗어나지 못한다. 그러므로 폭력과 전쟁이 있을 수 없는 것이다.

그러나 근본적으로 평화지향적인 불교도 평화를 체계화하는 데 근본적인 약점이 있다. 한 국가가 군국주의로 치달을 때, 불교는 속세에 너무 집착하지 말기를 권장한다는 측면에서 너무 속세의 권력에 순응적이다. 불교는 일본의 군국주의에 저항하지 않았던 것이다. 구조적 폭력을 행하는 권력에게 불교는 너무 순응적이었다. 경제적 불평등에 대해서도 불교는 사회적 조직력을 발동하여 불평등에 저항하기보다는 집착을 벗어나라고 가르친다. 속세를 떠나 생활하는 면에서 사회 전체에 대해 대항하지 않는다. 종교의 자유만 인정된다면, 권력이 독재라도 받아들이며, 윤회론은 숙명주의를 받아들인다. 윤회론은 사회와 국가의 진보가 있으면 퇴보가 있다고 받아들이기 때문에 적극적인 평화를 구축하지는 않는다. 이런 점에서 불교를 통해 국가와 국제적 차원에서 평화를 진행하기에는 한계가 있는 것이다.

전통적으로 불교를 신봉해 온 한국, 일본, 중국에서 근대에 이르러 전쟁이 많았던 것은 서양사상과 제국주의의 영향 때문이었다고 볼 수 있다. 북한에는 마르크스 · 레닌 주의가 들어와서 폭력전쟁을 부추겼고, 남한에서는 기독교 사상이 들어와서 사회주의에 대한 적극적인 방어기제가 발달했음을 부인할 수 없다. 중국대륙에는 사회주의의 영향으로 인민혁명과 전쟁을 부추겼고, 일본은 서양의 영향을 받아 제국주의 쪽으로 발전했던 것이다. 그래서 전통적인 불교의 평화사상이 서양의 종교와 이데올로기의 영향으로 동아시아가 더욱 폭력적으로 발전되었음을 부인할 수 없을 것이다. 갈퉁의 불교평화연구는 동아시아 평화공동체에 대한 자아발견이란 관점에서 기여했지만, 현실적 평화체제 건설에는 한계가 있음을 지적하지 않을 수 없다.

요한 갈퉁은 평화를 두 가지로 구분했다.[8] 소극적 평화(negative peace)와 적극적 평화(positive peace)가 그것이다. 소극적 평화란 전쟁이 없는 상태를 가리킨다. 적극적 평화란 전쟁뿐만 아니라 전쟁의 원인이 될 수 있거나 사회체제 내에 갈등이 생길 수 있는 구조적인 폭력이 존재하지 않는 상태를 의미한다.

소극적 평화는 전쟁이 없는 상태인데, 활성적이고 조직적인 군사폭력이 일어나지 않는 상태를 말한다. 레이몽 아롱은 국가 간에 폭력적인 행동을 억누르고 있는 상태라고 했다. 소극적인 평화는 국가 간에 전쟁을 포함한 직접적 또는 물리적 폭력이 없는 상태인 것이다.

적극적 평화는 국가 간에 전쟁과 폭력이 없을 뿐만 아니라, 국가간 또는 국가 내부에서 기존체제가 정치적으로 억압하지 않으며, 경제적으로 수탈하지 않고, 문화와 종교 등이 폭력을 권장하지 않는, 즉 구조적 폭력이 없는 상태라고 부를 수 있다.

그런데 한 국가가 소극적인 평화를 정책목표로 삼게 되면, 전쟁의

---

8) Johan Galtung, *Peace by peaceful means*(London: Sage Publications, 1996), pp. 1-4; Johan Galtung, *Buddbism: A Quest for Union and Peace*(Honolulu, Hawaii: Daewonsa Buddist Temple of Hawaii, 1988). 갈퉁은 동양사상에도 해박하여 불교사상에서 세계평화를 위한 원개념을 찾아 설명했다.

예방과 전후의 평화복구를 의미하는 평화유지(peace keeping)에만 신경을 쓰게 된다.[9] 만약 한 국가가 적극적인 평화를 정책목표로 삼게 되면 국가 간에 조화로운 관계를 수립하기 위해 노력하며 국내외적으로는 민주적 정치체제를 구축하려고 하고, 국가들이 대외적 주권의 주장과 영토 주장에 자제를 나타내게 되고, 나아가 평화시에 더욱 지속적인 평화를 건설하려고 애쓰게 된다. 이를 평화구축(peace building or peace making)이라고 할 수 있다.

적극적 평화구축은 소극적 평화보다 더 힘든 과정이다. 목표지향적이고, 창조적인 생각을 필요로 하며, 평화를 지향하지 않는 모든 국내외 세력들을 설득해야 하기 때문이다. 적극적인 평화의 건설은 특히 국가이익을 위해서는 전쟁까지 불사해야 한다는 신념들이 존재하고 있는 상황에서는 매우 힘들다고 할 수 있다. 이스라엘과 팔레스타인 간의 평화협상을 성공으로 이끌었던 시몬 페레스 전 이스라엘 수상은 민주주의 국가에서 적대국가와 평화를 만들기란 매우 힘들다고 고백한 적이 있다. 전쟁은 눈앞의 적과 싸우기만 하면 되지만, 평화를 만들려면 적과 협상해야 하며, 또 민주국가에서는 진보와 보수로 갈려져 있는 국민의 여론과도 싸워야 하는 힘든 과정이라고 말했다. 민주주의 국가에서 적국과 평화 만들기는 매우 힘들다는 것을 극명하게 보여준 말이라 하겠다.

그러면 평화체제란 무엇인가? 평화체제(peace regime)는 "국가들 간에 전쟁의 위험을 제거하고, 상호 불신과 군비경쟁으로 점철된 적대관계를 청산하며, 상호간에 공존과 번영을 추구하기 위해 협력을 해나가도록 국가들 간에 합의하는 절차, 원칙, 규범, 규칙 그리고 그것을 관할하는 기구 등을 의미한다"[10]고 할 수 있다.

---

9) 평화유지(peace keeping)와 평화 만들기(peace making)의 개념은 David P. Barash, *Introduction to Peace Studies*(Belmont, CA: Wadsworth Pub. Co., 1991), p. 9.에서 처음 제시되었으며, 한국에서는 김대중 정부에서 인용해서 사용한 바 있다.

따라서 동아시아에서 전쟁이 없는 상태를 유지하는 소극적 평화보다는 동아시아 국가들이 불신의 적대관계를 청산하고 국가들 상호간에 서로의 안보이익을 인정하고 공존공영을 추구할 뿐 아니라 공통의 이익을 위해 상호 협력하는 체제를 만들어 내고자 하는 적극적인 평화를 구축하는 것이 필요하다. 이 책의 제1장과 제2장에서 동아시아에서 발생한 전쟁의 사례들을 살펴본 결과, 전쟁의 원인을 제거하는 작업을 하고, 전쟁방지를 제도화하며, 군비경쟁을 지양하고 상호 공존공영하는 토대를 만들며 상호 협력하는 체제를 만들어 내는 것이 중요한 것이다.

이러한 적극적인 평화를 구축하는 작업을 평화체제의 구축작업이라고 부를 수 있는데, 여기서 체제라 함은 국제정치학의 이론상 체제론자(regime theorists)들이 주장하는 개념과 동일하다. 체제이론은 미·소 간의 적대적 관계를 협력적 관계로 전환시킨 이유를 상대방에 대하여 군비경쟁을 할 것이냐 아니면 군비통제를 할 것이냐 하는 국가정책을 결정할 경우 각기 고려했던 요소로서 상호 군비를 통제하는 체제의 존재여부에서 들고 있다. 여기서 미·소 간의 안보관계가 실현가능하고도 포괄적인 안보체제에 의해 규제되고 있었는가에 대한 의문은 있지만, 양국의 관계는 몇몇 안보문제에 있어서 광범위하고도 특정한 몇 가지 합의된 규칙이 있었던 것임에 틀림이 없다.

체제라는 개념은 국가 간의 경쟁을 억제하고 협력을 촉진하기 위해 국가 간 또는 조직 간에 합의한 규칙과 규율을 이행하도록 상호 감시하고 격려하는 절차를 고안하거나 기관을 설치하는 데 매우 유용하다. 국가간에 기관을 설치하는 것의 중요성은 국제정치에서 게임이론가들이 전혀 생각하지 못했던 협력을 촉진하는 하나의 요소이다. 유럽의 신뢰 및 안보구축조치, 유럽의 재래식 무기감축조치에 대한 감

10) 이것은 저자가 국제정치학에서 체제론자들로부터 체제의 개념을 차용하여 평화와 체제의 개념을 복합하여 만들어 낸 것이다.

시체제는 유럽의 안보와 평화를 증진하는 데 혁혁한 공로를 세웠다. 또한 체제론자들은 적대적인 국가들 간에 상호 이해를 증진하기 위해서는 국방관련 개념과 독트린에 대한 핵심적인 공동 이해와 지식을 증진시킴으로써 상호 안보관계의 개선에 기여하는 방법으로써 법적 정치적인 타결의 프레임워크를 완성하는 것이 얼마나 중요한가를 일깨워 주었다고 할 것이다.

동아시아에서 다자간의 경제협력을 더욱 촉진하고, 안보분야에서 전쟁예방과 신뢰구축을 말로만 할 것이 아니라 실제적으로 군사대결 상태를 종식하고 협력적인 국가들 간의 관계로 지향하기 위해서는 바로 상호 관계를 규제하고 일정한 방향으로 발전을 유도할 규범, 규칙, 기관, 제도의 설립이 대단히 중요하다고 할 수 있다. 이러한 의미에서 전쟁을 통해 국가이익을 추구하기보다는 평화공존을 통해 상호 안보를 추구하고 꾸준히 협력해갈 수 있는 평화체제의 구축이 중요함은 두말할 나위가 없다.

한편, 탈냉전기와 21세기의 안보환경은 냉전기의 양극체제하의 동맹과 핵 억지력에 근거한 억지, 군사력 균형만으로는 한 국가의 안보를 확보할 수 없다는 것을 보여 준다. 특히 9 · 11 테러 이후 테러전에 대비한 국가들 간의 공동협력, 경제와 정보의 세계화에 따른 전통적인 국경의 의미의 변화, 대량살상무기의 확산에 대한 공동 대처의 필요성, 마약과 국제적 범죄에 대한 공동의 대처 필요성 등은 초국가적 위협에 대해 공동으로 대처할 새로운 안보체제의 탄생을 요구하고 있다. 북한과 미얀마 등 비민주적 정권이 경제적으로도 실패할 수밖에 없는 점을 감안할 때, 이러한 국가들이 민주를 지향하고 경제개혁과 개방을 추구하는 데 국가의 자원을 사용하도록 군비경쟁의 빌미를 주지 않는 정책 또한 중요하다고 할 것이다. 동아시아에서 선진국, 중진국, 후진국의 구별이 심각한 만큼, 저발전을 발전으로 전환시키기 위해서도 동아시아에서 평화체제의 구축과 공동체의 건설은 시간을 지체할 수 없는 절박한 문제가 되고 있다.

그러면 동아시아에서 평화체제를 구축하기 위해 참고로 삼아야 할 세계적 사례는 어떤 것들이 있는가? 적대관계에 있던 국가들이 평화체제를 이룬 예로는 유럽의 헬싱키 프로세스, 이스라엘과 이집트 간의 평화협정, 이스라엘과 요르단 간의 평화협정, 이스라엘과 시리아 간의 평화협정, 베트남과 미국의 평화협정을 들 수 있다.[11)]

유럽에서 동서 간의 냉전이 사라지게 된 데에는 평화협정을 체결해서가 아니고, 국가들 간에 전쟁을 방지하고 신뢰를 구축하며, 군비경쟁을 지양하고 군비를 폐기하는 노력이 일어났기 때문에 기능했다. 이러한 유럽의 평화과정은 1973년 출범한 유럽안보협력회의(CSCE: Conference on Security and Cooperation in Europe)에서 유럽의 모든 국가들과 미국, 캐나다가 참여하여 다자간의 정치군사적 신뢰구축, 경제사회문화적 교류협력, 인권신장을 위한 인도주의적 협력을 한 결과로서 이루어졌다.[12)] 이를 헬싱키 프로세스라고 부른다.

다른 한편으로는 미국이 주도한 북대서양조약기구(NATO: North Atlantic Treaty Organization)와 소련이 주도한 바르샤바조약기구(WTO: Warsaw Treaty Organization)간의 첨예하게 대립된 군사적 긴장과 위협을 감소하기 위해 양 진영이 1973년부터 상호 균형된 병력감축회담(MBFR: Mutually Balanced Force Reduction)을 시작해서 1990년에 재래식무기폐기협정(CFE: Conventional Forces in Europe)을 거쳐 군축을 하게 되었다. 이 과정은 비엔나 프로세스라고 부른다. 유럽에서 냉전의 해체와 평화구축은 헬싱키와 비엔나 프로세스의 상호 호혜적 기여에서 초래

---

11) 베트남과 미국 간의 평화협정은 전쟁을 통해 베트남이 재통일되는 과정에서 미국이 철수하기 위한 협정이었으므로 본고의 논의에서는 제외한다. 평화체제의 개념과 사례에 대해서는 한용섭, 『한반도 평화와 군비통제』(서울:박영사, 2004)를 참조하였다.

12) James Macintosh, *Confidence Building in the Arms Control Process: A Transformation View* (Canada: Department of Foreign Affairs and International Trade, 1996), pp. 31-61.

되었다고 볼 수 있다. 다시 말해서 20여 년간에 걸친 평화 프로세스가 중단없이 발전해 왔기 때문에 평화협정 없이도 평화구축이 가능했다고 볼 수 있다.

그러면 유럽에서 헬싱키 프로세스가 성공한 원인은 무엇인가?

첫째, 양대 진영과 유럽의 모든 나라들이 참여하는 안보대화인 CSCE를 제도화함으로써 1973년부터 지속적으로 이를 개최하고 운영해 왔기 때문이다. 또한 1973년부터 16년 동안 구체적인 합의는 없었다고 하지만 재래식군축회담을 지속적으로 개최해왔기 때문이다. 학자들은 이를 다른 다자안보체제와 구별하여 CSCE안보레짐,[13] 혹은 신뢰구축과정(confidence building process)으로 부르기도 한다. 미국과 소련은 유럽의 신뢰구축과 군축과정에서 중심적 역할을 했으며, 핵군축회담을 유럽의 군비통제과정과 분리하여 별도로 진행함으로써 유럽의 평화프로세스를 도왔다고 볼 수 있다. 특히 유럽의 군비통제가 획기적인 진전을 보일 수 있었던 원인 중 가장 괄목할 만한 것은 서방의 지속적인 요구를 수용한 고르바초프의 정치적 결단이라고 할 수 있다.

둘째, 유럽의 헬싱키 프로세스가 성공한 이유는 군사적 신뢰구축과 군축을 진행시켰기 때문이다. 이 과정에서 안보 및 군비통제 전문가 집단이 주도적으로 활동하여 협상을 통해 위협을 감소시키는 일대 결단을 단행했던 것이다. 이들은 헬싱키 최종선언과 스톡홀름협약, 비엔나문서에 들어갈 내용을 소속 국가와 정부에 건의했을 뿐 아니라 CSCE에 정부 대표단 및 집단방위기구의 자문역으로 참여했다. 이들은 MBFR에도 참석하여 전문적인 협상 대안을 발의하고 토의를 주도하였다. 물론 나토와 바르샤바조약기구의 범위 내에서 그렇게 했다. 하지만 이들이 전문적인 연구와 각 정부에 대한 끊임없는 설득, 부단한 세미나와 워크숍을 통해 군비통제를 지지하는 국제적 전문가 공동

---

13) Ki -Joon Hong, *The CSCE Security Regime Formation: An Asian Perspective* (New York: St. Martin's Press Inc., 1997), pp. 10-13.

체를 형성하지 않았더라면 유럽의 군비통제는 더욱 진도가 느렸을지도 모른다. 아울러 유럽에서 민주화와 인권신장을 주도한 시민단체들의 활동도 무시할 수 없다.

셋째, 유럽의 평화프로세스가 성공한 이유의 하나로 회원국들이 주권의 침해를 무릅쓰고 상호신뢰를 구축하기 위해 군사정보와 보유상황 및 합의 이행여부를 검증(verification)하기로 합의하고, 결국 이를 성실히 이행한 사실을 들 수 있다. 유럽 국가들은 상대방이 선의를 갖고 있다는 믿음 하나만으로는 안보에 영향을 미치는 합의의 기반이 될 수 없음을 자각하고, 합의에 서명한 국가들이 그 의무를 성실하게 이행하고 있는지를 검증하는 제도를 만들었다.

1975년 헬싱키 최종선언에서는 검증을 자발적으로 수용하도록 촉구했으나, 1986년 스톡홀름 협약에서는 검증을 의무화하였다. 1987년 미-소 간 중거리 핵무기 폐기협정(INF)에서는 사상 최초로 침투성이 높은 사찰제도를 반영했다. 1990년 CFE협약에서는 검증의 강도를 보다 강화시켰다. 헬무트 콜 독일 수상이 군비통제 및 군축은 모든 단계에서 쉽게 검증이 가능하여야 하며, 이를 통해서만 상호신뢰가 구축될 수 있음을 강조한 바 있듯이, 유럽의 군비통제의 성공은 검증제도를 부단히 관철시킨 덕이기도 한 것이다.

한편 이스라엘과 주변국들 간에는 평화협정을 체결함으로써 평화체제에 이르게 된 사례이다. 유럽과 비교해서 짧은 시간 내에 평화체제에 이르게 되었으나, 이스라엘과 주변국의 평화협정은 대규모 전쟁을 몇 차례 치르고 난 후 가능했으며, 아직도 테러 및 자살공격이 빈발하고 있어 평화체제는 취약하다고 할 수 있다.

이스라엘과 이집트 간의 평화협정은 네 차례에 걸친 중동전쟁(제4차 중동전쟁: 1973.10.6-24) 이후 1973년 11월에 정전협정을 체결함으로써 시작되었다. 1974년 1월에 양국 간에는 양국 군대의 무력충돌을 방지하기 위해 군사력 배치 제한지대와 비무장 완충지대를 건설하는 군사력분리협정에 합의했다. 1975년 9월에 제2차 군사력분리협정을 체결하고 그 이행을 감시하기 위해 UN과 미국에 감시검증을 요청했다. 이어서 1978년 9월에 카터 전 미국대통령의 중재로 캠프데이비드 협정을 맺게 되었으며, 1979년 3월에 미국이 보증하고 이스라엘과 이집트 간에 평화협정이 정식으로 조인되었다.

이 평화협정의 주요 내용은 이스라엘이 이집트의 구 영토를 반환하며, 국경지대에 완충지대를 설치하고, 이스라엘의 안보를 보장하는 조치가 포함되었다. 협상에서 이집트는 미국의 원조를 받아 경제회복에 집중한 결과 정권 안정과 경제난의 해결의 도모할 수 있었다. 이스라엘은 이집트로부터 오는 안보불안을 해소했다. 그런데 이스라엘과 이집트간의 평화협정이 성공한 원인은 첫째, 네 차례에 걸친 반복되는 유혈전쟁을 피해야 한다는 국민들의 열망과 평화협상에 대한 국내외의 반대를 극복할 능력을 가진 강력한 지도자들이 존재했다는 것이다. 둘째, 카터 전 미국대통령이 강력한 의지를 가지고 중재자로서 역할을 수행했기 때문이다. 셋째, 이집트와 이스라엘 사이에 완충지대인 시나이 반도는 군사적 신뢰구축과 배치제한지역의 설정에 알맞은 지형조건(인구가 희박한 광대한 지역)을 갖추고 있었다. 이스라엘이 전쟁으로 뺏은 땅을 이집트에 반환하면서 병력분리지역을 설정하는 방식으로 평화협정을 합의했기 때문에 합의가 가능했다고 볼 수 있다.

요르단과 이스라엘 간의 평화협상은 1991년 10월 스페인 마드리드에서 개최된 중동다자협상 이후에 중동을 둘러싼 국제적 환경이 호전되면서 시작되었다. 1993년 9월 요르단과 이스라엘은 협상의 의제에 서명, 1994년 7월 클린턴 미국대통령이 이스라엘의 라빈 수상과 요르단의 후세인 국왕을 초청하여 워싱턴에서 3자회담을 개최하고 워싱턴선언을 채택했다. 워싱턴선언에는 요르단과 이스라엘 사이에 교전상태가 종식되었음과, 영구적이며 포괄적인 평화를 모색하기 위해 양국간 직통전화 설치, 공용 전기시설 설치, 새 국경선 설정, 여행의 자유, 항로개설 운항 등을 협조하기로 했다.

1994년 10월에는 요르단과 이스라엘 양국간에 평화조약이 체결되었다. 그 조약은 국경선 문제 확정, 상호 평화와 안전보장 문제, 테러와 폭력행사 금지, 군사공격을 위한 동맹제휴 금지, 적대감 고취와 적대시 법률제정 금지, 중동안보협력회의 창설지지, 양국간 수자원 문제 해결 및 경제협력 약속 등을 담았다. 요르단 · 이스라엘 평화협정이 성공한 이유는 첫째, 상호간에 안보위협이 비교적 적었고, 요르단이 이스라엘의 물과 경제지원을 매우 필요로 했기 때문이다. 둘째, 미국이 적극적으로 개입해서 성공했으며, 사실상 미국이 요르단을 친미화함으로써 가능했다. 셋째, 구체적 협력사항을 합의하고 실천에 옮겼으며, 안보와 경제문제를 함께 해결했다.

이스라엘과 시리아 간의 평화협상은 이집트 · 이스라엘 평화협정과 같은 개념으로 추진되었는데, 이스라엘이 점령한 시리아의 영토인 골란고원을 분할하여 반환하면서 병력배치제한지대를 설정하고, UN감시군이 그 이행여부를 상주 감시하는 개념이었다. 그러나 이집트 · 이스라엘 평화협정이 1979년에 완성된 것과 달리, 시리아와 이스라엘 간에는 군사적 긴장이 1990년대 초반까지 계속되었다. 시리아는 이집트의 대이스라엘 화해 이후 중동의 맹주가 자신이라고 생각하고, 이스라엘에 대해 적대정책을 계속했다.

양국간의 평화협상은 이스라엘 · 요르단과 같이 1991년 10월 스페인 마드리드에서 개최된 중동다자협상 이후에 중동을 둘러싼 국제적 환경이 호전되면서 시작되었다. 1994년 클린턴 미국대통령의 시리아 방문 이후 미국의 중재노력으로 1995년 5월 시리아 · 이스라엘 안보협정에 관한 양해각서에 서명했다. 클린턴 대통령은 시리아 · 이스라엘 평화협상의 성공이 대통령 재선에 중요한 요소로 생각하고, 크리스토퍼 국무장관으로 하여금 셔틀외교를 강화하도록 했다. 시리아와 이스라엘 사이에는 불안한 평화가 계속되고 있으나, 골란고원의 완전반환을 둘러싼 이해의 대립으로 평화협정에는 이르지 못하고 있다.

랜드연구소의 달릭(Richard Darilek)은 〈그림 1〉에서 보는 바와 같이, 유럽과 중동의 평화구축과정을 평화와 전쟁 사이에 존재할 수 있는

〈그림 1〉 평화와 전쟁 사이의 각종 정책목표와 발전상황의 개념도

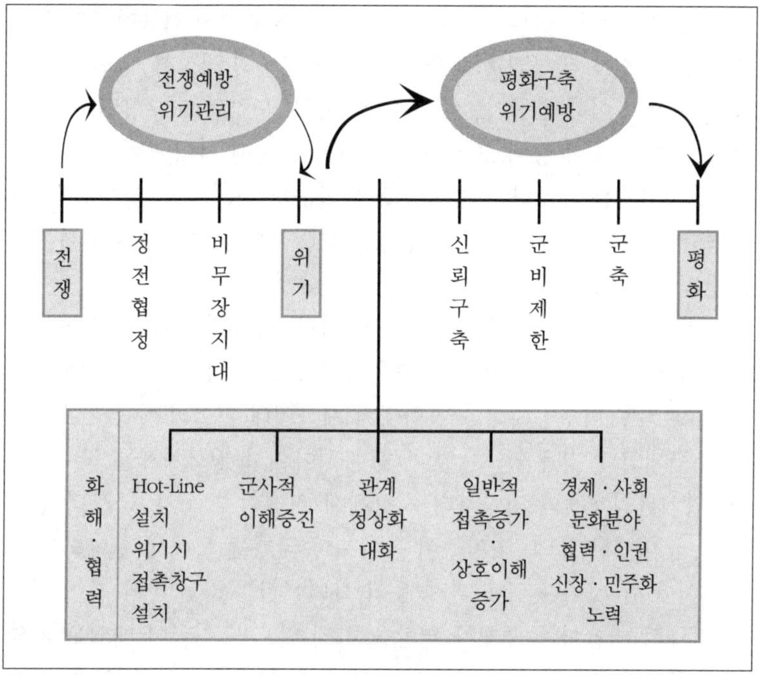

여러 가지 형태의 정책 조치들을 포함시켜 하나의 스펙트럼으로 나타낸 바 있다.[14] 〈그림 1〉의 왼쪽 끝에는 전쟁이, 오른쪽 끝에는 평화가 있다고 본다면, 중간에는 위기가 있다. 위기는 국가 간에 최고 목표가 위협을 받고 짧은 시간 내에 제한된 정보를 가지고 전쟁을 선택할 것이냐 평화를 선택할 것이냐의 기로에 서 있는 상황을 의미한다.

적대관계에서는 위기가 전쟁과 평화 간의 분기점이다. 여기서 평화상태는 위기를 방지하고, 평화를 건설하는 적극적 행위를 포함한다.

---

14) Richard E. Darilek, *A Crisis or Conflict Prevention Center for the Middle East*(Santa Monica, CA: RAND, 1995), pp. 6-11.

평화와 위기 사이에는 화해협력과 군사적 신뢰구축, 군비제한, 군축 등의 정책행위가 포함되어 있다. 화해협력은 위기시 접촉창구와 직통 전화 설치, 상호 군사적 이해증진, 관계와 접촉의 정상화, 일반적 접촉 증가와 상호 이해의 증가, 상호 경제, 사회, 문화적 교류협력, 인권신장과 민주화 노력 등이 포함된다.[15] 위기와 전쟁 사이에는 전쟁을 방지하고, 위기를 해소하는 행위가 포함되는데 예를 들면 정전협정, 군사력 분리협정, 비무장지대의 설정, 전쟁 직후 군사력배치 제한지역 설정 등을 들 수 있다.

유럽이나 중동의 사례에서 보듯이 평화건설에는 화해협력 조치와 군사적 신뢰구축, 군비제한, 군축을 필수요소로 하고 있다. 중동에서는 전쟁 직후 비무장지대와 병력배치 제한지대 건설이 가장 기초적으로 추구되었던 것을 알 수 있다. 동아시아에서 평화체제를 구축하려면, 위기관리체제의 정착부터 시작해서 화해협력 조치, 군사적 신뢰구축, 군비제한, 군축 조치들이 동아시아 국가들 사이에 합의되고 실천되어야 할 것이다. 유럽과 중동의 사례에서 나타난 바와 같이 미국이 적극적 역할이나 중재자 역할을 하지 않으면 미국이 개입된 지역에서 평화를 구축하는 데 난관이 너무나 많다는 것을 알 수 있다. 따라서 동아시아에서 평화체제를 구축하기 위해서는 미국이 주도적 역할을 할 수 있도록 촉구해야 할 것이다. 아울러 중국과 일본이 갖고 있는 민족주의적 성향의 자제, 영토분쟁 성향의 자제 등이 선행되어야 할 것이다.

---

15) 〈그림 1〉에서 큰 네모 안에는 화해협력이 들어 있는데, 이것을 한국에 적용시킨다면, 김대중 정부가 추구한 햇볕정책의 내용인 화해와 협력의 과정, 혹은 노무현 정부가 추구하고 있는 대북한 평화번영정책의 일부라고 할 수 있다.

2. 평화체제의 단계적 접근[16)]

여기서 평화체제는 3단계의 형성단계를 거친다고 가정한다. 국제정치학계에서 개발된 개념 중 평화체제에 가장 가까운 개념은 안보공동체라는 개념이다. 공동체는 국가들 간에 공통된 속성을 지니고, 상호 적응하며 신뢰와 존경을 가지고 지역전체가 스스로의 정체성과 전체성을 인지하고 있는 상태를 의미한다.[17)] 칼 도이치가 규정한 안보공동체의 가장 최소한의 조건(the minimum community)은 국가들 간에 갈등을 무력을 사용해서 해결하지 아니하고 대화를 통해 평화적으로 해결하려는 공감대가 형성된 상태를 의미한다.[18)] 다시 말해서, 안보공동체의 최소한의 조건은 국가들 간에 안보대화의 습관이 형성된 상태로 보는 것이다.

그러면 안보공동체의 최대의 조건은 무엇인가? 한 국가가 다른 국가를 침략했을 경우 국제공동체(안보동맹) 속의 국가들이 연합하여 침략국을 공동으로 응징할 수 있는 합의를 가지고 있거나, 유엔과 같이 한 국가의 침략에 대해 나머지 회원국들이 공동으로 응징을 하는 집단자위의 기능을 가지고 있거나, 개별국가가 국가의 주권을 범국가적인 통합기구로 양도함으로써 개별국가들에 대해서 중앙집권적인 정치군사적 지배가 확립된 상태를 의미한다.[19)] 북대서양조약기구(NATO),

---

16) 여기서부터는 한용섭 외, 『동아시아 안보공동체』 (서울: 나남출판, 2005)를 참고하였다.

17) Karl W. Deutsch, et. al., *Political Community and the North Atlantic Area: International Organization in the Light of Historical Experience* (Princeton, N.J.: Princeton University Press, 1957), pp.5-7.

18) Ibid., p. 5.

19) Amitai Etzioni, *Political Unification: A Comparative Study of Leaders and Forces* (New York: Holt, Rinehart and Winston, 1965), pp. 4-10; 구영록, 『인간과 전쟁』 (서울: 법문사,1977), p.319에서 재인용. 에치오니는 가장 최고수준의 통합된 공동체는 권력의 독점, 자원을 분배하고 보상할 수 있는 결

유럽안보협력기구(OSCE), 유엔 같은 것을 예로 들 수 있다. 따라서 현실적인 안보공동체는 안보공동체의 최저 조건에서부터 최대 조건의 사이에 존재한다고 볼 수 있다. 이 장에서는 평화공동체 혹은 안보공동체가 최저조건에서 최대 조건에 이르기까지 세 가지 단계를 거친다고 가정한다.

제1단계에서는 국가들 간에 안보문제를 갖고 대화를 시작하며 대화의 습관을 형성하는 단계이다. 국가들 간에 처음부터 공식적인 안보대화가 이루어지기 힘들기 때문에 각 국가의 전문가들 간에 안보문제에 대한 비공식적인 대화부터 출범하여 이것이 활성화되고 난 뒤에 정부의 대표들이 같이 참여하는 형태를 갖는다. 즉, 1단계에서는 전문가들 중심의 트랙(Track) II와 정부대표 중심의 트랙 I 이 혼합된 형식으로 출발한다고 가정한다.

제2단계에서는 국가들 간의 안보문제에 대한 대화가 정례화되고 상설화 되는 경우로서 트랙 I의 회의가 계속해서 정기적으로 열리게 되고 안보문제에 있어 공통적인 의제를 갖고 정기적인 대화를 하는 경우가 이에 해당된다. 이 단계에서는 국가들 간에 안보문제에 대해서 토의는 하지만, 대화 참여 국가들의 군사안보정책에 대한 집단적인 구속력이 없는 상태로 출발하지만, 어느 시기에 가면 참가국들을 구속하는 합의가 나오기 시작한다.

제3단계에서는 정례화되고 상설화된 다자간의 안보대화가 국가들 간의 공통된 안보의제인 신뢰구축, 예방외교, 군비통제뿐만 아니라 포괄적인 안보의제를 다루면서 그 지역의 상설적인 안보협력회의체로 발전하며, 회원국들은 조약에 해당하는 합의서에 의해 신뢰구축과 군축을 실행해 나가는 단계를 의미한다. 회원국들은 회의를 준비하고 운영할 상설기구와 임원을 상주시킬 장소와 시설에 대해 합의하고 회

정권, 다수의 정치적 식견을 가진 시민들로 부터의 지배권의 인정을 갖추어야 한다고 보고 있다.

비를 낸다. 만약 동아시아의 안보공동체가 제3단계에 도달하려면, 동아시아 각국이 상설회의의 개최와 운영을 책임질 기구를 만들고, 임원을 임명하여 운영위원회에 파견하며, 운영위원회는 상설기구로서 활동하도록 만들어져야 하고, 의제는 모든 안보의제를 포괄적으로 다룰 수 있어야 한다. 이 3단계를 평화체제라고 부를 수 있다.

제3단계를 넘어 최종단계에서는 유럽의 나토와 같은 집단방위기구를 설정해 볼 수 있다. 즉 동아시아 지역의 모든 국가들이 집단안보를 달성하기 위해 동아시아집단방위기구로 발전하는 경우이다. 이 마지막 단계에서는 집단안보기구의 한 회원국이 다른 회원국을 침략했을 경우에 다른 모든 회원국들이 집단적으로 그 침략국을 응징하기 위해 집단자위(collective self-defense) 조치를 취하는 경우를 말한다. 이 경우 모든 회원국이 파견하여 구성한 집단방위군대가 존재하거나, 상설 집단방위군이 없을 경우에는 유사시에 회원국들이 군대를 파견하기로 한 합의가 존재해야 하는 것이다. 혹은 모든 회원국들이 하나의 안보동맹을 맺는 경우도 여기에 해당한다.

동아시아의 평화체제라 함은 유럽에서 1973년 7월 3일 최초로 개최되어 1995년에 OSCE(유럽안보협력기구)로 발전하였던 안보협력체제인 유럽안보협력회의(CSCE)의 모델이 벤치마킹 대상이 될 수 있다. 나토와 같은 집단방위체제는 동아시아에서 향후 몇 십 년은 불가능할 것이다. 왜냐하면 동아시아에는 미국과 양자동맹을 맺고 있는 국가들이 많고, 중국과 북한 간의 동맹이 있으며, 동남아시아 국가들은 어느 동맹도 편들기를 원하지 않기 때문에 집단방위기구의 결성을 목표로 할 수 없는 형편이다. 남한-북한, 중국-타이페이 간에는 군사적인 적대관계가 존재하며, 미국과 중국, 일본과 중국 간에도 잠재적인 적대관계가 존재하기 때문에 동아시아 전체가 참여하는 집단안보체제나 집단방위기구는 거의 성립불가능하다. 따라서 여기서는 유럽의 안보협력회의와 유사한 안보협력회의의 상설화, 제도화를 의미하는 평화체제 구축을 최대 목표로 한다.

혹자는 동아시아의 공동체가 궁극적으로 지향해야 할 목표는 동아시아의 집단안보체제의 결성이라고 주장을 하고 있으나, 이는 너무 야심적인 목표이다. 현재 동아시아 국가들은 공동체 형성을 위한 제1단계인 대화의 습관 기르기를 지나 제2단계인 전 회원국이 참여하는 ARF라는 협의기구를 구성하고 있다. 따라서 안보공동체의 제3단계인 동아시아의 안보협력체 구성을 성공시키기 위해 동북아 국가들, ASEAN, ARF와 CSCAP, APEC가 어떤 역할을 해야 하며, 어떤 회의체를 중심으로 전략적인 노력을 집중전개해 나갈지에 대한 컨센서스가 이루어지는 것이 필요하다.

Ⅳ. 동아시아 평화체제의 과제

동아시아에서 평화체제를 만들려면 네 가지 조건이 필요하다. 첫째, 동아시아 모든 국가들이 참여하는 동아시아 안보협력회의(CSCEA: Conference on Security and Cooperation in East Asia)를 조직해야 한다. 둘째, 동아시아 전문가 협의회와 초국가적 시민단체연대를 창설해야 한다. 셋째, 동아시아 상설 군사협력기구를 조직해야 한다. 넷째, 미국과 중국간에 국가이익의 타협의 결과로서 군비경쟁의 종식, 안보와 국방정책에서 투명성과 상호협력의 증대에 합의해야 한다. 이 네 가지 과제는 현재상태에서는 너무 힘들다. 그러나 유럽안보협력회의를 조직하고 운영해 온 경험을 보면 정부와 시민단체들의 노력 여하에 따라 그 기간이 단축될 수도 있는 문제이다. 따라서 이와 관련된 현재의 문제점을 분석하면서 미래의 과제 해결 방향을 살펴 보고자 한다.

1. 동아시아 안보협력회의의 제도화

동아시아 차원에서 안보협력회의를 조직하기 위해서는 어떻게 해야 하는가? 동아시아안보협력회의를 공식적으로 CSCEA라고 부를 수 있다. 이는 ARF와는 완전히 다른 새로운 회의체라기보다 ARF를 확대 · 심화 · 제도화시키면 될 수 있는 것이다. 동아시아에서 ARF를 완전히 무시하고 새로운 기구를 만들기 어렵다. ARF는 아시아적 탄생과 발전 논리를 갖고 있으므로 결국 아세안 국가들이 아닌 국가들도 참여하게 되었다. 만약 아세안 국가가 아닌 미국, 중국, 일본, 한국, 러시아 중 어느 한 국가가 새로운 동아시아 안보협력회의를 만드는 작업을 주도한다면 그 실현가능성이 문제시된다. 왜냐하면 미국 중국 일본 러시아 중 한 국가가 주도한다면 다른 국가들이 견제할 것이고, 동남아 국가들도 의혹을 제기할 것이기 때문이다. 따라서 현재 24개의 회원국들 중 EU를 제외하고, 나머지 23개국이 ARF의 활동을 상설화시키고, CSCEA의 회원국 간에 정상회담, 외무장관 회의를 정례화 시켜 나가는 것이 바람직하다.

이를 위해서는 네 가지 구체적 이슈를 해결할 필요가 있다. 첫째 ARF 내에 있는 아세안의 한계를 극복하는 문제, 둘째 동남아의 성공을 동북아에 확대시키면서 동시에 동북아에 국한된 소지역 안보협력대화를 상설화시키는 문제, 셋째, 지금까지 APEC이 활동해 온 성과를 활용하면서 경제협력과 안보협력을 중층적으로 발전시키는 문제, 넷째 미국과 중국 간의 견제와 협력의 이중성을 해결하면서 미국의 역할을 증대시키는 문제 등이 해결될 필요가 있다.

첫째, 아세안의 한계를 어떻게 극복할 것인가의 문제이다. 아세안이 지금까지 발전해 오는 데 상당한 비결이 있었다. 즉, 아세안 국가들은 다자주의적으로 생각하고 양자주의적으로 행동해 왔다.[20] 아세안

---

20) Amitav Acharya, "Culture, Security, Multilateralism: The 'ASEAN Way' and Regional Order," in Keith R. Krause, *Culture and Security: Multilateralism, Arms Control and Security Building* (London: Frank Cass Publishers, 1999), pp. 56-69.

의 지역협력은 국가들 간에 양자적 협력을 방해하지 않는다는 철칙을 지켜 온 것이다. 아세안은 아시아인과 아시아 문화에 공통적인 공식적인 관계 보다 비공식적인 관계를 중시해 왔다. 초기의 아세안 5개국의 지도자들은 다 친분관계가 있었다. 또 지도자들이 오랜 동안 권좌에 있었다. 그래서 개인적인 친분관계를 오래 유지하고 활용할 수 있었다. 아세안 국가들은 문화적인 유사성이 있었다. 아세안 국가들의 지도자들은 같이 골프하고, 가라오케에서 노래 부르고, 두리안(durian: 냄새가 심하게 나는 과일 이름)을 먹을 수 있어야 한다. 투명성과 신뢰구축 조치 같은 공식적인 안보레짐을 싫어한다. 어떤 기구나 구체적인 갈등해결 조치보다는 대화와 협의체를 선호한다. 아주 정교하고 제도화된 구조보다는 임시적이고 비공식적인 것을 좋아한다. 그렇다고 정상회담, 장관회담, 고위관료회의, 평의회 등이 없는 것은 아니다. 그러나 ASEAN의 상설사무국은 매우 작다. EU와 비교해 보면 분명히 드러난다. 국가주권을 지역의 권위있는 기구에게 양도하지 않는다.

아세안국가들은 OSCE를 희망하지 않는다. 호주, 캐나다, 러시아 등은 아태지역에서 OSCE 같은 공식적인 안보협력체를 희망했으나, 아세안국가들은 이에 대해 회의적인 태도를 견지해 왔다. 왜냐하면 너무 제도화되어 있고, 그 제도가 실제 가능한 것보다도 더 많은 것을 할 수 있다고 보이는 가식 때문에 싫어한다. 아세안국가들은 유럽의 신뢰구축조치나 신뢰구축장치 같은 것을 싫어했다. 왜냐하면 접근과 과정이 공식적인 구조 속에 조직화 되어야 하기 때문이다.

그러나 아세안 국가들은 아세안의 규제 규범, 국가간의 관계에서 행동규범을 나름대로 설정했다. 그것은 지역주의, 내정불간섭, 분쟁의 평화적 해결 원칙, 독립에 대한 존중, 각 국가의 영토를 엄격하게 존중한다는 것이다. 그 이외의 안보문제는 냉전기간 동안에는 전혀 논의되지 않았다. 아세안은 강대국에 의해 지원되는 안보동맹이 아니라는 것을 명확하게 하기를 원했다. 베트남과 소련, 중국에게 적대적으로 보이기를 원하지 않았다. 그렇다고 미국을 편드는 것도 원하지 않았다.

탈냉전 이후인 1992년부터 아세안 국가들은 안보의제를 다루기 시작했으며, 1994년에 ARF를 창설한 것이다. 그러나 ARF를 안보대화체로 간주하고 있고, 갈등해결기구가 아니기를 원했다. 상호 안보관심사를 더 잘 이해하기 위한 협의체이지 무슨 해결기구가 아니다. 공개적으로 위협을 거론하지 않는다. '중국위협' 도 거론하기를 회피한다. 양자간의 논쟁, 논쟁적이고 민감한 의제를 다자간의 협의에서 다루지 않는다. 이것을 혹자는 아세안의 갈등에 대한 접근법은 갈등해결보다는 갈등회피와 관리라고 부르고 있다.

만약 ARF가 CSCEA로 확대개편 되려고 하면, 아세안의 한계는 극복되어야 할 필요가 있다. 그것은 ARF에서 정례적으로 개최되는 정상회담, 외무장관회담을 통해 각 국가의 정상들이 ARF의 비안보적 성격을 안보적 성격으로 전환시키고자 하는 철학을 공유하고 ARF를 CSCEA로 확대개편하려는 비전을 공유해야 가능할 것이다. 아울러 ARF 속에 APEC의 경제협력 기능을 상당 부분 흡수하여, 유럽의 헬싱키 프로세스처럼 정치와 군사, 경제협력, 인권신장 등 세 가지 프로젝트를 동시에 발전시킬 필요가 있다. 경제공동체 구성을 위한 작업을 해 온 APEC의 기능을 CSCEA에 대부분 흡수하는 것이다. 물론 중남미의 태평양 국가들이 참석하는 APEC은 그대로 유지하면서 아시아 국가들끼리는 정치적 경제적 안보적 공동체 형성 작업을 하는 것이 중요하다. 그럼으로써 정치안보공동체 형성을 위한 공동 작업을 마련하고, 정치적 경제적 안보적 인센티브를 제공하면서 정치적 안보적 의무를 부과하는 종합적 신뢰구축과정이 될 필요가 있는 것이다.

둘째, 아세안의 성공을 동북아에 확대하여 동북아 국가들 간에 동북아 안보협력회의를 조직하고 운영할 필요가 있다. 이를 mini-CSCEA 혹은 CSCNEA(Conferense on Security and Cooperation in Northeast Asia)라고 부를 수 있을 것이다. 우선 경제협력 측면에서의 동남아의 성공을 동북아로 확대하는 것이 필요하며, 그것은 이미 일어나고 있다. ASEAN+3의 경우를 보면 더욱 그렇다.[21] ASEAN+3은 1998년 이후 매년 정기적으로 개최되고 있다. 경제협력방안 토의에 국한되었으나, 최근에는 안보문제와 이 지역에서 인간안보와 같은 포괄적인 문제를 논의하는 다자협의의 장으로 확대되고 있다.

1990년대에 ASEAN과 한중일 삼국과의 대화는 각종 채널에서 행해졌으나, ASEAN+3으로 제도화되는 데에는 동아시아에서 외환위기와 경제위기를 계기로 ASEAN 국가들은 동아시아에서 3대 경제력 보유 국가인 일본, 한국, 중국과 협력의 필요성을 느꼈으며, 일본, 한국, 중국 또한 경제위기와 관련 동아시아 전체가 협력할 필요성을 느꼈기 때문이다. 그 후 정상회의를 비롯한 경제장관 및 외무장관 회의가 정례적으로 개최되고 있다.

1998년과 2000년 ASEAN+3 정상회의에서는 동아시아 협력의 미래 구상을 제시하기 위해 동아시아 비전 그룹(EAVG)과 동아시아 연구 그룹(EASG)이 설립되었다. 이에 따라 2003년 12월 한국에서는 동아시아 포럼이 처음으로 개최되었다. 2002년 EASG는 ASEAN+3 정상회의에 17개의 단기과제와 9개의 중장기과제를 건의했다.[22]

17개 단기과제들은 동아시아 비즈니스 회의를 설립하고, 동아시아 투자 정보 네트워크를 설치하며, 동아시아 포럼을 설립하고, 비전통적 안보이슈에 대한 협력을 위한 메커니즘을 강화시키기로 했다. 9개의 중장기 과제에는 동아시아자유무역지대의 창설, ASEAN+3 정상회의를 동아시아 정상회의로 발전시키는 방안, 국가-시민사회의 파트너십을 촉진하기 위한 NGO와의 정책협의와 조정을 강화시키기로 결정했다. 동아시아 정상회의는 중국이 주도적 역할을 하여 탄생시켰으

---

21) 현진덕, "동북아 경제통합과 제도화 과정에 있어서의 일본의 정책," 강성학 편, 『동북아의 평화사상과 평화체제』 (서울: 리북, 2004), pp. 51-52.

22) 정진영, "동아시아 지역주의와 한국의 대응전략: 안보외교와 경제외교의 통합," 세종연구소 주최 평화와 번영의 동북아 시대: 과제와 전략에 대한 세미나, 2003.9.15. pp. 151-167.

나, 2005년 11월 그 첫 회담에서 미국의 불참과 회원국의 확대를 이슈로 제기한 일본에 의해 성사되지 못했다.[23] 그러나 호주 뉴질랜드 인도의 참가에 대한 합의를 도출했다. 그래서 동아시아 정상회담은 아세안 10개국+한 · 중 · 일+호 · 뉴 · 인 등 10+3+3로 발전되고 있다. 중국은 동아시아정상회의에서 주도적 역할을 하려던 전략을 포기하고 아세안+3에 당분간 전념하기로 결정한 것으로 보인다.

그런데 아세안+3의 결의는 아세안의 규범을 반영하고 있기 때문에 아세안 보다 더 약한 속성을 지닌다. ASEAN의 규범이 자발성, 동의, 불간섭, 비공식성을 띠게 되므로 회원국을 구속하는 정도가 약하다. 참가 국가들로 하여금 실행을 촉구하는 수준에 머물고 있다. 따라서 ASEAN+3를 어떻게 하면 국가들의 구속성을 제고하며, 동북아와 동남아의 공통적인 안보이슈를 다루게 할 것인가 연구하는 것이 중요하다.

ASEAN+3의 활성화와 함께, 동북아에서 안보대화의 출범이 필요하다. 아세안 국가들은 27년간 포괄적 안보를 추구할 결과 ARF를 출범시켰다. ARF의 성과가 기대보다 못 미친다고 하더라도 동북아에서는 ARF에 버금갈 만한 다자간 안보협의체가 없다. 겨우 북한 핵문제의 평화적 해결을 위해 2003년 8월에 동북아 6자가 참여하는 6자 회담을 출범시켜 간헐적으로 회담을 개최하고 있으나 2006년에 현재 교착상태에 처해 있다.

6자회담에서 북한 핵문제를 협상으로 원만하게 해결하는 것이 급선무이다. 동북아의 국가들은 6자 회담에 큰 기대를 걸고 있다. 만약 6자회담에서 북한 핵문제가 해결된다면 ARF 보다도 안보분야에서 더 나은 구체적 성과를 달성한 것이 된다. 따라서 동북아에서 6자회담의 성공이 필요하다. 만약 6자회담을 통해 북한 핵문제가 해결된다면 동북아에서 포괄적인 안보문제 협의와 해결을 위한 동북아 안보협력회의

---

23) 외교안보연구원, "제1차 동아시아 정상회의 개최전망 및 과제," 『주요국제문제분석』 2005. 8. 17.

로 확대 개편시킬 수 있을 것이다. 6자 회의체의 성공은 사실 아세안 국가들이 시도한 포괄적 안보접근 방식 보다는 직접 안보문제 해결을 위한 공동안보 내지 협력안보 접근방식에 가깝기 때문에 동북아뿐만 아니라 동아시아 전체에 파급효과가 클 것으로 예상된다. 하지만 북핵 문제가 6자 회담에서 해결되지 못하면 동북아의 다자 안보대화는 출범이 어렵다. 이를 보완하는 측면에서도 CSCEA가 출범되는 것이 필요하다. 만약 CSCEA가 출범한다면 6자는 CSCEA 밑에서 회합을 할 수도 있을 것이기 때문이다.

셋째, APEC이 활동해 온 성과를 ARF와 접목시키면서, APEC 내의 경제협력과 토의 의제 확대추세를 최대한 활용해야 한다. APEC 정상회의를 활용하는 것도 필요하다. 2003년 10월 태국의 방콕에서 개최된 제11차 APEC 정상회의에서 경제에서 안보로 의제를 확대시켰다. 경제적 영역에서는 무역과 투자의 자유화, 다자주의와 지역주의, 그리고 양자 차원의 다층적인 경제협력과 자유무역을 추진한다고 합의했다. 여기에서는 인간안보 영역까지 의제를 확대시키고 있다. 테러리즘과 대량살상무기의 확산에 공동 대처하자는 것이다. 상황의 진전 여부를 정상회의에서 논의하기로 약속하고 있다. APEC 산하에 반테러 태스크포스의 구성, UN안보리의 반테러 위원회 등 국제기구나 전문기관 간의 협력 강화를 요구하고 있다.

동아시아에서는 새로운 안보영역에 대한 공동 대처를 절실히 필요로 하고 있다. 경제협력회의체에서 안보적 이슈를 토의하는 것만으로 부족하다. 제도화가 필요한 것이다. 국제적인 WMD확산 방지와 미사일 확산 금지 체제의 강화에 참여하기 위해 지역적 기구의 창설이 중요하다. 테러와 마약, 해적 등에 관한 공동대처기구를 만들고 대처방안을 공동으로 모색하는 것이 필요하다. 원유의 안정적 공급을 위해 말레카 해협을 지나는 모든 유조선과 상선 등에 대한 해양 안전 방안을 모색하며, 동아시아 지역의 공동 해난 구조, 해상 충돌 방지와 해적 행위 방지를 위해 다국적인 해군협력이 필요한 시점이 되었다. 따라서 지금까지의 경제협력과 앞으로의 경제협력의 조건을 만들어 주기 위해 안보적인 측면에서 다중적인 안보협력체 창설이 매우 필요한 시점이 된 것이다.

넷째, 동아시아 지역에서 미국의 핵심적인 안보역할을 인정하고 미국과 중국은 안보문제에서 상충되는 국익을 동아시아 차원의 안보협력을 위해 조금씩 양보하는 자세를 보여야 할 것이다. 미국은 동아태 지역내의 양자 안보동맹을 중국을 포위하는 전략으로 사용할 것이 아니라 중국의 군사적 투명성 증대와 군축을 유도하는 평화협력전략의 수단으로 사용하려는 큰 전략적 구상을 갖고 중국을 설득해 나가야 할 것이다. 한편 중국은 미국의 미사일방어구상 같은 구체적 안보사안에 대해 사사건건 시비를 걸 것이 아니라, 중국의 경제적 부상이 가져 올 지역 내에서 안보적 함의에 대해 투명성과 예측가능성을 증진시키는 방향으로 적극적인 안보협력을 증진시켜 가야 할 것이다. 사실 동아시아 지역이건 아태지역이건 동북아지역이건 간에 미국을 제외시킨 안보협력과 평화는 존재할 수 없다는 현실적 인식을 갖는 것이 중요하다.

중국뿐만 아니라 동남아 국가들은 유럽의 경제적 통합뿐만 아니라 정치적 통합, 안보와 평화공동체의 건설에 있어서 미국이 적극적인 역할을 했던 점을 상기함으로써 미국이 동아시아의 안정과 평화에 적극적인 역할을 하도록 요구하고 지지하는 분위기를 만들어 가야 할 것이다. 이와 관련하여 일본에서 일고 있는 평화헌법의 개정 및 군대의 합법화 운동 등은 전 아시아적 차원에서 자제를 요구함이 바람직하다.

2. 동아시아 안보평화 전문가 협의회의 창설

동아시아 국가들 간에 안보 · 평화 전문가 협의회 및 초국가적 시민단체연대를 창설하는 것이 필요하다. 동아시아의 안보협력 · 평화협력 촉진시키고 인권을 향상시키기 위해 관련 전문가들과 시민단체들이 국가내부의 활동을 제고시킬 뿐 아니라 동아시아 안보평화공동체의 창설에 주도적 역할을 해야 할 것이다. 위에서 지적한 바와 같이 유럽에서 안보협력체의 탄생과 성공이 가능했던 것은 북미와 유럽의 관련 전문가들이 지적인 공동체를 구성하고 활발한 활동을 전개해 온 결과라고 할 수 있다.

이를 교훈삼아 아시아 태평양 지역에서는 CSCAP을 만들었다. CSCAP은 아직 Track 2의 수준이지만, 21세기에 와서 ARF에 신뢰구축과 예방외교의 권고안을 낼 정도로 발전했다. 이를 뒷받침하기 위해 각국에 CSCAP지부들이 활동하고 있다. 동아시아 각국은 국내에서 CSCAP 지부의 활동에 적극 참여해야 할 뿐만 아니라, CSCAP보다 더 내부적 결속력과 네트워킹이 강화된 전문가 공동체를 조직하고, 운영을 활성화해 나갈 필요가 있다.

이와 함께, 동아시아 국가들은 각 국가들이 보유한 안보 · 평화 · 군축 전문가들의 국내 네트워크 조직화, 국제적 네트워크 조직화, 동아시아 전체의 정례적 전문가회의를 구성 운영할 필요가 있다. 평화 및 인권 관련 NGO들도 동아시아 전체의 네트워크를 만들 필요가 있다.

아세안 국가들은 회원국 내에 있는 최고의 국제전략문제연구소들을 1개 지정하여 10개국 간의 연구소 회의를 매년 개최하고 있다. 말레이시아의 ISIS, 인도네시아의 CSIS, 싱가포르의 IDSS, 필리핀의 ISDS, 태국의 IFA, 베트남의 IIR 등이 그에 해당한다. 이들 연구소들은 이름은 똑같지 않아도 그 국가를 대표할 수 있는 국제문제 및 안보연구소를 지정하여 매년 아세안의 안보외교전문회의를 개최하고 있다. 아울러 ARF 회원국들에게 그 나라를 대표할 수 있는 안보전문가 5명을 추천받아 전문가 리스트를 유지하고 있다. 그런데 동북아에 오면 동북아 다자간 안보전문연구소간의 네트워킹과 정기적 회의가 없다. NEACD가 예외이기는 하지만 참석자가 개인 베이스로 되어 있다. 그리고 정부대표 이외에 연구소는 개인베이스로 되어 있다.

따라서 우선 동북아에서 그 국가를 대표할 수 있는 안보 · 평화 · 군축 전문 연구소를 몇 개 지정하여 매년 2회 정도 동북아 안보 · 평화 · 군축 협의회를 개최할 필요가 있으며, 이들을 동아시아 다자간 안보평화군축관련 전문가회의에 파견할 필요가 있다. 동남아에서도 국가지정 연구소뿐만 아니라 안보평화군축관련 전문가들과 NGO 단체들을 폭넓게 지정하여 동북아와 동남아 전문가 및 NGO 회의를 개최할 필요가 있다. 이 동아시아 전문가 혹은 NGO 회의가 정례화된다면 ARF, 북핵문제 해결을 위한 6자회담의 개최 전후에 이 회의를 개최하여 ARF나 6자회담 전후에 정책 건의를 하거나 공식회담에 대한 평가를 내놓을 수 있을 것이다. 이 동아시아 전문가회의의 정례화와 상설화야 말로 앞으로 동아시아 평화체제 창설을 위한 필수작업이 될 것이다. 한국에서는 동북아시대위원회의 창설과 함께 동북아 다자간 평화군축센터의 창설을 고려하고 있는데, 이는 매우 시의적절하며 한시바삐 이루어져야 할 사업이다.

3. 동아시아 군사협력기구의 조직

동아시아에서 상설 군사협력기구를 탄생시켜야 할 것이다. 유럽의 나토처럼 동아시아 상설군사위원회를 창설하는 것이 필요한 것이다. 동아시아 각국이 CSCEA에서 합의하거나 아니면 ARF에서 합의하여 상설 군사위원회가 상주할 본부의 설치(예: 싱가포르)에 합의하고, 각국은 군사대표를 파견하여 정기적인 회의를 할 수 있도록 해야 할 것이다. 나토처럼 집단방위체제 즉 동맹은 구성하지 못한다고 하더라도 동아시아 모든 국가들이 참여하는 다자 군사협력기구의 발족은 시급하다.

왜냐하면 21세기 세계의 안보문제는 20세기의 양자동맹으로 해결할 수 없는 안보문제가 발생하고 있으며, 특히 개별 국가가 해결하기 힘든 안보문제가 발생하고 있기 때문이다. 21세기의 안보문제는 초국가적인 위협의 성격이 농후하다. 전쟁 급 테러, 대량난민, 불법이민과 마약, 에이즈, 해적, 대규모 재해 재난, 환경오염 등은 한 국가나 양자동맹이 해결할 수 없는 문제들이다. 이 새로운 형태의 위협들이 국가안보와 국제안보를 위협하고 있다. 따라서 동아시아 국가들은 양자동맹을 인정하면서도 다자간에 군사적인 협력방안을 토의할 수 있는 상설 채널을 마련하는 것이 필요한 것이다.

하나의 예로서 ARF 회원국들의 국방대학원장 혹은 최고 국방교육기관장 회의를 더욱 활성화시키는 것을 들 수 있다. 이를 바탕으로 ARF 국방대학을 설립하는 것도 고려해 볼 만하다. ARF 회원국들의 최고 국방교육기관장 회의는 회원국들 간에 신뢰구축과 군사적 이해증진을 하기 위해서 1997년 이래 매년 개최해 오고 있다. 동 회의에는 각 국가들의 국방대학원장 혹은 총장, 교수부장, 전문가 들이 참여해 오고 있으며, 회의주제는 신뢰구축과 아태지역의 안보이슈, 국방교육협력, 군대의 새로운 역할, 재해 재난에서 군의 역할, UN 평화유지 활동 등을 다루고 있다. 이것을 동아시아 상설 군사위원회의 하부조직으로 흡수하여 매년 개최하는 것이 필요하다. 최고 국방교육기관에서 국가간의 군사적 신뢰구축의 증진과 전략에 대한 상호 이해의 제고, 공동안보와 협력안보의 이념의 전파와 국가의 간부 교육 등을 통해서 동아시아 역내에 평화와 안정의 기반을 만드는 것이 중요한 것이다.

아울러 동아시아 상설 군사위원회는 본부에 핫라인(hot-line)의 설치, 다자간의 공동 군사훈련, 역내 군사교류협력의 증대, 방산기술협력, 초국가적 위협에 대한 대응 훈련을 실시할 수 있을 것이다. 또한 군사적 신뢰구축조치 즉 국방백서의 발행 및 교환, 무기이전등록제도의 실행, 상호 훈련 통보 및 참관, 국경 및 해상에서의 대규모 훈련의 중지 등을 논의할 수 있을 것이다. 특히 군비감축 논의를 통해서 병력을 상호 감축하며, MTCR에서 규제하는 미사일 사거리의 제한을 지키고 동남아에서 비핵지대화에 이어서 동북아에서 제한적 비핵지대화 설치문제를 토의할 수 있을 것이다.

다자간 군사교류에는 군함 및 군용기를 이용하여 역내국가 간 사관생도 및 장교의 상호 방문, 군사 교육기관 간 위탁 및 수탁교육의 증가, 주요 전적지 답사와 역사분쟁의 대상이 되는 지역의 상호 방문, 역내 국가 간 군별 자매결연 등을 할 수 있을 것이다. 공동구조 및 수색훈련, 대테러 연합훈련 등 초 국가적 연합연습을 하며, 대규모 재해 재난 시 다자간 증원계획팀을 운영할 수 있을 것이다. 이러한 프로그램들은 필자 개인의 견해가 아니며, 미국, 한국, 일본, 중국, 러시아 등의 안보군사관계 전문가, 군부에서 간헐적으로 제안되고 있는 사항이다. 그러므로 동아시아 정상회담에서나 ARF에서 이 방향으로 합의하면 점차 성사될 수 있는 문제이기도 하다.

V. 맺음말

지금까지의 동아시아에서 다자간 대화체들은 국가들에 대한 구속력이 거의 없고 구체적인 행동을 요구하는 결의들이 부족했다. 이러한 문제점을 인식하고 있는 국가들이 지금까지의 경제협력을 제도화시키고 경제공동체를 만들어 나가면서, 경제 분야의 동아시아적 유대 위에서 안보문제의 공동 해결을 위한 메커니즘을 만드는 노력을 지속한다면 아무리 다자적 안보협력의 전통이 없는 동아시아이지만 그 전도를 비관적으로만 볼 수는 없을 것이다. 왜냐하면 ARF, APEC 등이 진전을 보이고 있는 것은 동아시아에서 이 방면에 근본적인 변화가 일어나고 있다는 증거라고 할 수 있기 때문이다.[24]

그래서 동아시아에서는 동아시아 평화체제 창설을 위한 단계적 접

---

24) Brian L. Job, "Track II Diplomacy," in Muthiah Alagappa, *Asian Security Order: Instrumental and Normative Features* (Stanford, CA: Stanford University Press, 2003), pp. 241-279.

근법이 필요한 것이다. 위에서 설명한 바와 같이 1단계에서는 현재 진행 중인 여러 갈래의 다자안보대화를 더욱 활성화시키는 것이 중요하다. 안보대화를 정례화하고 상설화하는 것은 신뢰구축의 필수요건이며 지역적인 차원에서 군비통제를 시작할 수 있는 여건을 조성한다. 예를 들면 ARF, ARF 산하 국방대 총장회의, CSCAP, ASEAN+3, NEACD, 북핵문제 해결을 위한 동북아 6자회담을 성공시킬 수 있도록 노력해야 할 것이다.

특히 동아시아 각국은 이들 회의체에 참석하면서 자국의 좁은 안보이익보다는 동아시아 전체를 단위로 모든 문제를 보고, 해결하는 자세를 가져야 할 것이다. 그리고 아시아 · 유럽 정상회의(ASEM), UN의 아시아 · 태평양 지역 군축회의인 카트만두 프로세스, 그리고 각 국가들에서 진행 중인 민간레벨의 동북아 다자안보협력 회의들에 적극 참여해야 할 것이다. 아울러 이미 진행 중인 다층적 쌍무협력을 더욱 활성화시켜 나가야 할 것이다. 이 1단계에서 북핵문제의 평화적 해결을 위한 6자 회담의 노력이 성공적으로 결실을 맺는 것이 중요하다. 특히 1단계에서 이제는 동북아뿐만 아니라 동남아에서 구체적인 군사적 신뢰구축과 군비통제를 합의하고 검증해 나가는 것이 필요하다.

2단계에서 동아시아안보협력회의(CSCEA)를 출범시키기 위해 동아시아의 모든 국가들은 동아시아의 평화와 공동번영을 도모하기 위해 공동안보와 협력안보를 그 철학적 기초로 삼을 것을 제안해야 할 것이다. 이 철학적 기초를 마련하기 위해 동아시아에서는 안보평화군축 전문 연구소와 전문가들을 네트워킹하여 안보 · 평화 전문가 협의회 회의를 매년 2회 정도 정례적으로 개최하여 거기서 공동선언문 형식으로 동아시아 안보공동체 창설 작업의 가이드라인을 발표하고 각 정부에 이를 권장해야 할 것이다.

유럽의 냉전적 대결을 완화하고 국가들 간의 공존 · 공영을 달성하기 위해 공동안보의 철학을 제시했던 사례를 참고삼아서, 동아시아 국가들은 이러한 연구작업을 공동으로 시작할 필요가 있다. 한편, 동북아에서는 북핵문제의 성공적 해결을 기초로 2단계에서 동북아 안보협력회의의 창설을 시도해야 할 것이다. 한편 평화와 인권신장을 추진하는 시민단체들은 초국가적인 연대를 결성하여 각국의 정부들에게 동아시아적인 차원의 평화협력을 시작하도록 권장할 필요가 있다.

3단계에 가서는 동아시아 안보협력회의를 동아시아 안보협력기구(OSCEA: Organization of Security and Cooperation in East Asia)로 확대개편해야 할 것이다. 이렇게 보면 동아시아 평화체제의 창설은 갈 길이 너무나 멀다. 그러나 이미 활성화되고 있는 여러 가지 대화채널을 전략적으로 유기적으로 잘 연결한다면 못할 것도 없다. 지금까지는 안 된다고 하는 부정적인 생각이 주류였으나, 동아시아 국가들이 발전과 번영을 계속하면서 하면 된다는 자신감을 얻었다고 할 수 있다.

관건은 동북아에서 미국, 중국, 러시아, 일본, 남북한 간에 안보이해의 충돌을 어떻게 조정할 수 있는가에 달려 있고 북핵문제를 어떻게 해결하는가에 달려있다. 또한 ARF의 포괄적 안보 접근방식에 어떻게 군사안보문제를 본격적으로 다루도록 할 수 있는가에 달려 있다. 하지만 국가들 간의 군사적 신뢰구축은 안보정책의 핵심을 건드리지 않고도 할 수 있고, 유럽에서 CBM으로부터 출발해서 군축을 성공시킨 역사적 사례를 가지고 동아시아 국가들을 설득할 수 있을 것이다. 그래서 필요한 것은 현재의 ARF의 성과와 문제점을 면밀히 분석하여 ARF를 동아시아안보협력회의로 출범시키는 것이 동아시아 평화체제를 앞당기는 길이 될 수 있는 것이다.

참고자료

구영록. 『인간과 전쟁』. 서울: 법문사, 1977.

김석근. "한국 전통사상에서의 평화관념: 사대와 중화를 중심으로." 하영선 편. 『21세기 평화학』. 서울: 풀빛, 2002.

이정남. "중화사상과 근대 동북아 국제관계의 재편." 강성학 편. 『동북아의 평화사상과 평화체제』. 서울: 리북, 2004.

안청시. "21세기 동북아 안보질서." 이상우 편저. 『21세기 동아시아와 한국』. 서울: 오름, 1998.

정진영. "동아시아 경제협력과 지역안보: 동아시아 불안정론에 대한 비판." 김태현 편, 『동아시아 안보질서』. 성남: 세종연구소, 1997.

한용섭. 『한반도 평화와 군비통제』. 서울: 박영사, 2004.

한용섭 외. 『동아시아 안보공동체』. 서울: 나남출판, 2005.

홍용표. "동북아 안보경제협력의 이론적 틀." 박종철 외. 『동북아 안보경제협력체제 형성방안』. 서울: 통일연구원, 2003.

현진덕. "동북아 경제통합과 제도화 과정에 있어서의 일본의 정책." 강성학 편. 『동북아의 평화사상과 평화체제』. 서울: 리북, 2004.

정진영. "동아시아 지역주의와 한국의 대응전략: 안보외교와 경제외교의 통합." 세종연구소 주최 평화와 번영의 동북아 시대: 과제와 전략에 대한 세미나(2003. 9. 15).

외교안보연구원. "제1차 동아시아 정상회의 개최전망 및 과제." 『주요국제문제분석』. 2005. 8. 17.

Barry Buzan and Gerald Segal. "Rethinking East Asian Security." *Survival*, Vol. 36, No. 2, Summer 1994.

Ralph A. Cossa and Jane Khanna. "East Asia: Economic Interdependence and Regional Security." *International Affairs*. Vol. 73, No. 2, April 1997.

Robert Keohane, Ming Wan. "Wealth and Power: Economic Transformation of Security." Harvard *International Review*, Vol. 18, No. 2, Spring 1996.

Johan Galtung. *Buddhism: A Quest for Unity and Peace*. Hawaii: Daewonsa

Temple of Hawaii, 1988.

Johan Galtung. *Peace by peaceful means*. London: Sage Publications, 1996.

Johan Galtung. *Buddbism: A Quest for Union and Peace*. Honolulu, Hawaii: Daewonsa Buddist Temple of Hawaii, 1988.

James Macintosh. *Confidence Building in the Arms Control Process: A Transformation View*. Canada: Department of Foreign Affairs and International Trade, 1996.

Ki -Joon Hong. *The CSCE Security Regime Formation: An Asian Perspective*. New York: St. Martin' s Press Inc., 1997.

Richard E. Darilek. *A Crisis or Conflict Prevention Center for the Middle East*. Santa Monica, CA: RAND, 1995.

Karl W. Deutsch, et. al. *Political Community and the North Atlantic Area: International Organization in the Light of Historical Experience*. Princeton, N.J.: Princeton University Press, 1957.

Amitai Etzioni. *Political Unification: A Comparative Study of Leaders and Forces*. New York: Holt, Rinehart and Winston, 1965.

Brian L. Job. "Track II Diplomacy." In Muthiah Alagappa. *Asian Security Order: Instrumental and Normative Features*. Stanford, CA: Stanford University Press, 2003.

http://www.apecsec.org.sg/apec/about_apec.html (검색일자: 2004.7.30).

색인 (Index)

| ㄴ |

| ㄷ |

ㅣㅅㅣ

| ㅇ |

| ㅊ |

| ㅋ |

| ㅌ |

| ㅍ |

| ㅎ |

필자 소개

문정인 (文正仁, Chung-in MOON)

현 | 한국평화학회 회장
연세대학교 정치외교학과 교수 겸 대한민국 외교통상부 국제안보대사
미국 국제정치학회 부회장 역임

저서 및 논문: 『한반도 군비통제론』(영문) 등 40여 편의 국영문 편저서와 240여 편의 국내외 학술 논문 발표. 다수 국제저널의 편집위원직을 맡고 있으며, 최근 *Global Asia*라는 국제저널을 창간하였음

김재창 (金在昌, JaeChang KIM)

현 | 연세대학교 국제학대학원 초빙교수, 한미안보연구회 회장
한미 연합사 부사령관 역임, The Fletcher School 석, 박사

저서 및 논문: William Mott와 공동으로 *The Philosophy of the Chinese Military Strategic Culture* (New York: Palgrave McMillan, 2005)를 저술

권선홍 (權善弘, Sunhong KWON)

현 | 부산외국어대학교 외교학과 교수 겸 국제학대학 학장
한국정치외교사학회 부회장, 연세대학교 정치학박사, 외무부 외무사무관 역임

저서 및 논문: 『전통시대 동아시아 국제관계』, 『강대국 군사전략론』(공저), 『정치권력론』(공저) 등을 저술, "동아시아 개항기의 불평등조약 연구" 등 다수 논문을 발표

김현철 (金顯哲, HyunChul KIM)

현 | 동북아역사재단 책임연구원
서울대학교 정치학박사, 서울대, 고려대, 성균관대 등의 강사 및 고려대 평화연구소 연구교수, 바른역사기획단 선임연구관 역임

저서 및 논문: "朴泳孝의 '近代國家' 구상에 관한 연구", "청일전쟁 개전시기 일본의대조선정책의 명분과 실제" 등 다수의 논문 발표

석화정 (石和靜, Huajeong SEOK)

현 | 세종대학교 역사학과 겸임교수

저서 및 논문: 『근대외교의 발자취』, 『러일전쟁과 동북아의 변화』(공저), *Rethinking of the Russo-Japanese War*(공저), 『풍자화로 보는 러일전쟁』 등 저술. 『유럽제국주의연구의 현황과 과제』, 『러시아의 동아시아정책』, 『동북아철도국제관계사(공역)』 등 번역. "러시아의 한반도 중립화정책", "국제관계로 본 러일협약과 일본의 한국 병합", "한국보호를 둘러싼 러일의 대립", "풍자화로 본 러일전쟁과 힘의 정치" 등의 일문논문을 비롯한 다수 논문 발표

김명섭 (金明燮, Myongsob KIM)

현 | 한국평화학회 총무이사, 연세대학교 정치외교학과 부교수, 한국국제정치학회 연구이사
한신대 국제학부장 역임, 파리1-팡테옹 소르본대학 박사

저서 및 논문: *Korea Observer, Korea Journal, Korean Journal of Defense Analysis, Issues & Studies, International Political Science Review* 및 다수의 국내학술지에 논문 발표. 『대서양문명사: 팽창, 침탈, 헤게모니』, 『해방전후사의 인식4, 6』(기획 및 공저), 『한국외교사와 국제정치학』(공저), 『동아시아의 지역질서』(공저) 등을 저술하였고, 『거대한 체스판』, 『제국의 선택』, 『20세기의 역사』(공동) 등을 번역

김영호(金暎浩, Youngho KIM)

현 | 성신여자대학교 정치외교학과 교수 겸 동아시아연구소 소장
University of Virginia 박사

저서 및 논문: 『통일한국의 패러다임』, 『한국전쟁의 기원과 전개과정』, 『한국외교사와 국제정치학』(공저), 『청소년을 위한 우리 역사 바로 보기』 등을 저술. "한국전쟁 원인의 국제정치적 재해석", "한국전쟁과 케난의 국제정치관에 관한 연구", "21세기 미국 제국의 등장과 국제정치적 영향" 등 다수의 논문 발표

홍규덕 (洪圭德, Kyudok HONG)

현 | 숙명여자대학교 정치외교학과 교수, 국제정책연구원장
University of South Carolina 박사, 국방부 및 외교통상부 정책자문위원, 육군 정책홍보위원, 한국국제정치학회 총무이사, 유엔체제학회 사무총장

저서 및 논문: 『대외정책론(1998)』(공저) 외 국제정치 및 국제안보분야에 다수의 논문이 있음

황병무 (黃炳茂, Byongmoo HWANG)

현 | 국방대학교 명예 교수, 대통령 소속 국방 발전 자문위원회 위원장,
대통령 통일 고문(현), 캘리포니아대학교 박사. 한국 국제정치학회 회장, 국방대 안보문제 연구소 소장, 외교부 정책자문위원회 위원장 등을 역임

저서 및 논문: 『신 중국 군사론』, 『전쟁과 평화의 이해』, 『한국 안보의 영역, 쟁점, 정책』 등을 저술하였고, 다수의 논문 발표

문흥호 (文興鎬, Heungho MOON)

현 | 한양대학교 국제학대학원 교수
대만 부흥강 정치연구소 석사, 한양대 정치외교학과 박사, 미국 University of Oregon 정치학과 교환 교수, 외교통상부 정책자문위원(2004.8~현재)

저서 및 논문: 『13억인의 미래: 중국은 하나인가』, 『중국의 대외전략과 한반도』, 『한반도와 주변 4강』 등이 있음

박영준 (朴榮濬, Young-June PARK)

현 | 국방대학교 안보대학원 조교수
동경대학교 박사

저서 및 논문: "서구 군사체제의 수용과 근대 일본", "러일전쟁 직후 일본 해군의 국가구상과 군사전략론", "전전 일본 자유주의자의 국가구상과 동아시아", "탈냉전기 일본의 대국구상" 등의 논문을 발표하였고, 『근대일본의 전쟁논리』를 번역

전재성 (全在晟, Chaesung CHUN)

현 | 서울대학교 외교학과 교수
Northwestern University 대학교 박사, 숙명여자대학교 정치외교학과 조교수 역임, 『세계정치』편집위원
저서 및 논문: "1960년대와 1970년대 세계적 데땅뜨의 내부구조" 등 30여 편의 논문 발표

봉영식 (奉英植, Youngshik BONG)

현 | 윌리엄스대학교 정치학과 조교수
펜실베이니아대학 국제정치학 박사, 조지 워싱턴 대학교 및 웰슬리 대학교 연구교수 역임
저서 및 논문: *Korea Observer, The Brown Journal of World Affairs, Journal of Asian Studies* 등의 학술지와 *Old and New: Is Current Anti-Americanism Qualitatively Different from Past?* (Budapest, Hungary: Central European University Press, 2007)에 논문 발표

이상현 (李相賢, Sanghyun LEE)

현 | 세종연구소 연구위원 겸 안보연구실장
University of Illinois at Urbana-Champaign 정치학 박사, 한국국제관계연구소(KIIS), 한국국방연구원(KIDA) 연구원 역임
저서 및 논문: "한미동맹과 한반도 평화체제" (2006), "북한 대량살상무기 문제 해결을 위한 협력적 위협감소 전략" (2006), 『한국의 국가전략 2020: 외교 · 안보』(편저, 2005), "North Korean Nuclear Crisis: Options for South Korea" (2005) 등이 있음

한용섭(韓庸燮, Yong-sup HAN)

현 | 한국평화학회 연구이사, 국방대학교 교수 겸 안보문제연구소 소장
Harvard대학교 정책학 석사, RAND대학원 박사, 국방부 장관 정책보좌관 역임
저서 및 논문: 『한반도 평화와 군비통제』, 『동아시아 안보공동체』, 『자주냐 동맹이냐』, *Sunshine in Korea, Peace and Arms Control on the Korean Peninsula, Nuclear Nonproliferation and Disarmament in Northeast Asia* 등을 저술

동아시아의 전쟁과 평화

인 쇄: 2006년 11월 5일
발 행: 2006년 11월 10일

지은이: 문정인 · 김명섭 외
발행처: 연세대학교 출판부

주 소: 서울특별시 서대문구 신촌동 134
전 화: (02)2123-3880~2, 392-6201
팩 스: (02)393-1421
홈페이지: http//www.Yonsei.ac.kr/press
연세대학교 출판부

등 록: 1955년 10월 13일 제9-60호
인 쇄: 도서출판 오름 (http//www.oruem.co.kr)

ISBN 89-7141-753-6 03340 값 22,000원